新编法律文书范本系列
Series of Sample Legal Documents
Success with Law Press · China
DOCUMENT

建筑与房地产常用法律文书范本

SAMPLE LEGAL DOCUMENTS
FOR CONSTRUCTION & REAL ESTATE IN COMMON USE
LAW SEARCH & APPLICATION GUIDELINES

条文检索与应用指引 06

孙林　主编

法律出版社
LAW PRESS·CHINA

修订说明

房地产业是国民经济重要的支柱产业，在国民经济发展中具有重要的地位和作用。房地产法律制度涉及面很广，与房地产相关的法律文书也很多，从征地、拆迁到设计、施工、监理，以及商品房销售，都有大量的法律文书，了解和正确适用这些法律文书，对维护自己的合法权益具有积极的意义。

为便于读者充分了解房地产方面的法律文书，2005 年我们组织编写了本范本。该范本自出版以来，受到读者好评。根据我国相关法律的变化情况，2011 年编者对本书进行了全面的修订，以便更具有适用性、操作性，在应用指引方面力求适应普通读者的要求。最近，编者根据新形势的变化，对文书范本等相关内容再次进行修订，对相关法律进行了更新，应用指引的内容也进行了修改，力求保证文书的时效性和权威性。

参加本书修订的有孙林、刘英韬、孙静楠、李佳、杨琴、王永平等，全书由孙林统稿。

编　者

2016 年 1 月

目　录
Contents

第一章 建设工程企业资质管理

001 建筑业企业资质申请表

文书范本 | 建筑业企业资质申请表
适用范围 | 建筑业企业申请资质等级时所使用的文书
条文检索 | 中华人民共和国建筑法;建筑业企业资质管理规定
应用指引 | 建筑业企业资质的概念、主要内容;制作该申请书应当注意的问题

建筑业企业资质申请表

申报企业:__________(公章)_____
填报日期:________年____月____日

填表须知

一、本表适用于建筑业企业申请资质及核定、换证、增项、升级和资质延续。

二、本表要求用计算机打印，不得涂改。

三、本表第一至第十三部分由企业填写。企业应如实逐项填写，不得有空项。

四、本表数字均使用阿拉伯数字；除万元、%保留一位小数外，其余均为整数。

五、本表中带□的位置，用√选择填写。

六、本表在填写时如需加页，一律使用A4（210×297）型纸。

七、本表须附有关附件材料。附件材料按"企业法人营业执照、现有资质证书正副本、企业章程，法定代表人、技术负责人、财务负责人、经营负责人资料，财务及统计资料；代表性工程的合同及质量验收、安全评估资料；项目经理（或注册建造师）资料；工程技术和经济管理人员资料及其他资料"的顺序分册装订。

企业申请资质类别和等级

现有资质等级	资质证书号： 主项资质类别及批准时间： 增项资质类别及批准时间：1. 2. 3. 4. 5.
申请类型	主项升级□　增项升级□　重新核定□　延续□　其他□

本企业申请主项资质 施工总承包□ / 专业承包□　序列　类别　级

本企业申请增项施工总承包资质		本企业申请增项专业承包资质
1.　类别　级	7.　类别　级	1.　类别　级
2.　类别　级	8.　类别　级	2.　类别　级
3.　类别　级	9.　类别　级	3.　类别　级
4.　类别　级	10.　类别　级	4.　类别　级
5.　类别　级	11.　类别　级	5.　类别　级

续表

6.　　类别　级		
法定代表人签字：　　　（公章） 年　月　日		

资质类别：

<table>
<tr><th colspan="7">初审部门审查意见</th></tr>
<tr><th>指标类别</th><th>序号</th><th colspan="2">考核指标</th><th>审查标准</th><th>审查认定值</th><th>达标情况</th></tr>
<tr><td rowspan="6">综合指标</td><td>1</td><td colspan="2">注册资本金</td><td></td><td></td><td></td></tr>
<tr><td>2</td><td colspan="2">净资产</td><td></td><td></td><td></td></tr>
<tr><td>3</td><td colspan="2">近三年最高年工程结算收入</td><td></td><td></td><td></td></tr>
<tr><td>4</td><td colspan="2">机械设备</td><td></td><td></td><td></td></tr>
<tr><td>5</td><td colspan="2">质量检测设备</td><td></td><td></td><td></td></tr>
<tr><td>6</td><td colspan="2">其他申请条件(是否越级申请等)</td><td></td><td></td><td></td></tr>
<tr><td rowspan="10">人员指标</td><td rowspan="4">7</td><td colspan="2">企业经理</td><td></td><td></td><td></td></tr>
<tr><td colspan="2">总工程师</td><td></td><td></td><td></td></tr>
<tr><td colspan="2">总会计师</td><td></td><td></td><td></td></tr>
<tr><td colspan="2">总经济师</td><td></td><td></td><td></td></tr>
<tr><td rowspan="3">8</td><td rowspan="3">项目经理人数（注册建造师）</td><td>一级</td><td></td><td></td><td></td></tr>
<tr><td>二级</td><td></td><td></td><td></td></tr>
<tr><td>三级</td><td></td><td></td><td></td></tr>
<tr><td rowspan="3">9</td><td colspan="2">有职称的工程技术和经济管理人员</td><td></td><td></td><td></td></tr>
<tr><td colspan="2">高级职称的工程技术人员</td><td></td><td></td><td></td></tr>
<tr><td colspan="2">中级职称的工程技术人员</td><td></td><td></td><td></td></tr>
</table>

续表

<table>
<tr><td rowspan="5">业绩指标</td><td rowspan="5">10</td><td rowspan="5">代表工程业绩</td><td>代表工程 1</td><td></td><td></td><td></td></tr>
<tr><td>代表工程 2</td><td></td><td></td><td></td></tr>
<tr><td>代表工程 3</td><td></td><td></td><td></td></tr>
<tr><td>代表工程 4</td><td></td><td></td><td></td></tr>
<tr><td>代表工程 5</td><td></td><td></td><td></td></tr>
<tr><td rowspan="5">诚信记录</td><td>11</td><td colspan="2">串通招标、行贿、无施工许可证开工、转包或违法分包</td><td></td><td></td><td></td></tr>
<tr><td>12</td><td colspan="2">发生质量事故、瞒报质量事故、违反技术规程或未履行保修义务</td><td></td><td></td><td></td></tr>
<tr><td>13</td><td colspan="2">发生安全事故、瞒报安全事故、违反安全生产规程、无证上岗</td><td></td><td></td><td></td></tr>
<tr><td>14</td><td colspan="2">涂改、伪造资质证书行为</td><td></td><td></td><td></td></tr>
<tr><td>15</td><td colspan="2">其他违反法律、法规行为</td><td></td><td></td><td></td></tr>
<tr><td colspan="3">复印件与原件核对一致</td><td>□是 □否</td><td>核对人签字</td><td colspan="2"></td></tr>
<tr><td colspan="7">（此栏内应填写明确意见）

负责人签字：
单位盖章：
年 月 日</td></tr>
</table>

注：1. 单位的印章应为本单位公章或行政许可专用章，单位内设机构印章无效；

2. 本表综合指标和诚信记录涉及的纸质申报材料，经初审部门审查后，不再报建设部，由初审部门在有效期内保存；人员和业绩指标涉及的纸质申报材料初审后上报建设部审查；

3. 有关专业部门自接到建设部资质材料至初审完毕并送达建设部时间为 20 日，逾期建设部将自行组织审查。

企业法定代表人声明

本人　　　（法定代表人）　　　（身份证号码）郑重声明：

本企业此次填报的《建筑业企业资质申请表》及附件材料的全部数据、内容是真实的，同样我在此所做的声明也是真实有效的。本企业在截至申报之日之前一年内未有质量、安全事故，以及其他违法违规行为。我知道虚假的声明与资料是严重的违法行为，此次资质申请提供的资料如有虚假，本企业及本人愿接受建设行政主管部门及其他有关部门依据有关法律法规给予的处罚。

企业法定代表人：（签字）　　（公章）

年　　月　　日

一、企业基本情况

<table>
<tr><td>企业名称</td><td colspan="6"></td></tr>
<tr><td rowspan="2">企业注册地址</td><td colspan="6">省（自治区、直辖市）　地区（市、州、盟）　县（区、市、旗）</td></tr>
<tr><td colspan="3">街（路、道、巷、乡、镇）　号（村）</td><td colspan="2">邮政编码</td><td></td></tr>
<tr><td rowspan="2">企业详细地址</td><td colspan="6">省（自治区、直辖市）　地区（市、州、盟）　县（区、市、旗）</td></tr>
<tr><td colspan="3">街（路、道、巷、乡、镇）　号（村）</td><td colspan="2">邮政编码</td><td></td></tr>
<tr><td>营业执照注册号</td><td colspan="6"></td></tr>
<tr><td>企业类型</td><td colspan="2"></td><td colspan="2">建立时间</td><td colspan="2">年　月　日</td></tr>
<tr><td>联系电话</td><td colspan="2"></td><td colspan="2">传　真</td><td colspan="2"></td></tr>
<tr><td>企业网址</td><td colspan="2"></td><td colspan="2">电子邮箱</td><td colspan="2"></td></tr>
<tr><td>法定代表人</td><td></td><td>职务</td><td></td><td>职称</td><td colspan="2"></td></tr>
<tr><td>企业经理</td><td></td><td>职务</td><td></td><td>职称</td><td colspan="2"></td></tr>
<tr><td>技术负责人</td><td></td><td>职务</td><td></td><td>职称</td><td colspan="2"></td></tr>
<tr><td rowspan="2">发生重大质量安全事故</td><td colspan="3">发生　次</td><td colspan="3">经济损失　万元</td></tr>
<tr><td colspan="3">死亡　人</td><td colspan="3">重伤　人</td></tr>
</table>

续表

企业从业人员状况	从业人员年末人数　　人;年末离退休人员　　人			
	从业人员年平均人数　　人;其中:管理人员　　人			
	有中专以上学历　　人		工程技术人员	工程技术人员总数　　人
	有职称人员　　人			其中:中级职称　　人
	其中:中级职称　　人			高级职称　　人
	高级职称　　人			聘用退休技术人员　　人
	注册人员情况	总数　　人	持证上岗	施工员　　人,其中持证上岗　　人
		一级建造师(项目经理)　　人		质检员　　人,其中持证上岗　　人
		二级建造师(项目经理)　　人		预算员　　人,其中持证上岗　　人
		三级项目经理(建造员)　　人		安全员　　人,其中持证上岗　　人
		其他注册人员　　人		
企业财务生产经营状况	注册资本	万元	实收资本	万元
	资产总额	万元	国有资本	万元
	固定资产	万元	法人资本	万元
	流动资产	万元	个人资本	万元
	负债总额	万元	港澳台商资本	万元
	净资产	万元	外商资本	万元
	企业总收入	万元	建筑业增加值	万元
	建筑业总产值	万元	固定资产年折旧额	万元
	利润总额	万元	劳动者报酬	万元
	所得税	万元	生产税净额	万元
	净利润	万元	营业利润	万元
	净资产收益率	%	建筑业劳动生产率	万元/人
	生产经营用固定资产原值	万元	资产负债率	%
	生产经营用固定资产净值	万元	资本保值增值率	%

续表

近三年工程结算收入（除总承包特级外企业填写）		年		年	年
		万元		万元	万元
近三年上缴建筑业营业税（总承包特级企业填写）		年		年	年
		万元		万元	万元
银行受信额度（总承包特级企业填写）		年		年	年
		万元		万元	万元
设备	机械设备总台数	台（件）	机械设备总功率		千瓦
	机械设备原值	万元	机械设备净值		万元
	动力装备率	千瓦/人	技术装备率		万元/人

注：1. 企业财务状况以企业最新年度统计以结算数据为准；

2. 企业类型按工商营业执照相关内容填写；

3. 本表所有数据项不得有空项，如无数据填写，应该在数据项填空处用“无”表示。

二、企 业 简 介

注：本简介可复制加页。

企业奖惩情况表

获奖情况	
处罚情况	

注：1. 企业应如实填写在申报截止日一年内的奖惩情况；

2. 本简介可复制加页。

三、企业组织机构框图

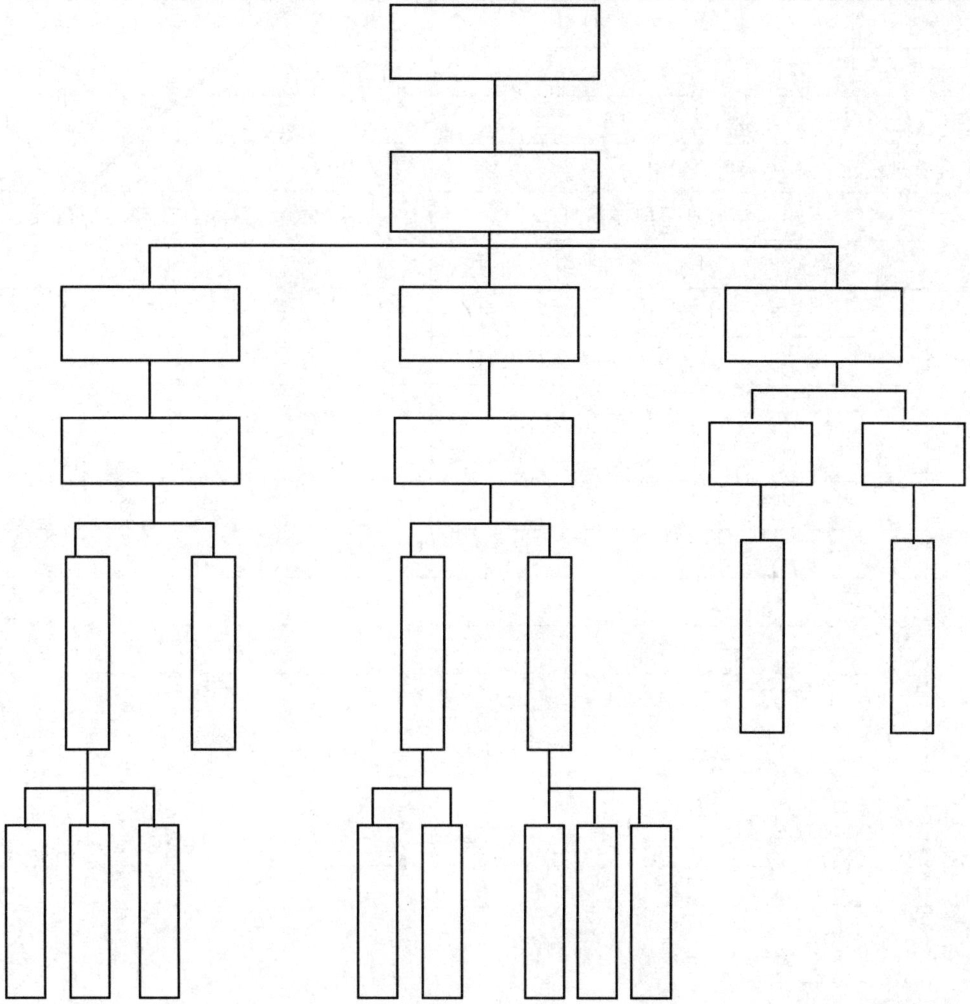

四、企业经理简历

<table>
<tr><td colspan="2">姓名</td><td></td><td>性别</td><td></td><td>出生年月</td><td></td><td rowspan="4">相片</td></tr>
<tr><td colspan="2">职务</td><td></td><td>职称</td><td></td><td>最高学历</td><td></td></tr>
<tr><td colspan="3">何时/何校/何专业毕业</td><td colspan="4"></td></tr>
<tr><td colspan="2">工程管理资历</td><td>年</td><td>电话</td><td></td><td>移动电话</td><td></td></tr>
<tr><td rowspan="9">工作简历</td><td colspan="3">由何年何月至何年何月</td><td colspan="4">在何单位、从事何工作、任何职</td></tr>
<tr><td colspan="3">年 月至 年 月</td><td colspan="4"></td></tr>
<tr><td colspan="3">年 月至 年 月</td><td colspan="4"></td></tr>
<tr><td colspan="3">年 月至 年 月</td><td colspan="4"></td></tr>
<tr><td colspan="3"></td><td colspan="4"></td></tr>
<tr><td colspan="3"></td><td colspan="4"></td></tr>
<tr><td colspan="3"></td><td colspan="4"></td></tr>
<tr><td colspan="3"></td><td colspan="4"></td></tr>
<tr><td colspan="3"></td><td colspan="4"></td></tr>
<tr><td rowspan="2">奖惩情况</td><td colspan="3">奖励情况</td><td colspan="4">处罚情况</td></tr>
<tr><td colspan="3"></td><td colspan="4"></td></tr>
<tr><td colspan="8">本人签字： 年 月 日</td></tr>
</table>

注：工作简历从参加工作开始连续填写。

五、企业技术负责人简历

<table>
<tr><td>姓名</td><td></td><td>性别</td><td></td><td>出生年月</td><td></td><td rowspan="4">相片</td></tr>
<tr><td>职务</td><td></td><td>职称</td><td></td><td>执业资格</td><td></td></tr>
<tr><td colspan="2">何时/何校/何专业毕业</td><td colspan="2"></td><td>最高学历</td><td></td></tr>
<tr><td>工程管理资历</td><td colspan="2">年</td><td>电话</td><td colspan="2"></td></tr>
<tr><td rowspan="9">工作简历</td><td colspan="3">由何年何月至何年何月</td><td colspan="3">在何单位、从事何工作、任何职</td></tr>
<tr><td colspan="3">年 月至 年 月</td><td colspan="3"></td></tr>
<tr><td colspan="3">年 月至 年 月</td><td colspan="3"></td></tr>
<tr><td colspan="3">年 月至 年 月</td><td colspan="3"></td></tr>
<tr><td colspan="3"></td><td colspan="3"></td></tr>
<tr><td colspan="3"></td><td colspan="3"></td></tr>
<tr><td colspan="3"></td><td colspan="3"></td></tr>
<tr><td colspan="3"></td><td colspan="3"></td></tr>
<tr><td colspan="3"></td><td colspan="3"></td></tr>
<tr><td rowspan="2">获奖情况</td><td colspan="3">奖励情况</td><td colspan="3">处罚情况</td></tr>
<tr><td colspan="3"></td><td colspan="3"></td></tr>
<tr><td colspan="7">主持完成过两项及以上施工总承包一级资质要求的代表工程的技术工作或甲级设计资质要求的代表工程或合同额2亿元以上的工程总承包项目</td></tr>
<tr><td colspan="4">1. 项目名称：</td><td colspan="3">规模情况：</td></tr>
<tr><td>证明人姓名</td><td colspan="3"></td><td>证明人联系电话</td><td colspan="2"></td></tr>
<tr><td colspan="4">2. 项目名称：</td><td colspan="3">规模情况：</td></tr>
<tr><td>证明人姓名</td><td colspan="3"></td><td>证明人联系电话</td><td colspan="2"></td></tr>
<tr><td colspan="7">本人签字： 年 月 日</td></tr>
</table>

注：工作简历从参加工作开始连续填写。

六、企业财务负责人简历

<table>
<tr><td>姓名</td><td></td><td>性别</td><td></td><td>出生年月</td><td></td><td rowspan="4">相片</td></tr>
<tr><td>职务</td><td></td><td>职称</td><td></td><td>执业资格</td><td></td></tr>
<tr><td colspan="2">何时/何校/何专业毕业</td><td colspan="2"></td><td>最高学历</td><td></td></tr>
<tr><td>管理资历</td><td colspan="2">年</td><td>电话</td><td colspan="2"></td></tr>
<tr><td rowspan="9">工作简历</td><td colspan="3">由何年何月至何年何月</td><td colspan="3">在何单位、从事何工作、任何职</td></tr>
<tr><td colspan="3">年 月至 年 月</td><td colspan="3"></td></tr>
<tr><td colspan="3">年 月至 年 月</td><td colspan="3"></td></tr>
<tr><td colspan="3">年 月至 年 月</td><td colspan="3"></td></tr>
<tr><td colspan="3"></td><td colspan="3"></td></tr>
<tr><td colspan="3"></td><td colspan="3"></td></tr>
<tr><td colspan="3"></td><td colspan="3"></td></tr>
<tr><td colspan="3"></td><td colspan="3"></td></tr>
<tr><td colspan="3"></td><td colspan="3"></td></tr>
<tr><td rowspan="2">奖惩情况</td><td colspan="3">奖励情况</td><td colspan="3">处罚情况</td></tr>
<tr><td colspan="3"></td><td colspan="3"></td></tr>
<tr><td colspan="7">本人签字: 年 月 日</td></tr>
</table>

注:工作简历从参加工作开始连续填写。

七、企业经营负责人简历

<table>
<tr><td>姓名</td><td></td><td>性别</td><td></td><td>出生年月</td><td></td><td rowspan="4">相片</td></tr>
<tr><td>职务</td><td></td><td>职称</td><td></td><td>最高学历</td><td></td></tr>
<tr><td colspan="2">何时/何校/何专业毕业</td><td colspan="4"></td></tr>
<tr><td>管理资历</td><td colspan="2">年</td><td>电话</td><td colspan="2"></td></tr>
<tr><td rowspan="9">工作简历</td><td colspan="3">由何年何月至何年何月</td><td colspan="3">在何单位、从事何工作、任何职</td></tr>
<tr><td colspan="3">年 月至 年 月</td><td colspan="3"></td></tr>
<tr><td colspan="3">年 月至 年 月</td><td colspan="3"></td></tr>
<tr><td colspan="3">年 月至 年 月</td><td colspan="3"></td></tr>
<tr><td colspan="3"></td><td colspan="3"></td></tr>
<tr><td colspan="3"></td><td colspan="3"></td></tr>
<tr><td colspan="3"></td><td colspan="3"></td></tr>
<tr><td colspan="3"></td><td colspan="3"></td></tr>
<tr><td colspan="3"></td><td colspan="3"></td></tr>
<tr><td colspan="7">本人签字： 年 月 日</td></tr>
</table>

注：1. 企业经营负责人指特级、一级资质企业的总经济师；

2. 工作简历从参加工作开始连续填写。

八、企业有职称的工程技术和经济管理人员名单

序号	姓名	学历	职称	身份证号码	毕业时间/院校	专业
1						
2						
3						
4						
5						
6						

注:本名单可复制加页。

九、企业注册建造师(项目经理)名单

序号	姓名	身份证号码	专业	级别	证书编号
1					
2					
3					
4					
5					
6					

注:本名单可复制加页。

十、企业具有本类别相关的行业工程设计甲级资质标准要求的专业技术人员

序号	姓名	年龄	学历	职称	执业资格证书号	身份证号码	工程设计工龄	毕业时间/院校	专业	备注
1										
2										
3										
4										
5										
6										

注:1. 本名单可复制加页;

2. 在备注栏中注明人员以下情况:注册与否,是否是技术负责人。

十一、企业自有或租赁的主要机械设备

序号	设备及仪器名称	型号/产地/出厂日期	数量(台)	功率(千瓦)	价值(万元)		自有或租赁
					原值	净值	
1							
2							
3							
4							
5							
6							

注:本名单可复制加页。

十二、企业代表工程业绩一览表

<table>
<tr><th rowspan="2">序号</th><th rowspan="2">工程名称</th><th rowspan="2">工程类别</th><th colspan="5">工程规模</th><th rowspan="2">开、竣工时间</th><th rowspan="2">质量评定结果</th></tr>
<tr><th>技术指标</th><th>单位</th><th>数量</th><th>合同价（万元）</th><th>结算价格（万元）</th></tr>
<tr><td>1</td><td></td><td></td><td colspan="5"></td><td></td><td></td></tr>
<tr><td>2</td><td></td><td></td><td colspan="5"></td><td></td><td></td></tr>
<tr><td>3</td><td></td><td></td><td colspan="5"></td><td></td><td></td></tr>
<tr><td>4</td><td></td><td></td><td colspan="5"></td><td></td><td></td></tr>
<tr><td></td><td></td><td></td><td colspan="5"></td><td></td><td></td></tr>
</table>

注：本名单可复制加页。

十三、企业代表工程情况

<table>
<tr><td rowspan="16">项目之一</td><td>工程名称</td><td colspan="6"></td></tr>
<tr><td>工程地址</td><td colspan="6"></td></tr>
<tr><td>合同编号</td><td></td><td colspan="4">施工许可证号或开工报告批准文号</td><td></td></tr>
<tr><td>工程简介</td><td colspan="6"></td></tr>
<tr><td rowspan="2">工程规模</td><td>工程类别</td><td colspan="2">技术指标</td><td colspan="2">单位</td><td>数量</td></tr>
<tr><td></td><td colspan="2"></td><td colspan="2"></td><td></td></tr>
<tr><td>合同价</td><td colspan="2"></td><td>结算价</td><td colspan="3"></td></tr>
<tr><td>工程承包方式</td><td colspan="6">施工总承包□ 专业施工承包□ 工程总承包□ 其他□（需说明）：</td></tr>
<tr><td>施工组织方式</td><td colspan="6">自行施工□ 专业分包□ 劳务分包□</td></tr>
<tr><td>开工时间</td><td colspan="2"></td><td>竣工时间</td><td colspan="3"></td></tr>
<tr><td>计划工期</td><td></td><td>实际工期</td><td></td><td>延误原因</td><td colspan="2"></td></tr>
<tr><td>质量评定</td><td></td><td>安全评价</td><td></td><td>获奖情况</td><td colspan="2"></td></tr>
<tr><td>建设单位</td><td colspan="2"></td><td>联系人</td><td></td><td>联系电话</td><td></td></tr>
<tr><td>验收单位</td><td colspan="2"></td><td>联系人</td><td></td><td>联系电话</td><td></td></tr>
<tr><td colspan="7">其他说明：</td></tr>
</table>

续表

<table>
<tr><td rowspan="15">项
目
之
二</td><td colspan="2">工程名称</td><td colspan="12"></td></tr>
<tr><td colspan="2">工程地址</td><td colspan="12"></td></tr>
<tr><td colspan="2">合同编号</td><td colspan="2"></td><td colspan="8">施工许可证号或开工报告批准文号</td><td colspan="2"></td></tr>
<tr><td colspan="2">工程简介</td><td colspan="12"></td></tr>
<tr><td colspan="2" rowspan="2">工程规模</td><td colspan="2">工程类别</td><td colspan="4">技术指标</td><td colspan="3">单位</td><td colspan="3">数量</td></tr>
<tr><td colspan="2"></td><td colspan="4"></td><td colspan="3"></td><td colspan="3"></td></tr>
<tr><td colspan="2">合同价</td><td colspan="3"></td><td colspan="3">结算价</td><td colspan="6"></td></tr>
<tr><td colspan="2">工程承包方式</td><td colspan="12">施工总承包□ 专业施工承包□ 工程总承包□ 其他□(需说明)：</td></tr>
<tr><td colspan="2">施工组织方式</td><td colspan="12">自行施工□ 专业分包□ 劳务分包□</td></tr>
<tr><td colspan="2">开工时间</td><td colspan="4">年 月 日</td><td colspan="3">竣工时间</td><td colspan="5">年 月 日</td></tr>
<tr><td>计划工期</td><td colspan="2"></td><td colspan="2">实际工期</td><td colspan="4"></td><td colspan="4">延误原因</td><td></td></tr>
<tr><td>质量评定</td><td colspan="2"></td><td colspan="2">安全评价</td><td colspan="4"></td><td colspan="4">获奖情况</td><td></td></tr>
<tr><td>建设单位</td><td colspan="4"></td><td colspan="2">联系人</td><td colspan="3"></td><td colspan="3">联系电话</td><td></td></tr>
<tr><td>验收单位</td><td colspan="4"></td><td colspan="2">联系人</td><td colspan="3"></td><td colspan="3">联系电话</td><td></td></tr>
<tr><td colspan="14">其他说明：</td></tr>
<tr><td rowspan="10">项
目
之
三</td><td colspan="2">工程名称</td><td colspan="12"></td></tr>
<tr><td colspan="2">工程地址</td><td colspan="12"></td></tr>
<tr><td colspan="2">合同编号</td><td colspan="2"></td><td colspan="8">施工许可证号或开工报告批准文号</td><td colspan="2"></td></tr>
<tr><td colspan="2">工程简介</td><td colspan="12"></td></tr>
<tr><td colspan="2" rowspan="2">工程规模</td><td colspan="2">工程类别</td><td colspan="4">技术指标</td><td colspan="3">单位</td><td colspan="3">数量</td></tr>
<tr><td colspan="2"></td><td colspan="4"></td><td colspan="3"></td><td colspan="3"></td></tr>
<tr><td colspan="2">合同价</td><td colspan="3"></td><td colspan="3">结算价</td><td colspan="6"></td></tr>
<tr><td colspan="2">工程承包方式</td><td colspan="12">施工总承包□ 专业施工承包□ 工程总承包□ 其他□(需说明)：</td></tr>
<tr><td colspan="2">施工组织方式</td><td colspan="12">自行施工□ 专业分包□ 劳务分包□</td></tr>
<tr><td colspan="2">开工时间</td><td colspan="4"></td><td colspan="3">竣工时间</td><td colspan="5"></td></tr>
</table>

续表

<table>
<tr><td rowspan="5">项目之三</td><td>计划工期</td><td></td><td>实际工期</td><td></td><td>延误原因</td><td></td></tr>
<tr><td>质量评定</td><td></td><td>安全评价</td><td></td><td>获奖情况</td><td></td></tr>
<tr><td>建设单位</td><td></td><td>联系人</td><td></td><td>联系电话</td><td></td></tr>
<tr><td>验收单位</td><td></td><td>联系人</td><td></td><td>联系电话</td><td></td></tr>
<tr><td colspan="6">其他说明：</td></tr>
<tr><td rowspan="17">项目之四</td><td>工程名称</td><td colspan="5"></td></tr>
<tr><td>工程地址</td><td colspan="5"></td></tr>
<tr><td>合同编号</td><td></td><td colspan="3">施工许可证号或开工报告批准文号</td><td></td></tr>
<tr><td>工程简介</td><td colspan="5"></td></tr>
<tr><td rowspan="2">工程规模</td><td>工程类别</td><td>技术指标</td><td>单位</td><td colspan="2">数量</td></tr>
<tr><td></td><td></td><td></td><td colspan="2"></td></tr>
<tr><td>合同价</td><td colspan="2"></td><td>结算价</td><td colspan="2"></td></tr>
<tr><td>工程承包方式</td><td colspan="5">施工总承包□　专业施工承包□　工程总承包□　其他□(需说明)：</td></tr>
<tr><td>施工组织方式</td><td colspan="5">自行施工□　专业分包□　劳务分包□</td></tr>
<tr><td>开工时间</td><td colspan="2"></td><td>竣工时间</td><td colspan="2"></td></tr>
<tr><td>计划工期</td><td></td><td>实际工期</td><td></td><td>延误原因</td><td></td></tr>
<tr><td>质量评定</td><td></td><td>安全评价</td><td></td><td>获奖情况</td><td></td></tr>
<tr><td>建设单位</td><td></td><td>联系人</td><td></td><td>联系电话</td><td></td></tr>
<tr><td>验收单位</td><td></td><td>联系人</td><td></td><td>联系电话</td><td></td></tr>
<tr><td colspan="6">其他说明：</td></tr>
</table>

注：1. 若申报代表工程数量较多，可复制加页；

2. 申请表中代表工程排列次序与附件资料中次序须一致。

《建筑业企业资质申请表》填写说明

一、封面

1. 申报企业名称:按工商营业执照内容填写全称,并加盖企业公章。

2. 申报日期:按本表报送时间填写。

二、企业法定代表人声明

请企业法定代表人签名并加盖企业公章。

三、企业基本情况

1. 企业名称:按工商营业执照内容填写全称。

2. 企业注册地址:按工商营业执照内容填写。

3. 企业详细地址:填写本企业经营常驻地的地址,用全称或规范简称填写。

4. 营业执照注册号:按工商营业执照的内容填写。

5. 企业类型:或称经济性质,按工商营业执照内容填写。

6. 建立时间:或称成立时间,按工商营业执照内容填写。

7. 联系电话:填写本企业经营常驻地行政办公室电话号码。

8. 传真:填写本企业经营常驻地的传真号码。

9. 企业网址:按本企业在互联网上注册的网络地址全称填写。

10. 电子邮箱:按本企业在互联网上注册的常用电子邮箱全称填写。

11. 法定代表人:按工商营业执照内容填写。

四、发生重大质量安全事故

指在工程建设过程中由于责任过失造成工程倒塌或报废、机械设备毁坏和安全设施失当造成人身伤亡或者重大经济损失的事故。按本企业报告期内的实际情况填写。

重大事故分为一、二、三、四级四个等级。

一级事故是指死亡三十人以上;或直接经济损失三百万元以上的事故。

二级事故是指死亡十人以上,二十九人以下;或直接经济损失一百万元以上,不满三百万元的事故。

三级事故是指死亡三人以上,九人以下;或者重伤二十人以上;或直接经济损失三十万元以上,不满一百万元的事故。

四级事故是指死亡二人以下;或重伤三人以上,十九人以下;或直接经济损失十万元以上,不满三十万元的事故。

五、企业从业人员状况

1. 从业人员年末人数:按本企业报告期内统计报表期末人数填写。

2. 年末离退休人员:指本企业报告期内离退休的职工总人数。

3. 从业人员年平均人数:是根据本企业报告期每天实际拥有的人数包括非本企业人员,如外单位借入人员、民工、个体劳动者等,经统计计算出,按照在哪里劳动在哪里统计的原则。公式如下:

月平均人数 = 报告期每天实有人数相加之和 ÷ 报告期日历天数

年平均人数 = 报告期各月平均人数相加之和 ÷ 12

4. 管理人员:指本企业报告期内的厂长、经理以及在各职能机构、各级建筑施工组织(或附加辅助生产单位)中从事行政、生产、经营管理和政治工作的人数。包括长期(连续六个月以上)脱离生产岗位,从事管理工作的工人在内。

5. 有中专以上学历人数:按本企业报告期内执有国家认可学历证书的人数填写。

6. 有职称人员:按本企业报告期内执有国家有关职称部门颁发的职称证书的人数(包括退休聘用人员)填写。

7. 工程技术人员总数:按本企业报告期内已经评(聘)了工程系列专业技术职称(务),与本企业签订劳动合同且合同聘用期一年以上的人数填写。

8. 聘用退休技术人员:按已经评(聘)了专业技术职称(务),并已办理了正式退休手续,与本企业签订劳动合同且合同聘用期一年以上的人员的人数填写。

9. 项目经理:按本企业报告期内已取得由建设行政主管部门或授权部门颁发的《项目经理资质证书》的人数填写。

10. 持证上岗人员:按本企业在报告期内已取得有关资格证书,并从事施工、质检、预算及安全等岗位工作的人数填写。

六、企业财务、生产、经营状况

1. 注册资本:按工商营业执照内容填写。

2. 资产总额:指本企业拥有或控制的能以货币计量的经济资源,包括各种财产、债权和其他权利。按本报告期期末财务报告数据填写。

3. 固定资产:指本企业使用期超过一年的房屋及建筑物、机器、机械、运输工具以及其他与生产经营有关的设备、器具、工具等。按本报告期期末财务报告数据填写。

4. 流动资产:指本企业可以在一年或超过一年的一个营业周期内变现或耗用的资产。按本报告期期末财务报告数据填写。

5. 负债总额:指本企业全部资产总额中,所承担的能以货币计量、将以资产或劳务偿付的债务。按本报告期期末财务报告数据填写。

6. 净资产:又称所有者权益,指投资人对企业净资产的所有权。企业净资产等于企业全部资产减去全部负债后的余额。按本报告期期末财务报告数据填写。

7. 实收资本:指企业实际收到的投资人投入的资本。按本报告期期末财务报告数据填写,实收资本中如有外币形式投入的资本,要折合成人民币形式填报。

8. 国有资本:指有权代表国家投资的政府部门或者机构以国有资产投入企业形成的资本金。按本企业经工商行政管理部门备案的章程有关内容填写。

9. 法人资本:指其他法人单位以其依法可以支配的资产投入企业形成的资本金。按本企业经工商行政管理部门备案的章程有关内容填写。

10. 个人资本:指社会个人或者企业内部职工以个人合法财产投入企业形成的资本金。按本企业经工商行政管理部门备案的章程有关内容填写。

11. 港澳台商资本:指我国香港、澳门和台湾地区投资者投入企业形成的资本金。按本企业经工商行政管理部门备案的章程有关内容填写。

12. 外商资本:指外国投资者投入企业形成的资本金。按本企业经工商行政管理部门备案的章程有关内容填写。

13. 企业总收入:指本企业报告期内与生产经营直接有关的各项收入,包括建筑业收入与其他收入。按本报告期期末财务报告数据填写。

14. 建筑业总产值:指本企业自行完成的按工程进度计算的建筑安装总产值。它包括建筑工程产值、房屋、构筑物修理产值、非标准设备制造产值等。

15. 利润总额:指本企业全年实现的利润,亏损以“-”号表示。按本报告期期末财务报告数据填写。

16. 所得税:指本企业在报告期内按照国家的税法规定交纳的所得税。按本报告期期末财务报告数据填写。

17. 净利润:指本企业实现利润总额扣除所得税后的利润。按本报告期期末财务报告数据填写。

18 生产经营用固定资产原值:指与生产经营活动直接发生联系的各类固定资产原值。如生产和行政管理用的房屋及建筑物、施工机械、运输设备及试验设备和其他生产用固定资产。按本报告期期末财务报告“固定资产”科目分析归纳填写。

19. 生产经营用固定资产净值:指与生产经营活动直接发生联系的各类固定资产的原

值减去累计折旧后的净值。

20. 建筑业增加值:指建筑业企业在从事建筑产品生产和提供劳务总值中除去外购物质产品价值、中间投入价值和劳务费用后新创造的价值和固定资产折旧后的转移价值。

建筑业增加值通常采用分配法计算,其计算公式为:建筑业增加值 = 劳动者报酬固定资产折旧 + 税金 + 营业利润

具体公式为:

建筑业增加值 = 本年提取的固定资产折旧 + 工程施工应付工资 + 工程施工应付福利费 + 管理费用中的税金 + 管理费中的劳动待业保险费 + 工程结算税金及附加 + 营业利润

21. 固定资产年折旧额:指本企业年度内(报告期)累计提取的折旧。按本报告期期末财务报告数据填写。

22. 劳动者报酬:指劳动者从事生产活动而从生产单位得到的各种形式的报酬。劳动者报酬有三种基本形式:一是货币工资及收入,包括企业支付给劳动者的工资、薪金、奖金、各种津贴和补贴;二是实物工资,包括企业以免费或成本价提供给劳动者的各种物质产品和服务;三是企业为劳动者个人支付的社会保险,具体包括生产单位向政府和保险部门支付的劳动、待业、养老、人身、医疗、家庭财产保险等。

23. 生产税净额:指本企业向政府缴纳的生产税与政府向企业支付的生产补贴相抵后的差额。生产税的计算公式为:

生产税净额 = 生产税 - 生产补贴

生产税主要包括:营业税、产品税、城市维护建设税、房产税、车船使用税、印花税、土地使用税、特别消费税等,及缴纳的各种规定费用,如教育附加、排污费等。

24. 营业利润:指营业收入减去营业成本、营业税金及附加再减去期间费用。营业利润计算公式为:

营业利润 = 工程结算利润 + 产品销售利润 + 劳务作业利润 + 材料销售利润 + 对外承包工程利润 + 其他销售利润 + 多种经营利润 + 机械设备租赁利润 + 其他业务利润 - 管理费用 - 财务费用

25. 建筑业劳动生产率:指企业全部职工按其完成的建筑业总产值计算的劳动生产率。其公式为:

建筑业总产值 ÷ 报告期内从业人员年平均人数。

26. 资产负债率:指企业全部资产总额中,借用外部资金所占份额的指标。计算公式为:

年末负债总额 ÷ 年末资产总额 × 100%。按本报告期期末财务报告数据填写。

27. 净资产收益率:指企业运用净资产获得收益的能力。公式:净利润(利润总额 - 应交所得税)[(年初所有者权益 + 年末所有者权益)÷2]×100%

28. 资本保值增值率:年末所有者权益 ÷ 年初所有者权益 ×100%

29. 近三年工程结算收入:指本企业承包工程实现的工程价款结算收入。按企业财务报告分年度填写。新设立企业不填此项。

七、设备

1. 机械设备总台数:指归本企业所有,属于本企业固定资产的生产性机械设备年末总台数。它包括施工机械、生产设备、运输设备以及其他设备。按本企业报告期末“固定资产”台账据实填写。

2. 机械设备总功率:指本企业自有施工机械、生产设备、运输设备以及其他设备等列为在册固定资产的生产性机械设备年末总功率,按能力或查定能力计算,包括机械本身的动力和为该机械服务的单独动力设备,如电动机等。计量单位用千瓦,动力换算按:1 马力 =0.735 千瓦折合成千瓦数。电焊机、变压器、锅炉不计算动力。

3. 机械设备原值:指企业自有机械设备的购置价。按本企业报告期末“固定资产”台账据实填写。

4. 机械设备净值:指企业自有机械设备经过使用、磨损后实际存在的价值,即原值减去累计折旧后的净值。按本企业报告期末“固定资产”台账据实填写。

5. 动力装备率:又称动力装备系数或动力装备程度。

动力装备率 = 机械设备总功率 ÷ 从业人员年平均人数 ×(千瓦/人)

6. 技术装备率:又称技术装备系数或技术装备程度。

技术装备率 = 机械设备净值 ÷ 从业人员年平均人数 ×(元/人)

八、企业申请资质类别和等级

1. 现有资质等级:指本企业此次申请资质前的原资质等级。新设立企业不填写。

2. 批准时间:指本企业此次申请资质前每一项原资质等级所批准的时间,填写位置在资质等级的后面,用“/”将年、月区分开。新设立企业不填写。

例:“房屋建筑二级 2002/2”。

3. 现有资质证书编号:指本企业此次申请资质前的现有资质证书号码。新设立企业不填写。

4. 企业申请资质类别和等级

填写企业本次申请资质情况,按照主、增项;总承包、专业承包分别填写。

九、企业简介

填写企业的基本情况、发展演变过程、主要技术特长、主要工程业绩等

十、企业组织机构框图

按照企业实际组织架构绘制框图

十一、企业经理简历、企业技术负责人简历、企业财务负责人简历、企业经营负责人简历

按照实际情况填写,并由本人签名。

十二、企业有职称的工程技术人员和经济管理人员名单

按照工程、经济、会计、统计顺序,由高级到中级到初级依次填写,专业填写所学专业或现从事专业。

十三、企业注册建造师(项目经理)名单

按照一、二、三级顺序填写

十四、企业自有或租赁的主要机械设备

填写企业拥有所有权或租赁的主要设备情况

十五、企业代表工程业绩一览表

填写企业完成的主要工程业绩

1. 工程名称:按工程承发包合同或招标文件名称填写。

2. 工程类别:按建筑业企业资质等级标准的有关规定分类后填写。工程分类标准如下:

施工总承包序列

房屋建筑工程	公路工程
铁路工程	港口与航道工程
水利水电工程	电力工程
矿山工程	冶炼工程
化工石油工程	市政公用工程
通信工程	机电安装工程

专业承包序列

地基与基础工程	土石方工程
建筑装修装饰工程	建筑幕墙工程
预拌商品混凝土	混凝土预制构件

园林古建筑工程	钢结构工程
高耸构筑物工程	电梯安装工程
消防设施工程	建筑防水工程
防腐保温工程	附着升降脚手架
金属门窗工程	预应力工程
起重设备安装工程	机电设备安装
爆破与拆除工程	建筑智能化工程
环保工程	电信工程
电子工程	桥梁工程
隧道工程	公路路面工程
公路路基工程	公路交通工程
铁路电务工程	铁路铺轨架梁工程
铁路电气化工程	机场场道工程
机场空管工程航站楼弱电系统工程	机场目视助航工程
港口与海岸工程	港口装卸设备安装工程
航道工程	通航建筑工程
通航设备安装工程	水上交通管制工程
水工建筑物基础处理工程	水工金属结构制作与安装工程
水利水电机电设备安装工程	河湖整治工程
堤防工程	水工大坝工程
水工隧洞工程	火电设备安装工程
送变电工程	核工程
炉窑工程	冶炼机电设备安装工程
化工石油设备管道安装工程	管道工程
无损检测工程	海洋石油工程
城市轨道交通工程	城市及道路照明工程
体育场地设施工程	特种专业工程
劳务分包序列	
木制作业分包	砌筑作业分包
抹灰作业分包	石制作业分包

油漆作业分包　　钢筋作业分包
混凝土作业分包　　脚手架作业分包
模板作业分包　　焊接作业分包
水暖电安装作业分包　　钣金作业分包
架线作业分包

技术指标指高度、长度、跨度、面积、装机容量、直径、流量等指标

3. 质量评定:指工程竣工后业主(建设方)给予的质量评价意见。

十六、初审部门审查意见

由各级主管部门填写,企业无须填写。每增加一项资质,增加一张初审部门意见表。

各审批部门审批意见表可根据初审部门意见表自行制定。

| 条文检索 |

中华人民共和国建筑法 · 第 12 ~ 14、26、65 ~ 66、69 条

(1997 年 11 月 1 日第八届全国人民代表大会常务委员会第二十八次会议通过　根据 2011 年 4 月 22 日第十一届全国人民代表大会常务委员会第二十次会议《关于修改〈中华人民共和国建筑法〉的决定》修正)

第十二条　从事建筑活动的建筑施工企业、勘察单位、设计单位和工程监理单位,应当具备下列条件:

(一)有符合国家规定的注册资本;

(二)有与其从事的建筑活动相适应的具有法定执业资格的专业技术人员;

(三)有从事相关建筑活动所应有的技术装备;

(四)法律、行政法规规定的其他条件。

第十三条　从事建筑活动的建筑施工企业、勘察单位、设计单位和工程监理单位,按照其拥有的注册资本、专业技术人员、技术装备和已完成的建筑工程业绩等资质条件,划分为不同的资质等级,经资质审查合格,取得相应等级的资质证书后,方可在其资质等级许可的范围内从事建筑活动。

第十四条　从事建筑活动的专业技术人员,应当依法取得相应的执业资格证书,并在执业资格证书许可的范围内从事建筑活动。

……

第二十六条　承包建筑工程的单位应当持有依法取得的资质证书，并在其资质等级许可的业务范围内承揽工程。

禁止建筑施工企业超越本企业资质等级许可的业务范围或者以任何形式用其他建筑施工企业的名义承揽工程。禁止建筑施工企业以任何形式允许其他单位或者个人使用本企业的资质证书、营业执照，以本企业的名义承揽工程。

……

第六十五条　发包单位将工程发包给不具有相应资质条件的承包单位的，或者违反本法规定将建筑工程肢解发包的，责令改正，处以罚款。

超越本单位资质等级承揽工程的，责令停止违法行为，处以罚款，可以责令停业整顿，降低资质等级；情节严重的，吊销资质证书；有违法所得的，予以没收。

未取得资质证书承揽工程的，予以取缔，并处罚款；有违法所得的，予以没收。

以欺骗手段取得资质证书的，吊销资质证书，处以罚款；构成犯罪的，依法追究刑事责任。

第六十六条　建筑施工企业转让、出借资质证书或者以其他方式允许他人以本企业的名义承揽工程的，责令改正，没收违法所得，并处罚款，可以责令停业整顿，降低资质等级；情节严重的，吊销资质证书。对因该项承揽工程不符合规定的质量标准造成的损失，建筑施工企业与使用本企业名义的单位或者个人承担连带赔偿责任。

……

第六十九条　工程监理单位与建设单位或者建筑施工企业串通，弄虚作假、降低工程质量的，责令改正，处以罚款，降低资质等级或者吊销资质证书；有违法所得的，予以没收；造成损失的，承担连带赔偿责任；构成犯罪的，依法追究刑事责任。

工程监理单位转让监理业务的，责令改正，没收违法所得，可以责令停业整顿，降低资质等级；情节严重的，吊销资质证书。

建筑业企业资质管理规定

(2015 年 1 月 22 日住房和城乡建设部令第 22 号发布　自 2015 年 3 月 1 日起施行)

第一章　总　　则

第一条　为了加强对建筑活动的监督管理,维护公共利益和规范建筑市场秩序,保证建设工程质量安全,促进建筑业的健康发展,根据《中华人民共和国建筑法》、《中华人民共和国行政许可法》、《建设工程质量管理条例》、《建设工程安全生产管理条例》等法律、行政法规,制定本规定。

第二条　在中华人民共和国境内申请建筑业企业资质,实施对建筑业企业资质监督管理,适用本规定。

本规定所称建筑业企业,是指从事土木工程、建筑工程、线路管道设备安装工程的新建、扩建、改建等施工活动的企业。

第三条　企业应当按照其拥有的资产、主要人员、已完成的工程业绩和技术装备等条件申请建筑业企业资质,经审查合格,取得建筑业企业资质证书后,方可在资质许可的范围内从事建筑施工活动。

第四条　国务院住房城乡建设主管部门负责全国建筑业企业资质的统一监督管理。国务院交通运输、水利、工业信息化等有关部门配合国务院住房城乡建设主管部门实施相关资质类别建筑业企业资质的管理工作。

省、自治区、直辖市人民政府住房城乡建设主管部门负责本行政区域内建筑业企业资质的统一监督管理。省、自治区、直辖市人民政府交通运输、水利、通信等有关部门配合同级住房城乡建设主管部门实施本行政区域内相关资质类别建筑业企业资质的管理工作。

第五条　建筑业企业资质分为施工总承包资质、专业承包资质、施工劳务资质三个序列。

施工总承包资质、专业承包资质按照工程性质和技术特点分别划分为若干资质类别,各资质类别按照规定的条件划分为若干资质等级。施工劳务资质不分类别与等级。

第六条　建筑业企业资质标准和取得相应资质的企业可以承担工程的具体范围,由国务院住房城乡建设主管部门会同国务院有关部门制定。

第七条　国家鼓励取得施工总承包资质的企业拥有独资或者控股的劳务企业。

建筑业企业应当加强技术创新和人员培训,使用先进的建造技术、建筑材料,开展绿色施工。

第二章 申请与许可

第八条 企业可以申请一项或多项建筑业企业资质。

企业首次申请或增项申请资质,应当申请最低等级资质。

第九条 下列建筑业企业资质,由国务院住房城乡建设主管部门许可:

(一)施工总承包资质序列特级资质、一级资质及铁路工程施工总承包二级资质;

(二)专业承包资质序列公路、水运、水利、铁路、民航方面的专业承包一级资质及铁路、民航方面的专业承包二级资质;涉及多个专业的专业承包一级资质。

第十条 下列建筑业企业资质,由企业工商注册所在地省、自治区、直辖市人民政府住房城乡建设主管部门许可:

(一)施工总承包资质序列二级资质及铁路、通信工程施工总承包三级资质;

(二)专业承包资质序列一级资质(不含公路、水运、水利、铁路、民航方面的专业承包一级资质及涉及多个专业的专业承包一级资质);

(三)专业承包资质序列二级资质(不含铁路、民航方面的专业承包二级资质);铁路方面专业承包三级资质;特种工程专业承包资质。

第十一条 下列建筑业企业资质,由企业工商注册所在地设区的市人民政府住房城乡建设主管部门许可:

(一)施工总承包资质序列三级资质(不含铁路、通信工程施工总承包三级资质);

(二)专业承包资质序列三级资质(不含铁路方面专业承包资质)及预拌混凝土、模板脚手架专业承包资质;

(三)施工劳务资质;

(四)燃气燃烧器具安装、维修企业资质。

第十二条 申请本规定第九条所列资质的,应当向企业工商注册所在地省、自治区、直辖市人民政府住房城乡建设主管部门提出申请。其中,国务院国有资产管理部门直接监管的建筑企业及其下属一层级的企业,可以由国务院国有资产管理部门直接监管的建筑企业向国务院住房城乡建设主管部门提出申请。

省、自治区、直辖市人民政府住房城乡建设主管部门应当自受理申请之日起20个工作日内初审完毕,并将初审意见和申请材料报国务院住房城乡建设主管部门。

国务院住房城乡建设主管部门应当自省、自治区、直辖市人民政府住房城乡建设主管部门受理申请材料之日起60个工作日内完成审查,公示审查意见,公示时间为10个工作日。其中,涉及公路、水运、水利、通信、铁路、民航等方面资质的,由国务院住房城乡建设主管部门会同国务院有关部门审查。

第十三条　本规定第十条规定的资质许可程序由省、自治区、直辖市人民政府住房城乡建设主管部门依法确定,并向社会公布。

本规定第十一条规定的资质许可程序由设区的市级人民政府住房城乡建设主管部门依法确定,并向社会公布。

第十四条　企业申请建筑业企业资质,应当提交以下材料:

(一)建筑业企业资质申请表及相应的电子文档;

(二)企业营业执照正副本复印件;

(三)企业章程复印件;

(四)企业资产证明文件复印件;

(五)企业主要人员证明文件复印件;

(六)企业资质标准要求的技术装备的相应证明文件复印件;

(七)企业安全生产条件有关材料复印件;

(八)按照国家有关规定应提交的其他材料。

第十五条　企业申请建筑业企业资质,应当如实提交有关申请材料。资质许可机关收到申请材料后,应当按照《中华人民共和国行政许可法》的规定办理受理手续。

第十六条　资质许可机关应当及时将资质许可决定向社会公开,并为公众查询提供便利。

第十七条　建筑业企业资质证书分为正本和副本,由国务院住房城乡建设主管部门统一印制,正、副本具备同等法律效力。资质证书有效期为5年。

第三章　延续与变更

第十八条　建筑业企业资质证书有效期届满,企业继续从事建筑施工活动的,应当于资质证书有效期届满3个月前,向原资质许可机关提出延续申请。

资质许可机关应当在建筑业企业资质证书有效期届满前做出是否准予延续的决定;逾期未做出决定的,视为准予延续。

第十九条　企业在建筑业企业资质证书有效期内名称、地址、注册资本、法定代表人等发生变更的,应当在工商部门办理变更手续后1个月内办理资质证书变更手续。

第二十条　由国务院住房城乡建设主管部门颁发的建筑业企业资质证书的变更，企业应当向企业工商注册所在地省、自治区、直辖市人民政府住房城乡建设主管部门提出变更申请，省、自治区、直辖市人民政府住房城乡建设主管部门应当自受理申请之日起 2 日内将有关变更证明材料报国务院住房城乡建设主管部门，由国务院住房城乡建设主管部门在 2 日内办理变更手续。

前款规定以外的资质证书的变更，由企业工商注册所在地的省、自治区、直辖市人民政府住房城乡建设主管部门或者设区的市人民政府住房城乡建设主管部门依法另行规定。变更结果应当在资质证书变更后 15 日内，报国务院住房城乡建设主管部门备案。

涉及公路、水运、水利、通信、铁路、民航等方面的建筑业企业资质证书的变更，办理变更手续的住房城乡建设主管部门应当将建筑业企业资质证书变更情况告知同级有关部门。

第二十一条　企业发生合并、分立、重组以及改制等事项，需承继原建筑业企业资质的，应当申请重新核定建筑业企业资质等级。

第二十二条　企业需更换、遗失补办建筑业企业资质证书的，应当持建筑业企业资质证书更换、遗失补办申请等材料向资质许可机关申请办理。资质许可机关应当在 2 个工作日内办理完毕。

企业遗失建筑业企业资质证书的，在申请补办前应当在公众媒体上刊登遗失声明。

第二十三条　企业申请建筑业企业资质升级、资质增项，在申请之日起前一年至资质许可决定作出前，有下列情形之一的，资质许可机关不予批准其建筑业企业资质升级申请和增项申请：

（一）超越本企业资质等级或以其他企业的名义承揽工程，或允许其他企业或个人以本企业的名义承揽工程的；

（二）与建设单位或企业之间相互串通投标，或以行贿等不正当手段谋取中标的；

（三）未取得施工许可证擅自施工的；

（四）将承包的工程转包或违法分包的；

（五）违反国家工程建设强制性标准施工的；

（六）恶意拖欠分包企业工程款或者劳务人员工资的；

（七）隐瞒或谎报、拖延报告工程质量安全事故，破坏事故现场、阻碍对事故调查的；

（八）按照国家法律、法规和标准规定需要持证上岗的现场管理人员和技术工种作业人员未取得证书上岗的；

(九)未依法履行工程质量保修义务或拖延履行保修义务的;

(十)伪造、变造、倒卖、出租、出借或者以其他形式非法转让建筑业企业资质证书的;

(十一)发生过较大以上质量安全事故或者发生过两起以上一般质量安全事故的;

(十二)其他违反法律、法规的行为。

第四章　监 督 管 理

第二十四条　县级以上人民政府住房城乡建设主管部门和其他有关部门应当依照有关法律、法规和本规定,加强对企业取得建筑业企业资质后是否满足资质标准和市场行为的监督管理。

上级住房城乡建设主管部门应当加强对下级住房城乡建设主管部门资质管理工作的监督检查,及时纠正建筑业企业资质管理中的违法行为。

第二十五条　住房城乡建设主管部门、其他有关部门的监督检查人员履行监督检查职责时,有权采取下列措施:

(一)要求被检查企业提供建筑业企业资质证书、企业有关人员的注册执业证书、职称证书、岗位证书和考核或者培训合格证书,有关施工业务的文档,有关质量管理、安全生产管理、合同管理、档案管理、财务管理等企业内部管理制度的文件;

(二)进入被检查企业进行检查,查阅相关资料;

(三)纠正违反有关法律、法规和本规定及有关规范和标准的行为。

监督检查人员应当将监督检查情况和处理结果予以记录,由监督检查人员和被检查企业的有关人员签字确认后归档。

第二十六条　住房城乡建设主管部门、其他有关部门的监督检查人员在实施监督检查时,应当出示证件,并要有两名以上人员参加。

监督检查人员应当为被检查企业保守商业秘密,不得索取或者收受企业的财物,不得谋取其他利益。

有关企业和个人对依法进行的监督检查应当协助与配合,不得拒绝或者阻挠。

监督检查机关应当将监督检查的处理结果向社会公布。

第二十七条　企业违法从事建筑活动的,违法行为发生地的县级以上地方人民政府住房城乡建设主管部门或者其他有关部门应当依法查处,并将违法事实、处理结果或者处理建议及时告知该建筑业企业资质的许可机关。

对取得国务院住房城乡建设主管部门颁发的建筑业企业资质证书的企业需要处以停

业整顿、降低资质等级、吊销资质证书行政处罚的，县级以上地方人民政府住房城乡建设主管部门或者其他有关部门，应当通过省、自治区、直辖市人民政府住房城乡建设主管部门或者国务院有关部门，将违法事实、处理建议及时报送国务院住房城乡建设主管部门。

第二十八条　取得建筑业企业资质证书的企业，应当保持资产、主要人员、技术装备等方面满足相应建筑业企业资质标准要求的条件。

企业不再符合相应建筑业企业资质标准要求条件的，县级以上地方人民政府住房城乡建设主管部门、其他有关部门，应当责令其限期改正并向社会公告，整改期限最长不超过3个月；企业整改期间不得申请建筑业企业资质的升级、增项，不能承揽新的工程；逾期仍未达到建筑业企业资质标准要求条件的，资质许可机关可以撤回其建筑业企业资质证书。

被撤回建筑业企业资质证书的企业，可以在资质被撤回后3个月内，向资质许可机关提出核定低于原等级同类别资质的申请。

第二十九条　有下列情形之一的，资质许可机关应当撤销建筑业企业资质：

（一）资质许可机关工作人员滥用职权、玩忽职守准予资质许可的；

（二）超越法定职权准予资质许可的；

（三）违反法定程序准予资质许可的；

（四）对不符合资质标准条件的申请企业准予资质许可的；

（五）依法可以撤销资质许可的其他情形。

以欺骗、贿赂等不正当手段取得资质许可的，应当予以撤销。

第三十条　有下列情形之一的，资质许可机关应当依法注销建筑业企业资质，并向社会公布其建筑业企业资质证书作废，企业应当及时将建筑业企业资质证书交回资质许可机关：

（一）资质证书有效期届满，未依法申请延续的；

（二）企业依法终止的；

（三）资质证书依法被撤回、撤销或吊销的；

（四）企业提出注销申请的；

（五）法律、法规规定的应当注销建筑业企业资质的其他情形。

第三十一条　有关部门应当将监督检查情况和处理意见及时告知资质许可机关。资质许可机关应当将涉及有关公路、水运、水利、通信、铁路、民航等方面的建筑业企业资质许可被撤回、撤销、吊销和注销的情况告知同级有关部门。

第三十二条　资质许可机关应当建立、健全建筑业企业信用档案管理制度。建筑业企业信用档案应当包括企业基本情况、资质、业绩、工程质量和安全、合同履约、社会投诉和违法行为等情况。

企业的信用档案信息按照有关规定向社会公开。

取得建筑业企业资质的企业应当按照有关规定,向资质许可机关提供真实、准确、完整的企业信用档案信息。

第三十三条　县级以上地方人民政府住房城乡建设主管部门或其他有关部门依法给予企业行政处罚的,应当将行政处罚决定以及给予行政处罚的事实、理由和依据,通过省、自治区、直辖市人民政府住房城乡建设主管部门或者国务院有关部门报国务院住房城乡建设主管部门备案。

第三十四条　资质许可机关应当推行建筑业企业资质许可电子化,建立建筑业企业资质管理信息系统。

第五章　法 律 责 任

第三十五条　申请企业隐瞒有关真实情况或者提供虚假材料申请建筑业企业资质的,资质许可机关不予许可,并给予警告,申请企业在1年内不得再次申请建筑业企业资质。

第三十六条　企业以欺骗、贿赂等不正当手段取得建筑业企业资质的,由原资质许可机关予以撤销;由县级以上地方人民政府住房城乡建设主管部门或者其他有关部门给予警告,并处3万元的罚款;申请企业3年内不得再次申请建筑业企业资质。

第三十七条　企业有本规定第二十三条行为之一,《中华人民共和国建筑法》、《建设工程质量管理条例》和其他有关法律、法规对处罚机关和处罚方式有规定的,依照法律、法规的规定执行;法律、法规未作规定的,由县级以上地方人民政府住房城乡建设主管部门或者其他有关部门给予警告,责令改正,并处1万元以上3万元以下的罚款。

第三十八条　企业未按照本规定及时办理建筑业企业资质证书变更手续的,由县级以上地方人民政府住房城乡建设主管部门责令限期办理;逾期不办理的,可处以1000元以上1万元以下的罚款。

第三十九条　企业在接受监督检查时,不如实提供有关材料,或者拒绝、阻碍监督检查的,由县级以上地方人民政府住房城乡建设主管部门责令限期改正,并可以处3万元以下罚款。

第四十条　企业未按照本规定要求提供企业信用档案信息的，由县级以上地方人民政府住房城乡建设主管部门或者其他有关部门给予警告，责令限期改正；逾期未改正的，可处以1000元以上1万元以下的罚款。

第四十一条　县级以上人民政府住房城乡建设主管部门及其工作人员，违反本规定，有下列情形之一的，由其上级行政机关或者监察机关责令改正；对直接负责的主管人员和其他直接责任人员，依法给予行政处分；直接负责的主管人员和其他直接责任人员构成犯罪的，依法追究刑事责任：

（一）对不符合资质标准规定条件的申请企业准予资质许可的；

（二）对符合受理条件的申请企业不予受理或者未在法定期限内初审完毕的；

（三）对符合资质标准规定条件的申请企业不予许可或者不在法定期限内准予资质许可的；

（四）发现违反本规定规定的行为不予查处，或者接到举报后不依法处理的；

（五）在企业资质许可和监督管理中，利用职务上的便利，收受他人财物或者其他好处，以及有其他违法行为的。

第六章　附　　则

第四十二条　本规定自2015年3月1日起施行。2007年6月26日建设部颁布的《建筑业企业资质管理规定》（建设部令第159号）同时废止。

| 应用指引 |

（一）建筑业企业资质概述

建筑业企业资质，是指建筑企业从事建设工程勘察、设计、施工等活动的资格。建筑企业只有取得国家建设主管部门颁发的资质证书，才能承担相应的建设工程勘察、设计和施工任务。根据建设部《建筑业企业资质管理规定》，建筑企业获得资质证书，首先要向建设主管部门提出申请，经审查合格后再发给相应等级的资质证书。

建筑施工企业资质分为施工总承包、专业承包和劳务分包三个序列。按照工程性质和技术特点分别划分为若干资质类别，各类别按规定的条件划分为若干等级。

建筑业企业资质许可实行分级管理。由国务院住房城乡建设主管部门许可的建筑业企业资质包括：（1）施工总承包资质序列特级资质、一级资质及铁路工程施工总承包二级资质;(2)专业承包资质序列公路、水运、水利、铁路、民航方面的专业承包一级资质及铁路、民航方面的专业承包二级资历;(3)涉及多个专业的专业承包一级资质。

由企业工商注册所在地省、自治区、直辖市人民政府住房城乡建设主管部门许可的建筑业企业资质包括:(1)施工总承包资质序列二级资质及铁路、通信工程施工总承包三级资质;(2)专业承包资质序列一级资质(不含公路、水运、水利、铁路、民航方面的专业承包一级资质及涉及多个专业的专业承包一级资质);(3)专业承包资质序列二级资质(不含铁路、民航方面的专业承包二级资质);铁路方面专业承包三级资质;特种工程专业承包资质。

由企业工商注册所在地设区的市人民政府住房城乡建设主管部门许可的建筑业企业资质包括:(1)施工总承包资质序列三级资质(不含铁路、通信工程施工总承包三级资质);(2)专业承包资质序列三级资质(不含铁路方面专业承包资质)及预拌混凝土、模板脚手架专业承包资质;(3)施工劳务资质;(4)燃气燃烧器具安装、维修企业资质。

(二)制作该文书时应当注意的问题

建筑业企业资质申请表,是建筑企业申请建筑资格时使用的文书。主要内容包括企业申请资质类别与等级、初审部门的审查意见、企业法定代表人的声明以及企业的基本情况等内容。填写申请书时应当注意以下问题:

(1)企业法定代表人要认真阅读声明的内容,在确认完全理解后要签字并盖章。这个声明的内容要求法定代表人对所填内容的真实性负责。

(2)企业情况直接关系到企业资质等级,不同等级对企业人员、资产、设备状况有不同的要求。因此,申请哪一级就应有哪一级的标准。在填写时,要严格按照企业的各项统计数字和指标进行登记,不能弄虚作假。

002 工程勘察、工程设计资质申请表

文书范本 | 工程勘察、工程设计资质申请表

适用范围 | 申请工程勘察、工程设计资质时所使用的文书

条文检索 | 中华人民共和国建筑法;建设工程勘察设计资质管理规定

应用指引 | 工程勘察、工程设计资质的概念和主要内容;制作该文书应当注意的问题

工程勘察、工程设计资质申请表

申报企业:________（公章）

填报日期:________________

（封面）

填表须知

一、《工程勘察、工程设计资质申请表》系申请工程勘察、工程设计[包括综合、行业、专业(含事务所)和专项工程设计]资质核定、升级、增项、延续等的专用表格。

二、本表要求用计算机打印，格式规范，不得涂改。

三、申请企业在申请工程勘察、工程设计[包括综合、行业、专业(含事务所)和专项工程设计]资质时需提交本表，并须提交相应附件材料，所需提交材料内容和份数按建设部有关文件规定办理。为便于档案管理，申请单位所提交的申请表必须和标准申请表的规格一致，纸张应为A4纸。

申请表应与附件材料分开，其他要求提交的材料统一收集在附件材料中。附件材料要列出详细目录及页码范围，以便于查询。

四、申请企业应按要求逐项填报有关内容，需提交表中未列出的内容时，可在附件材料中说明。各页如纸张不够，可加附页。

五、申请企业填报材料必须真实，审查部门所做结论必须客观、明确，如有虚报、造假行为，一经查实，将按有关规定严肃处理。

六、申请工程勘察资质的企业填写一、三、四、六、九、十、十一表。申请工程设计行业、专业(含事务所)、专项资质的企业填写一、二、三、五、六、十、十一表。申请工程设计综合资质的企业填写一、二、三、六、七、八、九、十、十一表。

初审部门审查意见表

<table>
<tr><td>企业名称</td><td colspan="2"></td><td>此次
申请内容</td><td colspan="2"></td></tr>
<tr><td>现有资质
等级范围</td><td colspan="2"></td><td colspan="3">核定□　　升级□
增项□　　延续□
其他□</td></tr>
<tr><td>指标
类别</td><td>序号</td><td>考核指标</td><td>审查标准</td><td>审查认定值</td><td>达标情况</td></tr>
<tr><td rowspan="5">综合
指标</td><td>1</td><td>注册资本</td><td></td><td></td><td></td></tr>
<tr><td>2</td><td>机构章程</td><td>—</td><td>—</td><td></td></tr>
<tr><td>3</td><td>资质证书</td><td>—</td><td>—</td><td></td></tr>
<tr><td>4</td><td>办公场所或房屋租赁合同</td><td>—</td><td>—</td><td></td></tr>
<tr><td>5</td><td>其他(改制证明、设备等)</td><td></td><td></td><td></td></tr>
</table>

续表

<table>
<tr><td rowspan="5">人员指标</td><td>6</td><td colspan="2">主要技术负责人或总工程师</td><td></td><td></td><td></td></tr>
<tr><td>7</td><td colspan="2">主要专业技术人员</td><td></td><td></td><td></td></tr>
<tr><td rowspan="3">8</td><td rowspan="3">设计综合资质要求的专业人数</td><td>初级以上职称人数</td><td>500</td><td></td><td></td></tr>
<tr><td>注册和高工人数</td><td>200</td><td></td><td></td></tr>
<tr><td>注册人数及专业数量</td><td>40(5个)</td><td></td><td></td></tr>
<tr><td>业绩指标</td><td>9</td><td colspan="2">工程业绩</td><td></td><td></td><td></td></tr>
<tr><td rowspan="4">诚信记录</td><td>1</td><td colspan="2">串通投标、弄虚作假、发生重大质量安全事故</td><td rowspan="4" colspan="3"></td></tr>
<tr><td>2</td><td colspan="2">违反国家工程建设强制性标准</td></tr>
<tr><td>3</td><td colspan="2">超越资质等级承揽业务</td></tr>
<tr><td>4</td><td colspan="2">其他违反法律、法规行为</td></tr>
<tr><td colspan="7">核验原件与复印件是否一致:是□　否□　核验人签字:</td></tr>
<tr><td colspan="7">(此栏内应填写明确意见)

负责人(签字):
初审部门(盖章):
年　月　日</td></tr>
</table>

注:1. 单位的印章应为本单位公章或行政许可专用章,单位内设机构印章无效;

2. 本表综合指标和诚信记录涉及的纸质申报材料,经初审部门审查后,不再报建设部,由初审部门在有效期内保管;人员和业绩指标涉及的纸质申报材料初审后上报建设部审查;

3. 有关专业部门自接到建设部资质材料至初审完毕并送达建设部时间为20日,逾期建设部将视为同意。

企业法定代表人声明

本人郑重声明:

本企业此次填报的《工程勘察、工程设计企业资质申请表》及附件材料的全部数据、内容是真实的,同样我在此所做的声明也是真实有效的。我知道虚假的声明与资料是严重的违法行为,此次资质申请提供的资料如有虚假,本企业愿接受建设行政主管部门及其他有关部门依法给予的处罚。

企业法定代表人:(签名)　　(公章)

年　月　日

申 请 情 况

现有资质及承接业务范围		
此次申请内容	核定□　升级□　增项□　延续□　其他□	
	勘察资质类别及等级 □综合资质: □专业资质: □劳务资质:	设计资质类别及等级 □综合资质: □行业资质: □专业资质: □专项资质: □事务所资质:
	法定代表人(签名)　　公章 年　月　日	

一、企业基本情况

<table>
<tr><td>企业名称</td><td colspan="7"></td></tr>
<tr><td>法定代表人</td><td></td><td>职务</td><td colspan="5"></td></tr>
<tr><td rowspan="2">总工程师</td><td rowspan="2"></td><td>学历</td><td></td><td>职称</td><td></td><td rowspan="2">工程勘察
设计工龄</td><td rowspan="2"></td></tr>
<tr><td>所学专业</td><td></td><td>执业资格</td><td></td></tr>
<tr><td>通讯地址</td><td colspan="7"></td></tr>
<tr><td>邮政编码</td><td colspan="2"></td><td>电话</td><td colspan="4"></td></tr>
<tr><td>企业上级主管</td><td colspan="7"></td></tr>
<tr><td colspan="3">隶属关系
（国资委、地方、其他）</td><td colspan="5"></td></tr>
<tr><td>最早成立时间</td><td></td><td>营业执照注册号</td><td></td><td colspan="2">企业类型</td><td colspan="2"></td></tr>
<tr><td>工商注册时间</td><td></td><td>资质证书编号</td><td></td><td colspan="2">注册资本(万元)</td><td colspan="2"></td></tr>
<tr><td rowspan="4">60 岁及以下从事工程勘察设计专业技术人员情况</td><td colspan="7">人员总数：　　人</td></tr>
<tr><td rowspan="3">其中：</td><td colspan="6">1. 高级专业技术职称：　　人</td></tr>
<tr><td colspan="6">2. 中级专业技术职称：　　人</td></tr>
<tr><td colspan="6">3. 初级专业技术职称：　　人</td></tr>
<tr><td>从事工程勘察设计主要专业技术人员情况</td><td colspan="4">注册人员总数：　　人</td><td colspan="3">非注册人员总数：　　人</td></tr>
<tr><td rowspan="2">从事工程项目管理注册人员情况</td><td colspan="7">注册建造师：　　人</td></tr>
<tr><td colspan="7">注册监理工程师：　　人</td></tr>
</table>

注：本表有关人员情况的栏目均按企业实际人员情况填写。

二、企业主要技术负责人情况一览表

姓名	性别	年龄	学历	职称	所学专业	执业资格	工程设计工龄	身份证号	负责行业

注：1. 申请工程勘察资质的不需填写此表；

2. 本表中的人员为与所申请行业资质相关的人员，与所申请行业资质无关的人员可不必填写；

3. 本表中人员需提供专业技术人员基本情况及业绩表。

五、从事工程设计非注册人员情况一览表(主导专业)

序号	姓名	性别	年龄	职称	学历	所学专业	所在专业技术岗位	工程设计工龄	身份证号码	备注
一	××行业									
(一)	××××工程									
(二)	××××工程									
(三)	××××工程									
二	××行业									

注:1. 申请工程勘察资质、工程设计综合资质的企业不需填写此表;

2. 本表中的人员为与申请资质等级相关的人员,与所申请资质等级无关的人员可不必填写;

3. 本表中人员需填写“专业技术人员基本情况及业绩表”。

六、从事工程设计非注册人员情况一览表(非主导专业)

序号	姓名	性别	年龄	职称	学历	所学专业	所在专业技术岗位	工程设计工龄	身份证号码	备注
一	××行业									
(一)	××××工程									
(二)	××××工程									
(三)	××××工程									
二	××行业									

注:1. 申请工程勘察资质、工程设计综合资质的企业不需填写此表;

2. 本表中的人员为与申请资质等级相关的人员,与所申请资质等级无关的人员可不必填写。

七、企业业绩

序号	工程勘察专业或工程设计类型	工程勘察、工程设计项目名称	项目规模复杂程度	项目技术指标	工作始末时间	建成时间	备注
一	××行业工程设计						
二	××行业工程设计						
三	××行业工程设计						
四	工程勘察						
	岩土工程						
	水文地质						
	工程测量						

注：1. 工程勘察资质标准、工程设计四个序列资质标准中对企业业绩有考核指标要求的需填写此表；

2. 本表中企业工程设计业绩需提供业绩证明，包括：工程设计合同主要页的复印件；建设单位（业主）出具的工程竣工、移交、试运行证明文件，或工程竣工验收文件的复印件；

3. 本表中企业工程勘察业绩证明按工程勘察资质标准的要求提供。

八、从事工程项目管理注册人员情况一览表

序号	姓名	年龄	注册专业	注册类别及等级	执业印章号或注册证书号	是否离退休	身份证号码	备注

注:1. 申请工程勘察资质、工程设计行业、专业、专项资质的企业不需填写此表;

2. 本表中的人员为与申请资质等级相关的人员,与所申请资质等级无关的人员可不必填写。

九、从事工程勘察设计专业技术人员情况一览表

序号	姓名	性别	年龄	职称/注册专业	执业注册证书号（执业印章号）	所学专业	身份证号码	备注

注:1. 申请工程勘察资质、工程设计行业、专业、专项资质的企业不需填写此表；

2. 本表中的人员为与申请工程设计综合资质相关的人员，与工程设计综合资质无关的人员可不必填写；

3. 本表中注册人员需提供加盖执业印章的注册证书及身份证明复印件，其他人员需提供专业技术职称证书及身份证明复印件；

4. 本表中人员按注册人员、教授级高级工程师、高级工程师、工程师、助理工程师的顺序填写。

十、业务成果

序号	获奖项目名称或编制工程建设标准、规范、拥有工程设计专利、专有技术、工艺包名称	获奖类型及等级或编制工程建设标准、规范、拥有工程设计专利、专有技术、工艺包等级	获奖、专利批准时间或编制标准、规范完成时间	颁奖单位、工程建设标准、规范委托单位或专利、专有技术、工艺包批准或认定、认可单位	备注
一、专利、专有技术、工艺包(软件包)					
二、获奖情况					
三、主编、参编国家、行业工程建设标准、规范					

注:申请工程设计行业、专业、专项资质的企业不需填写此表。

十一、技术装备概况

序号	技术装备名称	型号规格	数量	主要性能	备注

十二、企 业 简 历

企业名称变化：

企业资质变化：

专业技术人员基本情况及业绩表

单位名称:(盖章)

填表日期:

姓名		性别		出生年月	
身份证号		学历		所学专业	
所在专业技术岗位		技术职称		毕业院校及毕业时间	

工作简历			
起止时间	工作单位	所在专业技术岗位	证明人及电话

本人完成主要勘察、设计项目概况						
序号	项目名称	项目规模及技术指标	起止时间	本人在工程勘察、设计中所起作用	完成项目的工程勘察设计单位及资质等级	证明人及电话

本人承诺以上填写内容真实有效。我知道虚假的声明与资料是严重的违法行为,以上关于我本人的基本信息及其业绩如有虚假,本人愿接受建设行政主管部门及其他有关部门依法给予的处罚。

本人签字:

注:申报单位必须对此材料的真实性负责。

条文检索

中华人民共和国建筑法·第12～14条

（1997年11月1日第八届全国人民代表大会常务委员会第二十八次会议通过 根据2011年4月22日第十一届全国人民代表大会常务委员会第二十次会议《关于修改〈中华人民共和国建筑法〉的决定》修正）

第十二条 从事建筑活动的建筑施工企业、勘察单位、设计单位和工程监理单位，应当具备下列条件：

（一）有符合国家规定的注册资本；

（二）有与其从事的建筑活动相适应的具有法定执业资格的专业技术人员；

（三）有从事相关建筑活动所应有的技术装备；

（四）法律、行政法规规定的其他条件。

第十三条 从事建筑活动的建筑施工企业、勘察单位、设计单位和工程监理单位，按照其拥有的注册资本、专业技术人员、技术装备和已完成的建筑工程业绩等资质条件，划分为不同的资质等级，经资质审查合格，取得相应等级的资质证书后，方可在其资质等级许可的范围内从事建筑活动。

第十四条 从事建筑活动的专业技术人员，应当依法取得相应的执业资格证书，并在执业资格证书许可的范围内从事建筑活动。

建设工程勘察设计资质管理规定

（2006年12月30日建设部第114次常务会议讨论通过 2007年6月26日建设部令第160号发布 根据2015年5月4日《住房和城乡建设部关于修改〈房地产开发企业资质管理规定〉等部门规章的决定》修正）

第一章 总 则

第一条 为了加强对建设工程勘察、设计活动的监督管理，保证建设工程勘察、设计质量，根据《中华人民共和国行政许可法》、《中华人民共和国建筑法》、《建设工程质量管理条例》和《建设工程勘察设计管理条例》等法律、行政法规，制定本规定。

第二条 在中华人民共和国境内申请建设工程勘察、工程设计资质，实施对建设工程勘察、工程设计资质的监督管理,适用本规定。

第三条　从事建设工程勘察、工程设计活动的企业,应当按照其拥有的资产、专业技术人员、技术装备和勘察设计业绩等条件申请资质,经审查合格,取得建设工程勘察、工程设计资质证书后,方可在资质许可的范围内从事建设工程勘察、工程设计活动。

第四条　国务院建设主管部门负责全国建设工程勘察、工程设计资质的统一监督管理。国务院铁路、交通、水利、信息产业、民航等有关部门配合国务院建设主管部门实施相应行业的建设工程勘察、工程设计资质管理工作。

省、自治区、直辖市人民政府建设主管部门负责本行政区域内建设工程勘察、工程设计资质的统一监督管理。省、自治区、直辖市人民政府交通、水利、信息产业等有关部门配合同级建设主管部门实施本行政区域内相应行业的建设工程勘察、工程设计资质管理工作。

第二章　资质分类和分级

第五条　工程勘察资质分为工程勘察综合资质、工程勘察专业资质、工程勘察劳务资质。

工程勘察综合资质只设甲级;工程勘察专业资质设甲级、乙级,根据工程性质和技术特点,部分专业可以设丙级;工程勘察劳务资质不分等级。

取得工程勘察综合资质的企业,可以承接各专业(海洋工程勘察除外)、各等级工程勘察业务;取得工程勘察专业资质的企业,可以承接相应等级相应专业的工程勘察业务;取得工程勘察劳务资质的企业,可以承接岩土工程治理、工程钻探、凿井等工程勘察劳务业务。

第六条　工程设计资质分为工程设计综合资质、工程设计行业资质、工程设计专业资质和工程设计专项资质。

工程设计综合资质只设甲级;工程设计行业资质、工程设计专业资质、工程设计专项资质设甲级、乙级。

根据工程性质和技术特点,个别行业、专业、专项资质可以设丙级,建筑工程专业资质可以设丁级。

取得工程设计综合资质的企业,可以承接各行业、各等级的建设工程设计业务;取得工程设计行业资质的企业,可以承接相应行业相应等级的工程设计业务及本行业范围内同级别的相应专业、专项(设计施工一体化资质除外)工程设计业务;取得工程设计专业资质的企业,可以承接本专业相应等级的专业工程设计业务及同级别的相应专项工程设计业务（设计施工一体化资质除外）；取得工程设计专项资质的企业，可以承接本专项相应等级的专项工程设计业务。

第七条　建设工程勘察、工程设计资质标准和各资质类别、级别企业承担工程的具体范围由国务院建设主管部门商国务院有关部门制定。

第三章　资质申请和审批

第八条　申请工程勘察甲级资质、工程设计甲级资质，以及涉及铁路、交通、水利、信息产业、民航等方面的工程设计乙级资质的，应当向企业工商注册所在地的省、自治区、直辖市人民政府建设主管部门提出申请。其中，国务院国资委管理的企业应当向国务院建设主管部门提出申请；国务院国资委管理的企业下属一层级的企业申请资质，应当由国务院国资委管理的企业向国务院建设主管部门提出申请。

省、自治区、直辖市人民政府建设主管部门应当自受理申请之日起20日内初审完毕，并将初审意见和申请材料报国务院建设主管部门。

国务院建设主管部门应当自省、自治区、直辖市人民政府建设主管部门受理申请材料之日起60日内完成审查，公示审查意见，公示时间为10日。其中，涉及铁路、交通、水利、信息产业、民航等方面的工程设计资质，由国务院建设主管部门送国务院有关部门审核，国务院有关部门在20日内审核完毕，并将审核意见送国务院建设主管部门。

第九条　工程勘察乙级及以下资质、劳务资质、工程设计乙级（涉及铁路、交通、水利、信息产业、民航等方面的工程设计乙级资质除外）及以下资质许可由省、自治区、直辖市人民政府建设主管部门实施。具体实施程序由省、自治区、直辖市人民政府建设主管部门依法确定。

省、自治区、直辖市人民政府建设主管部门应当自作出决定之日起30日内，将准予资质许可的决定报国务院建设主管部门备案。

第十条　工程勘察、工程设计资质证书分为正本和副本，正本一份，副本六份，由国务院建设主管部门统一印制，正、副本具备同等法律效力。资质证书有效期为5年。

第十一条　企业首次申请工程勘察、工程设计资质，应当提供以下材料：

（一）工程勘察、工程设计资质申请表；

（二）企业法人、合伙企业营业执照副本复印件；

（三）企业章程或合伙人协议；

（四）企业法定代表人、合伙人的身份证明；

（五）企业负责人、技术负责人的身份证明、任职文件、毕业证书、职称证书及相关资质标准要求提供的材料；

（六）工程勘察、工程设计资质申请表中所列注册执业人员的身份证明、注册执业证书；

（七）工程勘察、工程设计资质标准要求的非注册专业技术人员的职称证书、毕业证书、身份证明及个人业绩材料；

（八）工程勘察、工程设计资质标准要求的注册执业人员、其他专业技术人员与原聘用单位解除聘用劳动合同的证明及新单位的聘用劳动合同；

（九）资质标准要求的其他有关材料。

第十二条　企业申请资质升级应当提交以下材料：

（一）本规定第十一条第（一）、（二）、（五）、（六）、（七）、（九）项所列资料；

（二）工程勘察、工程设计资质标准要求的非注册专业技术人员与本单位签定的劳动合同及社保证明；

（三）原工程勘察、工程设计资质证书副本复印件；

（四）满足资质标准要求的企业工程业绩和个人工程业绩。

第十三条　企业增项申请工程勘察、工程设计资质，应当提交下列材料：

（一）本规定第十一条所列（一）、（二）、（五）、（六）、（七）、（九）的资料；

（二）工程勘察、工程设计资质标准要求的非注册专业技术人员与本单位签定的劳动合同及社保证明；

（三）原资质证书正、副本复印件；

（四）满足相应资质标准要求的个人工程业绩证明。

第十四条　资质有效期届满，企业需要延续资质证书有效期的，应当在资质证书有效期届满60日前，向原资质许可机关提出资质延续申请。

对在资质有效期内遵守有关法律、法规、规章、技术标准，信用档案中无不良行为记录，且专业技术人员满足资质标准要求的企业，经资质许可机关同意，有效期延续5年。

第十五条　企业在资质证书有效期内名称、地址、注册资本、法定代表人等发生变更的，应当在工商部门办理变更手续后30日内办理资质证书变更手续。

取得工程勘察甲级资质、工程设计甲级资质，以及涉及铁路、交通、水利、信息产业、民航等方面的工程设计乙级资质的企业，在资质证书有效期内发生企业名称变更的，应当向企业工商注册所在地省、自治区、直辖市人民政府建设主管部门提出变更申请，省、自治区、直辖市人民政府建设主管部门应当自受理申请之日起2日内将有关变更证明材料报国务院建设主管部门，由国务院建设主管部门在2日内办理变更手续。

前款规定以外的资质证书变更手续，由企业工商注册所在地的省、自治区、直辖市人民政府建设主管部门负责办理。省、自治区、直辖市人民政府建设主管部门应当自受理申请之日起2日内办理变更手续，并在办理资质证书变更手续后15日内将变更结果报国务院建设主管部门备案。

涉及铁路、交通、水利、信息产业、民航等方面的工程设计资质的变更，国务院建设主管部门应当将企业资质变更情况告知国务院有关部门。

第十六条　企业申请资质证书变更，应当提交以下材料：

（一）资质证书变更申请；

（二）企业法人、合伙企业营业执照副本复印件；

（三）资质证书正、副本原件；

（四）与资质变更事项有关的证明材料。

企业改制的，除提供前款规定资料外，还应当提供改制重组方案、上级资产管理部门或者股东大会的批准决定、企业职工代表大会同意改制重组的决议。

第十七条　企业首次申请、增项申请工程勘察、工程设计资质，其申请资质等级最高不超过乙级，且不考核企业工程勘察、工程设计业绩。

已具备施工资质的企业首次申请同类别或相近类别的工程勘察、工程设计资质的，可以将相应规模的工程总承包业绩作为工程业绩予以申报。其申请资质等级最高不超过其现有施工资质等级。

第十八条　企业合并的，合并后存续或者新设立的企业可以承继合并前各方中较高的资质等级，但应当符合相应的资质标准条件。

企业分立的，分立后企业的资质按照资质标准及本规定的审批程序核定。

企业改制的，改制后不再符合资质标准的，应按其实际达到的资质标准及本规定重新核定；资质条件不发生变化的，按本规定第十六条办理。

第十九条　从事建设工程勘察、设计活动的企业，申请资质升级、资质增项，在申请之日起前一年内有下列情形之一的，资质许可机关不予批准企业的资质升级申请和增项申请：

（一）企业相互串通投标或者与招标人串通投标承揽工程勘察、工程设计业务的；

（二）将承揽的工程勘察、工程设计业务转包或违法分包的；

(三)注册执业人员未按照规定在勘察设计文件上签字的;

(四)违反国家工程建设强制性标准的;

(五)因勘察设计原因造成过重大生产安全事故的;

(六)设计单位未根据勘察成果文件进行工程设计的;

(七)设计单位违反规定指定建筑材料、建筑构配件的生产厂、供应商的;

(八)无工程勘察、工程设计资质或者超越资质等级范围承揽工程勘察、工程设计业务的;

(九)涂改、倒卖、出租、出借或者以其他形式非法转让资质证书的;

(十)允许其他单位、个人以本单位名义承揽建设工程勘察、设计业务的;

(十一)其他违反法律、法规行为的。

第二十条　企业在领取新的工程勘察、工程设计资质证书的同时,应当将原资质证书交回原发证机关予以注销。

企业需增补(含增加、更换、遗失补办)工程勘察、工程设计资质证书的,应当持资质证书增补申请等材料向资质许可机关申请办理。遗失资质证书的,在申请补办前应当在公众媒体上刊登遗失声明。资质许可机关应当在2日内办理完毕。

第四章　监督与管理

第二十一条　国务院建设主管部门对全国的建设工程勘察、设计资质实施统一的监督管理。国务院铁路、交通、水利、信息产业、民航等有关部门配合国务院建设主管部门对相应的行业资质进行监督管理。

县级以上地方人民政府建设主管部门负责对本行政区域内的建设工程勘察、设计资质实施监督管理。县级以上人民政府交通、水利、信息产业等有关部门配合同级建设主管部门对相应的行业资质进行监督管理。

上级建设主管部门应当加强对下级建设主管部门资质管理工作的监督检查,及时纠正资质管理中的违法行为。

第二十二条　建设主管部门、有关部门履行监督检查职责时,有权采取下列措施:

(一)要求被检查单位提供工程勘察、设计资质证书、注册执业人员的注册执业证书,有关工程勘察、设计业务的文档,有关质量管理、安全生产管理、档案管理、财务管理等企业内部管理制度的文件;

(二)进入被检查单位进行检查,查阅相关资料;

（三）纠正违反有关法律、法规和本规定及有关规范和标准的行为。

建设主管部门、有关部门依法对企业从事行政许可事项的活动进行监督检查时，应当将监督检查情况和处理结果予以记录，由监督检查人员签字后归档。

第二十三条　建设主管部门、有关部门在实施监督检查时，应当有两名以上监督检查人员参加，并出示执法证件，不得妨碍企业正常的生产经营活动，不得索取或者收受企业的财物，不得谋取其他利益。

有关单位和个人对依法进行的监督检查应当协助与配合，不得拒绝或者阻挠。

监督检查机关应当将监督检查的处理结果向社会公布。

第二十四条　企业违法从事工程勘察、工程设计活动的，其违法行为发生地的建设主管部门应当依法将企业的违法事实、处理结果或处理建议告知该企业的资质许可机关。

第二十五条　企业取得工程勘察、设计资质后，不再符合相应资质条件的，建设主管部门、有关部门根据利害关系人的请求或者依据职权，可以责令其限期改正；逾期不改的，资质许可机关可以撤回其资质。

第二十六条　有下列情形之一的，资质许可机关或者其上级机关，根据利害关系人的请求或者依据职权，可以撤销工程勘察、工程设计资质：

（一）资质许可机关工作人员滥用职权、玩忽职守作出准予工程勘察、工程设计资质许可的；

（二）超越法定职权作出准予工程勘察、工程设计资质许可；

（三）违反资质审批程序作出准予工程勘察、工程设计资质许可的；

（四）对不符合许可条件的申请人作出工程勘察、工程设计资质许可的；

（五）依法可以撤销资质证书的其他情形。

以欺骗、贿赂等不正当手段取得工程勘察、工程设计资质证书的，应当予以撤销。

第二十七条　有下列情形之一的，企业应当及时向资质许可机关提出注销资质的申请，交回资质证书，资质许可机关应当办理注销手续，公告其资质证书作废：

（一）资质证书有效期届满未依法申请延续的；

（二）企业依法终止的；

（三）资质证书依法被撤销、撤回，或者吊销的；

（四）法律、法规规定的应当注销资质的其他情形。

第二十八条　有关部门应当将监督检查情况和处理意见及时告知建设主管部门。资质许可机关应当将涉及铁路、交通、水利、信息产业、民航等方面的资质被撤回、撤销和注销的情况及时告知有关部门。

第二十九条　企业应当按照有关规定,向资质许可机关提供真实、准确、完整的企业信用档案信息。

企业的信用档案应当包括企业基本情况、业绩、工程质量和安全、合同违约等情况。被投诉举报和处理、行政处罚等情况应当作为不良行为记入其信用档案。

企业的信用档案信息按照有关规定向社会公示。

第五章　法律责任

第三十条　企业隐瞒有关情况或者提供虚假材料申请资质的,资质许可机关不予受理或者不予行政许可,并给予警告,该企业在1年内不得再次申请该资质。

第三十一条　企业以欺骗、贿赂等不正当手段取得资质证书的,由县级以上地方人民政府建设主管部门或者有关部门给予警告,并依法处以罚款;该企业在3年内不得再次申请该资质。

第三十二条　企业不及时办理资质证书变更手续的,由资质许可机关责令限期办理;逾期不办理的,可处以1000元以上1万元以下的罚款。

第三十三条　企业未按照规定提供信用档案信息的,由县级以上地方人民政府建设主管部门给予警告,责令限期改正;逾期未改正的,可处以1000元以上1万元以下的罚款。

第三十四条　涂改、倒卖、出租、出借或者以其他形式非法转让资质证书的,由县级以上地方人民政府建设主管部门或者有关部门给予警告,责令改正,并处以1万元以上3万元以下的罚款;造成损失的,依法承担赔偿责任;构成犯罪的,依法追究刑事责任。

第三十五条　县级以上地方人民政府建设主管部门依法给予工程勘察、设计企业行政处罚的,应当将行政处罚决定以及给予行政处罚的事实、理由和依据,报国务院建设主管部门备案。

第三十六条　建设主管部门及其工作人员,违反本规定,有下列情形之一的,由其上级行政机关或者监察机关责令改正;情节严重的,对直接负责的主管人员和其他直接责任人员,依法给予行政处分:

(一)对不符合条件的申请人准予工程勘察、设计资质许可的;

(二)对符合条件的申请人不予工程勘察、设计资质许可或者未在法定期限内作出许可决定的;

(三)对符合条件的申请不予受理或者未在法定期限内初审完毕的;

（四）利用职务上的便利，收受他人财物或者其他好处的；

（五）不依法履行监督职责或者监督不力，造成严重后果的。

第六章 附 则

第三十七条 本规定所称建设工程勘察包括建设工程项目的岩土工程、水文地质、工程测量、海洋工程勘察等。

第三十八条 本规定所称建设工程设计是指：

（一）建设工程项目的主体工程和配套工程（含厂（矿）区内的自备电站、道路、专用铁路、通信、各种管网管线和配套的建筑物等全部配套工程）以及与主体工程、配套工程相关的工艺、土木、建筑、环境保护、水土保持、消防、安全、卫生、节能、防雷、抗震、照明工程等的设计。

（二）建筑工程建设用地规划许可证范围内的室外工程设计、建筑物构筑物设计、民用建筑修建的地下工程设计及住宅小区、工厂厂前区、工厂生活区、小区规划设计及单体设计等，以及上述建筑工程所包含的相关专业的设计内容（包括总平面布置、竖向设计、各类管网管线设计、景观设计、室内外环境设计及建筑装饰、道路、消防、安保、通信、防雷、人防、供配电、照明、废水治理、空调设施、抗震加固等）。

第三十九条 取得工程勘察、工程设计资质证书的企业，可以从事资质证书许可范围内相应的建设工程总承包业务，可以从事工程项目管理和相关的技术与管理服务。

第四十条 本规定自2007年9月1日起实施。2001年7月25日建设部颁布的《建设工程勘察设计企业资质管理规定》（建设部令第93号）同时废止。

| 应用指引 |

建设工程勘察、工程设计资质，是指从事工程勘察和设计活动的资格等级。建设工程勘察企业应当按照其拥有的注册资本、专业技术人员、技术装备和勘察业绩等条件申请资质，经审查合格，取得建设工程勘察资质证书后，方可在资质等级许可的范围内从事建设工程勘察活动。

（一）资质申请条件

凡在中华人民共和国境内，依法取得工商行政管理部门颁发的企业法人营业执照的企业，均可申请建设工程勘察、工程设计资质。依法取得合伙企业营业执照的企业，只可申请建筑工程设计事务所资质。工程设计综合资质涵盖所有工程设计行业、专业和专项资质。凡具有工程设计综合资质的企业不需单独申请工程设计行业、专业或专项资质证书。工程设计行业资质涵盖该行业资质标准中的全部设计类型的设计资质。凡具有工程设计某行业资质的企业不需单独申请该行业内的各专业资质证书。

具备建筑工程行业或专业设计资质的企业,可承担相应范围相应等级的建筑装饰工程设计、建筑幕墙工程设计、轻型钢结构工程设计、建筑智能化系统设计、照明工程设计和消防设施工程设计等专项工程设计业务,不需单独申请以上专项工程设计资质。

因建设工程勘察未对外开放,资质审批部门不受理外商投资企业(含新成立、改制、重组、合并、并购等)申请建设工程勘察资质。

(1)有下列资质情形之一的,资质审批部门按照升级申请办理:一是具有工程设计行业、专业、专项乙级资质的企业,申请与其行业、专业、专项资质对应的甲级资质的;二是具有工程设计行业乙级资质或专业乙级资质的企业,申请现有资质范围内的一个或多个专业甲级资质的;三是具有工程设计某行业或专业甲、乙级资质的企业,其本行业和本专业工程设计内容中包含了某专项工程设计内容,申请相应的专项甲级资质的;四是具有丙级、丁级资质的企业,直接申请乙级资质的。

(2)新设置的分级别的工程勘察设计资质,自正式设置起,设立两年过渡期。在过渡期内,允许企业根据实际达到的条件申请资质等级,不受最高不超过乙级申请的限制,且申报材料不需提供企业业绩。

(3)具有一级及以上施工总承包资质的企业可直接申请同类别或相近类别的工程设计甲级资质。具有一级及以上施工总承包资质的企业申请不同类别的工程设计资质的,应从乙级资质开始申请(不设乙级的除外)。

(4)企业的专业技术人员、工程业绩、技术装备等资质条件,均是以独立企业法人为审核单位。企业(集团)的母、子公司在申请资质时,各项指标不得重复计算。

(5)允许每个大专院校有一家所属勘察设计企业可以聘请本校在职教师和科研人员作为企业的主要专业技术人员,但是其人数不得大于资质标准中要求的专业技术人员总数的1/3,且聘期不得少于2年。在职教师和科研人员作为非注册人员考核时,其职称应满足讲师/助理研究员及以上要求,从事相应专业的教学、科研和设计时间10年及以上。

(二)申报资质应当提交的材料

首次申请工程设计资质,需提交以下材料:一是资质申请书;二是企业法人、合伙企业营业执照副本复印件;三是企业章程或合伙人协议文本复印件;四是企业法定代表人、合伙人的身份证明复印件;五是企业负责人、主要技术负责人或总工程师的身份证明、任职文件、毕业证书、职称证书等复印件,主要技术负责人或总工程师提供"专业技术人员基本情况及业绩表";六是工程设计资质申请表中所列注册执业人员的身份证明复印件、企业注册所在地省级注册管理部门盖章的注册变更表或初始注册表;七是工程设计资质标准要求的非注册专业技术人员的身份证明、职称证书、毕业证书等复印件,主导专业的非注册人员还需提供"专业技术人员基本情况及业绩表";八是工程设计资质标准要求的主要专业技术人员(注册、非注册)与企业依法签订的劳动合同主要页(包括合同双方名称、聘用起止时间、签字盖章、生效日期)、与原聘用单位解除聘用劳动合同的证明或近一个月的社保证明复印件;其中,对军队或高校从事工程设计的事业编制的主要专业技术人员不需提供社保证明,但需提供所在单位上级人事主管部门的人事证明材料;九是办公场所证明,属于自有产权的出具产权证复印件;属于租用或借用的,出具出租(借)方产权证和双方租赁合同或借用协议的复印件。

申请工程设计资质升级,需提交以下材料:一是工程勘察设计资质申请表及电子文档;二是企业法人、合伙企业营业执照副本复印件;三是原工程设计资质证书副本复印件;四是企业负责人、主要技术负责人或总工程师的身份证明、任职文件、毕业证书、职称证书等复印件,主要技术负责人或总工程师提供"专业技术人员基本情况及业绩表";五是工程设计资质申请表中所列注册执业人员的身份证明复印件、加盖执业印章的注册证书复印件;六是工程设计资质标准要求的非注册专业技术人员的身份证明、职称证书、毕业证书等复印件,主导专业的非注册人员还需提供"专业技术人员基本情况及业绩表";七是工程设计资质标准要求的非注册专业技术人员与企业依法签订的劳动合同主要页(包括合同双方名称、聘用起止时间、签字盖章、生效日期)及近一个月的社保证明复印件;其中,对军队或高校从事工程设计的事业编制的非注册专业技术人员不需提供社保证明,但需提供所在单位上级人事主管部门的人事证明材料;八是满足工程设计资质标准要求的企业业绩证明材料,包括:工程设计合同主要页的复印件;建设单位(业主)出具的工程竣工、移交、试运行证明文件,或工程竣工验收文件的复印件。

申请工程设计资质增项,需提交以下材料:一是工程设计资质申请表及电子文档;二是企业法人、合伙企业营业执照副本复印件;三是原工程设计资质证书副本复印件;四是企业负责人、主要技术负责人或总工程师的身份证明、任职文件、毕业证书、职称证书等复印件,主要技术负责人或总工程师提供"专业技术人员基本情况及业绩表";五是工程设计资质申请表中所列注册执业人员的身份证明复印件、加盖执业印章的注册证书复印件；六是工程设计资质标准要求的非注册专业技术人员的身份证明、职称证书、毕业证书等复印件，主导专业的非注册人员还需提供“专业技术人员基本情况及业绩表”；七是工程设计资质标准要求的非注册专业技术人员与企业依法签订的劳动合同主要页（包括合同双方名称、聘用起止时间、签字盖章、生效日期）及近一个月的社保证明复印件；其中，对军队或高校从事工程设计的事业编制的非注册专业技术人员不需提供社保证明，但需提供所在单位上级主管部门人事部门的人事证明材料。

申请设计综合资质的，需提交以下材料：工程设计资质申请表及电子文档；企业法人营业执照副本复印件；企业法定代表人基本情况表、任职文件、身份证明复印件；企业主要技术负责人或总工程师的任职文件、毕业证书、职称证书或注册执业证书、身份证明等复印件及“专业技术人员基本情况及业绩表”；甲级工程设计资质证书正、副本复印件；大型建设项目工程设计合同，试运行或竣工验收证明复印件；企业相应年度财务报表（资产负债表、损益表）、年度审计报告复印件；注册执业人员的注册执业证书（加盖执业印章）、身份证明复印件；专业技术人员初级以上职称证书、身份证明复印件；工程勘察、工程设计、科技进步奖证书复印件；国家、行业工程建设标准、规范发布批准文件及出版物主要页（包括出版物名称、批准部门、主编或参编单位名称、出版社名称）复印件；专利证书、专有技术发布（批准）文件或工艺包认可、认定、鉴定证书复印件；ISO9001 标准质量体系认证证书复印件；办公场所证明，属于自有产权的出具产权证复印件；属于租用或借用的，出具出租（借）方产权证和双方租赁合同或借用协议的复印件。

延续工程设计资质，需提交以下材料：工程设计资质申请表及电子文档；企业法人、合伙企业营业执照副本复印件；原工程设计资质证书副本复印件；工程设计资质申请表中所列注册执业人员的身份证明复印件、加盖执业印章的注册证书复印件；工程设计资质标准要求的非注册专业技术人员的身份证明、职称证书、毕业证书等复印件，主导专业的非注册人员还需提供“专业技术人员基本情况及业绩表”；工程设计资质标准要求的非注册专业技术人员近一个月的社保证明复印件；其中，对军队或高校从事工程设计的事业编制的非注册专业技术人员不需提供社保证明，但需提供所在单位上级主管部门人事部门的人事证明材料。

（三）资质受理审查程序

资质受理部门应在规定时限内对工程勘察、工程设计提出的资质申请做出是否受理的决定。各有关资质初审部门应当对申请甲级资质以及涉及铁路、交通、水利、信息产业、民航等方面的工程设计乙级资质企业所提交的材料是否齐全、是否与原件相符、是否具有不良行为记录以及个人业绩材料等进行核查,提出初审意见,并填写初审部门审查意见表。各有关资质初审部门应在规定初审时限内,将初审部门审查意见表、《工程勘察、工程设计资质申请表》、附件材料和报送公函一并报国务院建设主管部门。国务院建设主管部门对收到各有关资质初审部门的初审材料、直接受理的企业资质申请材料组织审查或转国务院有关部门审核,并将审核意见予以公示。对于准予建设工程勘察、设计资质许可的申请,在建设部网站发布公告,并颁发资质证书。

工程勘察设计企业应于资质证书有效期届满 60 日前,向原资质许可机关提出资质延续申请。逾期不申请资质延续的,有效期届满后,其资质证书自动失效。如需开展工程勘察设计业务,应按首次申请办理。

国务院国资委管理的企业及其下属一层级的企业申请工程勘察甲级资质、工程设计甲级资质,以及涉及铁路、交通、水利、信息产业、民航等方面的工程设计乙级资质的,应向国务院建设主管部门提出申请。国务院国资委管理的企业及其下属一层级的企业按规定程序申请获得甲级资质或涉及铁路、交通、水利、信息产业、民航等方面的工程设计乙级资质证书后 30 日内应将准予许可的公告、资质证书正副本复印件及工程勘察、工程设计资质基本信息的电子文档,向其工商注册所在地省级人民政府建设主管部门告知性备案。

教育部直属高校所属勘察设计企业参考上述规定办理。

(四)资质证书

建设工程勘察、工程设计资质证书由国务院建设主管部门统一印制,统一管理,由审批部门负责颁发,并加盖审批部门公章。国务院建设主管部门统一制定资质证书编号规则。各序列、各级别建设工程勘察、工程设计资质证书全国通用,各地不得以任何名义设置审批性准入条件、收取费用。建设工程勘察、工程设计资质证书有效期为 5 年。建设工程勘察、工程设计资质证书分为正本和副本。企业需遗失补办工程勘察、工程设计资质证书的,应当持下列材料,经其资质初审机关签署意见,报资质许可机关办理。企业在申请补办前应在全国性建筑行业报刊或省级以上(含省级)综合类报刊上刊登遗失作废的声明。资质许可机关应当在 2 日内办理完毕。

003　工程监理企业资质申请表

文书范本 | 工程监理企业资质申请表
适用范围 | 申请工程监理企业资质时所使用的文书
条文检索 | 中华人民共和国建筑法;工程监理企业资质管理规定
应用指引 | 工程监理企业资质的概念;制作该文书应当注意的问题

工程监理企业资质申请表

企业名称:________________
填报日期:________________

中华人民共和国建设部制
(封面)

填 表 说 明

一、本表适用于工程监理企业申请设立、升级和增项。

二、本表用计算机打印,纸张应为 A4 纸。

三、兼营监理业务的企业,在填写此表时只填写本监理企业的基本情况。

四、在申请设立监理企业填写此表时,其基本情况一栏中的"成立时间"、"资质证书编号"、"资质等级及范围"不填写。

五、申请内容按 14 个工程类别中所规定的内容填写。

企业法定代表人声明

本人　　　　（法定代表人）　　　　（身份证号）郑重声明：

本企业此次填报的《工程监理企业资质申请表》及附件材料的全部数据、内容是真实的，同样我在此所作的声明也是真实有效的。我知道虚假的声明与材料是严重的违法行为，此次资质申请提供的材料如有虚假，本企业愿接受建设行政主管部门及其他有关部门依法给予的处罚。

企业法定代表人签名：　　　　（公章）

年　　月　　日

基 本 情 况

企业名称	××××××建设监理有限责任公司		
详细地址	××××××		
成立时间	××××年××月	资质证书编号	[×]工监企第××××号
电话	×××××××××	邮政编码	××××××
经济类型	有限责任		
投资(股东)及投资比例	××出资：××万元整，占出资比例××% ××出资：××万元整，占出资比例××%		
营业执照号	×××××××××××××××		
开户银行及帐号	××××银行 ×××××××××××××××		
注册资本金(大写)	×××万元整		
现资质等级及范围	主项：××××工程　乙级 增项：××××工程　乙级 ××××工程　乙级		

法定代表人情况

<table>
<tr><td>姓名</td><td>××</td><td>年龄</td><td>××</td><td>性别</td><td>×</td><td>民族</td><td>×</td><td rowspan="3">照片
（需贴照片）</td></tr>
<tr><td>身份证号</td><td colspan="2">×××××××</td><td>文化程度</td><td colspan="2">××××</td><td>专业</td><td>××</td></tr>
<tr><td colspan="2">监理工程师
执业资格证号</td><td colspan="2"></td><td colspan="2">从事工程建设
工作年限</td><td colspan="2">××年</td></tr>
<tr><td colspan="2">监理工程师
注册证号</td><td colspan="2"></td><td colspan="2">职称及证号</td><td colspan="3">×××××　××××</td></tr>
<tr><td colspan="9">工 作 简 历</td></tr>
<tr><td colspan="9">自××××年至××××年　×××××公司　技术员
自××××年至××××年　×××××工程公司　技术副经理
自××××年至××××年　×××××工程公司　技术经理
自××××年至今　××××××建设监理有限责任公司　法定代表人</td></tr>
</table>

技术负责人情况

<table>
<tr><td>姓名</td><td>×××</td><td>年龄</td><td>××</td><td>性别</td><td>×</td><td>民族</td><td>×</td><td rowspan="3">照片
（需贴照片）</td></tr>
<tr><td>身份证号</td><td colspan="2">×××××××</td><td>文化程度</td><td colspan="2">××××</td><td>专业</td><td>××</td></tr>
<tr><td colspan="2">监理工程师
执业资格证号</td><td colspan="2">×××××</td><td colspan="2">从事工程建设
工作年限</td><td colspan="2">××年</td></tr>
<tr><td colspan="2">监理工程师
注册证号</td><td colspan="2">建[×]监工字
第××××号</td><td colspan="2">职称及证号</td><td colspan="3">×××××　×××××</td></tr>
<tr><td colspan="9">工 作 简 历</td></tr>
<tr><td colspan="9">自××××年至××××年　×××××××设计研究院　工程设计　工程师
自××××年至××××年　×××××××设计研究院　工程设计　高级工程师
自××××年至今　××××××建设监理有限责任公司　技术负责人</td></tr>
</table>

企业经理情况

<table>
<tr><td>姓名</td><td>×××</td><td>年龄</td><td>××</td><td>性别</td><td>×</td><td>民族</td><td>×</td><td rowspan="3">照片
(需贴照片)</td></tr>
<tr><td>身份证号</td><td>×××××××××</td><td>文化程度</td><td colspan="3">××××</td><td>专业</td><td>××</td></tr>
<tr><td colspan="2">监理工程师
执业资格证号</td><td colspan="2">×××××</td><td colspan="2">从事工程建设
工作年限</td><td colspan="2">××年</td></tr>
<tr><td colspan="2">监理工程师
注册证号</td><td colspan="2">建[×]监工字
第××××号</td><td colspan="2">职称及证号</td><td colspan="3">××××　××××</td></tr>
<tr><td colspan="9">工 作 简 历</td></tr>
<tr><td colspan="9">自××××年至××××年　××××××公司　工程师
自××××年至××××年　××××××公司　副经理
自××××年至今　××××××建设监理有限责任公司　经理</td></tr>
</table>

技术经济人员一览表

姓名	性别	年龄	身份证号	文化程度	从事专业	职称/及证号	监理工程师执业资格证号	监理工程师注册证号
×××	×	××	××××××××××	××	×××	××× ××××	×××××	建[×]监工字 第××××号
×××	×	××	××××××××××	××	×××	××××× ××××	×××××	建[×]监工字 第××××号
×××	×	××	××××××××××	××	×××	××× ××××	×××××	建[×]监工字 第××××号
×××	×	××	××××××××××	××	×××	××××× ××××	×××××	建[×]监工字 第××××号
×××	×	××	××××××××××	××	×××	××× ××××	×××××	建[×]监工字 第××××号
·								
·								
·								
·								
·								
·								
·								
·								
·								
·								
·								
·								
·								
·								

技术装备一览表

设备名称	规格型号	设备净值	数量
微机	×××	××××	×
微机	×××××	×××××	×
管理软件	××××	××××	×
经纬仪	×××	××××	×
水准仪	××××	××××	×
混凝土温度测量	××××	××××	×
混凝土流量测量	××××	××××	×
钢筋扫描仪	××××	××××	×
回弹仪	×××	×××	×
·			
·			
·			
·			
·			
·			
·			
·			
·			
·			
·			
·			
·			
·			
·			

申请审批情况

设立☐　　升级☑　　增项☑			
申请内容	主项：××××工程　甲级 增项：××××工程　甲级 ××××工程　甲级 法定代表人：（签名）　　公章		
审核部门意　见	负责人（签名）　　公章		
初审部门意　见	负责人（签名）　　公章		
审批部门意　见	负责人（签名）　　公章		
资质证书编　号		批准日期	年　月　日

工程监理企业资质申报提交的材料目录

一、申请工程监理企业甲级资质应当提供以下资料

企业若由乙级升甲级，可申请主项一项；也可申请主项一项、增项一项（或几项）。

1.《工程监理企业资质申请表》（一式两份单独成册），涉及申请铁道、公路、水利、信息产业、民航方面资质的，每申请一项资质，须增加两份《工程监理企业资质申请表》，及相关附件资料一套。

2. 企业概况

①申请甲级监理资质的申请报告；

内容包括：企业成立时间、人员组成情况（企业总人数、高、中级技术人数、注册人数等）、已监理的代表工程、已获奖情况、通过ISO情况、企业经营和社会信誉等；新申请资质等。

②企业法人营业执照或者合伙企业营业执照正、副本复印件；

③企业原资质证书正、副本复印件；

④企业章程或者合伙人协议复印件；

⑤企业负责人和技术负责人的任职（聘任）文件、工作简历，技术负责人的监理工程师注册证书复印件；

⑥需填《从事各专业注册监理工程师一览表》（附件一），并附注册监理工程师注册证书复印件；

主、增项资质的专业注册监理工程师人数应满足主、增项资质标准的要求（建设部办公厅建办市〔2002〕5号文件）。

如果一名注册监理工程师同时符合两个专业注册监理工程师任职条件的，如某注册监理工程师承担过房屋建筑工程和市政公用工程的监理工作，在监理企业的申报材料中可填报其专业为房屋建筑工程、市政公用工程。但监理企业申请资质时，填报每名注册监理工程师的专业不得超过三个。

⑦企业的财务决算年报表；

⑧需要出具的其他有关证明资料。

3. 申请主项的代表工程资料

近三年内监理过五个以上二等房屋建筑工程项目或者三个以上二等专业工程项目的监理业务手册、监理委托合同、监理规划、监理工作总结及竣工备案证明。

4. 每申请一项增项需填《从事×××工程注册监理工程师一览表》（附件二），并附注册监理工程师注册证书复印件。

此表应与《从事各专业注册监理工程师一览表》（附件一）相对应。

5. 注册监理工程师从事跨专业工程需填《监理工程师业绩登记表》（附件三），此表应由业主方盖章后有效。例：申请增项“市政公用工程”甲级，需满足15名专业注册监理工程师的标准，但本专业仅有6名注册监理工程师，还需做9名跨专业从事“市政公用工程”注册监理工程师的业绩表。

二、申请工程监理企业甲级增项应当提供以下资料

企业原资质主项为甲级或有一项或多项甲级增项，还可以申请一项或多项甲级增项。

1.《工程监理企业资质申请表》（一式两份单独成册），涉及申请铁道、公路、水利、信息产业、民航方面资质的，每申请一项资质，须增加两份《工程监理企业资质申请表》，及相关附件资料一套。

2. 企业概况

①申请甲级增项监理资质的申请报告；

内容包括:企业成立时间、人员组成情况(企业总人数、高、中级技术人数、注册人数等)、已监理的代表工程、已获奖情况、通过ISO情况、企业经营和社会信誉等;新申请资质等。

②企业法人营业执照或者合伙企业营业执照正、副本复印件;

③企业原资质证书正、副本复印件;

④企业章程或者合伙人协议复印件;

⑤企业负责人和技术负责人的任职(聘任)文件、工作简历,技术负责人的监理工程师注册证书复印件;

⑥需填《从事各专业注册监理工程师一览表》(附件一),并附注册监理工程师注册证书复印件;

主、增项资质的专业注册监理工程师人数应满足主、增项资质标准的要求(建设部办公厅建办市〔2002〕5号文件)。

如果一名注册监理工程师同时符合两个专业注册监理工程师任职条件的,如某注册监理工程师承担过房屋建筑工程和市政公用工程的监理工作,在监理企业的申报材料中可填报其专业为房屋建筑工程、市政公用工程。但监理企业申请资质时,填报每名注册监理工程师的专业不得超过三个。

⑦企业的财务决算年报表;

⑧需要出具的其他有关证明资料。

3. 申请甲级增项的前提是在满足原有甲级主、增项资质专业注册监理工程师人员标准情况下,需填《从事×××工程注册监理工程师一览表》(附件二),并附注册监理工程师注册证书复印件,方可申请新的增项。例:企业原有主项"化工石油工程"甲级,需满足15名专业注册监理工程师的标准,但本专业仅10名注册监理工程师,还需做5名跨专业从事"化工石油工程"注册监理工程师的业绩表(附件三);企业原有增项"电力工程"甲级,需满足12名专业注册监理工程师的标准,但本专业仅8名注册监理工程师,还需做4名跨专业从事"电力工程"注册监理工程师的业绩表(附件三)。

4. 每申请一项增项需填《从事×××工程注册监理工程师一览表》(附件二),并附注册监理工程师注册证书复印件。

此表应与《从事各专业注册监理工程师一览表》(附件一)相对应。

5. 注册监理工程师从事跨专业工程需填《监理工程师业绩登记表》(附件三),此表应由业主方盖章后有效。

三、工程监理企业资质申报材料首先需经省、自治区、直辖市建设行政主管部门提出初审意见，并在所有复印件上加盖“原件与复印件一致”印章，然后报送建设部。

四、国资委管理的中央监理企业及总后申报的监理企业，应由企业主管部门提出初审意见，并在所有复印件上加盖“原件与复印件一致”印章，然后报送建设部。

五、工程监理企业资质申报材料，同时要报“电子文档”一份。

附件一

从事各专业注册监理工程师一览表

序号	姓名	性别	年龄	技术职称	所学专业/注册专业	原有资质从事专业					新增资质从事专业		身份证号	监理工程师资格证号	监理工程师注册证号
						××××工程	市政公用工程			××××工程	××××工程	××××工程			
							市政部分	桥梁部分	燃气部分						
1	×××					●	●	●			●				
2	×××					●	●		●	●					
3	××					●				●	●				
4	×××						●	●	●	●		●			
5	××					●	●	●	●			●			
6	××									●	●	●			
·															
·															
·															
·															
·															
·															

说明：1. 每名注册监理工程师的所学专业指毕业证、职称证的专业均认可，若毕业证、职称证与注册证专业不一致，应附毕业证或职称证的复印件；

2. 每名注册监理工程师所从事的专业工程不得超过三个，但市政公用工程中市政、桥梁、燃气部分只算作一个；

3. 每名注册监理工程师首先应在本专业从事的工程栏内打“●”，然后再考虑从事其他专业工程。例：“工民建”专业的注册监理工程师首先在“房屋建筑工程”栏内打“●”，若不在“房屋建筑工程”栏内打“●”，而在从事其他三个专业工程栏内打“●”，该名监理工程师就从事了四个专业工程，不予考虑。

附件二

从事××××工程注册监理工程师一览表

序号	姓名	性别	年龄	技术职称	所学专业／注册专业	原有资质从事专业					新增资质从事专业		身份证号	监理工程师资格证号	监理工程师注册证号
						××××工程	市政公用工程			××××工程	××××工程	××工程			
							市政部分	桥梁部分	燃气部分						
1	×××					●	●	●			●				
2	×　×					●				●	●				
3	×　×									●	●	●			
4	·														
5	·														
6	·														
·															
·															
·															
·															
·															
·															

说明：1. 此表适用于企业原有资质和新增资质，从事一项工程类别需做此表一张；

2. 此表与附件一相对应，如此表中序号1、2、3为附件一中序号1、3、6；

3. 每名注册监理工程师的所学专业指毕业证、职称证的专业均认可，若毕业证、职称证与注册证专业不一致，应附毕业证或职称证的复印件。

附件三

监理工程师业绩登记表

<table>
<tr><td>姓名</td><td></td><td>性别</td><td></td><td>年龄</td><td></td></tr>
<tr><td>本专业</td><td></td><td>从事专业</td><td colspan="3"></td></tr>
<tr><td>工作单位</td><td colspan="5"></td></tr>
<tr><td colspan="3">监理工程师资格证书号</td><td colspan="3">监理工程师注册证书号</td></tr>
<tr><td colspan="3"></td><td colspan="3"></td></tr>
<tr><td colspan="6">所监理工程情况(含工程名称、类别、地点、规模、监理起止时间)</td></tr>
<tr><td colspan="6">一、工程名称:
二、工程类别:
三、工程地点:
四、工程规模:

五、监理起止时间:</td></tr>
<tr><td colspan="3">业主评价、盖章</td><td colspan="3">工作单位负责人签字盖章</td></tr>
<tr><td colspan="3"></td><td colspan="3"></td></tr>
</table>

说明:1. 此表为跨专业注册监理工程师填写,例:本专业是“工民建”,从事专业为“电力工程”,就需填写“电力工程”的工程情况;

2. 此表的工程规模按102号令的工程类别及等级填写;

3. 此表监理工程师所监理的工程项目,一定是注册在前,监理在后,例:某监理工程师2002年注册,但所监理的项目在2001年,此业绩表无效;

4. 此表必须由业主盖章后有效。

另注:按工程监理企业资质等级标准的有关规定分类填写下述工程类别。专业监理工程师标准如下:

1. 房屋建筑工程:甲级资质 10 人,乙级资质 6 人,丙级资质 3 人。

2. 冶炼工程:甲级资质 10 人,乙级资质 6 人,丙级资质 3 人。

3. 矿山工程:甲级资质 20 人,乙级资质 12 人,丙级资质 5 人。

4. 化工石油工程:甲级资质 15 人,乙级资质 10 人,丙级资质 5 人。

5. 水利水电工程:甲级资质 20 人,乙级资质 12 人,丙级资质 5 人。

6. 电力工程:甲级资质 12 人,乙级资质 8 人,丙级资质 4 人。

7. 林业及生态工程:甲级资质 10 人,乙级资质 6 人。

8. 铁路综合工程:甲级资质 25 人,乙级资质 15 人,丙级资质 5 人。

铁路其他工程:甲级资质 10 人,乙级资质 6 人,丙级资质 4 人。

9. 公路工程:甲级资质 20 人,乙级资质 12 人,丙级资质 5 人。

公路其他工程:甲级资质 10 人,乙级资质 6 人,丙级资质 4 人。

10. 港口与航道工程:甲级资质 20 人,乙级资质 12 人,丙级资质 5 人。

11. 民用机场工程:甲级资质 20 人,乙级资质 12 人。

航空航天工程:甲级资质 12 人,乙级资质 8 人。

12. 通信工程:甲级资质 20 人,乙级资质 12 人,丙级资质 5 人。

13. 市政公用工程:甲级资质 15 人,乙级资质 10 人,丙级资质 3 人。

桥梁工程:甲级资质 10 人,乙级资质 7 人,丙级资质 3 人。

燃气建筑安装工程:甲级资质 10 人,乙级资质 7 人,丙级资质 3 人。

地铁轻轨:25 人。(包括铁道、道桥、机械设备安装、通信信号专业)。

14. 机电安装工程:甲级资质 8 人,乙级资质 6 人。

| 条文检索 |

中华人民共和国建筑法 · 第 12 ~ 14 条

(1997 年 11 月 1 日第八届全国人民代表大会常务委员会第二十八次会议通过 根据 2011 年 4 月 22 日第十一届全国人民代表大会常务委员会第二十次会议《关于修改〈中华人民共和国建筑法〉的决定》修正)

参见“002 工程勘察、工程设计资质申请表”条文检索部分。

工程监理企业资质管理规定

(2006年12月11日建设部第112次常务会议讨论通过　2007年6月26日建设部令第158号发布　根据2015年5月4日《住房和城乡建设部关于修改〈房地产开发企业资质管理规定〉等部门规章的决定》修正)

第一章　总　　则

第一条　为了加强工程监理企业资质管理,规范建设工程监理活动,维护建筑市场秩序,根据《中华人民共和国建筑法》、《中华人民共和国行政许可法》、《建设工程质量管理条例》等法律、行政法规,制定本规定。

第二条　在中华人民共和国境内从事建设工程监理活动,申请工程监理企业资质,实施对工程监理企业资质监督管理,适用本规定。

第三条　从事建设工程监理活动的企业,应当按照本规定取得工程监理企业资质,并在工程监理企业资质证书(以下简称资质证书)许可的范围内从事工程监理活动。

第四条　国务院建设主管部门负责全国工程监理企业资质的统一监督管理工作。国务院铁路、交通、水利、信息产业、民航等有关部门配合国务院建设主管部门实施相关资质类别工程监理企业资质的监督管理工作。

省、自治区、直辖市人民政府建设主管部门负责本行政区域内工程监理企业资质的统一监督管理工作。省、自治区、直辖市人民政府交通、水利、信息产业等有关部门配合同级建设主管部门实施相关资质类别工程监理企业资质的监督管理工作。

第五条　工程监理行业组织应当加强工程监理行业自律管理。

鼓励工程监理企业加入工程监理行业组织。

第二章　资质等级和业务范围

第六条　工程监理企业资质分为综合资质、专业资质和事务所资质。其中,专业资质按照工程性质和技术特点划分为若干工程类别。

综合资质、事务所资质不分级别。专业资质分为甲级、乙级;其中,房屋建筑、水利水电、公路和市政公用专业资质可设立丙级。

第七条　工程监理企业的资质等级标准如下:

（一）综合资质标准

1. 具有独立法人资格且具有符合国家有关规定的资产。

2. 企业技术负责人应为注册监理工程师，并具有 15 年以上从事工程建设工作的经历或者具有工程类高级职称。

3. 具有 5 个以上工程类别的专业甲级工程监理资质。

4. 注册监理工程师不少于 60 人，注册造价工程师不少于 5 人，一级注册建造师、一级注册建筑师、一级注册结构工程师或者其他勘察设计注册工程师合计不少于 15 人次。

5. 企业具有完善的组织结构和质量管理体系，有健全的技术、档案等管理制度。

6. 企业具有必要的工程试验检测设备。

7. 申请工程监理资质之日前一年内没有本规定第十六条禁止的行为。

8. 申请工程监理资质之日前一年内没有因本企业监理责任造成重大质量事故。

9. 申请工程监理资质之日前一年内没有因本企业监理责任发生三级以上工程建设重大安全事故或者发生两起以上四级工程建设安全事故。

（二）专业资质标准

1. 甲级

（1）具有独立法人资格且具有符合国家有关规定的资产。

（2）企业技术负责人应为注册监理工程师，并具有 15 年以上从事工程建设工作的经历或者具有工程类高级职称。

（3）注册监理工程师、注册造价工程师、一级注册建造师、一级注册建筑师、一级注册结构工程师或者其他勘察设计注册工程师合计不少于 25 人次；其中，相应专业注册监理工程师不少于《专业资质注册监理工程师人数配备表》（附表 1）中要求配备的人数，注册造价工程师不少于 2 人。

（4）企业近 2 年内独立监理过 3 个以上相应专业的二级工程项目，但是，具有甲级设计资质或一级及以上施工总承包资质的企业申请本专业工程类别甲级资质的除外。

（5）企业具有完善的组织结构和质量管理体系，有健全的技术、档案等管理制度。

（6）企业具有必要的工程试验检测设备。

（7）申请工程监理资质之日前一年内没有本规定第十六条禁止的行为。

（8）申请工程监理资质之日前一年内没有因本企业监理责任造成重大质量事故。

（9）申请工程监理资质之日前一年内没有因本企业监理责任发生三级以上工程建设重大安全事故或者发生两起以上四级工程建设安全事故。

2. 乙级

(1)具有独立法人资格且具有符合国家有关规定的资产。

(2)企业技术负责人应为注册监理工程师,并具有10年以上从事工程建设工作的经历。

(3)注册监理工程师、注册造价工程师、一级注册建造师、一级注册建筑师、一级注册结构工程师或者其他勘察设计注册工程师合计不少于15人次。其中,相应专业注册监理工程师不少于《专业资质注册监理工程师人数配备表》(附表1)中要求配备的人数,注册造价工程师不少于1人。

(4)有较完善的组织结构和质量管理体系,有技术、档案等管理制度。

(5)有必要的工程试验检测设备。

(6)申请工程监理资质之日前一年内没有本规定第十六条禁止的行为。

(7)申请工程监理资质之日前一年内没有因本企业监理责任造成重大质量事故。

(8)申请工程监理资质之日前一年内没有因本企业监理责任发生三级以上工程建设重大安全事故或者发生两起以上四级工程建设安全事故。

3. 丙级

(1)具有独立法人资格且具有符合国家有关规定的资产。

(2)企业技术负责人应为注册监理工程师,并具有8年以上从事工程建设工作的经历。

(3)相应专业的注册监理工程师不少于《专业资质注册监理工程师人数配备表》(附表1)中要求配备的人数。

(4)有必要的质量管理体系和规章制度。

(5)有必要的工程试验检测设备。

(三)事务所资质标准

1. 取得合伙企业营业执照,具有书面合作协议书。

2. 合伙人中有3名以上注册监理工程师,合伙人均有5年以上从事建设工程监理的工作经历。

3. 有固定的工作场所。

4. 有必要的质量管理体系和规章制度。

5. 有必要的工程试验检测设备。

第八条　工程监理企业资质相应许可的业务范围如下:

（一）综合资质

可以承担所有专业工程类别建设工程项目的工程监理业务。

（二）专业资质

1. 专业甲级资质：

可承担相应专业工程类别建设工程项目的工程监理业务（见附表2）。

2. 专业乙级资质：

可承担相应专业工程类别二级以下（含二级）建设工程项目的工程监理业务（见附表2）。

3. 专业丙级资质：

可承担相应专业工程类别三级建设工程项目的工程监理业务（见附表2）。

（三）事务所资质

可承担三级建设工程项目的工程监理业务（见附表2），但是，国家规定必须实行强制监理的工程除外。

工程监理企业可以开展相应类别建设工程的项目管理、技术咨询等业务。

第三章　资质申请和审批

第九条　申请综合资质、专业甲级资质的，应当向企业工商注册所在地的省、自治区、直辖市人民政府建设主管部门提出申请。

省、自治区、直辖市人民政府建设主管部门应当自受理申请之日起20日内初审完毕，并将初审意见和申请材料报国务院建设主管部门。

国务院建设主管部门应当自省、自治区、直辖市人民政府建设主管部门受理申请材料之日起60日内完成审查，公示审查意见，公示时间为10日。其中，涉及铁路、交通、水利、通信、民航等专业工程监理资质的，由国务院建设主管部门送国务院有关部门审核。国务院有关部门应当在20日内审核完毕，并将审核意见报国务院建设主管部门。国务院建设主管部门根据初审意见审批。

第十条　专业乙级、丙级资质和事务所资质由企业所在地省、自治区、直辖市人民政府建设主管部门审批。

专业乙级、丙级资质和事务所资质许可。延续的实施程序由省、自治区、直辖市人民政府建设主管部门依法确定。

省、自治区、直辖市人民政府建设主管部门应当自作出决定之日起10日内，将准予资质许可的决定报国务院建设主管部门备案。

第十一条　工程监理企业资质证书分为正本和副本,每套资质证书包括一本正本,四本副本。正、副本具有同等法律效力。

工程监理企业资质证书的有效期为5年。

工程监理企业资质证书由国务院建设主管部门统一印制并发放。

第十二条　申请工程监理企业资质,应当提交以下材料:

(一)工程监理企业资质申请表(一式三份)及相应电子文档;

(二)企业法人、合伙企业营业执照;

(三)企业章程或合伙人协议;

(四)企业法定代表人、企业负责人和技术负责人的身份证明、工作简历及任命(聘用)文件;

(五)工程监理企业资质申请表中所列注册监理工程师及其他注册执业人员的注册执业证书;

(六)有关企业质量管理体系、技术和档案等管理制度的证明材料;

(七)有关工程试验检测设备的证明材料。

取得专业资质的企业申请晋升专业资质等级或者取得专业甲级资质的企业申请综合资质的,除前款规定的材料外,还应当提交企业原工程监理企业资质证书正、副本复印件,企业《监理业务手册》及近两年已完成代表工程的监理合同、监理规划、工程竣工验收报告及监理工作总结。

第十三条　资质有效期届满,工程监理企业需要继续从事工程监理活动的,应当在资质证书有效期届满60日前,向原资质许可机关申请办理延续手续。

对在资质有效期内遵守有关法律、法规、规章、技术标准,信用档案中无不良记录,且专业技术人员满足资质标准要求的企业,经资质许可机关同意,有效期延续5年。

第十四条　工程监理企业在资质证书有效期内名称、地址、注册资本、法定代表人等发生变更的,应当在工商行政管理部门办理变更手续后30日内办理资质证书变更手续。

涉及综合资质、专业甲级资质证书中企业名称变更的,由国务院建设主管部门负责办理,并自受理申请之日起3日内办理变更手续。

前款规定以外的资质证书变更手续,由省、自治区、直辖市人民政府建设主管部门负责办理。省、自治区、直辖市人民政府建设主管部门应当自受理申请之日起3日内办理变更手续,并在办理资质证书变更手续后15日内将变更结果报国务院建设主管部门备案。

第十五条　申请资质证书变更,应当提交以下材料:

(一)资质证书变更的申请报告;

(二)企业法人营业执照副本原件;

(三)工程监理企业资质证书正、副本原件。

工程监理企业改制的,除前款规定材料外,还应当提交企业职工代表大会或股东大会关于企业改制或股权变更的决议、企业上级主管部门关于企业申请改制的批复文件。

第十六条　工程监理企业不得有下列行为:

(一)与建设单位串通投标或者与其他工程监理企业串通投标,以行贿手段谋取中标;

(二)与建设单位或者施工单位串通弄虚作假、降低工程质量;

(三)将不合格的建设工程、建筑材料、建筑构配件和设备按照合格签字;

(四)超越本企业资质等级或以其他企业名义承揽监理业务;

(五)允许其他单位或个人以本企业的名义承揽工程;

(六)将承揽的监理业务转包;

(七)在监理过程中实施商业贿赂;

(八)涂改、伪造、出借、转让工程监理企业资质证书;

(九)其他违反法律法规的行为。

第十七条　工程监理企业合并的,合并后存续或者新设立的工程监理企业可以承继合并前各方中较高的资质等级,但应当符合相应的资质等级条件。

工程监理企业分立的,分立后企业的资质等级,根据实际达到的资质条件,按照本规定的审批程序核定。

第十八条　企业需增补工程监理企业资质证书的(含增加、更换、遗失补办),应当持资质证书增补申请及电子文档等材料向资质许可机关申请办理。遗失资质证书的,在申请补办前应当在公众媒体刊登遗失声明。资质许可机关应当自受理申请之日起3日内予以办理。

第四章　监督管理

第十九条　县级以上人民政府建设主管部门和其他有关部门应当依照有关法律、法规和本规定,加强对工程监理企业资质的监督管理。

第二十条　建设主管部门履行监督检查职责时,有权采取下列措施:

(一)要求被检查单位提供工程监理企业资质证书、注册监理工程师注册执业证书,有关工程监理业务的文档,有关质量管理、安全生产管理、档案管理等企业内部管理制度的文件;

(二)进入被检查单位进行检查,查阅相关资料;

(三)纠正违反有关法律、法规和本规定及有关规范和标准的行为。

第二十一条　建设主管部门进行监督检查时,应当有两名以上监督检查人员参加,并出示执法证件,不得妨碍被检查单位的正常经营活动,不得索取或者收受财物、谋取其他利益。

有关单位和个人对依法进行的监督检查应当协助与配合,不得拒绝或者阻挠。

监督检查机关应当将监督检查的处理结果向社会公布。

第二十二条　工程监理企业违法从事工程监理活动的,违法行为发生地的县级以上地方人民政府建设主管部门应当依法查处,并将违法事实、处理结果或处理建议及时报告该工程监理企业资质的许可机关。

第二十三条　工程监理企业取得工程监理企业资质后不再符合相应资质条件的,资质许可机关根据利害关系人的请求或者依据职权,可以责令其限期改正;逾期不改的,可以撤回其资质。

第二十四条　有下列情形之一的,资质许可机关或者其上级机关,根据利害关系人的请求或者依据职权,可以撤销工程监理企业资质:

(一)资质许可机关工作人员滥用职权、玩忽职守作出准予工程监理企业资质许可的;

(二)超越法定职权作出准予工程监理企业资质许可的;

(三)违反资质审批程序作出准予工程监理企业资质许可的;

(四)对不符合许可条件的申请人作出准予工程监理企业资质许可的;

(五)依法可以撤销资质证书的其他情形。

以欺骗、贿赂等不正当手段取得工程监理企业资质证书的,应当予以撤销。

第二十五条　有下列情形之一的,工程监理企业应当及时向资质许可机关提出注销资质的申请,交回资质证书,国务院建设主管部门应当办理注销手续,公告其资质证书作废:

(一)资质证书有效期届满,未依法申请延续的;

(二)工程监理企业依法终止的;

(三)工程监理企业资质依法被撤销、撤回或吊销的;

(四)法律、法规规定的应当注销资质的其他情形。

第二十六条　工程监理企业应当按照有关规定,向资质许可机关提供真实、准确、完整的工程监理企业的信用档案信息。

工程监理企业的信用档案应当包括基本情况、业绩、工程质量和安全、合同违约等情况。被投诉举报和处理、行政处罚等情况应当作为不良行为记入其信用档案。

工程监理企业的信用档案信息按照有关规定向社会公示，公众有权查阅。

第五章 法律责任

第二十七条 申请人隐瞒有关情况或者提供虚假材料申请工程监理企业资质的，资质许可机关不予受理或者不予行政许可，并给予警告，申请人在1年内不得再次申请工程监理企业资质。

第二十八条 以欺骗、贿赂等不正当手段取得工程监理企业资质证书的，由县级以上地方人民政府建设主管部门或者有关部门给予警告，并处1万元以上2万元以下的罚款，申请人3年内不得再次申请工程监理企业资质。

第二十九条 工程监理企业有本规定第十六条第七项、第八项行为之一的，由县级以上地方人民政府建设主管部门或者有关部门予以警告，责令其改正，并处1万元以上3万元以下的罚款；造成损失的，依法承担赔偿责任；构成犯罪的，依法追究刑事责任。

第三十条 违反本规定，工程监理企业不及时办理资质证书变更手续的，由资质许可机关责令限期办理；逾期不办理的，可处以1千元以上1万元以下的罚款。

第三十一条 工程监理企业未按照本规定要求提供工程监理企业信用档案信息的，由县级以上地方人民政府建设主管部门予以警告，责令限期改正；逾期未改正的，可处以1千元以上1万元以下的罚款。

第三十二条 县级以上地方人民政府建设主管部门依法给予工程监理企业行政处罚的，应当将行政处罚决定以及给予行政处罚的事实、理由和依据，报国务院建设主管部门备案。

第三十三条 县级以上人民政府建设主管部门及有关部门有下列情形之一的，由其上级行政主管部门或者监察机关责令改正，对直接负责的主管人员和其他直接责任人员依法给予处分；构成犯罪的，依法追究刑事责任：

（一）对不符合本规定条件的申请人准予工程监理企业资质许可的；

（二）对符合本规定条件的申请人不予工程监理企业资质许可或者不在法定期限内作出准予许可决定的；

（三）对符合法定条件的申请不予受理或者未在法定期限内初审完毕的；

（四）利用职务上的便利，收受他人财物或者其他好处的；

(五)不依法履行监督管理职责或者监督不力,造成严重后果的。

第六章　附　　则

第三十四条　本规定自2007年8月1日起施行。2001年8月29日建设部颁布的《工程监理企业资质管理规定》(建设部令第102号)同时废止。

|应用指引|

工程监理企业是从事工程监理工作的企业,应当具备相应的资质,才能实施对工程的监理。工程监理企业应当按照其拥有的注册资本、专业技术人员和工程监理业绩等资质条件申请资质,经审查合格,取得相应等级的资质证书后,方可在其资质等级许可的范围内从事工程监理活动。工程监理企业资质申请表是工程监理企业申请资质时所使用的法律文书。

(一)资质管理部门

国务院建设行政主管部门负责全国工程监理企业资质的归口管理工作。国务院铁道、交通、水利、信息产业、民航等有关部门配合国务院建设行政主管部门实施相关资质类别工程监理企业资质的管理工作。省、自治区、直辖市人民政府建设行政主管部门负责本行政区域内工程监理企业资质的归口管理工作。省、自治区、直辖市人民政府交通、水利、通信等有关部门配合同级建设行政主管部门实施相关资质类别工程监理企业资质的管理工作。

(二)资质等级

工程监理企业的资质等级分为甲级、乙级和丙级,并按照工程性质和技术特点划分为若干工程类别。

甲级工程监理企业的资质等级标准如下:(1)企业负责人和技术负责人应当具有15年以上从事工程建设工作的经历,企业技术负责人应当取得监理工程师注册证书;(2)取得监理工程师注册证书的人员不少于25人;(3)注册资本不少于100万元;(4)近3年内监理过5个以上二等房屋建筑工程项目或者3个以上二等专业工程项目。

乙级工程监理企业的资质等级标准是:(1)企业负责人和技术负责人应当具有10年以上从事工程建设工作的经历,企业技术负责人应当取得监理工程师注册证书;(2)取得监理工程师注册证书的人员不少于15人;(3)注册资本不少于50万元;(4)近3年内监理过5个以上三等房屋建筑工程项目或者3个以上三等专业工程项目。

丙级工程监理企业的资质等级标准是:(1)企业负责人和技术负责人应当具有8年以上从事工程建设工作的经历,企业技术负责人应当取得监理工程师注册证书;(2)取得监理工程师注册证书的人员不少于5人;(3)注册资本不少于10万元;(4)承担过二个以上房屋建筑工程项目或者一个以上专业工程项目。

甲级工程监理企业可以监理经核定的工程类别中一、二、三等工程;乙级工程监理企业可以监理经核定的工程类别中二、三等工程;丙级工程监理企业可以监理经核定的工程类别中三等工程。

填写工程监理企业资质申请表应当注意的问题是:

工程监理企业应当向企业注册所在地的县级以上地方人民政府建设行政主管部门申请资质。中央管理的企业直接向国务院建设行政主管部门申请资质,其所属的工程监理企业申请甲级资质的,由中央管理的企业向国务院建设行政主管部门申请,同时向企业注册所在地省、自治区、直辖市建设行政主管部门报告。

新设立的工程监理企业,到工商行政管理部门登记注册并取得企业法人营业执照后,方可到建设行政主管部门办理资质申请手续。

新设立的工程监理企业申请资质,应当向建设行政主管部门提供下列资料:(1)工程监理企业资质申请表;(2)企业法人营业执照;(3)企业章程;(4)企业负责人和技术负责人的工作简历、监理工程师注册证书等有关证明材料;(5)工程监理人员的监理工程师注册证书;(6)需要出具的其他有关证件、资料。

工程监理企业申请资质升级,还应当提供下列资料:(1)企业原资质证书正、副本;(2)企业的财务决算年报表;(3)《监理业务手册》及已完成代表工程的监理合同、监理规划及监理工作总结。

甲级工程监理企业资质,经省、自治区、直辖市人民政府建设行政主管部门审核同意后,由国务院建设行政主管部门组织专家评审,并提出初审意见;其中涉及铁道、交通、水利、信息产业、民航工程等方面工程监理企业资质的,由省、自治区、直辖市人民政府建设行政主管部门商同级有关专业部门审核同意后,报国务院建设行政主管部门,由国务院建设行政主管部门送国务院有关部门初审。国务院建设行政主管部门根据初审意见审批。审核部门应当对工程监理企业的资质条件和申请资质提供的资料审查核实。

乙、丙级工程监理企业资质,由企业注册所在地省、自治区、直辖市人民政府建设行政主管部门审批；其中交通、水利、通信等方面的工程监理企业资质，由省、自治区、直辖市人民政府建设行政主管部门征得同级有关部门初审同意后审批。

申请甲级工程监理企业资质的，国务院建设行政主管部门每年定期集中审批一次。国务院建设行政主管部门应当在工程监理企业申请材料齐全后3个月内完成审批。由有关部门负责初审的，初审部门应当从收齐工程监理企业的申请材料之日起1个月内完成初审。国务院建设行政主管部门应当将审批结果通知初审部门。

国务院建设行政主管部门应当将经专家评审合格和国务院有关部门初审合格的甲级资质的工程监理企业名单及基本情况，在中国工程建设和建筑业信息网上公示。经公示后，对于工程监理企业符合资质标准的，予以审批，并将审批结果在中国工程建设和建筑业信息网上公告。

申请乙、丙级工程监理企业资质的，实行即时审批或者定期审批，由省、自治区、直辖市人民政府建设行政主管部门规定。

004 工程造价咨询企业资质等级申请书

文书范本 | 工程造价咨询企业资质等级申请书

适用范围 | 申请工程造价咨询企业资质时所使用的文书

条文检索 | 中华人民共和国建筑法;工程造价咨询企业管理办法

应用指引 | 工程造价咨询企业资质的概念;制作该文书应当注意的问题

工程造价咨询企业资质等级申请书

企业名称:　　　　　　　　（公章）

申请资质等级:甲级□　　乙级□

所属地区:

填表日期:　　　　年　　月　　日

中华人民共和国建设部制

（封面）

声　　明

本人　　　（法定代表人）　　　　　（身份证号码）郑重声明：本企业此次工程造价咨询企业资质等级申请资料、填写数据及所包含的附件资料内容是真实的，同样我在此所作的声明也是真实有效的。并愿意对在资质等级申请过程中有关部门调查的结果承担责任。

我授权　　　　（联系人姓名）具体经办此次工程造价咨询企业资质等级的申请工作。我知道虚假的声明与资料是严重的违法行为，本企业如有不实之行为，愿接受建设行政主管部门依据有关法律法规给予的处罚。

（公章）

法定代表人：（签名）

年　　月　　日

一、企业基本情况

企业名称					
企业地址					
原资质证书编号		原资质等级		取得资质时间	
批准文号		省（自治区、直辖市）			
地区（市、州、盟）		县（区、市、旗）			
营业执照注册号		注册资本			
拟申请资质等级		邮政编码			
企业类型		隶属关系			
联系人		联系电话			
传真		电子邮箱			
企业网址		开户账号			
开户银行					

续表

<table>
<tr><td rowspan="8">企业从业
人员状况</td><td colspan="8">专职专业人员人数　　　　人</td></tr>
<tr><td colspan="8">其中:造价工程师人数　　　　人</td></tr>
<tr><td colspan="8">造价员人数　　　　人</td></tr>
<tr><td colspan="8">高中级职称人数　　　　人</td></tr>
<tr><td colspan="8">其中:高级职称　　　　人</td></tr>
<tr><td colspan="8">中级职称　　　　人</td></tr>
<tr><td colspan="8">聘用退休技术人员数　　　　人</td></tr>
<tr><td colspan="8">兼职专业人员人数　　　　人</td></tr>
<tr><td>近三年工程造价
咨询营业收入额</td><td>第一年</td><td></td><td>第二年</td><td></td><td>第三年</td><td></td><td>合计</td><td></td></tr>
<tr><td>备注</td><td colspan="8"></td></tr>
</table>

注:1.“营业收入”和“注册资本”单位均为万元;

2.“隶属关系”填写内容为:公司注册所在地资质管理部门;

3.“企业类型”填写内容为:国有企业、集体企业、股份合作企业、有限责任企业、股份有限企业、合伙制企业、港澳台投资企业、外商投资企业、其他企业;

4.专职专业人员人数=造价工程师人数+造价员人数。

二、企 业 简 介

注:企业简介字数控制在2000字以内。

三、法定代表人简历

<table>
<tr><td>姓名</td><td></td><td>性别</td><td></td><td rowspan="5">照片</td></tr>
<tr><td>身份证号</td><td></td><td>出生日期</td><td></td></tr>
<tr><td>所学专业</td><td></td><td>职称</td><td></td></tr>
<tr><td>现从事专业</td><td></td><td>学历</td><td></td></tr>
<tr><td>毕业院校</td><td colspan="3"></td></tr>
<tr><td colspan="2">造价工程师注册证书编号</td><td></td><td>从事工程造价年限</td><td>年</td></tr>
<tr><td>工作简历</td><td colspan="4">本人签字：
年　　月　　日</td></tr>
</table>

四、技术负责人简历

<table>
<tr><td>姓名</td><td></td><td>性别</td><td></td><td rowspan="5">照片</td></tr>
<tr><td>身份证号</td><td></td><td>出生日期</td><td></td></tr>
<tr><td>所学专业</td><td></td><td>职称</td><td></td></tr>
<tr><td>现从事专业</td><td></td><td>学历</td><td></td></tr>
<tr><td>毕业院校</td><td colspan="3"></td></tr>
<tr><td colspan="2">造价工程师注册证书编号</td><td></td><td>从事工程造价年限</td><td>年</td></tr>
<tr><td>从事工程造价工作简历</td><td colspan="4">本人签字：
年 月 日</td></tr>
</table>

五、企业股东情况

序号	姓名	性别	出生日期	身份证号码	造价工程师注册证书编号	职称/其他执业资格	出资额（万元）	出资比例

六、工程造价咨询企业人事档案关系汇总表

序号	姓名	性别	身份证号码	档案存档号	人事档案存档单位	存档单位		备注
						联系电话	联系人	

七、专职专业人员汇总一览表

序号	姓名	性别	出生日期	身份证号码	职称	学历	执业/从业资格	造价工程师注册证书编号/造价员证书编号	从事工程造价年限	是否退休聘用人员

注:1.“执业/从业资格”填写内容为:造价工程师、造价员;

2.按造价工程师、造价员、其他进行分类顺序填写;

3.造价工程师填写造价工程师注册证书编号;造价员填写造价员证书编号。

八、专职专业人员基本情况

姓名		性别		照片（二寸）
身份证号		出生日期		
所学专业		职称		
现从事专业		学历		
毕业院校				
执业/从业资格证书编号		从事工程造价年限	年	
造价工程师注册证书编号		注册日期		
注册企业名称				
执业专用章编号		有效期		
通信地址				
联系电话		邮政编码		
人事档案关系单位				
从事工程造价工作简历				
备注				

注：1. 本企业专职专业人员，须每人填写一份；

2. 附造价工程注册证书、技术职称证书、从事造价专业经历证明（预算员证）、人事存档证明、交纳社会养老保险费用凭证、造价师继续教育证明复印件，复印件等一律使用 A4（210mm×297mm）型纸；

3. 要求扫描件一律使用原件扫描；

4. 人事存档证明以人事代理合同（或人事代理管理登记卡）为准、证明文件应有证明单位文号。

九、近三年工程造价咨询业务完成情况一览表

序号	项目名称	项目类型	工程规模	咨询标的额（万元）	起止时间	委托单位、联系人及联系电话	项目主持人

注:1. 本表填写近三年签订的各项工程造价咨询合同,按年度顺序填写;

2. 项目类型为:(1)项目经济评估;(2)建设项目投资估算的编制、审核;(3)概算、预算、结算、竣工决算编制、审核;(4)工程量清单、工程招标底价、投标报价的编制、审核;(5)其他。填写该项内容时只需填写编号即可。

十、申请结论情况

<table>
<tr><td>初审意见</td><td colspan="3">

负责人签字：　　　　　　年　　月　　日
（公章）</td></tr>
<tr><td>主管部门审定意见</td><td colspan="3">

负责人签字：　　　　　　年　　月　　日
（公章）</td></tr>
<tr><td>资质证书编号</td><td colspan="3"></td></tr>
<tr><td>批准日期</td><td></td><td>批准文号</td><td></td></tr>
</table>

注：1. 初审意见：申请甲级由省、自治区、直辖市、建设行政主管部门签署；

2. 主管部门审定意见：申请甲级由建设部标准定额司签署。

| 条文检索 |

中华人民共和国建筑法·第 12 ~ 14 条

(1997 年 11 月 1 日第八届全国人民代表大会常务委员会第二十八次会议通过　根据 2011 年 4 月 22 日第十一届全国人民代表大会常务委员会第二十次会议《关于修改〈中华人民共和国建筑法〉的决定》修正)

参见“002 工程勘察、工程设计资质申请表”条文检索部分。

工程造价咨询企业管理办法

(2006 年 2 月 22 日建设部第 85 次常务会议讨论通过　2006 年 3 月 22 日建设部令第 149 号公布　根据 2015 年 5 月 4 日《住房和城乡建设部关于修改〈房地产开发企业资质管理规定〉等部门规章的决定》修正)

第一章　总　　则

第一条　为了加强对工程造价咨询企业的管理,提高工程造价咨询工作质量,维护建设市场秩序和社会公共利益,根据《中华人民共和国行政许可法》、《国务院对确需保留的行政审批项目设定行政许可的决定》,制定本办法。

第二条　在中华人民共和国境内从事工程造价咨询活动,实施对工程造价咨询企业的监督管理,应当遵守本办法。

第三条　本办法所称工程造价咨询企业,是指接受委托,对建设项目投资、工程造价的确定与控制提供专业咨询服务的企业。

第四条　工程造价咨询企业应当依法取得工程造价咨询企业资质,并在其资质等级许可的范围内从事工程造价咨询活动。

第五条　工程造价咨询企业从事工程造价咨询活动,应当遵循独立、客观、公正、诚实信用的原则,不得损害社会公共利益和他人的合法权益。

任何单位和个人不得非法干预依法进行的工程造价咨询活动。

第六条　国务院建设主管部门负责全国工程造价咨询企业的统一监督管理工作。

省、自治区、直辖市人民政府建设主管部门负责本行政区域内工程造价咨询企业的监督管理工作。

有关专业部门负责对本专业工程造价咨询企业实施监督管理。

第七条　工程造价咨询行业组织应当加强行业自律管理。

鼓励工程造价咨询企业加入工程造价咨询行业组织。

第二章　资质等级与标准

第八条　工程造价咨询企业资质等级分为甲级、乙级。

第九条　甲级工程造价咨询企业资质标准如下：

（一）已取得乙级工程造价咨询企业资质证书满3年；

（二）企业出资人中，注册造价工程师人数不低于出资人总人数的60%，且其出资额不低于企业认缴出资总额的60%；

（三）技术负责人已取得造价工程师注册证书，并具有工程或工程经济类高级专业技术职称，且从事工程造价专业工作15年以上；

（四）专职从事工程造价专业工作的人员（以下简称专职专业人员）不少于20人，其中，具有工程或者工程经济类中级以上专业技术职称的人员不少于16人；取得造价工程师注册证书的人员不少于10人，其他人员具有从事工程造价专业工作的经历；

（五）企业与专职专业人员签订劳动合同，且专职专业人员符合国家规定的职业年龄（出资人除外）；

（六）专职专业人员人事档案关系由国家认可的人事代理机构代为管理；

（七）企业近3年工程造价咨询营业收入累计不低于人民币500万元；

（八）具有固定的办公场所，人均办公建筑面积不少于10平方米；

（九）技术档案管理制度、质量控制制度、财务管理制度齐全；

（十）企业为本单位专职专业人员办理的社会基本养老保险手续齐全；

（十一）在申请核定资质等级之日前3年内无本办法第二十七条禁止的行为。

第十条　乙级工程造价咨询企业资质标准如下：

（一）企业出资人中，注册造价工程师人数不低于出资人总人数的60%，且其出资额不低于认缴出资总额的60%；

（二）技术负责人已取得造价工程师注册证书，并具有工程或工程经济类高级专业技术职称，且从事工程造价专业工作10年以上；

（三）专职专业人员不少于12人，其中，具有工程或者工程经济类中级以上专业技术职称的人员不少于8人；取得造价工程师注册证书的人员不少于6人，其他人员具有从事工程造价专业工作的经历；

（四）企业与专职专业人员签订劳动合同，且专职专业人员符合国家规定的职业年龄（出资人除外）；

（五）专职专业人员人事档案关系由国家认可的人事代理机构代为管理；

（六）具有固定的办公场所，人均办公建筑面积不少于10平方米；

（七）技术档案管理制度、质量控制制度、财务管理制度齐全；

（八）企业为本单位专职专业人员办理的社会基本养老保险手续齐全；

（九）暂定期内工程造价咨询营业收入累计不低于人民币50万元；

（十）申请核定资质等级之日前无本办法第二十七条禁止的行为。

第三章 资质许可

第十一条 申请甲级工程造价咨询企业资质的，应当向申请人工商注册所在地省、自治区、直辖市人民政府建设主管部门或者国务院有关专业部门提出申请。

省、自治区、直辖市人民政府建设主管部门、国务院有关专业部门应当自受理申请材料之日起20日内审查完毕，并将初审意见和全部申请材料报国务院建设主管部门；国务院建设主管部门应当自受理之日起20日内作出决定。

第十二条 申请乙级工程造价咨询企业资质的，由省、自治区、直辖市人民政府建设主管部门审查决定。其中，申请有关专业乙级工程造价咨询企业资质的，由省、自治区、直辖市人民政府建设主管部门商同级有关专业部门审查决定。

乙级工程造价咨询企业资质许可的实施程序由省、自治区、直辖市人民政府建设主管部门依法确定。

省、自治区、直辖市人民政府建设主管部门应当自作出决定之日起30日内，将准予资质许可的决定报国务院建设主管部门备案。

第十三条 申请工程造价咨询企业资质，应当提交下列材料并同时在网上申报：

（一）《工程造价咨询企业资质等级申请书》；

（二）专职专业人员（含技术负责人）的造价工程师注册证书、造价员资格证书、专业技术职称证书和身份证；

（三）专职专业人员（含技术负责人）的人事代理合同和企业为其交纳的本年度社会基本养老保险费用的凭证；

（四）企业章程、股东出资协议；

(五)企业缴纳营业收入的营业税发票或税务部门出具的缴纳工程造价咨询营业收入的营业税完税证明;企业营业收入含其他业务收入的,还需出具工程造价咨询营业收入的财务审计报告;

(六)工程造价咨询企业资质证书;

(七)企业营业执照;

(八)固定办公场所的租赁合同或产权证明;

(九)有关企业技术档案管理、质量控制、财务管理等制度的文件;

(十)法律、法规规定的其他材料。

新申请工程造价咨询企业资质的,不需要提交前款第(五)项、第(六)项所列材料。

第十四条　新申请工程造价咨询企业资质的,其资质等级按照本办法第十条第(一)项至第(九)项所列资质标准核定为乙级,设暂定期一年。

暂定期届满需继续从事工程造价咨询活动的,应当在暂定期届满 30 日前,向资质许可机关申请换发资质证书。符合乙级资质条件的,由资质许可机关换发资质证书。

第十五条　准予资质许可的,资质许可机关应当向申请人颁发工程造价咨询企业资质证书。

工程造价咨询企业资质证书由国务院建设主管部门统一印制,分正本和副本。正本和副本具有同等法律效力。

工程造价咨询企业遗失资质证书的,应当在公众媒体上声明作废后,向资质许可机关申请补办。

第十六条　工程造价咨询企业资质有效期为 3 年。

资质有效期届满,需要继续从事工程造价咨询活动的,应当在资质有效期届满 30 日前向资质许可机关提出资质延续申请。资质许可机关应当根据申请作出是否准予延续的决定。准予延续的,资质有效期延续 3 年。

第十七条　工程造价咨询企业的名称、住所、组织形式、法定代表人、技术负责人、注册资本等事项发生变更的,应当自变更确立之日起 30 日内,到资质许可机关办理资质证书变更手续。

第十八条　工程造价咨询企业合并的,合并后存续或者新设立的工程造价咨询企业可以承继合并前各方中较高的资质等级,但应当符合相应的资质等级条件。

工程造价咨询企业分立的,只能由分立后的一方承继原工程造价咨询企业资质,但应当符合原工程造价咨询企业资质等级条件。

第四章 工程造价咨询管理

第十九条 工程造价咨询企业依法从事工程造价咨询活动,不受行政区域限制。

甲级工程造价咨询企业可以从事各类建设项目的工程造价咨询业务。

乙级工程造价咨询企业可以从事工程造价5000万元人民币以下的各类建设项目的工程造价咨询业务。

第二十条 工程造价咨询业务范围包括:

(一)建设项目建议书及可行性研究投资估算、项目经济评价报告的编制和审核;

(二)建设项目概预算的编制与审核,并配合设计方案比选、优化设计、限额设计等工作进行工程造价分析与控制;

(三)建设项目合同价款的确定(包括招标工程工程量清单和标底、投标报价的编制和审核);合同价款的签订与调整(包括工程变更、工程洽商和索赔费用的计算)及工程款支付,工程结算及竣工结(决)算报告的编制与审核等;

(四)工程造价经济纠纷的鉴定和仲裁的咨询;

(五)提供工程造价信息服务等。

工程造价咨询企业可以对建设项目的组织实施进行全过程或者若干阶段的管理和服务。

第二十一条 工程造价咨询企业在承接各类建设项目的工程造价咨询业务时,应当与委托人订立书面工程造价咨询合同。

工程造价咨询企业与委托人可以参照《建设工程造价咨询合同》(示范文本)订立合同。

第二十二条 工程造价咨询企业从事工程造价咨询业务,应当按照有关规定的要求出具工程造价成果文件。

工程造价成果文件应当由工程造价咨询企业加盖有企业名称、资质等级及证书编号的执业印章,并由执行咨询业务的注册造价工程师签字、加盖执业印章。

第二十三条 工程造价咨询企业设立分支机构的,应当自领取分支机构营业执照之日起30日内,持下列材料到分支机构工商注册所在地省、自治区、直辖市人民政府建设主管部门备案:

(一)分支机构营业执照复印件;

(二)工程造价咨询企业资质证书复印件;

(三)拟在分支机构执业的不少于3名注册造价工程师的注册证书复印件;

(四)分支机构固定办公场所的租赁合同或产权证明。

省、自治区、直辖市人民政府建设主管部门应当在接受备案之日起20日内,报国务院建设主管部门备案。

第二十四条　分支机构从事工程造价咨询业务,应当由设立该分支机构的工程造价咨询企业负责承接工程造价咨询业务、订立工程造价咨询合同、出具工程造价成果文件。

分支机构不得以自己名义承接工程造价咨询业务、订立工程造价咨询合同、出具工程造价成果文件。

第二十五条　工程造价咨询企业跨省、自治区、直辖市承接工程造价咨询业务的,应当自承接业务之日起30日内到建设工程所在地省、自治区、直辖市人民政府建设主管部门备案。

第二十六条　工程造价咨询收费应当按照有关规定,由当事人在建设工程造价咨询合同中约定。

第二十七条　工程造价咨询企业不得有下列行为:

(一)涂改、倒卖、出租、出借资质证书,或者以其他形式非法转让资质证书;

(二)超越资质等级业务范围承接工程造价咨询业务;

(三)同时接受招标人和投标人或两个以上投标人对同一工程项目的工程造价咨询业务;

(四)以给予回扣、恶意压低收费等方式进行不正当竞争;

(五)转包承接的工程造价咨询业务;

(六)法律、法规禁止的其他行为。

第二十八条　除法律、法规另有规定外,未经委托人书面同意,工程造价咨询企业不得对外提供工程造价咨询服务过程中获知的当事人的商业秘密和业务资料。

第二十九条　县级以上地方人民政府建设主管部门、有关专业部门应当依照有关法律、法规和本办法的规定,对工程造价咨询企业从事工程造价咨询业务的活动实施监督检查。

第三十条　监督检查机关履行监督检查职责时,有权采取下列措施:

(一)要求被检查单位提供工程造价咨询企业资质证书、造价工程师注册证书,有关工程造价咨询业务的文档,有关技术档案管理制度、质量控制制度、财务管理制度的文件;

(二)进入被检查单位进行检查,查阅工程造价咨询成果文件以及工程造价咨询合同等相关资料;

(三)纠正违反有关法律、法规和本办法及执业规程规定的行为。

监督检查机关应当将监督检查的处理结果向社会公布。

第三十一条 监督检查机关进行监督检查时,应当有两名以上监督检查人员参加,并出示执法证件,不得妨碍被检查单位的正常经营活动,不得索取或者收受财物、谋取其他利益。

有关单位和个人对依法进行的监督检查应当协助与配合,不得拒绝或者阻挠。

第三十二条 有下列情形之一的,资质许可机关或者其上级机关,根据利害关系人的请求或者依据职权,可以撤销工程造价咨询企业资质:

(一)资质许可机关工作人员滥用职权、玩忽职守作出准予工程造价咨询企业资质许可的;

(二)超越法定职权作出准予工程造价咨询企业资质许可的;

(三)违反法定程序作出准予工程造价咨询企业资质许可的;

(四)对不具备行政许可条件的申请人作出准予工程造价咨询企业资质许可的;

(五)依法可以撤销工程造价咨询企业资质的其他情形。

工程造价咨询企业以欺骗、贿赂等不正当手段取得工程造价咨询企业资质的,应当予以撤销。

第三十三条 工程造价咨询企业取得工程造价咨询企业资质后,不再符合相应资质条件的,资质许可机关根据利害关系人的请求或者依据职权,可以责令其限期改正;逾期不改的,可以撤回其资质。

第三十四条 有下列情形之一的,资质许可机关应当依法注销工程造价咨询企业资质:

(一)工程造价咨询企业资质有效期满,未申请延续的;

(二)工程造价咨询企业资质被撤销、撤回的;

(三)工程造价咨询企业依法终止的;

(四)法律、法规规定的应当注销工程造价咨询企业资质的其他情形。

第三十五条 工程造价咨询企业应当按照有关规定,向资质许可机关提供真实、准确、完整的工程造价咨询企业信用档案信息。

工程造价咨询企业信用档案应当包括工程造价咨询企业的基本情况、业绩、良好行为、不良行为等内容。违法行为、被投诉举报处理、行政处罚等情况应当作为工程造价咨询企业的不良记录记入其信用档案。

任何单位和个人有权查阅信用档案。

第五章 法 律 责 任

第三十六条 申请人隐瞒有关情况或者提供虚假材料申请工程造价咨询企业资质的，不予受理或者不予资质许可，并给予警告，申请人在 1 年内不得再次申请工程造价咨询企业资质。

第三十七条 以欺骗、贿赂等不正当手段取得工程造价咨询企业资质的，由县级以上地方人民政府建设主管部门或者有关专业部门给予警告，并处以 1 万元以上 3 万元以下的罚款，申请人 3 年内不得再次申请工程造价咨询企业资质。

第三十八条 未取得工程造价咨询企业资质从事工程造价咨询活动或者超越资质等级承接工程造价咨询业务的，出具的工程造价成果文件无效，由县级以上地方人民政府建设主管部门或者有关专业部门给予警告，责令限期改正，并处以 1 万元以上 3 万元以下的罚款。

第三十九条 违反本办法第十七条规定，工程造价咨询企业不及时办理资质证书变更手续的，由资质许可机关责令限期办理；逾期不办理的，可处以 1 万元以下的罚款。

第四十条 有下列行为之一的，由县级以上地方人民政府建设主管部门或者有关专业部门给予警告，责令限期改正；逾期未改正的，可处以 5000 元以上 2 万元以下的罚款：

（一）违反本办法第二十三条规定，新设立分支机构不备案的；

（二）违反本办法第二十五条规定，跨省、自治区、直辖市承接业务不备案的。

第四十一条 工程造价咨询企业有本办法第二十七条行为之一的，由县级以上地方人民政府建设主管部门或者有关专业部门给予警告，责令限期改正，并处以 1 万元以上 3 万元以下的罚款。

第四十二条 资质许可机关有下列情形之一的，由其上级行政主管部门或者监察机关责令改正，对直接负责的主管人员和其他直接责任人员依法给予处分；构成犯罪的，依法追究刑事责任：

（一）对不符合法定条件的申请人准予工程造价咨询企业资质许可或者超越职权作出准予工程造价咨询企业资质许可决定的；

（二）对符合法定条件的申请人不予工程造价咨询企业资质许可或者不在法定期限内

作出准予工程造价咨询企业资质许可决定的;

(三)利用职务上的便利,收受他人财物或者其他利益的;

(四)不履行监督管理职责,或者发现违法行为不予查处的。

第六章　附　　则

第四十三条　本办法自2006年7月1日起施行。2000年1月25日建设部发布的《工程造价咨询单位管理办法》(建设部令第74号)同时废止。

本办法施行前建设部发布的规章与本办法的规定不一致的,以本办法为准。

第四十四条　本办法第九条第(二)项、第(六)项和第十条第(一)项、第(五)项的规定,暂不适用于本办法施行前已取得工程造价咨询资质且尚未进行改制的单位。

| 应用指引 |

工程造价咨询,系指工程造价咨询企业接受委托人的委托,承担建设项目的可行性研究投资估算、项目经济评价、工程概算、预算、工程结算、竣工决算、工程招标标底、投标报价的编制和审核、对工程造价进行监控以及提供有关工程造价信息资料等业务工作。工程造价咨询单位的资质系指从事工程造价咨询工作应具备的技术力量、专业技能、人员素质、技术装备、服务业绩、社会信誉、组织机构和注册资金等。

(一)资质等级和业务范围

工程造价咨询单位的等级分为甲、乙、丙级。

(1)甲级工程造价咨询单位的条件是:

第一,具有高级专业技术职称、从事工程造价管理工作10年以上并取得资格证书的专业人员作为单位专职负责人或技术负责人;

第二,具有中级以上专业技术职称、从事工程造价管理工作5年以上并取得资格证书的专业人员不得少于20人,其中高级职称人员不得少于30%,单位专职人员不得少于注册营业人员的40%;

第三,注册资金不少于30万元;

第四,具有正式的办公场所,健全的组织机构,完整可靠的技术资料和微机管理手段,以及严格的管理制度和章程;

第五,近三年已完成5个大型建设项目工程造价的咨询工作,有较高的社会信誉。

(2)乙级工程造价咨询单位资质条件是:

第一,具有高级专业技术职称并从事工程造价管理工作 7 年以上的专业人员作为单位专职负责人或技术负责人;

第二,具有中级以上专业技术职称并从事工程造价管理工作 3 年以上的专业人员不少于 10 人,单位专职人员不得少于注册营业人员的 40%;

第三,注册资金不少于 15 万元;

第四,具有正式的办公场所,健全的组织机构,可靠的技术资料和微机管理手段,以及严格的管理制度和章程;

第五,近三年已完成 3 个中型建设项目工程造价的咨询工作,有良好的社会信誉。

(3)丙级工程造价咨询单位资质标准由省、自治区、直辖市建设主管部门和国务院有关部门参照甲、乙级标准自行制定。

工程造价咨询单位的业务范围如下:甲级单位可跨地区、跨部门承担各类建设项目的工程造价咨询业务;乙级单位可在本部门、本地区内承担各类中型以下建设项目的工程造价咨询业务;丙级的范围由省、自治区、直辖市建设主管部门和国务院有关部门制定。

(二)资质的审批

建设部负责甲级单位的资质审批和发证工作。甲级单位的审批应先由省、自治区、直辖市建设主管部门和国务院有关部门进行资质审查后,再报建设部审批。省、自治区、直辖市建设主管部门和国务院有关部门负责本地区、本部门内乙、丙级单位的资质审批和发证工作,并报建设部备案。

(三)资质证书的管理

甲级单位的资质每三年核定一次;乙级单位的资质每两年核定一次。申请核定资质等级须在核定年的年终前三个月向资质审查管理部门提供下列材料:资质等级申请书;原资质证书和营业执照副本;工程造价咨询业绩及委托方证明材料;建设部规定的其他材料。

工程造价咨询单位承担业务时,应当出示《工程造价咨询单位资质证书》。遗失《工程造价咨询单位资质证书》必须在有关报纸、广播电视、杂志上声明作废后,方可向发证部门申请补发,并履行补发的有关手续。

工程造价咨询单位发生下列情况之一者,应按下列规定办理手续,再向工商行政管理机关申请办理变更登记:(1)分立或合并,应当向资质管理部门提交申请,交回原《工程造价咨询单位资质证书》,经重新审查分立或合并的资质等级后,取得相应的《工程造价咨询单位资质证书》;(2)停业半年以上、宣布破产或因其他原因终止业务应报原资质等级管理部门备案,并收回其《工程造价咨询单位资质证书》;(3)企业变更名称、地址、法人代表、主要技术负责人,应向原资质等级管理部门办理变更手续。

(四)填写该文书应当注意的问题

工程造价咨询单位资质申请书主要包括以下文件:

(1)单位名称和地址;

(2)法人代表和负责人情况登记表及专业技术职称证书复印件;

(3)专业人员情况登记表及专业技术职称证书复印件;

(4)单位主管部门名称及批件;

(5)单位组建时间、服务业绩及委托方证明材料;

(6)单位章程及业务范围;

(7)注册资金数额。

申请人要特别注意的是对相关资料要有附件及证明材料,一同报送主管部门。

第二章
建设工程招标投标

005 招标申请书

文书范本 | 招标申请书

适用范围 | 建设单位招标时所使用的文书

条文检索 | 中华人民共和国建筑法；中华人民共和国招标投标法；中华人民共和国招标投标法实施条例

应用指引 | 招标申请书的概念；制作该申请书应当注意的问题

________地区民宅改造工程招标申请书

________市招标投标管理委员会：

我区________地区民宅改造建设项目，根据______发〔____〕____号文件批准，现已具备施工条件，特申请通过招标选择施工单位，请批准为盼。

附件：

1.《招标准备情况一览表》____份；

2.《××地区民宅建造后的楼群图示》____份。

申请单位：________区民宅改造

工程管理处(公章)

负责人：________(签章)

________年____月____日

| 条文检索 |

中华人民共和国建筑法·第15~17条

(1997年11月1日第八届全国人民代表大会常务委员会第二十八次会议通过 根据2011年4月22日第十一届全国人民代表大会常务委员会第二十次会议《关于修改〈中华人民共和国建筑法〉的决定》修正)

第十五条 建筑工程的发包单位与承包单位应当依法订立书面合同,明确双方的权利和义务。

发包单位和承包单位应当全面履行合同约定的义务。不按照合同约定履行义务的,依法承担违约责任。

第十六条 建筑工程发包与承包的招标投标活动,应当遵循公开、公正、平等竞争的原则,择优选择承包单位。

建筑工程的招标投标,本法没有规定的,适用有关招标投标法律的规定。

第十七条 发包单位及其工作人员在建筑工程发包中不得收受贿赂、回扣或者索取其他好处。

承包单位及其工作人员不得利用向发包单位及其工作人员行贿、提供回扣或者给予其他好处等不正当手段承揽工程。

中华人民共和国招标投标法·第8~24条

(1999年8月30日第九届全国人民代表大会常务委员会第十一次会议通过 1999年8月30日中华人民共和国主席令第21号公布 自2000年1月1日起施行)

第八条 招标人是依照本法规定提出招标项目、进行招标的法人或者其他组织。

第九条 招标项目按照国家有关规定需要履行项目审批手续的,应当先履行审批手续,取得批准。

招标人应当有进行招标项目的相应资金或者资金来源已经落实,并应当在招标文件中如实载明。

第十条 招标分为公开招标和邀请招标。

公开招标,是指招标人以招标公告的方式邀请不特定的法人或者其他组织投标。

邀请招标,是指招标人以投标邀请书的方式邀请特定的法人或者其他组织投标。

第十一条　国务院发展计划部门确定的国家重点项目和省、自治区、直辖市人民政府确定的地方重点项目不适宜公开招标的，经国务院发展计划部门或者省、自治区、直辖市人民政府批准，可以进行邀请招标。

第十二条　招标人有权自行选择招标代理机构，委托其办理招标事宜。任何单位和个人不得以任何方式为招标人指定招标代理机构。

招标人具有编制招标文件和组织评标能力的，可以自行办理招标事宜。任何单位和个人不得强制其委托招标代理机构办理招标事宜。

依法必须进行招标的项目，招标人自行办理招标事宜的，应当向有关行政监督部门备案。

第十三条　招标代理机构是依法设立、从事招标代理业务并提供相关服务的社会中介组织。

招标代理机构应当具备下列条件：

（一）有从事招标代理业务的营业场所和相应资金；

（二）有能够编制招标文件和组织评标的相应专业力量；

（三）有符合本法第三十七条第三款规定条件、可以作为评标委员会成员人选的技术、经济等方面的专家库。

第十四条　从事工程建设项目招标代理业务的招标代理机构，其资格由国务院或者省、自治区、直辖市人民政府的建设行政主管部门认定。具体办法由国务院建设行政主管部门会同国务院有关部门制定。从事其他招标代理业务的招标代理机构，其资格认定的主管部门由国务院规定。

招标代理机构与行政机关和其他国家机关不得存在隶属关系或者其他利益关系。

第十五条　招标代理机构应当在招标人委托的范围内办理招标事宜，并遵守本法关于招标人的规定。

第十六条　招标人采用公开招标方式的，应当发布招标公告。依法必须进行招标的项目的招标公告，应当通过国家指定的报刊、信息网络或者其他媒介发布。

招标公告应当载明招标人的名称和地址、招标项目的性质、数量、实施地点和时间以及获取招标文件的办法等事项。

第十七条　招标人采用邀请招标方式的，应当向三个以上具备承担招标项目的能力、资信良好的特定的法人或者其他组织发出投标邀请书。

投标邀请书应当载明本法第十六条第二款规定的事项。

第十八条　招标人可以根据招标项目本身的要求，在招标公告或者投标邀请书中，要求潜在投标人提供有关资质证明文件和业绩情况，并对潜在投标人进行资格审查；国家对投标人的资格条件有规定的，依照其规定。

招标人不得以不合理的条件限制或者排斥潜在投标人，不得对潜在投标人实行歧视待遇。

第十九条　招标人应当根据招标项目的特点和需要编制招标文件。招标文件应当包括招标项目的技术要求、对投标人资格审查的标准、投标报价要求和评标标准等所有实质性要求和条件以及拟签订合同的主要条款。

国家对招标项目的技术、标准有规定的，招标人应当按照其规定在招标文件中提出相应要求。

招标项目需要划分标段、确定工期的，招标人应当合理划分标段、确定工期，并在招标文件中载明。

第二十条　招标文件不得要求或者标明特定的生产供应者以及含有倾向或者排斥潜在投标人的其他内容。

第二十一条　招标人根据招标项目的具体情况，可以组织潜在投标人踏勘项目现场。

第二十二条　招标人不得向他人透露已获取招标文件的潜在投标人的名称、数量以及可能影响公平竞争的有关招标投标的其他情况。

招标人设有标底的，标底必须保密。

第二十三条　招标人对已发出的招标文件进行必要的澄清或者修改的，应当在招标文件要求提交投标文件截止时间至少十五日前，以书面形式通知所有招标文件收受人。该澄清或者修改的内容为招标文件的组成部分。

第二十四条　招标人应当确定投标人编制投标文件所需要的合理时间；但是，依法必须进行招标的项目，自招标文件开始发出之日起至投标人提交投标文件截止之日止，最短不得少于二十日。

中华人民共和国招标投标法实施条例

（2011年12月20日国务院令第613号公布　自2012年2月1日起施行）

第一章　总　　则

第一条　为了规范招标投标活动，根据《中华人民共和国招标投标法》（以下简称招标投标法),制定本条例。

第二条 招标投标法第三条所称工程建设项目,是指工程以及与工程建设有关的货物、服务。

前款所称工程,是指建设工程,包括建筑物和构筑物的新建、改建、扩建及其相关的装修、拆除、修缮等;所称与工程建设有关的货物,是指构成工程不可分割的组成部分,且为实现工程基本功能所必需的设备、材料等;所称与工程建设有关的服务,是指为完成工程所需的勘察、设计、监理等服务。

第三条 依法必须进行招标的工程建设项目的具体范围和规模标准,由国务院发展改革部门会同国务院有关部门制订,报国务院批准后公布施行。

第四条 国务院发展改革部门指导和协调全国招标投标工作,对国家重大建设项目的工程招标投标活动实施监督检查。国务院工业和信息化、住房城乡建设、交通运输、铁道、水利、商务等部门,按照规定的职责分工对有关招标投标活动实施监督。

县级以上地方人民政府发展改革部门指导和协调本行政区域的招标投标工作。县级以上地方人民政府有关部门按照规定的职责分工,对招标投标活动实施监督,依法查处招标投标活动中的违法行为。县级以上地方人民政府对其所属部门有关招标投标活动的监督职责分工另有规定的,从其规定。

财政部门依法对实行招标投标的政府采购工程建设项目的预算执行情况和政府采购政策执行情况实施监督。

监察机关依法对与招标投标活动有关的监察对象实施监察。

第五条 设区的市级以上地方人民政府可以根据实际需要,建立统一规范的招标投标交易场所,为招标投标活动提供服务。招标投标交易场所不得与行政监督部门存在隶属关系,不得以营利为目的。

国家鼓励利用信息网络进行电子招标投标。

第六条 禁止国家工作人员以任何方式非法干涉招标投标活动。

第二章 招 标

第七条 按照国家有关规定需要履行项目审批、核准手续的依法必须进行招标的项目,其招标范围、招标方式、招标组织形式应当报项目审批、核准部门审批、核准。项目审批、核准部门应当及时将审批、核准确定的招标范围、招标方式、招标组织形式通报有关行政监督部门。

第八条　国有资金占控股或者主导地位的依法必须进行招标的项目,应当公开招标;但有下列情形之一的,可以邀请招标:

(一)技术复杂、有特殊要求或者受自然环境限制,只有少量潜在投标人可供选择;

(二)采用公开招标方式的费用占项目合同金额的比例过大。

有前款第二项所列情形,属于本条例第七条规定的项目,由项目审批、核准部门在审批、核准项目时作出认定;其他项目由招标人申请有关行政监督部门作出认定。

第九条　除招标投标法第六十六条规定的可以不进行招标的特殊情况外,有下列情形之一的,可以不进行招标:

(一)需要采用不可替代的专利或者专有技术;

(二)采购人依法能够自行建设、生产或者提供;

(三)已通过招标方式选定的特许经营项目投资人依法能够自行建设、生产或者提供;

(四)需要向原中标人采购工程、货物或者服务,否则将影响施工或者功能配套要求;

(五)国家规定的其他特殊情形。

招标人为适用前款规定弄虚作假的,属于招标投标法第四条规定的规避招标。

第十条　招标投标法第十二条第二款规定的招标人具有编制招标文件和组织评标能力,是指招标人具有与招标项目规模和复杂程度相适应的技术、经济等方面的专业人员。

第十一条　招标代理机构的资格依照法律和国务院的规定由有关部门认定。

国务院住房城乡建设、商务、发展改革、工业和信息化等部门,按照规定的职责分工对招标代理机构依法实施监督管理。

第十二条　招标代理机构应当拥有一定数量的取得招标职业资格的专业人员。取得招标职业资格的具体办法由国务院人力资源社会保障部门会同国务院发展改革部门制定。

第十三条　招标代理机构在其资格许可和招标人委托的范围内开展招标代理业务,任何单位和个人不得非法干涉。

招标代理机构代理招标业务,应当遵守招标投标法和本条例关于招标人的规定。招标代理机构不得在所代理的招标项目中投标或者代理投标,也不得为所代理的招标项目的投标人提供咨询。

招标代理机构不得涂改、出租、出借、转让资格证书。

第十四条　招标人应当与被委托的招标代理机构签订书面委托合同,合同约定的收费标准应当符合国家有关规定。

第十五条　公开招标的项目，应当依照招标投标法和本条例的规定发布招标公告、编制招标文件。

招标人采用资格预审办法对潜在投标人进行资格审查的，应当发布资格预审公告、编制资格预审文件。

依法必须进行招标的项目的资格预审公告和招标公告，应当在国务院发展改革部门依法指定的媒介发布。在不同媒介发布的同一招标项目的资格预审公告或者招标公告的内容应当一致。指定媒介发布依法必须进行招标的项目的境内资格预审公告、招标公告，不得收取费用。

编制依法必须进行招标的项目的资格预审文件和招标文件，应当使用国务院发展改革部门会同有关行政监督部门制定的标准文本。

第十六条　招标人应当按照资格预审公告、招标公告或者投标邀请书规定的时间、地点发售资格预审文件或者招标文件。资格预审文件或者招标文件的发售期不得少于5日。

招标人发售资格预审文件、招标文件收取的费用应当限于补偿印刷、邮寄的成本支出，不得以营利为目的。

第十七条　招标人应当合理确定提交资格预审申请文件的时间。依法必须进行招标的项目提交资格预审申请文件的时间，自资格预审文件停止发售之日起不得少于5日。

第十八条　资格预审应当按照资格预审文件载明的标准和方法进行。

国有资金占控股或者主导地位的依法必须进行招标的项目，招标人应当组建资格审查委员会审查资格预审申请文件。资格审查委员会及其成员应当遵守招标投标法和本条例有关评标委员会及其成员的规定。

第十九条　资格预审结束后，招标人应当及时向资格预审申请人发出资格预审结果通知书。未通过资格预审的申请人不具有投标资格。

通过资格预审的申请人少于3个的，应当重新招标。

第二十条　招标人采用资格后审办法对投标人进行资格审查的，应当在开标后由评标委员会按照招标文件规定的标准和方法对投标人的资格进行审查。

第二十一条　招标人可以对已发出的资格预审文件或者招标文件进行必要的澄清或者修改。澄清或者修改的内容可能影响资格预审申请文件或者投标文件编制的，招标人应当在提交资格预审申请文件截止时间至少3日前，或者投标截止时间至少15日前，以书面形式通知所有获取资格预审文件或者招标文件的潜在投标人；不足3日或者15日的,招标人应当顺延提交资格预审申请文件或者投标文件的截止时间。

第二十二条 潜在投标人或者其他利害关系人对资格预审文件有异议的,应当在提交资格预审申请文件截止时间2日前提出;对招标文件有异议的,应当在投标截止时间10日前提出。招标人应当自收到异议之日起3日内作出答复;作出答复前,应当暂停招标投标活动。

第二十三条 招标人编制的资格预审文件、招标文件的内容违反法律、行政法规的强制性规定,违反公开、公平、公正和诚实信用原则,影响资格预审结果或者潜在投标人投标的,依法必须进行招标的项目的招标人应当在修改资格预审文件或者招标文件后重新招标。

第二十四条 招标人对招标项目划分标段的,应当遵守招标投标法的有关规定,不得利用划分标段限制或者排斥潜在投标人。依法必须进行招标的项目的招标人不得利用划分标段规避招标。

第二十五条 招标人应当在招标文件中载明投标有效期。投标有效期从提交投标文件的截止之日起算。

第二十六条 招标人在招标文件中要求投标人提交投标保证金的,投标保证金不得超过招标项目估算价的2%。投标保证金有效期应当与投标有效期一致。

依法必须进行招标的项目的境内投标单位,以现金或者支票形式提交的投标保证金应当从其基本账户转出。

招标人不得挪用投标保证金。

第二十七条 招标人可以自行决定是否编制标底。一个招标项目只能有一个标底。标底必须保密。

接受委托编制标底的中介机构不得参加受托编制标底项目的投标,也不得为该项目的投标人编制投标文件或者提供咨询。

招标人设有最高投标限价的,应当在招标文件中明确最高投标限价或者最高投标限价的计算方法。招标人不得规定最低投标限价。

第二十八条 招标人不得组织单个或者部分潜在投标人踏勘项目现场。

第二十九条 招标人可以依法对工程以及与工程建设有关的货物、服务全部或者部分实行总承包招标。以暂估价形式包括在总承包范围内的工程、货物、服务属于依法必须进行招标的项目范围且达到国家规定规模标准的,应当依法进行招标。

前款所称暂估价,是指总承包招标时不能确定价格而由招标人在招标文件中暂时估定的工程、货物、服务的金额。

第三十条　对技术复杂或者无法精确拟定技术规格的项目，招标人可以分两阶段进行招标。

第一阶段，投标人按照招标公告或者投标邀请书的要求提交不带报价的技术建议，招标人根据投标人提交的技术建议确定技术标准和要求，编制招标文件。

第二阶段，招标人向在第一阶段提交技术建议的投标人提供招标文件，投标人按照招标文件的要求提交包括最终技术方案和投标报价的投标文件。

招标人要求投标人提交投标保证金的，应当在第二阶段提出。

第三十一条　招标人终止招标的，应当及时发布公告，或者以书面形式通知被邀请的或者已经获取资格预审文件、招标文件的潜在投标人。已经发售资格预审文件、招标文件或者已经收取投标保证金的，招标人应当及时退还所收取的资格预审文件、招标文件的费用，以及所收取的投标保证金及银行同期存款利息。

第三十二条　招标人不得以不合理的条件限制、排斥潜在投标人或者投标人。

招标人有下列行为之一的，属于以不合理条件限制、排斥潜在投标人或者投标人：

（一）就同一招标项目向潜在投标人或者投标人提供有差别的项目信息；

（二）设定的资格、技术、商务条件与招标项目的具体特点和实际需要不相适应或者与合同履行无关；

（三）依法必须进行招标的项目以特定行政区域或者特定行业的业绩、奖项作为加分条件或者中标条件；

（四）对潜在投标人或者投标人采取不同的资格审查或者评标标准；

（五）限定或者指定特定的专利、商标、品牌、原产地或者供应商；

（六）依法必须进行招标的项目非法限定潜在投标人或者投标人的所有制形式或者组织形式；

（七）以其他不合理条件限制、排斥潜在投标人或者投标人。

第三章　投　　标

第三十三条　投标人参加依法必须进行招标的项目的投标，不受地区或者部门的限制，任何单位和个人不得非法干涉。

第三十四条　与招标人存在利害关系可能影响招标公正性的法人、其他组织或者个人，不得参加投标。

单位负责人为同一人或者存在控股、管理关系的不同单位，不得参加同一标段投标或者未划分标段的同一招标项目投标。

违反前两款规定的，相关投标均无效。

第三十五条　投标人撤回已提交的投标文件，应当在投标截止时间前书面通知招标人。招标人已收取投标保证金的，应当自收到投标人书面撤回通知之日起5日内退还。

投标截止后投标人撤销投标文件的，招标人可以不退还投标保证金。

第三十六条　未通过资格预审的申请人提交的投标文件，以及逾期送达或者不按照招标文件要求密封的投标文件，招标人应当拒收。

招标人应当如实记载投标文件的送达时间和密封情况，并存档备查。

第三十七条　招标人应当在资格预审公告、招标公告或者投标邀请书中载明是否接受联合体投标。

招标人接受联合体投标并进行资格预审的，联合体应当在提交资格预审申请文件前组成。资格预审后联合体增减、更换成员的，其投标无效。

联合体各方在同一招标项目中以自己名义单独投标或者参加其他联合体投标的，相关投标均无效。

第三十八条　投标人发生合并、分立、破产等重大变化的，应当及时书面告知招标人。投标人不再具备资格预审文件、招标文件规定的资格条件或者其投标影响招标公正性的，其投标无效。

第三十九条　禁止投标人相互串通投标。

有下列情形之一的，属于投标人相互串通投标：

（一）投标人之间协商投标报价等投标文件的实质性内容；

（二）投标人之间约定中标人；

（三）投标人之间约定部分投标人放弃投标或者中标；

（四）属于同一集团、协会、商会等组织成员的投标人按照该组织要求协同投标；

（五）投标人之间为谋取中标或者排斥特定投标人而采取的其他联合行动。

第四十条　有下列情形之一的，视为投标人相互串通投标：

（一）不同投标人的投标文件由同一单位或者个人编制；

（二）不同投标人委托同一单位或者个人办理投标事宜；

（三）不同投标人的投标文件载明的项目管理成员为同一人；

（四）不同投标人的投标文件异常一致或者投标报价呈规律性差异；

（五）不同投标人的投标文件相互混装；

（六）不同投标人的投标保证金从同一单位或者个人的账户转出。

第四十一条　禁止招标人与投标人串通投标。

有下列情形之一的，属于招标人与投标人串通投标：

（一）招标人在开标前开启投标文件并将有关信息泄露给其他投标人；

（二）招标人直接或者间接向投标人泄露标底、评标委员会成员等信息；

（三）招标人明示或者暗示投标人压低或者抬高投标报价；

（四）招标人授意投标人撤换、修改投标文件；

（五）招标人明示或者暗示投标人为特定投标人中标提供方便；

（六）招标人与投标人为谋求特定投标人中标而采取的其他串通行为。

第四十二条　使用通过受让或者租借等方式获取的资格、资质证书投标的，属于招标投标法第三十三条规定的以他人名义投标。

投标人有下列情形之一的，属于招标投标法第三十三条规定的以其他方式弄虚作假的行为：

（一）使用伪造、变造的许可证件；

（二）提供虚假的财务状况或者业绩；

（三）提供虚假的项目负责人或者主要技术人员简历、劳动关系证明；

（四）提供虚假的信用状况；

（五）其他弄虚作假的行为。

第四十三条　提交资格预审申请文件的申请人应当遵守招标投标法和本条例有关投标人的规定。

第四章　开标、评标和中标

第四十四条　招标人应当按照招标文件规定的时间、地点开标。

投标人少于3个的，不得开标；招标人应当重新招标。

投标人对开标有异议的，应当在开标现场提出，招标人应当当场作出答复，并制作记录。

第四十五条　国家实行统一的评标专家专业分类标准和管理办法。具体标准和办法由国务院发展改革部门会同国务院有关部门制定。

省级人民政府和国务院有关部门应当组建综合评标专家库。

第四十六条　除招标投标法第三十七条第三款规定的特殊招标项目外,依法必须进行招标的项目,其评标委员会的专家成员应当从评标专家库内相关专业的专家名单中以随机抽取方式确定。任何单位和个人不得以明示、暗示等任何方式指定或者变相指定参加评标委员会的专家成员。

依法必须进行招标的项目的招标人非因招标投标法和本条例规定的事由,不得更换依法确定的评标委员会成员。更换评标委员会的专家成员应当依照前款规定进行。

评标委员会成员与投标人有利害关系的,应当主动回避。

有关行政监督部门应当按照规定的职责分工,对评标委员会成员的确定方式、评标专家的抽取和评标活动进行监督。行政监督部门的工作人员不得担任本部门负责监督项目的评标委员会成员。

第四十七条　招标投标法第三十七条第三款所称特殊招标项目,是指技术复杂、专业性强或者国家有特殊要求,采取随机抽取方式确定的专家难以保证胜任评标工作的项目。

第四十八条　招标人应当向评标委员会提供评标所必需的信息,但不得明示或者暗示其倾向或者排斥特定投标人。

招标人应当根据项目规模和技术复杂程度等因素合理确定评标时间。超过三分之一的评标委员会成员认为评标时间不够的,招标人应当适当延长。

评标过程中,评标委员会成员有回避事由、擅离职守或者因健康等原因不能继续评标的,应当及时更换。被更换的评标委员会成员作出的评审结论无效,由更换后的评标委员会成员重新进行评审。

第四十九条　评标委员会成员应当依照招标投标法和本条例的规定,按照招标文件规定的评标标准和方法,客观、公正地对投标文件提出评审意见。招标文件没有规定的评标标准和方法不得作为评标的依据。

评标委员会成员不得私下接触投标人,不得收受投标人给予的财物或者其他好处,不得向招标人征询确定中标人的意向,不得接受任何单位或者个人明示或者暗示提出的倾向或者排斥特定投标人的要求,不得有其他不客观、不公正履行职务的行为。

第五十条　招标项目设有标底的,招标人应当在开标时公布。标底只能作为评标的参考,不得以投标报价是否接近标底作为中标条件,也不得以投标报价超过标底上下浮动范围作为否决投标的条件。

第五十一条　有下列情形之一的,评标委员会应当否决其投标:

(一)投标文件未经投标单位盖章和单位负责人签字;

（二）投标联合体没有提交共同投标协议；

（三）投标人不符合国家或者招标文件规定的资格条件；

（四）同一投标人提交两个以上不同的投标文件或者投标报价，但招标文件要求提交备选投标的除外；

（五）投标报价低于成本或者高于招标文件设定的最高投标限价；

（六）投标文件没有对招标文件的实质性要求和条件作出响应；

（七）投标人有串通投标、弄虚作假、行贿等违法行为。

第五十二条　投标文件中有含义不明确的内容、明显文字或者计算错误，评标委员会认为需要投标人作出必要澄清、说明的，应当书面通知该投标人。投标人的澄清、说明应当采用书面形式，并不得超出投标文件的范围或者改变投标文件的实质性内容。

评标委员会不得暗示或者诱导投标人作出澄清、说明，不得接受投标人主动提出的澄清、说明。

第五十三条　评标完成后，评标委员会应当向招标人提交书面评标报告和中标候选人名单。中标候选人应当不超过3个，并标明排序。

评标报告应当由评标委员会全体成员签字。对评标结果有不同意见的评标委员会成员应当以书面形式说明其不同意见和理由，评标报告应当注明该不同意见。评标委员会成员拒绝在评标报告上签字又不书面说明其不同意见和理由的，视为同意评标结果。

第五十四条　依法必须进行招标的项目，招标人应当自收到评标报告之日起3日内公示中标候选人，公示期不得少于3日。

投标人或者其他利害关系人对依法必须进行招标的项目的评标结果有异议的，应当在中标候选人公示期间提出。招标人应当自收到异议之日起3日内作出答复；作出答复前，应当暂停招标投标活动。

第五十五条　国有资金占控股或者主导地位的依法必须进行招标的项目，招标人应当确定排名第一的中标候选人为中标人。排名第一的中标候选人放弃中标、因不可抗力不能履行合同、不按照招标文件要求提交履约保证金，或者被查实存在影响中标结果的违法行为等情形，不符合中标条件的，招标人可以按照评标委员会提出的中标候选人名单排序依次确定其他中标候选人为中标人，也可以重新招标。

第五十六条　中标候选人的经营、财务状况发生较大变化或者存在违法行为，招标人认为可能影响其履约能力的，应当在发出中标通知书前由原评标委员会按照招标文件规定的标准和方法审查确认。

第五十七条　招标人和中标人应当依照招标投标法和本条例的规定签订书面合同,合同的标的、价款、质量、履行期限等主要条款应当与招标文件和中标人的投标文件的内容一致。招标人和中标人不得再行订立背离合同实质性内容的其他协议。

招标人最迟应当在书面合同签订后5日内向中标人和未中标的投标人退还投标保证金及银行同期存款利息。

第五十八条　招标文件要求中标人提交履约保证金的,中标人应当按照招标文件的要求提交。履约保证金不得超过中标合同金额的10%。

第五十九条　中标人应当按照合同约定履行义务,完成中标项目。中标人不得向他人转让中标项目,也不得将中标项目肢解后分别向他人转让。

中标人按照合同约定或者经招标人同意,可以将中标项目的部分非主体、非关键性工作分包给他人完成。接受分包的人应当具备相应的资格条件,并不得再次分包。

中标人应当就分包项目向招标人负责,接受分包的人就分包项目承担连带责任。

第五章　投诉与处理

第六十条　投标人或者其他利害关系人认为招标投标活动不符合法律、行政法规规定的,可以自知道或者应当知道之日起10日内向有关行政监督部门投诉。投诉应当有明确的请求和必要的证明材料。

就本条例第二十二条、第四十四条、第五十四条规定事项投诉的,应当先向招标人提出异议,异议答复期间不计算在前款规定的期限内。

第六十一条　投诉人就同一事项向两个以上有权受理的行政监督部门投诉的,由最先收到投诉的行政监督部门负责处理。

行政监督部门应当自收到投诉之日起3个工作日内决定是否受理投诉,并自受理投诉之日起30个工作日内作出书面处理决定;需要检验、检测、鉴定、专家评审的,所需时间不计算在内。

投诉人捏造事实、伪造材料或者以非法手段取得证明材料进行投诉的,行政监督部门应当予以驳回。

第六十二条　行政监督部门处理投诉,有权查阅、复制有关文件、资料,调查有关情况,相关单位和人员应当予以配合。必要时,行政监督部门可以责令暂停招标投标活动。

行政监督部门的工作人员对监督检查过程中知悉的国家秘密、商业秘密,应当依法予以保密。

第六章 法律责任

第六十三条 招标人有下列限制或者排斥潜在投标人行为之一的，由有关行政监督部门依照招标投标法第五十一条的规定处罚：

（一）依法应当公开招标的项目不按照规定在指定媒介发布资格预审公告或者招标公告；

（二）在不同媒介发布的同一招标项目的资格预审公告或者招标公告的内容不一致，影响潜在投标人申请资格预审或者投标。

依法必须进行招标的项目的招标人不按照规定发布资格预审公告或者招标公告，构成规避招标的，依照招标投标法第四十九条的规定处罚。

第六十四条 招标人有下列情形之一的，由有关行政监督部门责令改正，可以处10万元以下的罚款：

（一）依法应当公开招标而采用邀请招标；

（二）招标文件、资格预审文件的发售、澄清、修改的时限，或者确定的提交资格预审申请文件、投标文件的时限不符合招标投标法和本条例规定；

（三）接受未通过资格预审的单位或者个人参加投标；

（四）接受应当拒收的投标文件。

招标人有前款第一项、第三项、第四项所列行为之一的，对单位直接负责的主管人员和其他直接责任人员依法给予处分。

第六十五条 招标代理机构在所代理的招标项目中投标、代理投标或者向该项目投标人提供咨询的，接受委托编制标底的中介机构参加受托编制标底项目的投标或者为该项目的投标人编制投标文件、提供咨询的，依照招标投标法第五十条的规定追究法律责任。

第六十六条 招标人超过本条例规定的比例收取投标保证金、履约保证金或者不按照规定退还投标保证金及银行同期存款利息的，由有关行政监督部门责令改正，可以处5万元以下的罚款；给他人造成损失的，依法承担赔偿责任。

第六十七条 投标人相互串通投标或者与招标人串通投标的，投标人向招标人或者评标委员会成员行贿谋取中标的，中标无效；构成犯罪的，依法追究刑事责任；尚不构成犯罪的，依照招标投标法第五十三条的规定处罚。投标人未中标的，对单位的罚款金额按照招标项目合同金额依照招标投标法规定的比例计算。

投标人有下列行为之一的,属于招标投标法第五十三条规定的情节严重行为,由有关行政监督部门取消其1年至2年内参加依法必须进行招标的项目的投标资格:

(一)以行贿谋取中标;

(二)3年内2次以上串通投标;

(三)串通投标行为损害招标人、其他投标人或者国家、集体、公民的合法利益,造成直接经济损失30万元以上;

(四)其他串通投标情节严重的行为。

投标人自本条第二款规定的处罚执行期限届满之日起3年内又有该款所列违法行为之一的,或者串通投标、以行贿谋取中标情节特别严重的,由工商行政管理机关吊销营业执照。

法律、行政法规对串通投标报价行为的处罚另有规定的,从其规定。

第六十八条　投标人以他人名义投标或者以其他方式弄虚作假骗取中标的,中标无效;构成犯罪的,依法追究刑事责任;尚不构成犯罪的,依照招标投标法第五十四条的规定处罚。依法必须进行招标的项目的投标人未中标的,对单位的罚款金额按照招标项目合同金额依照招标投标法规定的比例计算。

投标人有下列行为之一的,属于招标投标法第五十四条规定的情节严重行为,由有关行政监督部门取消其1年至3年内参加依法必须进行招标的项目的投标资格:

(一)伪造、变造资格、资质证书或者其他许可证件骗取中标;

(二)3年内2次以上使用他人名义投标;

(三)弄虚作假骗取中标给招标人造成直接经济损失30万元以上;

(四)其他弄虚作假骗取中标情节严重的行为。

投标人自本条第二款规定的处罚执行期限届满之日起3年内又有该款所列违法行为之一的,或者弄虚作假骗取中标情节特别严重的,由工商行政管理机关吊销营业执照。

第六十九条　出让或者出租资格、资质证书供他人投标的,依照法律、行政法规的规定给予行政处罚;构成犯罪的,依法追究刑事责任。

第七十条　依法必须进行招标的项目的招标人不按照规定组建评标委员会,或者确定、更换评标委员会成员违反招标投标法和本条例规定的,由有关行政监督部门责令改正,可以处10万元以下的罚款,对单位直接负责的主管人员和其他直接责任人员依法给予处分;违法确定或者更换的评标委员会成员作出的评审结论无效,依法重新进行评审。

国家工作人员以任何方式非法干涉选取评标委员会成员的,依照本条例第八十一条的规定追究法律责任。

第七十一条 评标委员会成员有下列行为之一的，由有关行政监督部门责令改正；情节严重的，禁止其在一定期限内参加依法必须进行招标的项目的评标；情节特别严重的，取消其担任评标委员会成员的资格：

（一）应当回避而不回避；

（二）擅离职守；

（三）不按照招标文件规定的评标标准和方法评标；

（四）私下接触投标人；

（五）向招标人征询确定中标人的意向或者接受任何单位或者个人明示或者暗示提出的倾向或者排斥特定投标人的要求；

（六）对依法应当否决的投标不提出否决意见；

（七）暗示或者诱导投标人作出澄清、说明或者接受投标人主动提出的澄清、说明；

（八）其他不客观、不公正履行职务的行为。

第七十二条 评标委员会成员收受投标人的财物或者其他好处的，没收收受的财物，处3000元以上5万元以下的罚款，取消担任评标委员会成员的资格，不得再参加依法必须进行招标的项目的评标；构成犯罪的，依法追究刑事责任。

第七十三条 依法必须进行招标的项目的招标人有下列情形之一的，由有关行政监督部门责令改正，可以处中标项目金额10‰以下的罚款；给他人造成损失的，依法承担赔偿责任；对单位直接负责的主管人员和其他直接责任人员依法给予处分：

（一）无正当理由不发出中标通知书；

（二）不按照规定确定中标人；

（三）中标通知书发出后无正当理由改变中标结果；

（四）无正当理由不与中标人订立合同；

（五）在订立合同时向中标人提出附加条件。

第七十四条 中标人无正当理由不与招标人订立合同，在签订合同时向招标人提出附加条件，或者不按照招标文件要求提交履约保证金的，取消其中标资格，投标保证金不予退还。对依法必须进行招标的项目的中标人，由有关行政监督部门责令改正，可以处中标项目金额10‰以下的罚款。

第七十五条 招标人和中标人不按照招标文件和中标人的投标文件订立合同，合同的主要条款与招标文件、中标人的投标文件的内容不一致，或者招标人、中标人订立背离合同实质性内容的协议的,由有关行政监督部门责令改正,可以处中标项目金额5‰以上10‰以下的罚款。

第七十六条　中标人将中标项目转让给他人的,将中标项目肢解后分别转让给他人的,违反招标投标法和本条例规定将中标项目的部分主体、关键性工作分包给他人的,或者分包人再次分包的,转让、分包无效,处转让、分包项目金额5‰以上10‰以下的罚款;有违法所得的,并处没收违法所得;可以责令停业整顿;情节严重的,由工商行政管理机关吊销营业执照。

第七十七条　投标人或者其他利害关系人捏造事实、伪造材料或者以非法手段取得证明材料进行投诉,给他人造成损失的,依法承担赔偿责任。

招标人不按照规定对异议作出答复,继续进行招标投标活动的,由有关行政监督部门责令改正,拒不改正或者不能改正并影响中标结果的,依照本条例第八十二条的规定处理。

第七十八条　取得招标职业资格的专业人员违反国家有关规定办理招标业务的,责令改正,给予警告;情节严重的,暂停一定期限内从事招标业务;情节特别严重的,取消招标职业资格。

第七十九条　国家建立招标投标信用制度。有关行政监督部门应当依法公告对招标人、招标代理机构、投标人、评标委员会成员等当事人违法行为的行政处理决定。

第八十条　项目审批、核准部门不依法审批、核准项目招标范围、招标方式、招标组织形式的,对单位直接负责的主管人员和其他直接责任人员依法给予处分。

有关行政监督部门不依法履行职责,对违反招标投标法和本条例规定的行为不依法查处,或者不按照规定处理投诉、不依法公告对招标投标当事人违法行为的行政处理决定的,对直接负责的主管人员和其他直接责任人员依法给予处分。

项目审批、核准部门和有关行政监督部门的工作人员徇私舞弊、滥用职权、玩忽职守,构成犯罪的,依法追究刑事责任。

第八十一条　国家工作人员利用职务便利,以直接或者间接、明示或者暗示等任何方式非法干涉招标投标活动,有下列情形之一的,依法给予记过或者记大过处分;情节严重的,依法给予降级或者撤职处分;情节特别严重的,依法给予开除处分;构成犯罪的,依法追究刑事责任:

(一)要求对依法必须进行招标的项目不招标,或者要求对依法应当公开招标的项目不公开招标;

（二）要求评标委员会成员或者招标人以其指定的投标人作为中标候选人或者中标人，或者以其他方式非法干涉评标活动，影响中标结果；

（三）以其他方式非法干涉招标投标活动。

第八十二条　依法必须进行招标的项目的招标投标活动违反招标投标法和本条例的规定，对中标结果造成实质性影响，且不能采取补救措施予以纠正的，招标、投标、中标无效，应当依法重新招标或者评标。

第七章　附　　则

第八十三条　招标投标协会按照依法制定的章程开展活动，加强行业自律和服务。

第八十四条　政府采购的法律、行政法规对政府采购货物、服务的招标投标另有规定的，从其规定。

第八十五条　本条例自2012年2月1日起施行。

｜应用指引｜

（一）招标概述

招标申请书，是招标单位准备向社会发布招标公告前，向招标、投标管理部门报送的请求批准招标的一种申请书。招标申请，是开展建设工程招标投标的第一步。根据《招标投标法》第3条的规定，在中华人民共和国境内进行的大型基础设施、公用事业等关系社会公共利益、公众安全的项目；全部或者部分使用国有资金投资或者国家融资的项目；使用国际组织或者外国政府贷款、援助资金的项目的采购，都必须进行招标。

所谓招标，是指招标人对货物、工程和服务事先公布采购的条件和要求，邀请投标人参加投标，招标人按照规定的程序确定中标人的行为。招标分为公开招标和邀请招标。公开招标，是指招标人以招标公告的方式邀请不特定的法人或者其他组织投标。邀请招标，是指招标人以投标邀请书的方式邀请特定的法人或者其他组织投标。国务院发展计划部门确定的国家重点项目和省、自治区、直辖市人民政府确定的地方重点项目不适宜公开招标的，经国务院发展计划部门或者省、自治区、直辖市人民政府批准，可以进行邀请招标。

依法必须招标的工程建设项目，应当具备下列条件才能进行施工招标：(1)招标人已经依法成立；(2)初步设计及概算应当履行审批手续的，已经批准；(3)招标范围、招标方式和招标组织形式等应当履行核准手续的，已经核准；(4)有相应资金或资金来源已经落实；(5)有招标所需的设计图纸及技术资料。

依法必须进行施工招标的工程建设项目，按工程建设项目审批管理规定，凡应报送项目审批部门审批的，招标人必须在报送的可行性研究报告中将招标范围、招标方式、招标组织形式等有关招标内容报项目审批部门核准。

招标人应当发布招标公告，邀请不特定的法人或者其他组织投标。依法必须进行施工招标项目的招标公告，应当在国家指定的报刊和信息网络上发布。招标公告应当至少载明下列内容：(1)招标人的名称和地址；(2)招标项目的内容、规模、资金来源；(3)招标项目的实施地点和工期；(4)获取招标文件或者资格预审文件的地点和时间；(5)对招标文件或者资格预审文件收取的费用；(6)对投标人的资质等级的要求。

(二)制作该文书应当注意的问题

制作招标申请书，是为了加强招标投标组织管理，保证招标、投标工作能够顺利有序地进行，也便于有关部门宏观控制。制作该申请书时要注意写明拟招标的工程项目名称、位置以及招标的条件等内容。

006 招标公告

文书范本 | 招标公告

适用范围 | 建设单位招标时所使用的文书

条文检索 | 中华人民共和国建筑法;中华人民共和国招标投标法

应用指引 | 招标公告的概念;制作该公告应当注意的问题

________总公司招标公告

________铁路工程项目(P7)

________铁路工程项目(P38)

________水电站工程项目(P13)

(标号:CNTIC—J93072)

根据________铁路工程项目(P7),________铁路项目(P38),________水电站工程项目(P13)的贷款协议,________总公司授权以国际竞争性招标方式(ICB)采购下列货物,全部货款用贷款支付。欢迎在合格货源国组成和注册并受该国控制的制造厂和/或贸易公司参加投标,合格货源国系指包括中国在内的发展中国家和经济合作与发展组织的所有成员国。

有兴趣者请于下列时间到我公司业务三部洽购招标文件:

P7:________年____月____日至____月____日每日上午9:00~11:00

P38,P13:________年____月____日至____月____日每日上午9:00~11:00

截标日期:P38:________年____月____日上午11:00

P13:________年____月____日上午11:00

P7:________年____月____日上午11:00

开标日期为截标日期当日下午2:00

设备清单标书售价

P7:铁路客车 30 台美元 800/FEC4800/人民币 4800

P13:计算机监控系统 1 套美元 300/FEC1800/人民币 1800

P38:1. 载流承力索 370 吨

接触网电车线 866 吨美元 100/FEC600/人民币 600

2. 接触网零备件 776 件美元 100/FEC600/人民币 600

______总公司

地址:______

电话:______

联系人:______

条文检索

参见"005 招标申请书"条文检索部分。

应用指引

招标公告,是指用发布公告的形式,将招标主要事项和要求,周知于世,以便吸引投标单位前来投标。

招标公告是招标过程中使用的唯一一份公告性文件。它主要借助报纸、杂志、广播、电视等大众媒体及专业性报刊,将招标单位、招标项目、招标时间、招标步骤及联系方法,诉诸广大读者与听(观)众,其目的在于简介招标情况,指导招标工作顺利、有序地进行;同时,招标公告也是后面一系列招标工作顺利进行的基础。招标公告也可以叫作"招标启事"、"招标广告",也有称之为"招标通告"的。招标公告有利于促进经济发展、增强市场竞争意识,并有助于落实招标任务。

007 招标邀请通知书

文书范本 | 招标邀请通知书
适用范围 | 建设单位招标时所使用的文书
条文检索 | 中华人民共和国建筑法，中华人民共和国招标投标法
应用指引 | 招标邀请通知书的概念；制作该申请书应当注意的问题

招标邀请通知书

________建筑总公司：

________地铁工程，是我市________年重点计划建设项目，经请示________省________委办公厅的同意，决定采取招标办法进行发包。

贵公司从事地铁建设工程多年，工程完成得好，质量可靠，对此，我们表示赞赏。

随本通知书（函）邮寄"________地铁工程施工招标公告"一份。若愿意参与投标，请于________年____月____日到____月____日光临________饭店____号楼________房间，领取"投标文件"，并按规定日期，准时参加投标。

招标单位：

________省________市________局招标管理办公室

地址：

________市________局____号楼____号

联系人：

________、________

电话：____________

邮政编码：________

________年____月____日

| 条文检索 |

参见“005 招标申请书”条文检索部分。

| 应用指引 |

招标邀请通知书,是招标单位采用选择招标方式时,向有关单位发出邀请其参加投标的一种文书。在招标活动中,对某些重大工程项目招标时,招标单位常常在发出招标公告(即采用公开招标的方式)的同时,有目的地向一些单位发出招标邀请通知书,邀请这些单位参与竞标。

制作该文书应当说明拟招标的工程基本情况。

008　招标章程

文书范本 | ________机械制造股份有限公司外购外协件招标章程
适用范围 | 建设单位招标时所使用的文书
条文检索 | 中华人民共和国建筑法;中华人民共和国招标投标法
应用指引 | 招标章程的概念及主要内容;制作该申请书应当注意的问题

________机械制造股份有限公司外购外协件招标章程

一、宗　旨

第一条　为了加强企业经营管理,提高产品质量,降低成本,满足人民对家电等耐用消费品提出的更高要求,对________牌 VES 摄像机外购、外协件采取公开招标,特制定本招标章程。

二、招 标 管 理

第二条　由招标单位有关负责人组成领导小组,成立招标办公室,指派专人办理具体工作。

第三条　严格执行招标的规定程序和保密原则,尊重投标单位的合法权益,投标箱在公证员监督下密封,投标文件一律投入密封箱内保存,待开标时开封。

三、招　　标

第四条　在国内外公开招标,采用登报或广告形式,也可用书面通知对口单位前来洽谈。

第五条　招标单位必须向投标单位提供下列资料:

1. 招标项目的产品名称、规格、质量、数量及交货期;

2. 产品图纸及技术文件;

3. 招标文件及规定格式的投标表格。

四、投　　标

第六条　投标条件:凡具有法人资格和具有招标项目的生产能力者(包括材料、设备及相适应的技术条件),均可投标。

第七条　投标方法:投标单位按照招标要求,向招标单位购买招标文件及有关技术资料,填写招标文件。

附件一:投标企业资格表;

附件二:投标价格表;

附件三:投标商业条件表;

附件四:单位技术资料等。

署名代表人,加盖公章密封,面交或挂号邮寄本公司招标管理办公室。

第八条　投标文件必须书写清楚,在规定期限内投送,超过截止日期投标者无效。

五、开　　标

第九条　开标时间:规定在投标截止日期后7天至15天内进行。

第十条　开标方式:由招标单位请公证机关公证员、法律顾问、企业主管单位领导,以及自愿参加的投资单位代表见证的情况下开标。

第十一条　开标程序:招标单位负责人主持开标,由公证员按公证程序进行监督:

1. 查验投标箱密封情况;

2. 开投标箱;

3. 清点投标件数;

4. 拆封、编号;

5. 按招标项目、名称、价格、公开唱标,由工作人员分类登记;

6. 评议小组评议,投标单位代表不得参加,由公证员听取评议,以品质优良、价格优惠为主,参考运费及其他条件,各零部件评选1~5户为预选中标单位;

7. 招标单位负责人公布开标结果,宣布预选中标名单;

8. 公证员宣读公证书,发表公证,对预选中标予以确认。

六、中　　标

第十二条　经评定为预选中标者,均为预选中标户,由招标单位发给预选中标通知,约定日期、地点协商谈判。应邀代表应携带单位委托书。预选中标单位如在通知的期限内,无承诺反映,即视为弃权。

第十三条　与预选中标户协商谈判后,经依次逐一验证,协商比较,综合分析,以质量、价格、交货期、运输条件最佳者为最后中标单位,发给中标通知书,提出要约。

第十四条　对未中标单位,招标单位不另发通知,但可接受落标单位查询。

七、合　　同

第十五条　招标单位在选定中标单位后,发给中标单位签约文件,中标单位必须按签订合同的法定手续,如期前来协商,依照《合同法》的规定,签订经济合同,互相信守,违约者应当承担法律责任。

八、其　　他

第十六条　本章程未尽事宜,在执行中可补充修正。

________机械制造股份有限公司

招标管理办公室

________年____月____日

条文检索

参见“005 招标申请书”条文检索部分。

应用指引

招标章程是写明招标的宗旨、范围、要求和程序的一种招标文书。

招标章程是招标过程中的纲领性文件,对招标方与投标方都有很强的约束力。

制作招标章程应当明确项目的具体情况、投标方式、中标后的合同如何签订等一系列问题,便于招标投标双方当事人履行。

009　投标申请书

文书范本 | 投标申请书

适用范围 | 勘察、设计、施工、监理企业投标时所使用的文书

条文检索 | 中华人民共和国招标投标法;中华人民共和国招标投标法实施条例

应用指引 | 招标章程的概念及主要内容;制作该申请书应当注意的问题

投标申请书

________省________市________局招标管理办公室:

我公司根据现有施工能力及设备实力,决定参加________地铁建设工程投标。我们有条件有能力也有决心保证达到招标文件提出的有关要求及标准,并遵守其他各项规定。

特此申请。

附:

《投标企业简介》一份,请参考。

投标单位:________建筑总公司
法定代表人:________(签字盖章)
________年____月____日

| **条文检索** |

中华人民共和国招标投标法·第25~33条

(1999年8月30日第九届全国人民代表大会常务委员会第十一次会议通过　1999年8月30日中华人民共和国主席令第21号公布　自2001年1月1日起施行)

第二十五条　投标人是响应招标、参加投标竞争的法人或者其他组织。

依法招标的科研项目允许个人参加投标的,投标的个人适用本法有关投标人的规定。

第二十六条　投标人应当具备承担招标项目的能力；国家有关规定对投标人资格条件或者招标文件对投标人资格条件有规定的，投标人应当具备规定的资格条件。

第二十七条　投标人应当按照招标文件的要求编制投标文件。投标文件应当对招标文件提出的实质性要求和条件作出响应。

招标项目属于建设施工的，投标文件的内容应当包括拟派出的项目负责人与主要技术人员的简历、业绩和拟用于完成招标项目的机械设备等。

第二十八条　投标人应当在招标文件要求提交投标文件的截止时间前，将投标文件送达投标地点。招标人收到投标文件后，应当签收保存，不得开启。投标人少于三个的，招标人应当依照本法重新招标。

在招标文件要求提交投标文件的截止时间后送达的投标文件，招标人应当拒收。

第二十九条　投标人在招标文件要求提交投标文件的截止时间前，可以补充、修改或者撤回已提交的投标文件，并书面通知招标人。补充、修改的内容为投标文件的组成部分。

第三十条　投标人根据招标文件载明的项目实际情况，拟在中标后将中标项目的部分非主体、非关键性工作进行分包的，应当在投标文件中载明。

第三十一条　两个以上法人或者其他组织可以组成一个联合体，以一个投标人的身份共同投标。

联合体各方均应当具备承担招标项目的相应能力；国家有关规定或者招标文件对投标人资格条件有规定的，联合体各方均应当具备规定的相应资格条件。由同一专业的单位组成的联合体，按照资质等级较低的单位确定资质等级。

联合体各方应当签订共同投标协议，明确约定各方拟承担的工作和责任，并将共同投标协议连同投标文件一并提交招标人。联合体中标的，联合体各方应当共同与招标人签订合同，就中标项目向招标人承担连带责任。

招标人不得强制投标人组成联合体共同投标，不得限制投标人之间的竞争。

第三十二条　投标人不得相互串通投标报价，不得排挤其他投标人的公平竞争，损害招标人或者其他投标人的合法权益。

投标人不得与招标人串通投标，损害国家利益、社会公共利益或者他人的合法权益。

禁止投标人以向招标人或者评标委员会成员行贿的手段谋取中标。

第三十三条　投标人不得以低于成本的报价竞标，也不得以他人名义投标或者以其他方式弄虚作假，骗取中标。

中华人民共和国招标投标法实施条例

(2011 年 12 月 20 日国务院令第 613 号公布　自 2012 年 2 月 1 日起施行)

参见“005 招标申请书”条文检索部分。

| 应用指引 |

投标申请书是投标单位在招标公告限定的时间内向招标单位递交的一种申请参加投标的法律文书。

所谓投标,是指投标人按照招标人提出的要求和条件,参加投标竞争的行为。投标人是响应招标,参加投标竞争的法人或者其他组织。投标人应当具备承担招标项目的能力;国家有关规定对投标人资格条件或者招标文件对投标人资格条件有规定的,投标人应当具备规定的资格条件。投标人不得相互串通投标报价,不得排挤其他投标人的公平竞争,损害招标人或者其他投标人的合法权益。投标人不得与招标人串通投标,损害国家利益、社会公共利益或者他人的合法权益。禁止投标人以向招标人或者评标委员会成员行贿的手段谋取中标。

投标申请书是作为招标单位审定投标资格的文件,它也是投标单位取得投标资格、参加投标的必备文件。若不向招标单位递交投标申请书,就不能参加投标。

制作投标申请书,应当注意写明企业的基本情况,拟投标的项目等情况。通常企业基本情况通过附件的方式随申请书一并送达招标机构。

010 标书

文书范本 | 标书;建筑安装工程招标书;建筑安装工程投标书

适用范围 | 建设工程招标投标时所使用的文书

条文检索 | 中华人民共和国建筑法;中华人民共和国招标投标法

应用指引 | 标书的概念及主要内容;制作该申请书应当注意的问题

标　书

工程名称:________________________

投标企业:________________________

企业负责人:______________________

一、标书综合说明

根据________市________局________建设工程招标管理处________年____月____日发布的《________广播电视中心办公楼建设安装工程招标公告》,以及________省建筑设计院设计的设计图纸内容,我公司具备承包施工条件,决定对以上工程进行投标。

本公司经历了长期建筑安装工程施工实践,于________年企业整顿验收合格,________年经省建委审定为一级建筑安装施工企业,公司现有职工人数______人。公司设有建筑安装____个分公司共____个队,并配有预制品厂、机修厂和大型运输车队。公司具有对液压滑模、全钢架现浇、大弯度钢架、预应力工艺、轻钢骨架、装配式工业厂房等施工能力和经验,具备大型土石方工程、建筑工程和水电安装工程总承包施工能力。

我们决心在此建筑工程中以全面质量管理为核心,严格编制施工组织设计,发挥企业固有的优势,保证缩短工期,力争在该项目上创优良、优质工程。

二、工程标价

预算总造价为____万元,标价在预算总造价的基础上降低1‰,即____元(详见报价表)。

三、建设工期

在接到“中标通知书”后 15 天进场,做好开工前的一切准备工作,________年____月____日正式破土动工,________年____月____日竣工,总工期为____个日历工作天(详见进度计划)。

四、工程质量

根据图纸要求,保证工程质量达到优良级,保证质量安全的主要措施见“施工组织计划”。

五、合理的施工措施

(一)计划控制

采取总进度计划控制与土石方工程平衡调配和主车间平行,主体交叉流水网络计划控制相结合。

(二)质量控制

制定质量目标,坚持 TQC 管理方法,建立各单位工程中分部分项工程质量预控网络体系。

(三)健全技术档案,做到技术资料“十二有”,提高施工管理科学性。

(四)安全生产。运用安全“三宝”,搞好安全教育,加强安全检查监督,防范事故于未然。

(五)加强职工队伍思想政治教育,增强劳动纪律,讲究职业道德。

(六)各工种工程,分部分项实行挂牌施工,落实岗位职责,推行栋号承包。

六、建议

建设过程中如有设计变更、材料串换、代用等现象出现,相互间都应本着实事求是的原则处理。

________年____月____日

报价表(略)。

________建筑安装工程招标书

为了提高建筑安装工程的建设速度，提高经济效益，经________（建设主管部门）批准，________（建设单位）对________建筑安装工程的全部工程（或单位工程、专业工程）进行招标（公开招标由建设单位在地区或全国性报纸上刊登招标广告，邀请招标由建设单位向有能力承担该项工程的若干施工单位发出招标书，指定招标由建设项目主管部门或提请基本建设主管部门向本地区所属的几个施工企业发出指令性招标书）。

一、招标工程的准备条件

本工程的以下招标条件已经具备：

1. 本工程已列入国家（或部、委，或省、市、自治区）年度计划；

2. 已有经国家批准的设计单位出的施工图和概算；

3. 建设用地已经征用，障碍物全部拆迁；现场施工的水、电、路和通讯条件已经落实；

4. 资金、材料、设备分配计划和协作配套条件均已分别落实，能够保证供应，使拟建工程能在预定的建设工期内连续施工；

5. 已有当地建设主管部门颁发的建筑许可证；

6. 本工程的标底已报建设主管部门和建设银行复核。

二、工程内容、范围、工程量、工期、地质勘察单位和工程设计单位

____

____

____

（此项也可用表格形式，见附表）

三、工程可供使用的场地、水、电、道路等情况

____

____

____

四、工程质量等级、技术要求、对工程材料和投标单位的特殊要求、工程验收标准

____

____

____

五、工程供料方式和主要材料价格，工程价款结算办法

____

____

____

六、组织投标单位进行工程现场勘察、说明和招标文件交底的时间、地点

____

____

____

七、报名、投标日期、招标文件发送方式

报名日期：________年____月____日；

投标期限：________年____月____日起至________年____月____日止。

招标文件发送方式：

____

____

____

八、开标、评标时间及方式，中标依据及通知和签订合同

1. 开标时间：________年____月____日（发出招标文件至开标日期，一般不得超过两个月）。

2. 评标结束时间：________年____月____日（从开标之日起至评标结束，一般不得超过一个月）。

3. 开标、评标方式：建设单位邀请建设主管部门、建设银行和公证处（或工商行政管理部门)参加开标、审查评书,采取集体评议方式进行评标、定标工作。

4. 中标依据及通知:本工程评定中标单位的依据是工程质量优良,工期适当,标价合理,社会信誉好,最低标价的投报单位不一定中标。所有投标企业的标价都高于标底时,如属标底计算错误,应按实予以调整;如标底无误,通过评标剔除不合理的部分,确定合理标价和中标企业。评定结束后五日内,招标单位通过邮寄(或专人送达)方式将中标通知书送发给中标单位,并与中标单位在一月(最多不超过两月)内与中标单位签订________建筑安装工程承包合同。

九、其他

____

____

____

本招标方承诺,本招标书一经发出,不得改变原定招标文件内容,否则,将赔偿由此给投标单位造成的损失。投标单位按照招标文件的要求,自费参加投标准备工作和投标,投标书(即标函)应按规定的格式填写,字迹必须清楚,必须加盖单位和代表人的印鉴。投标书必须密封,不得逾期寄达。投标书一经发出,不得以任何理由要求收回或更改。

在招标过程中发生争议,如双方自行协商不成,由负责招标管理工作的部门调解仲裁,对仲裁不服,可诉诸法院。

建设单位(即招标单位):____________

地址:______________________________

联系人:______________

电话:________________

________年____月____日

建筑安装工程投标书

根据已收到的____号招标文件,遵照《________市建设工程招标投标暂行办法》的规定,我单位经研究愿承包该项工程,标价为人民币________元,总工期自签妥工程合同之

日________内全部竣工交用,有关内容分述如下:

一、工程质量达到的标准和保证工程质量及安全生产的措施;

二、单位工程计划开、竣工日期;

三、主要分部工程形象进度计划;

四、主要工程的施工方法和选用的施工机械;(重要工程附施工组织设计)

五、商品构件的外协关系;

六、其他说明。(如材料、构件调价、设计变更如何包死)

附:1. 工程标价一览表。(各单位工程按直接费、间接费及合计三项分列,如按标准图 m^2 造价形式报价者可从简)

2. 分项工程实物量及直接费价值表。

投标单位:__________盖章

负责人:__________盖章

________年____月____日

| 条文检索 |

参见“005 招标申请书”条文检索部分。

| 应用指引 |

建设工程招标是建设单位(发包人)就拟建的工程提出招标条件,发布招标广告或者信函,邀请投标企业前来提出自己完成工程的要求和保证,从中选择条件优越的投标企业来完成工程建设任务的委托方式。

(一)我国的招标形式

第一,全过程招标。实行建设项目全过程招标,即从项目建议书开始,包括设计任务书、勘察设计、设备材料采购、工程施工、机电设备采购、安装调试、生产准备、投料试车,直到竣工投产、交付使用实行全面招标,即通常说的“交钥匙工程”。

第二,勘察设计招标,不仅要做勘察、设计,还包括编制施工招标文件。

第三,设备、材料供应招标,设备、材料供应及设备安装调试的招标。

第四,工程施工招标,可实行全部工程招标、单项工程招标、部分工程招标、专业工程招标等方式。又可以分为全部包工包料、部分包工包料或者包工不包料。

(二)一般情况下,招标方式大体有四种

第一,无限竞争性公开招标:由招标单位通过报纸或者专业性刊物发布招标广告,公开招请承包商参与投标竞争,凡对之感兴趣的承包商均有机会购买招标资料进行投标。

第二,有限竞争选择招标(又称邀请招标):由招标单位向经预先选择的、数目有限的承包商发出邀请,邀请他们参加某项工程的投标竞争。

第三,两阶段招标:上述两种方式的结合。先公开招标,再从中选择报价低、有信誉的三、四家进行第二阶段的报价,然后由招标单位确定中标者。

第四,谈判招标:由业主(建设单位)指定有资格的承包者,提出估价经业主审查,谈判认可,即签订承发包合同。

(三)建设工程施工招标程序

第一,凡具备施工招标条件的工程项目,由建设单位向主管部门提出招标申请,经审查批准后,即应准备招标文件。

第二,制定标底。标底是招标工程的预期价格,实际上就是建筑产品的价格。

第三,发布招标广告、招标通知书或者邀请投标函。

第四,招标单位对申请投标的企业进行资格审查。招标单位对投标单位的资格审查,一般应包括:企业注册证明和技术等级;主要施工经历;技术力量简况;施工机械设备简况;正在施工的承建项目;资金和财务状况。

第五,开标、评标。招标单位组织投标单位勘察工程现场,解答招标文件中的疑点。

第六,投标单位秘密报送标书。

第七,当众开标、审查标书。

第八,评标。评标是利用预先确定的评价标准,对各标函进行综合评价,选择最佳中标单位。

第九,决标。决标是通过评标最终确定中标单位的决策过程。决标后应立即向中标单位发出中标通知书。

第十,招标单位与中标单位签订承包合同。

(四)标书的主要内容和制作标书时应当注意的问题

招标作为选择合作伙伴的一种方式,公开、公正、公平是对招标活动全过程的基本要

求。要保证招标活动的顺利开展,制作标书是关键。

标书的主要内容包括:

第一,工程综合说明,包括工程名称、规模、地址、发包范围、设计单位、基础、结构、装修、设备概况、场地和地基土质条件,给排水、供电、道路及通讯设施情况以及工期要求等。

第二,设计图纸和技术说明书。

第三,工程量清单和单价表。

第四,投标须知,投标须知是指导投标单位正确和完善履行投标手续的文件,目的在于避免造成废标,使投标取得圆满的结果。投标须知的内容一般为填写和投送标书的注意事项、废标条件、决标优惠条件、勘察现场和解答问题的安排、截止日期及开标的时间、地点等。

第五,合同主要条件,通常应当包括合同所依据的法律、法规、工程内容、承包方式、总包价、开工和竣工日期、技术资料供应内容和时间、施工准备工作、材料供应及价款支付办法、工程价款结算办法、工程质量及验收标准、工程变更、停工及窝工损失的处理办法、竣工验收与最终结算、保修期内维修责任与费用等。

制作标书要求以招标文件为基础,明确工程项目的基本情况、承包人的条件和资格等基本问题。标书要尽可能地把拟签合同的主要条款或者内容规定下来,一旦投标人中标,即可以此为基础签订承包合同。

011　中标通知书

文书范本 | 中标通知书

适用范围 | 通知中标企业时所使用的文书

条文检索 | 中华人民共和国招标投标法

应用指引 | 中标通知书的概念；制作该申请书应当注意的问题

中标通知书

________建筑总公司第一分公司：

〔____〕第____号招标文件中的________地铁建筑招标工程，通过评定，确定贵单位中标。

中标总价为人民币________万元。工程日期自________年____月____日至________年____月____日。工程质量必须达到国家施工验收规范的优良标准。请于____月____日到________地铁筹建管理局招标办公室签订工程承包合同。

________省________市________局招标管理处（章）

________年____月____日

|条文检索|

中华人民共和国招标投标法·第41～48条

（1999年8月30日第九届全国人民代表大会常务委员会第十一次会议通过　1999年8月30日中华人民共和国主席令第21号公布　自2000年1月1日起施行）

第四十一条　中标人的投标应当符合下列条件之一：

（一）能够最大限度地满足招标文件中规定的各项综合评价标准；

（二）能够满足招标文件的实质性要求，并且经评审的投标价格最低；但是投标价格低于成本的除外。

第四十二条　评标委员会经评审，认为所有投标都不符合招标文件要求的，可以否决所有投标。

依法必须进行招标的项目的所有投标被否决的，招标人应当依照本法重新招标。

第四十三条　在确定中标人前，招标人不得与投标人就投标价格、投标方案等实质性内容进行谈判。

第四十四条　评标委员会成员应当客观、公正地履行职务，遵守职业道德，对所提出的评审意见承担个人责任。

评标委员会成员不得私下接触投标人，不得收受投标人的财物或者其他好处。

评标委员会成员和参与评标的有关工作人员不得透露对投标文件的评审和比较、中标候选人的推荐情况以及与评标有关的其他情况。

第四十五条　中标人确定后，招标人应当向中标人发出中标通知书，并同时将中标结果通知所有未中标的投标人。

中标通知书对招标人和中标人具有法律效力。中标通知书发出后，招标人改变中标结果的，或者中标人放弃中标项目的，应当依法承担法律责任。

第四十六条　招标人和中标人应当自中标通知书发出之日起三十日内，按照招标文件和中标人的投标文件订立书面合同。招标人和中标人不得再行订立背离合同实质性内容的其他协议。

招标文件要求中标人提交履约保证金的，中标人应当提交。

第四十七条　依法必须进行招标的项目，招标人应当自确定中标人之日起十五日内，向有关行政监督部门提交招标投标情况的书面报告。

第四十八条　中标人应当按照合同约定履行义务，完成中标项目。中标人不得向他人转让中标项目，也不得将中标项目肢解后分别向他人转让。

中标人按照合同约定或者经招标人同意，可以将中标项目的部分非主体、非关键性工作分包给他人完成。接受分包的人应当具备相应的资格条件，并不得再次分包。

中标人应当就分包项目向招标人负责，接受分包的人就分包项目承担连带责任。

| 应用指引 |

中标通知书是招标单位告知投标单位中标的一种文书。中标单位凭“中标通知书”，与招标单位签订承包（建）合同，从而结束招标活动的全过程。

制作中标通知书应当注意的问题是：通知书的内容要写明中标工程的基本情况以及何时到何地签订正式合同。

第三章
建设工程合同

012 建设工程施工合同

文书范本 | 建设工程施工合同
适用范围 | 签订建设工程施工时所使用的文书
条文检索 | 中华人民共和国合同法;中华人民共和国建筑法;建筑业企业资质管理规定
应用指引 | 建设工程施工合同的概念和主要内容;制作该申请书应当注意的问题

建设工程施工合同

说 明

为了指导建设工程施工合同当事人的签约行为,维护合同当事人的合法权益,依据《中华人民共和国合同法》、《中华人民共和国建筑法》、《中华人民共和国招标投标法》以及相关法律法规,住房城乡建设部、国家工商行政管理总局对《建设工程施工合同(示范文本)》(GF-1999-0201)进行了修订,制定了《建设工程施工合同(示范文本)》(GF-2013-0201)(以下简称《示范文本》)。为了便于合同当事人使用《示范文本》,现就有关问题说明如下:

一、《示范文本》的组成

《示范文本》由合同协议书、通用合同条款和专用合同条款三部分组成。

(一)合同协议书

《示范文本》合同协议书共计13条,主要包括:工程概况、合同工期、质量标准、签约合同价和合同价格形式、项目经理、合同文件构成、承诺以及合同生效条件等重要内容,集中约定了合同当事人基本的合同权利义务。

(二)通用合同条款

通用合同条款是合同当事人根据《中华人民共和国建筑法》、《中华人民共和国合同法》等法律法规的规定,就工程建设的实施及相关事项,对合同当事人的权利义务作出的原则性约定。

通用合同条款共计20条,具体条款分别为:一般约定、发包人、承包人、监理人、工程质量、安全文明施工与环境保护、工期和进度、材料与设备、试验与检验、变更、价格调整、合同价格、计量与支付、验收和工程试车、竣工结算、缺陷责任与保修、违约、不可抗力、保险、索赔和争议解决。前述条款安排既考虑了现行法律法规对工程建设的有关要求,也考虑了建设工程施工管理的特殊需要。

(三)专用合同条款

专用合同条款是对通用合同条款原则性约定的细化、完善、补充、修改或另行约定的条款。合同当事人可以根据不同建设工程的特点及具体情况,通过双方的谈判、协商对相应的专用合同条款进行修改补充。在使用专用合同条款时,应注意以下事项:

1. 专用合同条款的编号应与相应的通用合同条款的编号一致;

2. 合同当事人可以通过对专用合同条款的修改,满足具体建设工程的特殊要求,避免直接修改通用合同条款;

3. 在专用合同条款中有横道线的地方,合同当事人可针对相应的通用合同条款进行细化、完善、补充、修改或另行约定;如无细化、完善、补充、修改或另行约定,则填写"无"或划"/"。

二、《示范文本》的性质和适用范围

《示范文本》为非强制性使用文本。《示范文本》适用于房屋建筑工程、土木工程、线路管道和设备安装工程、装修工程等建设工程的施工承发包活动,合同当事人可结合建设工程具体情况,根据《示范文本》订立合同,并按照法律法规规定和合同约定承担相应的法律责任及合同权利义务。

第一部分　合同协议书

发包人(全称):____

承包人(全称):____

根据《中华人民共和国合同法》、《中华人民共和国建筑法》及有关法律规定,遵循平等、自愿、公平和诚实信用的原则,双方就________________工程施工及有关事项协商一致,共同达成如下协议:

一、工程概况

1. 工程名称:____。

2. 工程地点：____。

3. 工程立项批准文号：____。

4. 资金来源：____。

5. 工程内容：____。

群体工程应附《承包人承揽工程项目一览表》(附件1)。

6. 工程承包范围：

____

____。

二、合同工期

计划开工日期：________年____月____日。

计划竣工日期：________年____月____日。

工期总日历天数：________天。工期总日历天数与根据前述计划开竣工日期计算的工期天数不一致的，以工期总日历天数为准。

三、质量标准

工程质量符合________________标准。

四、签约合同价与合同价格形式

1. 签约合同价为：

人民币(大写)________(￥________元)；

其中：

(1)安全文明施工费：

人民币(大写)________(￥________元)；

(2)材料和工程设备暂估价金额：

人民币(大写)________(￥________元)；

(3)专业工程暂估价金额：

人民币(大写)________(￥________元)；

(4)暂列金额：

人民币(大写)________(￥________元)。

2. 合同价格形式：____。

五、项目经理

承包人项目经理：____。

六、合同文件构成

本协议书与下列文件一起构成合同文件:

(1)中标通知书(如果有);

(2)投标函及其附录(如果有);

(3)专用合同条款及其附件;

(4)通用合同条款;

(5)技术标准和要求;

(6)图纸;

(7)已标价工程量清单或预算书;

(8)其他合同文件。

在合同订立及履行过程中形成的与合同有关的文件均构成合同文件组成部分。

上述各项合同文件包括合同当事人就该项合同文件所作出的补充和修改,属于同一类内容的文件,应以最新签署的为准。专用合同条款及其附件须经合同当事人签字或盖章。

七、承诺

1. 发包人承诺按照法律规定履行项目审批手续、筹集工程建设资金并按照合同约定的期限和方式支付合同价款。

2. 承包人承诺按照法律规定及合同约定组织完成工程施工,确保工程质量和安全,不进行转包及违法分包,并在缺陷责任期及保修期内承担相应的工程维修责任。

3. 发包人和承包人通过招投标形式签订合同的,双方理解并承诺不再就同一工程另行签订与合同实质性内容相背离的协议。

八、词语含义

本协议书中词语含义与第二部分通用合同条款中赋予的含义相同。

九、签订时间

本合同于________年____月____日签订。

十、签订地点

本合同在________________签订。

十一、补充协议

合同未尽事宜,合同当事人另行签订补充协议,补充协议是合同的组成部分。

十二、合同生效

本合同自________________生效。

十三、合同份数

本合同一式____份,均具有同等法律效力,发包人执____份,承包人执____份。

发包人:(公章)	承包人:(公章)
法定代表人或其委托代理人:	法定代表人或其委托代理人:
(签字)	(签字)
组织机构代码:________________	组织机构代码:________________
地　址:________________	地　址:________________
邮政编码:________________	邮政编码:________________
法定代表人:________________	法定代表人:________________
委托代理人:________________	委托代理人:________________
电　话:________________	电　话:________________
传　真:________________	传　真:________________
电子信箱:________________	电子信箱:________________
开户银行:________________	开户银行:________________
账　号:________________	账　号:________________

第二部分　通用合同条款

1. 一般约定

1.1　词语定义与解释

合同协议书、通用合同条款、专用合同条款中的下列词语具有本款所赋予的含义:

1.1.1　合同

1.1.1.1　合同:是指根据法律规定和合同当事人约定具有约束力的文件,构成合同的文件包括合同协议书、中标通知书(如果有)、投标函及其附录(如果有)、专用合同条款及其附件、通用合同条款、技术标准和要求、图纸、已标价工程量清单或预算书以及其他合同文件。

1.1.1.2　合同协议书:是指构成合同的由发包人和承包人共同签署的称为"合同协议书"的书面文件。

1.1.1.3 中标通知书:是指构成合同的由发包人通知承包人中标的书面文件。

1.1.1.4 投标函:是指构成合同的由承包人填写并签署的用于投标的称为“投标函”的文件。

1.1.1.5 投标函附录:是指构成合同的附在投标函后的称为“投标函附录”的文件。

1.1.1.6 技术标准和要求:是指构成合同的施工应当遵守的或指导施工的国家、行业或地方的技术标准和要求,以及合同约定的技术标准和要求。

1.1.1.7 图纸:是指构成合同的图纸,包括由发包人按照合同约定提供或经发包人批准的设计文件、施工图、鸟瞰图及模型等,以及在合同履行过程中形成的图纸文件。图纸应当按照法律规定审查合格。

1.1.1.8 已标价工程量清单:是指构成合同的由承包人按照规定的格式和要求填写并标明价格的工程量清单,包括说明和表格。

1.1.1.9 预算书:是指构成合同的由承包人按照发包人规定的格式和要求编制的工程预算文件。

1.1.1.10 其他合同文件:是指经合同当事人约定的与工程施工有关的具有合同约束力的文件或书面协议。合同当事人可以在专用合同条款中进行约定。

1.1.2 合同当事人及其他相关方

1.1.2.1 合同当事人:是指发包人和(或)承包人。

1.1.2.2 发包人:是指与承包人签订合同协议书的当事人及取得该当事人资格的合法继承人。

1.1.2.3 承包人:是指与发包人签订合同协议书的,具有相应工程施工承包资质的当事人及取得该当事人资格的合法继承人。

1.1.2.4 监理人:是指在专用合同条款中指明的,受发包人委托按照法律规定进行工程监督管理的法人或其他组织。

1.1.2.5 设计人:是指在专用合同条款中指明的,受发包人委托负责工程设计并具备相应工程设计资质的法人或其他组织。

1.1.2.6 分包人:是指按照法律规定和合同约定,分包部分工程或工作,并与承包人签订分包合同的具有相应资质的法人。

1.1.2.7 发包人代表:是指由发包人任命并派驻施工现场在发包人授权范围内行使发包人权利的人。

1.1.2.8 项目经理:是指由承包人任命并派驻施工现场,在承包人授权范围内负责合同履行，且按照法律规定具有相应资格的项目负责人。

1.1.2.9 总监理工程师：是指由监理人任命并派驻施工现场进行工程监理的总负责人。

1.1.3 工程和设备

1.1.3.1 工程：是指与合同协议书中工程承包范围对应的永久工程和（或）临时工程。

1.1.3.2 永久工程：是指按合同约定建造并移交给发包人的工程，包括工程设备。

1.1.3.3 临时工程：是指为完成合同约定的永久工程所修建的各类临时性工程，不包括施工设备。

1.1.3.4 单位工程：是指在合同协议书中指明的，具备独立施工条件并能形成独立使用功能的永久工程。

1.1.3.5 工程设备：是指构成永久工程的机电设备、金属结构设备、仪器及其他类似的设备和装置。

1.1.3.6 施工设备：是指为完成合同约定的各项工作所需的设备、器具和其他物品，但不包括工程设备、临时工程和材料。

1.1.3.7 施工现场：是指用于工程施工的场所，以及在专用合同条款中指明作为施工场所组成部分的其他场所，包括永久占地和临时占地。

1.1.3.8 临时设施：是指为完成合同约定的各项工作所服务的临时性生产和生活设施。

1.1.3.9 永久占地：是指专用合同条款中指明为实施工程需永久占用的土地。

1.1.3.10 临时占地：是指专用合同条款中指明为实施工程需要临时占用的土地。

1.1.4 日期和期限

1.1.4.1 开工日期：包括计划开工日期和实际开工日期。计划开工日期是指合同协议书约定的开工日期；实际开工日期是指监理人按照第7.3.2项〔开工通知〕约定发出的符合法律规定的开工通知中载明的开工日期。

1.1.4.2 竣工日期：包括计划竣工日期和实际竣工日期。计划竣工日期是指合同协议书约定的竣工日期；实际竣工日期按照第13.2.3项〔竣工日期〕的约定确定。

1.1.4.3 工期：是指在合同协议书约定的承包人完成工程所需的期限，包括按照合同约定所作的期限变更。

1.1.4.4 缺陷责任期：是指承包人按照合同约定承担缺陷修复义务，且发包人预留质量保证金的期限,自工程实际竣工日期起计算。

1.1.4.5 保修期:是指承包人按照合同约定对工程承担保修责任的期限,从工程竣工验收合格之日起计算。

1.1.4.6 基准日期:招标发包的工程以投标截止日前28天的日期为基准日期,直接发包的工程以合同签订日前28天的日期为基准日期。

1.1.4.7 天:除特别指明外,均指日历天。合同中按天计算时间的,开始当天不计入,从次日开始计算,期限最后一天的截止时间为当天24:00时。

1.1.5 合同价格和费用

1.1.5.1 签约合同价:是指发包人和承包人在合同协议书中确定的总金额,包括安全文明施工费、暂估价及暂列金额等。

1.1.5.2 合同价格:是指发包人用于支付承包人按照合同约定完成承包范围内全部工作的金额,包括合同履行过程中按合同约定发生的价格变化。

1.1.5.3 费用:是指为履行合同所发生的或将要发生的所有必需的开支,包括管理费和应分摊的其他费用,但不包括利润。

1.1.5.4 暂估价:是指发包人在工程量清单或预算书中提供的用于支付必然发生但暂时不能确定价格的材料、工程设备的单价、专业工程以及服务工作的金额。

1.1.5.5 暂列金额:是指发包人在工程量清单或预算书中暂定并包括在合同价格中的一笔款项,用于工程合同签订时尚未确定或者不可预见的所需材料、工程设备、服务的采购,施工中可能发生的工程变更、合同约定调整因素出现时的合同价格调整以及发生的索赔、现场签证确认等的费用。

1.1.5.6 计日工:是指合同履行过程中,承包人完成发包人提出的零星工作或需要采用计日工计价的变更工作时,按合同中约定的单价计价的一种方式。

1.1.5.7 质量保证金:是指按照第15.3款〔质量保证金〕约定承包人用于保证其在缺陷责任期内履行缺陷修补义务的担保。

1.1.5.8 总价项目:是指在现行国家、行业以及地方的计量规则中无工程量计算规则,在已标价工程量清单或预算书中以总价或以费率形式计算的项目。

1.1.6 其他

1.1.6.1 书面形式:是指合同文件、信函、电报、传真等可以有形地表现所载内容的形式。

1.2 语言文字

合同以中国的汉语简体文字编写、解释和说明。合同当事人在专用合同条款中约定使用两种以上语言时，汉语为优先解释和说明合同的语言。

1.3 法律

合同所称法律是指中华人民共和国法律、行政法规、部门规章，以及工程所在地的地方性法规、自治条例、单行条例和地方政府规章等。

合同当事人可以在专用合同条款中约定合同适用的其他规范性文件。

1.4 标准和规范

1.4.1 适用于工程的国家标准、行业标准、工程所在地的地方性标准，以及相应的规范、规程等，合同当事人有特别要求的，应在专用合同条款中约定。

1.4.2 发包人要求使用国外标准、规范的，发包人负责提供原文版本和中文译本，并在专用合同条款中约定提供标准规范的名称、份数和时间。

1.4.3 发包人对工程的技术标准、功能要求高于或严于现行国家、行业或地方标准的，应当在专用合同条款中予以明确。除专用合同条款另有约定外，应视为承包人在签订合同前已充分预见前述技术标准和功能要求的复杂程度，签约合同价中已包含由此产生的费用。

1.5 合同文件的优先顺序

组成合同的各项文件应互相解释，互为说明。除专用合同条款另有约定外，解释合同文件的优先顺序如下：

(1)合同协议书；

(2)中标通知书(如果有)；

(3)投标函及其附录(如果有)；

(4)专用合同条款及其附件；

(5)通用合同条款；

(6)技术标准和要求；

(7)图纸；

(8)已标价工程量清单或预算书；

(9)其他合同文件。

上述各项合同文件包括合同当事人就该项合同文件所作出的补充和修改，属于同一类内容的文件，应以最新签署的为准。

在合同订立及履行过程中形成的与合同有关的文件均构成合同文件组成部分,并根据其性质确定优先解释顺序。

1.6　图纸和承包人文件

1.6.1　图纸的提供和交底

发包人应按照专用合同条款约定的期限、数量和内容向承包人免费提供图纸,并组织承包人、监理人和设计人进行图纸会审和设计交底。发包人至迟不得晚于第7.3.2项〔开工通知〕载明的开工日期前14天向承包人提供图纸。

因发包人未按合同约定提供图纸导致承包人费用增加和(或)工期延误的,按照第7.5.1项〔因发包人原因导致工期延误〕约定办理。

1.6.2　图纸的错误

承包人在收到发包人提供的图纸后,发现图纸存在差错、遗漏或缺陷的,应及时通知监理人。监理人接到该通知后,应附具相关意见并立即报送发包人,发包人应在收到监理人报送的通知后的合理时间内作出决定。合理时间是指发包人在收到监理人的报送通知后,尽其努力且不懈怠地完成图纸修改补充所需的时间。

1.6.3　图纸的修改和补充

图纸需要修改和补充的,应经图纸原设计人及审批部门同意,并由监理人在工程或工程相应部位施工前将修改后的图纸或补充图纸提交给承包人,承包人应按修改或补充后的图纸施工。

1.6.4　承包人文件

承包人应按照专用合同条款的约定提供应当由其编制的与工程施工有关的文件,并按照专用合同条款约定的期限、数量和形式提交监理人,并由监理人报送发包人。

除专用合同条款另有约定外,监理人应在收到承包人文件后7天内审查完毕,监理人对承包人文件有异议的,承包人应予以修改,并重新报送监理人。监理人的审查并不减轻或免除承包人根据合同约定应当承担的责任。

1.6.5　图纸和承包人文件的保管

除专用合同条款另有约定外,承包人应在施工现场另外保存一套完整的图纸和承包人文件,供发包人、监理人及有关人员进行工程检查时使用。

1.7　联络

1.7.1　与合同有关的通知、批准、证明、证书、指示、指令、要求、请求、同意、意见、确定和决定等,均应采用书面形式,并应在合同约定的期限内送达接收人和送达地点。

1.7.2 发包人和承包人应在专用合同条款中约定各自的送达接收人和送达地点。任何一方合同当事人指定的接收人或送达地点发生变动的，应提前3天以书面形式通知对方。

1.7.3 发包人和承包人应当及时签收另一方送达至送达地点和指定接收人的来往信函。拒不签收的，由此增加的费用和（或）延误的工期由拒绝接收一方承担。

1.8 严禁贿赂

合同当事人不得以贿赂或变相贿赂的方式，谋取非法利益或损害对方权益。因一方合同当事人的贿赂造成对方损失的，应赔偿损失，并承担相应的法律责任。

承包人不得与监理人或发包人聘请的第三方串通损害发包人利益。未经发包人书面同意，承包人不得为监理人提供合同约定以外的通讯设备、交通工具及其他任何形式的利益，不得向监理人支付报酬。

1.9 化石、文物

在施工现场发掘的所有文物、古迹以及具有地质研究或考古价值的其他遗迹、化石、钱币或物品属于国家所有。一旦发现上述文物，承包人应采取合理有效的保护措施，防止任何人员移动或损坏上述物品，并立即报告有关政府行政管理部门，同时通知监理人。

发包人、监理人和承包人应按有关政府行政管理部门要求采取妥善的保护措施，由此增加的费用和（或）延误的工期由发包人承担。

承包人发现文物后不及时报告或隐瞒不报，致使文物丢失或损坏的，应赔偿损失，并承担相应的法律责任。

1.10 交通运输

1.10.1 出入现场的权利

除专用合同条款另有约定外，发包人应根据施工需要，负责取得出入施工现场所需的批准手续和全部权利，以及取得因施工所需修建道路、桥梁以及其他基础设施的权利，并承担相关手续费用和建设费用。承包人应协助发包人办理修建场内外道路、桥梁以及其他基础设施的手续。

承包人应在订立合同前查勘施工现场，并根据工程规模及技术参数合理预见工程施工所需的进出施工现场的方式、手段、路径等。因承包人未合理预见所增加的费用和（或）延误的工期由承包人承担。

1.10.2 场外交通

发包人应提供场外交通设施的技术参数和具体条件，承包人应遵守有关交通法规，严格按照道路和桥梁的限制荷载行驶,执行有关道路限速、限行、禁止超载的规定,并配合交通管理部门的监督和检查。场外交通设施无法满足工程施工需要的,由发包人负责完善并承担相关费用。

1.10.3 场内交通

发包人应提供场内交通设施的技术参数和具体条件,并应按照专用合同条款的约定向承包人免费提供满足工程施工所需的场内道路和交通设施。因承包人原因造成上述道路或交通设施损坏的,承包人负责修复并承担由此增加的费用。

除发包人按照合同约定提供的场内道路和交通设施外,承包人负责修建、维修、养护和管理施工所需的其他场内临时道路和交通设施。发包人和监理人可以为实现合同目的使用承包人修建的场内临时道路和交通设施。

场外交通和场内交通的边界由合同当事人在专用合同条款中约定。

1.10.4 超大件和超重件的运输

由承包人负责运输的超大件或超重件,应由承包人负责向交通管理部门办理申请手续,发包人给予协助。运输超大件或超重件所需的道路和桥梁临时加固改造费用和其他有关费用,由承包人承担,但专用合同条款另有约定除外。

1.10.5 道路和桥梁的损坏责任

因承包人运输造成施工场地内外公共道路和桥梁损坏的,由承包人承担修复损坏的全部费用和可能引起的赔偿。

1.10.6 水路和航空运输

本款前述各项的内容适用于水路运输和航空运输,其中"道路"一词的涵义包括河道、航线、船闸、机场、码头、堤防以及水路或航空运输中其他相似结构物;"车辆"一词的涵义包括船舶和飞机等。

1.11 知识产权

1.11.1 除专用合同条款另有约定外,发包人提供给承包人的图纸、发包人为实施工程自行编制或委托编制的技术规范以及反映发包人要求的或其他类似性质的文件的著作权属于发包人,承包人可以为实现合同目的而复制、使用此类文件,但不能用于与合同无关的其他事项。未经发包人书面同意,承包人不得为了合同以外的目的而复制、使用上述文件或将之提供给任何第三方。

1.11.2 除专用合同条款另有约定外,承包人为实施工程所编制的文件,除署名权以外的著作权属于发包人,承包人可因实施工程的运行、调试、维修、改造等目的而复制、使用此类文件，但不能用于与合同无关的其他事项。未经发包人书面同意，承包人不得为了合同以外的目的而复制、使用上述文件或将之提供给任何第三方。

1.11.3 合同当事人保证在履行合同过程中不侵犯对方及第三方的知识产权。承包人在使用材料、施工设备、工程设备或采用施工工艺时，因侵犯他人的专利权或其他知识产权所引起的责任，由承包人承担；因发包人提供的材料、施工设备、工程设备或施工工艺导致侵权的，由发包人承担责任。

1.11.4 除专用合同条款另有约定外，承包人在合同签订前和签订时已确定采用的专利、专有技术、技术秘密的使用费已包含在签约合同价中。

1.12 保密

除法律规定或合同另有约定外，未经发包人同意，承包人不得将发包人提供的图纸、文件以及声明需要保密的资料信息等商业秘密泄露给第三方。

除法律规定或合同另有约定外，未经承包人同意，发包人不得将承包人提供的技术秘密及声明需要保密的资料信息等商业秘密泄露给第三方。

1.13 工程量清单错误的修正

除专用合同条款另有约定外，发包人提供的工程量清单，应被认为是准确的和完整的。出现下列情形之一时，发包人应予以修正，并相应调整合同价格：

(1)工程量清单存在缺项、漏项的；

(2)工程量清单偏差超出专用合同条款约定的工程量偏差范围的；

(3)未按照国家现行计量规范强制性规定计量的。

2. 发包人

2.1 许可或批准

发包人应遵守法律，并办理法律规定由其办理的许可、批准或备案，包括但不限于建设用地规划许可证、建设工程规划许可证、建设工程施工许可证、施工所需临时用水、临时用电、中断道路交通、临时占用土地等许可和批准。发包人应协助承包人办理法律规定的有关施工证件和批件。

因发包人原因未能及时办理完毕前述许可、批准或备案，由发包人承担由此增加的费用和（或）延误的工期，并支付承包人合理的利润。

2.2 发包人代表

发包人应在专用合同条款中明确其派驻施工现场的发包人代表的姓名、职务、联系方式及授权范围等事项。发包人代表在发包人的授权范围内，负责处理合同履行过程中与发包人有关的具体事宜。发包人代表在授权范围内的行为由发包人承担法律责任。发包人更换发包人代表的,应提前7天书面通知承包人。

发包人代表不能按照合同约定履行其职责及义务,并导致合同无法继续正常履行的,承包人可以要求发包人撤换发包人代表。

不属于法定必须监理的工程,监理人的职权可以由发包人代表或发包人指定的其他人员行使。

2.3 发包人人员

发包人应要求在施工现场的发包人人员遵守法律及有关安全、质量、环境保护、文明施工等规定,并保障承包人免于承受因发包人人员未遵守上述要求给承包人造成的损失和责任。

发包人人员包括发包人代表及其他由发包人派驻施工现场的人员。

2.4 施工现场、施工条件和基础资料的提供

2.4.1 提供施工现场

除专用合同条款另有约定外,发包人应最迟于开工日期7天前向承包人移交施工现场。

2.4.2 提供施工条件

除专用合同条款另有约定外,发包人应负责提供施工所需要的条件,包括:

(1)将施工用水、电力、通讯线路等施工所必需的条件接至施工现场内;

(2)保证向承包人提供正常施工所需要的进入施工现场的交通条件;

(3)协调处理施工现场周围地下管线和邻近建筑物、构筑物、古树名木的保护工作,并承担相关费用;

(4)按照专用合同条款约定应提供的其他设施和条件。

2.4.3 提供基础资料

发包人应当在移交施工现场前向承包人提供施工现场及工程施工所必需的毗邻区域内供水、排水、供电、供气、供热、通信、广播电视等地下管线资料,气象和水文观测资料,地质勘察资料,相邻建筑物、构筑物和地下工程等有关基础资料,并对所提供资料的真实性、准确性和完整性负责。

按照法律规定确需在开工后方能提供的基础资料,发包人应尽其努力及时地在相应工程施工前的合理期限内提供,合理期限应以不影响承包人的正常施工为限。

2.4.4　逾期提供的责任

因发包人原因未能按合同约定及时向承包人提供施工现场、施工条件、基础资料的，由发包人承担由此增加的费用和(或)延误的工期。

2.5　资金来源证明及支付担保

除专用合同条款另有约定外，发包人应在收到承包人要求提供资金来源证明的书面通知后28天内，向承包人提供能够按照合同约定支付合同价款的相应资金来源证明。

除专用合同条款另有约定外，发包人要求承包人提供履约担保的，发包人应当向承包人提供支付担保。支付担保可以采用银行保函或担保公司担保等形式，具体由合同当事人在专用合同条款中约定。

2.6　支付合同价款

发包人应按合同约定向承包人及时支付合同价款。

2.7　组织竣工验收

发包人应按合同约定及时组织竣工验收。

2.8　现场统一管理协议

发包人应与承包人、由发包人直接发包的专业工程的承包人签订施工现场统一管理协议，明确各方的权利义务。施工现场统一管理协议作为专用合同条款的附件。

3. 承包人

3.1　承包人的一般义务

承包人在履行合同过程中应遵守法律和工程建设标准规范，并履行以下义务：

(1)办理法律规定应由承包人办理的许可和批准，并将办理结果书面报送发包人留存；

(2)按法律规定和合同约定完成工程，并在保修期内承担保修义务；

(3)按法律规定和合同约定采取施工安全和环境保护措施，办理工伤保险，确保工程及人员、材料、设备和设施的安全；

(4)按合同约定的工作内容和施工进度要求，编制施工组织设计和施工措施计划，并对所有施工作业和施工方法的完备性和安全可靠性负责；

(5)在进行合同约定的各项工作时，不得侵害发包人与他人使用公用道路、水源、市政管网等公共设施的权利，避免对邻近的公共设施产生干扰。承包人占用或使用他人的施工场地，影响他人作业或生活的，应承担相应责任；

(6)按照第6.3款〔环境保护〕约定负责施工场地及其周边环境与生态的保护工作；

(7)按第6.1款〔安全文明施工〕约定采取施工安全措施,确保工程及其人员、材料、设备和设施的安全,防止因工程施工造成的人身伤害和财产损失;

(8)将发包人按合同约定支付的各项价款专用于合同工程,且应及时支付其雇用人员工资,并及时向分包人支付合同价款;

(9)按照法律规定和合同约定编制竣工资料,完成竣工资料立卷及归档,并按专用合同条款约定的竣工资料的套数、内容、时间等要求移交发包人;

(10)应履行的其他义务。

3.2 项目经理

3.2.1 项目经理应为合同当事人所确认的人选,并在专用合同条款中明确项目经理的姓名、职称、注册执业证书编号、联系方式及授权范围等事项,项目经理经承包人授权后代表承包人负责履行合同。项目经理应是承包人正式聘用的员工,承包人应向发包人提交项目经理与承包人之间的劳动合同,以及承包人为项目经理缴纳社会保险的有效证明。承包人不提交上述文件的,项目经理无权履行职责,发包人有权要求更换项目经理,由此增加的费用和(或)延误的工期由承包人承担。

项目经理应常驻施工现场,且每月在施工现场时间不得少于专用合同条款约定的天数。项目经理不得同时担任其他项目的项目经理。项目经理确需离开施工现场时,应事先通知监理人,并取得发包人的书面同意。项目经理的通知中应当载明临时代行其职责的人员的注册执业资格、管理经验等资料,该人员应具备履行相应职责的能力。

承包人违反上述约定的,应按照专用合同条款的约定,承担违约责任。

3.2.2 项目经理按合同约定组织工程实施。在紧急情况下为确保施工安全和人员安全,在无法与发包人代表和总监理工程师及时取得联系时,项目经理有权采取必要的措施保证与工程有关的人身、财产和工程的安全,但应在48小时内向发包人代表和总监理工程师提交书面报告。

3.2.3 承包人需要更换项目经理的,应提前14天书面通知发包人和监理人,并征得发包人书面同意。通知中应当载明继任项目经理的注册执业资格、管理经验等资料,继任项目经理继续履行第3.2.1项约定的职责。未经发包人书面同意,承包人不得擅自更换项目经理。承包人擅自更换项目经理的,应按照专用合同条款的约定承担违约责任。

3.2.4 发包人有权书面通知承包人更换其认为不称职的项目经理,通知中应当载明要求更换的理由。承包人应在接到更换通知后14天内向发包人提出书面的改进报告。发包人收到改进报告后仍要求更换的,承包人应在接到第二次更换通知的28天内进行更换,并将新任命的项目经理的注册执业资格、管理经验等资料书面通知发包人。继任项目经理继续履行第3.2.1项约定的职责。承包人无正当理由拒绝更换项目经理的,应按照专用合同条款的约定承担违约责任。

3.2.5　项目经理因特殊情况授权其下属人员履行其某项工作职责的,该下属人员应具备履行相应职责的能力,并应提前7天将上述人员的姓名和授权范围书面通知监理人,并征得发包人书面同意。

3.3　承包人人员

3.3.1　除专用合同条款另有约定外,承包人应在接到开工通知后7天内,向监理人提交承包人项目管理机构及施工现场人员安排的报告,其内容应包括合同管理、施工、技术、材料、质量、安全、财务等主要施工管理人员名单及其岗位、注册执业资格等,以及各工种技术工人的安排情况,并同时提交主要施工管理人员与承包人之间的劳动关系证明和缴纳社会保险的有效证明。

3.3.2　承包人派驻到施工现场的主要施工管理人员应相对稳定。施工过程中如有变动,承包人应及时向监理人提交施工现场人员变动情况的报告。承包人更换主要施工管理人员时,应提前7天书面通知监理人,并征得发包人书面同意。通知中应当载明继任人员的注册执业资格、管理经验等资料。

特殊工种作业人员均应持有相应的资格证明,监理人可以随时检查。

3.3.3　发包人对于承包人主要施工管理人员的资格或能力有异议的,承包人应提供资料证明被质疑人员有能力完成其岗位工作或不存在发包人所质疑的情形。发包人要求撤换不能按照合同约定履行职责及义务的主要施工管理人员的,承包人应当撤换。承包人无正当理由拒绝撤换的,应按照专用合同条款的约定承担违约责任。

3.3.4　除专用合同条款另有约定外,承包人的主要施工管理人员离开施工现场每月累计不超过5天的,应报监理人同意;离开施工现场每月累计超过5天的,应通知监理人,并征得发包人书面同意。主要施工管理人员离开施工现场前应指定一名有经验的人员临时代行其职责,该人员应具备履行相应职责的资格和能力,且应征得监理人或发包人的同意。

3.3.5　承包人擅自更换主要施工管理人员,或前述人员未经监理人或发包人同意擅自离开施工现场的,应按照专用合同条款约定承担违约责任。

3.4　承包人现场查勘

承包人应对基于发包人按照第2.4.3项〔提供基础资料〕提交的基础资料所做出的解

释和推断负责,但因基础资料存在错误、遗漏导致承包人解释或推断失实的,由发包人承担责任。

承包人应对施工现场和施工条件进行查勘,并充分了解工程所在地的气象条件、交通条件、风俗习惯以及其他与完成合同工作有关的其他资料。因承包人未能充分查勘、了解前述情况或未能充分估计前述情况所可能产生后果的,承包人承担由此增加的费用和(或)延误的工期。

3.5 分包

3.5.1 分包的一般约定

承包人不得将其承包的全部工程转包给第三人,或将其承包的全部工程肢解后以分包的名义转包给第三人。承包人不得将工程主体结构、关键性工作及专用合同条款中禁止分包的专业工程分包给第三人,主体结构、关键性工作的范围由合同当事人按照法律规定在专用合同条款中予以明确。

承包人不得以劳务分包的名义转包或违法分包工程。

3.5.2 分包的确定

承包人应按专用合同条款的约定进行分包,确定分包人。已标价工程量清单或预算书中给定暂估价的专业工程,按照第10.7款〔暂估价〕确定分包人。按照合同约定进行分包的,承包人应确保分包人具有相应的资质和能力。工程分包不减轻或免除承包人的责任和义务,承包人和分包人就分包工程向发包人承担连带责任。除合同另有约定外,承包人应在分包合同签订后7天内向发包人和监理人提交分包合同副本。

3.5.3 分包管理

承包人应向监理人提交分包人的主要施工管理人员表,并对分包人的施工人员进行实名制管理,包括但不限于进出场管理、登记造册以及各种证照的办理。

3.5.4 分包合同价款

(1)除本项第(2)目约定的情况或专用合同条款另有约定外,分包合同价款由承包人与分包人结算,未经承包人同意,发包人不得向分包人支付分包工程价款;

(2)生效法律文书要求发包人向分包人支付分包合同价款的,发包人有权从应付承包人工程款中扣除该部分款项。

3.5.5 分包合同权益的转让

分包人在分包合同项下的义务持续到缺陷责任期届满以后的,发包人有权在缺陷责任期届满前,要求承包人将其在分包合同项下的权益转让给发包人,承包人应当转让。除转让合同另有约定外，转让合同生效后，由分包人向发包人履行义务。

3.6 工程照管与成品、半成品保护

(1)除专用合同条款另有约定外，自发包人向承包人移交施工现场之日起，承包人应负责照管工程及工程相关的材料、工程设备，直到颁发工程接收证书之日止。

(2)在承包人负责照管期间，因承包人原因造成工程、材料、工程设备损坏的，由承包人负责修复或更换，并承担由此增加的费用和(或)延误的工期。

(3)对合同内分期完成的成品和半成品，在工程接收证书颁发前，由承包人承担保护责任。因承包人原因造成成品或半成品损坏的，由承包人负责修复或更换，并承担由此增加的费用和(或)延误的工期。

3.7 履约担保

发包人需要承包人提供履约担保的，由合同当事人在专用合同条款中约定履约担保的方式、金额及期限等。履约担保可以采用银行保函或担保公司担保等形式，具体由合同当事人在专用合同条款中约定。

因承包人原因导致工期延长的，继续提供履约担保所增加的费用由承包人承担；非因承包人原因导致工期延长的，继续提供履约担保所增加的费用由发包人承担。

3.8 联合体

3.8.1 联合体各方应共同与发包人签订合同协议书。联合体各方应为履行合同向发包人承担连带责任。

3.8.2 联合体协议经发包人确认后作为合同附件。在履行合同过程中，未经发包人同意，不得修改联合体协议。

3.8.3 联合体牵头人负责与发包人和监理人联系，并接受指示，负责组织联合体各成员全面履行合同。

4. 监理人

4.1 监理人的一般规定

工程实行监理的，发包人和承包人应在专用合同条款中明确监理人的监理内容及监理权限等事项。监理人应当根据发包人授权及法律规定，代表发包人对工程施工相关事项进行检查、查验、审核、验收，并签发相关指示，但监理人无权修改合同，且无权减轻或免除合同约定的承包人的任何责任与义务。

除专用合同条款另有约定外，监理人在施工现场的办公场所、生活场所由承包人提供，所发生的费用由发包人承担。

4.2 监理人员

发包人授予监理人对工程实施监理的权利由监理人派驻施工现场的监理人员行使,监理人员包括总监理工程师及监理工程师。监理人应将授权的总监理工程师和监理工程师的姓名及授权范围以书面形式提前通知承包人。更换总监理工程师的,监理人应提前7天书面通知承包人;更换其他监理人员,监理人应提前48小时书面通知承包人。

4.3 监理人的指示

监理人应按照发包人的授权发出监理指示。监理人的指示应采用书面形式,并经其授权的监理人员签字。紧急情况下,为了保证施工人员的安全或避免工程受损,监理人员可以口头形式发出指示,该指示与书面形式的指示具有同等法律效力,但必须在发出口头指示后24小时内补发书面监理指示,补发的书面监理指示应与口头指示一致。

监理人发出的指示应送达承包人项目经理或经项目经理授权接收的人员。因监理人未能按合同约定发出指示、指示延误或发出了错误指示而导致承包人费用增加和(或)工期延误的,由发包人承担相应责任。除专用合同条款另有约定外,总监理工程师不应将第4.4款〔商定或确定〕约定应由总监理工程师作出确定的权力授权或委托给其他监理人员。

承包人对监理人发出的指示有疑问的,应向监理人提出书面异议,监理人应在48小时内对该指示予以确认、更改或撤销,监理人逾期未回复的,承包人有权拒绝执行上述指示。

监理人对承包人的任何工作、工程或其采用的材料和工程设备未在约定的或合理期限内提出意见的,视为批准,但不免除或减轻承包人对该工作、工程、材料、工程设备等应承担的责任和义务。

4.4 商定或确定

合同当事人进行商定或确定时,总监理工程师应当会同合同当事人尽量通过协商达成一致,不能达成一致的,由总监理工程师按照合同约定审慎做出公正的确定。

总监理工程师应将确定以书面形式通知发包人和承包人,并附详细依据。合同当事人对总监理工程师的确定没有异议的,按照总监理工程师的确定执行。任何一方合同当事人有异议,按照第20条〔争议解决〕约定处理。争议解决前,合同当事人暂按总监理工程师的确定执行;争议解决后,争议解决的结果与总监理工程师的确定不一致的,按照争议解决的结果执行,由此造成的损失由责任人承担。

5. 工程质量

5.1　质量要求

5.1.1　工程质量标准必须符合现行国家有关工程施工质量验收规范和标准的要求。有关工程质量的特殊标准或要求由合同当事人在专用合同条款中约定。

5.1.2　因发包人原因造成工程质量未达到合同约定标准的，由发包人承担由此增加的费用和(或)延误的工期，并支付承包人合理的利润。

5.1.3　因承包人原因造成工程质量未达到合同约定标准的，发包人有权要求承包人返工直至工程质量达到合同约定的标准为止，并由承包人承担由此增加的费用和(或)延误的工期。

5.2　质量保证措施

5.2.1　发包人的质量管理

发包人应按照法律规定及合同约定完成与工程质量有关的各项工作。

5.2.2　承包人的质量管理

承包人按照第7.1款〔施工组织设计〕约定向发包人和监理人提交工程质量保证体系及措施文件，建立完善的质量检查制度，并提交相应的工程质量文件。对于发包人和监理人违反法律规定和合同约定的错误指示，承包人有权拒绝实施。

承包人应对施工人员进行质量教育和技术培训，定期考核施工人员的劳动技能，严格执行施工规范和操作规程。

承包人应按照法律规定和发包人的要求，对材料、工程设备以及工程的所有部位及其施工工艺进行全过程的质量检查和检验，并作详细记录，编制工程质量报表，报送监理人审查。此外，承包人还应按照法律规定和发包人的要求，进行施工现场取样试验、工程复核测量和设备性能检测，提供试验样品、提交试验报告和测量成果以及其他工作。

5.2.3　监理人的质量检查和检验

监理人按照法律规定和发包人授权对工程的所有部位及其施工工艺、材料和工程设备进行检查和检验。承包人应为监理人的检查和检验提供方便，包括监理人到施工现场，或制造、加工地点，或合同约定的其他地方进行察看和查阅施工原始记录。监理人为此进行的检查和检验，不免除或减轻承包人按照合同约定应当承担的责任。

监理人的检查和检验不应影响施工正常进行。监理人的检查和检验影响施工正常进行的，且经检查检验不合格的，影响正常施工的费用由承包人承担，工期不予顺延；经检查检验合格的，由此增加的费用和(或)延误的工期由发包人承担。

5.3 隐蔽工程检查

5.3.1 承包人自检

承包人应当对工程隐蔽部位进行自检,并经自检确认是否具备覆盖条件。

5.3.2 检查程序

除专用合同条款另有约定外,工程隐蔽部位经承包人自检确认具备覆盖条件的,承包人应在共同检查前48小时书面通知监理人检查,通知中应载明隐蔽检查的内容、时间和地点,并应附有自检记录和必要的检查资料。

监理人应按时到场并对隐蔽工程及其施工工艺、材料和工程设备进行检查。经监理人检查确认质量符合隐蔽要求,并在验收记录上签字后,承包人才能进行覆盖。经监理人检查质量不合格的,承包人应在监理人指示的时间内完成修复,并由监理人重新检查,由此增加的费用和(或)延误的工期由承包人承担。

除专用合同条款另有约定外,监理人不能按时进行检查的,应在检查前24小时向承包人提交书面延期要求,但延期不能超过48小时,由此导致工期延误的,工期应予以顺延。监理人未按时进行检查,也未提出延期要求的,视为隐蔽工程检查合格,承包人可自行完成覆盖工作,并作相应记录报送监理人,监理人应签字确认。监理人事后对检查记录有疑问的,可按第5.3.3项〔重新检查〕的约定重新检查。

5.3.3 重新检查

承包人覆盖工程隐蔽部位后,发包人或监理人对质量有疑问的,可要求承包人对已覆盖的部位进行钻孔探测或揭开重新检查,承包人应遵照执行,并在检查后重新覆盖恢复原状。经检查证明工程质量符合合同要求的,由发包人承担由此增加的费用和(或)延误的工期,并支付承包人合理的利润;经检查证明工程质量不符合合同要求的,由此增加的费用和(或)延误的工期由承包人承担。

5.3.4 承包人私自覆盖

承包人未通知监理人到场检查,私自将工程隐蔽部位覆盖的,监理人有权指示承包人钻孔探测或揭开检查,无论工程隐蔽部位质量是否合格,由此增加的费用和(或)延误的工期均由承包人承担。

5.4 不合格工程的处理

5.4.1 因承包人原因造成工程不合格的,发包人有权随时要求承包人采取补救措施,直至达到合同要求的质量标准,由此增加的费用和(或)延误的工期由承包人承担。无法补救的,按照第13.2.4项〔拒绝接收全部或部分工程〕约定执行。

5.4.2 因发包人原因造成工程不合格的,由此增加的费用和(或)延误的工期由发包人承担,并支付承包人合理的利润。

5.5 质量争议检测

合同当事人对工程质量有争议的,由双方协商确定的工程质量检测机构鉴定,由此产生的费用及因此造成的损失,由责任方承担。

合同当事人均有责任的,由双方根据其责任分别承担。合同当事人无法达成一致的,按照第4.4款〔商定或确定〕执行。

6.安全文明施工与环境保护

6.1 安全文明施工

6.1.1 安全生产要求

合同履行期间,合同当事人均应当遵守国家和工程所在地有关安全生产的要求,合同当事人有特别要求的,应在专用合同条款中明确施工项目安全生产标准化达标目标及相应事项。承包人有权拒绝发包人及监理人强令承包人违章作业、冒险施工的任何指示。

在施工过程中,如遇到突发的地质变动、事先未知的地下施工障碍等影响施工安全的紧急情况,承包人应及时报告监理人和发包人,发包人应当及时下令停工并报政府有关行政管理部门采取应急措施。

因安全生产需要暂停施工的,按照第7.8款〔暂停施工〕的约定执行。

6.1.2 安全生产保证措施

承包人应当按照有关规定编制安全技术措施或者专项施工方案,建立安全生产责任制度、治安保卫制度及安全生产教育培训制度,并按安全生产法律规定及合同约定履行安全职责,如实编制工程安全生产的有关记录,接受发包人、监理人及政府安全监督部门的检查与监督。

6.1.3 特别安全生产事项

承包人应按照法律规定进行施工,开工前做好安全技术交底工作,施工过程中做好各项安全防护措施。承包人为实施合同而雇用的特殊工种的人员应受过专门的培训并已取得政府有关管理机构颁发的上岗证书。

承包人在动力设备、输电线路、地下管道、密封防震车间、易燃易爆地段以及临街交通要道附近施工时,施工开始前应向发包人和监理人提出安全防护措施,经发包人认可后实施。

实施爆破作业,在放射、毒害性环境中施工(含储存、运输、使用)及使用毒害性、腐蚀性物品施工时,承包人应在施工前7天以书面通知发包人和监理人,并报送相应的安全防护措施,经发包人认可后实施。

需单独编制危险性较大分部分项专项工程施工方案的,及要求进行专家论证的超过一定规模的危险性较大的分部分项工程,承包人应及时编制和组织论证。

6.1.4 治安保卫

除专用合同条款另有约定外,发包人应与当地公安部门协商,在现场建立治安管理机构或联防组织,统一管理施工场地的治安保卫事项,履行合同工程的治安保卫职责。

发包人和承包人除应协助现场治安管理机构或联防组织维护施工场地的社会治安外,还应做好包括生活区在内的各自管辖区的治安保卫工作。

除专用合同条款另有约定外,发包人和承包人应在工程开工后7天内共同编制施工场地治安管理计划,并制定应对突发治安事件的紧急预案。在工程施工过程中,发生暴乱、爆炸等恐怖事件,以及群殴、械斗等群体性突发治安事件的,发包人和承包人应立即向当地政府报告。发包人和承包人应积极协助当地有关部门采取措施平息事态,防止事态扩大,尽量避免人员伤亡和财产损失。

6.1.5 文明施工

承包人在工程施工期间,应当采取措施保持施工现场平整,物料堆放整齐。工程所在地有关政府行政管理部门有特殊要求的,按照其要求执行。合同当事人对文明施工有其他要求的,可以在专用合同条款中明确。

在工程移交之前,承包人应当从施工现场清除承包人的全部工程设备、多余材料、垃圾和各种临时工程,并保持施工现场清洁整齐。经发包人书面同意,承包人可在发包人指定的地点保留承包人履行保修期内的各项义务所需要的材料、施工设备和临时工程。

6.1.6 安全文明施工费

安全文明施工费由发包人承担,发包人不得以任何形式扣减该部分费用。因基准日期后合同所适用的法律或政府有关规定发生变化,增加的安全文明施工费由发包人承担。

承包人经发包人同意采取合同约定以外的安全措施所产生的费用,由发包人承担。未经发包人同意的,如果该措施避免了发包人的损失,则发包人在避免损失的额度内承担该措施费。如果该措施避免了承包人的损失,由承包人承担该措施费。

除专用合同条款另有约定外,发包人应在开工后28天内预付安全文明施工费总额的50%,其余部分与进度款同期支付。发包人逾期支付安全文明施工费超过7天的,承包人有权向发包人发出要求预付的催告通知,发包人收到通知后7天内仍未支付的,承包人有权暂停施工,并按第16.1.1项〔发包人违约的情形〕执行。

承包人对安全文明施工费应专款专用,承包人应在财务账目中单独列项备查,不得挪作他用,否则发包人有权责令其限期改正;逾期未改正的,可以责令其暂停施工,由此增加的费用和(或)延误的工期由承包人承担。

6.1.7 紧急情况处理

在工程实施期间或缺陷责任期内发生危及工程安全的事件,监理人通知承包人进行抢救,承包人声明无能力或不愿立即执行的,发包人有权雇佣其他人员进行抢救。此类抢救按合同约定属于承包人义务的,由此增加的费用和(或)延误的工期由承包人承担。

6.1.8 事故处理

工程施工过程中发生事故的,承包人应立即通知监理人,监理人应立即通知发包人。发包人和承包人应立即组织人员和设备进行紧急抢救和抢修,减少人员伤亡和财产损失,防止事故扩大,并保护事故现场。需要移动现场物品时,应作出标记和书面记录,妥善保管有关证据。发包人和承包人应按国家有关规定,及时如实地向有关部门报告事故发生的情况,以及正在采取的紧急措施等。

6.1.9 安全生产责任

6.1.9.1 发包人的安全责任

发包人应负责赔偿以下各种情况造成的损失:

(1)工程或工程的任何部分对土地的占用所造成的第三者财产损失;

(2)由于发包人原因在施工场地及其毗邻地带造成的第三者人身伤亡和财产损失;

(3)由于发包人原因对承包人、监理人造成的人员人身伤亡和财产损失;

(4)由于发包人原因造成的发包人自身人员的人身伤害以及财产损失。

6.1.9.2 承包人的安全责任

由于承包人原因在施工场地内及其毗邻地带造成的发包人、监理人以及第三者人员伤亡和财产损失,由承包人负责赔偿。

6.2 职业健康

6.2.1 劳动保护

承包人应按照法律规定安排现场施工人员的劳动和休息时间,保障劳动者的休息时间,并支付合理的报酬和费用。承包人应依法为其履行合同所雇用的人员办理必要的证件、许可、保险和注册等,承包人应督促其分包人为分包人所雇用的人员办理必要的证件、许可、保险和注册等。

承包人应按照法律规定保障现场施工人员的劳动安全，并提供劳动保护，并应按国家有关劳动保护的规定，采取有效的防止粉尘、降低噪声、控制有害气体和保障高温、高寒、高空作业安全等劳动保护措施。承包人雇佣人员在施工中受到伤害的，承包人应立即采取有效措施进行抢救和治疗。

承包人应按法律规定安排工作时间，保证其雇佣人员享有休息和休假的权利。因工程施工的特殊需要占用休假日或延长工作时间的，应不超过法律规定的限度，并按法律规定给予补休或付酬。

6.2.2 生活条件

承包人应为其履行合同所雇用的人员提供必要的膳宿条件和生活环境；承包人应采取有效措施预防传染病，保证施工人员的健康，并定期对施工现场、施工人员生活基地和工程进行防疫和卫生的专业检查和处理，在远离城镇的施工场地，还应配备必要的伤病防治和急救的医务人员与医疗设施。

6.3 环境保护

承包人应在施工组织设计中列明环境保护的具体措施。在合同履行期间，承包人应采取合理措施保护施工现场环境。对施工作业过程中可能引起的大气、水、噪音以及固体废物污染采取具体可行的防范措施。

承包人应当承担因其原因引起的环境污染侵权损害赔偿责任，因上述环境污染引起纠纷而导致暂停施工的，由此增加的费用和(或)延误的工期由承包人承担。

7. 工期和进度

7.1 施工组织设计

7.1.1 施工组织设计的内容

施工组织设计应包含以下内容：

(1)施工方案；

(2)施工现场平面布置图；

(3)施工进度计划和保证措施；

(4)劳动力及材料供应计划；

(5)施工机械设备的选用；

(6)质量保证体系及措施；

(7)安全生产、文明施工措施；

(8)环境保护、成本控制措施；

(9)合同当事人约定的其他内容。

7.1.2 施工组织设计的提交和修改

除专用合同条款另有约定外,承包人应在合同签订后14天内,但至迟不得晚于第7.3.2项〔开工通知〕载明的开工日期前7天,向监理人提交详细的施工组织设计,并由监理人报送发包人。除专用合同条款另有约定外,发包人和监理人应在监理人收到施工组织设计后7天内确认或提出修改意见。对发包人和监理人提出的合理意见和要求,承包人应自费修改完善。根据工程实际情况需要修改施工组织设计的,承包人应向发包人和监理人提交修改后的施工组织设计。

施工进度计划的编制和修改按照第7.2款〔施工进度计划〕执行。

7.2 施工进度计划

7.2.1 施工进度计划的编制

承包人应按照第7.1款〔施工组织设计〕约定提交详细的施工进度计划,施工进度计划的编制应当符合国家法律规定和一般工程实践惯例,施工进度计划经发包人批准后实施。施工进度计划是控制工程进度的依据,发包人和监理人有权按照施工进度计划检查工程进度情况。

7.2.2 施工进度计划的修订

施工进度计划不符合合同要求或与工程的实际进度不一致的,承包人应向监理人提交修订的施工进度计划,并附具有关措施和相关资料,由监理人报送发包人。除专用合同条款另有约定外,发包人和监理人应在收到修订的施工进度计划后7天内完成审核和批准或提出修改意见。发包人和监理人对承包人提交的施工进度计划的确认,不能减轻或免除承包人根据法律规定和合同约定应承担的任何责任或义务。

7.3 开工

7.3.1 开工准备

除专用合同条款另有约定外,承包人应按照第7.1款〔施工组织设计〕约定的期限,向监理人提交工程开工报审表,经监理人报发包人批准后执行。开工报审表应详细说明按施工进度计划正常施工所需的施工道路、临时设施、材料、工程设备、施工设备、施工人员等落实情况以及工程的进度安排。

除专用合同条款另有约定外,合同当事人应按约定完成开工准备工作。

7.3.2 开工通知

发包人应按照法律规定获得工程施工所需的许可。经发包人同意后,监理人发出的开工通知应符合法律规定。监理人应在计划开工日期7天前向承包人发出开工通知,工期自开工通知中载明的开工日期起算。

除专用合同条款另有约定外,因发包人原因造成监理人未能在计划开工日期之日起90天内发出开工通知的,承包人有权提出价格调整要求,或者解除合同。发包人应当承担由此增加的费用和(或)延误的工期,并向承包人支付合理利润。

7.4 测量放线

7.4.1 除专用合同条款另有约定外,发包人应在至迟不得晚于第7.3.2项〔开工通知〕载明的开工日期前7天通过监理人向承包人提供测量基准点、基准线和水准点及其书面资料。发包人应对其提供的测量基准点、基准线和水准点及其书面资料的真实性、准确性和完整性负责。

承包人发现发包人提供的测量基准点、基准线和水准点及其书面资料存在错误或疏漏的,应及时通知监理人。监理人应及时报告发包人,并会同发包人和承包人予以核实。发包人应就如何处理和是否继续施工作出决定,并通知监理人和承包人。

7.4.2 承包人负责施工过程中的全部施工测量放线工作,并配置具有相应资质的人员、合格的仪器、设备和其他物品。承包人应矫正工程的位置、标高、尺寸或准线中出现的任何差错,并对工程各部分的定位负责。

施工过程中对施工现场内水准点等测量标志物的保护工作由承包人负责。

7.5 工期延误

7.5.1 因发包人原因导致工期延误

在合同履行过程中,因下列情况导致工期延误和(或)费用增加的,由发包人承担由此延误的工期和(或)增加的费用,且发包人应支付承包人合理的利润:

(1)发包人未能按合同约定提供图纸或所提供图纸不符合合同约定的;

(2)发包人未能按合同约定提供施工现场、施工条件、基础资料、许可、批准等开工条件的;

(3)发包人提供的测量基准点、基准线和水准点及其书面资料存在错误或疏漏的;

(4)发包人未能在计划开工日期之日起7天内同意下达开工通知的;

(5)发包人未能按合同约定日期支付工程预付款、进度款或竣工结算款的;

(6)监理人未按合同约定发出指示、批准等文件的;

(7)专用合同条款中约定的其他情形。

因发包人原因未按计划开工日期开工的,发包人应按实际开工日期顺延竣工日期,确保实际工期不低于合同约定的工期总日历天数。因发包人原因导致工期延误需要修订施工进度计划的,按照第7.2.2项〔施工进度计划的修订〕执行。

7.5.2 因承包人原因导致工期延误

因承包人原因造成工期延误的,可以在专用合同条款中约定逾期竣工违约金的计算方法和逾期竣工违约金的上限。承包人支付逾期竣工违约金后,不免除承包人继续完成工程及修补缺陷的义务。

7.6 不利物质条件

不利物质条件是指有经验的承包人在施工现场遇到的不可预见的自然物质条件、非自然的物质障碍和污染物,包括地表以下物质条件和水文条件以及专用合同条款约定的其他情形,但不包括气候条件。

承包人遇到不利物质条件时,应采取克服不利物质条件的合理措施继续施工,并及时通知发包人和监理人。通知应载明不利物质条件的内容以及承包人认为不可预见的理由。监理人经发包人同意后应当及时发出指示,指示构成变更的,按第10条〔变更〕约定执行。承包人因采取合理措施而增加的费用和(或)延误的工期由发包人承担。

7.7 异常恶劣的气候条件

异常恶劣的气候条件是指在施工过程中遇到的,有经验的承包人在签订合同时不可预见的,对合同履行造成实质性影响的,但尚未构成不可抗力事件的恶劣气候条件。合同当事人可以在专用合同条款中约定异常恶劣的气候条件的具体情形。

承包人应采取克服异常恶劣的气候条件的合理措施继续施工,并及时通知发包人和监理人。监理人经发包人同意后应当及时发出指示,指示构成变更的,按第10条〔变更〕约定办理。承包人因采取合理措施而增加的费用和(或)延误的工期由发包人承担。

7.8 暂停施工

7.8.1 发包人原因引起的暂停施工

因发包人原因引起暂停施工的,监理人经发包人同意后,应及时下达暂停施工指示。情况紧急且监理人未及时下达暂停施工指示的,按照第7.8.4项〔紧急情况下的暂停施工〕执行。

因发包人原因引起的暂停施工,发包人应承担由此增加的费用和(或)延误的工期,并支付承包人合理的利润。

7.8.2 承包人原因引起的暂停施工

因承包人原因引起的暂停施工,承包人应承担由此增加的费用和(或)延误的工期,且承包人在收到监理人复工指示后84天内仍未复工的，视为第16.2.1项〔承包人违约的情形〕第(7)目约定的承包人无法继续履行合同的情形。

7.8.3 指示暂停施工

监理人认为有必要时，并经发包人批准后，可向承包人作出暂停施工的指示，承包人应按监理人指示暂停施工。

7.8.4 紧急情况下的暂停施工

因紧急情况需暂停施工，且监理人未及时下达暂停施工指示的，承包人可先暂停施工，并及时通知监理人。监理人应在接到通知后24小时内发出指示，逾期未发出指示，视为同意承包人暂停施工。监理人不同意承包人暂停施工的，应说明理由，承包人对监理人的答复有异议，按照第20条〔争议解决〕约定处理。

7.8.5 暂停施工后的复工

暂停施工后，发包人和承包人应采取有效措施积极消除暂停施工的影响。在工程复工前，监理人会同发包人和承包人确定因暂停施工造成的损失，并确定工程复工条件。当工程具备复工条件时，监理人应经发包人批准后向承包人发出复工通知，承包人应按照复工通知要求复工。

承包人无故拖延和拒绝复工的，承包人承担由此增加的费用和(或)延误的工期；因发包人原因无法按时复工的，按照第7.5.1项〔因发包人原因导致工期延误〕约定办理。

7.8.6 暂停施工持续56天以上

监理人发出暂停施工指示后56天内未向承包人发出复工通知，除该项停工属于第7.8.2项〔承包人原因引起的暂停施工〕及第17条〔不可抗力〕约定的情形外，承包人可向发包人提交书面通知，要求发包人在收到书面通知后28天内准许已暂停施工的部分或全部工程继续施工。发包人逾期不予批准的，则承包人可以通知发包人，将工程受影响的部分视为按第10.1款〔变更的范围〕第(2)项的可取消工作。

暂停施工持续84天以上不复工的，且不属于第7.8.2项〔承包人原因引起的暂停施工〕及第17条〔不可抗力〕约定的情形，并影响到整个工程以及合同目的实现的，承包人有权提出价格调整要求，或者解除合同。解除合同的，按照第16.1.3项〔因发包人违约解除合同〕执行。

7.8.7 暂停施工期间的工程照管

暂停施工期间，承包人应负责妥善照管工程并提供安全保障，由此增加的费用由责任方承担。

7.8.8　暂停施工的措施

暂停施工期间，发包人和承包人均应采取必要的措施确保工程质量及安全，防止因暂停施工扩大损失。

7.9　提前竣工

7.9.1　发包人要求承包人提前竣工的，发包人应通过监理人向承包人下达提前竣工指示，承包人应向发包人和监理人提交提前竣工建议书，提前竣工建议书应包括实施的方案、缩短的时间、增加的合同价格等内容。发包人接受该提前竣工建议书的，监理人应与发包人和承包人协商采取加快工程进度的措施，并修订施工进度计划，由此增加的费用由发包人承担。承包人认为提前竣工指示无法执行的，应向监理人和发包人提出书面异议，发包人和监理人应在收到异议后7天内予以答复。任何情况下，发包人不得压缩合理工期。

7.9.2　发包人要求承包人提前竣工，或承包人提出提前竣工的建议能够给发包人带来效益的，合同当事人可以在专用合同条款中约定提前竣工的奖励。

8. 材料与设备

8.1　发包人供应材料与工程设备

发包人自行供应材料、工程设备的，应在签订合同时在专用合同条款的附件《发包人供应材料设备一览表》中明确材料、工程设备的品种、规格、型号、数量、单价、质量等级和送达地点。

承包人应提前30天通过监理人以书面形式通知发包人供应材料与工程设备进场。承包人按照第7.2.2项〔施工进度计划的修订〕约定修订施工进度计划时，需同时提交经修订后的发包人供应材料与工程设备的进场计划。

8.2　承包人采购材料与工程设备

承包人负责采购材料、工程设备的，应按照设计和有关标准要求采购，并提供产品合格证明及出厂证明，对材料、工程设备质量负责。合同约定由承包人采购的材料、工程设备，发包人不得指定生产厂家或供应商，发包人违反本款约定指定生产厂家或供应商的，承包人有权拒绝，并由发包人承担相应责任。

8.3　材料与工程设备的接收与拒收

8.3.1　发包人应按《发包人供应材料设备一览表》约定的内容提供材料和工程设备，并向承包人提供产品合格证明及出厂证明，对其质量负责。发包人应提前24小时以书面形式通知承包人、监理人材料和工程设备到货时间，承包人负责材料和工程设备的清点、检验和接收。

发包人提供的材料和工程设备的规格、数量或质量不符合合同约定的,或因发包人原因导致交货日期延误或交货地点变更等情况的,按照第16.1款〔发包人违约〕约定办理。

8.3.2 承包人采购的材料和工程设备,应保证产品质量合格,承包人应在材料和工程设备到货前24小时通知监理人检验。承包人进行永久设备、材料的制造和生产的,应符合相关质量标准,并向监理人提交材料的样本以及有关资料,并应在使用该材料或工程设备之前获得监理人同意。

承包人采购的材料和工程设备不符合设计或有关标准要求时,承包人应在监理人要求的合理期限内将不符合设计或有关标准要求的材料、工程设备运出施工现场,并重新采购符合要求的材料、工程设备,由此增加的费用和(或)延误的工期,由承包人承担。

8.4 材料与工程设备的保管与使用

8.4.1 发包人供应材料与工程设备的保管与使用

发包人供应的材料和工程设备,承包人清点后由承包人妥善保管,保管费用由发包人承担,但已标价工程量清单或预算书已经列支或专用合同条款另有约定除外。因承包人原因发生丢失毁损的,由承包人负责赔偿;监理人未通知承包人清点的,承包人不负责材料和工程设备的保管,由此导致丢失毁损的由发包人负责。

发包人供应的材料和工程设备使用前,由承包人负责检验,检验费用由发包人承担,不合格的不得使用。

8.4.2 承包人采购材料与工程设备的保管与使用

承包人采购的材料和工程设备由承包人妥善保管,保管费用由承包人承担。法律规定材料和工程设备使用前必须进行检验或试验的,承包人应按监理人的要求进行检验或试验,检验或试验费用由承包人承担,不合格的不得使用。

发包人或监理人发现承包人使用不符合设计或有关标准要求的材料和工程设备时,有权要求承包人进行修复、拆除或重新采购,由此增加的费用和(或)延误的工期,由承包人承担。

8.5 禁止使用不合格的材料和工程设备

8.5.1 监理人有权拒绝承包人提供的不合格材料或工程设备,并要求承包人立即进行更换。监理人应在更换后再次进行检查和检验,由此增加的费用和(或)延误的工期由承包人承担。

8.5.2 监理人发现承包人使用了不合格的材料和工程设备,承包人应按照监理人的指示立即改正，并禁止在工程中继续使用不合格的材料和工程设备。

8.5.3 发包人提供的材料或工程设备不符合合同要求的，承包人有权拒绝，并可要求发包人更换，由此增加的费用和(或)延误的工期由发包人承担，并支付承包人合理的利润。

8.6 样品

8.6.1 样品的报送与封存

需要承包人报送样品的材料或工程设备，样品的种类、名称、规格、数量等要求均应在专用合同条款中约定。样品的报送程序如下：

(1)承包人应在计划采购前28天向监理人报送样品。承包人报送的样品均应来自供应材料的实际生产地，且提供的样品的规格、数量足以表明材料或工程设备的质量、型号、颜色、表面处理、质地、误差和其他要求的特征。

(2)承包人每次报送样品时应随附申报单，申报单应载明报送样品的相关数据和资料，并标明每件样品对应的图纸号，预留监理人批复意见栏。监理人应在收到承包人报送的样品后7天向承包人回复经发包人签认的样品审批意见。

(3)经发包人和监理人审批确认的样品应按约定的方法封样，封存的样品作为检验工程相关部分的标准之一。承包人在施工过程中不得使用与样品不符的材料或工程设备。

(4)发包人和监理人对样品的审批确认仅为确认相关材料或工程设备的特征或用途，不得被理解为对合同的修改或改变，也并不减轻或免除承包人任何的责任和义务。如果封存的样品修改或改变了合同约定，合同当事人应当以书面协议予以确认。

8.6.2 样品的保管

经批准的样品应由监理人负责封存于现场，承包人应在现场为保存样品提供适当和固定的场所并保持适当和良好的存储环境条件。

8.7 材料与工程设备的替代

8.7.1 出现下列情况需要使用替代材料和工程设备的，承包人应按照第8.7.2项约定的程序执行：

(1)基准日期后生效的法律规定禁止使用的；

(2)发包人要求使用替代品的；

(3)因其他原因必须使用替代品的。

8.7.2 承包人应在使用替代材料和工程设备28天前书面通知监理人，并附下列文件：

(1)被替代的材料和工程设备的名称、数量、规格、型号、品牌、性能、价格及其他相关资料;

(2)替代品的名称、数量、规格、型号、品牌、性能、价格及其他相关资料;

(3)替代品与被替代产品之间的差异以及使用替代品可能对工程产生的影响;

(4)替代品与被替代产品的价格差异;

(5)使用替代品的理由和原因说明;

(6)监理人要求的其他文件。

监理人应在收到通知后14天内向承包人发出经发包人签认的书面指示;监理人逾期发出书面指示的,视为发包人和监理人同意使用替代品。

8.7.3 发包人认可使用替代材料和工程设备的,替代材料和工程设备的价格,按照已标价工程量清单或预算书相同项目的价格认定;无相同项目的,参考相似项目价格认定;既无相同项目也无相似项目的,按照合理的成本与利润构成的原则,由合同当事人按照第4.4款〔商定或确定〕确定价格。

8.8 施工设备和临时设施

8.8.1 承包人提供的施工设备和临时设施

承包人应按合同进度计划的要求,及时配置施工设备和修建临时设施。进入施工场地的承包人设备需经监理人核查后才能投入使用。承包人更换合同约定的承包人设备的,应报监理人批准。

除专用合同条款另有约定外,承包人应自行承担修建临时设施的费用,需要临时占地的,应由发包人办理申请手续并承担相应费用。

8.8.2 发包人提供的施工设备和临时设施

发包人提供的施工设备或临时设施在专用合同条款中约定。

8.8.3 要求承包人增加或更换施工设备

承包人使用的施工设备不能满足合同进度计划和(或)质量要求时,监理人有权要求承包人增加或更换施工设备,承包人应及时增加或更换,由此增加的费用和(或)延误的工期由承包人承担。

8.9 材料与设备专用要求

承包人运入施工现场的材料、工程设备、施工设备以及在施工场地建设的临时设施,包括备品备件、安装工具与资料,必须专用于工程。未经发包人批准,承包人不得运出施工现场或挪作他用;经发包人批准,承包人可以根据施工进度计划撤走闲置的施工设备和其他物品。

9. 试验与检验

9.1　试验设备与试验人员

9.1.1　承包人根据合同约定或监理人指示进行的现场材料试验，应由承包人提供试验场所、试验人员、试验设备以及其他必要的试验条件。监理人在必要时可以使用承包人提供的试验场所、试验设备以及其他试验条件，进行以工程质量检查为目的的材料复核试验，承包人应予以协助。

9.1.2　承包人应按专用合同条款的约定提供试验设备、取样装置、试验场所和试验条件，并向监理人提交相应进场计划表。

承包人配置的试验设备要符合相应试验规程的要求并经过具有资质的检测单位检测，且在正式使用该试验设备前，需要经过监理人与承包人共同校定。

9.1.3　承包人应向监理人提交试验人员的名单及其岗位、资格等证明资料，试验人员必须能够熟练进行相应的检测试验，承包人对试验人员的试验程序和试验结果的正确性负责。

9.2　取样

试验属于自检性质的，承包人可以单独取样。试验属于监理人抽检性质的，可由监理人取样，也可由承包人的试验人员在监理人的监督下取样。

9.3　材料、工程设备和工程的试验和检验

9.3.1　承包人应按合同约定进行材料、工程设备和工程的试验和检验，并为监理人对上述材料、工程设备和工程的质量检查提供必要的试验资料和原始记录。按合同约定应由监理人与承包人共同进行试验和检验的，由承包人负责提供必要的试验资料和原始记录。

9.3.2　试验属于自检性质的，承包人可以单独进行试验。试验属于监理人抽检性质的，监理人可以单独进行试验，也可由承包人与监理人共同进行。承包人对由监理人单独进行的试验结果有异议的，可以申请重新共同进行试验。约定共同进行试验的，监理人未按照约定参加试验的，承包人可自行试验，并将试验结果报送监理人，监理人应承认该试验结果。

9.3.3　监理人对承包人的试验和检验结果有异议的，或为查清承包人试验和检验成果的可靠性要求承包人重新试验和检验的，可由监理人与承包人共同进行。重新试验和检验的结果证明该项材料、工程设备或工程的质量不符合合同要求的，由此增加的费用和

(或)延误的工期由承包人承担;重新试验和检验结果证明该项材料、工程设备和工程符合合同要求的,由此增加的费用和(或)延误的工期由发包人承担。

9.4 现场工艺试验

承包人应按合同约定或监理人指示进行现场工艺试验。对大型的现场工艺试验,监理人认为必要时,承包人应根据监理人提出的工艺试验要求,编制工艺试验措施计划,报送监理人审查。

10. 变更

10.1 变更的范围

除专用合同条款另有约定外,合同履行过程中发生以下情形的,应按照本条约定进行变更:

(1)增加或减少合同中任何工作,或追加额外的工作;

(2)取消合同中任何工作,但转由他人实施的工作除外;

(3)改变合同中任何工作的质量标准或其他特性;

(4)改变工程的基线、标高、位置和尺寸;

(5)改变工程的时间安排或实施顺序。

10.2 变更权

发包人和监理人均可以提出变更。变更指示均通过监理人发出,监理人发出变更指示前应征得发包人同意。承包人收到经发包人签认的变更指示后,方可实施变更。未经许可,承包人不得擅自对工程的任何部分进行变更。

涉及设计变更的,应由设计人提供变更后的图纸和说明。如变更超过原设计标准或批准的建设规模时,发包人应及时办理规划、设计变更等审批手续。

10.3 变更程序

10.3.1 发包人提出变更

发包人提出变更的,应通过监理人向承包人发出变更指示,变更指示应说明计划变更的工程范围和变更的内容。

10.3.2 监理人提出变更建议

监理人提出变更建议的,需要向发包人以书面形式提出变更计划,说明计划变更工程范围和变更的内容、理由,以及实施该变更对合同价格和工期的影响。发包人同意变更的,由监理人向承包人发出变更指示。发包人不同意变更的,监理人无权擅自发出变更指示。

10.3.3 变更执行

承包人收到监理人下达的变更指示后,认为不能执行,应立即提出不能执行该变更指示的理由。承包人认为可以执行变更的,应当书面说明实施该变更指示对合同价格和工期的影响,且合同当事人应当按照第10.4款〔变更估价〕约定确定变更估价。

10.4 变更估价

10.4.1 变更估价原则

除专用合同条款另有约定外,变更估价按照本款约定处理:

(1)已标价工程量清单或预算书有相同项目的,按照相同项目单价认定;

(2)已标价工程量清单或预算书中无相同项目,但有类似项目的,参照类似项目的单价认定;

(3)变更导致实际完成的变更工程量与已标价工程量清单或预算书中列明的该项目工程量的变化幅度超过15%的,或已标价工程量清单或预算书中无相同项目及类似项目单价的,按照合理的成本与利润构成的原则,由合同当事人按照第4.4款〔商定或确定〕确定变更工作的单价。

10.4.2 变更估价程序

承包人应在收到变更指示后14天内,向监理人提交变更估价申请。监理人应在收到承包人提交的变更估价申请后7天内审查完毕并报送发包人,监理人对变更估价申请有异议,通知承包人修改后重新提交。发包人应在承包人提交变更估价申请后14天内审批完毕。发包人逾期未完成审批或未提出异议的,视为认可承包人提交的变更估价申请。

因变更引起的价格调整应计入最近一期的进度款中支付。

10.5 承包人的合理化建议

承包人提出合理化建议的,应向监理人提交合理化建议说明,说明建议的内容和理由,以及实施该建议对合同价格和工期的影响。

除专用合同条款另有约定外,监理人应在收到承包人提交的合理化建议后7天内审查完毕并报送发包人,发现其中存在技术上的缺陷,应通知承包人修改。发包人应在收到监理人报送的合理化建议后7天内审批完毕。合理化建议经发包人批准的,监理人应及时发出变更指示,由此引起的合同价格调整按照第10.4款〔变更估价〕约定执行。发包人不同意变更的,监理人应书面通知承包人。

合理化建议降低了合同价格或者提高了工程经济效益的,发包人可对承包人给予奖励,奖励的方法和金额在专用合同条款中约定。

10.6　变更引起的工期调整

因变更引起工期变化的,合同当事人均可要求调整合同工期,由合同当事人按照第4.4款〔商定或确定〕并参考工程所在地的工期定额标准确定增减工期天数。

10.7　暂估价

暂估价专业分包工程、服务、材料和工程设备的明细由合同当事人在专用合同条款中约定。

10.7.1　依法必须招标的暂估价项目

对于依法必须招标的暂估价项目,采取以下第1种方式确定。合同当事人也可以在专用合同条款中选择其他招标方式。

第1种方式:对于依法必须招标的暂估价项目,由承包人招标,对该暂估价项目的确认和批准按照以下约定执行:

(1)承包人应当根据施工进度计划,在招标工作启动前14天将招标方案通过监理人报送发包人审查,发包人应当在收到承包人报送的招标方案后7天内批准或提出修改意见。承包人应当按照经过发包人批准的招标方案开展招标工作;

(2)承包人应当根据施工进度计划,提前14天将招标文件通过监理人报送发包人审批,发包人应当在收到承包人报送的相关文件后7天内完成审批或提出修改意见;发包人有权确定招标控制价并按照法律规定参加评标;

(3)承包人与供应商、分包人在签订暂估价合同前,应当提前7天将确定的中标候选供应商或中标候选分包人的资料报送发包人,发包人应在收到资料后3天内与承包人共同确定中标人;承包人应当在签订合同后7天内,将暂估价合同副本报送发包人留存。

第2种方式:对于依法必须招标的暂估价项目,由发包人和承包人共同招标确定暂估价供应商或分包人的,承包人应按照施工进度计划,在招标工作启动前14天通知发包人,并提交暂估价招标方案和工作分工。发包人应在收到后7天内确认。确定中标人后,由发包人、承包人与中标人共同签订暂估价合同。

10.7.2　不属于依法必须招标的暂估价项目

除专用合同条款另有约定外,对于不属于依法必须招标的暂估价项目,采取以下第1种方式确定:

第1种方式:对于不属于依法必须招标的暂估价项目,按本项约定确认和批准:

(1)承包人应根据施工进度计划,在签订暂估价项目的采购合同、分包合同前28天向监理人提出书面申请。监理人应当在收到申请后3天内报送发包人,发包人应当在收到

申请后14天内给予批准或提出修改意见,发包人逾期未予批准或提出修改意见的,视为该书面申请已获得同意;

(2)发包人认为承包人确定的供应商、分包人无法满足工程质量或合同要求的,发包人可以要求承包人重新确定暂估价项目的供应商、分包人;

(3)承包人应当在签订暂估价合同后7天内,将暂估价合同副本报送发包人留存。

第2种方式:承包人按照第10.7.1项〔依法必须招标的暂估价项目〕约定的第1种方式确定暂估价项目。

第3种方式:承包人直接实施的暂估价项目

承包人具备实施暂估价项目的资格和条件的,经发包人和承包人协商一致后,可由承包人自行实施暂估价项目,合同当事人可以在专用合同条款约定具体事项。

10.7.3 因发包人原因导致暂估价合同订立和履行迟延的,由此增加的费用和(或)延误的工期由发包人承担,并支付承包人合理的利润。因承包人原因导致暂估价合同订立和履行迟延的,由此增加的费用和(或)延误的工期由承包人承担。

10.8 暂列金额

暂列金额应按照发包人的要求使用,发包人的要求应通过监理人发出。合同当事人可以在专用合同条款中协商确定有关事项。

10.9 计日工

需要采用计日工方式的,经发包人同意后,由监理人通知承包人以计日工计价方式实施相应的工作,其价款按列入已标价工程量清单或预算书中的计日工计价项目及其单价进行计算;已标价工程量清单或预算书中无相应的计日工单价的,按照合理的成本与利润构成的原则,由合同当事人按照第4.4款〔商定或确定〕确定变更工作的单价。

采用计日工计价的任何一项工作,承包人应在该项工作实施过程中,每天提交以下报表和有关凭证报送监理人审查:

(1)工作名称、内容和数量;

(2)投入该工作的所有人员的姓名、专业、工种、级别和耗用工时;

(3)投入该工作的材料类别和数量;

(4)投入该工作的施工设备型号、台数和耗用台时;

(5)其他有关资料和凭证。

计日工由承包人汇总后,列入最近一期进度付款申请单,由监理人审查并经发包人批准后列入进度付款。

11.价格调整

11.1　市场价格波动引起的调整

除专用合同条款另有约定外,市场价格波动超过合同当事人约定的范围,合同价格应当调整。合同当事人可以在专用合同条款中约定选择以下一种方式对合同价格进行调整:

第1种方式:采用价格指数进行价格调整。

(1)价格调整公式

因人工、材料和设备等价格波动影响合同价格时,根据专用合同条款中约定的数据,按以下公式计算差额并调整合同价格:

$$\Delta P = P0\left[A + \left(B1 \times \frac{Ft1}{F01} + B2 \times \frac{Ft2}{F02} + B3 \times \frac{Ft3}{F03} + \cdots + Bn \times \frac{Ftn}{F0n}\right) - 1\right]$$

公式中:ΔP——需调整的价格差额;

P0 ——约定的付款证书中承包人应得到的已完成工程量的金额。此项金额应不包括价格调整、不计质量保证金的扣留和支付、预付款的支付和扣回。约定的变更及其他金额已按现行价格计价的,也不计在内;

A——定值权重(即不调部分的权重);

B1;B2;B3...... Bn ——各可调因子的变值权重(即可调部分的权重),为各可调因子在签约合同价中所占的比例;

Ft1;Ft2;Ft3...... Ftn ——各可调因子的现行价格指数,指约定的付款证书相关周期最后一天的前42天的各可调因子的价格指数;

F01;F02;F03...... F0n ——各可调因子的基本价格指数,指基准日期的各可调因子的价格指数。

以上价格调整公式中的各可调因子、定值和变值权重,以及基本价格指数及其来源在投标函附录价格指数和权重表中约定,非招标订立的合同,由合同当事人在专用合同条款中约定。价格指数应首先采用工程造价管理机构发布的价格指数,无前述价格指数时,可采用工程造价管理机构发布的价格代替。

(2)暂时确定调整差额

在计算调整差额时无现行价格指数的,合同当事人同意暂用前次价格指数计算。实际价格指数有调整的,合同当事人进行相应调整。

(3)权重的调整

因变更导致合同约定的权重不合理时,按照第4.4款〔商定或确定〕执行。

(4)因承包人原因工期延误后的价格调整

因承包人原因未按期竣工的,对合同约定的竣工日期后继续施工的工程,在使用价格调整公式时,应采用计划竣工日期与实际竣工日期的两个价格指数中较低的一个作为现行价格指数。

第2种方式:采用造价信息进行价格调整。

合同履行期间,因人工、材料、工程设备和机械台班价格波动影响合同价格时,人工、机械使用费按照国家或省、自治区、直辖市建设行政管理部门、行业建设管理部门或其授权的工程造价管理机构发布的人工、机械使用费系数进行调整;需要进行价格调整的材料,其单价和采购数量应由发包人审批,发包人确认需调整的材料单价及数量,作为调整合同价格的依据。

(1)人工单价发生变化且符合省级或行业建设主管部门发布的人工费调整规定,合同当事人应按省级或行业建设主管部门或其授权的工程造价管理机构发布的人工费等文件调整合同价格,但承包人对人工费或人工单价的报价高于发布价格的除外。

(2)材料、工程设备价格变化的价款调整按照发包人提供的基准价格,按以下风险范围规定执行:

①承包人在已标价工程量清单或预算书中载明材料单价低于基准价格的:除专用合同条款另有约定外,合同履行期间材料单价涨幅以基准价格为基础超过5%时,或材料单价跌幅以在已标价工程量清单或预算书中载明材料单价为基础超过5%时,其超过部分据实调整。

②承包人在已标价工程量清单或预算书中载明材料单价高于基准价格的:除专用合同条款另有约定外,合同履行期间材料单价跌幅以基准价格为基础超过5%时,材料单价涨幅以在已标价工程量清单或预算书中载明材料单价为基础超过5%时,其超过部分据实调整。

③承包人在已标价工程量清单或预算书中载明材料单价等于基准价格的:除专用合同条款另有约定外,合同履行期间材料单价涨跌幅以基准价格为基础超过±5%时,其超过部分据实调整。

④承包人应在采购材料前将采购数量和新的材料单价报发包人核对,发包人确认用于工程时,发包人应确认采购材料的数量和单价。发包人在收到承包人报送的确认资料后5天内不予答复的视为认可,作为调整合同价格的依据。未经发包人事先核对,承包人自行采购材料的,发包人有权不予调整合同价格。发包人同意的,可以调整合同价格。

前述基准价格是指由发包人在招标文件或专用合同条款中给定的材料、工程设备的价格,该价格原则上应当按照省级或行业建设主管部门或其授权的工程造价管理机构发布的信息价编制。

(3)施工机械台班单价或施工机械使用费发生变化超过省级或行业建设主管部门或其授权的工程造价管理机构规定的范围时,按规定调整合同价格。

第3种方式:专用合同条款约定的其他方式。

11.2 法律变化引起的调整

基准日期后,法律变化导致承包人在合同履行过程中所需要的费用发生除第11.1款〔市场价格波动引起的调整〕约定以外的增加时,由发包人承担由此增加的费用;减少时,应从合同价格中予以扣减。基准日期后,因法律变化造成工期延误时,工期应予以顺延。

因法律变化引起的合同价格和工期调整,合同当事人无法达成一致的,由总监理工程师按第4.4款〔商定或确定〕的约定处理。

因承包人原因造成工期延误,在工期延误期间出现法律变化的,由此增加的费用和(或)延误的工期由承包人承担。

12. 合同价格、计量与支付

12.1 合同价格形式

发包人和承包人应在合同协议书中选择下列一种合同价格形式:

(1)单价合同

单价合同是指合同当事人约定以工程量清单及其综合单价进行合同价格计算、调整和确认的建设工程施工合同,在约定的范围内合同单价不作调整。合同当事人应在专用合同条款中约定综合单价包含的风险范围和风险费用的计算方法,并约定风险范围以外的合同价格的调整方法,其中因市场价格波动引起的调整按第11.1款〔市场价格波动引起的调整〕约定执行。

(2)总价合同

总价合同是指合同当事人约定以施工图、已标价工程量清单或预算书及有关条件进行合同价格计算、调整和确认的建设工程施工合同,在约定的范围内合同总价不作调整。合同当事人应在专用合同条款中约定总价包含的风险范围和风险费用的计算方法,并约定风险范围以外的合同价格的调整方法,其中因市场价格波动引起的调整按第11.1款〔市场价格波动引起的调整〕、因法律变化引起的调整按第11.2款〔法律变化引起的调整〕约定执行。

(3)其他价格形式

合同当事人可在专用合同条款中约定其他合同价格形式。

12.2 预付款

12.2.1 预付款的支付

预付款的支付按照专用合同条款约定执行,但至迟应在开工通知载明的开工日期7天前支付。预付款应当用于材料、工程设备、施工设备的采购及修建临时工程、组织施工队伍进场等。

除专用合同条款另有约定外,预付款在进度付款中同比例扣回。在颁发工程接收证书前,提前解除合同的,尚未扣完的预付款应与合同价款一并结算。

发包人逾期支付预付款超过7天的,承包人有权向发包人发出要求预付的催告通知,发包人收到通知后7天内仍未支付的,承包人有权暂停施工,并按第16.1.1项〔发包人违约的情形〕执行。

12.2.2 预付款担保

发包人要求承包人提供预付款担保的,承包人应在发包人支付预付款7天前提供预付款担保,专用合同条款另有约定除外。预付款担保可采用银行保函、担保公司担保等形式,具体由合同当事人在专用合同条款中约定。在预付款完全扣回之前,承包人应保证预付款担保持续有效。

发包人在工程款中逐期扣回预付款后,预付款担保额度应相应减少,但剩余的预付款担保金额不得低于未被扣回的预付款金额。

12.3 计量

12.3.1 计量原则

工程量计量按照合同约定的工程量计算规则、图纸及变更指示等进行计量。工程量计算规则应以相关的国家标准、行业标准等为依据,由合同当事人在专用合同条款中约定。

12.3.2 计量周期

除专用合同条款另有约定外,工程量的计量按月进行。

12.3.3 单价合同的计量

除专用合同条款另有约定外,单价合同的计量按照本项约定执行:

(1)承包人应于每月25日向监理人报送上月20日至当月19日已完成的工程量报告,并附具进度付款申请单、已完成工程量报表和有关资料。

(2)监理人应在收到承包人提交的工程量报告后7天内完成对承包人提交的工程量报表的审核并报送发包人,以确定当月实际完成的工程量。监理人对工程量有异议的,有权要求承包人进行共同复核或抽样复测。承包人应协助监理人进行复核或抽样复测,并按监理人要求提供补充计量资料。承包人未按监理人要求参加复核或抽样复测的,监理人复核或修正的工程量视为承包人实际完成的工程量。

(3)监理人未在收到承包人提交的工程量报表后的7天内完成审核的,承包人报送的工程量报告中的工程量视为承包人实际完成的工程量,据此计算工程价款。

12.3.4 总价合同的计量

除专用合同条款另有约定外,按月计量支付的总价合同,按照本项约定执行:

(1)承包人应于每月25日向监理人报送上月20日至当月19日已完成的工程量报告,并附具进度付款申请单、已完成工程量报表和有关资料。

(2)监理人应在收到承包人提交的工程量报告后7天内完成对承包人提交的工程量报表的审核并报送发包人,以确定当月实际完成的工程量。监理人对工程量有异议的,有权要求承包人进行共同复核或抽样复测。承包人应协助监理人进行复核或抽样复测并按监理人要求提供补充计量资料。承包人未按监理人要求参加复核或抽样复测的,监理人审核或修正的工程量视为承包人实际完成的工程量。

(3)监理人未在收到承包人提交的工程量报表后的7天内完成复核的,承包人提交的工程量报告中的工程量视为承包人实际完成的工程量。

12.3.5 总价合同采用支付分解表计量支付的,可以按照第12.3.4项〔总价合同的计量〕约定进行计量,但合同价款按照支付分解表进行支付。

12.3.6 其他价格形式合同的计量

合同当事人可在专用合同条款中约定其他价格形式合同的计量方式和程序。

12.4 工程进度款支付

12.4.1 付款周期

除专用合同条款另有约定外,付款周期应按照第12.3.2项〔计量周期〕的约定与计量周期保持一致。

12.4.2 进度付款申请单的编制

除专用合同条款另有约定外,进度付款申请单应包括下列内容:

(1)截至本次付款周期已完成工作对应的金额;

(2)根据第10条〔变更〕应增加和扣减的变更金额;

(3)根据第 12.2 款〔预付款〕约定应支付的预付款和扣减的返还预付款;

(4)根据第 15.3 款〔质量保证金〕约定应扣减的质量保证金;

(5)根据第 19 条〔索赔〕应增加和扣减的索赔金额;

(6)对已签发的进度款支付证书中出现错误的修正,应在本次进度付款中支付或扣除的金额;

(7)根据合同约定应增加和扣减的其他金额。

12.4.3 进度付款申请单的提交

(1)单价合同进度付款申请单的提交

单价合同的进度付款申请单,按照第 12.3.3 项〔单价合同的计量〕约定的时间按月向监理人提交,并附上已完成工程量报表和有关资料。单价合同中的总价项目按月进行支付分解,并汇总列入当期进度付款申请单。

(2)总价合同进度付款申请单的提交

总价合同按月计量支付的,承包人按照第 12.3.4 项〔总价合同的计量〕约定的时间按月向监理人提交进度付款申请单,并附上已完成工程量报表和有关资料。

总价合同按支付分解表支付的,承包人应按照第 12.4.6 项〔支付分解表〕及第 12.4.2 项〔进度付款申请单的编制〕的约定向监理人提交进度付款申请单。

(3)其他价格形式合同的进度付款申请单的提交

合同当事人可在专用合同条款中约定其他价格形式合同的进度付款申请单的编制和提交程序。

12.4.4 进度款审核和支付

(1)除专用合同条款另有约定外,监理人应在收到承包人进度付款申请单以及相关资料后 7 天内完成审查并报送发包人,发包人应在收到后 7 天内完成审批并签发进度款支付证书。发包人逾期未完成审批且未提出异议的,视为已签发进度款支付证书。

发包人和监理人对承包人的进度付款申请单有异议的,有权要求承包人修正和提供补充资料,承包人应提交修正后的进度付款申请单。监理人应在收到承包人修正后的进度付款申请单及相关资料后 7 天内完成审查并报送发包人,发包人应在收到监理人报送的进度付款申请单及相关资料后 7 天内,向承包人签发无异议部分的临时进度款支付证书。存在争议的部分,按照第 20 条〔争议解决〕的约定处理。

(2)除专用合同条款另有约定外,发包人应在进度款支付证书或临时进度款支付证书签发后 14 天内完成支付,发包人逾期支付进度款的,应按照中国人民银行发布的同期同类贷款基准利率支付违约金。

(3)发包人签发进度款支付证书或临时进度款支付证书,不表明发包人已同意、批准或接受了承包人完成的相应部分的工作。

12.4.5　进度付款的修正

在对已签发的进度款支付证书进行阶段汇总和复核中发现错误、遗漏或重复的,发包人和承包人均有权提出修正申请。经发包人和承包人同意的修正,应在下期进度付款中支付或扣除。

12.4.6　支付分解表

1. 支付分解表的编制要求

(1)支付分解表中所列的每期付款金额,应为第12.4.2项〔进度付款申请单的编制〕第(1)目的估算金额;

(2)实际进度与施工进度计划不一致的,合同当事人可按照第4.4款〔商定或确定〕修改支付分解表;

(3)不采用支付分解表的,承包人应向发包人和监理人提交按季度编制的支付估算分解表,用于支付参考。

2. 总价合同支付分解表的编制与审批

(1)除专用合同条款另有约定外,承包人应根据第7.2款〔施工进度计划〕约定的施工进度计划、签约合同价和工程量等因素对总价合同按月进行分解,编制支付分解表。承包人应当在收到监理人和发包人批准的施工进度计划后7天内,将支付分解表及编制支付分解表的支持性资料报送监理人。

(2)监理人应在收到支付分解表后7天内完成审核并报送发包人。发包人应在收到经监理人审核的支付分解表后7天内完成审批,经发包人批准的支付分解表为有约束力的支付分解表。

(3)发包人逾期未完成支付分解表审批的,也未及时要求承包人进行修正和提供补充资料的,则承包人提交的支付分解表视为已经获得发包人批准。

3. 单价合同的总价项目支付分解表的编制与审批

除专用合同条款另有约定外,单价合同的总价项目,由承包人根据施工进度计划和总价项目的总价构成、费用性质、计划发生时间和相应工程量等因素按月进行分解,形成支付分解表,其编制与审批参照总价合同支付分解表的编制与审批执行。

12.5　支付账户

发包人应将合同价款支付至合同协议书中约定的承包人账户。

13. 验收和工程试车

13.1　分部分项工程验收

13.1.1　分部分项工程质量应符合国家有关工程施工验收规范、标准及合同约定，承包人应按照施工组织设计的要求完成分部分项工程施工。

13.1.2　除专用合同条款另有约定外，分部分项工程经承包人自检合格并具备验收条件的，承包人应提前48小时通知监理人进行验收。监理人不能按时进行验收的，应在验收前24小时向承包人提交书面延期要求，但延期不能超过48小时。监理人未按时进行验收，也未提出延期要求的，承包人有权自行验收，监理人应认可验收结果。分部分项工程未经验收的，不得进入下一道工序施工。

分部分项工程的验收资料应当作为竣工资料的组成部分。

13.2　竣工验收

13.2.1　竣工验收条件

工程具备以下条件的，承包人可以申请竣工验收：

(1)除发包人同意的甩项工作和缺陷修补工作外，合同范围内的全部工程以及有关工作，包括合同要求的试验、试运行以及检验均已完成，并符合合同要求；

(2)已按合同约定编制了甩项工作和缺陷修补工作清单以及相应的施工计划；

(3)已按合同约定的内容和份数备齐竣工资料。

13.2.2　竣工验收程序

除专用合同条款另有约定外，承包人申请竣工验收的，应当按照以下程序进行：

(1)承包人向监理人报送竣工验收申请报告，监理人应在收到竣工验收申请报告后14天内完成审查并报送发包人。监理人审查后认为尚不具备验收条件的，应通知承包人在竣工验收前承包人还需完成的工作内容，承包人应在完成监理人通知的全部工作内容后，再次提交竣工验收申请报告。

(2)监理人审查后认为已具备竣工验收条件的，应将竣工验收申请报告提交发包人，发包人应在收到经监理人审核的竣工验收申请报告后28天内审批完毕并组织监理人、承包人、设计人等相关单位完成竣工验收。

(3)竣工验收合格的，发包人应在验收合格后14天内向承包人签发工程接收证书。发包人无正当理由逾期不颁发工程接收证书的，自验收合格后第15天起视为已颁发工程接收证书。

(4)竣工验收不合格的,监理人应按照验收意见发出指示,要求承包人对不合格工程返工、修复或采取其他补救措施,由此增加的费用和(或)延误的工期由承包人承担。承包人在完成不合格工程的返工、修复或采取其他补救措施后,应重新提交竣工验收申请报告,并按本项约定的程序重新进行验收。

(5)工程未经验收或验收不合格,发包人擅自使用的,应在转移占有工程后7天内向承包人颁发工程接收证书;发包人无正当理由逾期不颁发工程接收证书的,自转移占有后第15天起视为已颁发工程接收证书。

除专用合同条款另有约定外,发包人不按照本项约定组织竣工验收、颁发工程接收证书的,每逾期一天,应以签约合同价为基数,按照中国人民银行发布的同期同类贷款基准利率支付违约金。

13.2.3 竣工日期

工程经竣工验收合格的,以承包人提交竣工验收申请报告之日为实际竣工日期,并在工程接收证书中载明;因发包人原因,未在监理人收到承包人提交的竣工验收申请报告42天内完成竣工验收,或完成竣工验收不予签发工程接收证书的,以提交竣工验收申请报告的日期为实际竣工日期;工程未经竣工验收,发包人擅自使用的,以转移占有工程之日为实际竣工日期。

13.2.4 拒绝接收全部或部分工程

对于竣工验收不合格的工程,承包人完成整改后,应当重新进行竣工验收,经重新组织验收仍不合格的且无法采取措施补救的,则发包人可以拒绝接收不合格工程,因不合格工程导致其他工程不能正常使用的,承包人应采取措施确保相关工程的正常使用,由此增加的费用和(或)延误的工期由承包人承担。

13.2.5 移交、接收全部与部分工程

除专用合同条款另有约定外,合同当事人应当在颁发工程接收证书后7天内完成工程的移交。

发包人无正当理由不接收工程的,发包人自应当接收工程之日起,承担工程照管、成品保护、保管等与工程有关的各项费用,合同当事人可以在专用合同条款中另行约定发包人逾期接收工程的违约责任。

承包人无正当理由不移交工程的,承包人应承担工程照管、成品保护、保管等与工程有关的各项费用,合同当事人可以在专用合同条款中另行约定承包人无正当理由不移交工程的违约责任。

13.3　工程试车

13.3.1　试车程序

工程需要试车的,除专用合同条款另有约定外,试车内容应与承包人承包范围相一致,试车费用由承包人承担。工程试车应按如下程序进行:

(1)具备单机无负荷试车条件,承包人组织试车,并在试车前48小时书面通知监理人,通知中应载明试车内容、时间、地点。承包人准备试车记录,发包人根据承包人要求为试车提供必要条件。试车合格的,监理人在试车记录上签字。监理人在试车合格后不在试车记录上签字,自试车结束满24小时后视为监理人已经认可试车记录,承包人可继续施工或办理竣工验收手续。

监理人不能按时参加试车,应在试车前24小时以书面形式向承包人提出延期要求,但延期不能超过48小时,由此导致工期延误的,工期应予以顺延。监理人未能在前述期限内提出延期要求,又不参加试车的,视为认可试车记录。

(2)具备无负荷联动试车条件,发包人组织试车,并在试车前48小时以书面形式通知承包人。通知中应载明试车内容、时间、地点和对承包人的要求,承包人按要求做好准备工作。试车合格,合同当事人在试车记录上签字。承包人无正当理由不参加试车的,视为认可试车记录。

13.3.2　试车中的责任

因设计原因导致试车达不到验收要求,发包人应要求设计人修改设计,承包人按修改后的设计重新安装。发包人承担修改设计、拆除及重新安装的全部费用,工期相应顺延。因承包人原因导致试车达不到验收要求,承包人按监理人要求重新安装和试车,并承担重新安装和试车的费用,工期不予顺延。

因工程设备制造原因导致试车达不到验收要求的,由采购该工程设备的合同当事人负责重新购置或修理,承包人负责拆除和重新安装,由此增加的修理、重新购置、拆除及重新安装的费用及延误的工期由采购该工程设备的合同当事人承担。

13.3.3　投料试车

如需进行投料试车的,发包人应在工程竣工验收后组织投料试车。发包人要求在工程竣工验收前进行或需要承包人配合时,应征得承包人同意,并在专用合同条款中约定有关事项。

投料试车合格的,费用由发包人承担;因承包人原因造成投料试车不合格的,承包人应按照发包人要求进行整改,由此产生的整改费用由承包人承担;非因承包人原因导致投料试车不合格的,如发包人要求承包人进行整改的,由此产生的费用由发包人承担。

13.4 提前交付单位工程的验收

13.4.1 发包人需要在工程竣工前使用单位工程的,或承包人提出提前交付已经竣工的单位工程且经发包人同意的,可进行单位工程验收,验收的程序按照第13.2款〔竣工验收〕的约定进行。

验收合格后,由监理人向承包人出具经发包人签认的单位工程接收证书。已签发单位工程接收证书的单位工程由发包人负责照管。单位工程的验收成果和结论作为整体工程竣工验收申请报告的附件。

13.4.2 发包人要求在工程竣工前交付单位工程,由此导致承包人费用增加和(或)工期延误的,由发包人承担由此增加的费用和(或)延误的工期,并支付承包人合理的利润。

13.5 施工期运行

13.5.1 施工期运行是指合同工程尚未全部竣工,其中某项或某几项单位工程或工程设备安装已竣工,根据专用合同条款约定,需要投入施工期运行的,经发包人按第13.4款〔提前交付单位工程的验收〕的约定验收合格,证明能确保安全后,才能在施工期投入运行。

13.5.2 在施工期运行中发现工程或工程设备损坏或存在缺陷的,由承包人按第15.2款〔缺陷责任期〕约定进行修复。

13.6 竣工退场

13.6.1 竣工退场

颁发工程接收证书后,承包人应按以下要求对施工现场进行清理:

(1)施工现场内残留的垃圾已全部清除出场;

(2)临时工程已拆除,场地已进行清理、平整或复原;

(3)按合同约定应撤离的人员、承包人施工设备和剩余的材料,包括废弃的施工设备和材料,已按计划撤离施工现场;

(4)施工现场周边及其附近道路、河道的施工堆积物,已全部清理;

(5)施工现场其他场地清理工作已全部完成。

施工现场的竣工退场费用由承包人承担。承包人应在专用合同条款约定的期限内完成竣工退场,逾期未完成的,发包人有权出售或另行处理承包人遗留的物品,由此支出的费用由承包人承担，发包人出售承包人遗留物品所得款项在扣除必要费用后应返还承包人。

13.6.2 地表还原

承包人应按发包人要求恢复临时占地及清理场地，承包人未按发包人的要求恢复临时占地，或者场地清理未达到合同约定要求的，发包人有权委托其他人恢复或清理，所发生的费用由承包人承担。

14. 竣工结算

14.1 竣工结算申请

除专用合同条款另有约定外，承包人应在工程竣工验收合格后28天内向发包人和监理人提交竣工结算申请单，并提交完整的结算资料，有关竣工结算申请单的资料清单和份数等要求由合同当事人在专用合同条款中约定。

除专用合同条款另有约定外，竣工结算申请单应包括以下内容：

(1)竣工结算合同价格；

(2)发包人已支付承包人的款项；

(3)应扣留的质量保证金；

(4)发包人应支付承包人的合同价款。

14.2 竣工结算审核

(1)除专用合同条款另有约定外，监理人应在收到竣工结算申请单后14天内完成核查并报送发包人。发包人应在收到监理人提交的经审核的竣工结算申请单后14天内完成审批，并由监理人向承包人签发经发包人签认的竣工付款证书。监理人或发包人对竣工结算申请单有异议的，有权要求承包人进行修正和提供补充资料，承包人应提交修正后的竣工结算申请单。

发包人在收到承包人提交竣工结算申请书后28天内未完成审批且未提出异议的，视为发包人认可承包人提交的竣工结算申请单，并自发包人收到承包人提交的竣工结算申请单后第29天起视为已签发竣工付款证书。

(2)除专用合同条款另有约定外，发包人应在签发竣工付款证书后的14天内，完成对承包人的竣工付款。发包人逾期支付的，按照中国人民银行发布的同期同类贷款基准利率支付违约金；逾期支付超过56天的，按照中国人民银行发布的同期同类贷款基准利率的两倍支付违约金。

(3)承包人对发包人签认的竣工付款证书有异议的，对于有异议部分应在收到发包人签认的竣工付款证书后7天内提出异议,并由合同当事人按照专用合同条款约定的方式和程序进行复核,或按照第20条〔争议解决〕约定处理。对于无异议部分,发包人应签发临时竣工付款证书,并按本款第(2)项完成付款。承包人逾期未提出异议的,视为认可发包人的审批结果。

14.3 甩项竣工协议

发包人要求甩项竣工的,合同当事人应签订甩项竣工协议。在甩项竣工协议中应明确,合同当事人按照第14.1款〔竣工结算申请〕及14.2款〔竣工结算审核〕的约定,对已完合格工程进行结算,并支付相应合同价款。

14.4 最终结清

14.4.1 最终结清申请单

(1)除专用合同条款另有约定外,承包人应在缺陷责任期终止证书颁发后7天内,按专用合同条款约定的份数向发包人提交最终结清申请单,并提供相关证明材料。

除专用合同条款另有约定外,最终结清申请单应列明质量保证金、应扣除的质量保证金、缺陷责任期内发生的增减费用。

(2)发包人对最终结清申请单内容有异议的,有权要求承包人进行修正和提供补充资料,承包人应向发包人提交修正后的最终结清申请单。

14.4.2 最终结清证书和支付

(1)除专用合同条款另有约定外,发包人应在收到承包人提交的最终结清申请单后14天内完成审批并向承包人颁发最终结清证书。发包人逾期未完成审批,又未提出修改意见的,视为发包人同意承包人提交的最终结清申请单,且自发包人收到承包人提交的最终结清申请单后15天起视为已颁发最终结清证书。

(2)除专用合同条款另有约定外,发包人应在颁发最终结清证书后7天内完成支付。发包人逾期支付的,按照中国人民银行发布的同期同类贷款基准利率支付违约金;逾期支付超过56天的,按照中国人民银行发布的同期同类贷款基准利率的两倍支付违约金。

(3)承包人对发包人颁发的最终结清证书有异议的,按第20条〔争议解决〕的约定办理。

15. 缺陷责任与保修

15.1 工程保修的原则

在工程移交发包人后,因承包人原因产生的质量缺陷,承包人应承担质量缺陷责任和保修义务。缺陷责任期届满,承包人仍应按合同约定的工程各部位保修年限承担保修义务。

15.2 缺陷责任期

15.2.1 缺陷责任期自实际竣工日期起计算,合同当事人应在专用合同条款约定缺陷责任期的具体期限,但该期限最长不超过24个月。

单位工程先于全部工程进行验收,经验收合格并交付使用的,该单位工程缺陷责任期自单位工程验收合格之日起算。因发包人原因导致工程无法按合同约定期限进行竣工验收的,缺陷责任期自承包人提交竣工验收申请报告之日起开始计算;发包人未经竣工验收擅自使用工程的,缺陷责任期自工程转移占有之日起开始计算。

15.2.2 工程竣工验收合格后,因承包人原因导致的缺陷或损坏致使工程、单位工程或某项主要设备不能按原定目的使用的,则发包人有权要求承包人延长缺陷责任期,并应在原缺陷责任期届满前发出延长通知,但缺陷责任期最长不能超过24个月。

15.2.3 任何一项缺陷或损坏修复后,经检查证明其影响了工程或工程设备的使用性能,承包人应重新进行合同约定的试验和试运行,试验和试运行的全部费用应由责任方承担。

15.2.4 除专用合同条款另有约定外,承包人应于缺陷责任期届满后7天内向发包人发出缺陷责任期届满通知,发包人应在收到缺陷责任期满通知后14天内核实承包人是否履行缺陷修复义务,承包人未能履行缺陷修复义务的,发包人有权扣除相应金额的维修费用。发包人应在收到缺陷责任期届满通知后14天内,向承包人颁发缺陷责任期终止证书。

15.3 质量保证金

经合同当事人协商一致扣留质量保证金的,应在专用合同条款中予以明确。

15.3.1 承包人提供质量保证金的方式

承包人提供质量保证金有以下三种方式:

(1)质量保证金保函;

(2)相应比例的工程款;

(3)双方约定的其他方式。

除专用合同条款另有约定外,质量保证金原则上采用上述第(1)种方式。

15.3.2 质量保证金的扣留

质量保证金的扣留有以下三种方式:

(1)在支付工程进度款时逐次扣留,在此情形下,质量保证金的计算基数不包括预付

款的支付、扣回以及价格调整的金额;

(2)工程竣工结算时一次性扣留质量保证金;

(3)双方约定的其他扣留方式。

除专用合同条款另有约定外,质量保证金的扣留原则上采用上述第(1)种方式。

发包人累计扣留的质量保证金不得超过结算合同价格的5%,如承包人在发包人签发竣工付款证书后28天内提交质量保证金保函,发包人应同时退还扣留的作为质量保证金的工程价款。

15.3.3　质量保证金的退还

发包人应按第14.4款〔最终结清〕的约定退还质量保证金。

15.4　保修

15.4.1　保修责任

工程保修期从工程竣工验收合格之日起算,具体分部分项工程的保修期由合同当事人在专用合同条款中约定,但不得低于法定最低保修年限。在工程保修期内,承包人应当根据有关法律规定以及合同约定承担保修责任。

发包人未经竣工验收擅自使用工程的,保修期自转移占有之日起算。

15.4.2　修复费用

保修期内,修复的费用按照以下约定处理:

(1)保修期内,因承包人原因造成工程的缺陷、损坏,承包人应负责修复,并承担修复的费用以及因工程的缺陷、损坏造成的人身伤害和财产损失;

(2)保修期内,因发包人使用不当造成工程的缺陷、损坏,可以委托承包人修复,但发包人应承担修复的费用,并支付承包人合理利润;

(3)因其他原因造成工程的缺陷、损坏,可以委托承包人修复,发包人应承担修复的费用,并支付承包人合理的利润,因工程的缺陷、损坏造成的人身伤害和财产损失由责任方承担。

15.4.3　修复通知

在保修期内,发包人在使用过程中,发现已接收的工程存在缺陷或损坏的,应书面通知承包人予以修复,但情况紧急必须立即修复缺陷或损坏的,发包人可以口头通知承包人并在口头通知后48小时内书面确认,承包人应在专用合同条款约定的合理期限内到达工程现场并修复缺陷或损坏。

15.4.4 未能修复

因承包人原因造成工程的缺陷或损坏,承包人拒绝维修或未能在合理期限内修复缺陷或损坏,且经发包人书面催告后仍未修复的,发包人有权自行修复或委托第三方修复,所需费用由承包人承担。但修复范围超出缺陷或损坏范围的,超出范围部分的修复费用由发包人承担。

15.4.5 承包人出入权

在保修期内,为了修复缺陷或损坏,承包人有权出入工程现场,除情况紧急必须立即修复缺陷或损坏外,承包人应提前 24 小时通知发包人进场修复的时间。承包人进入工程现场前应获得发包人同意,且不应影响发包人正常的生产经营,并应遵守发包人有关保安和保密等规定。

16. 违约

16.1 发包人违约

16.1.1 发包人违约的情形

在合同履行过程中发生的下列情形,属于发包人违约:

(1)因发包人原因未能在计划开工日期前 7 天内下达开工通知的;

(2)因发包人原因未能按合同约定支付合同价款的;

(3)发包人违反第 10.1 款〔变更的范围〕第(2)项约定,自行实施被取消的工作或转由他人实施的;

(4)发包人提供的材料、工程设备的规格、数量或质量不符合合同约定,或因发包人原因导致交货日期延误或交货地点变更等情况的;

(5)因发包人违反合同约定造成暂停施工的;

(6)发包人无正当理由没有在约定期限内发出复工指示,导致承包人无法复工的;

(7)发包人明确表示或者以其行为表明不履行合同主要义务的;

(8)发包人未能按照合同约定履行其他义务的。

发包人发生除本项第(7)目以外的违约情况时,承包人可向发包人发出通知,要求发包人采取有效措施纠正违约行为。发包人收到承包人通知后 28 天内仍不纠正违约行为的,承包人有权暂停相应部位工程施工,并通知监理人。

16.1.2 发包人违约的责任

发包人应承担因其违约给承包人增加的费用和(或)延误的工期,并支付承包人合理的利润。此外,合同当事人可在专用合同条款中另行约定发包人违约责任的承担方式和计算方法。

16.1.3 因发包人违约解除合同

除专用合同条款另有约定外,承包人按第16.1.1项〔发包人违约的情形〕约定暂停施工满28天后,发包人仍不纠正其违约行为并致使合同目的不能实现的,或出现第16.1.1项〔发包人违约的情形〕第(7)目约定的违约情况,承包人有权解除合同,发包人应承担由此增加的费用,并支付承包人合理的利润。

16.1.4 因发包人违约解除合同后的付款

承包人按照本款约定解除合同的,发包人应在解除合同后28天内支付下列款项,并解除履约担保:

(1)合同解除前所完成工作的价款;

(2)承包人为工程施工订购并已付款的材料、工程设备和其他物品的价款;

(3)承包人撤离施工现场以及遣散承包人人员的款项;

(4)按照合同约定在合同解除前应支付的违约金;

(5)按照合同约定应当支付给承包人的其他款项;

(6)按照合同约定应退还的质量保证金;

(7)因解除合同给承包人造成的损失。

合同当事人未能就解除合同后的结清达成一致的,按照第20条〔争议解决〕的约定处理。

承包人应妥善做好已完工程和与工程有关的已购材料、工程设备的保护和移交工作,并将施工设备和人员撤出施工现场,发包人应为承包人撤出提供必要条件。

16.2 承包人违约

16.2.1 承包人违约的情形

在合同履行过程中发生的下列情形,属于承包人违约:

(1)承包人违反合同约定进行转包或违法分包的;

(2)承包人违反合同约定采购和使用不合格的材料和工程设备的;

(3)因承包人原因导致工程质量不符合合同要求的;

(4)承包人违反第8.9款〔材料与设备专用要求〕的约定,未经批准,私自将已按照合同约定进入施工现场的材料或设备撤离施工现场的;

(5)承包人未能按施工进度计划及时完成合同约定的工作,造成工期延误的;

(6)承包人在缺陷责任期及保修期内,未能在合理期限对工程缺陷进行修复,或拒绝按发包人要求进行修复的；

(7)承包人明确表示或者以其行为表明不履行合同主要义务的；

(8)承包人未能按照合同约定履行其他义务的。

承包人发生除本项第(7)目约定以外的其他违约情况时，监理人可向承包人发出整改通知，要求其在指定的期限内改正。

16.2.2　承包人违约的责任

承包人应承担因其违约行为而增加的费用和(或)延误的工期。此外，合同当事人可在专用合同条款中另行约定承包人违约责任的承担方式和计算方法。

16.2.3　因承包人违约解除合同

除专用合同条款另有约定外，出现第16.2.1项〔承包人违约的情形〕第(7)目约定的违约情况时，或监理人发出整改通知后，承包人在指定的合理期限内仍不纠正违约行为并致使合同目的不能实现的，发包人有权解除合同。合同解除后，因继续完成工程的需要，发包人有权使用承包人在施工现场的材料、设备、临时工程、承包人文件和由承包人或以其名义编制的其他文件，合同当事人应在专用合同条款约定相应费用的承担方式。发包人继续使用的行为不免除或减轻承包人应承担的违约责任。

16.2.4　因承包人违约解除合同后的处理

因承包人原因导致合同解除的，则合同当事人应在合同解除后28天内完成估价、付款和清算，并按以下约定执行：

(1)合同解除后，按第4.4款〔商定或确定〕商定或确定承包人实际完成工作对应的合同价款，以及承包人已提供的材料、工程设备、施工设备和临时工程等的价值；

(2)合同解除后，承包人应支付的违约金；

(3)合同解除后，因解除合同给发包人造成的损失；

(4)合同解除后，承包人应按照发包人要求和监理人的指示完成现场的清理和撤离；

(5)发包人和承包人应在合同解除后进行清算，出具最终结清付款证书，结清全部款项。

因承包人违约解除合同的，发包人有权暂停对承包人的付款，查清各项付款和已扣款项。发包人和承包人未能就合同解除后的清算和款项支付达成一致的，按照第20条〔争议解决〕的约定处理。

16.2.5　采购合同权益转让

因承包人违约解除合同的，发包人有权要求承包人将其为实施合同而签订的材料和设备的采购合同的权益转让给发包人，承包人应在收到解除合同通知后14天内，协助发包人与采购合同的供应商达成相关的转让协议。

16.3 第三人造成的违约

在履行合同过程中，一方当事人因第三人的原因造成违约的，应当向对方当事人承担违约责任。一方当事人和第三人之间的纠纷，依照法律规定或者按照约定解决。

17.不可抗力

17.1 不可抗力的确认

不可抗力是指合同当事人在签订合同时不可预见，在合同履行过程中不可避免且不能克服的自然灾害和社会性突发事件，如地震、海啸、瘟疫、骚乱、戒严、暴动、战争和专用合同条款中约定的其他情形。

不可抗力发生后，发包人和承包人应收集证明不可抗力发生及不可抗力造成损失的证据，并及时认真统计所造成的损失。合同当事人对是否属于不可抗力或其损失的意见不一致的，由监理人按第4.4款〔商定或确定〕的约定处理。发生争议时，按第20条〔争议解决〕的约定处理。

17.2 不可抗力的通知

合同一方当事人遇到不可抗力事件，使其履行合同义务受到阻碍时，应立即通知合同另一方当事人和监理人，书面说明不可抗力和受阻碍的详细情况，并提供必要的证明。

不可抗力持续发生的，合同一方当事人应及时向合同另一方当事人和监理人提交中间报告，说明不可抗力和履行合同受阻的情况，并于不可抗力事件结束后28天内提交最终报告及有关资料。

17.3 不可抗力后果的承担

17.3.1 不可抗力引起的后果及造成的损失由合同当事人按照法律规定及合同约定各自承担。不可抗力发生前已完成的工程应当按照合同约定进行计量支付。

17.3.2 不可抗力导致的人员伤亡、财产损失、费用增加和(或)工期延误等后果，由合同当事人按以下原则承担：

(1)永久工程、已运至施工现场的材料和工程设备的损坏，以及因工程损坏造成的第三人人员伤亡和财产损失由发包人承担；

(2)承包人施工设备的损坏由承包人承担；

(3)发包人和承包人承担各自人员伤亡和财产的损失；

(4)因不可抗力影响承包人履行合同约定的义务，已经引起或将引起工期延误的，应

当顺延工期,由此导致承包人停工的费用损失由发包人和承包人合理分担,停工期间必须支付的工人工资由发包人承担;

(5)因不可抗力引起或将引起工期延误,发包人要求赶工的,由此增加的赶工费用由发包人承担;

(6)承包人在停工期间按照发包人要求照管、清理和修复工程的费用由发包人承担。

不可抗力发生后,合同当事人均应采取措施尽量避免和减少损失的扩大,任何一方当事人没有采取有效措施导致损失扩大的,应对扩大的损失承担责任。

因合同一方迟延履行合同义务,在迟延履行期间遭遇不可抗力的,不免除其违约责任。

17.4 因不可抗力解除合同

因不可抗力导致合同无法履行连续超过 84 天或累计超过 140 天的,发包人和承包人均有权解除合同。合同解除后,由双方当事人按照第 4.4 款〔商定或确定〕商定或确定发包人应支付的款项,该款项包括:

(1)合同解除前承包人已完成工作的价款;

(2)承包人为工程订购的并已交付给承包人,或承包人有责任接受交付的材料、工程设备和其他物品的价款;

(3)发包人要求承包人退货或解除订货合同而产生的费用,或因不能退货或解除合同而产生的损失;

(4)承包人撤离施工现场以及遣散承包人人员的费用;

(5)按照合同约定在合同解除前应支付给承包人的其他款项;

(6)扣减承包人按照合同约定应向发包人支付的款项;

(7)双方商定或确定的其他款项。

除专用合同条款另有约定外,合同解除后,发包人应在商定或确定上述款项后 28 天内完成上述款项的支付。

18. 保险

18.1 工程保险

除专用合同条款另有约定外,发包人应投保建筑工程一切险或安装工程一切险;发包人委托承包人投保的,因投保产生的保险费和其他相关费用由发包人承担。

18.2 工伤保险

18.2.1 发包人应依照法律规定参加工伤保险,并为在施工现场的全部员工办理工伤保险,缴纳工伤保险费,并要求监理人及由发包人为履行合同聘请的第三方依法参加工伤保险。

18.2.2 承包人应依照法律规定参加工伤保险,并为其履行合同的全部员工办理工伤保险,缴纳工伤保险费,并要求分包人及由承包人为履行合同聘请的第三方依法参加工伤保险。

18.3 其他保险

发包人和承包人可以为其施工现场的全部人员办理意外伤害保险并支付保险费,包括其员工及为履行合同聘请的第三方的人员,具体事项由合同当事人在专用合同条款约定。

除专用合同条款另有约定外,承包人应为其施工设备等办理财产保险。

18.4 持续保险

合同当事人应与保险人保持联系,使保险人能够随时了解工程实施中的变动,并确保按保险合同条款要求持续保险。

18.5 保险凭证

合同当事人应及时向另一方当事人提交其已投保的各项保险的凭证和保险单复印件。

18.6 未按约定投保的补救

18.6.1 发包人未按合同约定办理保险,或未能使保险持续有效的,则承包人可代为办理,所需费用由发包人承担。发包人未按合同约定办理保险,导致未能得到足额赔偿的,由发包人负责补足。

18.6.2 承包人未按合同约定办理保险,或未能使保险持续有效的,则发包人可代为办理,所需费用由承包人承担。承包人未按合同约定办理保险,导致未能得到足额赔偿的,由承包人负责补足。

18.7 通知义务

除专用合同条款另有约定外,发包人变更除工伤保险之外的保险合同时,应事先征得承包人同意,并通知监理人;承包人变更除工伤保险之外的保险合同时,应事先征得发包人同意,并通知监理人。

保险事故发生时,投保人应按照保险合同规定的条件和期限及时向保险人报告。发包人和承包人应当在知道保险事故发生后及时通知对方。

19. 索赔

19.1 承包人的索赔

根据合同约定,承包人认为有权得到追加付款和(或)延长工期的,应按以下程序向发包人提出索赔:

(1)承包人应在知道或应当知道索赔事件发生后28天内,向监理人递交索赔意向通知书,并说明发生索赔事件的事由;承包人未在前述28天内发出索赔意向通知书的,丧失要求追加付款和(或)延长工期的权利;

(2)承包人应在发出索赔意向通知书后28天内,向监理人正式递交索赔报告;索赔报告应详细说明索赔理由以及要求追加的付款金额和(或)延长的工期,并附必要的记录和证明材料;

(3)索赔事件具有持续影响的,承包人应按合理时间间隔继续递交延续索赔通知,说明持续影响的实际情况和记录,列出累计的追加付款金额和(或)工期延长天数;

(4)在索赔事件影响结束后28天内,承包人应向监理人递交最终索赔报告,说明最终要求索赔的追加付款金额和(或)延长的工期,并附必要的记录和证明材料。

19.2 对承包人索赔的处理

对承包人索赔的处理如下:

(1)监理人应在收到索赔报告后14天内完成审查并报送发包人。监理人对索赔报告存在异议的,有权要求承包人提交全部原始记录副本;

(2)发包人应在监理人收到索赔报告或有关索赔的进一步证明材料后的28天内,由监理人向承包人出具经发包人签认的索赔处理结果。发包人逾期答复的,则视为认可承包人的索赔要求;

(3)承包人接受索赔处理结果的,索赔款项在当期进度款中进行支付;承包人不接受索赔处理结果的,按照第20条〔争议解决〕约定处理。

19.3 发包人的索赔

根据合同约定,发包人认为有权得到赔付金额和(或)延长缺陷责任期的,监理人应向承包人发出通知并附有详细的证明。

发包人应在知道或应当知道索赔事件发生后28天内通过监理人向承包人提出索赔意向通知书,发包人未在前述28天内发出索赔意向通知书的,丧失要求赔付金额和(或)延长缺陷责任期的权利。发包人应在发出索赔意向通知书后28天内,通过监理人向承包人正式递交索赔报告。

19.4　对发包人索赔的处理

对发包人索赔的处理如下:

(1)承包人收到发包人提交的索赔报告后,应及时审查索赔报告的内容、查验发包人证明材料;

(2)承包人应在收到索赔报告或有关索赔的进一步证明材料后28天内,将索赔处理结果答复发包人。如果承包人未在上述期限内作出答复的,则视为对发包人索赔要求的认可;

(3)承包人接受索赔处理结果的,发包人可从应支付给承包人的合同价款中扣除赔付的金额或延长缺陷责任期;发包人不接受索赔处理结果的,按第20条〔争议解决〕约定处理。

19.5　提出索赔的期限

(1)承包人按第14.2款〔竣工结算审核〕约定接收竣工付款证书后,应被视为已无权再提出在工程接收证书颁发前所发生的任何索赔。

(2)承包人按第14.4款〔最终结清〕提交的最终结清申请单中,只限于提出工程接收证书颁发后发生的索赔。提出索赔的期限自接受最终结清证书时终止。

20.争议解决

20.1　和解

合同当事人可以就争议自行和解,自行和解达成协议的经双方签字并盖章后作为合同补充文件,双方均应遵照执行。

20.2　调解

合同当事人可以就争议请求建设行政主管部门、行业协会或其他第三方进行调解,调解达成协议的,经双方签字并盖章后作为合同补充文件,双方均应遵照执行。

20.3　争议评审

合同当事人在专用合同条款中约定采取争议评审方式解决争议以及评审规则,并按下列约定执行:

20.3.1　争议评审小组的确定

合同当事人可以共同选择一名或三名争议评审员,组成争议评审小组。除专用合同条款另有约定外,合同当事人应当自合同签订后28天内,或者争议发生后14天内,选定争议评审员。

选择一名争议评审员的,由合同当事人共同确定;选择三名争议评审员的,各自选定一名，第三名成员为首席争议评审员，由合同当事人共同确定或由合同当事人委托已选定的争议评审员共同确定，或由专用合同条款约定的评审机构指定第三名首席争议评审员。

除专用合同条款另有约定外，评审员报酬由发包人和承包人各承担一半。

20.3.2　争议评审小组的决定

合同当事人可在任何时间将与合同有关的任何争议共同提请争议评审小组进行评审。争议评审小组应秉持客观、公正原则，充分听取合同当事人的意见，依据相关法律、规范、标准、案例经验及商业惯例等，自收到争议评审申请报告后14天内作出书面决定，并说明理由。合同当事人可以在专用合同条款中对本项事项另行约定。

20.3.3　争议评审小组决定的效力

争议评审小组作出的书面决定经合同当事人签字确认后，对双方具有约束力，双方应遵照执行。

任何一方当事人不接受争议评审小组决定或不履行争议评审小组决定的，双方可选择采用其他争议解决方式。

20.4　仲裁或诉讼

因合同及合同有关事项产生的争议，合同当事人可以在专用合同条款中约定以下一种方式解决争议：

(1)向约定的仲裁委员会申请仲裁；

(2)向有管辖权的人民法院起诉。

20.5　争议解决条款效力

合同有关争议解决的条款独立存在，合同的变更、解除、终止、无效或者被撤销均不影响其效力。

第三部分　专用合同条款

1. 一般约定

1.1　词语定义

1.1.1　合同

1.1.1.10　其他合同文件包括：____

____

____。

1.1.2 合同当事人及其他相关方

1.1.2.4 监理人:

名　　称:______________________;

资质类别和等级:______________________;

联系电话:______________________;

电子信箱:______________________;

通信地址:______________________。

1.1.2.5 设计人:

名　　称:______________________;

资质类别和等级:______________________;

联系电话:______________________;

电子信箱:______________________;

通信地址:______________________。

1.1.3 工程和设备

1.1.3.7 作为施工现场组成部分的其他场所包括:______________________。

1.1.3.9 永久占地包括:______________________。

1.1.3.10 临时占地包括:______________________。

1.3 法律

适用于合同的其他规范性文件:______________________

______________________。

1.4 标准和规范

1.4.1 适用于工程的标准规范包括:______________________

______________________。

1.4.2 发包人提供国外标准、规范的名称:______________________

______________________;

发包人提供国外标准、规范的份数:______________________;

发包人提供国外标准、规范的名称:______________________。

1.4.3 发包人对工程的技术标准和功能要求的特殊要求:

____

______________________。

1.5 合同文件的优先顺序

合同文件组成及优先顺序为：____。

1.6 图纸和承包人文件

1.6.1 图纸的提供

发包人向承包人提供图纸的期限：________________；

发包人向承包人提供图纸的数量：________________；

发包人向承包人提供图纸的内容：________________。

1.6.4 承包人文件

需要由承包人提供的文件，包括：____；

承包人提供的文件的期限为：________________；

承包人提供的文件的数量为：________________；

承包人提供的文件的形式为：________________；

发包人审批承包人文件的期限：________________。

1.6.5 现场图纸准备

关于现场图纸准备的约定：________________。

1.7 联络

1.7.1 发包人和承包人应当在____天内将与合同有关的通知、批准、证明、证书、指示、指令、要求、请求、同意、意见、确定和决定等书面函件送达对方当事人。

1.7.2 发包人接收文件的地点：________________；

发包人指定的接收人为：________________。

承包人接收文件的地点：________________；

承包人指定的接收人为：________________。

监理人接收文件的地点：________________；

监理人指定的接收人为：________________。

1.10 交通运输

1.10.1 出入现场的权利

关于出入现场的权利的约定：________________

____。

1.10.3　场内交通

关于场外交通和场内交通的边界的约定:____。

关于发包人向承包人免费提供满足工程施工需要的场内道路和交通设施的约定:____。

1.10.4　超大件和超重件的运输

运输超大件或超重件所需的道路和桥梁临时加固改造费用和其他有关费用由________承担。

1.11　知识产权

1.11.1　关于发包人提供给承包人的图纸、发包人为实施工程自行编制或委托编制的技术规范以及反映发包人关于合同要求或其他类似性质的文件的著作权的归属:____。

关于发包人提供的上述文件的使用限制的要求:____。

1.11.2　关于承包人为实施工程所编制文件的著作权的归属:________________。

关于承包人提供的上述文件的使用限制的要求:________________。

1.11.4　承包人在施工过程中所采用的专利、专有技术、技术秘密的使用费的承担方式:____。

1.13　工程量清单错误的修正

出现工程量清单错误时,是否调整合同价格:________________。

允许调整合同价格的工程量偏差范围:________________。

2. 发包人

2.2　发包人代表

发包人代表:

姓　　名:________________________;

身份证号:________________________;

职　　务:________________________;

联系电话:________________________;

电子信箱：____；

通信地址：____。

发包人对发包人代表的授权范围如下：______________________________。

2.4 施工现场、施工条件和基础资料的提供

2.4.1 提供施工现场

关于发包人移交施工现场的期限要求：______________________________

____。

2.4.2 提供施工条件

关于发包人应负责提供施工所需要的条件，包括：______________________。

2.5 资金来源证明及支付担保

发包人提供资金来源证明的期限要求：______________________________。

发包人是否提供支付担保：____。

发包人提供支付担保的形式：______________________________________。

3. 承包人

3.1 承包人的一般义务

(5)承包人提交的竣工资料的内容：__________________________________

____。

承包人需要提交的竣工资料套数：__________________________________。

承包人提交的竣工资料的费用承担：________________________________。

承包人提交的竣工资料移交时间：__________________________________。

承包人提交的竣工资料形式要求：__________________________________。

(6)承包人应履行的其他义务：______________________________________

____。

3.2 项目经理

3.2.1 项目经理：

姓　　名：____；

身份证号：____；

建造师执业资格等级：____________________________________；

建造师注册证书号：______________________________________；

建造师执业印章号：______________________________________；

安全生产考核合格证书号:____;

联系电话:____;

电子信箱:____;

通信地址:____;

承包人对项目经理的授权范围如下:______________________________。

关于项目经理每月在施工现场的时间要求:_________________________。

承包人未提交劳动合同,以及没有为项目经理缴纳社会保险证明的违约责任:______。

项目经理未经批准,擅自离开施工现场的违约责任:______________________。

3.2.3 承包人擅自更换项目经理的违约责任:__________________________。

3.2.4 承包人无正当理由拒绝更换项目经理的违约责任:__________________。

3.3 承包人人员

3.3.1 承包人提交项目管理机构及施工现场管理人员安排报告的期限:__________。

3.3.3 承包人无正当理由拒绝撤换主要施工管理人员的违约责任:____________。

3.3.4 承包人主要施工管理人员离开施工现场的批准要求:_________________。

3.3.5 承包人擅自更换主要施工管理人员的违约责任:____________________。

承包人主要施工管理人员擅自离开施工现场的违约责任:___________________。

3.5 分包

3.5.1 分包的一般约定

禁止分包的工程包括:____。

主体结构、关键性工作的范围:____________________________________

____。

3.5.2 分包的确定

允许分包的专业工程包括:_______________________________________。

其他关于分包的约定:____

____

____。

3.5.4 分包合同价款

关于分包合同价款支付的约定:___________________________________。

3.6 工程照管与成品、半成品保护

承包人负责照管工程及工程相关的材料、工程设备的起始时间:____________。

3.7 履约担保

承包人是否提供履约担保：＿＿＿＿＿＿＿＿＿＿＿＿＿＿＿＿＿＿＿＿＿＿＿＿＿＿。

承包人提供履约担保的形式、金额及期限的：＿＿＿＿＿＿＿＿＿＿＿＿＿＿＿＿＿＿＿＿

＿＿。

4. 监理人

4.1 监理人的一般规定

关于监理人的监理内容：＿＿＿＿＿＿＿＿＿＿＿＿＿＿＿＿＿＿＿＿＿＿＿＿＿＿＿。

关于监理人的监理权限：＿＿＿＿＿＿＿＿＿＿＿＿＿＿＿＿＿＿＿＿＿＿＿＿＿＿＿。

关于监理人在施工现场的办公场所、生活场所的提供和费用承担的约定：＿＿＿＿＿＿

＿＿。

4.2 监理人员

总监理工程师：

姓　　名：＿＿＿＿＿＿＿＿＿＿＿＿＿＿＿＿＿＿＿＿＿＿＿＿＿＿＿＿＿＿＿＿；

职　　务：＿＿＿＿＿＿＿＿＿＿＿＿＿＿＿＿＿＿＿＿＿＿＿＿＿＿＿＿＿＿＿＿；

监理工程师执业资格证书号：＿＿＿＿＿＿＿＿＿＿＿＿＿＿＿＿＿＿＿＿＿＿＿＿＿；

联系电话：＿＿＿＿＿＿＿＿＿＿＿＿＿＿＿＿＿＿＿＿＿＿＿＿＿＿＿＿＿＿＿＿；

电子信箱：＿＿＿＿＿＿＿＿＿＿＿＿＿＿＿＿＿＿＿＿＿＿＿＿＿＿＿＿＿＿＿＿；

通信地址：＿＿＿＿＿＿＿＿＿＿＿＿＿＿＿＿＿＿＿＿＿＿＿＿＿＿＿＿＿＿＿＿；

关于监理人的其他约定：＿＿＿＿＿＿＿＿＿＿＿＿＿＿＿＿＿＿＿＿＿＿＿＿＿＿＿。

4.4 商定或确定

在发包人和承包人不能通过协商达成一致意见时，发包人授权监理人对以下事项进行确定：

(1)＿＿＿＿＿＿＿＿＿＿＿＿＿＿＿＿＿＿＿＿＿＿＿＿＿＿＿＿＿＿＿＿＿＿＿；

(2)＿＿＿＿＿＿＿＿＿＿＿＿＿＿＿＿＿＿＿＿＿＿＿＿＿＿＿＿＿＿＿＿＿＿＿；

(3)＿＿＿＿＿＿＿＿＿＿＿＿＿＿＿＿＿＿＿＿＿＿＿＿＿＿＿＿＿＿＿＿＿＿＿。

5. 工程质量

5.1 质量要求

5.1.1 特殊质量标准和要求：＿＿＿＿＿＿＿＿＿＿＿＿＿＿＿＿＿＿＿＿＿＿＿＿

＿＿。

关于工程奖项的约定：＿＿＿＿＿＿＿＿＿＿＿＿＿＿＿＿＿＿＿＿＿＿＿＿＿＿＿＿

____。

5.3　隐蔽工程检查

5.3.2　承包人提前通知监理人隐蔽工程检查的期限的约定:________________。

监理人不能按时进行检查时,应提前____小时提交书面延期要求。

关于延期最长不得超过:____小时。

6. 安全文明施工与环境保护

6.1　安全文明施工

6.1.1　项目安全生产的达标目标及相应事项的约定:____________________

____。

6.1.4　关于治安保卫的特别约定:______________________________

____。

关于编制施工场地治安管理计划的约定:__________________________

____。

6.1.5　文明施工

合同当事人对文明施工的要求:______________________________

____。

6.1.6　关于安全文明施工费支付比例和支付期限的约定:________________

____。

7. 工期和进度

7.1　施工组织设计

7.1.1　合同当事人约定的施工组织设计应包括的其他内容:______________

____。

7.1.2　施工组织设计的提交和修改

承包人提交详细施工组织设计的期限的约定:________________________

____。

发包人和监理人在收到详细的施工组织设计后确认或提出修改意见的期限:______。

7.2　施工进度计划

7.2.2　施工进度计划的修订

发包人和监理人在收到修订的施工进度计划后确认或提出修改意见的期限:______

____。

7.3 开工

7.3.1 开工准备

关于承包人提交工程开工报审表的期限：________________________________。

关于发包人应完成的其他开工准备工作及期限：____。

关于承包人应完成的其他开工准备工作及期限：____。

7.3.2 开工通知

因发包人原因造成监理人未能在计划开工日期之日起____天内发出开工通知的，承包人有权提出价格调整要求，或者解除合同。

7.4 测量放线

7.4.1 发包人通过监理人向承包人提供测量基准点、基准线和水准点及其书面资料的期限：____。

7.5 工期延误

7.5.1 因发包人原因导致工期延误

(7)因发包人原因导致工期延误的其他情形：____。

7.5.2 因承包人原因导致工期延误

因承包人原因造成工期延误，逾期竣工违约金的计算方法为：________________。

因承包人原因造成工期延误，逾期竣工违约金的上限：____________________。

7.6 不利物质条件

不利物质条件的其他情形和有关约定：____。

7.7 异常恶劣的气候条件

发包人和承包人同意以下情形视为异常恶劣的气候条件：

(1)____；

(2)____；

(3)____。

7.9 提前竣工的奖励

7.9.2 提前竣工的奖励:______________________________。

8. 材料与设备

8.4 材料与工程设备的保管与使用

8.4.1 发包人供应的材料设备的保管费用的承担:______________________________

______________________________。

8.6 样品

8.6.1 样品的报送与封存

需要承包人报送样品的材料或工程设备,样品的种类、名称、规格、数量要求:__________

______________________________。

8.8 施工设备和临时设施

8.8.1 承包人提供的施工设备和临时设施

关于修建临时设施费用承担的约定:______________________________

______________________________。

9. 试验与检验

9.1 试验设备与试验人员

9.1.2 试验设备

施工现场需要配置的试验场所:______________________________

______________________________。

施工现场需要配备的试验设备:______________________________

______________________________。

施工现场需要具备的其他试验条件:______________________________

______________________________。

9.4 现场工艺试验

现场工艺试验的有关约定:______________________________

______________________________。

10. 变更

10.1 变更的范围

关于变更的范围的约定:______________________________

______________________________。

10.4 变更估价

10.4.1 变更估价原则

关于变更估价的约定：____

____。

10.5 承包人的合理化建议

监理人审查承包人合理化建议的期限：______________________________。

发包人审批承包人合理化建议的期限：______________________________。

承包人提出的合理化建议降低了合同价格或者提高了工程经济效益的奖励的方法和金额为：____

____

____。

10.7 暂估价

暂估价材料和工程设备的明细详见附件 11:《暂估价一览表》。

10.7.1 依法必须招标的暂估价项目

对于依法必须招标的暂估价项目的确认和批准采取第____种方式确定。

10.7.2 不属于依法必须招标的暂估价项目

对于不属于依法必须招标的暂估价项目的确认和批准采取第____ 种方式确定。

第 3 种方式:承包人直接实施的暂估价项目

承包人直接实施的暂估价项目的约定：______________________________

____。

10.8 暂列金额

合同当事人关于暂列金额使用的约定：______________________________

____。

11. 价格调整

11.1 市场价格波动引起的调整

市场价格波动是否调整合同价格的约定：__________________________。

因市场价格波动调整合同价格，采用以下第____种方式对合同价格进行调整：

第 1 种方式:采用价格指数进行价格调整。

关于各可调因子、定值和变值权重，以及基本价格指数及其来源的约定：__________;

第 2 种方式:采用造价信息进行价格调整。

(2)关于基准价格的约定:________________________________。

专用合同条款①承包人在已标价工程量清单或预算书中载明的材料单价低于基准价格的:专用合同条款合同履行期间材料单价涨幅以基准价格为基础超过____%时,或材料单价跌幅以已标价工程量清单或预算书中载明材料单价为基础超过____%时,其超过部分据实调整。

②承包人在已标价工程量清单或预算书中载明的材料单价高于基准价格的:专用合同条款合同履行期间材料单价跌幅以基准价格为基础超过____%时,材料单价涨幅以已标价工程量清单或预算书中载明材料单价为基础超过____%时,其超过部分据实调整。

③承包人在已标价工程量清单或预算书中载明的材料单价等于基准单价的:专用合同条款合同履行期间材料单价涨跌幅以基准单价为基础超过±____%时,其超过部分据实调整。

第3种方式:其他价格调整方式:________________________________

________________________________。

12. 合同价格、计量与支付

12.1 合同价格形式

1. 单价合同。

综合单价包含的风险范围:________________________________

________________________________。

风险费用的计算方法:________________________________

________________________________。

风险范围以外合同价格的调整方法:________________________________

________________________________。

2. 总价合同。

总价包含的风险范围:________________________________

________________________________。

风险费用的计算方法:________________________________

________________________________。

风险范围以外合同价格的调整方法:________________________________

________________________________。

3. 其他价格方式:________________________________

____

____。

12.2 预付款

12.2.1 预付款的支付

预付款支付比例或金额:____。

预付款支付期限:____。

预付款扣回的方式:____。

12.2.2 预付款担保

承包人提交预付款担保的期限:__________________________________。

预付款担保的形式为:____。

12.3 计量

12.3.1 计量原则

工程量计算规则:____。

12.3.2 计量周期

关于计量周期的约定:____。

12.3.3 单价合同的计量

关于单价合同计量的约定:____________________________________。

12.3.4 总价合同的计量

关于总价合同计量的约定:____________________________________。

12.3.5 总价合同采用支付分解表计量支付的,是否适用第12.3.4项〔总价合同的计量〕约定进行计量:____。

12.3.6 其他价格形式合同的计量

其他价格形式的计量方式和程序:______________________________

____。

12.4 工程进度款支付

12.4.1 付款周期

关于付款周期的约定:____。

12.4.2 进度付款申请单的编制

关于进度付款申请单编制的约定:______________________________

____。

12.4.3　进度付款申请单的提交

(1)单价合同进度付款申请单提交的约定:________________________________。

(2)总价合同进度付款申请单提交的约定:________________________________。

(3)其他价格形式合同进度付款申请单提交的约定:________________________________
____。

12.4.4　进度款审核和支付

(1)监理人审查并报送发包人的期限:________________________________。

发包人完成审批并签发进度款支付证书的期限:________________________________
____。

(2)发包人支付进度款的期限:________________________________。

发包人逾期支付进度款的违约金的计算方式:________________________________
____。

12.4.6　支付分解表的编制

(1)总价合同支付分解表的编制与审批:________________________________
____。

(2)单价合同的总价项目支付分解表的编制与审批:________________________________
____。

13.验收和工程试车

13.1　分部分项工程验收

13.1.2　监理人不能按时进行验收时,应提前____小时提交书面延期要求。

关于延期最长不得超过:____小时。

13.2　竣工验收

13.2.2　竣工验收程序

关于竣工验收程序的约定:________________________________
____。

发包人不按照本项约定组织竣工验收、颁发工程接收证书的违约金的计算方法:____
____。

13.2.5　移交、接收全部与部分工程

承包人向发包人移交工程的期限:________________________________。

发包人未按本合同约定接收全部或部分工程的,违约金的计算方法为:____________。

承包人未按时移交工程的,违约金的计算方法为:________________________
____。

13.3 工程试车

13.3.1 试车程序

工程试车内容:________________________________
____
____。

(1)单机无负荷试车费用由________承担;

(2)无负荷联动试车费用由________承担。

13.3.3 投料试车

关于投料试车相关事项的约定:________________________
____。

13.6 竣工退场

13.6.1 竣工退场

承包人完成竣工退场的期限:________________________。

14. 竣工结算

14.1 竣工付款申请

承包人提交竣工付款申请单的期限:____________________。

竣工付款申请单应包括的内容:________________________
____。

14.2 竣工结算审核

发包人审批竣工付款申请单的期限:____________________。

发包人完成竣工付款的期限:________________________。

关于竣工付款证书异议部分复核的方式和程序:______________
____。

14.4 最终结清

14.4.1 最终结清申请单

承包人提交最终结清申请单的份数:____________________。

承包人提交最终结算申请单的期限:____________________。

14.4.2　最终结清证书和支付

(1)发包人完成最终结清申请单的审批并颁发最终结清证书的期限:____________。

(2)发包人完成支付的期限:____。

15. 缺陷责任期与保修

15.2　缺陷责任期

缺陷责任期的具体期限:____

____。

15.3　质量保证金

关于是否扣留质量保证金的约定:______________________________________。

15.3.1　承包人提供质量保证金的方式

质量保证金采用以下第____种方式:

(1)质量保证金保函,保证金额为:______________________________________;

(2)____%的工程款;

(3)其他方式:____。

15.3.2　质量保证金的扣留

质量保证金的扣留采取以下第____种方式:

(1)在支付工程进度款时逐次扣留,在此情形下,质量保证金的计算基数不包括预付款的支付、扣回以及价格调整的金额;

(2)工程竣工结算时一次性扣留质量保证金;

(3)其他扣留方式:____。

关于质量保证金的补充约定:____

____。

15.4　保修

15.4.1　保修责任

工程保修期为:____

____。

15.4.3　修复通知

承包人收到保修通知并到达工程现场的合理时间:____________________________

____。

16. 违约

16.1 发包人违约

16.1.1 发包人违约的情形

发包人违约的其他情形：____

____。

16.1.2 发包人违约的责任

发包人违约责任的承担方式和计算方法：

(1)因发包人原因未能在计划开工日期前7天内下达开工通知的违约责任：________。

(2)因发包人原因未能按合同约定支付合同价款的违约责任：________________。

(3)发包人违反第10.1款〔变更的范围〕第(2)项约定，自行实施被取消的工作或转由他人实施的违约责任：____

____。

(4)发包人提供的材料、工程设备的规格、数量或质量不符合合同约定，或因发包人原因导致交货日期延误或交货地点变更等情况的违约责任：________________。

(5)因发包人违反合同约定造成暂停施工的违约责任：________________

____。

(6)发包人无正当理由没有在约定期限内发出复工指示，导致承包人无法复工的违约责任：

____。

(7)其他：____。

16.1.3 因发包人违约解除合同

承包人按第16.1.1项〔发包人违约的情形〕约定暂停施工满____天后发包人仍不纠正其违约行为并致使合同目的不能实现的，承包人有权解除合同。

16.2 承包人违约

16.2.1 承包人违约的情形

承包人违约的其他情形：____

____。

16.2.2 承包人违约的责任

承包人违约责任的承担方式和计算方法：________________________

____。

16.2.3　因承包人违约解除合同

关于承包人违约解除合同的特别约定:____。

发包人继续使用承包人在施工现场的材料、设备、临时工程、承包人文件和由承包人或以其名义编制的其他文件的费用承担方式:____________________________。

17. 不可抗力

17.1　不可抗力的确认

除通用合同条款约定的不可抗力事件之外,视为不可抗力的其他情形:__________。

17.4　因不可抗力解除合同

合同解除后,发包人应在商定或确定发包人应支付款项后____天内完成款项的支付。

18. 保险

18.1　工程保险

关于工程保险的特别约定:____________________________________。

18.3　其他保险

关于其他保险的约定:____________________________________。

承包人是否应为其施工设备等办理财产保险:____。

18.7　通知义务

关于变更保险合同时的通知义务的约定:____。

20. 争议解决

20.3　争议评审

合同当事人是否同意将工程争议提交争议评审小组决定:____。

20.3.1　争议评审小组的确定

争议评审小组成员的确定:____________________________________。

选定争议评审员的期限:____________________________________。

争议评审小组成员的报酬承担方式:____________________________。

其他事项的约定:____________________________________。

20.3.2 争议评审小组的决定

合同当事人关于本项的约定：____。

20.4 仲裁或诉讼

因合同及合同有关事项发生的争议，按下列第____种方式解决：

(1)向________________仲裁委员会申请仲裁；

(2)向________________人民法院起诉。

|条文检索|

中华人民共和国合同法·第269~287条

(1999年3月15日第九届全国人民代表大会第二次会议通过 1999年3月15日中华人民共和国主席令第15号公布 自1999年10月1日起施行)

第二百六十九条 建设工程合同是承包人进行工程建设，发包人支付价款的合同。

建设工程合同包括工程勘察、设计、施工合同。

第二百七十条 建设工程合同应当采用书面形式。

第二百七十一条 建设工程的招标投标活动，应当依照有关法律的规定公开、公平、公正进行。

第二百七十二条 发包人可以与总承包人订立建设工程合同，也可以分别与勘察人、设计人、施工人订立勘察、设计、施工承包合同。发包人不得将应当由一个承包人完成的建设工程肢解成若干部分发包给几个承包人。

总承包人或者勘察、设计、施工承包人经发包人同意，可以将自己承包的部分工作交由第三人完成。第三人就其完成的工作成果与总承包人或者勘察、设计、施工承包人向发包人承担连带责任。承包人不得将其承包的全部建设工程转包给第三人或者将其承包的全部建设工程肢解以后以分包的名义分别转包给第三人。

禁止承包人将工程分包给不具备相应资质条件的单位。禁止分包单位将其承包的工程再分包。建设工程主体结构的施工必须由承包人自行完成。

第二百七十三条 国家重大建设工程合同，应当按照国家规定的程序和国家批准的投资计划、可行性研究报告等文件订立。

第二百七十四条 勘察、设计合同的内容包括提交有关基础资料和文件(包括概预算)的期限、质量要求、费用以及其他协作条件等条款。

第二百七十五条　施工合同的内容包括工程范围、建设工期、中间交工工程的开工和竣工时间、工程质量、工程造价、技术资料交付时间、材料和设备供应责任、拨款和结算、竣工验收、质量保修范围和质量保证期、双方相互协作等条款。

第二百七十六条　建设工程实行监理的,发包人应当与监理人采用书面形式订立委托监理合同。发包人与监理人的权利和义务以及法律责任,应当依照本法委托合同以及其他有关法律、行政法规的规定。

第二百七十七条　发包人在不妨碍承包人正常作业的情况下,可以随时对作业进度、质量进行检查。

第二百七十八条　隐蔽工程在隐蔽以前,承包人应当通知发包人检查。发包人没有及时检查的,承包人可以顺延工程日期,并有权要求赔偿停工、窝工等损失。

第二百七十九条　建设工程竣工后,发包人应当根据施工图纸及说明书、国家颁发的施工验收规范和质量检验标准及时进行验收。验收合格的,发包人应当按照约定支付价款,并接收该建设工程。

建设工程竣工经验收合格后,方可交付使用;未经验收或者验收不合格的,不得交付使用。

第二百八十条　勘察、设计的质量不符合要求或者未按照期限提交勘察、设计文件拖延工期,造成发包人损失的,勘察人、设计人应当继续完善勘察、设计,减收或者免收勘察、设计费并赔偿损失。

第二百八十一条　因施工人的原因致使建设工程质量不符合约定的,发包人有权要求施工人在合理期限内无偿修理或者返工、改建。经过修理或者返工、改建后,造成逾期交付的,施工人应当承担违约责任。

第二百八十二条　因承包人的原因致使建设工程在合理使用期限内造成人身和财产损害的,承包人应当承担损害赔偿责任。

第二百八十三条　发包人未按照约定的时间和要求提供原材料、设备、场地、资金、技术资料的,承包人可以顺延工程日期,并有权要求赔偿停工、窝工等损失。

第二百八十四条　因发包人的原因致使工程中途停建、缓建的,发包人应当采取措施弥补或者减少损失,赔偿承包人因此造成的停工、窝工、倒运、机械设备调迁、材料和构件积压等损失和实际费用。

第二百八十五条　因发包人变更计划,提供的资料不准确,或者未按照期限提供必需的勘察、设计工作条件而造成勘察、设计的返工、停工或者修改设计,发包人应当按照勘察人、设计人实际消耗的工作量增付费用。

第二百八十六条　发包人未按照约定支付价款的，承包人可以催告发包人在合理期限内支付价款。发包人逾期不支付的，除按照建设工程的性质不宜折价、拍卖的以外，承包人可以与发包人协议将该工程折价，也可以申请人民法院将该工程依法拍卖。建设工程的价款就该工程折价或者拍卖的价款优先受偿。

第二百八十七条　本章没有规定的，适用承揽合同的有关规定。

中华人民共和国建筑法

（1997 年 11 月 1 日第八届全国人民代表大会常务委员会第二十八次会议通过　根据 2011 年 4 月 22 日第十一届全国人民代表大会常务委员会第二十次会议《关于修改〈中华人民共和国建筑法〉的决定》修正）

第一章　总　　则

第一条　为了加强对建筑活动的监督管理，维护建筑市场秩序，保证建筑工程的质量和安全，促进建筑业健康发展，制定本法。

第二条　在中华人民共和国境内从事建筑活动，实施对建筑活动的监督管理，应当遵守本法。

本法所称建筑活动，是指各类房屋建筑及其附属设施的建造和与其配套的线路、管道、设备的安装活动。

第三条　建筑活动应当确保建筑工程质量和安全，符合国家的建筑工程安全标准。

第四条　国家扶持建筑业的发展，支持建筑科学技术研究，提高房屋建筑设计水平，鼓励节约能源和保护环境，提倡采用先进技术、先进设备、先进工艺、新型建筑材料和现代管理方式。

第五条　从事建筑活动应当遵守法律、法规，不得损害社会公共利益和他人的合法权益。

任何单位和个人都不得妨碍和阻挠依法进行的建筑活动。

第六条　国务院建设行政主管部门对全国的建筑活动实施统一监督管理。

第二章　建 筑 许 可

第一节　建筑工程施工许可

第七条　建筑工程开工前，建设单位应当按照国家有关规定向工程所在地县级以上人民政府建设行政主管部门申请领取施工许可证;但是,国务院建设行政主管部门确定的限额以下的小型工程除外。

按照国务院规定的权限和程序批准开工报告的建筑工程,不再领取施工许可证。

第八条　申请领取施工许可证,应当具备下列条件:

(一)已经办理该建筑工程用地批准手续;

(二)在城市规划区的建筑工程,已经取得规划许可证;

(三)需要拆迁的,其拆迁进度符合施工要求;

(四)已经确定建筑施工企业;

(五)有满足施工需要的施工图纸及技术资料;

(六)有保证工程质量和安全的具体措施;

(七)建设资金已经落实;

(八)法律、行政法规规定的其他条件。

建设行政主管部门应当自收到申请之日起十五日内,对符合条件的申请颁发施工许可证。

第九条　建设单位应当自领取施工许可证之日起三个月内开工。因故不能按期开工的,应当向发证机关申请延期;延期以两次为限,每次不超过三个月。既不开工又不申请延期或者超过延期时限的,施工许可证自行废止。

第十条　在建的建筑工程因故中止施工的,建设单位应当自中止施工之日起一个月内,向发证机关报告,并按照规定做好建筑工程的维护管理工作。

建筑工程恢复施工时,应当向发证机关报告;中止施工满一年的工程恢复施工前,建设单位应当报发证机关核验施工许可证。

第十一条　按照国务院有关规定批准开工报告的建筑工程,因故不能按期开工或者中止施工的,应当及时向批准机关报告情况。因故不能按期开工超过六个月的,应当重新办理开工报告的批准手续。

第二节　从业资格

第十二条　从事建筑活动的建筑施工企业、勘察单位、设计单位和工程监理单位,应当具备下列条件:

(一)有符合国家规定的注册资本;

(二)有与其从事的建筑活动相适应的具有法定执业资格的专业技术人员;

（三）有从事相关建筑活动所应有的技术装备；

（四）法律、行政法规规定的其他条件。

第十三条　从事建筑活动的建筑施工企业、勘察单位、设计单位和工程监理单位，按照其拥有的注册资本、专业技术人员、技术装备和已完成的建筑工程业绩等资质条件，划分为不同的资质等级，经资质审查合格，取得相应等级的资质证书后，方可在其资质等级许可的范围内从事建筑活动。

第十四条　从事建筑活动的专业技术人员，应当依法取得相应的执业资格证书，并在执业资格证书许可的范围内从事建筑活动。

第三章　建筑工程发包与承包

第一节　一 般 规 定

第十五条　建筑工程的发包单位与承包单位应当依法订立书面合同，明确双方的权利和义务。

发包单位和承包单位应当全面履行合同约定的义务。不按照合同约定履行义务的，依法承担违约责任。

第十六条　建筑工程发包与承包的招标投标活动，应当遵循公开、公正、平等竞争的原则，择优选择承包单位。

建筑工程的招标投标，本法没有规定的，适用有关招标投标法律的规定。

第十七条　发包单位及其工作人员在建筑工程发包中不得收受贿赂、回扣或者索取其他好处。

承包单位及其工作人员不得利用向发包单位及其工作人员行贿、提供回扣或者给予其他好处等不正当手段承揽工程。

第十八条　建筑工程造价应当按照国家有关规定，由发包单位与承包单位在合同中约定。公开招标发包的，其造价的约定，须遵守招标投标法律的规定。

发包单位应当按照合同的约定，及时拨付工程款项。

第二节　发　　包

第十九条　建筑工程依法实行招标发包，对不适于招标发包的可以直接发包。

第二十条　建筑工程实行公开招标的，发包单位应当依照法定程序和方式，发布招标公告，提供载有招标工程的主要技术要求、主要的合同条款、评标的标准和方法以及开标、评标、定标的程序等内容的招标文件。

开标应当在招标文件规定的时间、地点公开进行。开标后应当按照招标文件规定的评标标准和程序对标书进行评价、比较,在具备相应资质条件的投标者中,择优选定中标者。

第二十一条 建筑工程招标的开标、评标、定标由建设单位依法组织实施,并接受有关行政主管部门的监督。

第二十二条 建筑工程实行招标发包的,发包单位应当将建筑工程发包给依法中标的承包单位。建筑工程实行直接发包的,发包单位应当将建筑工程发包给具有相应资质条件的承包单位。

第二十三条 政府及其所属部门不得滥用行政权力,限定发包单位将招标发包的建筑工程发包给指定的承包单位。

第二十四条 提倡对建筑工程实行总承包,禁止将建筑工程肢解发包。

建筑工程的发包单位可以将建筑工程的勘察、设计、施工、设备采购一并发包给一个工程总承包单位,也可以将建筑工程勘察、设计、施工、设备采购的一项或者多项发包给一个工程总承包单位;但是,不得将应当由一个承包单位完成的建筑工程肢解成若干部分发包给几个承包单位。

第二十五条 按照合同约定,建筑材料、建筑构配件和设备由工程承包单位采购的,发包单位不得指定承包单位购入用于工程的建筑材料、建筑构配件和设备或者指定生产厂、供应商。

第三节 承　　包

第二十六条 承包建筑工程的单位应当持有依法取得的资质证书,并在其资质等级许可的业务范围内承揽工程。

禁止建筑施工企业超越本企业资质等级许可的业务范围或者以任何形式用其他建筑施工企业的名义承揽工程。禁止建筑施工企业以任何形式允许其他单位或者个人使用本企业的资质证书、营业执照,以本企业的名义承揽工程。

第二十七条 大型建筑工程或者结构复杂的建筑工程,可以由两个以上的承包单位联合共同承包。共同承包的各方对承包合同的履行承担连带责任。

两个以上不同资质等级的单位实行联合共同承包的,应当按照资质等级低的单位的业务许可范围承揽工程。

第二十八条　禁止承包单位将其承包的全部建筑工程转包给他人,禁止承包单位将其承包的全部建筑工程肢解以后以分包的名义分别转包给他人。

第二十九条　建筑工程总承包单位可以将承包工程中的部分工程发包给具有相应资质条件的分包单位;但是,除总承包合同中约定的分包外,必须经建设单位认可。施工总承包的,建筑工程主体结构的施工必须由总承包单位自行完成。

建筑工程总承包单位按照总承包合同的约定对建设单位负责;分包单位按照分包合同的约定对总承包单位负责。总承包单位和分包单位就分包工程对建设单位承担连带责任。

禁止总承包单位将工程分包给不具备相应资质条件的单位。禁止分包单位将其承包的工程再分包。

第四章　建筑工程监理

第三十条　国家推行建筑工程监理制度。

国务院可以规定实行强制监理的建筑工程的范围。

第三十一条　实行监理的建筑工程,由建设单位委托具有相应资质条件的工程监理单位监理。建设单位与其委托的工程监理单位应当订立书面委托监理合同。

第三十二条　建筑工程监理应当依照法律、行政法规及有关的技术标准、设计文件和建筑工程承包合同,对承包单位在施工质量、建设工期和建设资金使用等方面,代表建设单位实施监督。

工程监理人员认为工程施工不符合工程设计要求、施工技术标准和合同约定的,有权要求建筑施工企业改正。

工程监理人员发现工程设计不符合建筑工程质量标准或者合同约定的质量要求的,应当报告建设单位要求设计单位改正。

第三十三条　实施建筑工程监理前,建设单位应当将委托的工程监理单位、监理的内容及监理权限,书面通知被监理的建筑施工企业。

第三十四条　工程监理单位应当在其资质等级许可的监理范围内,承担工程监理业务。

工程监理单位应当根据建设单位的委托,客观、公正地执行监理任务。

工程监理单位与被监理工程的承包单位以及建筑材料、建筑构配件和设备供应单位不得有隶属关系或者其他利害关系。

工程监理单位不得转让工程监理业务。

第三十五条　工程监理单位不按照委托监理合同的约定履行监理义务,对应当监督检查的项目不检查或者不按照规定检查,给建设单位造成损失的,应当承担相应的赔偿责任。

工程监理单位与承包单位串通,为承包单位谋取非法利益,给建设单位造成损失的,应当与承包单位承担连带赔偿责任。

第五章　建筑安全生产管理

第三十六条　建筑工程安全生产管理必须坚持安全第一、预防为主的方针,建立健全安全生产的责任制度和群防群治制度。

第三十七条　建筑工程设计应当符合按照国家规定制定的建筑安全规程和技术规范,保证工程的安全性能。

第三十八条　建筑施工企业在编制施工组织设计时,应当根据建筑工程的特点制定相应的安全技术措施;对专业性较强的工程项目,应当编制专项安全施工组织设计,并采取安全技术措施。

第三十九条　建筑施工企业应当在施工现场采取维护安全、防范危险、预防火灾等措施;有条件的,应当对施工现场实行封闭管理。

施工现场对毗邻的建筑物、构筑物和特殊作业环境可能造成损害的,建筑施工企业应当采取安全防护措施。

第四十条　建设单位应当向建筑施工企业提供与施工现场相关的地下管线资料,建筑施工企业应当采取措施加以保护。

第四十一条　建筑施工企业应当遵守有关环境保护和安全生产的法律、法规的规定,采取控制和处理施工现场的各种粉尘、废气、废水、固体废物以及噪声、振动对环境的污染和危害的措施。

第四十二条　有下列情形之一的,建设单位应当按照国家有关规定办理申请批准手续:

(一)需要临时占用规划批准范围以外场地的;

(二)可能损坏道路、管线、电力、邮电通讯等公共设施的;

(三)需要临时停水、停电、中断道路交通的;

(四)需要进行爆破作业的;

（五）法律、法规规定需要办理报批手续的其他情形。

第四十三条　建设行政主管部门负责建筑安全生产的管理，并依法接受劳动行政主管部门对建筑安全生产的指导和监督。

第四十四条　建筑施工企业必须依法加强对建筑安全生产的管理，执行安全生产责任制度，采取有效措施，防止伤亡和其他安全生产事故的发生。

建筑施工企业的法定代表人对本企业的安全生产负责。

第四十五条　施工现场安全由建筑施工企业负责。实行施工总承包的，由总承包单位负责。分包单位向总承包单位负责，服从总承包单位对施工现场的安全生产管理。

第四十六条　建筑施工企业应当建立健全劳动安全生产教育培训制度，加强对职工安全生产的教育培训；未经安全生产教育培训的人员，不得上岗作业。

第四十七条　建筑施工企业和作业人员在施工过程中，应当遵守有关安全生产的法律、法规和建筑行业安全规章、规程，不得违章指挥或者违章作业。作业人员有权对影响人身健康的作业程序和作业条件提出改进意见，有权获得安全生产所需的防护用品。作业人员对危及生命安全和人身健康的行为有权提出批评、检举和控告。

第四十八条　建筑施工企业应当依法为职工参加工伤保险缴纳工伤保险费。鼓励企业为从事危险作业的职工办理意外伤害保险，支付保险费。

第四十九条　涉及建筑主体和承重结构变动的装修工程，建设单位应当在施工前委托原设计单位或者具有相应资质条件的设计单位提出设计方案；没有设计方案的，不得施工。

第五十条　房屋拆除应当由具备保证安全条件的建筑施工单位承担，由建筑施工单位负责人对安全负责。

第五十一条　施工中发生事故时，建筑施工企业应当采取紧急措施减少人员伤亡和事故损失，并按照国家有关规定及时向有关部门报告。

第六章　建筑工程质量管理

第五十二条　建筑工程勘察、设计、施工的质量必须符合国家有关建筑工程安全标准的要求，具体管理办法由国务院规定。

有关建筑工程安全的国家标准不能适应确保建筑安全的要求时，应当及时修订。

第五十三条　国家对从事建筑活动的单位推行质量体系认证制度。从事建筑活动的单位根据自愿原则可以向国务院产品质量监督管理部门或者国务院产品质量监督管理部门授权的部门认可的认证机构申请质量体系认证。经认证合格的,由认证机构颁发质量体系认证证书。

第五十四条　建设单位不得以任何理由,要求建筑设计单位或者建筑施工企业在工程设计或者施工作业中,违反法律、行政法规和建筑工程质量、安全标准,降低工程质量。

建筑设计单位和建筑施工企业对建设单位违反前款规定提出的降低工程质量的要求,应当予以拒绝。

第五十五条　建筑工程实行总承包的,工程质量由工程总承包单位负责,总承包单位将建筑工程分包给其他单位的,应当对分包工程的质量与分包单位承担连带责任。分包单位应当接受总承包单位的质量管理。

第五十六条　建筑工程的勘察、设计单位必须对其勘察、设计的质量负责。勘察、设计文件应当符合有关法律、行政法规的规定和建筑工程质量、安全标准、建筑工程勘察、设计技术规范以及合同的约定。设计文件选用的建筑材料、建筑构配件和设备,应当注明其规格、型号、性能等技术指标,其质量要求必须符合国家规定的标准。

第五十七条　建筑设计单位对设计文件选用的建筑材料、建筑构配件和设备,不得指定生产厂、供应商。

第五十八条　建筑施工企业对工程的施工质量负责。

建筑施工企业必须按照工程设计图纸和施工技术标准施工,不得偷工减料。工程设计的修改由原设计单位负责,建筑施工企业不得擅自修改工程设计。

第五十九条　建筑施工企业必须按照工程设计要求、施工技术标准和合同的约定,对建筑材料、建筑构配件和设备进行检验,不合格的不得使用。

第六十条　建筑物在合理使用寿命内,必须确保地基基础工程和主体结构的质量。

建筑工程竣工时,屋顶、墙面不得留有渗漏、开裂等质量缺陷;对已发现的质量缺陷,建筑施工企业应当修复。

第六十一条　交付竣工验收的建筑工程,必须符合规定的建筑工程质量标准,有完整的工程技术经济资料和经签署的工程保修书,并具备国家规定的其他竣工条件。

建筑工程竣工经验收合格后,方可交付使用;未经验收或者验收不合格的,不得交付使用。

第六十二条　建筑工程实行质量保修制度。

建筑工程的保修范围应当包括地基基础工程、主体结构工程、屋面防水工程和其他土建工程,以及电气管线、上下水管线的安装工程,供热、供冷系统工程等项目;保修的期限应当按照保证建筑物合理寿命年限内正常使用，维护使用者合法权益的原则确定。具体的保修范围和最低保修期限由国务院规定。

第六十三条　任何单位和个人对建筑工程的质量事故、质量缺陷都有权向建设行政主管部门或者其他有关部门进行检举、控告、投诉。

第七章　法律责任

第六十四条　违反本法规定，未取得施工许可证或者开工报告未经批准擅自施工的，责令改正，对不符合开工条件的责令停止施工，可以处以罚款。

第六十五条　发包单位将工程发包给不具有相应资质条件的承包单位的，或者违反本法规定将建筑工程肢解发包的，责令改正，处以罚款。

超越本单位资质等级承揽工程的，责令停止违法行为，处以罚款，可以责令停业整顿，降低资质等级；情节严重的，吊销资质证书；有违法所得的，予以没收。

未取得资质证书承揽工程的，予以取缔，并处罚款；有违法所得的，予以没收。

以欺骗手段取得资质证书的，吊销资质证书，处以罚款；构成犯罪的，依法追究刑事责任。

第六十六条　建筑施工企业转让、出借资质证书或者以其他方式允许他人以本企业的名义承揽工程的，责令改正，没收违法所得，并处罚款，可以责令停业整顿，降低资质等级；情节严重的，吊销资质证书。对因该项承揽工程不符合规定的质量标准造成的损失，建筑施工企业与使用本企业名义的单位或者个人承担连带赔偿责任。

第六十七条　承包单位将承包的工程转包的，或者违反本法规定进行分包的，责令改正，没收违法所得，并处罚款，可以责令停业整顿，降低资质等级；情节严重的，吊销资质证书。

承包单位有前款规定的违法行为的，对因转包工程或者违法分包的工程不符合规定的质量标准造成的损失，与接受转包或者分包的单位承担连带赔偿责任。

第六十八条　在工程发包与承包中索贿、受贿、行贿，构成犯罪的，依法追究刑事责任；不构成犯罪的，分别处以罚款，没收贿赂的财物，对直接负责的主管人员和其他直接责任人员给予处分。

对在工程承包中行贿的承包单位，除依照前款规定处罚外，可以责令停业整顿，降低资质等级或者吊销资质证书。

第六十九条　工程监理单位与建设单位或者建筑施工企业串通，弄虚作假、降低工程质量的,责令改正,处以罚款,降低资质等级或者吊销资质证书;有违法所得的,予以没收;造成损失的,承担连带赔偿责任;构成犯罪的,依法追究刑事责任。

工程监理单位转让监理业务的,责令改正,没收违法所得,可以责令停业整顿,降低资质等级;情节严重的,吊销资质证书。

第七十条　违反本法规定,涉及建筑主体或者承重结构变动的装修工程擅自施工的,责令改正,处以罚款;造成损失的,承担赔偿责任;构成犯罪的,依法追究刑事责任。

第七十一条　建筑施工企业违反本法规定,对建筑安全事故隐患不采取措施予以消除的,责令改正,可以处以罚款;情节严重的,责令停业整顿,降低资质等级或者吊销资质证书;构成犯罪的,依法追究刑事责任。

建筑施工企业的管理人员违章指挥、强令职工冒险作业,因而发生重大伤亡事故或者造成其他严重后果的,依法追究刑事责任。

第七十二条　建设单位违反本法规定,要求建筑设计单位或者建筑施工企业违反建筑工程质量、安全标准,降低工程质量的,责令改正,可以处以罚款;构成犯罪的,依法追究刑事责任。

第七十三条　建筑设计单位不按照建筑工程质量、安全标准进行设计的,责令改正,处以罚款;造成工程质量事故的,责令停业整顿,降低资质等级或者吊销资质证书,没收违法所得,并处罚款;造成损失的,承担赔偿责任;构成犯罪的,依法追究刑事责任。

第七十四条　建筑施工企业在施工中偷工减料的,使用不合格的建筑材料、建筑构配件和设备的,或者有其他不按照工程设计图纸或者施工技术标准施工的行为的,责令改正,处以罚款;情节严重的,责令停业整顿,降低资质等级或者吊销资质证书;造成建筑工程质量不符合规定的质量标准的,负责返工、修理,并赔偿因此造成的损失;构成犯罪的,依法追究刑事责任。

第七十五条　建筑施工企业违反本法规定,不履行保修义务或者拖延履行保修义务的,责令改正,可以处以罚款,并对在保修期内因屋顶、墙面渗漏、开裂等质量缺陷造成的损失,承担赔偿责任。

第七十六条　本法规定的责令停业整顿、降低资质等级和吊销资质证书的行政处罚,由颁发资质证书的机关决定;其他行政处罚,由建设行政主管部门或者有关部门依照法律和国务院规定的职权范围决定。

依照本法规定被吊销资质证书的,由工商行政管理部门吊销其营业执照。

第七十七条　违反本法规定,对不具备相应资质等级条件的单位颁发该等级资质证书的，由其上级机关责令收回所发的资质证书，对直接负责的主管人员和其他直接责任人员给予行政处分；构成犯罪的，依法追究刑事责任。

第七十八条　政府及其所属部门的工作人员违反本法规定，限定发包单位将招标发包的工程发包给指定的承包单位的，由上级机关责令改正；构成犯罪的，依法追究刑事责任。

第七十九条　负责颁发建筑工程施工许可证的部门及其工作人员对不符合施工条件的建筑工程颁发施工许可证的，负责工程质量监督检查或者竣工验收的部门及其工作人员对不合格的建筑工程出具质量合格文件或者按合格工程验收的，由上级机关责令改正，对责任人员给予行政处分；构成犯罪的，依法追究刑事责任；造成损失的，由该部门承担相应的赔偿责任。

第八十条　在建筑物的合理使用寿命内，因建筑工程质量不合格受到损害的，有权向责任者要求赔偿。

第八章　附　　则

第八十一条　本法关于施工许可、建筑施工企业资质审查和建筑工程发包、承包、禁止转包，以及建筑工程监理、建筑工程安全和质量管理的规定，适用于其他专业建筑工程的建筑活动，具体办法由国务院规定。

第八十二条　建设行政主管部门和其他有关部门在对建筑活动实施监督管理中，除按照国务院有关规定收取费用外，不得收取其他费用。

第八十三条　省、自治区、直辖市人民政府确定的小型房屋建筑工程的建筑活动，参照本法执行。

依法核定作为文物保护的纪念建筑物和古建筑等的修缮，依照文物保护的有关法律规定执行。

抢险救灾及其他临时性房屋建筑和农民自建低层住宅的建筑活动，不适用本法。

第八十四条　军用房屋建筑工程建筑活动的具体管理办法，由国务院、中央军事委员会依据本法制定。

第八十五条　本法自 1998 年 3 月 1 日起施行。

建筑业企业资质管理规定

(2015 年 1 月 22 日住房和城乡建设部令第 22 号发布　自 2015 年 3 月 1 日起施行)

参见“001 建筑业企业资质申请表”条文检索部分。

| 应用指引 |

(一) 建设工程施工合同概述

1. 建设工程施工合同的概念

建设工程施工合同是建设工程合同的一种,是指发包人(工程建设单位与施工单位)与承包人(施工承包单位或分包单位)为完成建设工程,明确双方的权利、义务关系而签订的协议。按照合同约定,承包人应完成发包人交给的建筑工程施工任务;发包人应按合同规定提供必要的施工条件、支付工程价款。建设工程施工合同适用于土木工程,包括各类公共建筑、民用住宅、工业建筑、市场设施和设备安装工程。

建设工程施工合同是双务合同,当事人之间的权利义务是相对应的。建设工程施工合同发包人的权利有:招标、选标,监督施工质量,验收工程,取得施工成果。主要义务是:第一,办理正式工程和临时设施范围内的土地征用、租用,申请施工许可证和占道爆破以及临时铁道专用线接岔等许可证。第二,确定建筑物(构筑物)、道路、线路、上下水道的定位标桩、水准点和座标控制点。第三,开工前,接通施工现场水源、电源和开通运输道路,拆迁现场内民房和障碍物(也可委托承包单位承担)。第四,按双方约定的分工范围和要求供应材料和设备。第五,可经办银行提交拨款所需的文件(贷款或者自筹资金的工程要保证资金供应),按时办理拨款和结算。第六,组织有关单位对施工图等技术资料进行审定,按照合同约定的时间和份数交给承包人。第七,派驻工地代表,对工程进度、工程质量进行监督,检查隐蔽工程,办理中间交工工程验收手续,负责签证,解决应由发包人解决的问题。第八,负责组织设计单位、施工单位共同商定施工组织设计、工程价软和竣工结算,负责组织工程竣工验收。

2. 建设工程施工合同当事人的权利义务

建设工程施工合同承包人的主要权利有:投标,取得施工合同中规定的资料和图纸,取得合理报酬。主要义务是:第一,施工场地的平整,施工界区以内的用水、用电、道路和临时设施的施工。第二,编制施工组织设计(或施工方案),做好各项施工准备工作。第三,按双方商定的分工范围,做好材料和设备的采购、供应和管理。第四,及时向发包人提出开工通知书、施工进度计划表、施工平面布置图、隐蔽工程验收通知、竣工验收报告;提供月份施工作业计划、月份施工统计报表、工程事故以及提出应由发包人供应的材料、设备的供应计划。第五,严格按照施工图与说明书进行施工,确保工程质量,按合同规定的时间按期完工和交付。第六,已完工的房屋、构筑物和安装的设备,在交工前应负责保管,并清理现场。第七,按有关规定提出竣工验收技术资料,办理工程竣工结算,参加竣工验收。第八,在合同规定的保修期内,对属于承包方责任的工程质量问题,负责无偿的修理。

3. 建设工程施工合同的主要内容

建设工程施工合同示范文本由协议书、通用条款和专用条款三部分组成。协议书要求写明工程概况、承包范围、合同工期、质量标准、合同价款、组成合同的文件等内容,通用条款是一般建设工程都应当遵守的内容,专用条款大多数要由当事人协商填写。在制作该文书时,应当注意:

第一,关于工程的名称和地点。

工程名称是指合同双方要进行的工程的称号,它应当以批准的设计文件所称的名称为准,不得擅自更改。地点是指工程的建设地点。对于扩建或者改建的工程项目,因主体结构已存在,所以施工地点只写主体结构地即可。但对于新建项目或者外地工程,必须详细地将建设项目所在地的省、市、县的具体地点标清楚,因为它涉及施工条件、取费标准等一系列问题。

第二,工程范围和内容。

工程包括主体工程,附属工程,建设内容,如安装、装饰项目等,都要规定清楚,以免出现不必要的麻烦。

第三,开、竣工日期及中间交工工程开、竣工日期。

时间是合同中比较重要的内容,建设施工工程合同更是如此。开、竣工日期是合同的必备条款。有些工程是在别的工程中间开始设立的,如安装工程,是在建筑工程基础上设立的,因此,它也必须规定中间交工工程的开、竣工日期。

第四,工程质量保修及保修条件。

工程质量是基本建设的一个重大问题,双方当事人经常会因为质量问题发生争议,一般来说,工程的质量应当达到国家或者行业的标准。在合同的履行中,对于隐蔽工程和中间工程的验收,是产生双方争议的主要环节所在,因而应在合同中作出明确的规定。工程质量保修应当规定一定的期限和一定的保修内容,以便于操作。在保修期内,出现合同中规定的质量问题,承包单位应当负完全责任。

第五,工程造价。

工程价款是指双方达成协议的工程内容和承包范围的工程造价。工程造价,如为招标工程,则应以中标时确定的中标金额为准;如按初步设计总概算投资包干时,应以经审批的概算投资中与承包内容相应部分的投资(包括相应的不可预见费)为工程价款;如按施工图预算包干,则应以经审查后的施工图总概算或者综合预算为准。合同条款中,应明确规定承包工程价款。如果一时不能计算出工程价款,尤其是按照施工图预算加现场签证和按实结算的工程,不能事先确定工程价款,合同中也应当明确规定工程价款计算原则,如执行定额和计算标准,以及如何签证和审定工程价款等。

第六,工程价款的支付、结算及交工验收办法。

工程价款的支付一般分预付款、中间结算和竣工决算三部分。工程开始,施工企业按规定向建设单位收取工程备料款和进度款。备料款是以形成工程实体需要材料多少、储备时间长短计算所需要占用的资金;进度款是根据施工企业逐月完成建设安装工作量的多少来确定。建设工程价款的拨付方式是由建设单位在月中预支部分工程价款,由施工单位每月提出已完工程月报表和工程款结算账单,送建设单位和建设银行办理月终结算。工程进度拨款的总数累计不超过单项工程造价的95%,其余5%待工程完工后与应付工程价款、应扣备料款和已付进度款一同在竣工结算时结清。工程规模较小、工期不足6个月的,工程价款的支付方式双方可以协商而定,先预付一定数额的价款,其余的完工后,一次结清。在单项工程竣工结算时,应付给施工企业的工程价款总额往往不等于施工图预算所确定的工程造价。因为在施工中会出现各种变化,如地质条件的变化、材料的代换、工程量的增减、某些做法的变更等。这就要根据所发生的变化,利用单项工程竣工决算来重新确定结算用的工程实际造价。工程竣工后,承、发包双方应办理交工验收手续。工程验收,应以施工图纸及说明、国家颁布的施工验收规范和质量检验标准为依据,由双方根据合同规定进行。

验收分为两种:一是隐蔽工程竣工验收。由承包单位及时发出隐蔽工程验收通知,由发包单位派出代表检查验收,经现场检查合格,办理隐蔽工程验收手续。发包单位未按时检查,承包单位可自己检查,并填写隐蔽记录,发包单位应予承认。如发包单位以后提出检查时,其检查费用由发包单位承担。二是工程竣工交工验收。工程竣工后,承包单位应在合同规定时间内向发包方提出书面交工验收通知,发包单位接到通知后,在规定的时间内开始进行验收,经检验合格后,双方签订交工验收证书,由发包单位负责保管。验收交接工作应按单位工程进行。

第七,设计文件及概、预算和技术资料提供日期。

设计文件及概、预算和技术资料的提供是合同履行的基础,一般应在建设工程准备协议书中或在施工准备阶段完成。在合同中应对所需提供的文件及提供日期加以明确规定。设计文件及概、预算和技术资料由建设单位提供。大中型的建设项目应当提供:上级批准的初步设计文件(抄件)、水文地质报告、地形图、工厂区(规划区)或小区竖向布置图和总平面图等(份数在合同是明确)。变更设计核定单(其份数图纸份数相同);施工图及说明书的份数根据需要而定。提供的施工图应由建设单位组织有关单位人员进行图纸交底和会审。凡未经会审的图纸一律不得施工。施工过程中,发现施工图与说明书不符、设备有缺陷、材料代用等,应书面通知建设单位。建设单位应在约定期限内办理技术鉴定。工程开工前,建设单位还应当提供建筑物或者构筑物的轴线、标高和坐标控制点。

第八,材料和设备的供应和进场期限。

建设工程施工过程中材料设备的供应主要有以下三种情况:一是建设单位(甲方)供应材料设备;二是施工企业(乙方)采购材料设备;三是由建设单位或者设计单位指定采购某厂家生产的材料设备。甲乙双方应严格按照合同规定,对于各自负责的材料设备保证按时、按质、按量供应。

第九,双方相互协作事项。

建设工程施工合同是双务合同,需要双方当事人通力协作才能将合同顺利完成,因此需要双方当事人协作事宜应当在合同中明确规定,以确保合同的按时、保质完成。

第十,违约责任。

承包人的违约责任有:工程质量不符合合同约定的,应负责无偿修理或返工。由于修理、返工造成逾期交付或工程交付时间不符合约定的,偿付逾期违约金。在工程保修期内负责对工程保修,不负责保修的,要承担违约责任。

发包人的违约责任有:未能按照承包合同的约定履行自己应负的责任,除竣工日期得以顺延外,还应赔偿承包人因此发生的实际损失;工程中途停建、缓建或者由于设计变更以及设计错误造成的返工,应采取措施弥补或者减少损失,同时,赔偿承包人由此而造成的停工、窝工、返工、倒运、人员和机械设备调迁、材料和构件积压的实际损失;工程未经验收,发包方提前使用或擅自动用,由此而发生的质量或者其他问题,由发包人承担责任;超过合同约定日期验收,按合同的违约责任条款的约定偿付逾期违约金;不按照合同约定拨付工程款,按银行有关逾期付款办法或者“工程价款结算办法”的有关规定处理。

第十一,争议解决的方式。

我国法律规定,解决合同争议的方式有协商、调解、仲裁、诉讼。仲裁和诉讼是排他性的,因此,在合同中应当明确争议解决的方式。

(二)签订建设工程施工合同应当注意的问题

本文本是住房城乡建设部和国家工商总局于2013年4月3日联合制定的示范文本(GF－2013－0201),该文本是在1999年的《建设工程施工合同(示范文本)》(GF－1999－0201)基础上进行的修订版。新版《建设工程施工合同示范文本》对部分内容和结构做了较大幅度的修改和调整,突出了国际性、系统性、科学性等特点,更好地体现了示范文本应具有的完备性、平等性、合法性、协商性等原则。该文本具有以下特点:

1.新版文本在结构和内容上参照了国际通行做法,有利于中国建筑企业参与国际工程承包活动。

(1)总体结构调整后,与FIDIC相一致。在结构上,新版分三部分:第一部分为《协议书》;第二部分为《通用条款》十一部分;第三部分为《专用条款》。还有三个附件:即《承包人承揽工程项目一览表》、《发包人供应材料设备一览表》、《工程质量保修书》。新版《协议书》的主要条款出自老版《协议条款》中的部分内容,成为一个独立的合同文件;新版的《通用条款》以老版的《合同条件》为基础,进行了部分修改和调整;新版的《专用条款》为老版《协议条款》中除去《协议书》内容后剩下的部分;附件为新增部分。

(2)条款上借鉴了国际施工合同范本FIDIC的经验。如沿用了FIDIC中"工程师"的称谓及其职责,索赔程序,双向索赔制度等。

(3)反映了国际建设工程惯例。增加了工程担保条款和有关保险的内容,使之成为工程项目建设中不可缺少的部分。

2.新版文本体现了新法律法规的要求。

《协议书》中明文要求发包人和承包人,"依照《中华人民共和国合同法》、《中华人民共和国建筑法》及其他有关法律、行政法规,遵循平等、自愿、公正和诚实信用的原则,双方就本建设工程施工事项协商一致,订立本合同。"

(1)文本反映了最新的法律。1991年后,出台了一系列与工程建设相关的法律、法规。如《建筑法》、《招标投标法》、《保险法》、《担保法》、《仲裁法》、《劳动法》、《专利法》、《文物保护法》等,新版中的相应条款反映了法律法规的要求。如关于施工中遇到文物,新版中规定"承包人应立即保护好现场并于4小时内以书面形式通知工程师,工程师应于收到书面通知24小时内报告当地文物管理部门，发包人、承包人按文物管理部门的要求采取妥善保护措施”。又如保险事件发生后，老版要求乙方向甲方提交报告，而新版中要求承包人与发包人采取措施，减少损失，其他工作应根据《保险法》的相关规定和《保险合同》的有关内容而定，应是投保人与保险公司之间的工作。

(2)修正了老版中与新出台相关法律条款相矛盾的地方。在工程竣工后，由于发包方违约，未在规定期限支付工程结算竣工款，老版中规定承包方有财产留置权，但这与《担保法》中关于留置权仅适用于动产，且仅限于保管合同、运输合同和加工承揽合同相矛盾，且在工程实际中，工程留置权无法实施，新版改留置权为协议折价、申请法院拍卖、价款优先受偿，赋予了承包人法定抵押权，有效地保护了承包人的合法利益。

3. 新版文本更加注重完整性和系统性。

(1)完整的体系。《施工合同示范文本》与《勘察设计合同示范文本》、《监理合同示范文本》等一起形成一个完整的体系，通过权威机构制订出的规范性、可靠性、完备性的合同条款，指导当事人订立公平合理、科学规范的合同，防止出现显失公平和内容上的严重遗漏，避免用语上的含混模糊、产生歧义，既便于合同当事人的履行，也便于行政主管当局的管理和争议受理机关解决纠纷。

(2)内容上的完整性与相互联系。《施工合同示范文本》包括了双方的一般权利和义务，进度、投资、质量三大控制，合同管理三个部分，这三个部分有机地形成一个整体。

(3)结构上的完整性。《协议书》、《通用条款》、《专用条款》、合同附件相互配合、相互补充，共同构筑完整的合同示范文本。《协议书》明确了双方最主要的权利义务，经当事人签字盖章，具有最高的法律效力；《通用条款》具有通用性，基本适用于各类建筑施工和设备安装；《专用条款》是对《通用条款》必要的修改与补充，其与《通用条款》相对应，多为空格形式，需双方协商完成，更好地针对工程的实际情况，体现了双方的统一意志；附件对双方的某项义务以确定格式予以明确，便于实际工作中执行与管理。

(4)程序上的完整性。新版增加了工程竣工，就使开工、暂停施工、工程竣工在程序上更加完整了；又如增加了合同解除，就使合同生效，合同解除、合同终止在程序上更加完整了。

4. 在具体权利义务的设定上，更加体现建设工程的特点和规律。

(1)反映了项目建设的基本规律。新版反映了我国建筑行业正在实施的项目法人负责制、工程监理制度、项目经理制和招投标制等基本制度和规律。如新版中由“工程师”代替了“甲方驻工地代表/总监理工程师”；“项目经理”代替了“乙方驻工地代表”。关于合同价款,新版中“招标工程的合同价款由发包人、承包人依据中标通知书的中标价格在协议书内约定”等。

(2)体现了项目管理的三大控制。《施工合同示范文本》中大部分条款是关于进度控制、质量控制和投资控制的,一般按照工程进展的过程展开。进度控制条款包括施工准备阶段、施工阶段和竣工验收阶段进度控制等;质量控制条款包括材料、设备、中间及隐蔽工程验收、试车、工程竣工验收、保修期质量控制等,投资控制条款包括工程预付款、工程进度款、变更工程价款、竣工结算、质量保修金等。

(3)体现了合同管理的思想。新版中条款较为详细地规定了合同履行中的违约、索赔、争议、解除等问题,明确了索赔的程序,肯定双向索赔行为。增加了合同解除条款,明确了在什么情况下双方可以解除合同,合同解除的程序,合同解除后双方的工作等。

对于文物和地下障碍物、不可抗力、保险、担保等工程项目的风险,明确了各自的责任:一是分清风险的承担者,是一方承担还是多方共担;二是风险处理,是自留并加以防范和控制还是全部或部分转移给他人。文物和地下障碍物主要是发包人的风险。不可抗力大部分属于发包人的风险,新版中更加明确了这一点,如增加“因工程损害导致第三人人员伤亡和财产损失,由发包人承担”;“停工期间,承包人应工程师要求留在施工场地的必要的管理人员及保卫人员的费用由发包人承担”;工程所需的清理、修复费用由老版的“双方协商”改为“发包人承担”。保险和担保是风险转移的一种方式,新版中增加了担保这一条款,为双向性的履约保证,担保双方还需签定担保合同作为本合同附件。新版去除了保险条款的“如有时”,规定了强制保险内容,即“承包人必须为从事危险工作的职工办理意外伤害保险”,并增加了一些投保的项目。

5. 进一步规范合同用语,增强合同的操作性和实用性。

合同文本中用词更加规范。如“甲方、乙方”等简称不再使用,统一使用“发包人、承包人”等正式称谓;改“经济支出”为“追加合同价款”,这样表达更清晰,又符合国际惯例。在多处增加了“以书面形式”,使合同更加清晰,使施工管理工作更加规范,也有利于事后留证。如:开工及延期开工中“承包人不能按时开工,应当不迟于协议书约定的开工日期前7天,以书面形式向工程师提出延期开工的理由和要求。工程师应当在接到延期开工申请后的48小时内以书面形式答复承包人”。

既适用于国内工程,也可以用于国际工程,新版中增加了不同语种的情况。

新版中确定了合同价款的三种方式,明确《示范文本》可采用固定价格合同、可调价格合同、成本加酬金合同三种合同类型,但排除了单价合同形式。

尽管新版本有诸多优点，内容也比较全面具体，但由于建设工程施工合同具有标的额大、合同履行周期相对较长等特点，在签订该合同时，当事人还是应当尽可能地把可能出现的情况和处理的方式讨论清楚，写进合同中，以便于执行。

013 建设工程勘察合同

文书范本 | 建设工程勘察合同
适用范围 | 签订建设工程勘察合同时所使用的文书
条文检索 | 中华人民共和国合同法;中华人民共和国建筑法
应用指引 | 建设工程勘察合同的概念和主要内容;制作该合同应当注意的问题

建设工程勘察合同

建设单位(甲方):____________________

地址:________邮政编码:________电话:________

法定代表人:________职务:________

勘察单位(乙方):________

地址:________邮政编码:________电话:________

法定代表人:________职务:________

为了明确建设单位与勘察单位的经济责任,分工协作,相互促进,多快好省地完成建设项目的勘察任务,根据已被正式批准的建设项目计划,经双方充分协商,特订立本合同,以便双方共同遵守。

第一条 工程名称、规模、投资额、建设地点____________________________________。

第二条 勘察的范围、进度和质量____。

第三条 甲方的义务

1. 在签订合同时,甲方必须向乙方提交按基建程序批准的计划任务书复印件,提交进行工程地质勘察的用地批准文件和红线图复印件。

2. 在签订合同时,甲方必须在________年____月____日向乙方提交由设计单位提出、经建设单位同意的勘测范围之地形图和建筑平面布置图各一份,提交由建设单位委托、设计单位填写的勘察技术要求及附图,并对提交的时间、进度、质量负责。

3. 甲方必须在________年____月____日以前做好现场勘察工作的水、电供应、平整道路、清理现场、准备材料等工作(所需材料由乙方踏勘后提出明细表)。

4. 甲方必须在________年____月____日乙方进入现场前,办好征地、拆迁、砍树、采青苗等项目的赔偿手续。

5. 甲方必须负责解决乙方勘察人员的现场吃住、办公等条件。乙方现场勘察人员的吃住费用由乙方自负,如果甲方安排住招待所、饭店,费用由甲方负担。甲方人员的集体福利设施(如浴室、理发、医疗等)应为乙方人员提供方便。勘察施工中必需的民工、燃油料以及冬季生活取暖的设备及煤、木材由甲方供给(费用由乙方负责);生产现场取暖和机具的看守由甲方负责解决并负担费用。

6. 乙方勘察人员、勘察机具进入工程地点的交通运输和劳务费均由甲方负担。

7. 甲方对乙方的勘察成果文件,不得擅自修改,不得转让给第三者重复使用。

第四条　乙方的义务

1. 乙方应按照现行的标准、规范和技术条例,进行工程测量、工程地质、水文地质的勘察工作,并按合同规定的进度、质量提交勘察成果。

2. 乙方应于________年____月____日进入现场勘察,________年____月____日提交全部勘察资料,提交测量透明图____份,提交工程地质报告书一式____份(如甲方需要加印、加晒图纸资料,另外收费)。乙方如因气候或甲方原因影响现场施工3天以上,工期可顺延。

第五条　定金及勘察收费标准及拨付办法

1. 本工程按国家主管机关颁发的工程勘察收费标准收取勘察费,总价预计为________元。自本勘察合同生效后____日内,甲方应向乙方支付相当于勘察费的30%的定金;勘察合同履行后,定金抵作勘察费。甲方不履行合同的,无权要求偿还定金,乙方不履行合同的,应当双倍返回定金。勘察工作开工后,甲方应向乙方支付勘察费的30%;全部勘察工程结束后,乙方按合同规定向甲方提交勘察报告书和图纸,并进行工程结算,甲方提取资料后____日内,应按实际勘察工作量清付勘察费。勘察费用的支付均由建设银行办理托收承付。

2. 属于特殊工程(如自然地质条件复杂,技术要求高,勘察手段超过现行规范,特别重大、紧急、有特殊要求的工程,特别小的工程等)的收费办法,原则上按勘测工程总价加收20%~40%的勘察费。

第六条　甲方的违约责任

1. 如果由于甲方变更计划,或提供的资料不准确,或未按期提供勘察、设计必需的资料或工作条件而造成勘察、设计的返工、停工、窝工或修改设计,甲方应按乙方实际消耗的工作量增付费用,勘察工期顺延,因甲方责任造成重大返工或重作设计,应另行增费,勘察工期顺延。

2. 甲方超过合同规定的时间交付勘察费或定金,应按银行拖延付款的规定向乙方偿付违约金________元。

第七条　乙方的违约责任

1. 乙方因勘察质量低劣引起返工或造成工程损失,应继续完善勘察,并根据造成的损失情况承担经济和技术责任,甲方可视造成的损失大小,减少或不付勘察设计费。

2. 乙方如勘察错误造成工程重大质量事故,除免收受损失部分的勘察设计费外,还应付与直接受损失部分勘察设计费相等的赔偿金。

3. 由于乙方的责任延迟提供勘察文件,时间达____天以上的,每延迟一天,应向甲方偿付相当于工程勘察费总价____%的违约金。

第八条　纠纷的处理

本合同执行中如发生纠纷,双方应及时协商解决。协商不成时,双方属于同一部门的,由上级主管部门调解;调解不成,或不属于同一部门的,按以下第(____)项方式解决:

(1)申请________仲裁委员会仲裁;

(2)向________人民法院起诉。

第九条　其他约定

____

____

____。

本合同自________年____月____日双方签字后生效,全部勘察工程验收后失效。本合同如有未尽事宜,需经双方共同协商,作出补充协定。补充协定与本合同具有同等效力。

本合同正本一式二份,甲乙双方各执一份;合同副本一式____份,送计委、建委、建行……各留存一份。

建设单位(甲方):________　　　　勘察单位(乙方):________

代表人:________　　　　代表人:________

________年____月____日　　　　________年____月____日

| 条文检索 |

参见“012 建设工程施工合同”条文检索部分。

| 应用指引 |

(一)建设工程勘察合同概述

建设工程勘察,是指依据工程建设目标,通过对地形、地质、水文等要素进行测绘、勘探、测试及综合分析评定,查明建设场地和有关范围内的地质地理环境特征,提供建设所需要的勘察成果资料及其相关的活动。

建设工程勘察合同,是发包人与勘察人之间,为了完成一定的勘察任务而签订的明确相互权利义务关系的协议。建设单位或者有关单位为发包人(也称为委托人),建设工程勘察单位为勘察人。承包人完成发包人委托的勘察项目,发包人接受符合约定要求的勘察成果,并付给报酬。

(二)建设工程勘察合同的法律特征

第一,建设工程勘察合同的当事人必须是具有权利能力和行为能力的特定的法人。勘察合同的勘察人不仅必须具有法人资格,而且必须是经国家认可的勘察单位。具体而言,勘察合同的勘察人必须经国家或者省、自治区、直辖市一级的主管机关批准,并发给《勘察许可证》、具有法人资格的勘察单位。任何不具有《勘察许可证》的法人,任何个人,都不能作为建设工程勘察合同的承包人。

第二,订立建设工程勘察合同必须符合国家规定的基本建设程序。勘察合同由建设单位或者有关单位提出委托,经与勘察单位协商,双方取得一致意见,即可签订。违反国家规定的建设程序的勘察合同均是无效的。

第三,国家有关主管部门监督建设工程勘察合同的履行,合同双方当事人应当接受其监督。

第四,建设工程勘察合同必须采用书面形式订立,双方当事人经协商一致,由双方的法定代表人或者其指定的代表签字并加盖公章,合同才有效。

对于比较简单的建设工程勘察合同,如果当事人彼此了解对方的签约资格、资信和履约能力,只要一方对他方的要约作出承诺,双方即可订立正式合同。如果合同的内容比较复杂,权利和义务的条款有待进一步商讨,或者当事人的资信及履约能力尚需了解,可以由当事人草签订立建设工程勘察合同的意向书或者协议书,待其他事宜准备就绪后,再根据意向书或者协议书起草正式合同。

(三)建设工程勘察合同当事人的权利和义务

建设工程勘察合同属于双务合同,当事人双方均享有合同约定的权利,同时又承担履行合同约定的义务。

建设工程勘察合同发包人的权利主要有招标,对承包人提出工作质量要求和进度要求,取得承包人的劳动成果。建设工程勘察合同发包人的义务主要有:

第一,向承包人提供开展勘察工作所需的有关基础资料,并对提供的时间、进度与资料的可靠性负责;

第二,在勘察工作开展前,应提出勘察技术要求及附图;

第三,在勘察人员进入现场作业或者配合施工时,应负责提供必要的工作和生活条件;

第四,按照国家有关规定给付勘察设计费用;

第五,维护承包人的勘察成果,不得擅自修改,不得转让给第三方重复使用。

建设工程勘察合同勘察人的权利主要有:投标、要求发包人按规定和时间提供相关资料、取得正当合理的报酬。

建设工程勘察合同勘察人的义务主要有:勘察单位应按照现行的标准、规范、规程、技术要求进行工程测量、工程地质、水文地质等勘察工作,并按合同约定的进度、质量提交勘察成果。

建设工程勘察合同生效后,双方当事人应当履行合同约定的义务。勘察合同的发包人违反合同造成损失的应当承担相应的违约责任,主要有:第一,对于变更计划,提供的资料不准确,未按期提供勘察必需的资料或者工作条件而造成勘察的返工、停工、窝工的,发包人应按承包人实际消耗的工作量增付费用。第二,因发包人责任造成重大返工的,另行增费。第三,发包人超过合同约定的日期付费时,应偿付逾期的违约金,偿付办法与金额由双方按照国家的有关规定协商,在合同中订明。勘察合同的勘察人违反合同造成损失的应当承担相应的违约责任主要有:第一,因勘察质量低劣引起返工的,由勘察人继续完善勘察工作,并应视造成的损失大小减少或者免收勘察费。第二,对于因勘察错误而造成工程重大质量事故者,勘察人除免收受损失单位的勘察费外,还应给付与直接受损失部分勘察费相等的赔偿金。

建设工程勘察合同应当具备以下主要条款:建设工程的名称、规模、投资额、建设地点;发包人提供勘察基础资料、勘察成果的期限,勘察的范围、进度和质量要求以及其他协作条件;勘察工作的取费依据、取费标准和拨付办法;违约责任。当事人在相互了解对方的资格、资信、履约能力之后,就可以就勘察合同的正式签订进行谈判,谈判时要对合同中的条款逐一讨论、协商,明确双方的权利义务。合同一旦签订,就具有法律效力。除法律规定的特殊情况外,合同双方均不得违反合同约定。

(四)制作该合同时应当注意的问题

(1)合同中对工程勘察任务与技术要求应作明确的约定,发包人应当及时向勘察人提供相应的勘察资料,包括工程批准文件、工程勘察任务委托书、建筑总平面图、地下埋藏物的资料及具体位置分布图等基本情况。

(2)勘察人要向发包人提交勘察成果资料,双方对成果资料的形式和要求作出约定,以便于交接和验收。

(3)对勘察时间和提交成果的时间合同要明确,遇到特殊情况需要延长,应当签订补充协议。

(4)勘察费用及付款方式是合同中的重要内容。付费标准要写清楚。

014　建设工程设计合同

文书范本 | 建设工程设计合同
适用范围 | 签订建设工程设计合同时所使用的文书
条文检索 | 中华人民共和国合同法;中华人民共和国建筑法
应用指引 | 建设工程设计合同的概念和主要内容;制作该合同应当注意的问题

建设工程设计合同

建设单位(甲方):______________________________

地址:________邮政编码:________电话:____________

法定代表人:________职务:______________________

设计单位(乙方):______________________________

地址:________邮政编码:________电话:____________

法定代表人:________职务:________________

为了明确责任,分工协作,共同完成建设项目的设计任务,根据________批准的计划任务书,经甲乙双方充分协商,特签订本合同,以便共同遵守。

第一条　合同标的

甲方委托乙方承担________工程的设计项目,建筑安装面积为________平方米,批准总投资为________万元,建设地点在________。

第二条　甲方的义务

1. 甲方应在________年____月____日以前,向乙方提交业经上级批准的设计任务书,工程选址报告,以及原料(或经过批准的资源报告)、燃料、水、电、运输等方面的协议文件和能满足初步设计要求的勘察资料、经过科研取得的技术资料。甲方在________年____月____日施工图设计前,应提供经过批准的初步设计文件和能满足施工图设计要求的勘察资料、施工的条件,以及有关设备的技术资料。

甲方对上述资料必须保证质量,不得随意变更。

2. 及时办理各设计阶段的设计文件审批工作。

3. 在工程开工前,甲方应组织有关施工单位,由乙方进行设计技术交底工程竣工后,甲方应通知乙方参加竣工验收。

4. 在设计人员进入施工现场进行工作时,甲方应提供必要的工作条件,并在生活上予以方便,在设计和施工过程中因技术上的特殊需要进行试制试验,所需一切费用以及为配合甲方到外地的差旅费均由甲方负责。

5. 甲方必须维护乙方的设计文件,不得擅自修改,未经乙方同意,甲方不得复制、重复使用或擅自扩大建设范围。甲方有义务保护乙方的设计版权,不得转让给第三方重复使用。

第三条　乙方的义务

1. 乙方必须在________年____月____日以前,向甲方交付初步设计文件;在________年____月____日以前,向甲方交付技术设计文件;在________年____月____日以前,向甲方交付施工图设计文件。其中,初步设计文件一式____份,技术设计文件一式____份,施工图设计文件一式____份,甲方如另需增添文件份数和需要模型,另行收费。

________年____月____日以前,乙方必须向甲方提交完毕所有设计文件(包括概预算文件、材料设备清单)。

[大型建筑安装工程,甲乙双方可视具体情况分阶段进行设计,在具备设计条件时,双方签订阶段设计合同,具体规定甲方应提交各阶段设计资料的名称和日期,乙方交付设计文件的日期,作为本合同的附件,详见附件(2)。]

2. 乙方必须根据批准的设计任务书或上一阶段设计的批准文件,以及有关设计技术协议文件、设计标准、技术规范、规程、定额等提出勘察技术要求和进行设计,提交符合质量的设计文件。

3. 初步设计经上级主管部门审查后,在原定任务书范围内的必要修改,乙方应负责承担。

4. 设计单位对所承担设计任务的建设项目应配合施工,进行施工前技术交底,解决施工中的有关设计问题,负责设计变更和修改预算,参加隐蔽工程验收和工程竣工验收。

第四条　设计的修改和停止

1. 甲方因故要求修改工程的设计,经乙方同意后,除设计文件交付时间另定外,甲方应按乙方实际返工修改工日,每工日按________元增付设计费(或按设计阶段中返工的工作量百分比计算)。

2. 原定任务书如有重大变更而重作或修改设计时,须具有设计审批机关或设计任务书批准机关的意见书,经双方协商,另订合同。已经进行了的设计费用的支付,按前条办法计算。

3. 甲方因故要求中途停止设计时,应及时用书面通知乙方,已付设计费不退,并按该阶段的实际耗工日,增付和结清设计费,同时结束合同关系。

第五条　设计费的数量和交付办法

本设计合同生效后____天内,甲方应向乙方交付相当于设计费的20%的定金,设计合同履行后,定金抵作设计费乙方向甲方提交初步设计方案后____天内,甲方应向乙方支付____%的设计费,乙方向甲方提交施工图文件后____天内,甲方应向乙方结清全部设计费(设计周期较长的大型工程项目,施工图阶段的设计费,可按单项工程设计完成后分别拨付)。

第六条　奖励与违约责任

1. 在合理的工程投资控制数内,由于乙方采用先进技术或合理建议而节省了工程投资,应从节约投资额中提取____%奖励乙方。

2. 由于甲方不能按期、准确提供有关设计资料,致使乙方无法进行设计或造成设计返工,乙方除可将设计文件交付日期顺延外,还应由甲方按乙方实际损失工日,以每工日____元计算增付设计费。

3. 甲方不按照合同规定的时间向乙方支付定金和设计费,应根据银行关于延期付款的规定,向乙方偿付违约金。

4. 由于乙方的原因,延误设计文件的交付时间,每延误____天,乙方应向甲方偿付相当于设计费的____%的违约金(甲方可在设计费中扣除)。

5. 因乙方设计质量低劣引起返工,应由乙方继续完善设计任务,并视造成的损失浪费大小减收或免收设计费。对于因乙方设计错误造成工程重大质量事故者,乙方除免收受损失部分的设计费外,还应付与直接受损失部分设计费相等的赔偿金。

第七条　其他约定

____

本合同自________年____月____日双方签字后生效,全部设计任务完成后失效。本合同如有未尽事宜,需经双方共同协商作出补充规定。补充协定与本合同具有同等效力,但不得与本合同内容相抵触。

在合同执行中如发生纠纷,双方应及时协商解决。协商不成时,双方属于同一部门的,由上级主管部门调解;调解不成,可选择:(1)向仲裁机构申请仲裁;(2)直接向人民法院起诉。

本合同正本一式二份,甲乙双方各执一份,合同副本一式____份,送________、________、________等单位各留存一份。

建设单位(甲方):________　　　　设计单位(乙方):________
代表人:________________　　　　代表人:________________
________年____月____日　　　　________年____月____日

| 条文检索 |

参见“012 建设工程施工合同”条文检索部分。

| 应用指引 |

(一)建设工程设计的概念

建设工程设计是指依据工程建设目标,运用工程技术和经济方法,对建设工程的工艺、土木、建筑、公用、环境等系统进行综合策划、论证,编制建设所需要的设计文件及其相关的活动。

建设工程设计合同是发包人与设计人之间,为了完成一定的设计任务而签订的明确相互权利义务关系的合同。建设单位或者有关单位为发包人,建设工程设计单位为设计人。设计人完成发包人委托的设计项目,发包人接受符合约定要求的设计成果,并付给报酬。

(二)建设工程设计合同的法律特征

建设工程设计合同的主要特征有:

第一,建设工程设计合同的当事人必须是具有权利能力和行为能力的特定的法人。设计合同的设计人不仅必须具有法人资格,而且必须是经国家认可的设计单位。具体而言,设计合同的设计人必须是经国家或者省、自治区、直辖市一级的主管机关批准,并发给《设计许可证》、具有资格的设计单位。任何不具有法人资格的社团组织,任何不具有《设计许可证》的法人,任何个人,都不能作为建设工程设计合同的设计人。

第二,建设工程设计合同必须具有上级机关批准的设计书才能订立。小型单项工程必须具有上级机关批准的文件方能订立。如单独委托施工图设计任务,应当同时具有经有关部门批准的初步设计文件方能订立。

第三,国家有关主管部门监督建设工程设计合同的履行,合同双方当事人应当接受其监督。

第四,建设工程设计合同必须采用书面形式订立,双方当事人经协商一致,由双方法定代表人或者其指定的代表签字并加盖公章,合同才有效。

对于比较简单的建设工程设计合同,如果当事人彼此了解对方的签约资格、资信和履约能力,只要一方对他方的要约作出承诺,双方即可订立正式合同。如果合同的内容比较复杂,权利和义务的条款有待进一步商讨,或者当事人的资信及履约能力尚需了解,可以由当事人草签订立建设工程设计合同的意向书或协议书,待其他事宜准备就绪后,再根据意向书或协议书起草正式合同。

(三)建设工程设计合同当事人的权利义务

建设工程设计合同发包人的权利主要有:招标,对设计人提出工作要求和进度要求,取得设计人的劳动成果。

建设工程设计合同发包人的义务主要有:第一,向承包人提供开展设计工作所需的有关基础资料,并对提供的时间、进度与资料的可靠性负责;第二,在设计工作开展前,应提出设计技术要求及附图;第三,委托初步设计的,在初步设计前,应提供经过批准的设计任务书等方面的文件和能满足初步设计要求的勘察资料、经过科研取得的技术资料;第四,委托施工图设计的,在施工图设计前,应提供经过批准的初步设计文件和能满足施工图设计要求的勘察资料、施工条件,以及有关设备的技术资料。在设计人员进入现场作业或者配合施工时,应负责提供必要的工作和生活条件;第五,委托配合引进项目的设计任务,从询价、对外谈判、国内外技术考察直至建成投产的各阶段,应吸收承担有关设计任务的单位参加,按照国家有关规定给付设计费用;第六,维护设计人的设计成果,不得擅自修改,不得转让给第三方重复使用。

建设工程设计合同设计人的权利主要有:投标,要求发包人按规定和时间提供相关资料,取得正当合理的报酬。建设工程设计合同设计人的义务主要有:第一,设计人应当根据批准的设计任务书或者上一阶段设计的批准文件,以及有关设计技术经济协作文件、设计标准、技术规范、规程、定额等提出勘察技术要求和进行设计,并按合同约定的进度和质量提交设计文件(包括概预算文件、材料设备清单)。初步设计经上级主管部门审查后,在原定任务书范围内的必要修改,由设计人负责。第二,原定任务书有重大变更而重作或者修改设计时,须具有设计审批机关或者设计任务书批准机关的意见书,经双方协商另订合同。第三,设计单位对所承担设计任务的建设项目应配合施工,进行设计技术交底,解决施工过程中有关设计问题,负责设计变更和修改预算,参加试车考核及竣工验收。第四,对大中型工业项目和复杂的民用工程应派现场设计代表,并参加隐蔽工程验收。

(四)建设工程设计合同的主要内容

建设工程设计合同的主要条款包括:建设工程的名称、规模、投资额、建设地点;发包人提供设计基础资料、设计文件(包括概预算)、设计阶段、进度、质量和设计文件的份数以及其他协作条件;设计工作的取费依据、取费标准和拨付办法;违约责任等。

(五)签订建设工程设计合同应当注意的问题

当事人在签订建设工程设计合同时,要在相互了解对方的资格、资信、履约能力之后,就设计合同正式签订进行谈判,核心要把设计的内容、设计达到的标准以及报酬等内容讨论清楚,协商一致,明确双方的权利义务。合同一旦签订,就具有法律效力。除法律规定的特殊情况外,合同双方均应按合同约定认真履行自己的义务。

015　建设工程监理合同

文书范本 | 建设工程监理合同
适用范围 | 签订建设工程监理合同时所使用的文书
条文检索 | 中华人民共和国合同法;中华人民共和国建筑法
应用指引 | 建设工程监理合同的概念和主要内容;制作该申请书应当注意的问题

建设工程监理合同

第一部分　建设工程监理合同协议书

委托人(全称):____________________

监理人(全称):____________________

依据《中华人民共和国合同法》、《中华人民共和国建筑法》及其他有关法律、行政法规,遵循平等、自愿、公平和诚实信用的原则,双方就本工程委托的监理服务和相关服务事项协商一致,订立本合同。

一、工程概况

委托人委托监理人服务的工程概况如下:

1. 工程名称:____________________

2. 工程地点:____________________

3. 工程规模:____________________

4. 工程总投资:____________________

二、词语限定

本合同协议书的相关词语含义与通用条件、专用条件中的定义相同。

三、合同文件组成

下列文件均为本合同的组成部分:

1. 协议书;

2. 中标函或委托书；

3. 监理投标函；

4. 通用条件；

5. 专用条件；

6. 附录，即：

附录 A——服务范围和内容；

附录 B——委托人提供的人员、设备和设施；

附录 C——收费金额和支付。

7. 在实施过程中双方共同签署的补充与修正文件。

四、双方承诺

1. 监理人向委托人承诺，按照本合同的规定，承担本合同附录 A 中约定范围内的服务。

2. 委托人向监理人承诺，按照本合同附录 B 中约定为监理人开展正常的监理工作提供相应的设备、设施和人员，并按附录 C 中注明的期限、方式、币种，向监理人支付监理服务费用。

五、服务期限

本合同附录 A 中约定的服务自________年____月____日开始，至________年____月____日完成。

六、合同的订立及生效

合同订立时间：________年____月____日

合同订立地点：________________

本合同双方约定________后生效。

本合同一式____份，具有同等法律效力，双方各执____份。

委托人：________（签章）	委托人：________（签章）
地址：____________________	地址：____________________
法定代表人：________（签章）	法定代表人：________（签章）
开户银行：________________	开户银行：________________
账号：____________________	账号：____________________
邮政编码：________________	邮政编码：________________
电话：____________________	电话：____________________

第二部分　通用条件

定义	1. 定义与解释 1.1　下列名词和用语,除上下文另有规定外,有如下含义: 1.1.1　“工程”是指委托人委托监理人实施工程监理及相关服务的建设工程。 1.1.2　“委托人”是指合同中委托监理人的一方,及其合法继承人和允许的受让人。 1.1.3　“监理人”是指合同中提供服务的一方,及其合法继承人和允许的受让人。 1.1.4　“承包人”是指与委托人签订施工承包合同或工程总承包合同的第三方。 1.1.5　“服务”是指监理人按照合同约定履行附录 A 中详细约定的工程监理及相关服务的工作,包括正常服务和附加服务。 1.1.6　“正常服务”是指在附录 A 中约定的服务范围和内容。 1.1.7　“附加服务”是指以下原因而增加的服务:①委托正常服务范围以外,通过双方书面协议另外增加的工作内容;②因非监理人原因增加的工作量或工作时间。 1.1.8　“工程监理”是指委托人委托监理人对建设工程施工阶段的质量、进度、费用进行控制管理,对安全生产进行监督管理;对合同、信息等进行协调管理。 具体范围和内容在专用条件和附录 A 中约定。 1.1.9　“相关服务”是指委托人委托监理人在勘察阶段、设计阶段、设备采购监造阶段、保修等阶段提供咨询或服务。 具体范围和内容在专用条件和附录 A 中约定。 1.1.10　“项目监理机构”是指监理人派驻本工程负责履行本合同的组织机构。 1.1.11　“总监理工程师”是指由监理人的法定代表人书面授权,全面负责履行本合同、主持项目监理机构工作的注册监理工程师。 1.1.12　“一方”是指委托人或监理人;“双方”是指委托人和监理人;“第三方”是指承包人及与本工程有关的其他法人或实体。 1.1.13　“日”是指一天零时至第二天零时的时间段。 1.1.14　“月”是指按公历从该月中任何一天开始的一个公历月的时间段。 1.1.15　“商定的补偿”是指专用条件中约定的根据本合同应付的附加款额。 1.1.16　“书面形式”是指有形表现所载内容的形式,包括合同文件、信件、电报、传真等。

续表

解释	1.2 对合同文件的解释 1.2.1 本合同文件使用汉语语言文字书写、解释和说明。如专用条件约定使用两种(含)以上语言文字时,应以汉语为准。 1.2.2 构成合同的文件应被认为是互为说明的。如果合同文件中的约定之间产生含糊或歧义,合同文件解释按时间顺序以双方最后签认的为准。解释合同文件的优先顺序为: (1)在实施过程中双方共同签署的补充与修正文件; (2)协议书; (3)专用条件及附录 A、B、C; (4)通用条件; (5)中标函或委托书; (6)投标函。
法律法规及标准规范	1.3 本合同适用的法律法规是指国家的法律、行政法规,以及专用条件中约定的部门规章或项目所在地的地方法规、地方规章及标准规范。 本合同适用的法律法规及适用于本工程的标准规范。
	2. 监理人的义务
服务范围	2.1 监理人应按本合同约定提供工程监理及相关服务,服务范围按附录 A 中的约定。
项目监理机构	2.2 监理人应组建满足工程监理及相关服务工作需要的项目监理机构,向委托人报送委派的总监理工程师及项目监理机构主要人员名单。 2.2.1 在服务期限内,项目监理机构人员应保持相对稳定,以保证服务工作的正常进行。监理人可根据工程进展和业务需要对项目监理机构人员作出合理调整。若更换现场监理人员,应以相当资格与技能的人员替换。其中,更换总监理工程师须提前 7 日向委托人报告,经委托人同意后方可更换。 2.2.2 如果监理人员存在以下情况之一,监理人应及时更换该监理人员: (1)严重过失行为; (2)违法或涉嫌犯罪; (3)不能胜任所担任的岗位要求; (4)严重违反职业道德。

续表

认真履行职责	2.3　监理人履行合同义务期间，应遵循监理职业道德准则和行为规范，严格按法律法规及标准提供服务。 2.3.1　在委托服务范围内，委托人和承包人提出的任何意见和要求，监理人应及时拟定处置意见，再与委托人、承包人协商确定。委托人与承包人之间发生争议时，监理人应根据自己的职责与委托人、承包人进行协商。 2.3.2　当委托人与承包人之间的争议提交仲裁机构仲裁或人民法院审理时，监理人应当如实提供有关证明材料。 2.3.3　监理人可在授权范围内对委托人与第三方签订合同中规定的第三方义务提出变更。如果变更超过授权范围，则这种变更须经委托人事先批准。 在紧急情况下，为了保护财产和人身安全，监理人所做的变更未能事先报委托人批准时，事后应尽快通知委托人。 在监理过程中如果发现承包人的人员工作不力，监理人应要求承包人调换有关人员。
工程监理及相关服务报告	2.4　监理人在履行合同义务期间，应按专用条件中约定的内容、时间和份数向委托人提交工程监理及相关服务的报告。
使用委托人的财产	2.5　监理人使用附录B中委托人提供的设备、设施和物品除合同另有约定外，属于委托人的财产，在服务完成或合同中止时，应将其设备、设施和剩余的物品库存清单提交给委托人，并按专用条件中规定的时间和方式移交。
	3.委托人的义务
告知第三方	3.1　委托人应将监理人、授予监理人的权限及时书面通知第三方，并在委托人与第三方签订的合同文件中予以明确。
提供资料	3.2　委托人应按照本合同附录B的约定，在约定的时限内免费向监理人提供有关的工程资料。在合同履行过程中，委托人应随时向监理人提供新近掌握的与工程有关的资料。

续表

提供工作条件	3.3 委托人应为监理人开展服务工作提供必要的条件。
	3.3.1 委托人应按照本合同附录 B 中的约定,免费向监理人提供履行服务所必需的人员、设备、设施和物品等。
	3.3.2 委托人应当负责工程建设的所有外部关系的协调,为监理人履行本合同提供必要的外部条件。
委托人代表	3.4 委托人应及时授权一名熟悉工程情况的代表,负责与监理人联系。委托人应将委托人代表的职责和权力书面告知监理人。当委托人更换委托人代表时,应提前 7 日书面通知监理人。
委托人指令	3.5 委托人在本合同约定的服务范围内对承包人的任何意见或要求,应首先向监理人提出。
答复	3.6 委托人应当在专用条件约定的时间内就监理人书面形式提交并要求作出决定的事宜作出书面形式的答复。
收费金额支付	3.7 委托人应按合同附录 C 的约定支付收费金额。
	4. 责任与保险
	4.1 监理人应按照法律法规及本合同约定履行义务并承担相应的责任。
监理人责任	4.1.1 监理人应按照有关法律法规及本合同对工程施工的质量和安全实施监督管理。对工作失职造成损失的,承担相应的监理责任。 4.1.2 监理人未履行本合同约定的义务,对应当监督检查的项目不检查或不按规定检查或因工作过失,给委托人造成损失的,应当承担相应的赔偿责任并支付赔偿金。 赔偿金 = 直接经济损失 × 受损失部分的相应收费金额比率 赔偿金累计数额不超过监理人的服务收费金额总额(扣除税金)。 4.1.3 监理人向委托人的索赔不成立时,监理人应补偿委托人由该索赔引起的费用。 4.1.4 因承包人违反承包合同约定或监理人的指令,发生工程质量安全事故、导致工期延误等造成损失,且监理人无过失的,监理人不承担赔偿责任。 4.1.5 因不可抗力导致本合同不能全部或部分履行,监理人不承担相应的责任。

续表

委托人责任	4.2　委托人应按照法律法规及本合同约定履行义务并承担相应的责任。 4.2.1　委托人应按照法律法规对本工程的实施取得相应政府部门的许可。如果委托人违反有关规定未取得许可擅自实施工程,对监理人造成的损失,应承担相应的责任。 4.2.2　委托人违反本合同约定或因其他非监理人原因造成监理人的经济损失,委托人应予以赔偿或补偿。 4.2.3　委托人向监理人的索赔不成立时,应补偿监理人由该索赔引起的费用。 4.2.4　委托人未能按合同附录 C 的约定支付监理服务费用,应承担违约责任。
保险	4.3　委托人可要求监理人对监理人的过失责任进行保险,保险费用由委托人承担。
	5. 合同生效、变更与终止
合同生效	5.1　按协议书中的约定生效。
开始和完成	5.2　双方按协议书中约定的开始和完成时间作为本合同的服务期限,但根据双方补充协议调整服务期限的除外。
变更	5.3　任何一方提出变更请求时,经双方协商一致后可进行变更。
情况改变	5.4　由于非监理人原因导致服务时间延长、服务内容增加,经双方协商一致,所延长的服务时间、增加的服务内容视为附加服务。委托人应按专用条件的约定向监理人支付附加监理服务费用。 5.4.1　由于委托人或承包人的原因使监理人的服务受到阻碍或延误,监理人应当将此情况与可能产生的影响及时通知委托人。监理人完成的此项服务应视为附加服务。 5.4.2　如果委托人书面提出专用条件约定以外的相关服务要求,监理人完成此项服务应视为附加服务。 5.4.3　如果委托人以书面形式提出要求,监理人应提交变更服务的建议方案,该建议方案的编写和提交应视为附加服务。 5.4.4　本合同生效后,如果实际情况发生变化,使得监理人不能提供全部或部分服务时,监理人应立即通知委托人。其善后工作以及恢复服务的准备工作,应视为附加服务。监理人用于恢复服务的准备时间不应超过 42 日。 5.4.5　委托人将部分或全部外部协调工作委托监理人承担,则应视为附加工作,并在专用条件中明确委托的工作内容和相应的监理服务费用。 5.5　满足以下全部条件,本合同即终止:

续表

合同终止	(1)本工程已办理竣工验收或工程移交手续; (2)监理人完成本合同约定的工程监理及相关服务全部工作; (3)委托人与监理人结清并支付监理服务费用。 5.6 在本合同有效期内,由于双方无法预见和控制的原因导致本合同全部或部分服务无法继续履行或继续履行已无意义,委托人可以提前要求解除本合同或解除监理人的部分义务。监理人应立即作出合理安排,停止全部或部分服务,并使开支减至最小。 委托人应在28日前向监理人发出解除合同或解除监理人部分义务的通知,因解除合同或监理人部分义务导致监理人的损失,除依法可以免除责任的情况外,应由委托人予以赔偿。 解除合同的协议必须采取书面形式,协议未达成之前,原合同仍然有效。 5.6.1 由于非监理人的原因导致工程建设全部或部分暂停,委托人可以书面形式通知监理人要求暂停全部或部分服务。 监理人应立即安排停止服务并将开支减至最小。委托人应将有关决定以书面形式通知监理人。由此导致监理人的损失应由委托人予以相应补偿。 监理人暂停部分工程监理及相关服务持续时间超过182日,监理人可发出解除合同约定该部分义务的通知;若全部暂停服务的持续时间超过182日,监理人可发出解除合同的通知。合同解除日为发出解除合同的通知之日起第14日。 5.6.2 如果因非监理人原因,导致监理人不能全部或部分履行合同约定服务时,监理人应立即通知委托人,要求暂停全部或部分合同约定的服务。 当暂停原因消除后,监理人应尽快恢复履行合同约定的服务。 5.6.3 当监理人无正当理由而未履行其合同约定的义务时,委托人可以书面形式通知监理人要求限期改正。若委托人在发出通知后14日内没有收到监理人书面形式的合理解释,则可在7日内发出解除本合同的通知。发出解除合同通知后的第14日合同解除。 监理人应承担相应的违约责任,委托人按专用条件的约定将工程监理及相关服务费用支付至合同解除日。 5.6.4 监理人在本合同约定的支付之日起28日后仍未收到服务费用,则监理人可向委托人发出催付通知。通知发出后14日委托人仍未支付或提出监理人可以接受的延后支付安排,监理人可向委托人发出暂停服务的通知并自行暂停全部或部分服务。暂停服务后14日内监理人仍未获得服务费用或委托人的合理答复,监理人可向委托人发出解除合同的通知。合同解除日为应支付服务费用之日起第56日。 委托人通知暂停工程监理及相关服务且暂停期超过182日,监理人可发出解除合同

续表

合同终止	的通知。合同解除日为发出解除合同的通知之日起第 14 日。 委托人应承担解除合同的违约责任。 5.7　本合同解除后,合同约定的有关的结算、清理、争议条款仍然有效。
	6. 收费金额及其支付
支付	6.1　委托人应按照附录 C 中约定的时间、方式和数额向监理人支付正常服务费用和附加服务费用。
支付的货币	6.2　支付服务费用所采用的货币种类、汇率由委托人、监理人在附录 C 中约定。
有争议部分的付款	6.3　如果委托人对监理人提交的收费金额支付申请单中的任何一项费用或其中一部分费用提出异议时,应当在收到监理人提交的支付申请通知书 7 日内以书面形式向监理人发出异议通知,无异议部分的费用应按期支付。
奖励	6.4　监理人在服务过程中提出的合理化建议,使委托人获得经济效益,委托人应按专用条件中的约定给予经济奖励。
	7. 其他
法律法规的调整或补充	7.1　协议书签订后,与工程监理及相关服务有关的法律法规、强制性标准的颁布及修改,双方应遵照执行。由此引起的服务费用、服务时间的变化,需进行相应调整。
转让	7.2　监理人不得将本合同转让给第三方。
分包	7.3　未经委托人的书面同意,监理人不得将合同约定履行的任何部分服务工作进行分包。
外出考察费用	7.4　经委托人同意的监理人员外出考察发生的额外费用,由委托人审核后支付。专用条件中另有约定的除外。
检测费用	7.5　委托人要求监理人进行的材料和设备检测所发生的费用,由委托人支付。专用条件中另有约定的除外。
咨询费用	7.6　经委托人同意,根据工程需要由监理人组织的相关咨询论证会以及聘请相关专家等发生的费用由委托人承担。

续表

守法诚信	7.7 双方在履行本合同过程中应遵循遵纪守法、诚实信用的原则,认真履行合同约定的各自义务和责任,在任何情况下都不应损害对方的利益。
利益冲突	7.7.1 监理人及其员工不得接受与服务工程第三方的任何经济利益。 监理人不得参与可能与合同约定的与委托人利益相冲突的任何活动。
保密	7.7.2 合同双方不得泄露对方申明的秘密,亦不得泄露第三方提供并申明的秘密。
通知	7.8 本合同涉及的通知均为书面形式,并在送达到合同中注明的地址时生效。无论发送方采用何种方式,收受方都应用书面回执确认。
版权	7.9 监理人对于其编制的服务文件拥有版权。 监理人可单独或与他人联合出版有关工程监理及相关服务的资料,如果在合同履行期间及合同终止后二年内出版,须征得委托人的同意。专用条件中另有约定的除外。
	8. 争议的解决
协商解决	8.1 双方应本着诚实信用原则协商解决彼此间任何争议。
调解解决	8.2 如果双方不能在 14 天或双方商定的任何其他期间内解决合同争议时,应将其提交给专用条件中约定的或事后达成协议的调解人进行调解。 经调解达成协议,双方应在协议书上签字。
最终解决	8.3 如果双方在调解后 28 天或商定的期限内未能达成一致意见,则双方都有权将合同争议直接提交仲裁或诉讼解决。

第三部分 专 用 条 件

1.1 本合同文件使用汉语语言文字书写时,________语言应为解释和说明本合同的标准语言文字。

1.2 本合同适用的法律、法规及适用于本工程的标准规范为:

____

____

____。

2.1 本合同委托的服务为:(工程监理或工程监理及相关服务或相关服务)

____

____

____。

2.2 总监理工程师和从事工程监理及相关服务工作的主要人员名单。

____

____

____。

2.3 委托人对监理人的授权范围为:

____

____

____。

2.4 双方约定报告的种类、时间和份数,包括监理规划、监理月报及专用条件中约定的专项报告。

3.1 委托人的代表是________。

____

____。

3.2 委托人应当在____天内,就受托人书面提交并要求作出决定的一切事宜作出书面决定。

4.1 监理人未履行本合同约定的义务,承担相应的赔偿责任并支付赔偿金为受损失部分的相应收费金额____%。

4.2 委托人未按时支付项目管理服务费用,应按以下方式支付违约金的数额或计算方法赔偿:

____

____

____。

5. 本工程保修期间,委托人是否委托监理人承担相关服务义务,双方在此约定。

6. 奖励办法应约定计算奖励金额的比率为____。

奖励金额 = 工程费用节省额 × 约定的奖励比率

7.1 委托人要求监理人进行的材料和设备检测所发生的费用应由________支付。

7.2 保密

委托人声明的保密信息:____

受托人声明的保密信息:____

第三方声明的保密信息:____

7.3 委托人的地址、电子邮箱、传真电话号码;

监理人的地址、电子邮箱、传真电话号码。

8. 双方约定合同争议的最终解决方式为________。

(方式1:向________仲裁委员会申请仲裁;方式2:向________人民法院起诉。)

补充条款:

____

____

____。

附录A 服务范围和内容

A-1 服务范围:

服务范围涵盖__________阶段的______________________相关服务内容。

A-2 服务内容

A-2-1 正常服务

双方可在下表中打钩选择或补充,或参考下表商定具体的监理和相关服务内容。

1. 勘察阶段的服务内容				
		1101	协助委托人编制勘察任务书,选择勘察单位并签订勘察合同	
		1102	管理委托人与勘察单位签订的有关合同、协议,督促勘察单位按合同和协议要求及时提供合格的勘察成果	

续表

		1103	核查勘察方案是否符合批准的勘察任务书,以及是否符合勘察合同的规定	
		1104	监督实施勘察方案,并参加勘察成果的验收	
2. 设计准备阶段服务内容				
	2.1 设计准备阶段的投资控制			
		2101	在可行性研究的基础上,进行项目总投资目标的分析、论证	
		2102	编制项目总投资切块、分解初步规划	
		2103	分析总投资目标实现的风险,编制投资风险管理的初步方案	
		2104	编制设计任务书中有关投资控制的内容	
		2105	对设计方案提出投资评价建议	
		2106	根据选定的方案审核项目总投资估算	
		2107	编制设计阶段资金使用计划并控制其执行	
		2108	编制各种投资控制报表和报告	
	2.2 设计准备阶段的进度控制			
		2201	分析、论证总进度目标	
		2202	编制项目实施总进度规划,包括设计、招标、采购、施工等全过程和项目实施各个方面的工作	
		2203	分析总进度目标实现的风险、编制进度风险管理的初步方案	
		2204	审核设计进度计划并控制其执行	
		2205	编制设计任务书中有关进度控制的内容	
		2206	编制各种进度控制报表和报告	

续表

	2.3 设计准备阶段的质量控制			
		2301	进一步理解委托方的要求，分析、论证项目的功能	
		2302	协助委托方确定项目的质量要求和标准	
		2303	分析质量目标实现的风险、编制质量风险管理的初步方案	
		2304	编制项目的功能描述书及主要空间的房间手册	
		2305	编制设计任务书	
		2306	比较设计方案是否符合设计竞选文件的要求	
		2307	编制设计竞赛总结报告	
	2.4 设计准备阶段的合同管理			
		2401	分析、论证项目实施的特点及环境，编制项目合同管理的初步规划	
		2402	进一步分析项目实施的风险、编制项目风险管理方案	
		2403	从合同管理的角度为设计文件的编制提出建议	
		2404	协助委托人设计竞选或设计招标，根据设计竞选或设计招标的结果，提出委托设计的合同结构	
		2405	协助委托方起草设计合同，参与设计合同的谈判、签定工作	
		2406	从目标控制的角度分析设计合同的风险，制定设计合同管理方案	
		2407	分析、编制索赔管理初步方案，以防范索赔事件的发生	

续表

	2.5　设计准备阶段的信息管理		
	2501	进行信息分类,建立项目的信息编码体系	
	2502	编制项目信息管理制度	
	2503	收集、整理、分类归档各种项目管理信息	
	2504	协助委托方建立会议制度,管理各种会议记录	
	2505	建立各种报表和报告制度,确保信息流畅通、及时、准确	
	2506	向设计单位提供所需的各种资料及外部条件的证明书	
	2507	填写项目管理工作日志	
	2508	每月向委托方递交项目管理工作月报	
	2509	运用计算机进行项目的信息管理,随时向委托方提供有关项目管理的各类信息、各种报表和报告	
	2510	将所有项目管理信息分类装订成册,在项目管理工作结束后递交委托方	
	2.6　设计准备阶段的组织与协调		
	2601	分析项目实施的特点及环境,提出项目实施的组织方案	
	2602	协助委托方分析委托方的组织结构,对委托方的组织进行必要的调整	
	2603	编制项目管理总体规划,包括项目管理班子内部的工作分工、工作流程的制定、标准文件格式的制定、建立管理制度等	
	2604	编制设计工作的组织方案并控制其实施	

续表

		2605	协助委托方班子内部的工作分工、工作流程的制定、标准文件格式的制定、建立管理制度等	
		2606	协助委托方办理设计审批方案	
		2607	根据设计竞赛及评审结果,提出委托设计单位的建议	
		2608	协调设计准备过程中的各种工作关系,协助委托方解决有关纠纷事宜	
3. 设计阶段服务内容				
	3.1 设计阶段的投资控制			
		3101	在可行性研究的基础上,进一步进行项目总投资目标的分析、论证	
		3102	根据方案设计,审核项目总投资估算,供委托方确定投资目标参考,并基于优化方案协助委托方对估算作出调整	
		3103	进一步编制项目总投资切块、分解规划,并在设计过程中控制其执行;在设计过程中若有必要,及时提出调整总投资切块、分解规划的建议	
		3104	审核项目总投资概算,在设计深化过程中严格控制在总概算所确定的投资计划值中,对设计概算作出评价报告和建议	
		3105	根据工程概算和工程进度表,编制设计阶段资金使用计划,并控制其执行,必要时,对上述计划提出调整建议	
		3106	从设计、施工、材料和设备等多方面作必要的市场调查分析和技术经济比较论证,并提出咨询报告,如发现设计可能突破投资目标,则协助设计人员提出解决办法,供委托方参考	

续表

		3107	审核施工图预算，调整总投资计划	
		3108	采用价值工程方法，在充分满足项目功能的条件下考虑进一步挖掘节约投资的潜力	
		3109	进行投资计划值和实际值的动态跟踪比较，并提交各种投资控制报表和报告	
		3110	控制设计变更，注意检查变更设计的结构性、经济性、建筑造型和使用功能是否满足委托方的要求	
	3.2 设计阶段的进度控制			
		3201	参与编制项目总进度计划，有关施工进度与施工监理单位协商讨论	
		3202	审核设计方提出的详细的设计进度计划和出图计划，并控制其执行，避免发生因设计单位推迟进度而造成施工单位要求索赔	
		3203	协助起草主要甲供材料和设备的采购计划，审核甲供进口材料设备清单	
		3204	协助委托方确定施工分包合同结构及招投标方式	
		3205	督促委托方对设计文件尽快作出决策和审定	
		3206	在项目实施过程中进行进度计划值和实际值的比较，并提交各种进度控制报表和报告（月报、季报、年报）	
		3207	协调室内外装修设计、专业设备设计与主设计的关系，使专业设计进度能满足施工进度的要求	
	3.3 设计阶段的质量控制			
		3301	协助委托方进一步确定项目质量的要求和标准，满足有关部门质量评定标准要求，并作为质量控制目标值，参与分析和评估建筑物使用功能、面积分配、建筑设计标准等，根据委托方的要求，编制详细的设计要求文件，作为方案设计优化任务书的一部分	

续表

		3302	研究图纸、技术说明和计算书等设计文件,发现问题,及时向设计单位提出;对设计变更进行技术经济合理性分析,并按照规定的程序办理设计变更手续,凡对投资及进度带来影响的变更,需会同委托方核签	
		3303	审核各设计阶段的图纸、技术说明和计算书等设计文件是否符合国家有关设计规范、有关设计质量要求和标准,并根据需要提出修改意见,争取设计质量获得市有关部门审查通过	
		3304	在设计进展过程中,协助审核设计是否符合委托方对设计质量的特殊要求,并根据需要提出修改意见	
		3305	若有必要,组织有关专家对结构方案进行分析、论证,以确定施工的可行性、结构的可靠性,进一步降低建造成本	
		3306	协助智能化设计和供货单位进行大楼智能化总体设计方案的技术经济分析	
		3307	对常规设备系统的技术经济进行分析,并提出改进意见	
		3308	审核有关水、电、气等系统设计与有关市政工程规范、地块市政条件是否相符合,争取获得市有关部门审查通过	
		3309	审核施工图设计是否有足够的深度,是否满足可施工性的要求,以确保施工进度计划的顺利进行	
		3310	对项目所采用的主要设备、材料充分了解其用途,并作出市场调查分析;对设备、材料的选用提出咨询报告,在满足功能要求的条件下,尽可能降低工程成本	
		3311	会同有关部门对设计文件进行审核,必要时组织会议或专家论证	

续表

	3.4 设计阶段的合同管理			
		3401	协助委托方确定设计合同结构	
		3402	协助委托方选择标准合同文本,起草设计合同及特殊条款	
		3403	从投资控制、进度控制和质量控制的角度分析设计合同条款,分析合同执行过程中可能出现的风险及如何进行风险转移	
		3404	参与设计合同谈判	
		3405	进行设计合同执行期间的跟踪管理,包括合同执行情况检查,以及合同的修改、签定补充协议等事宜	
		3406	分析可能发生索赔的原因,制定防范性对策,减少委托方索赔事件的发生,协助委托方处理有关设计合同的索赔事宜,并处理合同纠纷事宜	
		3407	向委托方递交有关合同管理的报表和报告	
	3.5 设计阶段的信息管理			
		3501	对设计阶段的信息进行分解,建立设计阶段工程信息编码体系	
		3502	建立设计阶段信息管理制度,并控制其执行	
		3503	进行设计阶段各类工程信息的收集、分类存档和整理	
		3504	运用计算机进行项目的信息管理,随时向委托方提供项目管理各种报表和报告	
		3505	协助委托方建立有关会议制度,整理会议记录	
		3506	督促设计单位整理工程技术经济资料、档案	

续表

		3507	协助委托方进行图纸和设计文件的分发、管理	
		3508	填写项目管理工作记录，每月向委托方递交设计阶段项目管理工作月报	
		3509	将所有设计文档（包括图纸、技术说明、来往函件、会议纪要、政府批件等）装订成册，在项目结束后递交委托方	
	3.6	设计阶段组织与协调的任务		
		3601	协助委托方协调与设计单位之间的关系，及时处理有关问题，使设计工作顺利进行	
		3602	协助委托方处理设计与各市政部门和主管部门的联系，摸清有关设计参数和要求	
		3603	协助委托方做好方案及扩初审批的准备工作，协助处理和解决方案及扩初审批的有关问题	
		3604	协助委托方协调设计与招投标之间的关系	
		3605	协助委托方协调设计与施工之间的关系	
		3606	协助设计方进行主体设计与专业细部设计、中外合作设计以及设计各专业工种之间的协调	
4. 施工招标阶段的服务内容				
		4101	编制监理工程项目的发包计划和各招标项目的招标工作进度计划	
		4102	审查招标文件并会同委托人与招标文件编制单位商讨修改招标文件	
		4103	拟定投标单位资格预审文件，参加投标单位资格预审	

续表

		4104	协助委托人组织投标单位现场踏勘、答疑及其他开标前的有关工作	
		4105	参加评标和合同谈判	
		4106	其他应协助委托人进行的招标工作	
5. 施工阶段的服务内容				
	5.1 施工阶段的质量控制			
		5101	熟悉施工图,参加设计交底会议,提出相关建议或意见	
		5102	审查和批准施工组织设计,核实并签发施工必须遵循的设计要求、采用的技术标准、技术规程规范等质量文件	
		5103	审批工程项目单位工程、分部分项工程和检验批的划分,并依据监理规划分析、调整和确定质量控制重点、质量控制工作流程和监理措施,制定质量控制的各项实施细则、规定及其他管理制度	
		5104	检查督促承包人建立健全适合于本工程的质量管理体系,并能切实发挥作用,督促承包人进行全面质量管理工作	
		5105	协助委托人移交与项目施工有关的测量控制网点;审查承包人提交的测量实施报告,并依据监理规范要求检查和复合有关测量成果	
		5106	审查承包人自建的试验室或委托试验的试验室;审查批准承包人按合同规定进行的材料、工艺试验及确定各项施工参数的试验	
		5107	审查进场工程材料的质量证明文件及承包人按有关规定进行的试验检测结果。必要时,监理人可按合同约定进行一定数量的抽样检测试验	

续表

		5108	对施工质量进行全过程的监督管理,在加强现场管理工作的前提下对重要部位、隐蔽工程和关键工序应采取旁站监理;对施工质量情况及时做好记录和统计工作,对发现质量问题的施工现场及时进行拍照或录像	
		5109	组织或参与质量事故的调查,审批事故处理方案,并监督质量事故的处理	
		5110	组织并主持定期或不定期的质量检查会和分析会,分析、通报施工质量情况,协调有关单位间的施工活动以消除影响质量的各种外部干扰因素	
		5111	对工程项目的检验批、分部分项工程、单位工程等及时进行施工质量验收和质量评定工作	
		5112	审查竣工资料,组织竣工预验收	
		5113	参与委托人组织的竣工验收,提交质量评估报告	
	5.2	施工阶段的投资控制		
		5201	审核招标文件和合同文件中有关投资的条款	
		5202	审核、分析各投标单位的投标报价	
		5203	编制施工阶段各年度、季度、月度资金使用计划并控制其执行	
		5204	利用专业投资控制软件每月进行投资计划值与实际值的比较,并提供各种报表	
		5205	工程付款审核	
		5206	审核其他付款申请单	
		5207	审核及处理各项施工索赔中与资金有关的事宜	

续表

5.3	施工阶段的进度控制		
	5301	熟悉招标文件和合同文件中有关进度的条款	
	5302	审核、分析各投标单位的进度计划	
	5303	审核施工总进度计划,并在项目施工过程中控制其执行,必要时,及时调整施工总进度	
	5304	审核项目施工各阶段、年、季、月度的进度计划,并控制其执行,必要时作调整	
	5305	在项目实施过程中,用计算机进行进度计划值与实际值的比较,每月、季、年提交各种进度控制报告	
5.4	施工阶段的合同管理		
	5401	合理划分子项目,明确各子项目的范围	
	5402	确定项目的合同结构,绘制项目合同结构图	
	5403	协助委托方处理有关索赔事宜,并处理合同纠纷	
	5404	进行各类合同的跟踪管理并定期提供合同管理的各种报告	
5.5	施工阶段的信息管理		
	5501	进行各种工程信息的收集、整理、存档	
	5502	定期提供各类工程项目管理报表	
	5503	建立工程会议制度	
	5504	督促各施工单位整理工程技术资料	
5.6	施工阶段的组织与协调		
	5601	检查施工许可等手续的办理情况,向委托人提交检查报告	

续表

		5602	审查工程开工条件,检查施工前的各项准备工作	
		5603	复核和审查施工单位、分包单位以及材料、设备、构配件等供应单位的资格	
		5604	组织、协调委托人与施工单位之间的关系	
	5.7 施工阶段的风险管理			
		5701	制订风险管理策略	
		5702	在合同中采取有利的反索赔方案	
		5703	制订合理的工程保险投保方案	
		5704	工程变更管理	
		5705	协助处理索赔及反索赔事宜	
		5706	协助处理与保险有关的事宜	
	5.8 施工阶段的现场安全文明管理			
		5801	审核施工安全专项方案、督促施工单位落实安全保证体系	
		5802	督促施工单位履行施工安全、文明保障义务	
		5803	组织工地安全检查	
		5804	制订项目委托人方的应急措施	
		5805	协助处理安全事故	
		5806	组织工地卫生及文明施工检查	
		5807	协调处理工地的各种纠纷	
		5808	组织落实工地的保卫及产品保护工作	
6. 采购监造阶段的服务内容				
		6101	依据工程项目的施工总进度计划,协助委托人编制永久工程设备采购招标进度计划	

续表

		6102	协助委托人进行永久工程设备采购招标设计及招标文件的审查工作,并参加招标、评标及合同谈判工作	
		6103	管理采购合同,并对采购计划进度进行监督与控制	
		6104	代表委托人对永久工程设备及主要零部件的生产质量和进度等进行监督、管理、控制和协调	
		6105	代表委托人组织永久工程设备出厂验收	
		6106	核查永久工程设备实际到货进度是否符合采购合同要求和工程进度要求,必要时,应向委托人提出设备到货进度的调整意见	
		6107	记录和整理安装调试中发现的设备制造缺陷和质量问题,提出处理建议,协助委托人与供货单位谈判交涉	
		6108	代表委托人协调设备供货人与承包人之间的关系	
7. 保修阶段的服务内容				
		7101	协助委托人与施工单位签订保修协议	
		7102	制订保修阶段工作计划	
		7103	定期检查项目使用和运行情况	
		7104	检查和记录工程质量缺陷,对缺陷原因进行调查分析并确定责任归属,下达指令要求承包人进行修复	
		7105	审核质量缺陷修复方案,监督修复过程并进行验收	
		7106	审核签署修复费用,并报委托人批准支付	
		7107	整理保修阶段的各项资料	

A－2－2　附加服务

A－2－2－1　专家咨询服务

1. 受委托人委托和委托人聘请的咨询专家对应工作；

2. 根据咨询合同规定，向咨询专家提供工程资料与文件；

3. 接收并分析研究咨询专家的建议和备忘录，选择合理的内容，并提出书面报告。

A－2－2－2　材料检测和工程检测服务

1. ______________________________；

2. ______________________________；

3. ______________________________。

A－2－2－3　专业技术咨询

1. ______________________________；

2. ______________________________；

3. ______________________________。

A－2－3　其他附加服务

1. ______________________________；

2. ______________________________；

3. ______________________________。

附录 B　委托人提供的人员、设备和设施

B－1　委托人提供的房屋、设施与物品及提供时间。

根据合同通用条件的约定，业主单位向监理单位提供下列设备、设施和服务：

(1)委托人提供的设施

名称	数量	面积	提供时间
1. 办公用房			
2. 生活用房			
3. 餐饮条件			

(2)委托人提供的设备清单

名称	数量	型号与规格	提供时间
1. 通讯设备			
2. 办公家具及设备			
3. 交通工具			
4. 检测和实验设备			

(3)委托人提供的人员

名称	数量	要求	提供时间
1. 工程技术人员			
2. 辅助人员			
3. 服务人员			

B－2　委托人提供的资料

名称	份数	时间	备　注
1. 施工承包合同			
2. 设计文件及图纸			
3. 水文、地质资料			
4. 其他相关文件			

B－3 委托人自备的设备

(1)监理人自备的设备、物品及进场时间。

(2)监理人自备的、委托人给予补偿的设施及补偿金额的约定。

附录C 收费金额和支付

1.正常服务收费计取和支付

1.1 施工监理服务收费计取及支付

1.1.1 施工监理服务收费计取

双方商定,本工程的施工监理收费计取按照国家发展改革委、建设部联合颁布的《建设工程监理与相关服务收费管理规定》(发改价格〔2007〕670号)执行。

1.1.1.1 本工程建筑安装工程费为____万元,设备购置费为____万元,联合试运转费为____万元。

1.1.1.2 本工程的施工监理服务收费按照________(工程概算投资额或建筑安装工程费)分档定额计费。

工程概算投资额＝建筑安装工程费＋设备购置费＋联合试运转费＝____＋____＋____＝____万元。

1.1.1.3 施工监理服务收费的计费额

本工程设备购置费和联合试运转费占工程概算投资额的比例为____。

经计算,本工程施工监理服务收费的计费额为____万元。

1.1.1.4 施工监理服务收费基价

经计算,本工程施工监理服务收费基价为____万元。

1.1.1.5 施工监理服务收费的基准价

按照收费标准,本工程的专业调整系数为____,工程复杂程度调整系数为____,高程调整系数为____。

本工程的施工监理服务收费基准价＝施工监理收费基价×专业调整系数×工程复杂程度调整系数×高程调整系数

＝____(万元)×____×____×____

＝____万元。

1.1.1.6 施工监理服务收费

经商定,本工程施工监理服务收费的浮动幅度值为____。

施工监理服务收费金额 A = 施工监理服务收费基准价 ×（1 ± 浮动幅度值）= ____ ×（1 ±　）= ________万元。

1.1.1.7　若监理人只负责下列单项监理服务工作（标记"√"）：

（　　）质量控制和安全生产监督管理的监理服务（≥70%）；

（　　）费用控制、进度控制、合同管理、信息管理等。

则施工监理收费金额 B = 施工监理收费金额 A × ____% = ________万元。

1.1.1.8　监理人负责该工程的总体协调工作，委托人同意按照各监理人合计监理收费金额的____%（4% ~6%）加收总体协调费。该费用与施工监理收费金额合并支付。

1.1.2　施工监理服务收费支付

经商定，本工程施工监理服务收费支付方式如下：

支付次数	支付金额（万元）	支付条件
首次付款		合同签订后 7 日内
第二次付款		
第三次付款		
最后结清款		工程竣工移交后____日内

1.2　相关服务收费计取及支付

1.2.1　相关服务收费计取

委托人委托建设工程监理相关服务工作时，双方同意按下列标准计取收费金额。

序号	相关服务人员职级	费用标准（元/日·人）
1	高级专家	
2	高级职称人员	
3	中级职称人员	
4	初级及以下职称人员	

1.2.2　相关服务收费支付

1.2.2.1　相关服务收费在每个工作月月底双方签字确认，具体计算方式如下：

高级专家:____人×____日×____元/日·人=____元。

高级职称人员:____人×____日×____元/日·人=____元。

中级职称人员:____人×____日×____元/日·人=____元。

初级及以下职称人员:____人×____日×____元/日·人=____元。

本工作月相关服务收费金额合计为________元。

1.2.2.2 支付方式:

(1)经双方协商,委托人同意向监理人支付预付相关服务收费金额________元。

(2)经双方同意,委托人在次月7天内按1.2.2.1计算的收费金额支付上月相关服务费用。

(3)服务完成之日7天内双方结清余款。

1.3 监理服务收费金额的调整

1.3.1 工程延期时监理服务收费金额的调整

1.3.1.1 若非监理人原因工程发生延期并超出监理人服务期限时,委托人同意按照1.3.1.2款的计算方法确定监理延期工作服务收费金额,并按1.3.1.3款支付时间支付监理延期工作服务费用。

1.3.1.2 双方同意按下列计算方法确定工程延期监理服务收费金额。

工程延期监理服务收费金额=工程延期日数×合同收费金额/合同工期日数=____×____÷____=____元。

1.3.1.3 委托人应于次月____日内支付工程延期监理服务费用。

1.3.2 工程投资额变化时监理服务收费金额的调整

1.3.2.1 若工程结算投资额与工程概算投资额超出±____%时,双方同意调整监理服务收费金额。监理服务收费金额调整值按照1.3.2.2款的计算方法确定,并按1.3.2.3款增加或退回监理服务费用。

1.3.2.2 工程投资额发生变化时,双方同意按下列计算方法确定监理服务收费金额调整值。

监理服务收费金额调整值=投资额调整值×合同收费金额/合同投资额=(结算投资额-概算投资额)×合同收费金额/合同投资额。

1.3.2.3 增加或退回监理服务费用于工程结算后____日内一次结清。

1.3.2.4 当增加或减少投资额较大时,双方可视发生情况另作补充协议,并按补充协议规定执行。

2. 附加工作服务收费金额计取和支付

当发生附加服务工作时,双方应另行书面确定附加工作的内容,服务方式和服务收费金额的计取方式,并作为本合同的补充协议。

3. 拖期支付的赔偿

拖期支付需征得监理人同意,并自支付到期日之次日起算拖期支付赔偿金。双方同意委托人每月支付的赔偿金按____%计算,不足一个工作月的按一个月计算。

4. 合理化建议的奖励

监理人在监理工作过程中提出的合理化建议,使委托人得到了经济效益,委托人应给予监理人经济奖励。奖励方法为:

奖励金额=工程费用节省额×收费金额比率=____万×____%=____万元。

该款项应在实施合理化建议后一次支付。

5. 支付货币和汇率

如果监理服务费用用两种以上货币支付时,双方约定币种的名称、支付币种的百分比,以及按(固定或可变)汇率支付。

|条文检索|

参见“012 建设工程施工合同”条文检索部分。

|应用指引|

(一)建设工程监理合同概述

建设工程监理制度是保证建设工程质量的重要制度。它是指经国家有关部门批准设立的工程监理单位受建设单位(发包人)的委托,对建设工程实施阶段的建设行为实施的监督管理行为。实行建设工程监理制度是商品经济发展的产物,是我国建设管理体制的一项重大改革。建设工程需要实行监理的,建设单位(也即发包人)应当委托符合建设主管部门规定的与施工合同内工程等级相当的资质等级的监理单位进行建设工程监理。承包人发现建设监理单位有越级承接监理业务的行为,应当通过发包人拒绝其实施的监理行为。

建设工程委托监理合同,是为完成一定项目的建设,业主与具有法人资格、独立开业的社会监理组织签订的确定二者委托与被委托关系,明确双方权利义务、监理的酬金及支付方式、争议的协调和解决办法等的协议。《合同法》第276条规定，建设工程需要实行监理的，发包人应当与监理人采用书面形式订立委托监理合同。监理人的职责就是要通过监理活动保证工程质量符合合同约定的要求。建设工程委托监理合同主要由三部分组成，即协议、标准条件和专用条件。专用条件是针对不同工程的不同要求，对标准条件中的有关内容双方在协商后明确。

（二）建设工程监理合同的主要内容

建设工程委托监理合同应当明确约定受托人（也即监理人）和委托人（也即发包人）的姓名、监理事项、监理人的权限范围、委托监理的具体要求、监理期限、双方权利和义务、报酬和监理的终止等条款。

建设工程监理在不同阶段主要有以下业务内容：

第一，建筑前期阶段：建筑工程项目的可行性研究；参与设计任务书的编制。

第二，设计阶段：提出设计要求，组织评选设计方案；协助选择勘察人、设计人，商签勘察、设计合同并组织实施；审查设计和概（预）算。

第三，施工招标阶段：准备与发送招标文件，协助评审投标书，提出决标意见；协助发包人与承包人签订承包合同。

第四，施工阶段：协助发包人与承包人编写开工报告；确认承包人选择的分包单位；审查承包人提出的施工组织设计、施工技术方案和施工进度计划，提出改进意见；审查承包人提出的材料和设备清单及其所列的规格与质量；督促、检查承包人严格执行承包合同和工程技术标准；调解发包人与承包人之间的争议；检查工程进度和施工质量，验收分部分项工程；督促整理合同文件和技术档案资料；组织设计人和发包人进行工程竣工初步验收，提出竣工验收报告；审查工程结算。

第五，保修阶段。负责检查工程状况，鉴定质量问题及确定责任，督促保修。

（三）当事人的权利义务

监理人的权利主要有：在受委托范围内对工程质量进行监督，按合同约定收取监理费用。

监理人的义务主要有：第一，按照委托人（发包人）的指示进行工程监理工作。第二，亲自处理监理事务。委托人基于对监理人的信任，将监理工作交予受托人。监理人应当亲自处理监理事务，不得将受托的工程监理工作再转托第三人。如需要转托第三人的，应当事先取得委托人(发包人)的同意。第三,报告监理工作的情况。监理人在处理监理事务过程中,应随时向委托人(发包人)报告监理的进展情况、存在的问题等,以使委托人及时了解工程情况。待监理工作结束后,应当向委托人汇报最终结果。第四,赔偿损失。监理人在进行监理工作中,因违法行为或违约行为而给委托人造成损失的,应当依合同约定或者法律法规规定承担赔偿责任。

委托人的权利主要是监督监理人的工作,取得监理成果。

委托人的义务主要有:第一,支付费用。对于监理人为进行监理工作而必需的费用,委托人应当支付。支付的方式分为两种,即预付和偿还方式。第二,给付报酬。建设工程监理合同中约定了报酬数额的,委托人应当如数支付。第三,赔偿责任。监理人进行工程监理工作中,因不是自己的原因而造成损失的,有权要求委托人赔偿损失。

(四)签订建设工程监理合同应当注意的问题

签订建设工程委托监理合同要注意明确监理的范围和内容、双方的权利和义务、监理费的计算与支付方式、违约责任以及双方约定的其他内容。制作该合同应当注意以下问题:

(1)当事人应当熟悉示范文本的标准条款的内容。对需要协商才能确定的专用条件要认真研究后再决定写具体的内容。

(2)合同中对监理工程的基本情况要求明确具体,明确监理的依据和程序以及监理人的权利和义务。

(3)监理的内容和范围一定要写清楚,不能笼统含糊。

(4)监理单位作为建设单位的受托人,对施工单位即承包人的施工活动进行监督管理,目的是要维护委托人的权益,确保工程质量符合设计的标准和要求。监理单位与施工单位是监督与被监督的关系,双方之间不存在合同关系,但监理单位依据监理合同可以行使部分建设单位的权利。

016　FIDIC 土木工程施工合同

文书范本 | FIDIC 土木工程施工合同

适用范围 | 按照 FIDIC 土木工程施工方式时所使用的合同文书

条文检索 | 中华人民共和国建筑法;中华人民共和国合同法

应用指引 | FIDIC 土木工程施工合同的主要内容;制作该文书应当注意的问题

FIDIC 土木工程施工合同

第Ⅰ部分　定义和解释

定义

1.1　在本合同中,下列名词及术语,除上下文另有要求外,均应具有本款所赋予的含义:

(a)(i)“雇主”指本合同条件第Ⅱ部分指定的当事人及其合法继承人,但不指该当事人的任何受让人(除非得到承包人同意)。

(ii)“承包人”指其投标书已为雇主所接受的当事人及其合法继承人,但不指该当事人的任何受让人(除非得到雇主同意)。

(iii)“分包人”指合同中指名承担得到部分工程施工的当事人,或经工程师同意分包了一部分工程的当事人及合法继承人,但不指分包人的任何受让人。

(iv)“工程师”指雇主任命的为执行合同规定的工程师任务,并在本合同条件第Ⅱ部分提出姓名的当事人。

(b)(i)“合同”指合同条件(第Ⅰ部分和第Ⅱ部分)、技术规范、图纸、工程量清单、投标书,中标通知书、合同协议书(如果已签订)及其明确列入中标通知书或合同协议书(如果已签订)中的其他文件。

(ii)“规范”指合同中包括的工程技术规范和根据第51条或由承包人提供经工程师批准而作出的修改或补充。

(iii)“图纸”指工程师根据合同规定向承包人提供的所有图纸,计算书和性质类似的技术资料,以及由承包人提出并经工程师批准的所有图纸、计算书、样品、图样、模型、操作与养护手册及其他性质类似的技术资料。

(iv)“工程量清单”指构成投标书一部分并已标价填好的工程量清单。

(v)“投标书”指承包人根据合同规定为实施并完成本工程及其缺陷修复而向雇主提出并为中标通知书所接受的报价书。

(vi)“中标通知书”指雇主对投标书的正式接受。

(vii)“合同协议书”指第9.1款所述的合同协议(如果已签订)。

(viii)“投标书附件”指合同条件中所附的投标书后的附件部分。

(c)(i)“开工日期”指承包人接到工程师根据第41条规定签发的开工通知书的日期。

(ii)“竣工时间”指从开工之日算起按合同规定(或根据第44条而延期)完成施工或工程施工并通过竣工检验所用的时间。

(d)(i)“竣工检验”指合同规定的检验,或经工程师和承包人另有协议的其他检验。这些检验应由承包人在雇主接收本工程或其任何区段或部分工程之前完成。

(ii)“接收证书”指根据第48条规定签发的证书。

(e)(i)“合同价格”指中标通知书中写明的,完成工程实施及其缺陷修复而按照合同规定应支付给承包人的金额。

(ii)“保留金”指雇主根据第60.2款(a)规定保留的所有款项的累计金额。

(f)(i)“工程”指永久工程和临时工程,或视具体情况指两者中任何一个。

(ii)“永久工程”指根据合同规定拟实施的永久性工程(包括设备)。

(iii)“临时工程”指在实施和完成工程及其缺陷修复工作中所需的各种临时性工程(不包括承包人的设备)。

(iv)“设备”指预定构成永久工程或其一部分的机械、仪表和类似装置。

(v)“承包人设备”指为施工和完成工程以及修复工程内缺陷所需的全部设备和各种器具(临时工程除外),但不包括已成为或将成为永久工程的设备、材料和其他物品。

(vi)“区段”指合同内专门确定作为区段的工程部分。

(vii)“现场”指由雇主提供进行工程施工的场所,及在合同中可能具体指定为现场组成部分的其他任何场所。

(g)(i)“费用”指现场内外发生或正在发生的全部正常开支,包括日常管理费和其他正当分摊的开支,但不包括利润提成。

(ii)“天”指日历日。

(iii)“外币”指工程所在国以外的其他国家的货币。

(iv)“书面函件”指手写,打字或打印的函件,包括电传、电报和传真。

标题和旁注

1.2 本合同条件的标题和旁注不作为合同的一部分,在合同条件或合同本身的解释中也不应考虑这些标题旁注。

解释

1.3 凡指“当事人”或“当事各方”的词应包括公司、股份有限公司及具有法人资格的任何组织。

单数和复数

1.4 仅表示单数形式的词也包括复数含义,视上下文要求而定,反之亦然。

通知、同意、批准、证明和决定

1.5 除合同另有规定外,凡合同条款规定要由某人给出或发布任何通知、同意、批准、证书和决定时,均应是书面的。并相应地采用“通知”、“证明”或“决定”等词。任何这类同意、批准、证书或决定都不应被无理扣压或拖延。

工程师和工程师代表

工程师的责任和权利

2.1 (a)工程师必须履行合同规定的职责。

(b)工程师可以行使合同中规定的或合同必然暗示的权力,但是,如果雇主任命工程师的条款规定,要求工程师在行使上述权力前必须取得雇主的专门批准,则此要求应详细列入本合同条件第Ⅱ部分中,进而认为,工程师所行使的权力都已取得了雇主必要的批准。

(c)除在合同中有明确的规定外,工程师无权解除合同规定应由承包人所尽的任何义务。

工程师代表

2.2 工程师代表应由工程师指定,并对工程师负责。工程师代表履行和行使工程师按第2.3款可能委托给他的职责和权力。

工程师权力的委托

2.3 工程师可以随时将任何已授予工程师的责任与权力委托给工程师代表,并可以随时撤回这种委托。任何这种委托和撤回委托必须写成书面文件,而且只有将文件副本送给雇主和承包人后才能生效。工程师代表根据上述的委托向承包人发出的任何函件,

都和工程师发出的具有同等效力,但是,

(a)工程师代表由于疏忽未能对某一工作,材料或设备提出否定意见,不影响工程师对这一工作,材料或设备提出否定意见,并发出纠正指令的效力。

(b)如果承包人对工程师代表的任何函件有疑问,他可将该疑问提交工程师,而工程师应对此函件内容做出确认,否定或更改。

助理的任命

2.4　工程师或工程师代表可以任命任何数量的人员协助工程师代表完成第2.2款规定的工程师代表的任务。工程师或工程师代表应向承包人通知上述人员的姓名、职责和权力范围。上述助理无权向承包人签发任何指令,除非此类指令对他们履行本身职责和保证他们能够按合同规定对材料、设备或工艺质量进行验收是必不可少的。他们任何人为了上述目的发出的任何指令都应认为是工程师代表已经给出的。

书面指令

2.5　工程师发出的指令必是书面的。但如果由于某种原因、工程师认为有必要发出任何口头指令,则承包人必须执行此口头指令。工程师口头指令的书面确认无论是在该指令执行之前或之后,都应认为是本款含义之内的指令。如果承包人在7天之内以书面形式就工程师的任一口头指令,向工程师提出确认,而工程师在7天之内没有以书面形式驳回上述确定,则该指令应该视为是工程师的指令。本条的规定同样地适用于工程师代表所出的指令,并适用于根据第2.4款规定任命的工程师或工程师代表的助理所发出的指令。

工程师要行为公正

2.6　凡是合同要求工程师以下列方式行使职权时:

(a)作出决定,表示意见或同意;或

(b)表示满意或批准;或

(c)确定价值;或

(d)所采取的行动可能影响雇主或承包人的权利和义务时,工程师应根据合同规定,考虑各方面情况,公正地行使上述职权。任何上述决定,意见、同意、表示满意、批准、确定价值或采取行动,都可以按照第67条规定予以公开、复查或修改。

转让和分包

合同的转让

3.1　没有雇主的事先同意(尽管有第1.5款规定,这种同意必须由雇主自行决定),

承包人不得将本合同或其任何部分，或本合同中及名下的任何收益和利益转让给他人，但下列情况除外：

（a）按合同规定支付给承包人指定银行托管的属于或将属于承包人的任何款项；或

（b）将承包人从其他有责任的当事各方取得减轻损失的补偿金的权力转让给其担保人（在担保人已经免除了承包人损失或债务的情况下）。

分包

4.1　承包人不得将整个工程分包出去。没有工程师事先书面同意，承包人不得将工程的任何部分分包出去，除非合同另有规定。承包人即使取得上述同意也不应解除合同规定的承包人的任何责任和义务。对于任何分包人、分包人代理人、雇员或工人的行为，违约和疏忽，承包人应完全负责，并应视为承包人自己及其代理人，雇员或工人的行为，违约或疏忽。

但是，承包人在下述事项上，不必要求取得工程师的书面同意：

（a）提供劳务；或

（b）按合同规定的标准购买材料；或

（c）将工程的任何部分分包给合同已指名的分包人。

分包人的义务转让

4.2　如果某一分包人已对承包人承担了工程施工或提供货物、材料、设备及服务的责任期限超过了合同规定的缺陷责任期时，则在该缺陷责任期终止后，承包人应根据雇主的要求，由雇主付手续费，向雇主转让分包人在超出缺陷责任期的剩余责任期限承担的义务而带来的利益。

合同文件

语言和法律

5.1　在本合同条件第Ⅱ部分中应写明：

（a）用以拟定该合同的一种或几种语言；以及

（b）适用于该合同，并据此对该合同进行解释的法律是何国或何州的法律。如果上述合同文件是用一种以上的语言拟定的，则据此解释和说明该合同的那种语言也应在本合同条件第Ⅱ部分中予以指定，作为本合同的"主导语言"。

合同文件的优先次序

5.2　组成合同的几个文件应该认为是彼此互为解释的，但在出现含糊或互不一致的情况下，工程师应该向承包人发出有关指令，以便对此做出解释和调整。在这种情况下，

除非合同另有规定,组成合同的几个文件的优先次序应依次如下:

(1)合同协议书(如果已签订);

(2)中标通知书;

(3)投标书;

(4)本合同条件第1部分;

(5)本合同条件第1部分;及

(6)构成本合同组成部分的其他任何文件。

图纸和文件的保管与提供

6.1 图纸应仅由工程师单独保管,但免费提供两份复印件给承包人。

承包人需要更多的复印件时,应自费复制。除非为了本合同目的而需要外,雇主或工程师提供的图纸、技术规范和其他文件,未经工程师的同意,承包人不得转给第三方使用或与第三方交流。发给缺陷责任期终止证书时,承包人应将合同规定提供的所有图纸、技术规范和其他文件退还给工程师。

承包人应向工程师提供根据第7条规定由承包人提交,并经工程师批准的全部图纸、技术规范和其他文件的复印件四份,同时对无法用复印机复制达到同等标准的资料提供一份可复制的副本。此外,工程师可以根据雇主的需要,书面要求承包人提供更多的这类图纸、技术规范和其他文件的复印件,费用由雇主自理。

一份图纸保存在现场

6.2 向承包人提供或由承包人提供的图纸,应由承包人在现场保存一份,以便随时提供给工程师和任何由工程师书面委派的其他人员检查和使用。

工程进度干扰

6.3 工程师如果未在合理的时间发出进一步需要的图纸和指令,就有可能延误或干扰工程的计划和进度,则承包人应向工程师发出通知,并将一份副本呈交雇主。该通知应包括所要求的图纸或指令,需要的理由和时间,以及如果延误则有可能造成工程进度的拖延或干扰等详细说明。

图纸延误和延误所造成的费用

6.4 如果由于工程师未曾或未能按照第6.3款规定在合理时间内发出承包人按上条通知所要求的图纸或指令,而使承包人蒙受进度延误和(或)造成费用的增加,则工程师在与雇主和承包人协商后,要作出以下决定:

(a)按照第44条规定,承包人可以延长工期;

以及(b)在合同价格上增加的上述费用金额;并且要相应地通知承包人,并将一份副本呈交雇主。

承包人未能提交图纸

6.5 如果工程师不能发出图纸或指令,其全部或部分原因是由于承包人未能提交按照合同规定应该提交的图纸、技术规范或其他文件,则工程师在根据第6.4款规定作出决定时,应该将承包人这种失误因素考虑在内。

补充图纸和指令

7.1 为使工程正确施工、完成及修复本工程内的缺陷,工程师应有权随时向承包人发出所需的补充图纸和指令。承包人应按此执行,并受其约束。

承包人设计的永久工程

7.2 合同明文规定由承包人设计部分永久工程时,则承包人应将以下文件提交给工程师批准:

(a)为使工程师对该设计的适用性和完备程度感到满意而需要的图纸、技术规范、计算书和其他资料;以及

(b)已竣工的永久工程的使用和维护手册及永久工程的竣工图纸、其详细程度应使雇主能够使用、维护、拆卸、重装及调整该永久工程。只有当上述使用和维护手册与竣工图纸一起交出并经工程师批准,才能认为该工程已竣工,可按第48条进行接收。

不受批准影响的责任

7.3 工程师根据第7.2款规定所发的批准并不解除承包人按合同应负的责任。

一般义务

承包人的一般责任

8.1 根据合同的各项规定,承包人要细心和勤奋地进行设计(在合同规定的范围内),实施和完成工程及修复工程任何缺陷,承包人应当提供上述设计、实施和完成工程及其缺陷修复所需的全部监督管理,劳力、材料、设备、承包人装备和其他物品,不论是临时性或永久性的,只要上述各项在合同内有规定或暗示的要求,皆应及时提供。

现场作业和施工方法

8.2 承包人应对全部现场作业和施工方法的适应性、稳妥性和完全性完全负责。但是,承包人对不是他所制订的永久工程的设计或规范,或者任何临时工程的设计或规范,不应承担责任(但合同中写明的或可能另有协议者除外)。如果合同明确规定部分永久工程应由承包人设计,则尽管有工程师的任何批准,承包人仍应对该部分永久工程完全

负责。

合同协议书

9.1 如果雇主有此要求,承包人应同意签定并履行合同协议书,其格式需按照本合同条件所附的格式,必要时可作修改。准备与完成合同协议书的费用由雇主承担。

履约担保

10.1 如果合同要求承包人为其正常履行合同取得担保时,承包人应在收到中标通知书后28天内,按投标书附件中注明的金额取得担保,并将担保证书提交给雇主。承包人向雇主提交担保证书时,应将此事通知工程师。担保证书应采用本合同条件附件中的格式或雇主和承包人双方同意的其他格式。提供担保的单位应由雇主批准。除非合同另有规定,执行本款时所需的费用应由承包人承担。

履约担保的有效期

10.2 履约担保的有效期,要到承包人按照合同要求实施和完成工程并修复工程中任何缺陷之后为止。根据第62.1款规定发出缺陷责任终止证书后,即不应对此项担保再提出任何索赔。此担保证书应在上述缺陷责任终止证书发出14天内归还给承包人。

履约担保项下的索赔

10.3 雇主在对履约担保提出索赔要求之前,在任何情况下都应通知承包人说明有关此索赔要求所涉及承包人违约的性质。

现场考察

11.1 在承包人送交投标书之前,雇主应向承包人提供由雇主或雇主代表根据有关该项工程的勘察所取得的水文及地表以下状况的资料,但是承包人应对他自己就上述资料的解释负责。应该认为承包人对现场和其周围环境以及与之有关的可得到的资料已经进行了考察和检查,并在投标前对以下几点已经自行查明(已考虑到费用和时间的实际可能):

(a)现场的地形和性质,包括地表以下的状况;

(b)水文和气候条件;

(c)实施和完成工程和修复工程内任何缺陷所需做的工作和材料的性质和范围;以及

(d)进入现场的方法和承包人可能需要的食宿供应条件。总之应认为承包人对上述可能对其投标有影响或起作用的风险,意外及其所有情况必要的资料。

应认为,承包人的投标书是以雇主已经备有的资料和他自己进行的所有上述考察和检查为依据的。

投标书的完备性

12.1 应认为承包人在投标前对自己的投标书和工程量清单中开列的各项费用和价格的正确性与完备性。除在合同中另有规定外,上述文件应包括了合同中规定的承包人的全部义务(包括在提供货物,材料、设备或服务的义务;以及需支付暂定金额的不可预见工作的义务),以及为实施和完成该工程和修复工程缺陷所必需的一切事物。

不利的障碍或自然条件

12.2 在施工期间,承包人如果遇到不属于现场气候条件的障碍或自然条件,而且承包人认为这些障碍或条件是一个有经验的承包人不能合理预见的,则承包人应立即就此向工程师发出有关通知,并将一份副本呈交雇主。工程师收到该通知后如果认为该障碍或条件不可能为一个有经验的承包人所合理预见,则工程师在与雇主和承包人协商后应作出以下决定:

(a)承包人按照第44条规定可延长工期;以及

(b)承包人因遭受这种障碍或条件而可能造成的费用金额。该费用金额应加到合同价格上。应将上述决定通知承包人,并将一份副本呈交雇主。做上述决定时,应该考虑工程师为此可能发给承包人的指令,并应考虑在没有工程师具体指令的情况下承包人可能已经采取的被工程师接受的合理而又恰当的措施。

工程要符合合同要求

13.1 除非在法律上和客观上不可能实现,承包人应严格按照合同规定实施和完成工程并修复工程内任何缺陷,达到使工程师满意的程度。承包人应该严格遵守与执行工程师对涉及或有关工程的任何事件(无论这些事件在合同中写明与否)所作的指令。承包人应只听从工程师或者按照第2条的规定,从工程师代表处取得各项指令。

工程进度计划的提交

14.1 承包人在接到中标通知书后,应在本合同条件第Ⅱ部分规定的时间内,向工程师提交一份格式和详细程度均符合工程师规定的工程进度计划,以便工程师审定同意。如果工程师提出要求,承包人还应随时以书面形式提交一份有关承包人为完成本工程而建议采用的施工安排和施工方法的说明,以备工程师查阅。

修订的工程进度计划

14.2 无论何时,如果工程师认为工程的实际进度不符合根据第14.1款已经同意的工程进度计划,根据工程师的要求承包人应拟定一份修订的工程进度计划,表明其对工程进度计划所作的必要的修改,以保证在竣工期内完成本工程。

现金流动估算的提交

14.3　承包人在接到中标通知书后,应在本合同条件第Ⅱ部分规定的时间内,向工程师提交一份按照合同规定承包人有权得到的全部金额的详细的季度现金流通估算表,以备工程师查阅。其后如果工程师要求承包人提供修订的季度现金流通估算表,承包人必须满足工程师的这一要求。

不解除承包人的义务或责任

14.4　承包人向工程师提交上述工程进度计划,或向其提供的总说明或现金流动估算,并取得工程师的同意,并不解除根据合同规定承包人应负的义务或责任。

承包人的监督

15.1　在工程实施期间以及其后工程师认为必要的一段时间内,为使承包人正确地

履行合同义务,承包人应提供一切必要的监督。承包人或一名经工程师批准的(该批准可随时撤回)有资格的授权代表,必须用其全部时间进行本工程的监督,此授权代表应代表承包人接受工程师的指令,或按照第2条的规定接受工程师代表的指令。

如果工程师撤回了对承包人代表的批准,承包人在接到该撤回通知后,考虑下文中提及的撤换人员的要求,应尽快地将该代表调离本工程,以后也不得再雇用该代表担任本工程的任何职务,并同时委派另一名经工程师批准的代表接替承包人的雇员。

16.1　承包人应向现场提供与实施和完成工程及修复工程缺陷有关的下述人员:

(a)在本行业中技术熟练、经验丰富的技术助理及有能力进行正确的工程监督的工长和领工。

(b)为了保证承包人正确而及时地履行合同义务所需要的熟练技工、半熟练技工及非熟练工人。

工程师有反对

工程师应有权反对并要求承包人立即从工程中撤换那些由承包人提供的,但工程师认为是行为不轨或不能胜任工作或玩忽职守的任何人员,以及工程师认为在现场工作不合格的人员,而且上述人员未经工程师同意不得重新从事本工程工作。任何上述从本工程撤掉的人员,应尽快更换成称职的并经工程师批准的人员。

放样

17.1　承包人应:

(a)根据工程师书面给定的原始基准点、基准线和基准标高,负责对本工程进行准确的放样工作;

(b)根据上述基准,对本工程各部分的位置、标高、尺寸及其轴线的正确性负责;以及

(c)提供与上述职责有关的所有必要的仪器、机具和人力。

在本工程进展过程中的任何时候,如果本工程的任何部分的位置、标高、尺寸或轴线方面出现差错,当工程师要求对此进行纠正时,承包人应自费纠正这些差错,直到工程师满意为止。如果这些差错是由于工程师书面提供的数据不正确所致,则工程师应根据第52条规定,确定合同价格的增加额,并相应地通知承包人,同时呈交雇主一份副本。工程师对任何放样,或任何轴线,或标高的核查,决不应解除承包人对其准确性应负的责任。承包人应该仔细保护和保持一切水准点、龙门桩、测桩和工程放样用的其他标志。

钻孔和勘探性开挖

18.1 本工程施工期间,无论何时,如果工程师要求承包人探孔取样或进行勘探开挖,除非在工程量清单中已经含有这类工作的一个支付项目,或含有关于这类工作的暂定金额,否则此项要求应由工程师按第51条发出指令。

安全、可靠和环境保护

19.1 在工程施工、竣工及修补工程缺陷的整个过程中,承包人应当:

(a)高度重视所有取得现场工作权利的人员的安全,使现场(在承包人的管理下)和本工程(包括尚未完成或未被雇主占用)保持井然有序,以免使上述人员发生人身事故;

(b)为了保护本工程,或为了保障公众与他人的安全和方便,在确有必要的时间和地点,或当工程师或任何合法的主管机构提出要求时,自费提供和维护全部照明、护栅、围栏、警告牌及看守;

(c)采取一切合理措施保护现场内外的环境,避免由于承包人的操作方法引起的污染、噪音或其他原因造成的对人身的伤害或公众或他人财产的伤害或妨碍。

雇主的责任

19.2 如果雇主按照第31条的规定,自行雇用工人在现场工作,则雇主在进行这一工作时应该:

(a)充分关注所有授权在现场工作的全体人员的安全;以及

(b)使现场保持井然有序,以免对这些人员的安全造成威胁。如果按照第31条规定,雇主可在现场雇用其他承包人,则雇主应同样要求在现场雇用的其他承包人注意安全和避免危险。

工程的照管

20.1 从开工之日起,直到整个工程交接证书签发之日为止,承包人应全面负责照管

本工程及用于或安装在本工程中的材料和设备,此后,上述照管即交给雇主。但是:

(a)如果工程师就永久工程的任何区段或部分颁发了交接证书,则从交接证书签发之日起承包人应立即停止对该工程区段或部分的照管,此时该区段或部分的照管责任应移交给雇主;以及

(b)承包人应对他在缺陷责任期内承担的尚未完成的本工程及用于和安装在本工程内的材料和设备的照管负完全责任,直到根据第49条规定,将该未完成工程完工为止。

20.2 在承包人负责照管期间,如果本工程或其任何部分,或用于或安装在本工程内的材料或设备发生任何损失或损坏,不论出于什么原因,除第20.4款规定的风险外,承包人均应自费弥补上述损失或损坏,以便使永久工程在各方面都符合合同的规定和使工程师满意。为了履行第49条和第50条规定的义务,承包人在进行任何作业的过程中由他造成的对本工程的任何损失或损坏时,应自负其责。

由于雇主的风险所造成的损失或损害

20.3 由于第20.4款规定的任何一种风险造成的,或与其他风险合并造成的任何上述的损失或损坏,承包人应该在工程师要求时或其范围内修补损失或损坏。工程师应按照第52条规定,决定合同价格的增加额,相应地通知承包人,并将一份副本呈交雇主。在若干种风险合并造成损失或损坏的情况下,任何上述决定都应考虑承包人和雇主双方按比例承担的责任。

雇主的风险

20.4 雇主的风险包括:

(a)战争、敌对行动(不论宣战与否)、入侵、外国敌人的行动;

(b)叛乱、革命、暴动、军事政变或篡夺政权或内战;

(c)由于任何核燃料或核燃料燃烧后的核废物、或有放射性的有毒炸药、或任何爆炸性核装置或其核成分的其他危险性质引起的电离辐射或放射性污染;

(d)以音速或超音速飞行的飞机或其他飞行装置引起的压力波;

(e)暴乱、骚动或混乱,但纯系承包人或其分包人雇用人员由本工程施工引起的骚乱、混乱除外;

(f)除合同规定者外,永久工程的任何区段和部分确因雇主使用或占用而造成的损失或损害;

(g)因本工程设计不当引起的损失或损坏,但承包人提供的或承包人负责设计的任何部分除外;

(h)一个有经验的承包人通常不可能预见并采取措施加以预防的任何一种自然力的作用。

工程和承包人装备的保险

21.1 在第20条规定的承包人和雇主的义务和责任不受限制的条件下,承包人应:

(a)给本工程、连同用于工程内材料和设备进行保险,达到全部重置成本;

(b)另加上述重置成本15%的附加费,或本合同条件第Ⅱ部分可能规定的附加费用,以补偿包括业务费、工程任何部分拆除和运走及碎料清除费用在内的损失或损害修复的任何附加费用和其连带费用;

(c)给承包人已经运到现场的承包人设备和其他物品保险,保险金额足以供其在现场的重置。

保险范围

21.2 第21.1款的(a)和(b)两项中的保险应该是承包人和雇主的联合名义保险,并应包括:

(a)给雇主和承包人保险除第21.4款规定以外的,任何原因产生的一切损失或损坏,时间应从在现场开始施工起到给本工程或某一区段或基某一部分(根据具体情况)签发相应的交接证书之日止,以及

(b)由承包人负责的:

(i)在缺陷责任期间,对缺陷责任期开始之前由于某一原因造成的损失或损坏;以及

(ii)在承包人为履行第49和50条规定的义务而进行的任何作业过程中所蒙受的损失或损坏。

对未能收回金额的责任

21.3 任何未保险或不能从保险公司收回的偿额,应该根据第20条对雇主和承包人责任的规定由雇主或承包人承担。

保险不包括的项目

21.4 在第21.1款中,保险公司不负责包括由下列原因引起的损失或损坏:

(a)战争、敌对行动(不论宣战与否)、入侵、外国敌人的行动;

(b)叛乱、革命、暴动、军事政变或篡夺政权或内战;

(c)任何核燃料或核燃料燃烧后的核废物、或有放射性的有毒炸药、或任何爆炸性核装置或其核成分的其他危险性质引起的离子辐射或放射性污染;

(d)以音速或超音速飞行的飞机或其他飞行装置引起的压力波。

人身和财产的损害

22.1 除合同另有规定以外,承包人应保障雇主免予承担下述原因产生的全部损失或索赔:

(a)任何人员死亡或致伤;或

(b)上述人员的伤亡或财产的损害是在实施和完成本工程及修复工程中任何缺陷的过程中发生或引起的,并应保障雇主免于承担与此有关的索赔、诉讼、损害赔偿、诉讼费、指控费及其他开支,但按第22.2款所限定的情况属于例外。

例外

22.2 在第22.1款中所指的"例外"是:

(a)本工程或本工程的任何部分所永久使用或占用的土地;

(b)雇主在任何土地之上、之下、之内或越过其间实施本工程或本工程任何部分的权利;

(c)按照合同规定,实施和完成工程或修补其任何缺陷所导致的,无法避免的对财产的损害;

(d)由雇主、其代理人、雇员或不是该承包人所雇用的人员或其他承包人的任何行为或疏忽所造成的人员伤亡或财产损失或损害,或与此有关的任何索赔、诉讼、损害赔偿、诉讼费、指控费及其他费用,或当承包人、其雇员或代理人也对伤害或损坏负有部分责任时,公正而合理地按雇主、其雇员或代理人或其他承包人对上述伤害或损坏应负的不同程度的责任而确定的上述伤害或损坏的相应部分。

由雇主赔偿

22.3 雇主应保障承包人免于承担第22.2款所述的例外情况中所规定的有关一切索赔、诉讼、损害赔偿、诉讼费、指控费及其他费用。

第三方保险

(包括雇主的财产)

23.1 在第22条规定的承包人和雇主义务和责任不受约束的条件下,承包人应以承包人和雇主联合名义对因履行合同而产生的任何财产(本工程除外)的损失或伤害,或任何人(非第24条所规定的)的死亡或致伤所负的责任进行保险,但第22.2款中(a)(b)和(c)项所限定的情况例外

最低保险额

23.2 上述保险至少是投标书附件中所规定的金额。

相互责任

23.3 保险单应包括相互责任条款,使该保险适用于被分别保险的承包人和雇主。

工人事故或致伤

24.1 雇主对承包人或任何分包人雇用的任何工人或其他人员的任何伤害或补偿支付不负责任,除非事故或致伤是由于雇主、其代理人或雇员的任何行为或过失所造成的。承包人应保障并持续保障雇主不承担除上述应由雇主负责以外的一切伤害赔偿和补偿以及与此有关的一切索赔、诉讼、损害赔偿、诉讼费、指控费及其他费用。

工人事故的保险

24.2 承包人应对他为此工程雇用的任何人员进行上述责任进行保险,并应对本工程中雇用的任何人员的全部期间持续地进行上述保险。但是,对于任何分包人雇用的任何人员,如果该分包人已对上述人员的责任进行了保险,使雇主根据保险单得到保障,则本款前述的承包人的保险义务即得到履行。但在需要时,承包人应要求上述分包人向雇主出示此项保险的保险单及本期保险金的支付收据。

保险的证明和条款

25.1 承包人应在现场开工前向雇主提供证明,证明合同规定的保险已经生效,并在开工之日后的84天之内向雇主提供保险单。承包人向雇主提供这种证明和保险单时应将此情况通知工程师。这种保险单必须与发出中标通知书之前同意的总的保险条件相一致,承包人应与承保人一起负责使其根据雇主认可的保险条件所投的所有保险生效。

完备的保险额

25.2 承包人应通知承保人有关工程施工的性质、规模或计划方面的改变,始终使保险额符合合同条件的要求,以及在必要时应向雇主出示生效的保险单和保险金的支付收据。

对承包人未办保险的补救办法

25.3 如果承包人未按合同规定办理所需的任何保险并保持有效,或未能在第25.2款规定的期限内向雇主提交各项保险单,则在此种情况下,雇主可以对上述各项投保且保持其生效,并支付为此目的可能需要的任何保险金,并随时从任何应付或可能到期应付给承包人的款项中扣除所付的上述费用,或视为到期债款向承包人收回上述费用。

遵守保险单的条件

25.4 如果承包人或雇主未能遵守根据合同生效的保险单规定的条件,一方应保护另一方不受由于此类失误而造成的全部损失和索赔。

遵守法令、规章

26.1　承包人应在各个方面,包括发出一切通知和支付所有费用,遵守下列规定:

(a)国家或州的任何法令、法规、或其他法律、或任何条例、或涉及本工程的实施和完成及工程中任何缺陷的修补的任何当地或其他当局的地方法规;以及

(b)产权或权利受到或可能受到本工程任何影响的公共团体及公司的规章制度。

而且承包人应保证雇主免于承担由于违反任何上述规定的各种罚款和责任。但雇主应负责取得为了施工所需的任何规划、分区规划或其他类似的许可,并且应该根据第22.3款规定对承包人给以补偿。

27.1　在工程现场发现的所有化石、硬币、有价值的物品或文物、结构物以及具有地质或考古价值的其他遗迹或物品等,就雇主和承包人之间而言,应认为是属于雇主的绝对财产。承包人应采取合理的预防措施,防止其工人或其他任何人员移动或损坏任何这些物品,并且一旦发现这些物品,应在移动之前立即通知工程师,并执行工程师关于处理上述物品的指令。如果因执行这些指令使承包人的工期受到延误或引起费用增加,则工程师在与雇主和承包人适当协商后应确定:

(a)按照第44条规定承包人应得以延长工期;以及

(b)应加到合同价格上的这部分费用款额,并应相应地通知承包人及呈送雇主一份副本。

专利权

28.1　承包人应保护和保障雇主免于承担由于本工程所用的或与本工程有关的任何承包人的装备、材料或设备方面侵犯任何专利权、商标或其他受保护的权利而引起的索赔与诉讼费用,并应保护和保障雇主免于承担由此导致或与此有关的一切损害赔偿、诉讼费、指控费和其他费用。但凡是因遵守工程师提供的设计或规范而引起的这种违反例外。

矿区使用费

28.2　除另有规定外,承包人应支付为获得本工程所需的石料、砂、砾石、粘土或其他各种材料的一切吨位费和其他矿区使用费、租金及其他支出或补偿费(如果有)。

对交通和相邻财产的干扰

29.1　在符合合同要求所许可的范围内,实施和完成工程及修补工程中任何缺陷所需的一切作业,在进行时均不应对下列方面有必要的和不适当的干扰:

(a)公众的方便;或

(b)公用道路或私人道路以及通往属于雇主或任何他人所有的财产的人行道的进出、

使用或占用。

承包人应保护并保障雇主免于承担由承包人负责的上述事项所导致的或与此有关的一切索赔、诉讼、损害赔偿、诉讼费、指控费及其他费用。

避免道路损坏

30.1 承包人应采取一切合理的措施防止承包人或其任何分包人的任何运输车辆破坏或损伤通往现场的道路或桥梁，尤其应当选定运输线路，选用运输车辆，限制和分配载运重量，从而使材料、设备、承包人装备或临时工程在运进或运出现场时所出现的任何此类特殊交通运输尽可能合理地受到限制，使上述道路和桥梁不致造成任何不必要的损坏和损伤。

承包人设备或临时工程的运输

30.2 除合同另有规定外，在通向现场的路线上，承包人应负责加固任何桥梁，或改建或改善任何道路，并支付其费用，以便利承包人设备或临时工程的运输。承包人应该使雇主不承担因这种运输造成的任何道路或桥梁损坏的一切索赔，包括直接向雇主提出的此类索赔，并应该协商和支付纯粹因为此类损坏而引起的一切索赔。

材料或工程设备的运输

30.3 尽管有第30.1款规定，如果在通向现场的路线上或进场有关的路线上因运输材料或设备引起任何桥梁或道路的损坏，承包人在得知这类损坏后，或收到有权索取这种索赔的主管机构的索赔要求后，应立即通知工程师，并给雇主一份副本。凡根据任何法律和规章，要求材料或设备的承运人赔偿道路主管机构的损害，则雇主对与此有关的任何诉讼费、指控或其他费用不负责任。如果没有上述法律规定，雇主应该通过协商解决，并支付所有应付的费用，并保证承包人不承担与此有关的一切索赔、起诉、损害赔偿、诉讼费、指控费及其他开支。但是，如果工程师认为上述索赔的全部或一部分实属承包人一方未能遵守和履行第30.1款规定的承包人义务所造成的，则工程师在与雇主和承包人适当协商后，对确属此类失误的该部分费用应由承包人偿还雇主，而且可以由雇主从任何应付或到期应付给承包人的款项中扣除上述费用，工程师应相应地通知承包人，并给雇主一份副本。如果需要通过谈判解决时，雇主应通知承包人，凡应由承包人支付的任何款项，雇主应与承包人协商之后再达成此项解决协议。

水运

30.4 在工程性质要求承包人使用水路运输的情况时，本条上述各项规定应解释为："道路"一词的含意包括船闸、码头、海堤或与水路有关的其他结构物，而"运输工具"一词的含意包括船舶,因而本条中上述各款的规定同样有效。

为其他承包人提供机会

31.1 按照工程师的要求,承包人应向下列人员提供一切合理的机会:

(a)雇主所雇用的其他承包人和工人;

(b)雇主的工人;

(c)在现场或现场附近实施本合同未包括的任何工作,或为了实施雇主可能签订的与本工程有关或附属于本工程的合同而雇用的任何合法机构的工人。

为其他承包人提供便利

31.2 根据第31.1款的规定,如果工程师提出书面要求,承包人应该:

(a)供其他承包人、雇主或任何此类机构使用由承包人负责维修保养的任何道路或通道;或

(b)允许上述人员使用现场上的临时工程或承包人的设备;或

(c)为上述人员提供任何性质的其他服务;

工程师应根据第52条规定,确定合同价格的增加额,并相应地通知承包人,同时将一份副本呈交雇主。

承包人保持现场整洁

32.1 在工程实施期间,承包人应合理地保持现场不出现不必要的障碍物,将任何承包人设备和多余材料妥善处置和贮存,并将任何废料、垃圾及不再需要的临时工程从现场清除、拆除并运走。

竣工时的现场清理

33.1 在签发交接证书时,承包人应从交接证书所涉及的那部分现场清除并运出一切承包人的设备、剩余材料、垃圾和各种临时工程,并保持整个现场和工程的整洁,达到工程师满意的使用状态、但是,在缺陷责任期结束之前承包人有权在现场保留为完成缺陷责任期内履行各项义务所需的材料、承包人的设备和临时工程。

劳务

职员和工人的雇用

34.1 除合同另有规定外,承包人应自行安排一切从当地或其他来源的职员和工人的雇用,以及负责支付上述人员的劳务、住房、膳食与交通费用。

劳务和承包人装备的统计表

35.1 如果工程师提出要求,承包人应随时向工程师提交一份详细的统计表,统计表

的格式和其间隔时间应符合工程师的要求,写明承包人在现场雇用的职员和各种等级的工人人数,以及工程师要求的有关承包人设备的资料。

材料、设备和操作工艺

材料、设备和操作工艺的质量

36.1　一切材料、设备和操作工艺均应该是:

(a)为合同所规定的相应类级,并符合工程师指令要求;以及

(b)随时按工程师的要求,在制造、装备或准备地点、或在现场,或在合同中可能规定的其他地点或若干地点,或在上述所有地点或其中任何地点进行检验。

为了对任何材料或设备进行检查、测量和检验,承包人应提供一切正常需要的协助、劳务、电力、燃料、库房、仪器、并应在材料用于本工程之前,提供材料样品,按照工程师的选择和要求,进行检验。

样品费用

36.2　如果检验样品的提供已在合同中明确指明或规定,则全部样品应由承包人自费提供。

检验费用

36.3　如果检验属于下列情况,则进行任何检验的费用由承包人负担:

(a)在合同中明确指明的或规定的;或

(b)在合同中已特别指出的(仅限于一项荷载试验或一项旨在确认任何已竣工或部分竣工的工程的设计是否达到预定目的的检验)并作出足够详细的说明,使承包人能在其投标书中报价或便于报价的。

未规定的检验费用

36.4　如果工程师所要求做的任何检验为:

(a)合同未曾指明或规定的;或

(b)(在上款所述情况下)没有特别指出的;或

(c)(虽已指明或规定)工程师所要求做的检验是在被检验材料或设备的制造、装配、准备地点以外的任何其他地点去进行。

如果在上述任一情况下所要求的检验表明操作工艺或材料没有符合合同规定和使工程师满意,则检验费用由承包人承担,但是在任何其他情况下,则应按第36.5款的规定处理。

未规定的检验由工程师决定

36.5　根据第36.4款的规定,凡该款适用之处,工程师应在与雇主和承包人适当协

商后确定:

(a)根据第44条规定承包的应得的延长工期,以及

(b)应该加到合同价格上的上述费用款额,并应相应地通知承包人,同时将一份副本呈交雇主。

作业的检验

37.1　工程师及其授权的任何人在任何合理的时间均应能够进入现场,以及制造、装配或准备材料和设备的所有车间或场所,承包人应为他们有权进入上述场所提供一切便利和协助。

检查和检验

37.2　在材料和设备制造、装配或准备过程中,工程师有权检查和检验按合同提供的材料和设备。如果材料和设备在不属于承包人的车间或场所制造、装配或准备,则承包人应使工程师获准在这些车间或场所进行上述检查或检验。上述检查或检验并不能解除承包人对合同所承担的任何义务。

检查和检验日期

37.3　承包人应该同工程师商定检查或检验合同规定的任何材料或设备的日期和地点。工程师至少应提前24小时通知承包人关于他将执行检查或参加检验的意向。如果工程师或其正式授权的代表未能在商定的日期出席,则在工程师没有另外发出指令的情况下,承包人可以进行检验,而且应该认为这一检验是在工程师在场的情况下完成的。承包人应立即向工程师提交检验数据的正式证明的副本。如果工程师没有参加检验,他应承认上述检验数据为准确的读数。

拒收

37.4　如果未能准备好在第37.3款商定的时间和地点进行材料或设备的检查或检验,或工程师根据本条的检查或检验的结果,确定材料或设备有缺陷或不符合合同要求,工程师可以拒收材料或设备,并将此情况立即通知承包人,通知应说明工程师拒收的原因。承包人应立即修补缺陷,或保证被拒收的材料或设备符合合同的规定。如果工程师要求在同样条件下进行或重做被拒收材料或设备的检验,则重复检验所造成的全部费用由工程师在与雇主和承包人适当协商后确定,然后由雇主从承包人处收回,也可以从任何应付或到期应付给承包人的款项中扣除上述费用。工程师应相应地通知承包人,将一份副本呈交雇主。

独立的检验

37.5 工程师可将材料或设备的检查和检验委托给一家独立的检验人进行。按照第2.4款的规定,任何此类委托应该是有效的,为此该独立检验人应该视为工程师助理。工程师应将这种委派的通知书(在14天前),交给承包人。

覆盖前的工程

38.1 没有工程师的批准,工程的任何部分均不得覆盖或掩蔽,承包人应保证工程师有充分的机会对将予以覆盖或掩蔽的工程的任何部分进行检查或测量,以及将本工程任一部分修筑在基础上之前,对该基础进行检查。无论何时,当任一部分工程或基础已经或即将为检查做好准备时,承包人应及时通知工程师,工程师应立即参加上述工程的检查和量测,或基础的检查,并且不得无故拖延(除非工程师认为没有必要检查,并就此通知承包人)。

剥开和开孔

38.2 承包人应按工程师任何时候发出的指令,剥开工程的任何一部分,在其内部或贯穿其内部开孔,并负责使该部分恢复原状。如果该部分已经根据第38.1款要求已予覆盖或掩蔽,并经查明,其施工被认为符合合同规定,则工程师在与雇主和承包人适当协商后,应确定剥开或在其内部或贯穿其内部开孔以及恢复原状的费用,并应将此费用加到合同价格上,然后相应地通知承包人,并呈交对下述事项给雇主一份副本。不合格工程、材料或设备的拆运

39.1 工程师有权随时对下述事项发出指令:

(a)根据指令规定的时间内一次或几次将工程师认为不符合合同规定的任何材料或设备从现场运走;

(b)用合格适用的材料或设备取代;以及

(e)尽管先前已经对其进行过任何检验或已在预期中支付,但工程师认为由于:

(i)材料、设备或操作工艺;或

(ii)承包人的设计或承包人负责的设计不符合合同规定的任何工程予以拆除,并彻底地重新施工。

承包人不执行指令的违约

39.2 如果承包人一方在指令规定的时间内(如果在指令中没有规定时间,在一段合理的时间内)不执行上述指令而违约,则雇主有权雇用他人执行该项指令,并向其支付有关费用。所有由此造成的或伴随产生的全部费用,由工程师在与雇主和承包人适当协商

后确定,应由雇主向承包人收回,或由雇主从任何应付或到期应付给承包人的款项中扣除。工程师应相应地通知承包人,并呈交给雇主一份副本。

暂时停工

工程的暂时停工

40.1　一旦工程师有指令,承包人应按照认为必要的时间和方式暂时停止本工程或其任何部分的施工。在暂时停工期间,承包人应妥善地保护本工程或工程师认为必要的任何工程部分,并保障其安全。除了下述暂时停工外,其他情况下应按第40.2款办理:

(a)在合同中另有规定的;

(b)由于承包人一方某种失误或违约导致的,或承包人应对其负责的必要的暂时停工;

(c)由于现场气候条件导致的必要停工;

(d)为了本工程的合理施工或为了本工程及其任何部分的安全所需的停工,(不包括工程师或雇主的任何行为或失误所引起的,或第20.4款规定的任何一种风险而引起的)。

暂时停工后工程师的决定

40.2　凡属于第40.1款的情况并按照该款的规定执行时,工程师应在与雇主和承包人适当协商后作出如下决定:

(a)根据第44条规定给予承包人延长工期的权力;

(b)将由于此类暂时停工给承包人造成的费用增加额加到合同价格上。

工程师应相应地通知承包人,及呈交给雇主一份副本。

暂时停工持续84天以上

40.3　如果根据工程师的书面指令暂停了本工程或其任何部分的施工,并且在自暂时停工之日起的84天以内,工程师未发出复工许可,如果此种暂时停工不属于第40.1款的(a)、(b)、(c)或(d)所规定的情况,则承包人可向工程师发出书面通知:要求自接到该通知后28天内准许对已经暂停的工程或本工程任何部分继续施工。如果上述时间内未得到批准复工,则承包人可以(但非必须如此)决定对此暂停作出如下选择,即把仅影响本工程一部分的停工按照第51条规定将该部分工程取消,同时将此事通知工程师,或者,当此项停工影响整个工程时,承包人可根据第69.1款的规定将此暂停视为雇主违约事件,并根据合同终止其被雇用,此时应执行第69.2和69.3款的各项规定。

开工和延误

工程的开工

41.3 承包人接到工程师有关的开工通知书之后，应在合理可能的情况下尽快地开工，然后迅速而不延误地继续施工。开工通知书应在发出中标通知书以后，在投标书附件中规定的期限内发出。

对现场及其出入道的占有

42.1 除合同可能另有规定外：

(a)供承包人随时占有的本工程现场各区段的用地范围；

(b)供承包人上述各区段的先后占用顺序，还应服从于合同中有关本工程施工顺序的任何要求，否则，雇主应在工程师下达开工通知的同时，给承包人占用；

(c)一定范围的现场，和

(d)雇主按合同应提供出人现场道路以便承包人能够开工，并按第14条所提的进度计划持续施工；如没有此种进度计划，则按承包人提出的合理建议进度持续施工。应相应地通知工程师，并呈交给雇主一份副本。随着工程的进行，雇主应不时地让承包人占用施工所需的更多的现场部分，使其根据上述进度计划或视具体情况按其合理建议尽快地进行本工程的施工。

未能给予占用权

42.2 如果由于雇主方面未根据第42.1款的规定给予现场占用权，而导致承包人延误工期和(或)付出的费用，则工程师应在与雇主和承包人适当协商后确定：

(a)根据第44条规定承包人有权得到延长工期，以及

(b)应该加到合同价格上的此类费用的款额，工程师应相应地通知承包人，并呈交给雇主一份副本。

道路通行权和设施

42.3 承包人应承担为其进出现场所需要的专用或临时道路通行权的一切费用和开支。承包人还应自费提供他所需要的供本工程使用的位于现场以外任何附加设施。

竣工时间

43.1 整个本工程和其在投标书附件规定的(如果有)某一具体时间内应完成的任何区段，均应根据第48条规定，在投标书附件中为整个工程或(按具体情况)为该区段规定的时间内完成，并从开工之日算起；或按第44条可能已经允许的延长工期内完成。

竣工时间的延长

44.1 如果由于:

(a)额外或附加的工作量或性质;

(b)本合同条件所提到的任何延误原因;

(c)异常恶劣的气候条件;

(d)雇主造成的任何延误、妨碍或阻止;

(e)可能发生的其他特殊情况,除非由于承包人的失误或承包人应负责的违约。

则使承包人有权延长本工程成本工程的任何区段的竣工时间。工程师在与雇主和承包人适当协商后应确定此工期延长的期限,并相应地通知承包人同时呈交给雇主一份副本。

承包人应提供的通知和具体细节

44.2 工程师可以不作出任何决定,除非承包人已做到:

(a)在上述事件首次出现后28天之内通知工程师,同时呈交给雇主一份副本;并且

(b)在上述通知后的28天之内。或在工程师可能同意的其他合理的时间内,向工程师提交承包人认为有权延期的具体细节,以便及时对上述通知与细节进行调查研究。

工期延长的暂时决定

44.3 如果某个事件有持续性影响,致使承包人实际上不可能在第44.2款(b)规定的28天之内提交具体的详细资料,只要承包人在不超过28天的间隔时间内向工程师提交暂时的详细资料,和在该事件造成的影响结束后的28天之内提交最终的详细资料,则承包人仍有权要求延长工期。工程师收到上述暂时的详细资料时不应延误,应立即作出延长工期的暂时决定,并在收到最后的详细资料时审查全部情况,确定关于该事件的总的延长工期。在这两种情况下,工程师都应在与雇主和承包人适当协商后确定,并将此确定相应地通知承包人,同时呈交给雇主一份副本。最后的审查不应该使工程师对已经确定的延长工期予以缩短。

工作时间的限制

45.1 在合同中无相反规定的情况下,除下文规定的情况外,任何永久工程不经工程师的许可,均不得在夜间或当地公认的休息日施工,但是,为了抢救生命或财产,或为了工程的安全而不可避免的或绝对必要的作业除外。在这种情况下,承包人应立即向工程师提出建议。但是,本条款的规定不适用于习惯上采用多班制的任何作业。

工程进度

46.1 在承包人没有理由取得延长工期的情况下，如果工程师认为，工程或其任何部分在任何时候施工进度过慢，不能按预定的竣工期限竣工时，则工程师应将此情况通知承包人，承包人应立即据此采取工程师同意的必要措施，加快工程进度，使工程能在预定的工期内竣工。承包人无权要求为了采取这些措施而支付任何附加费用。如果为了执行工程师按照本条款发出的任何指令，承包人认为有必要在夜间或当地公认的休息日进行的任何作业，则有权要求工程师对此予以准许。如果承包人为了履行本条款规定的义务而采取措施使雇主开支额外的监督费用，这笔费用由工程师在与雇主和承包人适当协商后确定，并由雇主从承包人处收回，或由雇主从任何应付或可能到期应付给承包人的款项中扣除。工程师应相应地通知承包人，同时呈交给雇主一份副本。

拖期违约损失赔偿金

47.1 如果承包人未能按照第48条规定的竣工时间完成整个工程，或者（如果适用）未能在第43条规定的相应的期限内完成任何区段，则承包人必须向雇主支付投标书附件中写明的金额，作为拖期违约的损失赔偿金，而不作为罚款（该写明的金额应是承包人此种违约惟一应付的金额），自有关的竣工时间起到整个工程或有关区段交接证书写明的日期止，以每日或不足一日计算，且不超过投标书附录中写明的限额。雇主可以从应付或到期应付给承包人的任何款项中扣除此赔偿金，但不能排除其他扣款方法。此项支付或扣除不应解除承包人对完成该项工程的义务或合同规定的承包人的任何其他义务和责任。

拖期违约赔偿金减少

47.2 如果在整个本工程或其任何区段（如果适用）竣工期之前对本工程或区段的任一部分已经签发了交接证书，则对于这种交接证书写明的日期以后任何剩余部分的延误，在合同中无替代条款的情况下，其拖期违约赔偿金应按比例减少，即按已签发交接证书的工程或区段具有的价值对整个本工程或（如适用）区段工程的价值的比例相应地减少。本款的规定仅适用于拖期违约赔偿金的比率，而不应该影响该赔偿金的限额。

交接证书

48.1 当整个工程已经实质上竣工，并圆满地通过合同可能规定的任何竣工检验时，承包人可就此事向工程师发出通知，呈交给雇主一份副本，同时附上一份在缺陷责任期内尽快完成任何未完工作的书面保证。此项通知和保证应视为承包人要求工程师发给关于本工程交接证书的申请。工程师应在收到该通知的21天之内，或者发给承包人一份交接证书，其中写明工程师根据合同规定认为工程已实质上竣工的日期，同时呈交给雇主一份副本；或者给承包人书面指令，列明工程师认为在发给交接证书之前承包人应完成的工作。工程师也应将在发出上述书面指令之后和工程竣工之前可能出现的、对于工程实质上竣工有影响的任何缺陷通知承包人，承包人在完成以上列明的各项工作和修补好指出的缺陷并使工程师满意之后，有权在21天之内得到交接证书。

区段或部分工程的交接

48.2 根据第48.1款规定的程序，承包人可以向工程师就下述情况提出与上款类似的要求，而工程师应对下列各项颁发交接证书：

(a)投标书附件中对其规定有单独的竣工时间的任何区段；

(b)已经竣工并使工程师满意和已被雇主所占有或使用的永久工程的任何主要部分，但合同另有规定者除外；

(c)在竣工之前雇主已经选择占用或使用的永久工程的任何部分(这里所提的事先占用和使用在合同中没有规定，或这种作为临时的措施还没有取得承包人同意)。

部分工程实质上的竣工

48.3 如果永久工程的任何部分已经基本上竣工，并且圆满地通过了合同规定的任何最后检验，则工程师可在整个工程竣工之前，就该部分发给交接证书。而且一经发给此证书之后，即应视为承包人已经承担在缺陷责任期内尽快完成该部分永久工程的任何未完成的工作。

要求复原地表面

48.4 在全部工程竣工之前发给的关于永久性工程的任何区段或部分的交接证书，不能认为是需要恢复原状的地上或地表面的工作已经完成的证明，除非交接证书对此有明确的说明。

缺陷责任

缺陷责任期

49.1 在本合同条件中“缺陷责任期”一词应指投标书附件中指定的缺陷责任期，其时间从：

(a)工程师根据第48条证明的本工程竣工之日算起；或

(b)在工程师根据上述条款规定发给一份以上交接证书的情况下，应从各该证书的签发之日分别算起。

凡与缺陷责任期相关的“本工程”一词，其含义应作相应地理解。

未完工程的完成和缺陷的修复

49.2 为了能在缺陷责任期终止时，或在缺陷责任期终止后在实际上尽可能快的时间内，按合同所要求的条件将本工程移交给雇主（合理磨损之处除外），达到工程师满意的程度，承包人应该：

(a)对于在交接证书规定之日尚未完成的工程（如果有），尽快地予以完成；及

(b)在缺陷责任期内，或在缺陷责任期终止后14天内，按照工程师可能指出承包人要做的工作和工程师或其代表在缺陷责任期终止前检查的结果，进行一切修正、重建及修补缺陷、缺损或其他不合格之处。

缺陷修复的费用

49.3 如果工程师认为第49.2款(b)所指的全部工作的必要性是由于：

(a)所用的材料、设备或操作工艺不符合合同的要求；

(b)承包人负责设计的部分永久工程在设计中有失误；

(c)承包人一方疏忽或未遵守合同中对承包人一方明确或隐含地规定的任何义务。

则所有此类工作应由承包人自费进行。如果工程师认为进行上述工作的必要性是由于任何其他原因，则工程师应根据第52条确定合同价格的增加额，并相应地通知承包人，同时呈交给雇主一份副本。

承包人未能执行指令

49.4 如果承包人在合理的期限内没有执行上述指令，则雇主有权雇用他人从事该工作，并付给报酬。如果工程师认为该项工作根据合同应是由承包人自费进行的工作，则所有由此造成的或伴随产生的费用，经与雇主和承包人协商后由工程师决定，由雇主向承包人索取，或由雇主从其应付给承包人的、或可能到期应付给承包人的款项中扣除。工程师应将此事通知承包人，并呈交给雇主一份副本。

承包人的调查

50.1 如果在缺陷责任期终止前的任何时间，在本工程中出现任何缺陷、缺损或其他不合格之处，则工程师可以通知承包人，给雇主一份副本，在工程师指导下调查上述缺陷、缺损或其他不合格之处的原因。如果上述缺陷、缺损或其他不合格之处不属于合同项下承包人的责任，则工程师在与雇主和承包人适当协商后确定承包人进行上述调查的费用，将此费用加到合同价格上，并相应地通知承包人，同时呈交给雇主一份副本。如果根据合同，上述缺陷、缺损或其他不合格之处是属于承包人的责任，则上述有关的调查费用应由承包人承担。在这种情况下，承包人应根据第49条规定自费修复上述缺陷、缺损或其他

不合格之处。

变更、增加和取消

变更

51.1　如果工程师认为有必要时,可以对本工程或其任何部分的形式、质量或数量做出任何变更,并为此目的或根据他认为适当的任何其他理由有权指令承包人,而承包人则应根据工程师的指令进行下述任何工作:

(a)增加或减少合同中包括的任何工程的数量;

(b)取消任何上述工程(但被取消的工程是由雇主或其他承包人实施的除外);

(c)改变任何上述工程的性质、质量或种类;

(d)改变本工程任何部分的标高、基线、位置和尺寸;

(e)完成本工程所必要的任何种类的附加工作;

(f)改变本工程任何部分方式的任何规定顺序或时间安排。

任何上述变更,均不应以任何方式使合同作废或无效,但是所有这类变更(如果有)的结果应该根据第52条规定进行估价。但是,如果发出本工程的变更令是因承包人违约、承包人违反合同或承包人责任造成的,则这种违约引起的任何额外费用应由承包人承担。

变更指令

51.2　没有工程师的指令,承包人不得作任何这样的变更。但是,任何工程量的增加或减少如果不是本条款项下发出的指令的结果,而是由于其工程量超出或少于工程量清单中的规定,则该项增加或减少不需要任何指令。

变更的估价

52.1　第51条所述的所有变更和根据第52条要求确定的合同价格的增加额(本条称之为"变更的工程"),如果工程师认为适当,应以合同中规定的单价或价格予以估价。如果合同未包含任何适用于变更后工程的单价或价格,则合同内的单价和价格只要合理,可用作为估价的基础。如果不适用,则在工程师与雇主和承包人适当协商之后,由工程师和承包人协议适当的单价或价格。如果不能达成协议,则工程师应根据自己的意见,定出他认为合理的单价或价格,并相应地通知承包人,同时呈交给雇主一份副本。在单价或价格未达成协议或确定之前,工程师应确定暂时单价或价格,以便使暂付帐款能够列入根据第60条规定发出的证书中。

工程师确定单价的权力

52.2　如果其中某个工程细目在性质上或在工程量上的变更,关系到本工程的总体或某一部分的性质或工程量,使工程师认为合同中包括的任何工程细目的任何单价或价格因这种变更而变得不合理或不适用时,则在工程师与雇主和承包人适当协商之后,由工程师和承包人协议一个合适的单价或价格。当不能达成协议时,工程师应根据自己的意见定出他认为合理而恰当的上述变更后工程的另外的单价或价格,并应相应地通知承包人,同时呈交给雇主一份副本。在单价或价格协议或商定之前,工程师应确定暂时的单价或价格,以便使应付帐款能够列入根据第60条规定签发的证书中。

但是,由工程师根据第51条规定,指令变更的工程不应按照第52.1款或按照本款规定进行估价,除非在这种指令发出之日的14天之内,和(取消了的工程不同属此情况)在变更后工程动工之前,已经发出了下列通知:

(a)由承包人将其索取额外付款或变更单价或价格的要求通知工程师;或

(b)由工程师将其变更单价或价格的意图通知承包人。

变更超过15%

52.3 如果在签发整个工程的交接证书时,发现合同价格的增加或减少总共超过"有效合同价格"的15%[就本款而言,"有效合同价格"是指除去暂定金额和计日工费用(如果有)后的合同价格],其价格的增减不是由于其他原因,而是由以下情况造成的:

(a)根据第52.1和52.2款规定估价的全部变更后工程;及

(b)根据对工程量清单中开列的估算工程量的计量所做的各种调整,但不包括暂定金额,计日工费用和第70条规定作出的价格调整,则在这种情况下(还要将本条中其他任一款规定已经采取了任何措施的因素考虑在内),在工程师与雇主和承包人适当协商后,按承包人与工程师协商结果,在合同价格中加上或减去一笔调整金额;如果协议达不成一致,则由工程师考虑了承包人用于本合同的现场管理费和上级管理费后,确定此调整金额。工程师应将依据本条款作出的任何决定通知承包人,并呈交给雇主一份副本。这笔调整金额应以增加或减少超过有效合同价格15%为依据。

计工日

52.4 工程师如认为必要或可取,可以指令按计日工完成任何变更的工程。对于这种变更的工程,应按合同中包括的计日工期细表中所定的细目,和承包人在其投标书中对细目所报的单价或价格,向承包人付款。承包人应向工程师提交作为已付款的凭证可能需要证实的收据或其他凭单,并应在订购材料之前,向工程师提交订货报价单,以供批准。对所有按计日工方式施工的工程,承包人应在该工程持续进行过程中,每天向工程师送交确切地开列有受雇于该工程的所有工人的姓名、工种及工时的清单一式两份,以及表明该项工程所用材料和承包人装备(但如果在上交中提及的计日工明细表中已包括了以附加百分比表示的承包人装备,则不在此列出)的名称和数量的清单一式两份。如果这些清单的内容正确或经同意时,应由工程师在每种清单和结单的一份上签字,并退还给承包人。在每月月末,承包人应向工程师送交一份所用劳务、材料和承包人装备(上段提到的除外)的有标价的报表,除非已完整按时地提交了上述清单与报表,否则承包人无权获得任何款项。但是,如果工程师认为承包人由于某种原因不可能按上述规定报送上述清单或报表,他仍应有权核准为此种工程付款、此支付款可按计日工计算,但工程师对该工程使用的劳务、材料与承包人装备应满意,也可以按工程师认为是对该项工程公平合理的价值计算。

索赔程序

索赔通知

53.1 尽管合同有其他任何规定,如果承包人根据本合同条件任何一款或其他有关规定要求索赔任何附加支付,他应在要求索赔的事件首次发生的28天内将自己的意向通知工程师,并呈交给雇主一份副本。

同期记录

53.2 在第53.1款所指的事件发生后,承包人应保持同期记录,以便合理地证明承包人后来要申请的索赔。工程师在收到第53.1款所说的通知时,在不必承认雇主责任的情况下,应先检查这些同期记录,并可能指定承包人进一步作好同期记录,因为这样的同期记录对承包人的索赔意向通知来说是合理的,但可能是相当重要的资料。承包人应允许工程师检查按本款规定而保存的全部记录,并在工程师发出指令时,向工程师提供记录的副本。

索赔的证实

53.3 在根据第53.1款规定的通知发出的28天内,或在可能得到工程师同意的其他合理期限内,承包人应送给工程师一份说明索赔款额的具体细节帐目,并说明索赔所依据的理由。如果引起索赔的事件有持续影响,上述帐目应认为是一笔暂时帐目。在工程师可能合理的要求的间隔时间内承包人应该送交后来进一步发生的暂时帐目,列明此项索赔累计金额和作为索赔根据的进一步理由。如果各项暂时账目已送达工程师,承包人应该在导致索赔的事件终止后28天内送去最后账目。如果工程师要求时,承包人应该将根据本款规定送交工程师的全部账目的副本送给雇主。

不合规定

53.4 如果承包人提出的任何索赔与本条中有关索赔的任何规定不符,那么承包人有权得到的索赔付款将不超过工程师或根据第67.3款指定的任何仲裁人或几位仲裁人通过同期记录核定估价的索赔总额（不管此类记录是否按第53.2和53.3款的要求已提交给工程师考虑）。

索赔的支付

如果承包人提供了足够的详细资料使工程师能够决定应付款额，而且在与雇主和承包人协商后认为应支付给承包人，则承包人有权要求任何经工程师按条款第50条证实的任何期中支付证书中应包括有关索赔的任何款项。若详细资料不足以证实全部索赔，则承包人有权要求详细资料能够令工程师满意地证实的那一部分的支付。工程师应将根据本款所作的决定通知承包人，并呈交给雇主一份副本。

承包人设备、临时工程和材料

承包人设备临时工程和材料；专用于本工程

54.1 由承包人提供的全部承包人设备、临时工程和材料送到工地后，就应认为是专为本工程施工所用。没有工程师的同意不能全部或部分移走，从工地一处移到另一处的情况除外。但是，将任何职员、劳务人员、临时工程、工程设备或材料出入工地的车辆不必征得同意。

雇主损坏不负责任

54.2 除第20和65条所提及的情况除外，雇主无论何时均不对任何上述承包人的设备、临时工程或材料的损失或损坏承担责任。

结关

54.3 在需要时，雇主应尽力协助承包人为承包人设备、材料及工程所用其他物品办理海关结关手续。

承包人设备的再出口

54.4 对于承包人为本工程目的而进口的任何承包人的设备，在需要时雇主应尽力协助承包人获得必需的政府许可，以使承包人能在按合同条款运走有关设备时，将这些承包人设备再出口。

承包人设备的租用条件

54.5 根据第63条规定，一旦合同终止，为了保证为工程施工目的而租用的任何承包人设备仍可继续使用，承包人不得将任何租用的承包人设备带至现场，除非有一个租用此类设备的协议（应认为此协议不包括一项租购协议），该协议包括一项规定：如果雇主在合同终止生效后7天之内提出书面要求，而且雇主保证从这一天起支付所有的租费，设备所有者将上述承包人的设备以与原来租给承包人时完全相同的条件租给雇主使用。此外,雇主还有权根据第63条的规定,为实施、完成及修补任何工程缺陷之目的,允许所雇用的任何其他承包人使用这些设备。

用于第63条目的的费用

54.6　一旦雇主根据第54.5款的规定签订了租用承包人设备的协议,由雇主按照任何上述协议的规定合理支付的所有金额和在签订该协议中所发生的所有费用(包括印花税),应被认为是执行第63条规定对工程的施工和竣工以及修补任何工程缺陷的费用的一部分。

编入分包合同的条款

54.7　在为任何部分的施工而进行了任何分包的地方,承包人应把本条中有关分包人带到工地的承包人的设备、临时工程或材料的规定包括在这种分包合同中(通过附注或其他方式)。

不意味对材料的批准

54.8　本条款的执行不意味着工程师对其中所涉及的材料或其他事情的任何批准,也不妨碍工程师在任何时候对任何上述材料的拒绝。

计量

工程量

55.1　工程量清单中所规定的工程量是工程的估算工程量,不应认为是承包人完成合同义务时实际准确的工程量。

应计量的工程

56.1　除另有规定外,工程师应按照合同通过计量来核实并决定工程的价值,承包人应根据第60条规定得到付款。当工程师提出对工程任一部分进行计量时,他应在适当的时间内通知承包人授权的代理人,而该代理人应:

(a)立即参加或派出称职的代表协助工程师进行上述计量,并

(b)提供工程师所需的一切详细资料。如果承包人不参加,或由于疏忽或遗忘而未派上述代表参加,则由工程师进行的或由他批准的测量应被视为对工程该部分的正确测量。在对永久工程进行测量需用记录和图纸时,工程师应在工作过程中准备好记录和图纸,而当承包人被书面要求进行该项工作时,应在14天内参加审查,并就此类记录和图纸和工程师达成一致,并在双方一致时,在上述文件上签名。如果承包人不出席上述图纸和记录的审查和确认,则应认为这些记录和图纸是正确无误的,如果承包人对该图纸和记录不予

同意,或不签字表示同意,则承包人应在上述审查后 14 天之内向工程师提出申诉、申明承包人认为上述记录与图纸中并不正确的各个方面。在接到这一申诉通知后,工程师应复查这些记录和图纸,或予以确认或予以修改。

总额支付项目的细目

57.2 为了按照第 60.1 款提交结帐单,承包人应在接到中标通知书后 28 天之内把包含在投标书内的每个总额支付项目的细目提交给工程师。该细目必须由工程师批准。

暂定金额

“暂定金额”的定义

58.1 “暂定金额”是合同中包含的一项款额,在工程量清单中以该名义列出,供工程任何部分的施工或货物、材料、设备或服务的供应,或供不可预见费之用,这项金额可按工程师的指示,全部或部分地使用或根本不予动用。承包人有权得到暂定金额仅是按本款规定由工程师决定的与上述暂定金额有关的工程、供应或不可预见的费用额。工程师应将据本条作出的任何决定通知承包人并抄报业主。

暂定金额的使用

58.2 对于每一笔暂定金额,工程师有权发出指令由下列人员把这种金额用于工程施工,提供货物、材料、设备或服务:

(a)承包人,有权得到根据第 52 条规定确定的价值相等的金额。

(b)由下文中定义的指定分包人进行工程施工或供应货物、材料、设备或服务。为此而应付给承包人的金额应根据第 59.4 款确定并支付。

凭证等的出示

58.3 除非工程是按投标书列出单价或价格作价的,承包人应向工程师出示有关暂定金额支出的所有报价单、发票、凭证和账单收据。

指定分包人

“指定的分包人”的定义

59.1 可能已经或将由雇主或工程师指定、选定或批准的进行与合同中所列暂定金额有关的任何工程的施工或任何货物、材料、工程及设备或服务的提供的所有专业人员、商人、零售商及其他人员,以及根据合同规定,要求承包人进行分包的一切有关人员,在从事这些工作的实施或货物、材料、工程设备或服务的提供过程中,均应视为承包人雇用的分包人,并在此合同中称为“指定的分包人”。

59.2 雇主或工程师不应要求承包人或认为承包人有任何义务,雇用承包人有理由

反对的指定的分包人,或雇用拒绝与承包人签订包含下述条款分包合同的指定的分包商:

(a)对于分包合同中所涉及的工程、物资、材料、设备装置或服务,指定的分包人应承担义务和责任以使承包人能够免除合同条款要求他对雇主所承担的义务和责任。并应保障承包人不承担上述义务和责任以及由此引起或与此相关的,或未能履行上述义务或完成上述责任所引起的所有索赔、诉讼、赔偿、诉讼费、指控和其他费用支出。以及

(b)指定的分包人应向承包人保证并使承包人免予承担下述责任:指定的分包人及其代理人、工人或工作人员的疏忽,滥用承包人为执行合同而提供的临时工程以及对上述各项的索赔。

应明确规定设计要求

59.3 如果要提供与任何临时金额有关的服务,包括永久工程的任何部分,或要安装在永久工程中的任何设备的设计或技术说明,则这种要求应在合同中明确地予以规定并应包括在任何指定的分包合同中。指定的分包合同应规定提供上述服务的指定分包人并保障承包人免予承担由于上述事项,以及任何由于指定分包人的违章或失职而引起的一切索赔、诉讼、损害赔偿、诉讼费、指控费及其他费用。

对指定分包人的付款

59.4 对于任何指定的分包人完成的所有工程或已提供的货物、材料、工程设备或服务,分包人应有权得到:

(a)按照工程师的指示,并根据分包合同的规定,由承包人付给或应付给的实际价格;

(b)例如工程量清单中的由承包人提供的与上述项目有关的劳务费用(如果有的话),或者,如果是工程师按照第58.2(a)规定作出的指示,则按第52条确定款额;

(c)关于一切其他费用和利润,其金额按已支付的或应予支付实际价格的百分比计算,当工程量清单中对该项暂定金额规定有比率时,即按承包人对该项目填写的比率计算,或者当没有此项规定时,则按承包人在标书附件中填写的、并在工程量清单中为此目的的某一专项中作出这种规定时加以重复填写的比率计算。

对指定分包人的支付证书

59.5 在根据第60条颁发任何包括关于任何指定的分包人已完成的工作或已提供的货物、材料、工程设备或服务的任何支付证书之前,工程师应有权要求承包人提供合理的证明、证明以前的证书包括的该指定的分包人的有关工作或货物、材料、工程设备或服务的所有费用(扣除保留金)均已由承包人支付或偿清。如果承包人未提供上述证明,除非承包人:

(a)以书面材料使工程师同意他有正当的理由扣留或拒绝支付该项款额,并

(b)向工程师提交合理的证明,证明他已将上述情况书面通知该指定的分包人。否则雇主有权根据工程师的证明,直接向指定的分包人支付分包合同内已规定的而承包人未支付的一切款项,但扣除保留金。并以冲帐形式从雇主应付给或将付给承包人的款项中,将雇主支付的上述金额扣回。但是,凡在工程师已确认雇主已如上述规定直接付款的情况下,工程师在发给承包人的任何其他证书时,应从该证书的支付款额中扣除上述由雇主直接付款的金额,但不应拒发或拖延按合同条款规定应发的证书。

证书和支付

月报表

60.1　承包人应在每月末按工程师可随时指定的格式向工程师提交一式6份报表,每份均由工程师按第15.1款规定批准的承包人代表签字,报表说明承包人认为自己有权在月末得到涉及以下方面的款项:

(a)已完成的永久工程的价值;

(b)在工程量清单中的任何其他细目,包括承包人的设备、临时工程、计日工等细目在内;

(c)材料表中列出的材料发票面值的百分比(如投标书附件中所注明的),和承包人为装到永久工程而运到现场但尚未装到永久工程之内的设备发票面值的百分比;

(d)按第70条进行的调整;

(e)按合同规定承包人有权得到的任何其他金额。

月支付

60.2　工程师应在接到上述报表28天内向雇主证明他认为到期应支付给承包人的有关付款金额,但应扣除:

(a)第一,要受保留金的限制,该保留金是用投标书附录中的保留金百分比乘以根据60.1(a)(b)(c)(e)付予承包人的款额,直到如此算出的保留金额达到投标书附录中规定的保留金限额;并且

(b)第二,第47条规定之外的承包人到期应付给雇主的任何金额。但是,如果该金额经保留和扣除后少于投标书附件内列明的期中支付证书的最低额,则工程师可不根据本款签署支付证书。

尽管有本条或合同任何其他条款的规定,直到履约担保(如果根据合同规定需要时)已经由承包人提供和经雇主批准时,工程师才签署支付证书。

保留金的支付

60.3　(a)在签发整个工程的交接证书时,保留金的一半(或在发出某一区段或部分工程的永久工程的交接证书时,工程师考虑该区段或部分工程的永久工程的相对价值,确定保留金的比例)应由工程师核证,并交付给承包人。

(b)在工程的缺陷责任期满时,保留金的另一半将由工程师开具证书付给承包人。但根据第48条,不同的区段或部分工程已有不同的缺陷责任期,则对于本款来说,“缺陷责任期满”这一词语的含义认为是上述缺陷责任期中最后一个责任期的期满。但是,如果在某一时间,按第49和50条发出的指令,本工程尚有遗留工程有待承包人完成,则工程师有权在剩余工程完成之前扣发工程师认为与需要完成的工程费用相应的保留金余款的支付证书。

证书的修改

60.4　工程师可以用签发任何期中支付证书的方式对他过去签发的任何证书作任何改正或修改。如果任何正在进行中的工程的完成情况不能使工程师满意,工程师有权在任何一次期中支付证书内扣除或折减该工程的价值。

竣工报表

60.5　在整个工程交接证书签发84天之内,承包人应向工程师呈交一份竣工报表,该报表应附有按工程师批准的格式编写的证明文件,详细地说明以下内容:

(a)根据合同规定,直到交接证书中写明之日完成的全部工程的最终价值;

(b)承包人认为应该支付的任何进一步的款项;以及

(c)承包人认为根据合同将支付给他的估算数额。

估算的数额应在此竣工报表中单独列出。工程师应根据第60.2款开具支付证书。

最终报表

60.6　根据第62.1款在颁发缺陷责任证书后的56天之内,承包人应向工程师提交一份最终报表草案供工程师考虑,该草案应附有按工程师批准的格式编写的证明文件,详细地说明以下内容:

(a)根据合同规定已经完成的全部工程的价值;以及

(b)承包人根据合同规定认为应该付给他的任何进一步的款项。如果工程师不同意或是不能证实该最终报表草案的任何一部分,承包人应按照工程师可能的合理要求,提交进一步的资料,并在草案中作出他们之间可能同意的修改,然后由承包人编制,并向工程师提交已经同意的最终报表(在本条件中被称为“最终报表”)。

结帐单

60.7　在提交最终报表时，承包人应给雇主一份书面结帐单，进一步证实最终报表中的总额，相当于由合同引起的或与合同有关的全部和最后确定应支付给承包人的所有金额，并将一份副本呈交工程师。但该结帐单仅在根据第60.8款规定发出的最后支付证书项下的应付款已经支付，和第10.1款内所指的履约担保金（如果有的话）已经退还给承包人之后才生效。

最终证书

60.8　在接到最终报表和书面结帐单收到28天之内，工程师应该向雇主发出一份最终证书，并给承包人一份副本，说明：

(a)工程师认为根据合同规定的最后应付的金额；以及

(b)在工程师使雇主对以前所付的全部款额和雇主根据合同规定应得的全部款项（第47条除外）予以确认后，表明雇主欠承包人的或承包人欠雇主（视具体情况）的差额（如果有的话）。

雇主责任的终止

60.9　除非承包人在其最终报表中以及（整个工程交接证书颁发之后发生的事件或事情除外）在第60.5款提及的竣工报表中已经包括索赔事宜，对由合同及工程实施引起的或与之有关的任何问题和事件，雇主不应对承包人负有责任。

付款时间

60.10　工程师根据本条或合同的任何其他条款发出的任何期中支付证书项下应付给承包人的金额，雇主应在该期中支付证书送交雇主后28天之内支付给承包人。如果是按第60.8款规定的最终证书送交雇主后56天之内由雇主支付给承包人（还应服从第47条的规定）。如果雇主在上述期限内不能付款，则雇主应按投标书附件中规定的利率，从应付之日起计向承包人支付全部未付款额的利息。本款的规定不使承包人在第69条项下的合法权利受到损害。

仅凭缺陷责任方批准

61.1　只有第62条规定的缺陷责任终止证书才应视为构成对本工程的批准。

缺陷责任证书

62.1　只有在工程师签发了缺陷责任终止证书，同时将一份副本送交承包人，写明承包人实施和完成本工程及修复工程中任何缺陷的义务已经完成，并得到工程师满意的日期，才能认为本合同已经完成。缺陷责任终止证书应由工程师在缺陷责任期终止后28天之内发给;或者,如果不同的缺陷责任期适用于永久工程的不同区段或部分时,则在最后一个缺陷责任期终止或根据第 49 和 50 条,在任何被指示的工程已完成并达到工程师满意之后尽快签发。但签发缺陷责任终止证书不应作为将第 60.3 款规定的第二部分保留金支付给承包人的先决条件。

未履行责任证书

62.2　尽管颁发了缺陷责任终止证书,但承包人和雇主仍应对在缺陷责任终止证书颁发前按合同规定应予履行,而在缺陷责任终止证书颁发时尚未履行的义务承担责任。为了确定任何此类义务的性质和范围,合同应被认为对合同双方仍然有效。

补救措施

承包人的违约

63.1　如果从法律上认为承包人无力偿付他应付的债务,或者自动或者非自动宣告破产、停业清理或解体(为合并或重建而进行的自愿清理除外),或已无力偿还债务,或与其债权人做出安排或得到其债权人的同意转让合同,或同意在其债权人的监督委员会监督下执行合同,或将其资产的任何重要部分任命接受人、管理人、委托人或清理人,或根据与债务的重新组织、安排或重新调整有关的任何法律或法规对承包人起诉,或已经通过了解散或清理的决议,或采取了措施在承包人资产的任何重要部分上强制实施抵押权益,或对承包人或其资产采取了行动,或发生了事件,这种行动或事件按任何可行的法律与上述行动或事件具有本质上相似的效力,或承包人已经违反第 3.1 款的规定,或其货物被扣押或工程师向雇主证明(给承包人一份副本)他认为承包人有下述情况:

(a)已放弃合同;或

(b)无正当理由而未能:

(i)按第 41.1 款开工;或

(ii)按第 46.1 款收到通知之后 28 天内继续进行工程或工程之任何区段的施工;或

(c)在接到根据第 37.4 款规定发出的通知或根据第 39.1 款规定发出的指令的 28 天之后仍不遵守该通知或指令;或

(d)无视工程师事先的书面警告,一贯或公然忽视履行其合同规定的义务;或

(e)已经违反第 4.1 款的规定。则雇主在向承包人发出通知的 14 天后,可以进驻现场和工程。并在不解除承包人按合同规定的任何义务与责任或影响合同赋予雇主或工程师的各种权利和权限的情况下,终止对承包人的雇用。雇主可自己完成该工程,或雇用其他任何承包人去完成工程。雇主或其他上述承包人在他或他们认为合适时,为完成该工

程可使用他们认为合适的那部分承包人的设备、临时工程和材料。

合同终止日的估价

63.2 在雇主进行任何上述进驻和终止合同之后,工程师应尽快单方面地或通过与各方协商或协商后,或在他认为适宜进行或实施调查或查询之后,确定和决定,并应证明:

(a)在上述进驻和终止合同时,承包人根据合同实际完成的工程已经合理地得到的或理应得到的款额(如果有的话);及

(b)未用过的或已经部分使用过的任何材料、任何承包人装备及任何临时工程的价值。

合同终止后的付款

63.3 如果雇主根据本条规定终止对承包人的雇用,则在缺陷责任期期满以前,以及期满以后,在工程师对本工程实施和完成与缺陷修补费用及竣工拖延损失赔偿费(如果有),以及由雇主已支付的所有其他款额予以查明证实之前,雇主没有义务再向承包人支付款额(包括赔偿费)。此后,承包人仅能有权得到由工程师证明原应支付给承包人已完工程款额,并扣除上述款额之后的一笔或数笔款额(如果有的话)。如果应扣款额超过承包人应得的原应支付给他的已完工程的款额,则当提出要求时,承包人应将此超出部分付给雇主,并应被视为承包人欠雇主而应付的债务。

合同的利益的转让

63.4 在第63.1款所指的进驻守终止后24天之后,如果工程师发出指示而且法律允许,承包人应将其为该合同目的可能签订的、有关提供任何货物或材料或服务或有关实施任何工作的合同利益转让给雇主。

紧急补救工作

64.1 无论在工程施工期间或是在缺陷责任期间,如果由于在工程中或工程的任何部分或与之有关的方面发生任何事故、失误或其他事件,工程师认为进行任何补救或其他工作是工程安全的紧急需要,而承包人无能力或不愿立即进行这类工作时,则雇主有权在工程师认为必要时雇用其他人员从事该项工作并支付费用。如果工程师认为由雇主按此方式完成的工作和修补按合同规定应由承包人负责以自费进行的,则因此而引起的或与之有关的全部费用应由工程师在与雇主和承包人适当协商后,并由雇主向承包人索回,或由雇主从应付或可能到期应付给承包人的款项中扣除,工程师应尽快地通知承包人,并呈交给雇主一份副本。但在任何上述紧急事件发生后。在可能的条件下,工程师应尽快地通知承包人。

特殊风险

对特殊风险不承担责任

65.1　承包人对第65.2款所提到的任何特殊风险造成的有关下列后果,均不负赔偿或其他责任:

(a)对本工程的破坏或损坏(但在下款所指的任何特殊风险发生之前,按第39条规定而被宣告为不合格的工程除外);或

(b)不管是雇主的或是第三方的财产的破坏或损坏;或

(c)人身死亡。

特殊风险

65.2　特殊风险是指:

(a)第20.4款(a)、(c)、(d)和(e)所定义的风险;以及

(b)在工程实施所在国范围内第20.4款(b)所定义的风险。

特殊风险对工程的损害

65.3　如果由于上述特殊风险致使本工程或任何材料或设备或承包人设备在现场或在现场附近或在运往现场途中遭到破坏或损坏时,根据合同规定承包人应有权就任何已建的永久工程和对受上述破坏或损坏的任何材料或设备得到支付,而且还应有权就工程师可能要求或可能为已建工程所必需的下述工作得到支付:

(a)任何上述的工程破坏或损坏的修复;以及

(b)更换或修复上述损坏的材料或承包人设备。

工程师应根据第52条确定合同价格的增加额(如果涉及更换承包人设备的费用,则应包括由工程师确定的有关设备的公平市场价值)并应相应地通知承包人,同时将一份副本呈交雇主。

炮弹、导弹

65.4　不论何时何地发生任何地雷、炸弹、爆破筒、手榴弹或是其他炮弹、导弹、弹药或战争用爆炸物的爆炸或冲击造成的破坏、损害、或人身伤亡,均应视为上述特殊风险的后果。

由特殊风险引起的费用增加

65.5　除了按合同中任何其他条款规定承包人有权得到付款外,雇主应偿还承包人在工程施工方面产生的任何附带费用(但在任何特殊风险发生之前根据第39条的规定已宣告为不合格工程的重建费用除外),此费用不管是归因于上述特殊风险,或随其而来,或

为其后果,或以任何方式与之有关,但要受到下款中关于战争爆发条款的制约。而承包人一旦知道有任何此类费用,应立即通知工程师。工程师在与雇主和承包人适当协商后应确定与此有关的应加到合同价格上的承包人费用额,相应地通知承包人,并呈交给雇主一份副本。

战争的爆发

65.6 在合同执行过程中,如果在世界任何地方爆发战争,不论宣战与否,而在财务上或在其他方面对本工程施工有实质性影响,则除按本条款规定合同被终止外,承包人应继续尽最大努力完成工程的施工,直至合同终止。但是,在战争爆发后的任何时候,雇主应有权通知承包人终止合同,一经发出此项通知,除按本条和执行第 67 条规定的各方权利外,此合同应告终止,但不损害双方中任何一方对在以前发生的任何违约所应有的权利。

合同终止时承包人设备的撤离

65.7 如果根据第 65.5 款规定合同被终止,承包人应尽快从现场撤离其全部设备,并应为他的分包人提供相同的方便撤离其设备。

合同终止后的付款

65.8 如果合同按上述情况予以终止,则雇主应按合同中规定的费率和价格向承包人支付在合同终止日期以前完成的全部工作的费用,但应减去账上已支付给承包人的款项与项目,并另外支付下述费用:

(a)有关在工程量清单中所指的任何开办费细目的应付款额,只要上述细目中的工作或服务已经进行或履行,及任何上述细目中已经部分进行或履行了的工作和服务的相应比例的费用;

(b)为该工程所合理订购的材料、工程设备或货物的费用,如已将其交付给承包人或承包人对之依法有责任收货时,则雇主一经支付此项费用,该项材料、工程设备或货物即成为雇主的财产;

(c)承包人为完成整个工程所合理发生的任何开支的总计,而该项开支未包括在本款提及的任何其他付款中;

(d)按第 65.3 和 65.5 款规定的应支付的任何附加款额;

(e)考虑到为工程施工已支付或将支付的费用,和按照第 65.7 款撤离承包人设备的费用,以及在承包人提出要求时,将承包人的设备运回其注册国内承包人的设备基地或其他目的地的费用的合理部分,但不得多索取费用;

(f)承包人雇用的所有从事工程施工及工程有关的职员和工人在合同终止时的合理遣返费。但是,雇主除按本款规定应予支付的上述费用外,亦有权要求承包人偿还任何所有承包人设备、材料和工程设备的预付款的未结算余额,以及在合同终止之日,按合同规定应支付的金额应由工程师在同雇主和承包人适当协商后确定,并应相应地通知承包人,同时将一份副本呈交雇主。

解除履约

解除履约时的付款

66.1　如果在发出中标通知书后双方无法控制的任何情况,以致使双方任何一方履行其合同义务成为不可能或不合法,或根据合同法双方均被解除继续履约时,则应由雇主支付给承包人的已建工程的款额,应与根据第65条的规定终止合同时向承包人应付的款额相同。

争端的解决

工程师的裁定

67.1　无论在施工过程中或在工程竣工之后,无论在否定或终止本合同之前或之后,如果雇主和承包人之间关于合同或起因于合同,或因工程施工发生任何争端,包括对工程师的任何意见、指令、证书或估价方面的任何争端。争端中的问题,首先以书面形式提交工程师,并将一份副本提交另一方。并应说明此提交件是根据本款规定作出的。工程师在接到该提交件后84天之内应将自己的裁定通知雇主和承包人。此裁定应亦说明是根据本款作出的。

除非本合同已被否定或终止,承包人无论在何种情况下都应以应有的精心继续完成工程,在根据以下的规定以友好解决或仲裁裁决的方式对上述争端作出修改之前,承包人和雇主应使工程师的上述每一个裁定付诸实施。如果雇主或承包人不满意工程师的任何裁定,或如果工程师在接到提交件于84天或在此之前,没有通知自己的裁定,则雇主或承包人任何一方都可以在接到上述裁定的通知后70天或在此之前,或视情况而定,在上述84天期满后的第70天或在此之前,通知另一方,给工程师一份副本供其参考,说明自己要根据下述规定对争端中的问题开始仲裁的意向,该通知将确立提出仲裁该争端的一方按以下规定开始仲裁的权利。按第67.4款的规定,如果没有发生这种通知、上述仲裁就不能开始。

如果工程师已将他对争端所作的决定通知了雇主和承包人,而雇主和承包人双方收到工程师有关此决定的通知后第70天或在此之前均未发出要将该争端提交仲裁的通知,则上述裁定将被视为最后裁定并对雇主和承包人双方均有约束力。

友好解决

67.2 按第 67.1 款规定已经发出将把一件争端提交仲裁的通知后，这种争端的仲裁只有当双方已经首先设法友好解决这一争端之后才开始。但是，除双方另有协议，仲裁可以在要求开始裁决争端的通知发出后的第 56 天或在此之后开始，不管是否已作过友好解决的尝试。

仲裁

67.3 有关以下方面的任何争端：

(a)工程师的裁定(如果有的话)按第 67.1 款规定已经不成为最后的和有约束力的；以及

(b)在第 67.2 款规定的期限内没有达成友好解决。

除非在合同中另有规定、均应按国际商会的调解与仲裁章程、由据此章程指定的一名或数名仲裁人予以最终裁决。上述仲裁人有全权解释、复查和修改工程师对争端所作的任何决定、意见、指示、确定、证书或估价。

双方中任何一方在仲裁人的仲裁程序中，均不受根据第 67.1 款为取得工程师的上述决定而向工程师提供证据或论据的限制。工程师的上述任何裁定，均不应取消他被传为证人在一名或数名仲裁人面前就与该争端有关的任何问题作证的资格。

仲裁可以在竣工之前或竣工之后进行，但雇主、工程师和承包人的义务不得因在工程实施期间进行仲裁而有所改变。

未能遵守工程师的裁定

67.4 在第 67.1 款规定的期限之内，雇主和承包人都未发出要求开始仲裁争端的通知，且上述有关的裁定已经成为最后的和有约束力的情况下，如果另一方未能遵守这样的裁定，则任何一方可在不损害另一方可能具有的其他权利情况下，根据第 67.3 款的规定将未能遵守工程师裁定的事项提交仲裁处理。第 67.1 和 67.2 款的各项规定不适用于任何此类提交。

通知

致承包人的通知

68.1 根据合同条款由雇主或工程师发给承包人的所有证明、通知或指令均应通过邮寄、电报、电传或传真发至或留在承包人的主要营业场所或承包人为此指定的其他地址。

致雇主的工程师的通知

68.2 根据合同条款发给雇主或工程师的任何通知均应通过邮寄、电报、电传或传真发至或留在本条件第二部分中为此目的而指定的各有关地址。

地址的变更

68.3 合同双方的任何一方均可在事先通知另一方,将指定地址改变为工程施工所在国内的另一地址,并将一份副本送交工程师,工程师也可在事先通知合同双方后如此更改其地址。

雇主的违约

69.1 如果雇主发生以下事件时:

(a)在雇主根据合同有权扣除的数额后,在根据第60.1款规定的支付期满之后28天之内,未能向承包人支付根据工程师签发的任何证书规定的应付款额;或

(b)干涉、阻挠或拒绝对任何上述证书颁发后需要的批准;或

(c)宣告破产,或作为一个公司宣告停业清理,但不是为了改组或合并的计划而进行的清理;或

(d)通知承包人,由于不可预见的原因,由于经济混乱,而不可能继续履行其合同义务。

则承包人应通知雇主,并给工程师一份副本,有权终止其在本合同项下的受雇,该终止在发出该通知14天后生效。

承包人设备的撤离

69.2 在第69.1款规定的通知满14天之后,承包人将不受第54.1款规定的约束,应尽快从现场撤离所有其带至现场的设备。

合同终止时的付款

69.3 如果发生上述合同终止,雇主在付款方面对承包人承担的义务与第65条规定的终止合同时所承担的义务相同。但除按第65.8款规定的付款之外,雇主还应向承包人支付由于合同终止而引起的、或与之有关的、或由其后果造成的任何损失或损害的金额。

承包人暂停工作的权利

69.4 在不影响承包人根据第60.10款规定有权获得利息和根据第69.1款规定有权终止其受雇情况下,在雇主有权根据合同进行任何扣除时,如雇主在第60.10款规定应付款时间期满后28天之内,未能向承包人支付凭工程师签发的任何证书项下应付的款额,则承包人在提前28天给雇主发出通知并给工程师一份副本后,可以暂停工程,或者减缓

工作进度。如果承包人根据本款的规定暂停工程，或者减缓工作进度，因此而受到延误或发生费用；工程师在与雇主和承包人适当协商后应确定：

(a)根据第44条的规定，承包人有权得到工期的延长；以及

(b)应在合同价格中增加上述发生的费用。

并将此决定通知承包人，同时呈交给雇主一份副本。

复工

69.5 当承包人按第69.4款规定已发出通知后，暂停工程或减缓工作进度，雇主后来又支付了应付款额，包括第60.10款规定的利息。在这种情况下，如果终止合同的通知未曾发出，则根据第69.1款规定的承包人权利应予终止，而承包人应尽可能快地恢复正常工作。

费用和法规的变更

费用的增加或减少

70.1 随着劳务和(或)材料或影响工程施工成本的任何其他事项的价格涨落而引起的款额增减，应根据本合同条件第二部分的规定加到合同价格上或从合同价格中扣除。

后继的法规

70.2 如果在本工程的送交投标书截止日之前的28天以后，在本工程施工或预计施工的所在国中，国家或州的法令、法规，或其他法律，或任何条例，或任何当地或其他当局的地方法规发生变更，或任何上述州的法令、法规、命令、法律、条例或地方法规等的采用，致使承包人在施工中的费用发生第70.1款规定情况以外的增加或减少，则此项增加或减少的费用应由工程师在与雇主和承包人适当协商后确定，增加到合同价格上，或从合同价格中扣除。工程师应相应地通知承包人，并呈交给雇主一份副本。

货币和兑换率

货币限额

71.1 在呈递合同投标书截止日期前的28天以后，如果在本工程施工或预定施工所在国的政府或政府授权机构，对支付合同价款所用的一种或几种货币，实行货币限额和(或)货币汇兑限额，则雇主应赔偿承包人由此而引起的任何损失或损害，且不影响承包人在这种事情发生时有权行使的任何其他权利或应得的补偿。

兑换率

72.1 如果合同规定以一种或多种外国货币，全部或部分地向承包人支付款项，则此项支付不应受上述指定的一种或多种外国货币与本工程施工所在国货币之间的兑换率的

变化的影响。

货币比例

72.2 如果雇主已要求投标书以单一货币报价,但用一种以上的货币支付,且承包人已声明了他要求得到用于支付的另一种货币或多种货币的比例或数额,则适用于计算该比例或数额的一种或多种兑换率,除非在本合同条件第二部分中另有说明,应为在合同投标书递交截止日期前28天的当日,由预定工程施工所在国中央银行决定的通行兑换率,并由雇主在标书递交之前通知承包人,或在投标书中予以规定。

支付暂定金额的货币

72.3 如果合同规定以一种以上的货币进行支付,当暂定金额按第58、59条规定全部或部分使用时,以外币支付的比例或数额应按第72.1款和第72.2款规定的原则予以确定。

第Ⅱ部分

正如本文件开头引言中所说的,FIDIC条款是由第Ⅰ部分和第Ⅱ部分组成。某些条文即1.1款中的(1)(a)条文、5.1、14.1、14.3、68.2和70.1部分,必须包含第Ⅱ部分中的附加词句才能使条件完备。其他条款也可能要求增补一些词句以便补充第Ⅰ部分或能包括特殊的情况或工程类型(疏浚工程就是一个例子)。

用于特殊用途的第Ⅱ部分和所附关于编写第Ⅱ部分的原则发表在另外装订的文件中。

投　标　书

合同名称:____________

致:

先生们:

1. 在研究了上述工程的施工合同条件、规范、图纸、工程量表以及附件第________号以后,我们,即文末签名人,兹报价以

或根据上述条件可能确定的其他金额,按合同条件、规范、图纸、工程量表及附件要求,实施并完成上述工程并修补其任何缺陷。

2. 我们承认该附件为我们投标书的组成部分。

3. 如果我们中标,我们保证在接到工程师开工通知后尽可能快地开工,并在招标附件中规定的时间内完成合同中规定的全部工程。

4. 我们同意从确定的接收投标之日起____天内遵守本投标书,在此期限期满之前的任何时间,本报标书一直对我们具有约束力,并可随时被接受中标。

5. 在制定和执行一份正式助协议书之前,本投标书连同你方书面的中标通知,应构成我们双方之间有约束力的合同。

6. 我们理解你们并不一定非得接受最低标或你方可能收到的任何投标书的约束。

于________年____月____日

签字人________职务_______

授权代表_________________

(楷体大写字母)__________

地址_____________________

证人_____________________

地址_____________________

职业_____________________

注:所有标注 * 的详细说明应在标书文件发出之前填写。

附件

担保金额(如有时)________ 10.1 为合同价格的____%

第三方保险的最低金额________

________23.2 不限发生次数,平均每次________颁发开工通知的时间

________41.1 ________天

竣工时间________ 43.1 ________误期损害赔偿费金额

________47.1 每天________每天________误期损害赔偿费限额

________47.1 ________每天________缺陷责任期________ 49.1 ________天暂定金额调整的百分比

________59.4(c)% 表中所列材料发票价值的

百分比________60.1(c)____%

保留金百分比 60.2 ____%

保留金限额________60.2 ________临时付款证书的最低金额

________60.2 ________未付款额的利率________60.10 ________% 投标书签署人签名:________

(注:以上所列所有细节,除了对应于第59.2款的百分数以外,上表中所有详细数字在标书文件发出之前填入。凡应填入天数之处,为与本合同条件保持一致,希望该数为7的倍数。)

凡合同中包括与下列条款有关的规定时,应附加相应的条款:

(a)区段的竣工(第43.1和48.2(a)款)。

(b)区段误期损失赔偿费(第47.1款)。

(c)奖金(第47.3款——第二部分)。

(d)工地材料的支付(第60.1(c)款)。

(e)外币付款(第60条款—第Ⅱ部分)。

(f)预付款(第60条款—第Ⅱ部分)。

(g)特定材料引起的合同价调整(第70.1分项条款—第Ⅱ部分)。

(h)各种兑换率(第72.2分项条款—第Ⅱ部分)。

协 议 书

本协议书于________年____月____日由________为一方(以下称“雇主”)和________为另一方(以下称“承包人”)双方达成的。

鉴于雇主愿将本工程授予承包人即________来施工,并接受了承包人为施工和完成本工程以及修补其任何缺陷所交的投标书。

现本协议书以如下的内容作依据:

1.本协议书的措词和其含义分别与下面提到的合同条款中所用的措词相一致。

2.下列文件将认作本协作协议书的组成部分并作为协议书的一部分加以引用。

(1)中标通知书。

(2)上述投标书。

(3)合同条件(第Ⅰ和第Ⅱ部分)。

(4)规范。

(5)图纸。

(6)工程量表。

3.考虑到雇主要按下述的规定,对承包人进行付款,因此,承包人向雇主立约保证全按合同规定承担施工和完成工程并修补其任何缺陷的任务。

4.雇主在此立约保证对合同价格中的工程施工、完工与修补其任何缺陷的金额或按合同规定应付的款项,按合同所规定的时间和方式进行支付。

特立此据,本协议签约双方基于协议符合其各项有关法律,于________年____月____日起,使协议开始执行。

________的章是在________在场的情况下,或有

下列人士在场情况下________由________签署、密封和递送盖章的。

雇主签约人:________

承包签约人:________

| 条文检索 |

参见“012 建设工程施工合同”条文检索部分。

| 应用指引 |

(一)FIDIC 方法的基本知识

FIDIC 是国际咨询工程师联合会的法文缩写,是世界银行认可的国际咨询机构,总部设在瑞士洛桑。该合同条件是 FIDIC 和欧洲建筑工程师联合会在英国土木工程师学会的合同条款的基础上,于 1957 年制定的第一版。该文本是为了圆满完成土木工程施工项目,使得技术方面和管理方面标准化而编制的合同示范文本。这是目前国际上通行的施工方法。

FIDIC 方法的主要特点有:一是根据公开招标规则的国际惯例选择承包商,招标文件内容明确,使投标人之间能够公平竞争;二是采用 FIDIC 标准合同条件,由于该合同条件规定明确严谨,便于执行,减少风险;三是由业主委托工程师根据合同条件进行项目的质量控制、投资控制和进度控制。

FIDIC 合同条件涉及三方关系,即业主、承包商和工程师,以两项合同为基础——业主与承包商签订的土木工程施工合同或者设备安装合同,业主与工程师签订的监理服务合同。

采用 FIDIC 方法建设工程的基本程序是:

(1)选择工程师,签订授权委托书;

(2)通过竞争招标,确定承包商和施工合同文件;

(3)承包商办理履约担保、预付款保函、保险等事项,并得到业主的批准;

(4)业主支付预付款;

(5)承包商提供工程师所需的组织施工、施工技术方案、施工进度计划和现金流量估算;

(6)召开第一次开工会议;

(7)工程师发布开工通知;

(8)承包商根据合同要求进行施工或者设计,工程师进行日常管理工作;

(9)竣工验收;

(10)承包商申请移交工程;

(11)工程师签发移交证书,业主归还部分保留金;

(12)承包商提供竣工报表,工程师签发付款证书;

(13)缺陷责任期,承包商完成剩余工作并修补缺陷;

(14)工程师签发缺陷责任期证书,业主归还履约保证金及剩余保留金;

(15)承包商提出最终报告;

(16)工程师签发最终支付证书,业主与承包商结清余款。

(二)FIDIC土木工程施工合同条件的有关问题

该合同条件作为示范文本,主要由通用条件、专用条件、投标书及其附件、协议书四个部分组成。

通用条件第一部分,主要内容包括:定义与解释;工程师及工程师代表;转让与分包;合同文件;一般义务;劳务;材料;工种设备及工艺;暂停施工;开工和误期;缺陷责任;变更;增减;索赔程序;承包人的设备、临时工程和材料;计量;暂定余额;指定的分包商;证书与支付;补救措施;特殊风险;解除合同;争端的解决;通知;业主的违约;费用和法规的变更;货币及汇率等。

专用条件主要包括三个方面的内容:一是疏浚与填筑工程的有关条款;二是对通用条件中条款的修正、补充和替代;三是作为合同文件组成一部分的某些文件的标准格式等。

投标书为投标人提供了标准格式,只需投标人填写具体内容,就可与其他材料一起构成投标文件。协议书是业主和中标的承包商签订施工合同的标准文件,只要双方在空格中填入相关的内容,并签字、盖章后即可生效。

017 国际工程总承包合同

文书范本 | 国际工程总承包合同协议书;土木建筑工程(国际)合同条件
适用范围 | 签订国际工程总承包合同时所使用的文书
条文检索 | 中华人民共和国建筑法;中华人民共和国合同法
应用指引 | 国际工程总承包合同的主要内容;制作该文书应当注意的问题

国际工程承包合同(总承包合同)

本合同经下述双方签署:

1. ________市________(单位,以下简称甲方);代表人:________

2. ________建筑工程承包公司海外工程部(以下简称乙方);经理________先生(________年____月____日由建筑工程承包公司授权)

出生地:________(国家)

国籍:__________(国家)

总部:________(国)________市

在________国的通讯地址:________信箱

鉴于甲方要兴建的________,乙方提交报价已于________年____月____日被________招标委员会接受并已中标。根据________国________部________年____月____日第________号决议,双方缔约于下:

(一)合同内容

乙方要完全、准确地按照该合同条款、技术规范、设计图纸、工程量表、价格表与合同条款有关的书面协议,在________市对________进行施工。

乙方承认自己对合同的正文和附件,已有正确的理解,在此基础上同意缔约,按合同施工。

所有上述文件、附件均是本合同不可分割的组成部分。

(二)合同金额

本合同总金额为________。兑美元比例为70%。

这个金额是用单价乘实际工程量的方法计算出来的,这是指“概算工程”而言。至于“分段工程”则根据临时报表进行支付,临时报表的书写方法应是双方在合同中一致同意的。对乙方的支付要根据合同及其附件的规定。

合同价格是固定的,它包括乙方为施工所承担的所有费用、开支、义务、各种税款,包括因施工不良而支出的工程维修费及在合同期内规定的保修、保养费。乙方无权以任何理由要求增加合同价格,如市场物价上涨,货币价格浮动,生活费用提高,工资的基限提高,调整税法、关税及税务,在________国国内或国外新增加赋税。

(三)工期

乙方必须根据本合同第________号附件的说明,在自移交场地之日起的____天之内完成全部合同工程的施工。正式的节假日包括在工期之内。如果乙方由于某些不可抗拒的原因而认为不可按期完工的话,可书面通知甲方,说明原因,并提出要求增加期限。如果乙方证实这些原因存在,合同期限可以适当延长。

(四)移交场地

根据甲方向乙方发出的通知,进行工地交接,交接时须签订纪要,双方各持一份。如果乙方或其接收场地的代表在通知中规定的期限内缺席,甲方可照常起草纪要,并将纪要的复印件寄给乙方。起草纪要之日等于乙方接收场地之时。

(五)查看工地

乙方承认在签认合同之前已查看了土地及周围的环境,掌握了所有与工程施工有关或对施工有影响的情况,如地质土壤情况、水源、当地气候情况、道路、交通流量、劳动力提供范围等。由这些因素产生的后果均由乙方负责。

(六)履约保证金

乙方应自被通知中标的第二天起的30天内,向甲方寄存履约保证金,金额为该合同总额的20%,或在指定期限内将以前寄存的投标保证金补充到上述比例。该合同只有在寄保证金之后才对甲方产生义务。

有现金、信用支票,或按合同条件第11条规定的条件提供保函作保均可。保函须在合同整个执行期中都有效,直到最后交付工程为止。

该保证金始终都由甲方保存,作为乙方完成施工和履行甲方权利的保证。乙方应在甲方发出挂号函件后,最多在一个月内,按可能业经被扣除的金额的相同额度补足保证金,否则,甲方有权没收保证金的金额,或者从乙方手中收回工程由甲方自行施工而由乙方承担费用。甲方有权索赔,只要用挂号函件通知乙方即可,无须诉诸法院或采取其他措施。

甲方有权从乙方在本合同的任何收益中索取其拖欠的债务。

甲方:________________　　乙方:________________

代表:________________　　代表:________________

________年____月____日　　________年____月____日

土木建筑工程(国际)合同条件

第一部分　共 同 条 件

定义与解释

1. 定义

本合同(按下文规定的定义)中的下列词和用语,除文中另有要求者外,应具有此处为其所规定的含义:

(a)“雇主”,是指合同条件第二部分中指明的已就工程的建造、安装或交付进行招标并将雇承包人的该一方以及雇主名下的合法继承人,但不包括(经承包人同意者除外)雇主的任何受让人。

(b)“承包人”,是指其投标已被雇主接受的个人或多人、商号或公司,并包括承包人的私人代表、继承人和经许可的受让人。

(c)“工程师”,是指第二部分中指定的工程师,或由雇主随时指派并书面通知承包人,要为本合同的目的替代上述指定的工程师,以工程师身份行事的工程师。

(d)“工程师的代表”,是指驻工地工程师或工程师的助理,或任何由雇主或工程师随时指派来履行本文件第 2 条所规定的职责的工程建筑管理员,其职权应由工程师书面通知承包人。

(e)“工程”,是指依照本合同应进行的工程。

(f)“合同”,是指合同条件、说明书、图纸、经标价的建筑工程清单、费率与价格表(如果有的话)、投标书和合同协议。

(g)"合同价格",是指投标书所列明的,但经根据下文所载规定予以增减的金额。

(h)"施工设备",是指为本工程或临时工程(按本条下述定义)进行、建成或维护方面所需的一切设备器械或诸如此类性质的各物,但不包括打算用以构成或正在构成永久性工程组成部分的材料或其他各物。

(i)"临时工程",是指为本工程的进行、建成或维护方面所需的所有各种临时工程。

(j)"图纸",是指说明书中所提到的图纸和任何经工程师书面认可的对这类图纸所作的修改,以及工程师随时提供或书面认可的其他图纸。

(k)"现场",是指要在其上、其下或其中进行本工程的土地和其他场所,以及任何由雇主为本合同的目的而连同本合同中特别指定为现场组成部分的其他场所一起提供的其他土地或场所。

(l)"经认可",是指业经书面认可,包括对先前的口头认可所作的随后的书面确认;而"认可"是指书面认可,包括上述情况。

单数与复数

视文中需要,仅表明单数的词也包括复数在内,反之亦然。

页旁小标题或注释

这些一般条件中的页旁小标题或注释均不得被认为是本合同条件的组成部分,也不得作为解释本共同条件或本合同时的考虑因素。

工程师的代表

2. 工程师的代表的责任和权力

工程师的代表的责任是视察和监督本工程,并试验与检查有关本工程所要使用的材料与做工。他无权免除承包人根据本合同所承担的任何责任或义务,除本文件下面或本合同其他地方另有明文规定者外,他无权命令进行任何会引起迟延的工程或指示雇主作任何额外支付,也不能对本工程作任何变更。

工程师可以随时以书面方式把授予工程师的任何权力和授权委托给工程师的代表,并应将所有这种权力和授权的书面委托的副本提交给承包人。工程师的代表在这种委托范围之内(但不是委托范围之外)给予承包人的任何书面指示或认可,应如同工程师所作出的指标或认可一样,对承包人与雇主具有约束力。但是必须以下述为条件:

(a)工程师的代表对任何工作或材料未予不认可,并不损害工程师日后不认可该工作或材料并下令予以推倒、清除或拆毁的权力。

(b)如果承包人对于工程师的代表所作的任何决定感到不满意,他应有权把此问题提交工程师,工程师应随即对该决定予以确认、撤销或更改。

转让与转包

3. 转让

承包人未经雇主事先书面同意,不得转让本合同或本合同的任何组成部分或其中的任何好处或利益(付给承包人银行的任何根据本合同到期应付的款项不在此列)。

4. 转包

承包人不得把整个工程转包出去。除本合同另有规定者外,承包人未经工程师事先书面同意(不得无理不予同意)不得把本工程的任何组成部分转包出去,如予同意,不得免除承包人根据本合同所承担的任何责任或义务,承包人对任何分包人或分包人的代理人、雇员或工人的行动、违约和疏忽,就如同对承包人或承包人的代理人、雇员或工人的行动、违约或疏忽一样,应承担全部责任。但是,按计件方式提供劳动力,不应认为是本条所说的转包。

合同的范围

5. 合同的范围

本合同包括本工程的施工、建成和维护,除本合同另有规定者外,还包括提供经本合同指定或从本合同中合理地推知需要提供的为本工程的施工、建成和维护所需的一切劳力、材料、施工设备、临时工程和不论临时性或永久性的各物。

合同文件

6. 语言

(1)制订本合同文件所用的语言应在第二部分中予以说明,如果本合同文件用不止一种语言写成,则还应在第二部分中指定解释本合同所据以为准的该种语言,即其中指定的"主要语言"。

(2)文件相互解释:除本合同另有规定者外,共同条件和专用条件中的各项条款规定,应成为任何构成本合同组成部分的其他文件中各项条款规定的主导,在上述条件下,构成本合同的若干文件应视为是彼此相互解释的,如有意义不明确或不一致之外,应由工程师对之作出解释和调处,工程师应即为此向承包人发出指示,指示应按何种方式完成该项工作。但是,如果工程师认为,遵照任何这种指示执行而为承包人带来的任何费用,由于文件的这种意义不明确或不一致,并不在而且有理由不在承包人所预计之列,则工程师应予证明,而雇主应按可以合理负担此项费用的金额支付这笔额外款项。

7. 图纸的保管

(1)图纸应由工程师单独保管,但应向承包人免费提供图纸副本 2 份,承包人如还需要更多的副本,应由承包人自费提供和制作。在本合同履行完毕时,承包人应把所有根据本合同提供的图纸退还给工程师。

承包人应就执行根据本合同规定的工程或其他事项所进一步需要的任何图纸或说明书,给工程师或工程师的代表以适当的书面通知。

图纸副本应有一份保存在现场

(2)上述提供给承包人图纸副本中的一份,应由承包人保存在现场,该份图纸应供工程师、工程师的代表和经工程师书面授权的任何其他人员在一切适当时间检查和使用。

8. 进一步提供的图纸和指示

工程师应完全有权在本工程进行过程中,随时向承包人提供为了本工程的正确和适当地进行和维护的目的而必须进一步提供的图纸和指示,承包人应予执行并受其约束。

一般义务

9. 合同协议

承包人应邀立约时,应按附件所列并视情况经过必要修改的格式签订合同协议(由雇主承担费用制订)。

10. 履约保证书

如果投标书中载明,承包人承诺在需要时取得一家保险公司或银行的担保或是提供两名合适而殷实的担保人,同承包人一道负有连带责任地向雇主承担义务,按不超过投标金额 10% 的金额根据保证书的条件担保照章履行本合同者,则该保险公司或银行或担保人以及该保证书,均应是须经雇主认可的。而取得这种担保或提供这种担保人以及所要订立的这种保证书的费用,应统由承包人承担,但本合同另有规定者除外。

11. 现场检查

投标书应认为是根据雇主在其为投标的目的提交给承包人的文件中所应提供的有关水文、气候和自然条件的数据资料所制订的。但是承包人应检查和考察现场及其周围环境,并应在提交投标书以前(尽可能)确实弄清现场的形状与性质、完成本工程所必需的工作和材料的数量与性质、进入现场的交通工具以及他可能需要的居住设备,总之,他应亲自取得一切有关风险、意外事件和其他可能影响其投标的各种情况的必要资料(按上所述)。

投标的充分条件

12. 不利的自然条件和人为的障碍

承包人应被认为在投标以前,已确实弄清他对于本工程的投标以及在标价的建筑工程清单和费率与价格表(如有的话)中所列的费率与价格都是正确和充分的。此费率与价格除本合同另有规定者外,应包括承包人根据本合同所承担的一切义务和为本工程的正确建成与维护所必需的一切事物。但是,如果在本工程进行中,承包人遇到自然条件或人为的障碍,而此种条件或障碍并非一个有经验的承包人所应能合理预见的,则承包人应立即将此书面通知工程师的代表。如果工程师认为,此种条件或人为障碍并非一个有经验的承包人所应能合理预见的,则工程师应予证明,而雇主则应支付由于此种条件而加给承包人的额外费用,包括由于遇到此种条件或障碍而引起的以下适当而合理的费用:

(a)遵照工程师在与此有关情况下向承包人所发出的任何指示执行需引起的适当而合理的费用;

(b)以及承包人在未得到工程师具体指示情况下,可采取的任何经工程师认可的正当合理措施所引起的适当而合理的费用。

13. 工作必须使工程师满意

除了法律上不可能或实际上不可能以外,承包人必须严格按照本合同要求进行,建成和维护本工程,做到使工程师满意,并应执行和严格遵循工程师对于涉及或有关本工程的任何事项(不论本合同中是否提到)所作的指示和指导。承包人只领受工程师或(在按照本文件第 2 条所提到的限制条件下)工程师的代表所作的指示和指导。

14. 应提供的方案

在承包人的投标被接受以后,承包人如经要求应当尽快向工程师提交一份表明他所建议本工程进行的步骤次序和方法的方案,请工程师认可,并经工程师或工程师的代表提出要求时,应向他们书面提供关于承包人对进行本工程以及承包人打算提供、使用或建造的(视情况而定)施工设备和临时工程所作安排的详细资料。向工程师或工程师的代表提交这种方案并经他们认可,或者向其提供这种详细资料,不应免除承包人根据本合同所承担的任何义务或责任。

15. 承包人的监督权

承包人应在本工程进行中,并在其后工程师认为是正当履行承包人根据本合同承担的义务所必需的期间,给予或提供一切必要的监督。承包人或经工程师书面认可的(该认可随时可予撤销)一名有法定资格的指定的代表人或代表应当常驻本工程,并应把他的全部时间专用于本工程的监督。如果工程师撤销此项认可,承包人应在接到撤销此项认可的书面通知以后,尽快(在考虑到下文所述需要替换他的情况下)将该处理人撤离现场,而且日后不得再雇用他担任现场任何工作,并应由经工程师认可的其他代理人来替换他。这种指定的代理人或代表应代表承包人领受工程师或(在按本文件第2条规定限制条件下)工程师的代表所作的指示和指导。

16. 承包人的雇员

(1)承包人有关本工程的进行和维护应在现场提供和雇用:

(a)仅属具有各该行业的熟练技能与经验的技术能手,和能对要求他们监督的工作进行适当监督的助副代理人,领班和工长;

(b)以及为本工程的正确而及时地进行和维护所必需的熟练、半熟练和非熟练工人。

(2)承包人为了或关于本工程的进行或维护而雇用的任何人员,如果工程师认为其行为不当或不称职或玩忽职守,或者工程师另外认为雇用该人是不合需要的,工程师有权反对并要求承包人立即将该人撤离本工程,而且非经工程师书面允许,不得再雇用该人从事本工程。任何因此而撤离本工程的人员应尽快地由经工程师认可的称职的替换人员接替。

17. 工程定位

承包人应负责按工程师书面规定的原始基准点、线和高程对本工程进行准确和正确的定位,负责本工程所有各个部分的位置高程、尺寸和定线正确无误(按上所述),并负责提供与此有关的一切必需的仪表器具和劳动力。如果在本工程进展中的任何时候,本工程的任何部分在位置高程、尺寸或定线上出现或发生任何错误,承包人经工程师或工程师的代表要求,应自行承担费用纠正此种错误,使工程师或工程师的代表满意。除非此种错误是由于工程师或工程师的代表书面提供的不正确的数据资料所造成的,在这种情况下,纠正此种错误的费用应当由雇主承担。工程师或工程师的代表对任何定位或任何线或工程所作的检查决不应免除承包人对此项定位的准确性所承担的责任。因此,承包人应当仔细保护和保持本工程定位中所用的一切水准基点、龙门板、标桩和其他各物。

18. 钻孔和勘探挖掘

如果在本工程进行中的任何时候,工程师要求承包人进行钻孔或进行勘探挖掘,应以书面命令提出此项要求,而且除非建筑工程清单中已列有关于这种预期的工作的临时金额,否则应被认为是根据本文件第 51 条的规定所命令的一项追加的要求。

19. 守卫与照明

承包人在必要的时候和地方,或者经工程师或工程师的代表或者经合法当局提出要求时,应自行承担费用为有关工程提供和保持全部照明、保卫、围拦和看守,以保护本工程或保障公众或其他人员的安全和方便。

20. 对工程的照管

(1)从本工程开始到完成,承包人应承担全部责任照管本工程及一切临时工程,如果由于任何原因[本条第(2)款所规定的例外风险除外]使本工程或其中的任何部分或任何临时工程遭受任何损坏、灭失或伤害,承包人应自行承担费用予以修理和弥补,使得本工程在竣工时处于良好的状态,并且在一切方面都符合本合同的要求和工程师的指示。如果任何这种损坏、灭失或伤害,是由于任何例外风险引起的,承包人在经工程师要求并符合本文件第 65 条规定的情况下,应予以修理和弥补,如上所述,其费用则由雇主承担。承包人还应对他在为了履行本文件第 49 条规定的义务而进行的任何作业过程中所引起的对本工程的任何损害负责。

(2)“例外风险”包括:战争、战争行动(不论是否已经宣战)、入侵、外国敌人的行动、叛乱、革命、暴动或者军事政变或篡权、内战或(非承包人自己的雇员之间的)动乱、骚动或骚扰,或者是雇主使用或占有已经对之出具竣工证书的本工程的任何部分,或者是完全由于工程师对本工程的设计所造成的原因,或者是由于并非承包人方面的合理预见性和能力所能预见或合理预防的任何自然力的作用所造成的(所有这些,在此都统称为“例外风险”)。

21. 工程的保险等

承包人在其根据本文件第 20 条所承担的义务与责任不受限制的情况下,应以雇主和承包人的共同名义对他根据本合同条款应予负责的,由于任何原因所引起的一切灭失或损坏按下述方式投保。使雇主和承包人得到保险的范围包括本工程施工期间,也包括维护期间,由于维护期开始以前所发生的原因而引起的灭失或损坏,以及承包人在为了履行其根据本文件第 49 条所承担的义务,而进行任何作业的过程中所引起的任何灭失或损坏:

(a)对本工程和临时工程按随时所进行的这种工程的全部价值保险。

(b)对材料、施工设备和承包人运至现场的其他各物,按这种材料、施工设备和其他各物的全部价值保险。

这种保险应按雇主认可的条件（不得无理拒绝认可）向保险人投保，承包人凡经要求应向工程师或工程师的代表出示保险单和支付本期保险费的收据。但是，在承包人上述义务与责任不受限制的情况下，本条所载任何规定都不得使承包人有责任对需要修理和重建任何所用的材料或做工不符合本合同要求的工程投保。

22. 对人身和财产的损害

（1）承包人（除说明书另有规定者外）应就由于本工程的施工和维护而可能引起的一切损失和对任何人身或任何财产所受伤害或损害（并非承租人或占用人所遭受的对现场的土地或庄稼的表面或其他损害）的权利主张，并就任何与此有关的一切权利主张、要求、诉讼、损害赔偿费、各项费用和开支，给雇主以补偿。但是，此处的任何规定都不得被认为使承包人应有责任就对下列情况的任何补偿或损害赔偿费给雇主以补偿：

（a）土地由本工程或其中的任何部分永久使用或占用或者（除下文规定者外）遭受如上所述的表面或其他损害；

（b）雇主在任何土地上或其下或其中对本工程或其中任何一部分进行施工的权利；

（c）由于按照本合同进行本工程施工而不可避免地造成对照明、空中航线或水路或其他地役权或准地役权等任何权利的临时或永久性妨碍；

（d）由于雇主、雇主的代理人或雇员或其他承包人（非本承包人所雇用的）在本合同期间的任何行为或疏忽所造成的对人身或财产的伤害或损害，或者与此有关的任何权利主张、要求、诉讼、损害赔偿费、各项费用和开支。

但是还必须规定：为了本条的目的，“现场”一词应认为只限于说明书中规定的或图纸上表明的其中土地和庄稼由于进行本工程而将不可避免地受到妨碍或损害的范围。

（2）雇主应就有关本条第（1）款限制性条款中所提到的事项的一切权利主张、要求、诉讼，损害赔偿费、各项费用和开支，保障承包人免受损失，并给承包人以补偿。

23. 第三方保险

（1）承包人在开始进行本工程之前（但在不限制其根据本文件第 22 条所承担的义务与责任的情况下），应为防止并非由于本文件第 22（1）条限制性条款中提到的事项所引起的、在进行本工程或临时工程或在执行本合同过程中可能发生的对任何财产（包括雇主的财产）或对任何人身（包括雇主的任何雇员）的任何损害、灭失或伤害进行保险。

（2）第三方保险的最低金额：此项保险应按雇主认可的条件（不得无理拒绝认可）并应至少按投标书中所列金额，向保险人投保，承包人凡经要求应向工程师或工程师的代表出示保险单和支付本期保险费的收据。

24. 工人遭受工作事故

(1)对由于承包人或任何分包人所雇用的任何工人或其他人员遭受任何工伤事故而应依法支付的任何损害赔偿费或补偿，除了由于雇主、雇主的代理人或雇员的任何行为或违约所造成的工伤事故者外，雇主均不应承担责任，而承包人应就所有这种损害赔偿费和补偿(上述例外情况除外)并就与此有关的一切权利主张、要求、诉讼、各项费用和开支，给雇主以补偿。

(2)承包人应把此项赔偿责任向经雇主认可的(不得无理拒绝认可)保险人投保，并应在他雇用任何人员在本工程工作的全部期间继续此项保险，如经要求，应向工程师或工程师的代表出示该保险单和支付本期保险费的收据。但是，对于任何分包人所雇用的任何人员，如果分包人已就对这些人员的赔偿责任，按照使雇主能根据保险单得到补偿方式进行保险，则承包人根据本款承担的进行上述保险的义务应属已经履行，但承包人应要求该分包人凡经要求向工程师或工程师的代表出示此项保险单和支付本期保险费的收据。

25. 对承包人没有投保的补救办法

如果承包人未就本文件第21、23和24条中提到的各项保险或根据本合同条款应由他投保的任何其他项保险进行保险和使之保持有效，则在这种情况下，雇主可以就任何此类保险项目投保和使之保持有效，并支付为此目的所必需的保险费，并随时从到期应付或将到期应付给承包人的款项中扣除上述雇主所支付的金额，或以此作为到期债务向承包人索还。

26. 发通知和付费

承包人应按有关进行本工程或任何临时工程的任何国家的或州的法规法令或其他法律，或者任何地方当局或其他合法当局的规章条例或细则的要求，并按其财产或权利在任何方面受到或可能受到本工程或任何临时工程，影响的一切公共团体和公司的规则和规章条例的要求，发出一切应发的通知和支付一切应付的费用。

承包人应在各个方面遵守可适用于本工程或任何临时工程的任何上述法规、法令或法律，或者任何地方当局或其他合法当局的规章条例或细则的规定，以及遵守上述公共团体和公司的规则和规章条例，并就对于违反任何此类法规、法令和法律、规章条例或细则的一切罚款和各种赔偿责任，给雇主以补偿。但是，凡经工程师证明为正当应付并由承包人支付的关于此类费用的一切款项，应由雇主付还给承包人。

27. 化石、文物等

在本工程现场发现的一切化石、硬币、有价值的物品或文物和建筑物，以及其他在地质学或考古学方面有价值的遗物或物品,应在雇主与承包人之间认为是雇主的绝对财产,承包人应采取合理的预防措施防止其他的工人或任何其他人员移动或损坏任何这种物品,并应在这种物品发现之时和移动之前立即将此项发现通知工程师的代表,并按工程师的代表的指示处理这种物品,其费用由雇主负担。

28. 专利权和使用费

承包人应就对于本工程或临时工程或其中的任何部分所使用的任何施工设备、机器、工具或材料侵犯任何专利权、设计、商标或名称或其他受保护权提出的一切权利主张和诉讼,并就任何与此有关的一切权利主张、要求、诉讼、损害赔偿费、各项费用和开支,保障雇主免受损害并给雇主以补偿。除另有规定者外,承包人应为取得本工程或临时工程或其中任何部分所需要的石头、沙子、砾石、泥土或其他材料支付一切吨位税和其他使用费、租金,以及其他付款或补偿(如果有的话)。

29. 妨碍交通和毗邻的财产

为进行本工程和任何临时工程施工所必需的一切作业,应在遵照本合同的要求所允许的范围内进行,以免不必要地或不适当地妨碍公众方便或妨碍进入和使用公、私道路和人行道或不论雇主或任何其他人员拥有的财产,承包人应就由于或有关任何这种只要是承包人应对之承担责任的事项所引起的一切权利主张、要求、诉讼、损害赔偿费、各项费用和开支,保障雇主免受损害,并给雇主以补偿。

30. 临时运输

(1)承包人应采取一切合理措施防止承包人或其任何分包人的任何运输损坏或伤害连接现场的或在通往现场途中的任何公路或桥梁,尤其应选择路线,选择和使用车辆并限制和分配装载量,以便尽可能合理地限制这种由于把设备和材料运出入现场而不可避免地产生的临时运输,并使该公路和桥梁不致遭受不必要的损坏或伤害。

(2)特殊的负载:如果承包人认为有必要搬运一车或数车施工设备机械或预制件或工作部件经过部分公路或桥梁,而这种搬动很可能会损坏公路或桥梁,除非对公路或桥梁进行特别保护或加固,则承包人应在这种载运车辆开上公路或桥梁以前,把要载运的重量和其他细节以及他对保护或加固上述公路或桥梁的建议,通知工程师或工程师的代表。如果工程师在接到此项通知后 14 天内没有以相反通知指出此项保护或加固是不必要的,则承包人就可以实行此项建议或工程师对此所提出的修改。并且,除非上述保护或加固所必需的各项工作已列入承包人所提出的供定价的建筑工程清单,否则其费用或开支应由雇主付给承包人。

(3)对临时运输索赔要求的处理:如果在本工程进行期间或在其后的任何时间,承包人收到由于进行本工程而引起的有关对公路或桥梁的损坏和伤害的任何索赔要求。应当立即将此报告工程师,其后,雇主应就此项索赔要求、谈判解决办法、并支付一切应付款项,并应就此和有关的一切权利主张、要求、诉讼、损害赔偿费、各项费用和开支,给承包人以补偿。但是,如果工程师认为任何这种索赔要求或其中的一部分是由于承包人方面没有遵守和履行其根据本条第(1)和(2)款所承担的义务而造成的,则经工程师证明由于承包人没有遵守或履行上述义务而所应赔偿的金额,应由承包人付给雇主。

(4)水路运输:如果由于本工程的性质,要求承包人采用水路运输,本条上述各项规定应解释为:"公路"包括水闸、码头、防波堤或与水路有联系的其他建筑物,而"车辆"则包括船只,并应具有相应效力。

31. 给予其他承包人的机会

承包人应按照工程师的要求,为雇主所雇用的任何其他承包人及其工人,并为雇主和任何其他合法当局所雇用的在现场上、或现场附近进行任何未包括在本合同之内的工作、或执行雇主签订的任何有关或附属于本工程的合同的工人,提供进行其工作的一切合理机会。但是,如果承包人应工程师或工程师的代表的书面请求,向任何这种其他承包人或雇主或任何这种当局提供由承包人负责维护的任何公路或道路,或允许他们使用现场上的承包人的脚手架或其他设备,或向他们提供任何性质的其他服务,则雇主应就这种使用或服务按工程师认为合理的金额支付给承包人。

32. 设备、材料和劳动力的供应

除另有规定者外,承包人应自行承担费用供应和提供一切施工设备、临时工程、临时和永久性工程所有的材料、劳动力(包括其监督)、往来现场和在本工程内和周围的运输,以及为本工程的施工、建成和维护所需要的各类其他物品。

33. 竣工现场的清理

在本工程竣工时,承包人应从现场清除和撤离一切施工设备、剩余物料、垃圾和各种临时工程,使整个现场和工程清洁并处于良好状况,使工程师满意。

劳动力

34. 劳动力的雇用

(1)承包人应自行安排雇用一切当地的或外地的劳动力,除本合同另有规定者,并安排其交通、住宿、膳食和付给工资。

(2)供水:承包人应在合理可行情况下,根据当地条件,对现场供应充足的饮用水和其他用水供承包人的职员及工人们使用，使工程师的代表感到满意。

(3)酒类或药物：承包人不得违反现行的法规法令和政府规章或命令而进口、出售、赠送、实物交易或以其他方式处理任何酒类或药物，或允许或容忍其分包人、代理人或雇员进口、出售、赠送、实物交易或处理这类物品。

(4)武器和弹药：承包人不得同任何人员交换任何武器或任何种弹药或作其他的处理，或允许或容忍上述这种交换或处理。

(5)节日和宗教习惯：承包人对待他所雇用的一切工人，应适当尊重一切公认的休息节日和宗教方面或其他方面的习惯。

(6)流行病：如果发生任何流行病，承包人应遵守和执行政府或当地医疗卫生当局为处理和扑灭此种疾病而制定的条例、命令和要求。

(7)妨害治安行为等：承包人应随时采取一切合理的预防措施，防止其雇员出现任何非法的动乱或妨害治安行为，以维持治安和保护本工程邻近的人员和财产免遭上述动乱或行为的妨害。

(8)分包人遵守事项：承包人应对其分包人遵守上述各项规定承担责任。

(9)任何有关工人和工资的其他条件，应视需要和第二部分第 34 条第(9)、(10)等款所列。

35. 关于工人等情况的申报

承包人如经工程师要求，应按工程师规定的格式和间隔时间向工程师的代表或其办事处提交详细报告书，说明承包人各个时候在现场上雇用的管理人员和各级工人的数目，以及工程师的代表要求有关雇工数目的资料。

材料与做工

36. 材料与做工的质量和试验

(1)一切材料和做工均应属于合同规定的各该种类并符合工程师的指示，并应不时接受工程师在制造或制作地点或在现场或在所有任何这类地点指导进行的试验。承包人应提供为检查、测量和试验任何工作及所用的任何材料的质量、重量或数量，所通常需要协助的仪器、机械、劳力和材料，并应按工程师的选择和要求，在把材料投入本工程以前，提供材料的样品供试验。

(2)样品费用：如果说明书或建筑工程清单中明确意指或规定提供样品，则全部样品的提供应由承包人自行承担费用，否则应由雇主承担费用。

(3)试验费用：进行任何试验的费用，如果说明书或建筑工程清单中明确意指或规定进行这种试验,并且(在仅仅做负荷试验或者为了确定任何完成的或部分完成的工作的设计是否适合于旨在达到的目的而做试验的情况下)这种试验在说明书或建筑工程清单中已详细列出,足以使承包人能在其投标中予以定价或估算在内,则应由承包人负担。

(4)未规定的试验等的费用:如果工程师命令进行的任何试验,属于下列情况之一者:

(a)并非意指或规定进行的试验;

(b)或(在上述情况下)未详细列出的试验;

(c)或虽意指或规定进行,但工程师命令,要由一名独立的人员在除了现场或受试验材料的制造或制作地点以外的任何地点进行试验。

如果试验结果表明,该做工或材料不符合本合同的规定或工程师的指示,则此项试验费用应由承包人负担,否则由雇主负担。

37.进入现场

工程师和他所授权的任何人应能随时进入本工程和现场,以及进入正在为本工程进行工作或提供材料、制成品和机械的一切车间和地方,承包人应为他们进入这些地方或获得进入的权利提供一切便利和协助。

38.在覆盖以前对工程的检查

(1)任何工作未经工程师或工程师的代表认可不得予以覆盖或置于视线之外,承包人应提供充分机会由工程师或工程师的代表检查和测量任何将要覆盖或置于视线之外的工作,并在永久性工程就位以前检查其基础。承包人应在任何这种工程或基础准备就绪或即将准备就绪以供检查时,及时通知工程师的代表,而工程师的代表除非认为此项检查没有必要并相应通知承包人,否则应为检查和测量该工程或检查该基础的目的而出席,不得无理拖延。

(2)移去覆盖物和打开:承包人应按工程师不时作出的指示,将本工程任何部分移去覆盖物或从中打开,并应使各该部分恢复原状和修补好,使工程师满意。如果任何各该部分是在依照本条第(1)款的要求执行后予以覆盖或置于视线之外的,并经认为是按照本合同进行的,则将其移去覆盖物、从中打开、恢复原状和修补等各项费用均应由雇主负担,但在任何其他情况下,所有上述各项费用均应由承包人负担,并应由雇主向承包人索还或可由雇主从任何到期应付或将到期应付给承包人的款项中予以扣除。

39.清除不适当的工作和材料

(1)工程师在本工程进行过程中应有权随时发出书面命令:

(a)在该命令规定的时间内从现场清除工程师认为不符合本合同要求的任何材料;

(b)代之以适当的和合适的材料;

(c)并拆除工程师认为其材料或做工不符合本合同要求的任何工程,并按要求重建(不管其以前的任何试验或中期付款)。

承包人违约

(2)如果承包人拖欠不执行上述命令,雇主有权雇用其他人员进行此项工作并付给工资,由此产生的或伴随而来的一切费用开支均应由承包人负担,并应由雇主向承包人索还或可由雇主从任何到期应付或将到期应付给承包人的款项中予以扣除。

40. 工程暂停

(1)承包人应在接到工程师的书面命令时,按工程师认为必要的时间和方式,暂停进行本工程或其中的任何部分,并应在暂停时间,在工程师认为必要的情况下适当地保护本工程并保证其安全。承包人在根据本条规定执行工程师的指示方面所招致的额外费用,包括所有现场应支付的日常工资、薪水、设备的折旧和保养、现场的杂费和本合同的一般管理费,均应由雇主负担和支付,除非这种暂停是:

(a)本合同另有规定者;

(b)或为适当进行本工程所必需者,或由于天气条件影响本工程的安全和质量,或由于承包人方面的违约;

(c)或为本工程或其中任何部分的安全所必需者。

但是,除非承包人在接到工程师的命令后的28天内将其索赔意向以书面通知工程师,否则承包人将无权索还任何此种额外费用。工程师应就其认为是公平合理的“索赔要求”,解决和决定应付给承包人的这种额外款项。

(2)如果根据工程师书面命令(本款称之为“暂停命令”)本工程或其中任何部分的进展暂停一段时期或连续几段时间总计达90天,或者如果工程师在先前已发出为期不到90天的暂停命令以后,又在这一暂停期限届满时起不到90天以内,再次发出不论是关于整个工程的或是(如果先前的暂停命令仅影响本工程的一个部分)影响或包括本工程的一部分的暂停命令,则在上述任何情况下,承包人可以送交工程师一份书面通知,要求工程师在接到此通知后的28天内许可继续进行已暂停进行的本工程或其中的一部分。如果未在上述时间内给予这种许可,承包人通过再送一份书面通知,可以(但并非必须)选择如下:如果此项暂停仅影响本工程的一部分,则按本文件第51条的规定删除该部分对待;如果此项暂停涉及整个工程,则按雇主放弃本合同对待。

开工时间和迟延

41. 工程的开始

承包人在接到工程师有关开工的书面命令后,应在投标书指定的期限内,在现场开始本工程,并应以应有的速度进行,不得迟延,但如有工程师明文批准或命令者或安全属于非承包人所能控制的原因者除外。

42. 现场的占有

(1)除本合同可规定应让承包人随时占有的现场各部分的范围和各该部分应向承包人提供的顺序以外,在遵照本合同关于本工程进行顺序的任何要求的条件下,雇主将随着工程师发出开始本工程的书面命令,让承包人占有为使承包人能按照本文件第 14 条所提到的方案(如果有的话)或者按照承包人应以书面通知向工程师提出的合理建议,开始和继续本工程施工所需要的现场各部分,并将随着工程的进展,随时让承包人占有为使承包人能按照上述方案或建议(视情况而定)以应有的速度进行本工程施工所进一步需要的现场各部分。如果由于雇主方面没有按照本条规定让承包人占有现场各部分而使承包人招致迟延或费用开支,工程师应准许延长工程完成时间,并证明他认为是公平合理的对所招致开支的偿付金额,该金额应由雇主支付。

(2)道路通行权等:承包人应为取得他所需要的有关进入现场的特别的或临时的道路通行权负担一切开支和费用。承包人还应自费提供他为本工程的目的所需要的在现场以外的任何附加设施。

43. 竣工的时间

在遵照说明书中有关本工程的任何部分应在整个工程竣工前完工的任何要求的条件下,本工程应在投标书所指定的时间内全部竣工,从投标中所指定的开工期限的最后 1 天起算,或根据文件第 44 条允许的延长时间计算。

44. 竣工期限的延长

如果任何额外的或追加的工作量,或可能发生的不论何种其他特殊情况,使承包人有正当权利延长竣工时间,工程师应确定这种延长时日。但是,工程师并无义务要考虑任何额外的或追加的工作或其他特殊情况,除非承包人在这种工作开始后或这种情况出现后的 28 天内,或其后尽快地向工程师的代表递交有关他认为自己有权延长时间的任何权利主张的充分而详细的材料,以便当时能对该权利主张作出调查。

45. 夜间或星期日不工作

在遵照本合同所载的相反规定的条件下,任何长久性工作,除下文规定者外,非经工程师的代表书面许可不得在夜间或星期日(如果当地公认休息日)或当地公认的休息日进行,为拯救人命或财产或为本工程的安全而不可避免的或者是绝对必需的工作除外,在这种情况下,承包人应立即通知工程师的代表。但是,本条规定不适用于任何通常采用轮班制或两班制进行的工作。

46. 进度

承包人根据文件第5条所提供的全部资料、设备和工人,以及本工程进行和维护的方式、方法与速度,应是同一种类的,并应按使工程师满意的方式进行。如果任何时候工程师认为本工程或其任何部分的进度太慢,不能保证本工程在规定的或延长的竣工时间内完成,工程师应将此以书面通知承包人,承包人在接到通知后应采取他认为必要的措施,而工程师则可同意加快进度,以便使本工程能在规定的或延长的竣工时间内完成。如果此项工作未在夜间进行,承包人应再请求许可在夜间和白天一样工作。如果得到工程师这种许可,承包人应无权因这样做而获得任何额外支付,但是,如果这种请求遭到拒绝,而又没有相当的、切实可行的加快工程进度的方法,则竣工的时间应延长仅由于这种拒绝所致的一段时间。进行夜间作业不得有不合理的噪音或干扰。承包人应就由于在进行作业时所产生的噪音或其他干扰而引起的损害赔偿责任以及与此赔偿责任有关的一切权利主张、要求、诉讼、各项费用和开支,给雇主以补偿。

47. 对延期规定的违约偿金

(1)如果承包人未能在本文件第43条规定的时间内或延长的时间内完成本工程,承包人应向雇主支付投标中规定的金额,作为对这种违约规定的违约偿金,而不作为对本工程竣工日期按本文件第43条规定的时间或延长的时间(视情况而定)所超过的每1天或不足1天的罚款。雇主在不妨碍其他补偿方法的情况下可以从他手头到期应付或将到期应付给承包人的任何款项中扣除该项违约偿金的金额,支付或扣除该违约偿金均不能免除承包人完成本工程的义务,或免除其根据本合同所承担的任何其他义务与责任。

(2)规定的违约偿金的削减:如果在本工程全部竣工以前,本工程中的任何一部分,业经工程师按本文件第48条出具竣工证书,并已由雇主占有或使用,则对延期规定的违约偿金,有关出具该竣工证书以后的任何延迟时间应按业经证明已竣工部分的价值占整个工程的价值的比例予以削减。

(3)对提前竣工的奖励:如果希望在本合同中规定对提前完成本工程或本工程的任何一部分支付奖金,应在第二部分第47条(3)中予以规定。

48. 竣工证书

当工程师认为本工程已基本竣工并已令人满意地通过本合同规定的最后试验时,工程师应在接到承包人关于将在维护期完成任何未完成的工作的书面保证后,对本工程出具竣工证书,本工程的维护期应从出具此项证书之日开始。但是,工程师可以在本工程全部竣工以前,对本工程的任何一部分出具这种证书,并应根据承包人的书面申请对业已竣工使工程师感到满意而且已经为雇主占有或使用的本工程的任何主要部分,出具这种证书。当给予本工程的一部分以这种证书时,应当认为该部分已经竣工,而且该部分的维护期应从出具这种证书之日开始。但是,按上述规定对上述被占有或使用的本工程的任何部分所出具的竣工证书,不得认为是证明任何需要恢复原状的地面或表面工程的竣工,除非这种证书明确如此说明。

维护和缺陷

49. 维护期及修理

(1)本条件中,“维护期”一词应指投标中指定的维护期限,从工程师按照本文件第48条证明本工程竣工之日起计算,或者如果工程师根据第48条出具不止一份证书时,则从各该证书出具之日起分别计算,而与维护期有关的“本工程”一词则应作相应的解释。

(2)为了使本工程在维护期满之时或期满之后尽快交付给雇主时,处于维护期开始时的同样完好状态(正常的磨损除外)使工程师感到满意,承包人应按照工程师在维护期间或在维护期满后14天内根据工程师或以工程师名义在维护期满之前所进行检验的结果可能以书面向承包人提出的要求,对缺陷、不完善之处、收缩或对其他缺点进行修理、改正、重建、矫正和弥补等一切工作。

(3)进行修理工作等的费用:如果工程师认为之所以需要进行这种修理工作是由于使用的材料或做工不符合本合同的规定,或者由于承包人方面忽视或没有遵照改造其根据本合同所承担的任何明示的或默示的义务所致,则承包人应自行承担费用进行所有这种修理工作。如果工程师认为之所以必须进行修理是由于任何其他原因,则应作为追加工作确定这种修理工作的价值并予以付款。

(4)如果承包人不进行上述工程师要求他做的任何工作,雇主有权用他自已的工人或请其他承包人进行此项工作,如果此项工作是属于承包人应自行承担费用进行的工作,雇主应有权向承包人索回此项费用,或可从任何到期应付或将到期应付给承包人的款项中扣除作此项工作的费用。

50. 承包人进行调查

承包人如经工程师书面要求,应根据工程师的指示,调查造成任何缺陷、不完善之处或缺点的原因。如果此种缺陷、不完善之处或缺点不是属于承包人根据本合同应予负责之列者,承包人在上述调查中所进行的工作的费用应由雇主承担。但是,如果此种缺陷、不完善之处或缺点是属于上述承包人应予负责之列者,进行上述调查工作的费用应由承包人承担,在这种情况下,承包人应按照本文件第 49 条的规定自行承担费用对此种缺陷、不完善之处或缺点进行修理、矫正和补救。

| 条文检索 |

参见“012 建设工程施工合同”条文检索部分。

| 应用指引 |

(一) 国际工程总承包合同

国际工程总承包合同是指一国的建筑工程发包方与他国的建筑工程承包方之间,为承包建筑工程项目而签订的协议。国际工程承包合同的主体是一方或者双方是外国的法人或者公民,其标的位于国外或者特定工程项目,如道路建设、油田、铁路、水库建设等。

1. 国际工程总承包合同的法律特征

国际工程总承包合同具有如下法律特征:

(1)国际性。即该合同具有涉外性质。首先,合同主体有一方或者双方是位于不同国家的法人组织或者公民个人,并且具备从事国际工程建设的资格;其次,合同的内容涉及不同国家的法律,或者要适用国际公约、惯例等;最后,该合同充分尊重当事人意思自治的原则,当事人可以根据自己的意愿协商约定各种事项。

(2)独特性。即该合同是以完成特定的建筑工程项目为内容的跨国性的经济活动,每一项工程都具有整体性、连续性、不可重复性和不可移动性。因此,该合同的承包人必须具备相应的资格等级,合同的履行要由第三方即监理单位监督,以保证工程质量。

(3)综合性。即该合同所涉及的法律关系是复杂的、广泛的,涉及很多方面。不仅关系到承包方和发包方,也可能与工程项目所在地的国家的其他社会组织和公民个人发生经济关系、行政关系等。因此,国际工程承包合同的权利义务关系非常复杂,需要认真研究,明确细化,便于履行。

2. 国际工程总承包合同种类

从经营方式上看,国际工程总承包合同可以分为以下几种:

(1)工程总承包合同。工程总承包合同是指就某一项工程项目的建设、完成和维修等全部工作,经招标、投标、评价、谈判等一系列过程,由该项目的业主和承建该项目的承包商之间所签订的合同。它是国际工程承包业务中最重要的合同形式。交钥匙工程合同是最为典型的表现方式。工程总承包合同的特点是责任重、风险大、利润高。因此只有资金、技术、信誉俱佳的承包商才有能力成为总承包商。

(2)工程分包合同。工程分包合同是在承包商与业主签订了工程承包合同之后,承包商与分包商之间订立的合同。分包合同的目的是承包商将其从业主那里所承包的工程项目自一部分或其中的某一单项工程分包给分包商,这样既可转嫁风险,又可赚取管理费和高额利润。在分包合同中,分包商须对其分包的工程部分提供材料、设备和劳务,为该项分包工程的完成承担一切责任。分包商并不直接和业主发生合同关系,但要承担承包商对业主承担的有关义务。

(3)合伙承包合同。合伙承包合同是指两个或两个以上合伙人之间,以承包人的名义,为共同承担某一项目工程的建设、完成和维修等全部工作而签订的合同。其特点是由合伙人共同投标中标后共同承建和完成该项目的建设,并共同负责维修,共同承担义务和风险,共享利润。

(4)转包合同。转包合同是承包商(甲方)和业主就某一工程项目的建设完成和维修签订了工程承包合同之后,因种种原因,将工程项目转包给另一承包商(乙方)而签订的合同,其特点是由另一个承包商来承担原工程承包合同对甲方所规定的一切权利义务,同时不论盈亏如何,乙方都应付给甲方一定的酬金。转包合同是一种风险性很大的合同,它不仅要求转包商接受主合同的各项条款,并要求转包商提供履约保函、维修保函以及保险单等。

(5)设计合同。设计合同是指某项工程项目的业主和设计咨询公司或咨询人之间为工程项目的设计而签订的合同。设计合同的订立方式有两种:一是签订单独的设计合同;二是在工程承包合同中加上一些设计条款,作为工程承包合同的一部分。

3. 国际工程总承包合同基本内容

国际工程承包合同的主要内容包括协议书和合同条件两个部分。协议书是由双方当事人协商签订,主要明确合同内容、合同金额、工期、履约保证等方面。合同条件是通用的,一般国际工程承包合同都可以使用,但如果双方另行约定,其约定的效力高于合同条件的规定。按照国际上通用的“合同条件”,一般包括以下内容:

(1)监理工程师和监理工程师代表权责条款。合同中应该约定,发包人须将其任命的监理工程师及时通知承包人,监理工程师是发包人的代理上,在监理工程师中选定监理工程师代表负责监督工程施工和处理履约中出现的问题。

(2)工程承包的转让和分包条款。合同一般约定,承包人未经发包人或其代理人同意,不得将全部合同、合同的任何部分、合同的任何利益和权益转让给第三者。经发包人或其代理人同意,承包人方可把部分工程分包给他人,但原承包人仍对全部工程负责。

(3)承包人一般义务条款。根据合同约定,承包人应该负责工程项目的全部设计和施工,并无偿提供为施工所必备的劳务、材料、机器设备及管理知识。

(4)特殊自然条件和人为障碍条款。工程承包合同,一般来说履行合同时间较长,在履行合同中,可能会由于特殊自然条件和人为原因给工程的施工带来困难,必须采取一定的措施才能排除,例如,增加施工机械设备、劳动力、材料等,这样就要增加承包费用或推迟工程进度。以上问题须经监理工程师或监理工程师的代表确认,发包人才能偿付额外增加的费用或同意工程延期。

(5)竣工和推迟竣工条款。合同中约定竣工时间和标准,工程完成后承包人经监理工程师或其代表验收无误后发给竣工证明,标志着工程项目已全部竣工。如果出现一些特殊情况,如工程变更、自然条件变化、人为障碍使工程延误,承包人经监理工程师同意,可以延长工程的竣工期限。

(6)专利权和专有技术条款。承包人或分包人须向发包人提供专利和专有技术,并承担被第三方控告合同范围内专利权为非法以及专利权被第三方侵犯时的责任;承包人提供的专有技术,双方应订立保密条款。

(7)维修条款。合同中的维修条款是说明维修期限和维修费用的负担问题。维修期限一般是从竣工证书签发之日起计算,一般土木工程维修期为 12 个月。在维修期内,承包人应按监理工程师的要求,对工程缺陷进行维修、返工或弥补等。如果工程的缺陷是由于承包人的疏忽造成,由承包人负担由此而引起的费用。如果由于其他原因造成,由发包人负担费用。

(8)工程变更条款。合同签订后,发包人或监理工程师有权改变合同中规定的工程项目,承包人应按变更后的工程项目要求进行施工。因工程变更增加或减少的费用,应在合同的总价中予以调整,工期也要相应改变。

(9)支付条款。支付条款一般约定在合同条件的“特殊条件”之中,主要包括:一是预付款:工程开工前,发包人应按合同约定支付给承包人一部分预付款,预付款金额一般是合同总价的5%～15%以便承包人购置机械设备和采购材料等。二是临时结算:发包人每月向承包人支付一次,发包人每月支付的金额应扣除承包人的保留金,保留金通常是每月支付金额的5%～10%左右,但保留金的累计金额达到合同总价款的5%时,就不再扣留,承包人交付的保留金应在工程竣工和维修期满后全部退还给承包人。三是支付期限:一般规定,在监理工程师签发给结算单之日起15至30天以内,发包人要向承包人付清费用。四是迟付加息:如果发包人不按规定付款,应按工程项目所在国中央银行放款利率加息后结算证书之日起30天内,发包人付清全部价款。

(10)违约惩罚条款。合同项下的双方当事人在履行合同过程中,可能会出现违约的行为,针对各方违约的情况,分别订立违约惩罚条款。一是对承包人违约的惩罚:承包人凡是未经发包人书面同意而转让和分包承包工程;承包人凡是无正当理由不按时开工;承包人未按合同约定标准准备材料;承包人不听从监理工程师的正当警告;承包人忽视工程质量等,均属承包人的违约行为。对此,发包人有权终止合同,没收承包人的履约保证金或者采取其他必要的惩罚措施。二是对发包人违约的惩罚。凡是以下情况即构成发包人违约:未向承包人按时支付费用;干扰、阻碍或拒绝向承包人签发付款证明;无正当理由中途决定停工,故意制造事端,挑剔和责难承包人等。

(二)签订国际工程承包合同应当注意的问题

1. 发包方要审查承包方的主体资格,审查其是否有承包该项工程的资格和能力,以保证工程建设能够顺利进行。

2. 要明确建设工程项目的具体情况,包括建筑物所在的位置、周边情况以及建筑物的设计图等,便于履行。

3. 关于工程费用,要明确工程款的支付标准、方式以及迟延付款的违约责任等。

4. 对施工人员的出入境也应有相应的约定。

第四章

房地产开发

018 房地产开发企业资质申报表

文书范本 | 房地产开发企业资质申报表

适用范围 | 房地产开发企业申请资质等级时使用的文书

条文检索 | 中华人民共和国城市房地产管理法;房地产开发企业资质管理规定

应用指引 | 房地产开发企业资质的概念及主要内容;制作该文书应当注意的问题

房地产开发企业资质申报表

企业名称:________________

填报时间:________________

中华人民共和国建设部制

有 关 说 明

1. 本表供新成立的房地产开发企业在房地产开发主管部门备案申请《暂定资质证书》和已有的房地产开发企业申请核升资质等级时领取填报。

2. 房地产开发企业依据中华人民共和国建设部令第 77 号《房地产开发企业资质管理规定》的相关规定(见表后附件)申请企业资质。

3. 房地产开发企业开发项目为合作开发项目的,在相关指标统计中,只能计入自己的投入、分成部分。

4. 房地产开发企业要根据本企业的实际情况认真、如实填写本表,字迹清晰、工整,不得随意涂改、修改。

5. 对于填报本表时弄虚作假的企业和个人,要依照有关规定严肃处理。

6. 房地产开发企业资质申报表由建设部统一制发。

企业名称			
企业类型		法定代表人	
详细地址			
邮政编码		电话	
企业网址		电子信箱	
主管部门		企业成立时间	
批准从事房地产开发经营业务的房地产开发主管部门及批准时间			
开户银行		账号	
企业法人营业执照注册号			
注册资本			
投资者名称及出资额			

序号	投资者名称	出资额

开发经营情况

项目 \ 时间		年	年	年	年	年	备注
开发建设情况	完成房地产开发投资(万元)						
	施工房屋面积(万 m^2)						
	竣工房屋面积(万 m^2)						
工程质量情况	合格品率(%)						
	优良品率(%)						
	是否有重大工程质量事故						

企业已完成的开发建设项目

序号	项目名称	项目规模(万 m^2)	完成投资(万元)	开工时间	竣工时间	工程质量			销售情况	备注
						合格品率(%)	优良品率(%)	是否有重大工程质量事故		

企业在建开发建设项目

序号	项目名称	项目规模（万 m^2）		投资（万元）		开工时间	备注
		总规模	在建规模	总投资	完成投资		

企业人员情况

企业在册职工总数　　　人，有职称的专业人员　　　人			
有职称的专业人员			
职称 专业	高级	中级	初级
建筑			
结构			
财务			
经济			
统计			
其他相关专业			
小计			

有关业务负责人情况

类别	姓名	职务	学历	专业	职称
工程负责人					
财务负责人					
经营负责人					
统计负责人					

企业法定代表人简况

<table>
<tr><td>姓名</td><td colspan="3"></td><td>国籍</td><td colspan="2"></td><td rowspan="4">（照片）</td></tr>
<tr><td>性别</td><td></td><td>出生年月</td><td></td><td>学历</td><td colspan="2"></td></tr>
<tr><td>专业</td><td colspan="2"></td><td>职称</td><td colspan="3"></td></tr>
<tr><td>职称</td><td colspan="2"></td><td>任职时间</td><td colspan="3"></td></tr>
<tr><td colspan="8">工作简历：

本人签章：
年　月　日</td></tr>
</table>

企业（总）经理简况

<table>
<tr><td>姓名</td><td colspan="3"></td><td>国籍</td><td colspan="2"></td><td rowspan="4">（照片）</td></tr>
<tr><td>性别</td><td></td><td>出生年月</td><td></td><td>学历</td><td colspan="2"></td></tr>
<tr><td>专业</td><td colspan="2"></td><td>职称</td><td colspan="3"></td></tr>
<tr><td colspan="2">任职时间</td><td colspan="5"></td></tr>
<tr><td colspan="8">工作简历：

本人签章：
年　月　日</td></tr>
</table>

注：企业（总）经理担任企业法定代表人，不再填写此表。

企业在册有职称专业人员名单

序号	姓名	职务	学历	专业	职称	备注

续表

企业简历	
企业受过何种奖励和处罚	
企业申报意见	（章） 年　　月　　日

续表

企业所在县（市、区）房地产开发主管部门初审意见	（章） 年　月　日
企业所在市、地房地产开发主管部门审查（批）意见	（章） 年　月　日
省级建设主管部门审查（批）意见	（章） 年　月　日

续表

建设部审批意见	（章） 年 月 日
备注	

｜条文检索｜

中华人民共和国城市房地产管理法·第30条

（1994年7月5日第八届全国人民代表大会常务委员会第八次会议通过　根据2007年8月30日第十届全国人民代表大会常务委员会第二十九次会议《关于修改〈中华人民共和国城市房地产管理法〉的决定》第一次修正　根据2009年8月27日第十一届全国人民代表大会常务委员会第十次会议《关于修改部分法律的决定》第二次修正）

第三十条　房地产开发企业是以营利为目的，从事房地产开发和经营的企业。设立房地产开发企业，应当具备下列条件：

（一）有自己的名称和组织机构；

（二）有固定的经营场所；

（三）有符合国务院规定的注册资本；

（四）有足够的专业技术人员；

(五)法律、行政法规规定的其他条件。

设立房地产开发企业,应当向工商行政管理部门申请设立登记。工商行政管理部门对符合本法规定条件的,应当予以登记,发给营业执照;对不符合本法规定条件的,不予登记。

设立有限责任公司、股份有限公司,从事房地产开发经营的,还应当执行公司法的有关规定。

房地产开发企业在领取营业执照后的一个月内,应当到登记机关所在地的县级以上地方人民政府规定的部门备案。

房地产开发企业资质管理规定

(2000年3月29日建设部令第77号公布　根据2015年5月4日《住房和城乡建设部关于修改〈房地产开发企业资质管理规定〉等部门规章的决定》修正)

第一条　为了加强房地产开发企业资质管理,规范房地产开发企业经营行为,根据《中华人民共和国城市房地产管理法》、《城市房地产开发经营管理条例》,制定本规定。

第二条　本规定所称房地产开发企业是指依法设立、具有企业法人资格的经济实体。

第三条　房地产开发企业应当按照本规定申请核定企业资质等级。

未取得房地产开发资质等级证书(以下简称资质证书)的企业,不得从事房地产开发经营业务。

第四条　国务院建设行政主管部门负责全国房地产开发企业的资质管理工作;县级以上地方人民政府房地产开发主管部门负责本行政区域内房地产开发企业的资质管理工作。

第五条　房地产开发企业按照企业条件分为一、二、三、四四个资质等级。

各资质等级企业的条件如下:

(一)一级资质:

1. 从事房地产开发经营5年以上;

2. 近3年房屋建筑面积累计竣工30万平方米以上,或者累计完成与此相当的房地产开发投资额;

3. 持续5年建筑工程质量合格率达100%;

4. 上一年房屋建筑施工面积15万平方米以上,或者完成与此相当的房地产开发投资额;

5. 有职称的建筑、结构、财务、房地产及有关经济类的专业管理人员不少于40人，其中具有中级以上职称的管理人员不少于20人，持有资格证书的专职会计人员不少于4人；

6. 工程技术、财务、统计等业务负责人具有相应专业中级以上职称；

7. 具有完善的质量保证体系，商品住宅销售中实行了《住宅质量保证书》和《住宅使用说明书》制度；

8. 未发生过重大工程质量事故。

（二）二级资质：

1. 从事房地产开发经营3年以上；

2. 近3年房屋建筑面积累计竣工15万平方米以上，或者累计完成与此相当的房地产开发投资额；

3. 连续3年建筑工程质量合格率达100%；

4. 上一年房屋建筑施工面积10万平方米以上，或者完成与此相当的房地产开发投资额；

5. 有职称的建筑、结构、财务、房地产及有关经济类的专业管理人员不少于20人，其中具有中级以上职称的管理人员不少于10人，持有资格证书的专职会计人员不少于3人；

6. 工程技术、财务、统计等业务负责人具有相应专业中级以上职称；

7. 具有完善的质量保证体系，商品住宅销售中实行了《住宅质量保证书》和《住宅使用说明书》制度；

8. 未发生过重大工程质量事故。

（三）三级资质：

1. 从事房地产开发经营2年以上；

2. 房屋建筑面积累计竣工5万平方米以上，或者累计完成与此相当的房地产开发投资额；

3. 持续2年建筑工程质量合格率达100%；

4. 有职称的建筑、结构、财务、房地产及有关经济类的专业管理人员不少于10人，其中具有中级以上职称的管理人员不少于5人，持有资格证书的专职会计人员不少于2人；

5. 工程技术、财务等业务负责人具有相应专业中级以上职称，统计等其他业务负责人具有相应专业初级以上职称；

6. 具有完善的质量保证体系，商品住宅销售中实行了《住宅质量保证书》和《住宅使用说明书》制度；

7. 未发生过重大工程质量事故。

（四）四级资质

1. 从事房地产开发经营1年以上；

2. 已竣工的建筑工程质量合格率达100%；

3. 有职称的建筑、结构、财务、房地产及有关经济类的专业管理人员不少于5人，持有资格证书的专职会计人员不少于2人；

4. 工程技术负责人具有相应专业中级以上职称，财务负责人具有相应专业初级以上职称，配有专业统计人员；

5. 商品住宅销售中实行了《住宅质量保证书》和《住宅使用说明书》制度；

6. 未发生过重大工程质量事故。

第六条　新设立的房地产开发企业应当自领取营业执照之日起30日内，持下列文件到房地产开发主管部门备案：

（一）营业执照复印件；

（二）企业章程；

（三）企业法定代表人的身份证明；

（四）专业技术人员的资格证书和劳动合同；

（五）房地产开发主管部门认为需要出示的其他文件。

房地产开发主管部门应当在收到备案申请后30日内向符合条件的企业核发《暂定资质证书》。

《暂定资质证书》有效期1年。房地产开发主管部门可以视企业经营情况延长《暂定资质证书》有效期，但延长期限不得超过2年。

自领取《暂定资质证书》之日起1年内无开发项目的，《暂定资质证书》有效期不得延长。

第七条　房地产开发企业应当在《暂定资质证书》有效期满前1个月内向房地产开发主管部门申请核定资质等级。房地产开发主管部门应当根据其开发经营业绩核定相应的资质等级。

第八条　申请《暂定资质证书》的条件不得低于四级资质企业的条件。

第九条　临时聘用或者兼职的管理、技术人员不得计入企业管理、技术人员总数。

第十条　申请核定资质等级的房地产开发企业,应当提交下列证明文件:

(一)企业资质等级申报表;

(二)房地产开发企业资质证书(正、副本);

(三)企业资产负债表;

(四)企业法定代表人和经济、技术、财务负责人的职称证件;

(五)已开发经营项目的有关证明材料;

(六)房地产开发项目手册及《住宅质量保证书》、《住宅使用说明书》执行情况报告;

(七)其他有关文件、证明。

第十一条　房地产开发企业资质等级实行分级审批。

一级资质由省、自治区、直辖市人民政府建设行政主管部门初审,报国务院建设行政主管部门审批。

二级资质及二级资质以下企业的审批办法由省、自治区、直辖市人民政府建设行政主管部门制定。

经资质审查合格的企业,由资质审批部门发给相应等级的资质证书。

第十二条　资质证书由国务院建设行政主管部门统一制作。资质证书分为正本和副本,资质审批部门可以根据需要核发资质证书副本若干份。

第十三条　任何单位和个人不得涂改、出租、出借、转让、出卖资质证书。

企业遗失资质证书,必须在新闻媒体上声明作废后,方可补领。

第十四条　企业发生分立、合并的,应当在向工商行政管理部门办理变更手续后的30日内,到原资质审批部门申请办理资质证书注销手续,并重新申请资质等级。

第十五条　企业变更名称、法定代表人和主要管理、技术负责人,应当在变更30日内,向原资质审批部门办理变更手续。

第十六条　企业破产、歇业或者因其他原因终止业务时,应当在向工商行政管理部门办理注销营业执照后的15日内,到原资质审批部门注销资质证书。

第十七条　房地产开发企业的资质实行年检制度。对于不符合原定资质条件或者有不良经营行为的企业,由原资质审批部门予以降级或者注销资质证书。

一级资质房地产开发企业的资质年检由国务院建设行政主管部门或者其委托的机构负责。

二级资质及二级资质以下房地产开发企业的资质年检由省、自治区、直辖市人民政府建设行政主管部门制定办法。

房地产开发企业无正当理由不参加资质年检的,视为年检不合格,由原资质审批部门注销资质证书。

房地产开发主管部门应当将房地产开发企业资质年检结果向社会公布。

第十八条 一级资质的房地产开发企业承担房地产项目的建设规模不受限制,可以在全国范围承揽房地产开发项目。

二级资质及二级资质以下的房地产开发企业可以承担建筑面积25万平方米以下的开发建设项目,承担业务的具体范围由省、自治区、直辖市人民政府建设行政主管部门确定。

各资质等级企业应当在规定的业务范围内从事房地产开发经营业务,不得越级承担任务。

第十九条 企业未取得资质证书从事房地产开发经营的,由县级以上地方人民政府房地产开发主管部门责令限期改正,处5万元以上10万元以下的罚款;逾期不改正的,由房地产开发主管部门提请工商行政管理部门吊销营业执照。

第二十条 企业超越资质等级从事房地产开发经营的,由县级以上地方人民政府房地产开发主管部门责令限期改正,处5万元以上10万元以下的罚款;逾期不改正的,由原资质审批部门吊销资质证书,并提请工商行政管理部门吊销营业执照。

第二十一条 企业有下列行为之一的,由原资质审批部门公告资质证书作废,收回证书,并可处以1万元以上3万元以下的罚款:

(一)隐瞒真实情况、弄虚作假骗取资质证书的;

(二)涂改、出租、出借、转让、出卖资质证书的。

第二十二条 企业开发建设的项目工程质量低劣,发生重大工程质量事故的,由原资质审批部门降低资质等级;情节严重的吊销资质证书,并提请工商行政管理部门吊销营业执照。

第二十三条 企业在商品住宅销售中不按照规定发放《住宅质量保证书》和《住宅使用说明书》的,由原资质审批部门予以警告、责令限期改正、降低资质等级,并可处以1万元以上2万元以下的罚款。

第二十四条 企业不按照规定办理变更手续的,由原资质审批部门予以警告、责令限期改正,并可处以5000元以上1万元以下的罚款。

第二十五条 各级建设行政主管部门工作人员在资质审批和管理中玩忽职守、滥用职权、徇私舞弊的,由其所在单位或者上级主管部门给予行政处分;构成犯罪的,由司法机关依法追究刑事责任。

第二十六条　省、自治区、直辖市人民政府建设行政主管部门可以根据本规定制定实施细则。

第二十七条　本规定由国务院建设行政主管部门负责解释。

第二十八条　本规定自发布之日起施行。1993 年 11 月 16 日建设部发布的《房地产开发企业资质管理规定》(建设部令第 28 号)同时废止。

| 应用指引 |

房地产开发企业资质是指房地产开发企业从事房地产开发经营的资格和能力。房地产开发企业申请资质时须填写本申报表。未取得房地产开发资质等级证书(以下简称资质证书)的企业,不得从事房地产开发经营业务。房地产开发企业按照企业条件分为一、二、三、四四个资质等级。

(一)一级资质

一级资质房地产开发企业应当具备以下条件:

(1)从事房地产开发经营 5 年以上;

(2)近 3 年房屋建筑面积累计竣工 30 万平方米以上,或者累计完成与此相当的房地产开发投资额;

(3)连续 5 年建筑工程质量合格率达 100%;

(4)上一年房屋建筑施工面积 15 万平方米以上,或者完成与此相当的房地产开发投资额;

(5)有职称的建筑、结构、财务、房地产及有关经济类的专业管理人员不少于 40 人,其中具有中级以上职称的管理人员不少于 20 人,持有资格证书的专职会计人员不少于 4 人;

(6)工程技术、财务、统计等业务负责人具有相应专业中级以上职称;

(7)具有完善的质量保证体系,商品住宅销售中实行了《住宅质量保证书》和《住宅使用说明书》制度;

(8)未发生过重大工程质量事故。

一级资质由省、自治区、直辖市人民政府建设行政主管部门初审,报国务院建设行政主管部门审批。

(二)二级资质

二级资质房地产开发企业应当具备以下条件:

(1)从事房地产开发经营3年以上;

(2)近3年房屋建筑面积累计竣工15万平方米以上,或者累计完成与此相当的房地产开发投资额;

(3)连续3年建筑工程质量合格率达100%;

(4)上一年房屋建筑施工面积10万平方米以上,或者完成与此相当的房地产开发投资额;

(5)有职称的建筑、结构、财务、房地产及有关经济类的专业管理人员不少于20人,其中具有中级以上职称的管理人员不少于10人,持有资格证书的专职会计人员不少于3人;

(6)工程技术、财务、统计等业务负责人具有相应专业中级以上职称;

(7)具有完善的质量保证体系,商品住宅销售中实行了《住宅质量保证书》和《住宅使用说明书》制度;

(8)未发生过重大工程质量事故。

二级资质的房地产开发企业的审批办法由省、自治区、直辖市人民政府建设行政主管部门制定。

(三)三级资质

三级资质房地产开发企业应当具备以下条件:

(1)从事房地产开发经营2年以上;

(2)房屋建筑面积累计竣工5万平方米以上,或者累计完成与此相当的房地产开发投资额;

(3)连续2年建筑工程质量合格率达100%;

(4)有职称的建筑、结构、财务、房地产及有关经济类的专业管理人员不少于10人,其中具有中级以上职称的管理人员不少于5人,持有资格证书的专职会计人员不少于2人;

(5)工程技术、财务等业务负责人具有相应专业中级以上职称,统计等其他业务负责人具有相应专业初级以上职称;

(6)具有完善的质量保证体系,商品住宅销售中实行了《住宅质量保证书》和《住宅使用说明书》制度;

(7)未发生过重大工程质量事故。

三级资质的房地产开发企业的审批办法由省、自治区、直辖市人民政府建设行政主管部门制定。

(四)四级资质

四级资质房地产开发企业的应当具备以下条件:

(1)从事房地产开发经营1年以上;

(2)已竣工的建筑工程质量合格率达100%;

(3)有职称的建筑、结构、财务、房地产及有关经济类的专业管理人员不少于5人,持有资格证书的专职会计人员不少于2人;

(4)工程技术负责人具有相应专业中级以上职称,财务负责人具有相应专业初级以上职称,配有专业统计人员;

(5)商品住宅销售中实行了《住宅质量保证书》和《住宅使用说明书》制度;

(6)未发生过重大工程质量事故。

四级资质的房地产开发企业的审批办法由省、自治区、直辖市人民政府建设行政主管部门制定。

申请房地产开发企业资质应当注意的问题是:

1.新设立的房地产开发企业应当自领取营业执照之日起30日内,持下列文件到房地产开发主管部门备案:

(1)营业执照复印件;

(2)企业章程;

(3)企业法定代表人的身份证明;

(4)专业技术人员的资格证书和劳动合同;

(5)房地产开发主管部门认为需要出示的其他文件。

房地产开发主管部门应当在收到备案申请后30日内向符合条件的企业核发《暂定资质证书》。《暂定资质证书》有效期1年。房地产开发主管部门可以视企业经营情况延长《暂定资质证书》有效期,但延长期限不得超过2年。自领取《暂定资质证书》之日起1年内无开发项目的,《暂定资质证书》有效期不得延长。

房地产开发企业应当在《暂定资质证书》有效期满前1个月内向房地产开发主管部门申请核定资质等级。房地产开发主管部门应当根据其开发经营业绩核定相应的资质等级。申请《暂定资质证书》的条件不得低于四级资质企业的条件。

2. 申请核定资质等级的房地产开发企业,应当提交下列证明文件:

(1)企业资质等级申报表;

(2)房地产开发企业资质证书(正、副本);

(3)企业资产负债表;

(4)企业法定代表人和经济、技术、财务负责人的职称证件;

(5)已开发经营项目的有关证明材料;

(6)房地产开发项目手册及《住宅质量保证书》、《住宅使用说明书》执行情况报告;

(7)其他有关文件、证明。

3. 资质的管理

任何单位和个人不得涂改、出租、出借、转让、出卖资质证书。企业遗失资质证书,必须在新闻媒体上声明作废后,方可补领。

房地产开发企业的资质实行年检制度。对于不符合原定资质条件或者有不良经营行为的企业,由原资质审批部门予以降级或者注销资质证书。房地产开发企业无正当理由不参加资质年检的,视为年检不合格,由原资质审批部门注销资质证书。

一级资质的房地产开发企业承担房地产项目的建设规模不受限制,可以在全国范围承揽房地产开发项目。二级资质及二级资质以下的房地产开发企业可以承担建筑面积25万平方米以下的开发建设项目,承担业务的具体范围由省、自治区、直辖市人民政府建设行政主管部门确定。各资质等级企业应当在规定的业务范围内从事房地产开发经营业务,不得越级承担任务。

019 房地产开发合同

文书范本 | 房地产开发合同
适用范围 | 房地产开发时所使用的合同文书
条文检索 | 中华人民共和国城乡规划法;中华人民共和国城市房地产管理法
应用指引 | 房地产开发合同的概念及主要内容;制作该合同应当注意的问题

房地产开发合同

立合同单位:

____________________(以下简称甲方)

____________________(以下简称乙方)

为明确责任,恪守信用,特签订本合同,共同遵守。

项目内容及规模:____________________

总投资及资金筹措:

总投资________万元(其中:征地费________万元,开发费________万元,建筑安装费________万元)。投入资金规模________万元,甲方出资________万元,分____次出资,每次出资________万元,预收款________万元;乙方出资________万元,分____次出资,每次出资________万元。

合作方式:____________________

各方负责:____________________

甲方:________________________

乙方:________________________

经营方式:____________________

资金偿还及占用费:

资金占用费按月利率____‰计付,并于每季末的前____天内付给出资方。资金的偿还按如下时间及金额执行________,最后一次还款时,资金占用费随本金一起还清。

财务管理:

1. 成本核算范围:____________________

2. 决算编制:________________________

3. 财产清偿:________________________

利润分配:__________________________

违约责任:__________________________

其他:

1. 该项目资金在____________行开户管理。

2. ________方经济责任由________担保。保证方有权检查督促________方履行合同,保证方同意当________方不履行合同时,由保证方连带承担经济责任。

3. ________方愿以________作抵押品,抵押品另附明细清单作为本合同的附件。________方不履行合同时,________方对抵押品享有处分权和优先受偿权。

本合同正本一式____份,甲方执____份,乙方____份。合同副本____份,报送________等有关单位各存1份。双方代表签字后生效。

本合同附件有____________,与本合同有同等效力。

本合同的修改、补充须经甲乙双方签订变更合同协议书,并须保证方同意,作为合同的补充部分。

甲方:(公章)
地址:
法人代表:(签章)
开户银行及账号:

乙方:(公章)
地址:
法人代表:(签章)

保证方:(公章)
地址:
法人代表:(签章)
开户银行及账号:

签约日期:________年____月____日

签约地点:__________________________

| 条文检索 |

中华人民共和国城乡规划法·第28~45条

(2007年10月28日第十届全国人民代表大会常务委员会第三十次会议通过　根据2015年4月24日第十二届全国人民代表大会常务委员会第十四次会议《关于修改〈中华人民共和国港口法〉等七部法律的决定》修正)

第二十八条　地方各级人民政府应当根据当地经济社会发展水平,量力而行,尊重群众意愿,有计划、分步骤地组织实施城乡规划。

第二十九条　城市的建设和发展,应当优先安排基础设施以及公共服务设施的建设,妥善处理新区开发与旧区改建的关系,统筹兼顾进城务工人员生活和周边农村经济社会发展、村民生产与生活的需要。

镇的建设和发展,应当结合农村经济社会发展和产业结构调整,优先安排供水、排水、供电、供气、道路、通信、广播电视等基础设施和学校、卫生院、文化站、幼儿园、福利院等公共服务设施的建设,为周边农村提供服务。

乡、村庄的建设和发展,应当因地制宜、节约用地,发挥村民自治组织的作用,引导村民合理进行建设,改善农村生产、生活条件。

第三十条　城市新区的开发和建设,应当合理确定建设规模和时序,充分利用现有市政基础设施和公共服务设施,严格保护自然资源和生态环境,体现地方特色。

在城市总体规划、镇总体规划确定的建设用地范围以外,不得设立各类开发区和城市新区。

第三十一条　旧城区的改建,应当保护历史文化遗产和传统风貌,合理确定拆迁和建设规模,有计划地对危房集中、基础设施落后等地段进行改建。

历史文化名城、名镇、名村的保护以及受保护建筑物的维护和使用,应当遵守有关法律、行政法规和国务院的规定。

第三十二条　城乡建设和发展,应当依法保护和合理利用风景名胜资源,统筹安排风景名胜区及周边乡、镇、村庄的建设。

风景名胜区的规划、建设和管理,应当遵守有关法律、行政法规和国务院的规定。

第三十三条　城市地下空间的开发和利用,应当与经济和技术发展水平相适应,遵循统筹安排、综合开发、合理利用的原则,充分考虑防灾减灾、人民防空和通信等需要,并符合城市规划,履行规划审批手续。

第三十四条　城市、县、镇人民政府应当根据城市总体规划、镇总体规划、土地利用总体规划和年度计划以及国民经济和社会发展规划,制定近期建设规划,报总体规划审批机关备案。

近期建设规划应当以重要基础设施、公共服务设施和中低收入居民住房建设以及生态环境保护为重点内容,明确近期建设的时序、发展方向和空间布局。近期建设规划的规划期限为五年。

第三十五条　城乡规划确定的铁路、公路、港口、机场、道路、绿地、输配电设施及输电线路走廊、通信设施、广播电视设施、管道设施、河道、水库、水源地、自然保护区、防汛通道、消防通道、核电站、垃圾填埋场及焚烧厂、污水处理厂和公共服务设施的用地以及其他需要依法保护的用地,禁止擅自改变用途。

第三十六条　按照国家规定需要有关部门批准或者核准的建设项目,以划拨方式提供国有土地使用权的,建设单位在报送有关部门批准或者核准前,应当向城乡规划主管部门申请核发选址意见书。

前款规定以外的建设项目不需要申请选址意见书。

第三十七条　在城市、镇规划区内以划拨方式提供国有土地使用权的建设项目,经有关部门批准、核准、备案后,建设单位应当向城市、县人民政府城乡规划主管部门提出建设用地规划许可申请,由城市、县人民政府城乡规划主管部门依据控制性详细规划核定建设用地的位置、面积、允许建设的范围,核发建设用地规划许可证。

建设单位在取得建设用地规划许可证后,方可向县级以上地方人民政府土地主管部门申请用地,经县级以上人民政府审批后,由土地主管部门划拨土地。

第三十八条　在城市、镇规划区内以出让方式提供国有土地使用权的,在国有土地使用权出让前,城市、县人民政府城乡规划主管部门应当依据控制性详细规划,提出出让地块的位置、使用性质、开发强度等规划条件,作为国有土地使用权出让合同的组成部分。未确定规划条件的地块,不得出让国有土地使用权。

以出让方式取得国有土地使用权的建设项目,在签订国有土地使用权出让合同后,建设单位应当持建设项目的批准、核准、备案文件和国有土地使用权出让合同,向城市、县人民政府城乡规划主管部门领取建设用地规划许可证。

城市、县人民政府城乡规划主管部门不得在建设用地规划许可证中,擅自改变作为国有土地使用权出让合同组成部分的规划条件。

第三十九条　规划条件未纳入国有土地使用权出让合同的，该国有土地使用权出让合同无效；对未取得建设用地规划许可证的建设单位批准用地的，由县级以上人民政府撤销有关批准文件；占用土地的，应当及时退回；给当事人造成损失的，应当依法给予赔偿。

第四十条　在城市、镇规划区内进行建筑物、构筑物、道路、管线和其他工程建设的，建设单位或者个人应当向城市、县人民政府城乡规划主管部门或者省、自治区、直辖市人民政府确定的镇人民政府申请办理建设工程规划许可证。

申请办理建设工程规划许可证，应当提交使用土地的有关证明文件、建设工程设计方案等材料。需要建设单位编制修建性详细规划的建设项目，还应当提交修建性详细规划。对符合控制性详细规划和规划条件的，由城市、县人民政府城乡规划主管部门或者省、自治区、直辖市人民政府确定的镇人民政府核发建设工程规划许可证。

城市、县人民政府城乡规划主管部门或者省、自治区、直辖市人民政府确定的镇人民政府应当依法将经审定的修建性详细规划、建设工程设计方案的总平面图予以公布。

第四十一条　在乡、村庄规划区内进行乡镇企业、乡村公共设施和公益事业建设的，建设单位或者个人应当向乡、镇人民政府提出申请，由乡、镇人民政府报城市、县人民政府城乡规划主管部门核发乡村建设规划许可证。

在乡、村庄规划区内使用原有宅基地进行农村村民住宅建设的规划管理办法，由省、自治区、直辖市制定。

在乡、村庄规划区内进行乡镇企业、乡村公共设施和公益事业建设以及农村村民住宅建设，不得占用农用地；确需占用农用地的，应当依照《中华人民共和国土地管理法》有关规定办理农用地转用审批手续后，由城市、县人民政府城乡规划主管部门核发乡村建设规划许可证。

建设单位或者个人在取得乡村建设规划许可证后，方可办理用地审批手续。

第四十二条　城乡规划主管部门不得在城乡规划确定的建设用地范围以外作出规划许可。

第四十三条　建设单位应当按照规划条件进行建设；确需变更的，必须向城市、县人民政府城乡规划主管部门提出申请。变更内容不符合控制性详细规划的，城乡规划主管部门不得批准。城市、县人民政府城乡规划主管部门应当及时将依法变更后的规划条件通报同级土地主管部门并公示。

建设单位应当及时将依法变更后的规划条件报有关人民政府土地主管部门备案。

第四十四条　在城市、镇规划区内进行临时建设的，应当经城市、县人民政府城乡规划主管部门批准。临时建设影响近期建设规划或者控制性详细规划的实施以及交通、市容、安全等的,不得批准。

临时建设应当在批准的使用期限内自行拆除。

临时建设和临时用地规划管理的具体办法,由省、自治区、直辖市人民政府制定。

第四十五条　县级以上地方人民政府城乡规划主管部门按照国务院规定对建设工程是否符合规划条件予以核实。未经核实或者经核实不符合规划条件的,建设单位不得组织竣工验收。

建设单位应当在竣工验收后六个月内向城乡规划主管部门报送有关竣工验收资料。

中华人民共和国城市房地产管理法·第2、25~31条

(1994年7月5日第八届全国人民代表大会常务委员会第八次会议通过　根据2007年8月30日第十届全国人民代表大会常务委员会第二十九次会议《关于修改〈中华人民共和国城市房地产管理法〉的决定》第一次修正　根据2009年8月27日第十一届全国人民代表大会常务委员会第十次会议《关于修改部分法律的决定》第二次修正)

第二条　在中华人民共和国城市规划区国有土地(以下简称国有土地)范围内取得房地产开发用地的土地使用权,从事房地产开发、房地产交易,实施房地产管理,应当遵守本法。

本法所称房屋,是指土地上的房屋等建筑物及构筑物。

本法所称房地产开发,是指在依据本法取得国有土地使用权的土地上进行基础设施、房屋建设的行为。

本法所称房地产交易,包括房地产转让、房地产抵押和房屋租赁。

……

第二十五条　房地产开发必须严格执行城市规划,按照经济效益、社会效益、环境效益相统一的原则,实行全面规划、合理布局、综合开发、配套建设。

第二十六条　以出让方式取得土地使用权进行房地产开发的,必须按照土地使用权出让合同约定的土地用途、动工开发期限开发土地。超过出让合同约定的动工开发日期满一年未动工开发的,可以征收相当于土地使用权出让金百分之二十以下的土地闲置费;满二年未动工开发的,可以无偿收回土地使用权;但是,因不可抗力或者政府、政府有关部门的行为或者动工开发必需的前期工作造成动工开发迟延的除外。

第二十七条　房地产开发项目的设计、施工,必须符合国家的有关标准和规范。

房地产开发项目竣工,经验收合格后,方可交付使用。

第二十八条　依法取得的土地使用权,可以依照本法和有关法律、行政法规的规定,作价入股,合资、合作开发经营房地产。

第二十九条　国家采取税收等方面的优惠措施鼓励和扶持房地产开发企业开发建设居民住宅。

第三十条　房地产开发企业是以营利为目的,从事房地产开发和经营的企业。设立房地产开发企业,应当具备下列条件:

(一)有自己的名称和组织机构;

(二)有固定的经营场所;

(三)有符合国务院规定的注册资本;

(四)有足够的专业技术人员;

(五)法律、行政法规规定的其他条件。

设立房地产开发企业,应当向工商行政管理部门申请设立登记。工商行政管理部门对符合本法规定条件的,应当予以登记,发给营业执照;对不符合本法规定条件的,不予登记。

设立有限责任公司、股份有限公司,从事房地产开发经营的,还应当执行公司法的有关规定。

房地产开发企业在领取营业执照后的一个月内,应当到登记机关所在地的县级以上地方人民政府规定的部门备案。

第三十一条　房地产开发企业的注册资本与投资总额的比例应当符合国家有关规定。

房地产开发企业分期开发房地产的,分期投资额应当与项目规模相适应,并按照土地使用权出让合同的约定,按期投入资金,用于项目建设。

| 应用指引 |

房地产开发合同是指双方当事人之间就房地产开发方面的权利义务所达成的协议。

签订房地产开发合同,应着重注意以下问题:

第一,房地产开发必须严格执行城市规划,按照经济效益、社会效益、环境效益相统一的原则,实行全面规划、合理布局、综合开发、配套建设。

第二,以出让方式取得土地使用权进行房地产开发的,必须按照土地使用权出让合同约定的土地用途,在动工开发期限动工开发土地。超过出让合同约定的动工开发日期满 1

年未动工开发的,可以征收相当于土地使用权出让金20%以下的土地闲置费;满2年未动工开发的,可以无偿收回土地使用权;但是,因不可抗力或者政府有关部门的行为或者动工开发必需的前期工作造成动工开发迟延的除外。

第三,房地产开发项目的设计、施工,必须符合国家的有关标准和规范。房地产开发项目竣工、经验收合格后,方可交付使用。

第四,依法取得的土地使用权,可以依照本法和有关法律、行政法规的规定,作价入股,合资、合作开发经营房地产。

第五,房地产开发企业是以营利为目的,从事房地产开发和经营的企业。设立房地产开发企业,应当具备下列条件:有自己的名称和组织机构;有固定的经营场所;有符合国务院规定的注册资本;有足够的专业技术人员;法律、行政法规规定的其他条件。

第六,房地产开发企业的注册资本与投资总额的比例应当符合国家有关规定。房地产开发企业分期开发房地产的,分期投资额应当与项目规模相适应,并按照土地使用权出让合同的约定,按期投入资金,用于项目建设。

第七,发生纠纷时,可适用的法律主要有:我国《民法通则》、《城市房地产管理法》、《公司法》以及《合同法》的有关规定等。

020 建设工程征用土地合同

文书范本 | 建设工程征用土地合同

适用范围 | 建设工程征用土地时所使用的合同文书

条文检索 | 中华人民共和国土地管理法;中华人民共和国城市房地产管理法

应用指引 | 建设工程征用土地合同的概念;制作该合同应当注意的问题

建设工程征用土地合同

签订合同双方:

征用土地单位:________________,以下简称甲方;

被征土地单位:________________,以下简称乙方。

根据________(审批权力机关)批准的________建设项目的计划任务书和工程选点报告等文件,按照《国家建设征用土地条例》和________省(或自治区、直辖市)政府的有关规定,经甲方向征地所在地的土地管理机关申请和________县(或市、省)人民政府审查批准,经甲乙双方实地查看、反复协商,特签订本合同,以供双方共同遵守。

第一条 征用土地数量及方位

甲方征用乙方土地共________亩,其中,稻田________亩,水塘________亩,菜地________亩,坡地________亩,宅基地________亩,林木________亩,共有树木________株。所征土地东起________,南起________,西起________,北起________。(以上根据实际情况填写)

第二条 征用土地的各类补偿费和安置补助费

1. 根据________省(或自治区、直辖市)政府关于征用土地的补偿规定,各类耕地(包括菜地)按该地年产值的____倍(一般为该耕地年产值的三至六倍)补偿。征用无收益的土地,不予补偿。(征用园地、鱼塘、藕塘、苇塘、宅基地、林地、牧场草原等的补偿标准,按省、自治区、直辖市政府制定的办法执行,征用城市郊区的菜地,还应按当地政府的有关规定，向国家缴纳新菜地开发基金。）

2. 根据________省（自治区、直辖市）政府的规定，所征土地上的青苗按该地产值的____%补偿，所征土地上的水井、林木、水塘等附着物按________办法补偿。房屋的补偿办法另订拆迁合同。乙方人员在开始协商征地方案以后抢种的作物、树木和抢建的设施，甲方一律不予补偿。

3. 各类耕地的年产值按耕地被征用前三年的平均年产量和国家规定的价格核定，稻田按平均亩产大米为________公斤，每公斤计价________元，年产值每亩核定________元；旱地按平均亩产玉米（或小麦）________公斤，每公斤计价________元，年产值每亩核定为________元；菜地按平均亩产大白菜________公斤计算，每公斤计价________元，年产值每亩核定为________元。

4. 根据《国家建设征用土地条例》的规定，乙方需要安置的农业人口数，按征地前农业人口和耕地面积的比例及征地数量计算，共计人；甲方对乙方农业人口的安置补助费标准，按所征耕地每亩产值的二至三倍计算（年产值按被征用前三年的平均年产量和国家规定的价格计算，但每亩耕地的安置补助费，最高不得超过其年产值的十倍）；征用宅基地不付安置补助费（征用园地、鱼塘、藕塘、林地、牧场、草原等土地的安置补助费，按省、直辖市、自治区政府制定的标准计算）。

甲乙双方在本合同上签字，并实地勘验征用地界、定立永久性界桩后____日内，甲方向乙方一次（或商定于某段时期内几次）支付全部各类补偿费、安置补助费共________元（其中，土地补偿费和安置补助费的总和不得超过被征土地年产值的二十倍），付款均通过建设银行转账托付。

第三条　减免公、余粮交售任务

甲乙双方按照________人民政府的规定，根据被征土地的亩数，向________人民政府呈递减免公、余粮交售任务的申请报告。实际减免量，以________人民政府的批文为准。

第四条　安置办法

乙方因被征用土地造成农业剩余劳力，甲方应向有关单位联系，采取以下第（　）项办法解决：

1. 发展农业生产。甲方协助乙方改良土壤，兴修水利，改善耕作条件；在可能和合理的条件下，经县、市土地管理机关批准，适当开荒，扩大耕种面积；也可由甲方结合工程施工帮助造地，但要从安置补助费中扣除甲方的资助费用。

2. 发展社队工副业生产。在符合国家有关规定的条件下，甲方帮助乙方因地制宜，兴办对国计民生有利的工副业和服务性事业,但要从安置补助费中扣除甲方的资助费用。

3. 迁队或并队。土地已被征完或基本征完的生产队,在有条件的地方,可以组织迁队;也可按照自愿互利的原则,与附近生产队合并,甲方要积极为乙方迁队或并队创造条件。

(按照上述途径确实安置不完的剩余劳动力,经________省或自治区或直辖市人民政府批准,在劳动计划范围内,符合条件的可以安排到集体所有制单位就业,并将相应的安置补助费转拨给吸收劳动力的单位;甲方如有招工指标,经省或自治区或直辖市人民政府同意,也可以选招其中符合条件的当工人,并相应核减被征地单位的安置补助费。乙方的土地被征完,又不具备迁队、并队条件的,乙方原有的农业户口,经省、自治区或直辖市人民政府审查批准,可转为非农业户口或城镇户口,乙方原有集体所有的财产和所得的补偿费、安置补助费,由县市以上人民政府与有关乡村商定处理,用于组织生产和不能就业人员的生活补助。)

乙方用补偿费和安置补助费兴建生产生活设施所需建设物资,乡村能够解决的,由乡村自行解决;乡村不能解决的,由当地政府协助解决;地方无法解决的少数统配部管物资,经县(或市)土地管理机关审查核实后,由甲方随同建设项目向国家有关部门申请分配,物资价款由乙方支付。

第五条　甲方的责任

1. 甲方征用土地上有青苗的,在不影响工程正常进行的情况下,应当等待乙方收获,不得铲毁;凡在当地一个耕种收获期内尚不需要使用的土地,甲方应当与乙方签订协议,允许乙方耕种。

2. 甲方已征用二年还不使用的土地(铁路沿线以及因安全防护等特殊需要,符合国家规定的留用土地,不得视为征而未用的土地),除经原批准征地的机关同意延期使用的土地外,当地县(或市)人民政府有权收回处理,甲乙方均不得擅自侵占或处理。

3. 甲方如逾期不向乙方支付征地的各种补偿费和安置补助费,乙方可凭本合同正本申请建设银行从甲方银行账户内拨付,并可请求甲方按银行关于延期付款的规定偿付违约金。

第六条　乙方的责任

1. 自本合同订立之日起,乙方有责任告知所属村民不得在征用土地内种植作物,不得砍伐林木和损坏其他附着物,有违反者,乙方必须赔偿甲方的损失。经甲方同意在征地上种植作物的,乙方应统一安排,不得逾期。

2. 乙方在本合同订立后需在征用土地上架设电线、兴修沟渠等,应经甲方同意,乙方应在不影响建设工程的前提下动工,否则按侵犯公有财产报请有关机关处理。

第七条　工程临时用地

甲方在工程施工过程中,需要建设材料堆场、运输通路和其他临时设施的,应当尽量在征地范围内安排。确实需要另行增加临时用地的,由甲方向原批准工程项目用地的主管机关提出临时用地数量和期限的申请,经批准后,同乙方签订临时用地协议,并按乙方前三年土地平均年产值逐年给予补偿。甲方在临时用地上不得修建永久性建筑物。甲方使用期满,应当恢复乙方土地的耕种条件,及时归还乙方,或按恢复土地耕种条件的工作量向乙方支付费用。

第八条　其他

____

____

____。

本合同自甲乙双方签字之日起生效,合同生效后,甲乙双方均不得擅自修改或解除合同。合同中如有未尽事宜,须经双方共同协商,作出补充规定。补充规定与本合同具有同等效力。合同执行中如发生纠纷,双方协商不能解决的,可报请建设工程管理部门和县(或市)政府调解,调解不成的,提请________仲裁委员会仲裁(或者向有管辖权的人民法院起诉)。

本合同正本一式二份,甲乙双方各执一份;合同副本一式____份,送________人民政府、计委、建委、建设银行、农委……各留存一份。

征用土地单位(甲方):________(盖章)
地址:____________________________
代表人:____________________(盖章)
联系人:__________________________
电话:____________________________
银行账户:________________________

被征土地单位(乙方):________(盖章)
地址:____________________________
代表人:____________________(盖章)
联系人:__________________________
电话:____________________________
银行账户:________________________

________年____月____日订

| 条文检索 |

中华人民共和国土地管理法·第1~7、43~65条

(1986年6月25日第六届全国人民代表大会常务委员会第十六次会议通过　根据1988年12月29日第七届全国人民代表大会常务委员会第五次会议《关于修改〈中华人民共和国土地管理法〉的决定》第一次修正　1998年8月29日第九届全国人民代表大会常务委员会第四次会议修订　根据2004年8月28日第十届全国人民代表大会常务委员会第十一次会议《关于修改〈中华人民共和国土地管理法〉的决定》第二次修正)

第一条　为了加强土地管理,维护土地的社会主义公有制,保护、开发土地资源,合理利用土地,切实保护耕地,促进社会经济的可持续发展,根据宪法,制定本法。

第二条　中华人民共和国实行土地的社会主义公有制,即全民所有制和劳动群众集体所有制。

全民所有,即国家所有土地的所有权由国务院代表国家行使。

任何单位和个人不得侵占、买卖或者以其他形式非法转让土地。土地使用权可以依法转让。

国家为了公共利益的需要,可以依法对土地实行征收或者征用并给予补偿。

国家依法实行国有土地有偿使用制度。但是,国家在法律规定的范围内划拨国有土地使用权的除外。

第三条　十分珍惜、合理利用土地和切实保护耕地是我国的基本国策。各级人民政府应当采取措施,全面规划,严格管理,保护、开发土地资源,制止非法占用土地的行为。

第四条　国家实行土地用途管制制度。

国家编制土地利用总体规划,规定土地用途,将土地分为农用地、建设用地和未利用地。严格限制农用地转为建设用地,控制建设用地总量,对耕地实行特殊保护。

前款所称农用地是指直接用于农业生产的土地,包括耕地、林地、草地、农田水利用地、养殖水面等;建设用地是指建造建筑物、构筑物的土地,包括城乡住宅和公共设施用地、工矿用地、交通水利设施用地、旅游用地、军事设施用地等;未利用地是指农用地和建设用地以外的土地。

使用土地的单位和个人必须严格按照土地利用总体规划确定的用途使用土地。

第五条　国务院土地行政主管部门统一负责全国土地的管理和监督工作。

县级以上地方人民政府土地行政主管部门的设置及其职责，由省、自治区、直辖市人民政府根据国务院有关规定确定。

第六条　任何单位和个人都有遵守土地管理法律、法规的义务，并有权对违反土地管理法律、法规的行为提出检举和控告。

第七条　在保护和开发土地资源、合理利用土地以及进行有关的科学研究等方面成绩显著的单位和个人，由人民政府给予奖励。

……

第四十三条　任何单位和个人进行建设，需要使用土地的，必须依法申请使用国有土地；但是，兴办乡镇企业和村民建设住宅经依法批准使用本集体经济组织农民集体所有的土地的，或者乡（镇）村公共设施和公益事业建设经依法批准使用农民集体所有的土地的除外。

前款所称依法申请使用的国有土地包括国家所有的土地和国家征收的原属于农民集体所有的土地。

第四十四条　建设占用土地，涉及农用地转为建设用地的，应当办理农用地转用审批手续。

省、自治区、直辖市人民政府批准的道路、管线工程和大型基础设施建设项目、国务院批准的建设项目占用土地，涉及农用地转为建设用地的，由国务院批准。

在土地利用总体规划确定的城市和村庄、集镇建设用地规模范围内，为实施该规划而将农用地转为建设用地的，按土地利用年度计划分批次由原批准土地利用总体规划的机关批准。在已批准的农用地转用范围内，具体建设项目用地可以由市、县人民政府批准。

本条第二款、第三款规定以外的建设项目占用土地，涉及农用地转为建设用地的，由省、自治区、直辖市人民政府批准。

第四十五条　征收下列土地的，由国务院批准：

（一）基本农田；

（二）基本农田以外的耕地超过三十五公顷的；

（三）其他土地超过七十公顷的。

征收前款规定以外的土地的，由省、自治区、直辖市人民政府批准，并报国务院备案。

征收农用地的，应当依照本法第四十四条的规定先行办理农用地转用审批。其中，经国务院批准农用地转用的，同时办理征地审批手续，不再另行办理征地审批；经省、自治区、直辖市人民政府在征地批准权限内批准农用地转用的，同时办理征地审批手续，不再另行办理征地审批，超过征地批准权限的，应当依照本条第一款的规定另行办理征地审批。

第四十六条　国家征收土地的，依照法定程序批准后，由县级以上地方人民政府予以公告并组织实施。

被征收土地的所有权人、使用权人应当在公告规定期限内，持土地权属证书到当地人民政府土地行政主管部门办理征地补偿登记。

第四十七条　征收土地的，按照被征收土地的原用途给予补偿。

征收耕地的补偿费用包括土地补偿费、安置补助费以及地上附着物和青苗的补偿费。征收耕地的土地补偿费，为该耕地被征收前三年平均年产值的六至十倍。征收耕地的安置补助费，按照需要安置的农业人口数计算。需要安置的农业人口数，按照被征收的耕地数量除以征地前被征收单位平均每人占有耕地的数量计算。每一个需要安置的农业人口的安置补助费标准，为该耕地被征收前三年平均年产值的四至六倍。但是，每公顷被征收耕地的安置补助费，最高不得超过被征收前三年平均年产值的十五倍。

征收其他土地的土地补偿费和安置补助费标准，由省、自治区、直辖市参照征收耕地的土地补偿费和安置补助费的标准规定。

被征收土地上的附着物和青苗的补偿标准，由省、自治区、直辖市规定。

征收城市郊区的菜地，用地单位应当按照国家有关规定缴纳新菜地开发建设基金。

依照本条第二款的规定支付土地补偿费和安置补助费，尚不能使需要安置的农民保持原有生活水平的，经省、自治区、直辖市人民政府批准，可以增加安置补助费。但是，土地补偿费和安置补助费的总和不得超过土地被征收前三年平均年产值的三十倍。

国务院根据社会、经济发展水平，在特殊情况下，可以提高征收耕地的土地补偿费和安置补助费的标准。

第四十八条　征地补偿安置方案确定后，有关地方人民政府应当公告，并听取被征地的农村集体经济组织和农民的意见。

第四十九条　被征地的农村集体经济组织应当将征收土地的补偿费用的收支状况向本集体经济组织的成员公布，接受监督。

禁止侵占、挪用被征收土地单位的征地补偿费用和其他有关费用。

第五十条　地方各级人民政府应当支持被征地的农村集体经济组织和农民从事开发经营，兴办企业。

第五十一条　大中型水利、水电工程建设征收土地的补偿费标准和移民安置办法,由国务院另行规定。

第五十二条　建设项目可行性研究论证时,土地行政主管部门可以根据土地利用总体规划、土地利用年度计划和建设用地标准,对建设用地有关事项进行审查,并提出意见。

第五十三条　经批准的建设项目需要使用国有建设用地的,建设单位应当持法律、行政法规规定的有关文件,向有批准权的县级以上人民政府土地行政主管部门提出建设用地申请,经土地行政主管部门审查,报本级人民政府批准。

第五十四条　建设单位使用国有土地,应当以出让等有偿使用方式取得;但是,下列建设用地,经县级以上人民政府依法批准,可以以划拨方式取得:

(一)国家机关用地和军事用地;

(二)城市基础设施用地和公益事业用地;

(三)国家重点扶持的能源、交通、水利等基础设施用地;

(四)法律、行政法规规定的其他用地。

第五十五条　以出让等有偿使用方式取得国有土地使用权的建设单位,按照国务院规定的标准和办法,缴纳土地使用权出让金等土地有偿使用费和其他费用后,方可使用土地。

自本法施行之日起,新增建设用地的土地有偿使用费,百分之三十上缴中央财政,百分之七十留给有关地方人民政府,都专项用于耕地开发。

第五十六条　建设单位使用国有土地的,应当按照土地使用权出让等有偿使用合同的约定或者土地使用权划拨批准文件的规定使用土地;确需改变该幅土地建设用途的,应当经有关人民政府土地行政主管部门同意,报原批准用地的人民政府批准。其中,在城市规划区内改变土地用途的,在报批前,应当先经有关城市规划行政主管部门同意。

第五十七条　建设项目施工和地质勘查需要临时使用国有土地或者农民集体所有的土地的,由县级以上人民政府土地行政主管部门批准。其中,在城市规划区内的临时用地,在报批前,应当先经有关城市规划行政主管部门同意。土地使用者应当根据土地权属,与有关土地行政主管部门或者农村集体经济组织、村民委员会签订临时使用土地合同,并按照合同的约定支付临时使用土地补偿费。

临时使用土地的使用者应当按照临时使用土地合同约定的用途使用土地,并不得修建永久性建筑物。

临时使用土地期限一般不超过二年。

第五十八条　有下列情形之一的，由有关人民政府土地行政主管部门报经原批准用地的人民政府或者有批准权的人民政府批准，可以收回国有土地使用权：

（一）为公共利益需要使用土地的；

（二）为实施城市规划进行旧城区改建，需要调整使用土地的；

（三）土地出让等有偿使用合同约定的使用期限届满，土地使用者未申请续期或者申请续期未获批准的；

（四）因单位撤销、迁移等原因，停止使用原划拨的国有土地的；

（五）公路、铁路、机场、矿场等经核准报废的。

依照前款第（一）项、第（二）项的规定收回国有土地使用权的，对土地使用权人应当给予适当补偿。

第五十九条　乡镇企业、乡（镇）村公共设施、公益事业、农村村民住宅等乡（镇）村建设，应当按照村庄和集镇规划，合理布局，综合开发，配套建设；建设用地，应当符合乡（镇）土地利用总体规划和土地利用年度计划，并依照本法第四十四条、第六十条、第六十一条、第六十二条的规定办理审批手续。

第六十条　农村集体经济组织使用乡（镇）土地利用总体规划确定的建设用地兴办企业或者与其他单位、个人以土地使用权入股、联营等形式共同举办企业的，应当持有关批准文件，向县级以上地方人民政府土地行政主管部门提出申请，按照省、自治区、直辖市规定的批准权限，由县级以上地方人民政府批准；其中，涉及占用农用地的，依照本法第四十四条的规定办理审批手续。

按照前款规定兴办企业的建设用地，必须严格控制。省、自治区、直辖市可以按照乡镇企业的不同行业和经营规模，分别规定用地标准。

第六十一条　乡（镇）村公共设施、公益事业建设，需要使用土地的，经乡（镇）人民政府审核，向县级以上地方人民政府土地行政主管部门提出申请，按照省、自治区、直辖市规定的批准权限，由县级以上地方人民政府批准；其中，涉及占用农用地的，依照本法第四十四条的规定办理审批手续。

第六十二条　农村村民一户只能拥有一处宅基地，其宅基地的面积不得超过省、自治区、直辖市规定的标准。

农村村民建住宅，应当符合乡（镇）土地利用总体规划，并尽量使用原有的宅基地和村内空闲地。

农村村民住宅用地，经乡（镇）人民政府审核，由县级人民政府批准；其中，涉及占用农用地的,依照本法第四十四条的规定办理审批手续。

农村村民出卖、出租住房后,再申请宅基地的,不予批准。

第六十三条　农民集体所有的土地的使用权不得出让、转让或者出租用于非农业建设;但是,符合土地利用总体规划并依法取得建设用地的企业,因破产、兼并等情形致使土地使用权依法发生转移的除外。

第六十四条　在土地利用总体规划制定前已建的不符合土地利用总体规划确定的用途的建筑物、构筑物,不得重建、扩建。

第六十五条　有下列情形之一的,农村集体经济组织报经原批准用地的人民政府批准,可以收回土地使用权:

(一)为乡(镇)村公共设施和公益事业建设,需要使用土地的;

(二)不按照批准的用途使用土地的;

(三)因撤销、迁移等原因而停止使用土地的。

依照前款第(一)项规定收回农民集体所有的土地的,对土地使用权人应当给予适当补偿。

中华人民共和国城市房地产管理法·第8~24条

(1994年7月5日第八届全国人民代表大会常务委员会第八次会议通过　根据2007年8月30日第十届全国人民代表大会常务委员会第二十九次会议《关于修改〈中华人民共和国城市房地产管理法〉的决定》第一次修正　根据2009年8月27日第十一届全国人民代表大会常务委员会第十次会议《关于修改部分法律的决定》第二次修正)

第八条　土地使用权出让,是指国家将国有土地使用权(以下简称土地使用权)在一定年限内出让给土地使用者,由土地使用者向国家支付土地使用权出让金的行为。

第九条　城市规划区内的集体所有的土地,经依法征收转为国有土地后,该幅国有土地的使用权方可有偿出让。

第十条　土地使用权出让,必须符合土地利用总体规划、城市规划和年度建设用地计划。

第十一条　县级以上地方人民政府出让土地使用权用于房地产开发的,须根据省级以上人民政府下达的控制指标拟订年度出让土地使用权总面积方案,按照国务院规定,报国务院或者省级人民政府批准。

第十二条　土地使用权出让,由市、县人民政府有计划、有步骤地进行。出让的每幅地块、用途、年限和其他条件,由市、县人民政府土地管理部门会同城市规划、建设、房产管理部门共同拟定方案，按照国务院规定，报经有批准权的人民政府批准后，由市、县人民政府土地管理部门实施。

直辖市的县人民政府及其有关部门行使前款规定的权限，由直辖市人民政府规定。

第十三条　土地使用权出让，可以采取拍卖、招标或者双方协议的方式。

商业、旅游、娱乐和豪华住宅用地，有条件的，必须采取拍卖、招标方式；没有条件，不能采取拍卖、招标方式的，可以采取双方协议的方式。

采取双方协议方式出让土地使用权的出让金不得低于按国家规定所确定的最低价。

第十四条　土地使用权出让最高年限由国务院规定。

第十五条　土地使用权出让，应当签订书面出让合同。

土地使用权出让合同由市、县人民政府土地管理部门与土地使用者签订。

第十六条　土地使用者必须按照出让合同约定，支付土地使用权出让金；未按照出让合同约定支付土地使用权出让金的，土地管理部门有权解除合同，并可以请求违约赔偿。

第十七条　土地使用者按照出让合同约定支付土地使用权出让金的，市、县人民政府土地管理部门必须按照出让合同约定，提供出让的土地；未按照出让合同约定提供出让的土地的，土地使用者有权解除合同，由土地管理部门返还土地使用权出让金，土地使用者并可以请求违约赔偿。

第十八条　土地使用者需要改变土地使用权出让合同约定的土地用途的，必须取得出让方和市、县人民政府城市规划行政主管部门的同意，签订土地使用权出让合同变更协议或者重新签订土地使用权出让合同，相应调整土地使用权出让金。

第十九条　土地使用权出让金应当全部上缴财政，列入预算，用于城市基础设施建设和土地开发。土地使用权出让金上缴和使用的具体办法由国务院规定。

第二十条　国家对土地使用者依法取得的土地使用权，在出让合同约定的使用年限届满前不收回；在特殊情况下，根据社会公共利益的需要，可以依照法律程序提前收回，并根据土地使用者使用土地的实际年限和开发土地的实际情况给予相应的补偿。

第二十一条　土地使用权因土地灭失而终止。

第二十二条　土地使用权出让合同约定的使用年限届满，土地使用者需要继续使用土地的，应当至迟于届满前一年申请续期，除根据社会公共利益需要收回该幅土地的，应当予以批准。经批准准予续期的，应当重新签订土地使用权出让合同，依照规定支付土地使用权出让金。

土地使用权出让合同约定的使用年限届满，土地使用者未申请续期或者虽申请续期但依照前款规定未获批准的,土地使用权由国家无偿收回。

第二节　土地使用权划拨

第二十三条　土地使用权划拨,是指县级以上人民政府依法批准,在土地使用者缴纳补偿、安置等费用后将该幅土地交付其使用,或者将土地使用权无偿交付给土地使用者使用的行为。

依照本法规定以划拨方式取得土地使用权的,除法律、行政法规另有规定外,没有使用期限的限制。

第二十四条　下列建设用地的土地使用权,确属必需的,可以由县级以上人民政府依法批准划拨:

(一)国家机关用地和军事用地;

(二)城市基础设施用地和公益事业用地;

(三)国家重点扶持的能源、交通、水利等项目用地;

(四)法律、行政法规规定的其他用地。

|应用指引|

建设工程征用土地合同,是指工程建设单位作为征用土地单位同被征土地单位签订的确定双方因征用土地所生的权利、义务关系的协议。依据该合同,被征用土地单位向工程建设单位提供土地的使用权,工程建设单位向其支付补偿费,安置补助费并负责安置农业剩余劳力。

签订建设工程征用土地合同应注意:

第一,按照国家规定,列入国家固定资产投资计划的或者准许建设的国家建设项目,经批准,建设单位方可申请用地。

第二,国家建设征用土地,建设单位必须持国务院主管部门或者县级以上地方人民政府按照国家基本建设程序批准的设计任务书或者其他批准文件,向县级以上地方人民政府土地管理部门提出申请,经县级以上人民政府审查批准后,由土地管理部门划拨土地。

第三,国家建设所征用的集体所有的土地,所有权属于国家,用地单位只有使用权。

第四,一个建设项目需要使用的土地,应当根据总体设计一次申请批准,不得化整为零。分期建设的项目,应当分期征地,不得先征待用。铁路、公路和输油、输水等管线建设需要使用的土地,可以分段申请批准,办理征地手续。

第五，国家建设征用土地，由用地单位支付土地补偿费。征用耕地的补偿费，为该耕地被征用前3年平均年产值的3～6倍。

第六，国家建设征用土地，用地单位除支付补偿费外，还应支付安置补助费。征用耕地的安置补助费，按照需要安置的农业人口数计算。

第七，国家建设征用土地的各项补助费和安置补助费，除被征用土地上属于个人的附着物和青苗的补偿费付给本人外，由被征用地单位用于发展生产和安排因土地被征用而造成的多余劳动力的就业和不能就业人员的生活补助，不得移作他用，任何单位和个人不得占用。

第八，工程项目施工，需要材料堆场、运输通道和其他临时设施的，应当尽量在征用的土地范围内安排。

本合同格式内容以农村为主，应根据实际情况具体填写。

021 国有土地使用权出让合同(宗地出让合同)

文书范本 | 国有土地使用权出让合同(宗地出让合同);土地使用条件

适用范围 | 出让国有土地使用权时所使用的合同文书

条文检索 | 中华人民共和国土地管理法;中华人民共和国城市房地产管理法

应用指引 | 国有土地使用权出让的概念与主要内容;制作该文书应当注意的问题

国有土地使用权出让合同
(宗地出让合同)

第一条 本合同双方当事人:

出让方:中华人民共和国________省(自治区、直辖市)________市(县)土地管理局(以下简称甲方);法定地址________________;邮政编码________;法定代表人:姓名________;职务________。

受让方:________(以下简称乙方);法定地址________________;邮政编码________;法定代表人:姓名________;职务________。

根据《中华人民共和国城镇国有土地使用权出让和转让暂行条例》、《________省国有土地使用权出让和转让实施办法》和国家有关规定,双方本着平等、自愿、有偿的原则,订立本合同。

第二条 甲方依据本合同出让土地的使用权,土地所有权属中华人民共和国,地下资源、埋藏物和市政公用设施均不在土地使用权出让范围。

第三条 乙方根据本合同受让的土地使用权在使用年限内,依有关规定可以转让、出租、抵押或用于其他经济活动。

乙方在受让土地使用权范围内所进行的开发、利用、经营土地的活动,应遵守中华人民共和国法律、法规及________省(自治区、直辖市)的有关规定,并不得损害社会公共利益,其合法权益受法律保护。

第四条 甲方出让给乙方的地块位于________________,面积为________平方米。其位置与四至范围如本合同附图所示。附图已经甲、乙双方签字确认。

第五条 本合同项下的土地使用权出让年限为______年,自颁发该地块的《中华人民共和国国有土地使用证》之日起算。

第六条 本合同项下的出让地块,按照批准的总体规划是建设____________项目。(注:根据具体情况定)

在出让期限内,如需改变本合同规定的土地用途,应当取得甲方和城市规划行政主管部门批准,依照有关规定重新签订土地使用权出让合同,调整土地使用权出让金,并办理土地使用权登记手续。

第七条 本合同附件《土地使用条件》是本合同的组成部分,与本合同具有同等法律效力。乙方同意按《土地使用条件》使用土地。

第八条 乙方同意按合同规定向甲方支付土地使用权出让金、土地使用费以及乙方向第三方转让时的土地增值费(税)。

第九条 该地块的土地使用权出让金为每平方米____元人民币(美元或港元等),总额为________元人民币(美元或港元等)。

第十条 本合同经双方签字后____日内,乙方须以现金支票或现金向甲方缴付土地使用权出让金总额的____%共计________元人民币(美元或港元等)作为履行合同的定金。

乙方应在签订本合同后60日内,支付完全部土地使用权出让金,逾期____日仍未全部支付的,甲方有权解除合同,并可请求乙方赔偿。

第十一条 乙方在向甲方支付全部土地使用权出让金后____日内,依照规定办理土地使用权登记手续,领取《中华人民共和国国有土地使用证》,取得土地使用权。

第十二条 乙方同意从________年开始,按政府规定逐年缴纳土地使用费,缴纳时间为当年____月____日。土地使用费每年每平方米为________元人民币(美元或港元等)。

第十三条 乙方同意以美元(港元等)向甲方支付土地使用权出让金及其他费用。(注:根据具体情况定)

美元(港元等)与人民币的比价,以合同签订当天中国国家外汇管理局公布的买入价和卖出价的中间值计算。

第十四条 除合同另有规定外,乙方应在本合同规定的付款日或付款日之前,将合同要求支付的费用汇入甲方的银行账号内。银行名称:________银行________分行,账户号____________。

甲方银行账户如有变更，应在变更后____日内，以书面形式通知乙方。由于甲方未及时通知此类变更而造成误期付款所引起的任何延迟收费，乙方均不承担违约责任。

第十五条　本合同规定的出让年限届满，甲方有权无偿收回出让地块的使用权，该地块上建筑物及其他附着物所有权也由甲方无偿取得。土地使用者应当交还土地使用证，并依照规定办理土地使用权注销登记手续。

乙方如需继续使用该地块，须在期满前____天内向甲方提交续期申请书，并在确定了新的土地使用权出让年限和出让金及其他条件后，与甲方签订续期合同，并重新办理土地使用权登记手续。

第十六条　任何一方对于因发生不可抗力且自身无过错造成延误或不能履行合同义务不负责任。但必须采取一切必要的补救措施以减少造成的损失。

遇有不可抗力的一方，应在____小时内将事件的情况以信件或电报（电传或传真）的书面形式通知另一方，并且事件发生后____日内，向另一方提交合同不能履行或部分不能履行以及需要延期履行理由的报告。

第十七条　如果乙方不能按时支付任何应付款项，从滞纳之日起，每日按应缴纳费用的____%缴纳滞纳金。

第十八条　乙方未按合同规定或连续两年不投资建设的，甲方有权无偿收回土地使用权。

第十九条　如果由于甲方的过失致使乙方延期占用土地使用权，则本合同项下的土地使用权出让期限应相应推延。同时甲方应承担乙方由此而造成的一切经济损失。

第二十条　本合同订立、效力、解释、履行及争议的解决均受中华人民共和国法律的保护和管辖。

第二十一条　因执行本合同发生争议，由争议双方协商解决，协商不成的，提请________仲裁委员会仲裁（或向有管辖权的人民法院起诉）。

第二十二条　本合同要求或允许的通知和通讯，不论以何种方式传递，均自实际收到起生效。双方的地址应为：

甲方：________________	乙方：________________
法定名称________________	法定名称________________
法定地址________________	法定地址________________
邮政编码________________	邮政编码________________
电话号码________________	电话号码________________

电　　传________　　　　电　　传________

传　　真________　　　　传　　真________

任何一方可变更以上通知和通讯地址,在变更后____日内应将新的地址通知另一方。

第二十三条　本合同经双方法定代表人签字后生效。

第二十四条　本合同采用中、____两种文字书写,两种文字具有同等法律效力。两种文字如有不符,以中文为准。合同的中文正本一式____份,双方各执____份。

第二十五条　本合同于________年____月____日在中国________省(自治区、直辖市)________市(县)签订。

第二十六条　本合同未尽事宜,可由双方约定后作为合同附件。

甲方:________　　　　乙方:________(章)

法定代表人:________(签字)　　　　法定代表人:________(签字)

签订日期:________年____月____日

附:土地使用条件(宗地项目)

一、界桩定点

1.1　《国有土地使用权出让合同》(以下简称本合同)正式签订后____日内,________市(县)土地管理局,会同用地者依图验明红线所标示坐标的各拐点界桩。面积核定无误后,双方在用地红线图上签字认定。界桩由用地者妥善保护,不得私自改动,界桩遭受破坏或移动时,应及时报告________市(县)土地管理局,请求重新埋设。

二、土地利用要求

2.1　用地者在用地红线图内兴建建筑物应符合下列要求:

(1)主体建筑物的性质规定为________________;

(2)附属建筑物________________;

(3)建筑容积率(建筑面积密度)________________;

(4)建筑覆盖率(建筑密度)________________;

(5)总建筑面积不超过________________平方米;

(6)建筑层数,最高/平均________________层;

(7)绿化比率________________;

(8)室外地面标高____;

(9)所有建筑物的设计均应符合国家现行建筑设计标准、规程的规定。

(注:根据具体情况定)

三、公益工程

3.1 用地者表示同意在用地红线范围内一并建造下列公益工程,并同意免费提供使用。

(1)__________蹲位公厕

(2)小区公用停车场

(3)自行车棚

(4)配电室(开关站)

(注:根据具体情况定)

3.2 用地者表示同意政府的下列工程可在其红线范围内的规划位置建造或通过,而无需作任何补偿。

(1)____

(2)____

四、设计、施工、竣工

4.1 红线范围内的建筑设计、建筑用途等必须符合土地利用要求,涉及交通、管线、消防、环保、人防、航道等问题,还须报经有关主管部门审批后建设,并由地方政府派出机构管理,由此所发生的一切费用均由用地者负担。

4.2 用地者自签订本合同之日起____日内应按批准的规划设计图纸和施工设计图纸动土施工。并于________年____月____日前所完成的建筑物面积不少于________平方米。

4.3 规模大的、特殊的复杂工程,其动土施工时间按上述要求进行有困难的,用地者至迟应在离建设期限届满之日前____日内,向市(县)土地管理局提出足够理由的延建申请,且延续期不得超过____日。

4.4 用地者应在________年____月____日以前竣工(受不可抗力影响者除外),延期竣工____日的,罚以出让金总额的____%;延期竣工超过____日的,市(县)土地管理部门有权收回土地使用权,注销其《国有土地使用证》,其地上建筑物无偿归国家所有。

五、建筑维修活动

5.1　用地者在用地红线范围内进行建设及维修活动时，对周围环境及设施应承担的责任，包括：

(1)所属建筑物品或废弃物(即泥土、碎石、建筑垃圾等)不得侵占或破坏红线图以外的土地及设施。

如需临时占用市政道路，应报请市公安部门批准。

如需临时使用红线以外土地，应与该用地者协商；若属政府未批准土地，应报市(县)土地管理部门批准，并按规定交纳土地费用。

(2)未获有关部门批准，不得在公共用地上倾倒、储存任何材料或进行任何工程活动。

(3)用地者必须确保土地使用范围内的污水、污物、恶臭物或影响环境的排泄物均应有可靠的排除方法，不得损害周围的环境。

(4)在土地使用期限内，用地者对该地段内的所有城市市政设施，均应妥善保护，避免损坏；否则，应承担修复工程的一切费用。

5.2　用地者不得开辟、铲除或挖掘毗邻地段的土地。

5.3　在兴建建筑或维修工程之前，用地者必须摸清地段或相邻地段公有的明渠，水道(包括水龙喉管)、电缆、电线以及其他设施的位置，并向有关部门呈报处理上述设施的计划；用地者在未获批准之前，不得动工。基本需要改道、重新铺设或装设的费用，均由用地者负责。

六、供水、供电

6.1　用地者所需的用水，应与市自来水公司签订供水合同。

6.2　用地者所需的用电，应与市供电局签订供电合同。

6.3　用地者接水、接电及开设路口，所需费用均自行负责。

七、监督检查

7.1　在土地使用期间，市(县)土地管理部门有权对用地者红线范围内的土地使用情况进行检查监督，用地者不得拒绝和阻挠。

7.2　用地者不得以任何理由占用红线范围以外的土地(包括堆放物品、器材等)；否则,按违法占地处理。

7.3 用地者在用地范围内,应按规定的土地用途和工程设计图纸的要求进行建设。

7.4 用地者对用地范围内的建筑物,未经规划部门批准,不得任意拆除或改建、重建。否则,有关部门有权责令其恢复原状或拆除,拒不执行的,可强制执行,所需费用由用地者支付。

| 条文检索 |

参见“020 建设工程征用土地合同”条文检索部分。

| 应用指引 |

国有土地使用权出让合同,是指国家将国有土地使用权在一定年限内出让给土地使用者,由土地使用者向国家支付土地使用权出让金的合同。

签订国有土地使用权出让合同,应当注意该合同的如下特征:

第一,它是国家与公民、法人之间所订立的合同,无论是国家还是其授权的政府部门,在订立合同时,系作为土地所有权人或所有权代表人,而绝不应利用自己的优势地位去侵害相对人的合法权益。

第二,土地使用权出让合同的客体是土地使用权。国家和土地使用者签订的出让合同,出让的只是土地使用权,土地所有权仍归国家所有。

第三,土地使用权出让合同为双务、有偿合同。该合同中,国家和土地使用权取得人都相互承担相应的义务,支付相应的对价。

第四,土地使用权出让合同属诺成合同,要式合同。土地使用权出让合同的成立,仅需双方当事人意思表示一致,并以书面形式表示出来。此外,合同生效需办理登记手续。

签订国有土地使用权出让合同,还须注意国家相关的法律规定:

第一,城市规划区内的集体所有的土地,经依法征用转为国有土地后,该国有土地的使用权方可有偿出让。

第二,县级以上地方人民政府出让土地使用权用于房地产开发的,须根据省级以上人民政府下达的控制指标拟订年度出让土地使用权总面积方案,按照国务院规定,报国务院或者省级人民政府批准。

第三,土地使用权出让,由市、县人民政府有计划、有步骤地进行。出让的每幅地块、用途、年限和其他条件,由市、县人民政府土地管理部门会同城市规划、建设、房产管理部门共同拟定方案,按照国务院规定,报经有批准权的人民政府批准后,由市、县人民政府土地管理部门实施。

第四,土地使用权出让可以采取拍卖、招标或者双方协议的方式。商业、旅游、娱乐和豪华住宅用地,有条件的,必须采取拍卖、招标方式;没有条件,不能采取拍卖、招标方式的,可以采取双方协议的方式。

第五,土地使用者必须按照出让合同约定,支付土地使用权出让金,未按照出让合同约定支付土地使用权出让金的,土地管理部门有权解除合同,并可以请求违约赔偿。土地使用者按照出让合同约定支付土地使用权出让金的,市、县人民政府土地管理部门必须按照出让合同约定,提供出让的土地;未按照出让合同约定提供出让的土地的,土地使用者有权解除合同,由土地管理部门返还土地使用权出让金,土地使用者并可以请求违约赔偿。

第六,土地使用者需要改变土地使用权出让合同约定的土地用途的,必须取得出让方和市、县人民政府城市规划行政主管部门的同意,签订土地使用权出让合同变更协议或者重新签订土地使用权出让合同,相应调整土地使用权出让金。

第七,国家对土地使用者依法取得的土地使用权,在出让合同约定的使用年限届满前不得收回;在特殊情况下,根据社会公共利益的需要,可以依照法律程序提前收回,并根据土地使用者使用土地的实际年限和开发土地的实际情况给予相应的补偿。土地使用权出让合同约定的使用年限届满,土地使用者需要延续使用土地的,应当至迟于届满前1年申请续期,除根据社会公共利益需要收回该幅土地的,应当予以批准,经批准准予续期的,应当重新签订土地使用权出让合同,依照规定支付土地使用权出让金。土地使用权出让合同约定的使用年限届满,土地使用者未申请续期或者虽申请续期但依照前款规定未获批准的,土地使用权由国家无偿收回。

第八,土地使用权出让合同不得违反土地利用总体规划、城市规划和年度建设用地计划。土地使用权的出让金不得低于国家规定所确定的最低价。土地使用权出让的最高年限应符合国务院的相关规定。

签订宗地出让合同类型的土地使用权出让合同,双方当事人还应注意以下几点:

第一,出让地块的位置、四邻应以文字、附图,准确、清楚地予以表述。

第二,在出让地块上从事何种建设项目,应规定得明确、具体。

第三,以何种货币作为结算币种,应有明确约定。

第四,土地使用条件的内容应注意与合同内容协调一致。

第五,发生纠纷后,对方不能协商解决的,可通过仲裁或诉讼方式解决,如果双方当事人既未在合同中设定仲裁条款,事后又未就提交仲裁达成协议的,可以向人民法院起诉。解决纠纷适用的法律、法规主要有:《城市房地产管理法》、《城镇国有土地使用权出让和转让暂行条例》、《民法通则》以及《合同法》有关规定。

022 国有土地使用权出让合同(成片开发土地出让合同)

文书范本 | 国有土地使用权出让合同(成片开发土地出让合同);土地使用条件

适用范围 | 出让国有土地使用权时所使用的合同文书

条文检索 | 中华人民共和国土地管理法;中华人民共和国城市房地产管理法

应用指引 | 国有土地使用权出让的概念与主要内容;制作该文书应当注意的问题

国有土地使用权出让合同
(成片开发土地出让合同)

第一章 总 则

第一条 本合同双方当事人:

出让方:中华人民共和国________省(自治区、直辖市)________市(县)土地管理局(以下简称甲方);法定地址________________;邮政编码________;法定代表人:姓名________;职务________。

受让方:________(以下简称乙方);法定地址________________;邮政编码________;法定代表人:姓名________;职务________。

根据《中华人民共和国城镇国有土地使用权出让和转让暂行条例》、《外商投资开发经营成片土地暂行管理办法》和国家有关规定,双方本着平等、自愿、有偿的原则,通过友好协商,订立本合同。

第二条 甲方依据本合同出让土地使用权,土地所有权属中华人民共和国。地下资源、埋藏物和市政公用设施均不在土地使用权出让范围。

第三条 乙方根据本合同受让的土地使用权,在使用年限内可以转让、出租、抵押或用于其他经济活动,其合法权益受到国家法律保护。但不得进行中华人民共和国法律所不允许的活动。乙方并有依法合理开发、利用、保护土地的义务。

第二章 定 义

第四条 本合同所使用的特定词语定义如下:

1."地块"指本合同项下甲方向乙方出让土地使用权的区域,即本合同第五条界定的区域。

2."总体规划"指经中国政府批准的____________开发区域的开发建设总体规划。

3."成片开发规划"指依据总体规划编制的,经中国政府批准的在受让土地使用权区域内各项建设的具体布置和安排。

4."公用设施"指依照成片开发规划对地块进行综合性的开发建设,建成的供排水、供电、供热、道路、通信等设施。

第三章 出让地块的范围、面积和年限

第五条 甲方出让给乙方的地块位于________,地块编号为________。(见附件________地块地理位置图)

第六条 第五条所指地块总面积为________平方米。

第七条 本合同项下的土地使用权出让年限为____年。自颁发该地块的《中华人民共和国国有土地使用证》之日起算。

第四章 土 地 用 途

第八条 本合同项下的出让地块,按照批准的总体规划是建立一个以开办和经营工业项目(建设项目)为主的工业区(综合区),亦准许开办一些与之相配套的生产和生活服务设施。(注:根据具体情况定)

第九条 本合同附件《土地使用条件》是本合同的组成部分,具有与本合同同等法律效力。乙方同意按《土地使用条件》使用土地。

第十条 在出让期限内,如需改变本合同第八条规定的土地用途,应当取得城市规划行政主管部门同意后,经甲方批准,依照有关规定重新签订土地使用权出让合同,调整土地使用权出让金,并办理土地使用权变更登记手续。

第五章 土地费用及支付

第十一条 乙方同意按本合同规定向甲方支付土地使用权出让金、土地使用费以及

乙方向第三方转让时的土地增值费(税)。

第十二条　该地块的土地使用权出让金为每平方米________元人民币(美元或港元等),总额为________元人民币(美元或港元等)。

第十三条　本合同经双方签字后____日内,乙方须以现金支票或现金向甲方缴付土地使用权出让金总额的____%共计________元人民币(美元或港元等)作为履行合同的定金。

乙方应在签订本合同后____日内,支付完全部土地使用权出让金,逾期仍未全部支付的,甲方有权解除合同,并可请求违约赔偿。

第十四条　乙方在向甲方支付全部土地使用权出让金后____日内,依照规定办理土地登记手续,领取《中华人民共和国国有土地使用证》,取得土地使用权。

第十五条　乙方同意从________年开始,按政府规定逐年缴纳土地使用费,缴纳时间为当年____月____日。土地使用费每年每平方米为元________人民币(美元或港币等)。

第十六条　乙方同意以美元(港元等)向甲方支付土地使用权出让金及其他费用(注:根据具体情况定)。

美元(港元等)与人民币的比价,以合同签订当天中国国家外汇管理局公布的买入价和卖出价的中间值计算。

第十七条　除合同另有规定外,乙方应在本合同规定的付款日或付款日之前,将合同要求支付的费用汇入甲方的银行账户内。银行名称:________银行________分行,账户号:____________。

甲方银行账户如有变更,应在变更后____日内,以书面形式通知乙方,由于甲方未及时通知此类变更而造成误期付款所引起的任何延迟收费,乙方均不承担违约责任。

第六章　土地使用权转让

第十八条　乙方在实施成片开发规划,并完成全部公用设施建设,形成工业用地和其他建设用地条件(或完成公用设施建设并建成了通用工业厂房以及相配套的生产和生活服务设施等地面建筑物,或投资额达到投资总额的____%或根据具体情况定)后,有权将本合同项下全部或部分地块的余期使用权转让(包括出售、交换和赠与)。

第十九条　土地使用权转让的受让人除法律另有规定外,可以为中华人民共和国境内外的公司、企业、其他组织和个人。

双方签订的转让合同,不得违背国家法律、法规和本合同规定。

第二十条　乙方在作出转让____日前应通知甲方。转让双方在转让合同签字后日内,应将经公证的转让合同及有关附件的正本送交甲方,申请办理土地使用权变更登记手续,换领土地使用证,并按照政府有关规定缴纳土地增值费(税)。

第二十一条　自转让合同生效之日起,本合同和登记文件中所载明的权利、义务随之转移。

第二十二条　土地使用权和地上建筑物、其他附着物所有权分割转让的,应当经甲方和房产管理部门批准,并依照规定办理过户登记手续。

第七章　土地使用权出租

第二十三条　乙方按本合同规定完成全部或部分地块的公用设施并建成通用工业厂房以及相配套的生产和生活服务设施等地上建筑物后,有权作为出租人将本合同项下全部或部分地块余期使用权随同地上建筑物、其他附着物租赁给承租人使用。

第二十四条　出租人与承租人签订的租赁合同不得违背国家法律、法规和本合同的规定。

第二十五条　土地使用权随同地上建筑物、其他附着物出租,出租人应当依照规定办理有关登记手续。

第二十六条　本合同项下的全部或部分地块使用权出租后,出租人必须继续履行本合同。

第八章　土地使用权抵押

第二十七条　乙方有权将本合同项下全部或部分地块余期使用权向一个或数个抵押权人作出一个或数个抵押。抵押人与抵押权人签订的抵押合同不得违背国家法律、法规和本合同的规定。

每一抵押所担保的债务必须是乙方为开发本合同项下地块所承担的债务。

第二十八条　乙方在作出抵押____日前应通知甲方。乙方在抵押合同签字后____日内应将经公证的抵押合同,以及由此获得的经公证的期票(或贷款协议)及有关附件正本送交甲方,申请办理土地使用权抵押登记。

依照有关规定处分抵押财产而取得被抵押土地使用权的抵押权人或第三人,应在实现抵押权后____日内,办理土地使用权变更登记手续,换领土地使用证,取得土地使用权。

第二十九条　依据第二十八条而取代乙方的抵押权人或第三人,享有并承担本合同规定的权利和义务。

第九章 期限届满

第三十条 本合同规定的使用年限届满,甲方有权无偿收回出让地块的使用权,并无偿取得该地块上建筑物及其他附着物所有权。土地使用者应当交还土地使用证,并依照规定办理土地使用权注销登记手续。

第三十一条 本合同规定的使用年限届满,乙方如需继续使用该地块,须在期满前____天内向甲方提交续期申请书,并经甲方同意在确定了新的土地使用权出让年限和出让金及其他条件后,签订续期合同,并重新办理土地使用权登记手续。

第三十二条 本合同存续期间,在特殊情况下,根据社会公共利益的需要,甲方可以依照法定程序提前收回出让地块的使用权,并根据土地使用者已使用的年限和开发利用土地的实际情况给予相应的补偿。

第十章 不可抗力

第三十三条 任何一方由于不可抗力造成的部分或全部不能履行合同不负责任。但应在条件允许下采取一切必要的补救措施以减少因不可抗力造成的损失。

第三十四条 遇有不可抗力的一方,应在____小时内将事件的情况以信件或电报(电传或传真)的书面形式通知另一方,并且在事件发生后日内,向另一方提交合同不能履行或部分不能履行或需要延期履行理由的报告。

第三十五条 除国家法律本身有明确规定外,后继立法或变更对本合同无追溯力。

本合同可根据后继立法或法律变更进行修改与补充,但必须采用书面形式提出申请并经双方协商签字同意后执行。

第十一章 违约责任

第三十六条 如一方未履行本合同规定的义务应视为违反合同。违约方应负责向另一方赔偿违约引起的一切直接和可得利益的损失。

第三十七条 如果由于甲方的过失而致使乙方对该地块使用权占有的延期,则本合同项下的土地使用权出让期限应相应推延。因延期而造成的损失索赔,按本合同第三十六条办理。

第三十八条 如果乙方不能按时支付任何应付款项,从滞纳之日起,每日按应缴纳费用的____%缴纳滞纳金。

第三十九条　乙方在该地块上未按开发计划进行建设或连续两年不投资开发建设,除按本合同第三十六条办理外,甲方有权无偿收回土地使用权。

第四十条　如果乙方未按合同规定期限和要求完成公用设施建设,则应在规定完成日期至少____日前通知甲方。如果甲方认为必要,可根据情况适当延长完成日期;如果没有在规定期限内通知甲方,或甲方有理由认定上述延期理由无法成立并不同意延期,甲方有权无偿收回部分土地使用权。该部分土地使用权占全部土地使用权的比例与未开发的公用设施占全部要求开发的公用设施比例相等。

第四十一条　在颁发土地使用证后,因不可抗力的特殊情况,乙方在____年内未能招引并安排该地块内所有兴建的项目,则应在规定日期至少日前通知甲方,经双方协商,可根据情况适当延长本合同规定的建设期限;否则,甲方有权无偿收回或安排建设项目地块的使用权。

第十二章　通　　知

第四十二条　本合同要求或允许的通知和通讯,不论以何种方式传递,均自实际收到时起生效。双方的地址应为:

甲　　方:________________	乙　　方:________________
法定名称________________	法定名称________________
法定地址________________	法定地址________________
邮政编码________________	邮政编码________________
电话号码________________	电话号码________________
电　　传________________	电　　传________________
传　　真________________	传　　真________________

任何一方可变更以上通知和通讯地址,在变更后____日内应将新的地址通知另一方。

第十三章　适用法律及争议解决

第四十三条　本合同订立、效力、解释、履行及争议的解决均受中华人民共和国法律的保护和管辖。

第四十四条　因执行本合同发生争议,由争议各方协商解决,协商不成的,提请

________仲裁委员会仲裁(或向有管辖权的人民法院起诉)。

第十四章 附 则

第四十五条 本合同经双方法定代表人签字后生效。

第四十六条 本合同采用中、____两种文字书写,两种文字具有同等法律效力。两种文字如有不符,以中文为准。合同的中文正本一式____份,双方各执____份。

第四十七条 本合同于________年____月____日在中国________省(自治区、直辖市)________市(县)签订。

第四十八条 本合同未尽事宜,可由双方约定后作为合同附件。合同附件与本合同具有同等法律效力。

甲方:中华人民共和国________省 乙方:________(章)

(自治区、直辖市)

市(县)土地管理局:________(章)

法定代表人:________(签字) 法定代表人:________(签字)

附:

土地使用条件
(成片开发经营项目)

一、成立开发企业

1.1 土地使用者须依照中国有关法律、法规成立从事土地开发经营的开发企业。开发企业依照《中华人民共和国城镇国有土地使用权出让和转让暂行条例》规定取得开发区域的土地使用权。开发企业依法自主经营管理,但在其开发区域内没有行政管理权,开发企业与其他企业的关系是商务关系。

开发企业的经营活动应遵守中华人民共和国的法律、法规,其合法权益受中国法律保护。

二、界桩定点

2.1 《国有土地使用权出让合同》(以下简称本合同)正式签订后____日内,________市(县)土地管理局会同开发企业依图验明红线所标示坐标的各拐点界桩。面积核定无误后,双方在用地红线图上签字认定。界桩由开发企业妥善保护,不得私自改动,界桩遭受破坏或移动时,应及时报告________市(县)土地管理局,请求重新埋设。

三、土地利用要求

3.1 开发区域内土地必须符合本合同规定的土地用途。

3.2 开发企业在开发区域内的开发建设应符合下列要求:

(1)建筑容积率____;

(2)建筑密度____;

(3)建筑物总高度(不包括地下室)________________________;

(4)附着物高度____;

(5)园林绿化比率______________________________________;

(6)室外地面标高______________________________________。

(注:根据具体情况定)

3.3 开发企业应编制开发区域内的成片开发规划和可行性研究报告,包括:①开发建设总目标;②开发建设分期目标;③实施开发的具体内容和要求;④开发后土地利用方案。

3.4 开发区域在城市规划范围内的,开发企业拟定的成片开发规划必须符合城市总体规划要求,并按有关规定报城市规划主管部门批准。严格按批准的规划实施,如确需修改,必须征得原批准机关同意。

四、公用设施

4.1 开发区域内的全部公用设施由开发企业在本合同生效之日起____日内,根据批准的成片开发规划负责兴建并使其达到中国现行设计和施工规范标准。

开发企业投资建设区域内自备电站、热力站、水厂等生产性公用设施的,可由开发企业自主经营,也可交地方公用事业企业经营。公用设施能力有富余,需要供应区域外,或需要与区域外设施联网运行的,开发企业应与地方公用事业企业按国家有关规定签订合同,按合同规定的条件经营。

4.2 开发企业需接引区域外的水、电、热等资源,提供接点和服务的,须与中国政府有关部门另签合同,并由地方公用事业企业负责经营。

4.3 开发区域的邮电通信事业,由邮电部门统一规划、建设与经营。也可以经

________省(自治区、直辖市)邮电主管部门批准,由开发企业投资建设,或者开发企业与邮电部门合资建设通信设施,建成后移交邮电部门经营,并根据双方签订的合同,对开发企业给予经济补偿。

4.4 开发企业可以按照国家交通主管部门的统一规划建设和经营专用港区和码头。开发区域地块范围涉及海岸港湾或者江河建港区段的,岸线由国家统一规划和管理。

4.5 开发企业在开发区域内建设的全部公用设施,在本合同期限内或本合同提前解除之前,均归开发企业所有。

4.6 公用设施完成后,开发企业可以依照中国法律组成一个或多个对公用设施进行开发、经营为目的的合资、合作企业,在本合同期内,中国政府可应这些企业的要求,提供帮助。

4.7 开发企业必须根据总体规划要求,在该开发区域内为政府行政、司法管理部门无偿提供公用设施,如办公用房等。

4.8 相邻双方必须相互合作,并根据需要授予对方必要的相邻权,以及其他各项权利以保证开发区域与相邻区域的交通往来和开发建设的顺利进行。

五、设计、施工、竣工

5.1 开发区域内的建筑设计、建筑用途等必须符合土地利用要求及成片开发规划,涉及交通、管线、消防、环保、人防、绿化等,须报中国政府有关主管部门审批后建设,交由地方政府派出机构管理。

5.2 开发企业在签订本合同____日内按批准的规划设计图纸和施工设计图纸动工施工,并在________年____月____日以前建成不少于______平方米的标准或专业厂房。

六、项目引进

6.1 开发企业负责吸引投资者到开发区域投资,并保证自土地使用证颁发之日起____年内招引并安排区内所有的建设项目,____年内所有建设项目全部竣工投产。

6.2 在开发区域内兴建的建设项目,其建设应符合总体规划的要求,并按建设项目审批管理的有关规定报经中国政府有关部门批准。

国家鼓励举办先进技术企业和产品出口企业。以举办出口加工企业为主的开发区域,需要在进出口管理、海关管理等方面采取特殊管理措施的应报经国务院批准。

6.3 在开发区域举办企业,应符合国家有关投资产业政策的要求。属于下列情况的

项目不得兴建:

(1)污染环境的项目;

(2)为中国政府所禁止或限制的建设项目和生产产品。

七、监督检查

7.1 在土地使用期限内,________市(县)土地管理局有权对开发区域红线范围内的土地使用情况进行监督检查。

7.2 开发企业未经许可不得以任何理由占用红线范围以外的土地(包括堆放物品、器材等)。否则,按非法占地处理。

7.3 开发企业在开发区域内,应按规定的土地用途和工程设计图纸的要求进行建设。

7.4 开发企业在开发区域内的公用设施和地上建筑物,未经规划部门批准,不得任意拆除或改建、重建。否则,有关部门有权责令其恢复原状或拆除,拒不执行的,可强制执行,所需费用由当事人支付。

|条文检索|

参见"020 建设工程征用土地合同"条文检索部分。

|应用指引|

成片开发土地出让合同系国有土地使用权出让合同的一种。

签订该合同,双方当事人应注意我国法律法规的如下相关规定:

第一,成片开发土地必须严格执行城市规划,按照经济效益、社会效益、环境效益相统一的原则,实行全面规划、合理布局、综合开发、配套建设。

第二,必须按照土地使用权出让合同约定的土地用途,在动工开发期限内动工开发土地。超过出让合同约定的动工开发日期满1年未动工开发的,可以征收相当于土地使用权出让金20%以下的土地闲置费;满2年未动工的,可以无偿收回土地使用权;但是,因不可抗力或者政府有关部门的行为或者动工开发必需的前期工作造成动工开发迟延的除外。

第三,作为合同当事人一方,从事成片开发的房地产开发企业是以营利为目的,从事房地产开发和经营的企业。设立房地产开发企业,应当具备以下条件:有自己的名称和组织机构;有固定的经营场所;有符合国务院规定的注册资本;有足够的专业技术人员;并符合法律、法规规定的其他条件。设立房地产开发企业,应当向工商行政管理部门申请设立登记。工商行政管理部门对符合条件的,应当予以登记,发给营业执照;对不符合条件的,不予登记。房地产开发企业在领取营业执照后一个月内,应当到登记机关所在地的县级以上地方人民政府规定的部门备案。

签订成片开发土地出让合同类型的土地使用权出让合同,还应注意以下问题:

第一,从事成片开发土地的房地产开发企业,分期开发房地产的,分期投资额应当与项目规模相适应,并按照土地使用权出让合同的约定,按期投入资金,用于项目建设。

第二,房地产开发项目的设计、施工,必须符合国家的有关标准和规范。

第三,发生纠纷时适用的法律、法规主要有:《城市房地产管理法》、《城镇国有土地使用权出让和转让暂行条例》、《民法通则》以及《合同法》的有关规定。

023 国有土地使用权出让合同(划拨土地使用权补办出让合同)

文书范本 | 国有土地使用权出让合同(划拨土地使用权补办出让合同)
适用范围 | 出让国有土地使用权时所使用的合同文书
条文检索 | 中华人民共和国土地管理法;中华人民共和国城市房地产管理法
应用指引 | 国有土地使用权出让合同的概念与主要内容;制作该文书应当注意的问题

国有土地使用权出让合同
(划拨土地使用权补办出让合同)

第一条 本合同双方当事人:

出让方:中华人民共和国________省(自治区、直辖市)________市(县)土地管理局(以下简称甲方),法定地址________________;邮政编码________;法定代表人:姓名________;职务________。

受让方:________(以下简称乙方);法定地址________________;邮政编码________;法定代表人:姓名________;职务________。

根据《中华人民共和国城镇国有土地使用权出让和转让暂行条例》第四十五条的规定,原以划拨方式取得的土地使用权发生转让(出租;抵押),须签订土地使用权出让合同。乙方因出售(出租;抵押)________房产(或________部分房产),其使用范围内(或相应比例)的土地使用权随之转让(出租;抵押)。双方本着自愿、平等、有偿的原则,经过协商,订立本合同。

第二条 ____________房产使用土地位于____________________,总用地面积为____________。其位置与四至范围如本合同附图所示。附图已经甲、乙双方确认。

乙方领有该房产使用范围内土地的国有土地使用证,(或批准文件),具有合法的土地使用权。

第三条 乙方出售(出租;抵押)________整栋房产;甲方出让土地的面积为________

房产总用地面积,即________平方米。

〔或:第三条　乙方出售(出租;抵押)________房产楼层____层,建筑面积________平方米,为________房产总建筑面积的____%;甲方出让土地的面积为________房产总用地面积的____%,即________平方米。〕

本合同项下出让的土地使用权与________房产使用范围内未出让的土地使用权为一整体,系公有的,不可分割的,相邻各方必须相互合作,并根据需要为对方提供便利条件。

第四条　土地使用权出让的年限为____年,自________________起算。

第五条　________房产使用范围内的土地,按原批准文件为____________用地,乙方须按国家确定的用途、城市规划和建设要求使用土地。

乙方如改变土地用途,必须征得甲方同意,重新调整土地使用权出让金,签订土地使用权出让合同,并办理变更登记手续。

第六条　乙方按本合同规定向甲方支付土地使用权出让金、土地使用费以及向第三方转让时的土地增值费(税)。

第七条　本合同项下的土地使用权出让金为每平方米________元人民币,总额为________元人民币。

本合同经双方签字后____日内,乙方须以现金支票或现金向甲方支付占出让金总额____%共计________元人民币作为履行合同的定金。

合同签字后____日内(或乙方出售房产后____日内)乙方应付清给付定金后土地使用权出让金余款。逾期未全部支付的,甲方有权解除合同,并可请求违约赔偿。

(或:乙方出租________房产,每年应以租金的____%抵交出让金,至抵交完全部出让金为止。或:乙方抵押________房产后____日内,以抵押所获收益抵交完给付定金后土地使用权出让金余款。逾期未全部支付的,甲方有权解除合同,并可请求违约赔偿。)

第八条　乙方在支付全部土地使用权出让金后____日内,办理土地使用权变更登记,换取土地使用证,取得土地使用权。

第九条　乙方同意从________年开始按规定逐年缴纳土地使用费,缴纳的时间为当年____月____日。土地使用费每年每平方米为________元人民币。

第十条　除合同另有规定外,乙方应在本合同规定的付款日或付款日之前,将合同要求支付的一切费用汇入甲方开户银行账号,银行名称:________银行________分行,账户号____________。

甲方银行账号如有变更,应在变更后____日内以书面形式通知乙方,由于甲方未及时通知此类变更而造成误期付款所引起的任何延迟收费,乙方均不承担违约责任。

第十一条 乙方依本合同取得的土地使用权,可依国家有关规定进行转让、出租、抵押。

房产所有人在出售(出租;抵押)________部分房产时,亦就同时转让(出租;抵押)整栋房产使用土地中与出售(出租;抵押)房产占________房产总建筑面积比例相同的土地使用权。

第十二条 土地使用权转让(出租;抵押)时,应当签订转让合同(租赁合同;抵押合同)或在房产买卖合同中设立土地使用权转让(出租;抵押)章节,但不得违背国家法律、法规和本合同的规定。并依照规定办理转让(出租;抵押)登记。

第十三条 土地出让年限届满,土地使用者可以申请续期,重新与甲方签订出让合同,支付土地使用权出让金,并办理登记。土地使用者不再申请续期的,本合同项下的土地使用权、地上建筑物和其他附着物所有权由国家无偿收回,土地使用者应交还土地使用证并依照规定办理注销登记。

第十四条 如果一方未能履行合同项下的义务,应被视为违反本合同,违约方从另一方收到具体说明违约情况的通知后,应在____日内纠正该违约。如____日内没有纠正,违约方应向另一方赔偿违约引起的一切直接和可预见的损失。

第十五条 如果乙方不能按时支付任何应付款项,从滞纳之日起,每日按应缴纳费用的____%缴纳滞纳金。

第十六条 本合同订立、效力、解释、履行及争议的解决均受中华人民共和国法律的保护和管辖。

第十七条 因执行本合同发生争议,由争议各方协商解决。协商不成,提请________仲裁委员会仲裁(或向有管辖权的人民法院起诉)。

第十八条 本合同于________年_____月____日在中国________省(自治区、直辖市)________市(县)签订。

第十九条 本合同未尽事宜,可由双方约定后作为合同附件。

甲方:中华人民共和国________省 乙方:________(章)
(自治区、直辖市)
市(县)土地管理局:________(章)
法定代表人:________(签字) 法定代表人:________(签字)

________年____月____日　　　　　　　　　　　　________年____月____日

(注:不以出售、出租、抵押房产而发生的划拨土地使用权转让、出租、抵押,依照规定也须补签土地使用权出让合同,可参照本合同或宗地出让合同格式拟定)

|条文检索|

参见“020 建设工程征用土地合同”条文检索部分。

|应用指引|

划拨土地使用权补办出让合同系国有土地使用权出让合同的一种类型。

签订此类合同的双方当事人,首先应对经由行政划拨方式设立的国有土地使用权有所了解。我国在新中国成立后很长的一段时期内,一直使用行政划拨的方式设立国有土地使用权,这一方式的基本程序如下:

第一,“先立项”,即只有列入国家固定资产投资计划或者准许建设的国家建设项目,经过批准,方可申请用地。

第二,提出用地申请,即用地单位持国务院主管部门或县级以上地方人民政府按照国家基本建设程序批准的设计任务书或其他文件(其中对用地数量、用地选址方案已明确规定)向县级以上人民政府提出用地申请。

第三,审批划拨,即县级以上人民政府根据法定批地权限,对建设单位提出的用地申请进行审查,如法律手续齐备,即以行政命令的方式,确定具体使用的土地,把土地交给建设单位,并依法颁发土地使用证,进行土地权利登记,依此赋予其土地使用权。若批准用地后,土地尚为集体所有的土地,则由建设单位自己依照批准用地文件办理征地手续,支付土地补偿费、安置补助费、剩余劳动力生活补助费,还应安排部分剩余劳动力就业等。行政划拨土地使用权主要适用于下列建设用地:国家机关用地和军事用地;城市基础设施用地和公益事业用地;国家重点扶持的交通、能源、水利等项目用地和法律法规规定的其他用地。

签订此合同,应注意以下问题:

第一,应当由房地产转让的受让方办理土地使用权出让手续,并依照国家有关规定缴纳土地使用权出让金。

第二,在支付全部土地使用权出让金后,应及时办理土地使用权变更登记,换取土地使用证,取得土地使用权。

第三,不以出售、出租、抵押房产而发生的划拨土地使用权转让,出租、抵押、依照规定也须补签土地使用权出让合同,可参照本合同或宗地出让合同格式拟定。

第四,发生纠纷时,适用的法律法规主要有:《土地管理法》、《城市房地产管理法》、《城镇国有土地使用权出让和转让暂行条例》、《民法通则》以及《合同法》的有关规定。

024　国有土地上房屋征收补偿安置协议

文书范本｜国有土地上房屋征收补偿安置协议
适用范围｜国有土地上房屋征收补偿安置过程中所使用的协议文书
条文检索｜中华人民共和国城市房地产管理法;国有土地上房屋征收与补偿条例
应用指引｜国有土地上房屋征收补偿安置协议的概念及主要内容

国有土地上房屋征收补偿安置协议

征收补偿部门(以下简称甲方):________________
单位名称:________,地址:____________________;
法定代表人:________,职务:________________;
邮编:________,电话:______________________。
委托代理人:__________________________________
单位名称:________,地址:________________;
法定代表人:________,职务:________________;
邮编:________,电话:______________________。

被征收人(以下简称乙方):__________________
单位名称:________,地址:________________;
法定代表人:________,职务:________________;
邮编:________,电话:______________________。
委托代理人:__________________________________
单位名称:________,地址:________________;
法定代表人:________,职务:________________;
邮编:________,电话:______________________。

房屋承租人(使用人)(以下简称丙方):________

单位名称:________,地址:________________;

法定代表人:________,职务:________________;

邮编:________,电话:____________________。

委托代理人:________________________________

单位名称:________,电话:________________;

法定代表人:________,职务:________________;

邮编:________,电话:____________________。

甲方因________________建设需要,经________人民政府常务会议讨论决定作出________号《房屋征收决定》,根据《国有土地上房屋征收与补偿条例》等规定,对乙方的房屋进行征收,甲、乙、丙________方在平等、自愿、协商一致的基础上,就房屋征收补偿安置达成如下协议:

第一条 被征收房屋现状

(一)房屋所在地点为________________,建筑面积为________平方米(其中有证建筑面积为________平方米,房屋使用面积为________,房屋产权证号为____________),房屋的用途为________,房屋的产权性质为________,房屋的结构为________,房屋的总楼层数为________,房屋所在的楼层数________,房屋的朝向为________。

(二)房屋内部设施及装潢情况:

____

____

____

(三)房屋的附属物及构筑物情况:

____

____

____

(四)机械设备情况:

____

____

____

第二条　乙方或丙方基本情况

（一）被征收房屋为住宅时：

1. 乙方有正式户口________人（其中常住人口________人），分别是（姓名、性别、年龄、与户主关系等）：____

____

2. 丙方有正式户口________人，分别是（姓名、性别、年龄、与户主关系等）：________

____

____

（二）被拆除房屋是非住宅时：

1. 乙方情况：____

2. 丙方情况：____

第三条　房屋征收补偿选择第____种方式：

1. 货币补偿；

2. 房屋产权调换。

第四条　被征收房屋的货币补偿方式

（一）货币补偿金额的确定选择第____种方式：

1. 根据当地政府公布的货币补偿基准价由当事人协商确定价格。

2. 根据当事人共同推荐的评估机构评估的市场价格确定。

3. 当事人对评估机构的选定意见不统一时，按房屋征收部门随机确定的评估机构评估的市场评估价确定。

4. 当事人约定的其他作价方式。

（二）房屋装潢作价方式：____

（三）被拆迁房屋补偿金额：____

1. 房屋货币补偿金额。被征收房屋建筑面积________平方米，按建筑面积每平方米________元计价，小计____________元。

2. 装潢补偿金额________元（若房屋货币补偿金额含装潢补偿，此项可不另行计算）。

3. 附属物及构筑物补偿金额________元。

以上三项合计补偿金额________元。

(四)房屋货币补偿的币种 ________,补偿金额由甲方于________年____月____日前支付给乙方,支付方式:________。

(五)实行货币补偿的,甲方对丙方不再承担安置责任,由乙方对丙方进行安置。

第五条 房屋产权调换补偿方式

(一)甲方提供位于 ________________,结构 ________,用途 ________,房屋号________,建筑面积________平方米的【现房】【期房】,产权调换房屋的楼层、房号的确定方法:____。

产权调换的安置房屋应符合以下标准:

1. 甲方提供给乙方的安置房屋,应当符合国家质量安全标准。

2. 房屋内应当有以下设施:

(1)____;

(2)____;

(3)____;

(4)____;

(5)____。

3. 房屋装饰与设施标准见附件二。

4. 新建房屋竣工后质量应经________登记备案。

(二)被征收的房屋及产权调换的安置房屋的价格均按本协议第四条第(一)、(二)、(三)款统一方式进行确定,并结清产权调换差价。

(三)按被征收房屋与产权调换的安置房屋的价格结算产权调换差价。差价金额________。

(四)产权调换差价币种为________,差价由________方于 ________年____月____日前向________方支付,支付方式为________________。

第六条 房屋产权调换的过渡安置

(一)过渡方式按以下第____种方式确定。

1.【乙方】【丙方】选择自行过渡安置;

2. 由甲方提供周转房过渡安置。

(二)【乙方】【丙方】过渡期限自________年____月____日至________年____月____日。

(三)【乙方】【丙方】选择自行过渡安置的,甲方应当按本协议第七条的约定向【乙方】

【丙方】支付临时安置补助费;【乙方】【丙方】选择由甲方提供周转房过渡安置的,其周转房的地址为________________,建筑面积为________平方米。

(四)甲方保证【乙方】【丙方】在过渡期限内按本协议第五条规定进行安置。【乙方】【丙方】使用甲方提供的周转房的,应当在得到安置房后____日内腾空周转房。

第七条　房屋征收搬迁补助费

(一)甲方按________________规定标准,支付【乙方】【丙方】搬迁补助费________元,临时安置补助费________元,其他补助费________元,共计________元。

(二)征收非住宅房屋,甲方按________规定标准,支付【乙方】【丙方】设备搬迁和安装补助费________元,因拆迁造成停产、停业损失补偿费________元,其他补助费________元,共计________元。

(三)房屋征收补助费的币种为________,甲方应于________年____月____日前支付给【乙方】【丙方】,支付方式为________。

第八条　【乙方】【丙方】在________年____月____日前应将被征收房屋腾空,并交甲方拆除。

第九条　【乙方】【丙方】的违章建筑及其附属设施应在________年____月____日前自行拆除,逾期不拆除的,甲方有权拆除。

第十条　奖励条款

第十一条　逾期安置的违约责任

(一)甲方应在本协议第六条第(二)项约定的临时过渡期期满前保证【乙方】【丙方】按期回迁,逾期不能回迁的,甲方应在临时过渡期满____天前通知【乙方】【丙方】,按下列约定处理:

1. 甲方按本协议第七条约定的临时安置补助费的2倍向【乙方】【丙方】加付临时安置补助费。

2. 逾期____个月内,甲方按本协议第七条约定的停产、停业损失补偿费的____%向【乙方】【丙方】加付停产停业损失补偿费;逾期超过____个月,甲方按本协议第七条约定的停产、停业损失补偿费的____%向【乙方】【丙方】加付停产停业损失补偿费。

3. 逾期12个月的,【乙方】【乙方在征得丙方同意的情况下】有权要求重新选择货币补偿或另行选择安置房。

4. ____

5. ____

(二)【乙方】【丙方】在临时过渡期内,收到甲方安置通知(通知方式为__________)之日起4个月内,应到甲方办理安置手续;甲方应从发出安置通知后再支付【乙方】【丙方】四个月临时安置补助费;逾期不到甲方办理安手续的,不再享受各种补助费或补偿费。

第十二条　甲方关于安置房标准的违约责任

(一)甲方交付的安置房标准应符合第五条第(一)项及附件二标准的约定。达不到约定标准的,乙方有权要求甲方按约定标准进行整改,并赔偿________元。

(二)安置房屋面积确认及面积差处置方式:

本款规定以【建筑面积】【套内建筑面积】【使用面积】(本款中均简称面积)为依据进行面积确认及面积差异处置。

本协议约定面积与产权登记面积有差异的,以产权登记面积为准。产权登记中面积记载不明确的,应由原产权登记部门重新确认。

安置房交付后,产权登记面积与本协议约定面积发生差异,甲、乙双方同意按____种方式进行处置:

1. 双方自行约定:

(1)____;

(2)____;

(3)____;

(4)____。

2. 双方同意按以下原则处置:

(1)面积误差比绝对值在3%以内(含3%)的,按第五条规定的原则据实结算差价。

(2)面积误差比绝对值超出3%的,当产权登记面积大于本协议约定面积时,面积误差比在3%以内(含3%)部分的房价款按第五条规定的原则据实结算差价;超出3%部分的房屋价款,如果安置房屋价值大于被拆迁房屋,不找差价,如果安置房价值小于被拆迁房屋价值,甲方按超出3%部分的房屋价款的双倍返还乙方。

(3)面积误差比绝对值超出3%的,当产权登记面积小于本协议约定面积时,面积误差比在场3%以内(含3%)部分的房价款按第五条规定的原则据实结算差价;超出3%部分的房屋价款,由甲方按超出3%部分的房屋价款的双倍返还乙方。

面积误差比=(产权登记面积-协议约定面积)/协议约定面积×100%

第十三条　甲方逾期支付征收补偿资金(货币补偿、搬迁补助费、临时安置补助费、设备搬迁安装补助及损失费、停产停业补偿费)的违约责任。

甲方如未按本协议规定的时间付款,按下列第____种方式处理:

(一)按逾期时间,分别处理(不累加)

1. 逾期在____日之内,自本协议规定的应付款期之第二天起至实际全额支付应付款之日止,甲方按日向【乙方】【丙方】支付逾期应付款的万分之____的违约金,协议继续履行;

2. 逾期超过____日后,自本协议规定的应付款之第二天起至实际全额支付应付款之日止,甲方按日向【乙方】【丙方】支付逾期应付款的万分之____(该比率应不小于前款中的比率)的违约金,协议继续履行。

本条中的逾期应付款指依照本协议规定的到期应付款与该期实际已付款的差额;采取分期付款的,按相应的分期应付款与该期的实际已付款的差额确定。

(二)____

____

____

(三)____

____

____

第十四条 其他违约责任:

____

____

____

第十五条 本协议在履行过程中发生的争议,由当事人协商解决;也可依法向人民法院提起行政诉讼,被征收人及承租人逾期不搬迁的,甲方可依法向人民法院申请强制执行。

第十六条 本协议未尽事项,可由双方约定后签订补充协议(附件三)。

第十七条 协议附件与本协议具有同等法律效力。本协议及其附件内,空格部分填写的文字与印刷文字具有同等效力。

第十八条 本协议自双方签字盖章之日起生效。

第十九条 本协议一式____份,甲、乙、丙方各持____份。

甲方(签章):________	乙方(签章):________	丙方(签章):________
委托代理人:________	委托代理人:________	委托代理人:________
________年____月____日	________年____月____日	________年____月____日

附件一:安置房屋平面图(略)

附件二:安置房装饰、设施标准

1. 外墙:____
2. 内墙:____
3. 顶棚:____
4. 地面:____
5. 门窗:____
6. 厨房:____
7. 卫生间:______________________________________
8. 阳台:____
9. 电梯:____
10. 其他:_______________________________________

附件三:合同补充协议(略)

附件四:被征收房屋平面图(略)

| 条文检索 |

中华人民共和国城市房地产管理法·第2、6、25~31条

(1994年7月5日第八届全国人民代表大会常务委员会第八次会议通过　根据2007年8月30日第十届全国人民代表大会常务委员会第二十九次会议《关于修改〈中华人民共和国城市房地产管理法〉的决定》第一次修正　根据2009年8月27日第十一届全国人民代表大会常务委员会第十次会议《关于修改部分法律的决定》第二次修正)

第二条　在中华人民共和国城市规划区国有土地(以下简称国有土地)范围内取得房地产开发用地的土地使用权,从事房地产开发、房地产交易,实施房地产管理,应当遵守本法。

本法所称房屋,是指土地上的房屋等建筑物及构筑物。

本法所称房地产开发,是指在依据本法取得国有土地使用权的土地上进行基础设施、房屋建设的行为。

本法所称房地产交易，包括房地产转让、房地产抵押和房屋租赁。

……

第六条　为了公共利益的需要，国家可以征收国有土地上单位和个人的房屋，并依法给予拆迁补偿，维护被征收人的合法权益；征收个人住宅的，还应当保障被征收人的居住条件。具体办法由国务院规定。

……

第二十五条　房地产开发必须严格执行城市规划，按照经济效益、社会效益、环境效益相统一的原则，实行全面规划、合理布局、综合开发、配套建设。

第二十六条　以出让方式取得土地使用权进行房地产开发的，必须按照土地使用权出让合同约定的土地用途、动工开发期限开发土地。超过出让合同约定的动工开发日期满一年未动工开发的，可以征收相当于土地使用权出让金百分之二十以下的土地闲置费；满二年未动工开发的，可以无偿收回土地使用权；但是，因不可抗力或者政府、政府有关部门的行为或者动工开发必需的前期工作造成动工开发迟延的除外。

第二十七条　房地产开发项目的设计、施工，必须符合国家的有关标准和规范。

房地产开发项目竣工，经验收合格后，方可交付使用。

第二十八条　依法取得的土地使用权，可以依照本法和有关法律、行政法规的规定，作价入股，合资、合作开发经营房地产。

第二十九条　国家采取税收等方面的优惠措施鼓励和扶持房地产开发企业开发建设居民住宅。

第三十条　房地产开发企业是以营利为目的，从事房地产开发和经营的企业。设立房地产开发企业，应当具备下列条件：

（一）有自己的名称和组织机构；

（二）有固定的经营场所；

（三）有符合国务院规定的注册资本；

（四）有足够的专业技术人员；

（五）法律、行政法规规定的其他条件。

设立房地产开发企业，应当向工商行政管理部门申请设立登记。工商行政管理部门对符合本法规定条件的，应当予以登记，发给营业执照；对不符合本法规定条件的，不予登记。

设立有限责任公司、股份有限公司，从事房地产开发经营的，还应当执行公司法的有关规定。

房地产开发企业在领取营业执照后的一个月内，应当到登记机关所在地的县级以上地方人民政府规定的部门备案。

第三十一条　房地产开发企业的注册资本与投资总额的比例应当符合国家有关规定。

房地产开发企业分期开发房地产的，分期投资额应当与项目规模相适应，并按照土地使用权出让合同的约定，按期投入资金，用于项目建设。

国有土地上房屋征收与补偿条例

（2011年1月21日国务院令第590号公布施行）

第一章　总　　则

第一条　为了规范国有土地上房屋征收与补偿活动，维护公共利益，保障被征收房屋所有权人的合法权益，制定本条例。

第二条　为了公共利益的需要，征收国有土地上单位、个人的房屋，应当对被征收房屋所有权人（以下称被征收人）给予公平补偿。

第三条　房屋征收与补偿应当遵循决策民主、程序正当、结果公开的原则。

第四条　市、县级人民政府负责本行政区域的房屋征收与补偿工作。

市、县级人民政府确定的房屋征收部门（以下称房屋征收部门）组织实施本行政区域的房屋征收与补偿工作。

市、县级人民政府有关部门应当依照本条例的规定和本级人民政府规定的职责分工，互相配合，保障房屋征收与补偿工作的顺利进行。

第五条　房屋征收部门可以委托房屋征收实施单位，承担房屋征收与补偿的具体工作。房屋征收实施单位不得以营利为目的。

房屋征收部门对房屋征收实施单位在委托范围内实施的房屋征收与补偿行为负责监督，并对其行为后果承担法律责任。

第六条　上级人民政府应当加强对下级人民政府房屋征收与补偿工作的监督。

国务院住房城乡建设主管部门和省、自治区、直辖市人民政府住房城乡建设主管部门应当会同同级财政、国土资源、发展改革等有关部门，加强对房屋征收与补偿实施工作的指导。

第七条　任何组织和个人对违反本条例规定的行为，都有权向有关人民政府、房屋征收部门和其他有关部门举报。接到举报的有关人民政府、房屋征收部门和其他有关部门对举报应当及时核实、处理。

监察机关应当加强对参与房屋征收与补偿工作的政府和有关部门或者单位及其工作人员的监察。

第二章　征收决定

第八条　为了保障国家安全、促进国民经济和社会发展等公共利益的需要，有下列情形之一，确需征收房屋的，由市、县级人民政府作出房屋征收决定：

（一）国防和外交的需要；

（二）由政府组织实施的能源、交通、水利等基础设施建设的需要；

（三）由政府组织实施的科技、教育、文化、卫生、体育、环境和资源保护、防灾减灾、文物保护、社会福利、市政公用等公共事业的需要；

（四）由政府组织实施的保障性安居工程建设的需要；

（五）由政府依照城乡规划法有关规定组织实施的对危房集中、基础设施落后等地段进行旧城区改建的需要；

（六）法律、行政法规规定的其他公共利益的需要。

第九条　依照本条例第八条规定，确需征收房屋的各项建设活动，应当符合国民经济和社会发展规划、土地利用总体规划、城乡规划和专项规划。保障性安居工程建设、旧城区改建，应当纳入市、县级国民经济和社会发展年度计划。

制定国民经济和社会发展规划、土地利用总体规划、城乡规划和专项规划，应当广泛征求社会公众意见，经过科学论证。

第十条　房屋征收部门拟定征收补偿方案，报市、县级人民政府。

市、县级人民政府应当组织有关部门对征收补偿方案进行论证并予以公布，征求公众意见。征求意见期限不得少于30日。

第十一条　市、县级人民政府应当将征求意见情况和根据公众意见修改的情况及时公布。

因旧城区改建需要征收房屋，多数被征收人认为征收补偿方案不符合本条例规定的，市、县级人民政府应当组织由被征收人和公众代表参加的听证会，并根据听证会情况修改方案。

第十二条　市、县级人民政府作出房屋征收决定前,应当按照有关规定进行社会稳定风险评估;房屋征收决定涉及被征收人数量较多的,应当经政府常务会议讨论决定。

作出房屋征收决定前,征收补偿费用应当足额到位、专户存储、专款专用。

第十三条　市、县级人民政府作出房屋征收决定后应当及时公告。公告应当载明征收补偿方案和行政复议、行政诉讼权利等事项。

市、县级人民政府及房屋征收部门应当做好房屋征收与补偿的宣传、解释工作。

房屋被依法征收的,国有土地使用权同时收回。

第十四条　被征收人对市、县级人民政府作出的房屋征收决定不服的,可以依法申请行政复议,也可以依法提起行政诉讼。

第十五条　房屋征收部门应当对房屋征收范围内房屋的权属、区位、用途、建筑面积等情况组织调查登记,被征收人应当予以配合。调查结果应当在房屋征收范围内向被征收人公布。

第十六条　房屋征收范围确定后,不得在房屋征收范围内实施新建、扩建、改建房屋和改变房屋用途等不当增加补偿费用的行为;违反规定实施的,不予补偿。

房屋征收部门应当将前款所列事项书面通知有关部门暂停办理相关手续。暂停办理相关手续的书面通知应当载明暂停期限。暂停期限最长不得超过1年。

第三章　补　　偿

第十七条　作出房屋征收决定的市、县级人民政府对被征收人给予的补偿包括:

(一)被征收房屋价值的补偿;

(二)因征收房屋造成的搬迁、临时安置的补偿;

(三)因征收房屋造成的停产停业损失的补偿。

市、县级人民政府应当制定补助和奖励办法,对被征收人给予补助和奖励。

第十八条　征收个人住宅,被征收人符合住房保障条件的,作出房屋征收决定的市、县级人民政府应当优先给予住房保障。具体办法由省、自治区、直辖市制定。

第十九条　对被征收房屋价值的补偿,不得低于房屋征收决定公告之日被征收房屋类似房地产的市场价格。被征收房屋的价值,由具有相应资质的房地产价格评估机构按照房屋征收评估办法评估确定。

对评估确定的被征收房屋价值有异议的,可以向房地产价格评估机构申请复核评估。

对复核结果有异议的，可以向房地产价格评估专家委员会申请鉴定。

房屋征收评估办法由国务院住房城乡建设主管部门制定，制定过程中，应当向社会公开征求意见。

第二十条　房地产价格评估机构由被征收人协商选定；协商不成的，通过多数决定、随机选定等方式确定，具体办法由省、自治区、直辖市制定。

房地产价格评估机构应当独立、客观、公正地开展房屋征收评估工作，任何单位和个人不得干预。

第二十一条　被征收人可以选择货币补偿，也可以选择房屋产权调换。

被征收人选择房屋产权调换的，市、县级人民政府应当提供用于产权调换的房屋，并与被征收人计算、结清被征收房屋价值与用于产权调换房屋价值的差价。

因旧城区改建征收个人住宅，被征收人选择在改建地段进行房屋产权调换的，作出房屋征收决定的市、县级人民政府应当提供改建地段或者就近地段的房屋。

第二十二条　因征收房屋造成搬迁的，房屋征收部门应当向被征收人支付搬迁费；选择房屋产权调换的，产权调换房屋交付前，房屋征收部门应当向被征收人支付临时安置费或者提供周转用房。

第二十三条　对因征收房屋造成停产停业损失的补偿，根据房屋被征收前的效益、停产停业期限等因素确定。具体办法由省、自治区、直辖市制定。

第二十四条　市、县级人民政府及其有关部门应当依法加强对建设活动的监督管理，对违反城乡规划进行建设的，依法予以处理。

市、县级人民政府作出房屋征收决定前，应当组织有关部门依法对征收范围内未经登记的建筑进行调查、认定和处理。对认定为合法建筑和未超过批准期限的临时建筑的，应当给予补偿；对认定为违法建筑和超过批准期限的临时建筑的，不予补偿。

第二十五条　房屋征收部门与被征收人依照本条例的规定，就补偿方式、补偿金额和支付期限、用于产权调换房屋的地点和面积、搬迁费、临时安置费或者周转用房、停产停业损失、搬迁期限、过渡方式和过渡期限等事项，订立补偿协议。

补偿协议订立后，一方当事人不履行补偿协议约定的义务的，另一方当事人可以依法提起诉讼。

第二十六条　房屋征收部门与被征收人在征收补偿方案确定的签约期限内达不成补偿协议，或者被征收房屋所有权人不明确的，由房屋征收部门报请作出房屋征收决定的市、县级人民政府依照本条例的规定，按照征收补偿方案作出补偿决定，并在房屋征收范围内予以公告。

补偿决定应当公平，包括本条例第二十五条第一款规定的有关补偿协议的事项。

被征收人对补偿决定不服的，可以依法申请行政复议，也可以依法提起行政诉讼。

第二十七条　实施房屋征收应当先补偿、后搬迁。

作出房屋征收决定的市、县级人民政府对被征收人给予补偿后，被征收人应当在补偿协议约定或者补偿决定确定的搬迁期限内完成搬迁。

任何单位和个人不得采取暴力、威胁或者违反规定中断供水、供热、供气、供电和道路通行等非法方式迫使被征收人搬迁。禁止建设单位参与搬迁活动。

第二十八条　被征收人在法定期限内不申请行政复议或者不提起行政诉讼，在补偿决定规定的期限内又不搬迁的，由作出房屋征收决定的市、县级人民政府依法申请人民法院强制执行。

强制执行申请书应当附具补偿金额和专户存储账号、产权调换房屋和周转用房的地点和面积等材料。

第二十九条　房屋征收部门应当依法建立房屋征收补偿档案，并将分户补偿情况在房屋征收范围内向被征收人公布。

审计机关应当加强对征收补偿费用管理和使用情况的监督，并公布审计结果。

第四章　法律责任

第三十条　市、县级人民政府及房屋征收部门的工作人员在房屋征收与补偿工作中不履行本条例规定的职责，或者滥用职权、玩忽职守、徇私舞弊的，由上级人民政府或者本级人民政府责令改正，通报批评；造成损失的，依法承担赔偿责任；对直接负责的主管人员和其他直接责任人员，依法给予处分；构成犯罪的，依法追究刑事责任。

第三十一条　采取暴力、威胁或者违反规定中断供水、供热、供气、供电和道路通行等非法方式迫使被征收人搬迁，造成损失的，依法承担赔偿责任；对直接负责的主管人员和其他直接责任人员，构成犯罪的，依法追究刑事责任；尚不构成犯罪的，依法给予处分；构成违反治安管理行为的，依法给予治安管理处罚。

第三十二条　采取暴力、威胁等方法阻碍依法进行的房屋征收与补偿工作，构成犯罪的，依法追究刑事责任；构成违反治安管理行为的，依法给予治安管理处罚。

第三十三条　贪污、挪用、私分、截留、拖欠征收补偿费用的，责令改正，追回有关款项，限期退还违法所得，对有关责任单位通报批评、给予警告；造成损失的，依法承担赔偿责任;对直接负责的主管人员和其他直接责任人员,构成犯罪的,依法追究刑事责任;尚不构成犯罪的,依法给予处分。

第三十四条　房地产价格评估机构或者房地产估价师出具虚假或者有重大差错的评估报告的,由发证机关责令限期改正,给予警告,对房地产价格评估机构并处 5 万元以上 20 万元以下罚款,对房地产估价师并处 1 万元以上 3 万元以下罚款,并记入信用档案;情节严重的,吊销资质证书、注册证书;造成损失的,依法承担赔偿责任;构成犯罪的,依法追究刑事责任。

第五章　附　　则

第三十五条　本条例自公布之日起施行。2001 年 6 月 13 日国务院公布的《城市房屋拆迁管理条例》同时废止。本条例施行前已依法取得房屋拆迁许可证的项目,继续沿用原有的规定办理,但政府不得责成有关部门强制拆迁。

应用指引

国有土地上房屋征收补偿安置协议,是指房屋征收部门和被征收人之间签订的,确定双方因征收房屋进行工程建设所发生的权利义务关系的协议。依据该协议,被征收人应在规定期限内进行搬迁,房屋征收部门应对其进行相应的补偿。

2011 年 1 月 21 日,国务院发布《国有土地上房屋征收与补偿条例》(以下简称《条例》)。由于征收直接关系到人民群众切身利益,各方都关心征收补偿、公共利益的界定、征收程序、强制搬迁等敏感问题,在新条例中都作出了明确规定。

关于补偿方式,《条例》明确规定,被征收人可以选择货币补偿,也可以选择房屋产权调换。《条例》规定,作出房屋征收决定的市、县级人民政府对被征收人给予的补偿包括:被征收房屋价值的补偿;因征收房屋造成的搬迁、临时安置的补偿;因征收房屋造成的停产停业损失的补偿。此外,《条例》明确规定,被征收人可以选择货币补偿,也可以选择房屋产权调换。

关于补偿款项,《条例》明确规定,在作出房屋征收决定前,征收补偿费用应当足额到位、专户存储、专款专用。《条例》规定,市、县级人民政府作出房屋征收决定后应当及时公告。公告应当载明征收补偿方案和行政复议、行政诉讼权利等事项。市、县级人民政府及房屋征收部门应当做好房屋征收与补偿的宣传、解释工作。房屋被依法征收的,国有土地使用权同时收回。

关于公共利益,《条例》首次做出具体界定。《条例》明确规定,必须以“为了保障国家安全、促进国民经济和社会发展等公共利益的需要”为前提。公共利益是个抽象概念,具体操作中很难界定,是一个世界性的难题。旧条例的问题在于没有严格区分公共利益和商业利益,特别是用于房地产开发,也可以进行拆迁,由此产生了很多社会矛盾。新条例以列举的方式对公共利益进行了界定,共六方面具体内容:国防和外交的需要;由政府组织实施的能源、交通、水利等基础设施建设的需要;由政府组织实施的科技、教育、文化、卫生、体育、环境和资源保护、防灾减灾、文物保护、社会福利、市政公用等公共事业的需要;由政府组织实施的保障性安居工程建设的需要;由政府依照城乡规划法有关规定组织实施的对危房集中、基础设施落后等地段进行旧城区改建的需要;法律、行政法规规定的其他公共利益的需要。

关于暴力拆迁。屡屡发生的暴力拆迁案件,在社会上造成了很坏的影响。《条例》规定,暴力迫使被征收人搬迁可追究刑事责任。从近几年的实践看,由于拆迁进度与建设单位的经济利益直接相关,容易造成拆迁人与被拆迁人矛盾激化。鉴于此,条例禁止建设单位参与搬迁活动,任何单位和个人不得采取暴力、威胁或者违反规定中断供水、供热、供气、供电和道路通行等非法方式迫使被征收人搬迁。《条例》规定,采取暴力、威胁或者违反规定中断供水、供热、供气、供电和道路通行等非法方式迫使被征收人搬迁,造成损失的,依法承担赔偿责任;对直接负责的主管员和其他直接责任人员,构成犯罪的,依法追究刑事责任;尚不构成犯罪的,依法给予处分;构成违反治安管理行为的,依法给予治安管理处罚。

关于征收主体,《条例》明确必须是政府。《条例》明确了政府是征收补偿的主体,并禁止建设单位参与搬迁,这些都有助于化解长期以来因建设单位作为拆迁主体所引发的各种社会矛盾,有助于维护社会稳定。

025 土地使用权租赁合同

文书范本 | 土地使用权租赁合同

适用范围 | 出租土地使用权时所使用的合同文书

条文检索 | 中华人民共和国城镇国有土地使用权出让和转让暂行条例

应用指引 | 土地使用权租赁合同的概念与主要内容;制作该文书应当注意的问题

土地使用权租赁合同

出租人(以下简称甲方):________________

承租人(以下简称乙方):________________

根据《中华人民共和国合同法》、《中华人民共和国城市房地产管理法》、《中华人民共和国土地管理法》、《________省土地管理条例》及其他有关法律、法规之规定,甲、乙双方在平等、自愿、协商一致的基础上,就租赁土地使用权及地上建筑物和其他附着物达成如下协议:

第一条　甲方以出让(划拨)方式取得位于________________,地号为____________的地块土地使用权,土地使用权证号为________[________]字第____号,土地面积________平方米,租赁面积________平方米,土地用途为________用地,土地使用权年限为____年,自________年____月____日至________年____月____日止。

经土地价格评估,甲方土地使用权价格为________元/平方米,评估用途为土地使用权租赁,评估使用年期____年。

甲方使用土地上的房屋建筑总面积为________平方米,产权证号为________字第________号,为________结构,经评估房屋价格为________元。

甲方土地位置与四至范围如本合同附宗地图所示,附图已经甲、乙双方确认。

第二条　甲方愿将上述土地使用权及地上建筑物和其他附着物租赁给乙方,用于________________,乙方付人民币合计________元/年(月)、租赁期____年,从________年____月____日至________年____月____日止。

第三条　甲方预付合同定金________元,在________年____月____日交纳,甲方将上述房产及土地交接给乙方时,支付土地租金________元,每年(月)____月____日前交纳租金。

第四条　本合同签订后,如乙方中止合同,乙方交纳的定金不予退还。如甲方中止合同,甲方应双倍返还定金给乙方。

第五条　本合同经鉴证后,作为附件,报市人民政府批准变更土地登记,市人民政府认为需补交土地出让金或土地收益的,由甲方交纳,并由甲方与________市国土资源局签订土地使用权出让合同。

第六条　土地使用权租赁期满,乙方必须及时返还土地,乙方若需继续租用,可以申请续期,但须提前一个月申请并重新与甲方签订租赁合同支付土地使用权租金。

第七条　甲、乙双方应保护合理利用土地,进行必要维护,甲方保证土地方便使用,乙方必须按合同规定的用途使用土地,凡违反租赁合同规定而改变土地用途或用承租土地使用权进行非法经营,甲方有权解除合同,收回土地使用权。

第八条　甲方在租赁期限内转让土地使用权的,须事先通知乙方,在同等条件下,乙方有优先购买权。

第九条　本合同在履行中若发生争议,由甲、乙双方协商解决,协商不成的,双方可向所辖人民法院起诉。

第十条　本合同一式三份,甲、乙双方各执一份,________土地交易服务中心留档一份。

第十一条　本合同于________年____月____日在中华人民共和国________省(自治区、直辖市)________市(县)签订。

第十二条　本合同未尽事宜,可由双方约定后作为本合同附件,与本合同具有同等法律效力。

第十三条　本合同经双方法定代表人(授权委托代理人)签字或盖章后生效。

甲方:________(签章)
甲方代表人(代理人):
________(签章)
________年____月____日

乙方:________(签章)
乙方代表人(代理人):
________(签章)
________年____月____日

鉴证单位:________________
________年____月____日

| 条文检索 |

中华人民共和国城镇国有土地使用权出让和转让暂行条例·第2~7、28~31条

(1990年5月19日国务院令第55号公布施行)

第二条 国家按照所有权与使用权分离的原则,实行城镇国有土地使用权出让、转让制度,但地下资源、埋藏物和市政公用设施除外。

前款所称城镇国有土地是指市、县城、建制镇、工矿区范围内属于全民所有的土地(以下简称土地)。

第三条 中华人民共和国境内外的公司、企业、其他组织和个人,除法律另有规定者外,均可依照本条例的规定取得土地使用权,进行土地开发、利用、经营。

第四条 依照本条例的规定取得土地使用权的土地使用者,其使用权在使用年限内可以转让、出租、抵押或者用于其他经济活动,合法权益受国家法律保护。

第五条 土地使用者开发、利用、经营土地的活动,应当遵守国家法律、法规的规定,并不得损害社会公共利益。

第六条 县级以上人民政府土地管理部门依法对土地使用权的出让、转让、出租、抵押、终止进行监督检查。

第七条 土地使用权出让、转让、出租、抵押、终止及有关的地上建筑物、其他附着物的登记,由政府土地管理部门、房产管理部门依照法律和国务院的有关规定办理。

登记文件可以公开查阅。

……

第二十八条 土地使用权出租是指土地使用者作为出租人将土地使用权随同地上建筑物、其他附着物租赁给承租人使用,由承租人向出租人支付租金的行为。

未按土地使用权出让合同规定的期限和条件投资开发、利用土地的,土地使用权不得出租。

第二十九条 土地使用权出租,出租人与承租人应当签订租赁合同。

租赁合同不得违背国家法律、法规和土地使用权出让合同的规定。

第三十条 土地使用权出租后,出租人必须继续履行土地使用权出让合同。

第三十一条 土地使用权和地上建筑物、其他附着物出租,出租人应当依照规定办理登记。

| 应用指引 |

土地使用权租赁合同,是指土地使用权人(出租人)将土地使用权连同土地上的建筑物和其他地上附着物一并交给承租人使用,承租人按约定向出租人支付租金,并且在租赁合同履行完毕时返还所租土地及其地上建筑物或附着物使用权的书面协议。

签订土地使用权租赁合同,应注意该合同的如下特征:

第一,作为土地使用权租赁合同主体之一的出租人对其出租物不享有所有权。

第二,租赁合同的标的是国有土地的使用权。

第三,当事人须在法律和土地使用权出让合同规定的范围内,订立租赁合同。

第四,土地使用权租赁合同的双方当事人不仅要严格履行租赁合同所约定的义务,而且出租人还要履行原土地使用权出让合同所约定的义务。

第五,土地使用权租赁合同是双务有偿合同。每一方当事人都要为自己所得到的财产或其他经济利益,向对方偿付相应的对价。

签订土地使用权租赁合同应注意如下问题:

第一,土地使用权租赁合同的出租人要有合法资格,必须享有土地使用权。因而在订立该合同时,首先要了解出租人是否享有其所出租的土地的使用权,同时是否具有履行租赁合同的能力。

第二,法人作为土地使用权租赁合同的主体,要由法人的法定代表人或法定代表人书面授权委托的承办人签订此合同。

第三,委托代理订立土地使用权租赁合同要有合法手续。

第四,出租人应当依照规定办理登记,否则合同不生法律效力。

第五,合同各项条款应具体、明确、清楚,且不可模棱两可。

第六,发生纠纷时,适用的法律、法规主要有:《民法通则》、《城镇国有土地使用权出让和转让暂行条例》以及《合同法》的有关规定等。

026 土地使用权租赁公告书

文书范本 | 土地使用权租赁公告书

适用范围 | 租赁土地使用权时所使用的文书

条文检索 | 中华人民共和国城镇国有土地使用权出让和转让暂行条例

应用指引 | 土地使用权租赁公告书的主要内容;制作该文书应当注意的问题

土地使用权租赁公告书

出租方:________________

我方现已依法对位于____ m^2 的土地拥有使用权,根据法律规定,出租该土地使用权。租赁期限为________;每月租金(人民币)________元;租金支付办法____________。欲承租者可在公告发布之日起____日内,携带证件,办理与出租有关手续或当面协商出租事宜。

________年____月____日

|条文检索|

参见“025 土地使用权租赁合同”条文检索部分。

|应用指引|

土地使用权租赁公告书系将出租人将要出租土地的意图毫无保留地告之大众的文书。

该文书意在使愿意承租者依照自己的需要和公告中出租人的要求决定是否承租,采用何种方式承租,并做好承租前的一切准备工作。土地使用权租赁公告书从法律性质上讲,为要约邀请,系当事人订立土地使用权租赁合同的准备行为。在发出此公告时,当事人仍处于订约的准备阶段。要约邀请只是诱导他人发出要约,它既不能因相对人的承诺而成立合同,也不能因自己作出某种承诺而约束要约人。

制作土地使用权租赁公告书,应注意如下问题:

第一,发出公告人撤回公告,对因此给善意相对人造成利益损失的,应承担赔偿责任。

第二,发出公告人要有合法资格。即其必须首先享有土地使用权。若发出公告人不具有合法资格,致其他民事主体利益损失的,应承担赔偿责任。

第三,公告书对将要出租的地块的位置、面积、用途应有明确的说明。对将收取的租金也应有明确的说明。

第四,发生纠纷时,主要适用《城市房地产管理法》和《城镇国有土地使用权出让和转让暂行条例》等。

027 房地产转让合同

文书范本 | 房地产转让合同

适用范围 | 转让房地产时所使用的合同文书

条文检索 | 中华人民共和国城市房地产管理法;中华人民共和国合同法

应用指引 | 房地产转让合同的主要内容;制作该文书应当注意的问题

房地产转让合同

转让方:(甲方)____________

地址:________电话:________

法定代表人:________性别____:出生:________年____月____日

职务:________国籍:________身份证号码:________

受让方:(乙方)________

地址:________ 电话:________

法定代表人:________性别:____出生:________年____月____日

职务:________ 国籍:________ 身份证号码:________

双方达成如下协议:

第一条 甲方在________市________地段(地块编号:________)拥有房地产,名称:________数量:________,现有偿转让,转让方式为:(1)出售;(2)交换;(3)赠与;(4)继承。

第二条 乙方自愿从甲方受让上述土地使用权及其上物业。

土地面积:________________m^2

其中:基底分摊面积________________m^2

公用分摊面积________________m^2

其他( )面积________________m^2

共有使用权土地面积:________________m^2

物业部分为:________________

第三条　甲乙双方对上述转让数量、面积核对无误,同意上述房地产转让价格为________元,单价________元/m^2,总金额________元;并于________年____月____日前全部交完。

第四条　土地使用年期为____年,自________年____月____日起至________年____月____日止。

第五条　乙方继续履行原《土地使用规则》中的有关规定,原《条例》公布前行政划拨的用地和历史用地,必须履行特区有关规定的义务。

第六条　乙方从________年开始,缴纳土地使用费,在此以前的土地使用费全由甲方负责。

第七条　房地产转让费由甲方负责缴纳。

第八条　转让合同由双方签字盖章,经市公证机关公证,并到政府主管部门办理产权登记手续后,乙方正式取得房地产权。

第九条　乙方获得房地产权,如再发生出租、抵押、转让(含出售、赠与、继承、交换)时,应按第八条之规定办理产权变更登记手续。

第十条　如系地产商第一次售房,原房地产预售合同书作为本合同附件。

第十一条　本合同正本一式四份,甲乙双方、房地产权登记机关、公证处各一份。

转让方:________(盖章)　　　　受让方:________(盖章)

法定代表人:________　　　　法定代表人:________

签约时间:________年____月____日

签约地点:________________________

| 条文检索 |

中华人民共和国城市房地产管理法 · 第 37 ~ 46 条

(1994 年 7 月 5 日第八届全国人民代表大会常务委员会第八次会议通过　根据 2007 年 8 月 30 日第十届全国人民代表大会常务委员会第二十九次会议《关于修改〈中华人民共和国城市房地产管理法〉的决定》第一次修正　根据 2009 年 8 月 27 日第十一届全国人民代表大会常务委员会第十次会议《关于修改部分法律的决定》第二次修正)

第三十七条　房地产转让,是指房地产权利人通过买卖、赠与或者其他合法方式将其房地产转移给他人的行为。

第三十八条　下列房地产，不得转让：

（一）以出让方式取得土地使用权的，不符合本法第三十九条规定的条件的；

（二）司法机关和行政机关依法裁定、决定查封或者以其他形式限制房地产权利的；

（三）依法收回土地使用权的；

（四）共有房地产，未经其他共有人书面同意的；

（五）权属有争议的；

（六）未依法登记领取权属证书的；

（七）法律、行政法规规定禁止转让的其他情形。

第三十九条　以出让方式取得土地使用权的，转让房地产时，应当符合下列条件：

（一）按照出让合同约定已经支付全部土地使用权出让金，并取得土地使用权证书；

（二）按照出让合同约定进行投资开发，属于房屋建设工程的，完成开发投资总额的百分之二十五以上，属于成片开发土地的，形成工业用地或者其他建设用地条件。

转让房地产时房屋已经建成的，还应当持有房屋所有权证书。

第四十条　以划拨方式取得土地使用权的，转让房地产时，应当按照国务院规定，报有批准权的人民政府审批。有批准权的人民政府准予转让的，应当由受让方办理土地使用权出让手续，并依照国家有关规定缴纳土地使用权出让金。

以划拨方式取得土地使用权的，转让房地产报批时，有批准权的人民政府按照国务院规定决定可以不办理土地使用权出让手续的，转让方应当按照国务院规定将转让房地产所获收益中的土地收益上缴国家或者作其他处理。

第四十一条　房地产转让，应当签订书面转让合同，合同中应当载明土地使用权取得的方式。

第四十二条　房地产转让时，土地使用权出让合同载明的权利、义务随之转移。

第四十三条　以出让方式取得土地使用权的，转让房地产后，其土地使用权的使用年限为原土地使用权出让合同约定的使用年限减去原土地使用者已经使用年限后的剩余年限。

第四十四条　以出让方式取得土地使用权的，转让房地产后，受让人改变原土地使用权出让合同约定的土地用途的，必须取得原出让方和市、县人民政府城市规划行政主管部门的同意，签订土地使用权出让合同变更协议或者重新签订土地使用权出让合同，相应调整土地使用权出让金。

第四十五条　商品房预售，应当符合下列条件：

（一）已交付全部土地使用权出让金，取得土地使用权证书；

（二）持有建设工程规划许可证；

（三）按提供预售的商品房计算，投入开发建设的资金达到工程建设总投资的百分之二十五以上，并已经确定施工进度和竣工交付日期；

（四）向县级以上人民政府房产管理部门办理预售登记，取得商品房预售许可证明。

商品房预售人应当按照国家有关规定将预售合同报县级以上人民政府房产管理部门和土地管理部门登记备案。

商品房预售所得款项，必须用于有关的工程建设。

第四十六条 商品房预售的，商品房预购人将购买的未竣工的预售商品房再行转让的问题，由国务院规定。

中华人民共和国合同法·第130～175条

（1999年3月15日第九届全国人民代表大会第二次会议通过 1999年3月15日中华人民共和国主席令第15号公布 自1999年10月1日起施行）

第九章 买卖合同

第一百三十条 买卖合同是出卖人转移标的物的所有权于买受人，买受人支付价款的合同。

第一百三十一条 买卖合同的内容除依照本法第十二条的规定以外，还可以包括包装方式、检验标准和方法、结算方式、合同使用的文字及其效力等条款。

第一百三十二条 出卖的标的物，应当属于出卖人所有或者出卖人有权处分。

法律、行政法规禁止或者限制转让的标的物，依照其规定。

第一百三十三条 标的物的所有权自标的物交付时起转移，但法律另有规定或者当事人另有约定的除外。

第一百三十四条 当事人可以在买卖合同中约定买受人未履行支付价款或者其他义务的，标的物的所有权属于出卖人。

第一百三十五条 出卖人应当履行向买受人交付标的物或者交付提取标的物的单证，并转移标的物所有权的义务。

第一百三十六条 出卖人应当按照约定或者交易习惯向买受人交付提取标的物单证以外的有关单证和资料。

第一百三十七条　出卖具有知识产权的计算机软件等标的物的，除法律另有规定或者当事人另有约定的以外，该标的物的知识产权不属于买受人。

第一百三十八条　出卖人应当按照约定的期限交付标的物。约定交付期间的，出卖人可以在该交付期间内的任何时间交付。

第一百三十九条　当事人没有约定标的物的交付期限或者约定不明确的，适用本法第六十一条、第六十二条第四项的规定。

第一百四十条　标的物在订立合同之前已为买受人占有的，合同生效的时间为交付时间。

第一百四十一条　出卖人应当按照约定的地点交付标的物。

当事人没有约定交付地点或者约定不明确，依照本法第六十一条的规定仍不能确定的，适用下列规定：

（一）标的物需要运输的，出卖人应当将标的物交付给第一承运人以运交给买受人；

（二）标的物不需要运输，出卖人和买受人订立合同时知道标的物在某一地点的，出卖人应当在该地点交付标的物；不知道标的物在某一地点的，应当在出卖人订立合同时的营业地交付标的物。

第一百四十二条　标的物毁损、灭失的风险，在标的物交付之前由出卖人承担，交付之后由买受人承担，但法律另有规定或者当事人另有约定的除外。

第一百四十三条　因买受人的原因致使标的物不能按照约定的期限交付的，买受人应当自违反约定之日起承担标的物毁损、灭失的风险。

第一百四十四条　出卖人出卖交由承运人运输的在途标的物，除当事人另有约定的以外，毁损、灭失的风险自合同成立时起由买受人承担。

第一百四十五条　当事人没有约定交付地点或者约定不明确，依照本法第一百四十一条第二款第一项的规定标的物需要运输的，出卖人将标的物交付给第一承运人后，标的物毁损、灭失的风险由买受人承担。

第一百四十六条　出卖人按照约定或者依照本法第一百四十一条第二款第二项的规定将标的物置于交付地点，买受人违反约定没有收取的，标的物毁损、灭失的风险自违反约定之日起由买受人承担。

第一百四十七条　出卖人按照约定未交付有关标的物的单证和资料的，不影响标的物毁损、灭失风险的转移。

第一百四十八条　因标的物质量不符合质量要求，致使不能实现合同目的的，买受人可以拒绝接受标的物或者解除合同。买受人拒绝接受标的物或者解除合同的,标的物毁损、灭失的风险由出卖人承担。

第一百四十九条　标的物毁损、灭失的风险由买受人承担的,不影响因出卖人履行债务不符合约定,买受人要求其承担违约责任的权利。

第一百五十条　出卖人就交付的标的物,负有保证第三人不得向买受人主张任何权利的义务,但法律另有规定的除外。

第一百五十一条　买受人订立合同时知道或者应当知道第三人对买卖的标的物享有权利的,出卖人不承担本法第一百五十条规定的义务。

第一百五十二条　买受人有确切证据证明第三人可能就标的物主张权利的,可以中止支付相应的价款,但出卖人提供适当担保的除外。

第一百五十三条　出卖人应当按照约定的质量要求交付标的物。出卖人提供有关标的物质量说明的,交付的标的物应当符合该说明的质量要求。

第一百五十四条　当事人对标的物的质量要求没有约定或者约定不明确,依照本法第六十一条的规定仍不能确定的,适用本法第六十二条第一项的规定。

第一百五十五条　出卖人交付的标的物不符合质量要求的,买受人可以依照本法第一百一十一条的规定要求承担违约责任。

第一百五十六条　出卖人应当按照约定的包装方式交付标的物。对包装方式没有约定或者约定不明确,依照本法第六十一条的规定仍不能确定的,应当按照通用的方式包装,没有通用方式的,应当采取足以保护标的物的包装方式。

第一百五十七条　买受人收到标的物时应当在约定的检验期间内检验。没有约定检验期间的,应当及时检验。

第一百五十八条　当事人约定检验期间的,买受人应当在检验期间内将标的物的数量或者质量不符合约定的情形通知出卖人。买受人怠于通知的,视为标的物的数量或者质量符合约定。

当事人没有约定检验期间的,买受人应当在发现或者应当发现标的物的数量或者质量不符合约定的合理期间内通知出卖人。买受人在合理期间内未通知或者自标的物收到之日起两年内未通知出卖人的,视为标的物的数量或者质量符合约定,但对标的物有质量保证期的,适用质量保证期,不适用该两年的规定。

出卖人知道或者应当知道提供的标的物不符合约定的,买受人不受前两款规定的通知时间的限制。

第一百五十九条　买受人应当按照约定的数额支付价款。对价款没有约定或者约定不明确的，适用本法第六十一条、第六十二条第二项的规定。

第一百六十条　买受人应当按照约定的地点支付价款。对支付地点没有约定或者约定不明确，依照本法第六十一条的规定仍不能确定的，买受人应当在出卖人的营业地支付，但约定支付价款以交付标的物或者交付提取标的物单证为条件的，在交付标的物或者交付提取标的物单证的所在地支付。

第一百六十一条　买受人应当按照约定的时间支付价款。对支付时间没有约定或者约定不明确，依照本法第六十一条的规定仍不能确定的，买受人应当在收到标的物或者提取标的物单证的同时支付。

第一百六十二条　出卖人多交标的物的，买受人可以接收或者拒绝接收多交的部分。买受人接收多交部分的，按照合同的价格支付价款；买受人拒绝接收多交部分的，应当及时通知出卖人。

第一百六十三条　标的物在交付之前产生的孳息，归出卖人所有，交付之后产生的孳息，归买受人所有。

第一百六十四条　因标的物的主物不符合约定而解除合同的，解除合同的效力及于从物。因标的物的从物不符合约定被解除的，解除的效力不及于主物。

第一百六十五条　标的物为数物，其中一物不符合约定的，买受人可以就该物解除，但该物与他物分离使标的物的价值显受损害的，当事人可以就数物解除合同。

第一百六十六条　出卖人分批交付标的物的，出卖人对其中一批标的物不交付或者交付不符合约定，致使该批标的物不能实现合同目的的，买受人可以就该批标的物解除。

出卖人不交付其中一批标的物或者交付不符合约定，致使今后其他各批标的物的交付不能实现合同目的的，买受人可以就该批以及今后其他各批标的物解除。

买受人如果就其中一批标的物解除，该批标的物与其他各批标的物相互依存的，可以就已经交付和未交付的各批标的物解除。

第一百六十七条　分期付款的买受人未支付到期价款的金额达到全部价款的五分之一的，出卖人可以要求买受人支付全部价款或者解除合同。

出卖人解除合同的，可以向买受人要求支付该标的物的使用费。

第一百六十八条　凭样品买卖的当事人应当封存样品，并可以对样品质量予以说明。出卖人交付的标的物应当与样品及其说明的质量相同。

第一百六十九条　凭样品买卖的买受人不知道样品有隐蔽瑕疵的，即使交付的标的物与样品相同，出卖人交付的标的物的质量仍然应当符合同种物的通常标准。

第一百七十条　试用买卖的当事人可以约定标的物的试用期间。对试用期间没有约定或者约定不明确，依照本法第六十一条的规定仍不能确定的，由出卖人确定。

第一百七十一条　试用买卖的买受人在试用期内可以购买标的物，也可以拒绝购买。试用期间届满，买受人对是否购买标的物未作表示的，视为购买。

第一百七十二条　招标投标买卖的当事人的权利和义务以及招标投标程序等，依照有关法律、行政法规的规定。

第一百七十三条　拍卖的当事人的权利和义务以及拍卖程序等，依照有关法律、行政法规的规定。

第一百七十四条　法律对其他有偿合同有规定的，依照其规定；没有规定的，参照买卖合同的有关规定。

第一百七十五条　当事人约定易货交易，转移标的物的所有权的，参照买卖合同的有关规定。

｜应用指引｜

房地产转让合同，是指房地产权利人通过买卖、赠与或者其他合法方式将其房地产转让给他人的合同。

签订房地产转让合同应注意以下问题：

第一，下列房地产不得转让：以出让方式取得土地使用权，不符合我国《城市房地产管理法》第38条规定的条件的；司法机关和行政机关依法裁定，决定查封或者以其他形式限制房地产权利的；依法收回土地使用权的；共有房地产，未经其他共有人书面同意的；权属有争议的；未依法登记领取权属证书的；法律、行政法规规定禁止转让的其他情形。

第二，以出让方式取得土地使用权的，转让房地产时，应当符合下列条件：按照出让合同约定已经支付全部土地使用权出让金，并取得土地使用权证书；按照出让合同约定进行投资开发，属于房屋建设工程的，完成开发投资总额的25%以上；属于成片开发土地的，形成工业用地或者其他建设用地条件。转让房地产的房屋已经建成的，还应当持有房屋所有权证书。

第三，以划拨方式取得土地使用权的，转让房地产时，应当按照国务院规定，报有批准权的人民政府审批。有批准权的人民政府准予转让的，应当由受让方办理土地使用权出让手续，并依照国家有关规定缴纳土地使用权出让金。以划拨方式取得土地使用权，转让房地产报批时，有批准权的人民政府按照国务院规定决定可以不办理土地使用权出让手续的，转让方应当按照国务院规定将转让房地产所获收益中土地收益上缴国家或者作其他处理。

第四，房地产转让，应当签订书面转让合同，合同中应当载明土地使用权取得的方式。

第五，房地产转让时，土地使用权出让合同载明的权利、义务随之转移。

第六，以出让方式取得土地使用权的，转让房地产后，其土地使用权的使用年限为原土地使用权出让合同约定的使用年限减去原土地使用者已经使用年限后的剩余年限。

028 房地产抵押合同

文书范本 | 房地产抵押合同

适用范围 | 抵押房地产时所使用的合同文书

条文检索 | 中华人民共和国城市房地产管理法;中华人民共和国物权法;中华人民共和国担保法

应用指引 | 房地产抵押合同的主要内容;制作该文书应当注意的问题

房地产抵押合同

说　明

(1)下列房地产或权益可以设定抵押:

①取得所有权的房屋及其使用范围内的土地使用权。

②城镇国有土地使用权。

③依法生效的预售(购)房屋合同。

④在建的房地产开发、建设项目。

(2)抵押物价值以市房产管理局认可的评估机构的评估结果为准。

(3)本合同一律用钢笔或毛笔填写。

(4)本合同以中文书写。若用两种以上文字书写的,应以中文为准。

抵押人(下称甲方):______________________________

法人营业执照或批文:______________________________

法定代表人:______________________________

国籍:______________________________

法定地址:______________________________

电话:______________________________

第三人：________________

法定代表人：________________

法定地址：________________

电话：________________

受押人(下称乙方)：________________

法定代表人：________________

法定地址：________________

电话：________________

根据自愿、互利、公平和诚实信用的原则，甲、乙双方就本抵押事宜进行了友好协商，甲方为了________将自有________抵押予乙方，达成合同条款如下：

第一条 抵押物的状况及价值

	抵押物名称	坐落	权证编号	面积	评估价值	备注
抵押物情况						

甲方抵押予乙方的抵押物经评估为人民币(大写)：________元，________；抵押金额为人民币(大写)：________元，________。

第二条 抵押期限

甲方决定将上述抵押物抵押予乙方________年(月)，从________年____月____日起到________年____月____日止。

第三条 抵押用途

甲方将上述抵押物抵押予乙方作为甲方________保证。

第四条 抵押合同与________的关系

当上述抵押物作为获取乙方资金之债务担保物时，本合同则成为甲、乙双方所签订

________的主合同,即只要甲乙双方签订________成立时,本合同和________同为抵押行为之要件,具有同等法律效力。

第五条　甲方法律责任

(1)抵押期间,抵押物、产权证书或法律证件,由甲方保管,乙方对该抵押物享有优先受偿权。

(2)甲方保证先行足额投保,并将抵押物的保险单交予乙方,保险期须长于抵押期,抵押期间,如发生保险事故,则乙方为保险第一受益人。

(3)甲方保证在抵押期间绝不将抵押物部分或全部出售、转让、出租、再抵押或以其他方式处分;若需出租或再抵押,须先征得乙方同意。

第六条　抵押物的处分

债务人如未能按________之约定履行时,乙方可向市房地产市场管理处申请处分抵押物,所得款项按如下顺序分配:

(1)____

(2)____

(3)____

第七条　特约说明或特别条款

____

____

____

第八条　本合同之附件

(1)____

(2)____

(3)____

上述附件为本合同不可分割的组成部分,与本合同具有同等法律效力。

第九条　争议的解决方式

____

____

____

第十条　本合同生效后的30天内,抵押双方应到市房产局产权监理处进行他项权登记。

第十一条 本合同生效条件

(1)本合同经甲、乙双方法定代表人(或委托代理人)签署,加盖公章。

(2)本合同须经________房地产市场管理处鉴证。

第十二条 合同文本

(1)本合同用中文制作,合同的书写和印刷文字具有同等效力。

(2)本合同正本一式六份,甲、乙方各二份,鉴证部门二份。副本若干份,有关单位各执一份。合同的正、副本具有同等的法律效力。

甲方:(抵押人) 法定代表人: (委托代理人)	担保人:(第三人) 法定代表人: (委托代理人)	乙方:(抵押权人) 法定代表人: (委托代理人)

________年____月____日

鉴证意见 经办人: 鉴证机关(盖章) 负责人: 年 月 日

|条文检索|

中华人民共和国城市房地产管理法·第47~52条

(1994年7月5日第八届全国人民代表大会常务委员会第八次会议通过 根据2007年8月30日第十届全国人民代表大会常务委员会第二十九次会议《关于修改〈中华人民共和国城市房地产管理法〉的决定》第一次修正 根据2009年8月27日第十一届全国人民代表大会常务委员会第十次会议《关于修改部分法律的决定》第二次修正)

第四十七条 房地产抵押,是指抵押人以其合法的房地产以不转移占有的方式向抵押权人提供债务履行担保的行为。债务人不履行债务时,抵押权人有权依法以抵押的房地产拍卖所得的价款优先受偿。

第四十八条　依法取得的房屋所有权连同该房屋占用范围内的土地使用权,可以设定抵押权。

以出让方式取得的土地使用权,可以设定抵押权。

第四十九条　房地产抵押,应当凭土地使用权证书、房屋所有权证书办理。

第五十条　房地产抵押,抵押人和抵押权人应当签订书面抵押合同。

第五十一条　设定房地产抵押权的土地使用权是以划拨方式取得的,依法拍卖该房地产后,应当从拍卖所得的价款中缴纳相当于应缴纳的土地使用权出让金的款额后,抵押权人方可优先受偿。

第五十二条　房地产抵押合同签订后,土地上新增的房屋不属于抵押财产。需要拍卖该抵押的房地产时,可以依法将土地上新增的房屋与抵押财产一同拍卖,但对拍卖新增房屋所得,抵押权人无权优先受偿。

中华人民共和国物权法 · 第15、170～207条

(2007年3月16日第十届全国人民代表大会第五次会议通过　2007年3月16日中华人民共和国主席令第62号公布　自2007年10月1日起施行)

第十五条　当事人之间订立有关设立、变更、转让和消灭不动产物权的合同,除法律另有规定或者合同另有约定外,自合同成立时生效;未办理物权登记的,不影响合同效力。

……

第一百七十条　担保物权人在债务人不履行到期债务或者发生当事人约定的实现担保物权的情形,依法享有就担保财产优先受偿的权利,但法律另有规定的除外。

第一百七十一条　债权人在借贷、买卖等民事活动中,为保障实现其债权,需要担保的,可以依照本法和其他法律的规定设立担保物权。

第三人为债务人向债权人提供担保的,可以要求债务人提供反担保。反担保适用本法和其他法律的规定。

第一百七十二条　设立担保物权,应当依照本法和其他法律的规定订立担保合同。担保合同是主债权债务合同的从合同。主债权债务合同无效,担保合同无效,但法律另有规定的除外。

担保合同被确认无效后,债务人、担保人、债权人有过错的,应当根据其过错各自承担相应的民事责任。

第一百七十三条　担保物权的担保范围包括主债权及其利息、违约金、损害赔偿金、保管担保财产和实现担保物权的费用。当事人另有约定的,按照约定。

第一百七十四条　担保期间,担保财产毁损、灭失或者被征收等,担保物权人可以就获得的保险金、赔偿金或者补偿金等优先受偿。被担保债权的履行期未届满的,也可以提存该保险金、赔偿金或者补偿金等。

第一百七十五条　第三人提供担保,未经其书面同意,债权人允许债务人转移全部或者部分债务的,担保人不再承担相应的担保责任。

第一百七十六条　被担保的债权既有物的担保又有人的担保的,债务人不履行到期债务或者发生当事人约定的实现担保物权的情形,债权人应当按照约定实现债权;没有约定或者约定不明确,债务人自己提供物的担保的,债权人应当先就该物的担保实现债权;第三人提供物的担保的,债权人可以就物的担保实现债权,也可以要求保证人承担保证责任。提供担保的第三人承担担保责任后,有权向债务人追偿。

第一百七十七条　有下列情形之一的,担保物权消灭:

(一)主债权消灭;

(二)担保物权实现;

(三)债权人放弃担保物权;

(四)法律规定担保物权消灭的其他情形。

第一百七十八条　担保法与本法的规定不一致的,适用本法。

第十六章　抵　押　权

第一节　一般抵押权

第一百七十九条　为担保债务的履行,债务人或者第三人不转移财产的占有,将该财产抵押给债权人的,债务人不履行到期债务或者发生当事人约定的实现抵押权的情形,债权人有权就该财产优先受偿。

前款规定的债务人或者第三人为抵押人,债权人为抵押权人,提供担保的财产为抵押财产。

第一百八十条　债务人或者第三人有权处分的下列财产可以抵押:

(一)建筑物和其他土地附着物;

(二)建设用地使用权;

(三)以招标、拍卖、公开协商等方式取得的荒地等土地承包经营权;

(四)生产设备、原材料、半成品、产品;

(五)正在建造的建筑物、船舶、航空器;

(六)交通运输工具;

(七)法律、行政法规未禁止抵押的其他财产。

抵押人可以将前款所列财产一并抵押。

第一百八十一条　经当事人书面协议,企业、个体工商户、农业生产经营者可以将现有的以及将有的生产设备、原材料、半成品、产品抵押,债务人不履行到期债务或者发生当事人约定的实现抵押权的情形,债权人有权就实现抵押权时的动产优先受偿。

第一百八十二条　以建筑物抵押的,该建筑物占用范围内的建设用地使用权一并抵押。以建设用地使用权抵押的,该土地上的建筑物一并抵押。

抵押人未依照前款规定一并抵押的,未抵押的财产视为一并抵押。

第一百八十三条　乡镇、村企业的建设用地使用权不得单独抵押。以乡镇、村企业的厂房等建筑物抵押的,其占用范围内的建设用地使用权一并抵押。

第一百八十四条　下列财产不得抵押:

(一)土地所有权;

(二)耕地、宅基地、自留地、自留山等集体所有的土地使用权,但法律规定可以抵押的除外;

(三)学校、幼儿园、医院等以公益为目的的事业单位、社会团体的教育设施、医疗卫生设施和其他社会公益设施;

(四)所有权、使用权不明或者有争议的财产;

(五)依法被查封、扣押、监管的财产;

(六)法律、行政法规规定不得抵押的其他财产。

第一百八十五条　设立抵押权,当事人应当采取书面形式订立抵押合同。

抵押合同一般包括下列条款:

(一)被担保债权的种类和数额;

(二)债务人履行债务的期限;

(三)抵押财产的名称、数量、质量、状况、所在地、所有权归属或者使用权归属;

(四)担保的范围。

第一百八十六条　抵押权人在债务履行期届满前,不得与抵押人约定债务人不履行到期债务时抵押财产归债权人所有。

第一百八十七条　以本法第一百八十条第一款第一项至第三项规定的财产或者第五

项规定的正在建造的建筑物抵押的，应当办理抵押登记。抵押权自登记时设立。

第一百八十八条　以本法第一百八十条第一款第四项、第六项规定的财产或者第五项规定的正在建造的船舶、航空器抵押的，抵押权自抵押合同生效时设立；未经登记，不得对抗善意第三人。

第一百八十九条　企业、个体工商户、农业生产经营者以本法第一百八十一条规定的动产抵押的，应当向抵押人住所地的工商行政管理部门办理登记。抵押权自抵押合同生效时设立；未经登记，不得对抗善意第三人。

依照本法第一百八十一条规定抵押的，不得对抗正常经营活动中已支付合理价款并取得抵押财产的买受人。

第一百九十条　订立抵押合同前抵押财产已出租的，原租赁关系不受该抵押权的影响。抵押权设立后抵押财产出租的，该租赁关系不得对抗已登记的抵押权。

第一百九十一条　抵押期间，抵押人经抵押权人同意转让抵押财产的，应当将转让所得的价款向抵押权人提前清偿债务或者提存。转让的价款超过债权数额的部分归抵押人所有，不足部分由债务人清偿。

抵押期间，抵押人未经抵押权人同意，不得转让抵押财产，但受让人代为清偿债务消灭抵押权的除外。

第一百九十二条　抵押权不得与债权分离而单独转让或者作为其他债权的担保。债权转让的，担保该债权的抵押权一并转让，但法律另有规定或者当事人另有约定的除外。

第一百九十三条　抵押人的行为足以使抵押财产价值减少的，抵押权人有权要求抵押人停止其行为。抵押财产价值减少的，抵押权人有权要求恢复抵押财产的价值，或者提供与减少的价值相应的担保。抵押人不恢复抵押财产的价值也不提供担保的，抵押权人有权要求债务人提前清偿债务。

第一百九十四条　抵押权人可以放弃抵押权或者抵押权的顺位。抵押权人与抵押人可以协议变更抵押权顺位以及被担保的债权数额等内容，但抵押权的变更，未经其他抵押权人书面同意，不得对其他抵押权人产生不利影响。

债务人以自己的财产设定抵押，抵押权人放弃该抵押权、抵押权顺位或者变更抵押权的，其他担保人在抵押权人丧失优先受偿权益的范围内免除担保责任，但其他担保人承诺仍然提供担保的除外。

第一百九十五条　债务人不履行到期债务或者发生当事人约定的实现抵押权的情形，抵押权人可以与抵押人协议以抵押财产折价或者以拍卖、变卖该抵押财产所得的价款优先受偿。协议损害其他债权人利益的,其他债权人可以在知道或者应当知道撤销事由之日起一年内请求人民法院撤销该协议。

抵押权人与抵押人未就抵押权实现方式达成协议的,抵押权人可以请求人民法院拍卖、变卖抵押财产。

抵押财产折价或者变卖的,应当参照市场价格。

第一百九十六条　依照本法第一百八十一条规定设定抵押的,抵押财产自下列情形之一发生时确定:

(一)债务履行期届满,债权未实现;

(二)抵押人被宣告破产或者被撤销;

(三)当事人约定的实现抵押权的情形;

(四)严重影响债权实现的其他情形。

第一百九十七条　债务人不履行到期债务或者发生当事人约定的实现抵押权的情形,致使抵押财产被人民法院依法扣押的,自扣押之日起抵押权人有权收取该抵押财产的天然孳息或者法定孳息,但抵押权人未通知应当清偿法定孳息的义务人的除外。

前款规定的孳息应当先充抵收取孳息的费用。

第一百九十八条　抵押财产折价或者拍卖、变卖后,其价款超过债权数额的部分归抵押人所有,不足部分由债务人清偿。

第一百九十九条　同一财产向两个以上债权人抵押的,拍卖、变卖抵押财产所得的价款依照下列规定清偿:

(一)抵押权已登记的,按照登记的先后顺序清偿;顺序相同的,按照债权比例清偿;

(二)抵押权已登记的先于未登记的受偿;

(三)抵押权未登记的,按照债权比例清偿。

第二百条　建设用地使用权抵押后,该土地上新增的建筑物不属于抵押财产。该建设用地使用权实现抵押权时,应当将该土地上新增的建筑物与建设用地使用权一并处分,但新增建筑物所得的价款,抵押权人无权优先受偿。

第二百零一条　依照本法第一百八十条第一款第三项规定的土地承包经营权抵押的,或者依照本法第一百八十三条规定以乡镇、村企业的厂房等建筑物占用范围内的建设用地使用权一并抵押的,实现抵押权后,未经法定程序,不得改变土地所有权的性质和土地用途。

第二百零二条　抵押权人应当在主债权诉讼时效期间行使抵押权;未行使的,人民法院不予保护。

第二节 最高额抵押权

第二百零三条 为担保债务的履行,债务人或者第三人对一定期间内将要连续发生的债权提供担保财产的,债务人不履行到期债务或者发生当事人约定的实现抵押权的情形,抵押权人有权在最高债权额限度内就该担保财产优先受偿。

最高额抵押权设立前已经存在的债权,经当事人同意,可以转入最高额抵押担保的债权范围。

第二百零四条 最高额抵押担保的债权确定前,部分债权转让的,最高额抵押权不得转让,但当事人另有约定的除外。

第二百零五条 最高额抵押担保的债权确定前,抵押权人与抵押人可以通过协议变更债权确定的期间、债权范围以及最高债权额,但变更的内容不得对其他抵押权人产生不利影响。

第二百零六条 有下列情形之一的,抵押权人的债权确定:

(一)约定的债权确定期间届满;

(二)没有约定债权确定期间或者约定不明确,抵押权人或者抵押人自最高额抵押权设立之日起满二年后请求确定债权;

(三)新的债权不可能发生;

(四)抵押财产被查封、扣押;

(五)债务人、抵押人被宣告破产或者被撤销;

(六)法律规定债权确定的其他情形。

第二百零七条 最高额抵押权除适用本节规定外,适用本章第一节一般抵押权的规定。

中华人民共和国担保法·第33~62条

(1995年6月30日第八届全国人民代表大会常务委员会第十四次会议通过 1995年6月30日中华人民共和国主席令第50号公布 自1995年10月1日起施行)

第三十三条 本法所称抵押,是指债务人或者第三人不转移对本法第三十四条所列财产的占有,将该财产作为债权的担保。债务人不履行债务时,债权人有权依照本法规定以该财产折价或者以拍卖、变卖该财产的价款优先受偿。

前款规定的债务人或者第三人为抵押人,债权人为抵押权人,提供担保的财产为抵押物。

第三十四条　下列财产可以抵押:

(一)抵押人所有的房屋和其他地上定着物;

(二)抵押人所有的机器、交通运输工具和其他财产;

(三)抵押人依法有权处分的国有的土地使用权、房屋和其他地上定着物;

(四)抵押人依法有权处分的国有的机器、交通运输工具和其他财产;

(五)抵押人依法承包并经发包方同意抵押的荒山、荒沟、荒丘、荒滩等荒地的土地使用权;

(六)依法可以抵押的其他财产。

抵押人可以将前款所列财产一并抵押。

第三十五条　抵押人所担保的债权不得超出其抵押物的价值。

财产抵押后,该财产的价值大于所担保债权的余额部分,可以再次抵押,但不得超出其余额部分。

第三十六条　以依法取得的国有土地上的房屋抵押的,该房屋占用范围内的国有土地使用权同时抵押。

以出让方式取得的国有土地使用权抵押的,应当将抵押时该国有土地上的房屋同时抵押。

乡(镇)、村企业的土地使用权不得单独抵押。以乡(镇)、村企业的厂房等建筑物抵押的,其占用范围内的土地使用权同时抵押。

第三十七条　下列财产不得抵押:

(一)土地所有权;

(二)耕地、宅基地、自留地、自留山等集体所有的土地使用权,但本法第三十四条第(五)项、第三十六条第三款规定的除外;

(三)学校、幼儿园、医院等以公益为目的的事业单位、社会团体的教育设施、医疗卫生设施和其他社会公益设施;

(四)所有权、使用权不明或者有争议的财产;

(五)依法被查封、扣押、监管的财产;

(六)依法不得抵押的其他财产。

第二节　抵押合同和抵押物登记

第三十八条　抵押人和抵押权人应当以书面形式订立抵押合同。

第三十九条　抵押合同应当包括以下内容：

（一）被担保的主债权种类、数额；

（二）债务人履行债务的期限；

（三）抵押物的名称、数量、质量、状况、所在地、所有权权属或者使用权权属；

（四）抵押担保的范围；

（五）当事人认为需要约定的其他事项。

抵押合同不完全具备前款规定内容的，可以补正。

第四十条　订立抵押合同时，抵押权人和抵押人在合同中不得约定在债务履行期届满抵押权人未受清偿时，抵押物的所有权转移为债权人所有。

第四十一条　当事人以本法第四十二条规定的财产抵押的，应当办理抵押物登记，抵押合同自登记之日起生效。

第四十二条　办理抵押物登记的部门如下：

（一）以无地上定着物的土地使用权抵押的，为核发土地使用权证书的土地管理部门；

（二）以城市房地产或者乡（镇）、村企业的厂房等建筑物抵押的，为县级以上地方人民政府规定的部门；

（三）以林木抵押的，为县级以上林木主管部门；

（四）以航空器、船舶、车辆抵押的，为运输工具的登记部门；

（五）以企业的设备和其他动产抵押的，为财产所在地的工商行政管理部门。

第四十三条　当事人以其他财产抵押的，可以自愿办理抵押物登记，抵押合同自签订之日起生效。

当事人未办理抵押物登记的，不得对抗第三人。当事人办理抵押物登记的，登记部门为抵押人所在地的公证部门。

第四十四条　办理抵押物登记，应当向登记部门提供下列文件或者其复印件：

（一）主合同和抵押合同；

（二）抵押物的所有权或者使用权证书。

第四十五条　登记部门登记的资料，应当允许查阅、抄录或者复印。

第三节 抵押的效力

第四十六条 抵押担保的范围包括主债权及利息、违约金、损害赔偿金和实现抵押权的费用。抵押合同另有约定的,按照约定。

第四十七条 债务履行期届满,债务人不履行债务致使抵押物被人民法院依法扣押的,自扣押之日起抵押权人有权收取由抵押物分离的天然孳息以及抵押人就抵押物可以收取的法定孳息。抵押权人未将扣押抵押物的事实通知应当清偿法定孳息的义务人的,抵押权的效力不及于该孳息。

前款孳息应当先充抵收取孳息的费用。

第四十八条 抵押人将已出租的财产抵押的,应当书面告知承租人,原租赁合同继续有效。

第四十九条 抵押期间,抵押人转让已办理登记的抵押物的,应当通知抵押权人并告知受让人转让物已经抵押的情况;抵押人未通知抵押权人或者未告知受让人的,转让行为无效。

转让抵押物的价款明显低于其价值的,抵押权人可以要求抵押人提供相应的担保;抵押人不提供的,不得转让抵押物。

抵押人转让抵押物所得的价款,应当向抵押权人提前清偿所担保的债权或者向与抵押权人约定的第三人提存。超过债权数额的部分,归抵押人所有,不足部分由债务人清偿。

第五十条 抵押权不得与债权分离而单独转让或者作为其他债权的担保。

第五十一条 抵押人的行为足以使抵押物价值减少的,抵押权人有权要求抵押人停止其行为。抵押物价值减少时,抵押权人有权要求抵押人恢复抵押物的价值,或者提供与减少的价值相当的担保。

抵押人对抵押物价值减少无过错的,抵押权人只能在抵押人因损害而得到的赔偿范围内要求提供担保。抵押物价值未减少的部分,仍作为债权的担保。

第五十二条 抵押权与其担保的债权同时存在,债权消灭的,抵押权也消灭。

第四节 抵押权的实现

第五十三条 债务履行期届满抵押权人未受清偿的,可以与抵押人协议以抵押物折价或者以拍卖、变卖该抵押物所得的价款受偿;协议不成的,抵押权人可以向人民法院提起诉讼。

抵押物折价或者拍卖、变卖后，其价款超过债权数额的部分归抵押人所有，不足部分由债务人清偿。

第五十四条　同一财产向两个以上债权人抵押的，拍卖、变卖抵押物所得的价款按照以下规定清偿：

（一）抵押合同以登记生效的，按照抵押物登记的先后顺序清偿；顺序相同的，按照债权比例清偿；

（二）抵押合同自签订之日起生效的，该抵押物已登记的，按照本条第（一）项规定清偿；未登记的，按照合同生效时间的先后顺序清偿，顺序相同的，按照债权比例清偿。抵押物已登记的先于未登记的受偿。

第五十五条　城市房地产抵押合同签订后，土地上新增的房屋不属于抵押物。需要拍卖该抵押的房地产时，可以依法将该土地上新增的房屋与抵押物一同拍卖，但对拍卖新增房屋所得，抵押权人无权优先受偿。

依照本法规定以承包的荒地的土地使用权抵押的，或者以乡（镇）、村企业的厂房等建筑物占用范围内的土地使用权抵押的，在实现抵押权后，未经法定程序不得改变土地集体所有和土地用途。

第五十六条　拍卖划拨的国有土地使用权所得的价款，在依法缴纳相当于应缴纳的土地使用权出让金的款额后，抵押权人有优先受偿权。

第五十七条　为债务人抵押担保的第三人，在抵押权人实现抵押权后，有权向债务人追偿。

第五十八条　抵押权因抵押物灭失而消灭。因灭失所得的赔偿金，应当作为抵押财产。

第五节　最高额抵押

第五十九条　本法所称最高额抵押，是指抵押人与抵押权人协议，在最高债权额限度内，以抵押物对一定期间内连续发生的债权作担保。

第六十条　借款合同可以附最高额抵押合同。

债权人与债务人就某项商品在一定期间内连续发生交易而签订的合同，可以附最高额抵押合同。

第六十一条　最高额抵押的主合同债权不得转让。

第六十二条　最高额抵押除适用本节规定外,适用本章其他规定。

| 应用指引 |

房地产抵押合同,是指抵押人以其合法的房地产向抵押权人提供债务履行担保所签订的合同。

签订房地产抵押合同,应注意以下问题:

第一,下列房地产或权益可以设定抵押:依法取得的房屋所有权连同该房屋占用范围内的土地使用权;以出让方式取得的土地使用权;依法生效的预售(购)房屋合同,在建的房地产开发、建设项目。

第二,房地产抵押,应当凭土地使用权证书、房屋所有权证书办理。

第三,房地产抵押合同应采用书面形式。

第四,设定房地产抵押权的土地使用权是以划拨方式取得的,依法拍卖该房地产后,应当从拍卖所得的价款中缴纳相当于应缴纳的土地使用权出让金的款额后,抵押权人方可优先受偿。

第五,房地产抵押合同签订后,土地上新增的房屋不属于抵押财产。需要拍卖该抵押的房地产时,可以依法将土地上新增的房屋与抵押财产一同拍卖,但对拍卖新增房屋所得,抵押权人无权优先受偿。

第六,抵押人所担保的债权不得超出其房地产的价值。房地产抵押后,其价值大于所担保债权的余额部分,可以再次抵押,但不得超出其余额部分。

第七,订立该合同时,抵押权人和抵押人在合同中不得约定在债务履行期届满抵押权人未受清偿时,抵押物的所有权转移为债权人所有。

第八,双方当事人应当办理抵押物登记,房地产抵押合同自登记之日起生效。

第九,乡(镇)、村企业的土地使用权不得单独抵押。以乡(镇)村企业的厂房等建筑物抵押的,其占用范围内的土地使用权同时抵押。

第十,以无地上定着物的土地使用权抵押的,核发土地使用权证书的土地管理部门为办理房地产抵押登记的部门。以城市房地产或者乡(镇)、村企业的厂房等建筑物抵押的,办理房地产抵押登记的部门为县级以上地方人民政府规定的部门。

029 商品房产租赁合同

文书范本 | 商品房产租赁合同
适用范围 | 商品房产租赁时所使用的合同文书
条文检索 | 中华人民共和国城市房地产管理法;中华人民共和国合同法
应用指引 | 商品房产租赁合同的主要内容;制作该文书应当注意的问题

商品房产租赁合同

甲方:(出租方)________

乙方:(承租方)________

甲、乙双方通过友好协商,就房屋租赁事宜达成如下协议:

一、乙方租用甲方坐落在________度假村________组团内________楼房________栋,建筑面积为________平方米。租用期30周年,自本合同生效之日开始计算。

二、租用期限内房屋租金为________人民币(含建筑税)。乙方分两次支付。本合同生效后的10天内,乙方支付房屋租金的60%为________万元,房屋验收合格后的10天内,乙方支付房屋租金的剩余款额。

三、租用期内,房屋由乙方使用管理,房屋的房产税、土地使用税和其他合理税费由乙方承担。

四、租用期内,乙方所用的水、暖、电、热水、通讯、室外环卫、房屋修缮、绿化维护等由甲方统一管理,发生的费用由乙方承担。

五、第三、四条所发生的费用,甲方凭单据、发票和有关规定文件,按各规定的期限向乙方结算。

六、乙方所租用房屋,在乙方验收合格并付清房屋租金后,归乙方使用。

七、在房屋保修期内(水电设施半年、土建1年,采暖设施一个采暖期,自乙方使用之日算起)甲方对房屋质量问题保修。

八、乙方服务人员的临时户口等生活上所需办理的手续,由甲方帮助与当地有关单位联系解决。

九、违约责任

1. 本合同生效后,如乙方违约,乙方已缴房屋租金不退,并一次性支付违约罚金________万元人民币(自违约之日起30天内付清)。

2. 本合同生效后,如果甲方违约,甲方向乙方退还剩余租金(即本合同房屋租金的1/30乘以剩余租期年数),并一次性支付违约罚金________万元人民币(自违约之日起30日内付清)。

3. 不满半年的租期按半年计算,超过半年不满1年的租期按一年计算。

十、在租用期内,甲方不得将乙方租用的房屋转租(卖)给任何第三者,如果甲方出售乙方租用的房屋,乙方应享受优先购置权,并无需另行支付购房款,同时甲方应协助乙方办理正式过户手续,由此发生的有关费用由乙方承担。

十一、乙方需要安装电话,由甲方解决,费用由乙方承担。

十二、在租用期内,如遇不可抗拒的灾害,房屋遭到毁坏,按照房屋建设程序,乙方重新建造房屋。

十三、甲方已声明本合同所指标的楼房是符合国家有关政策和法令而建造和经营的,甲乙双方在符合国家现行的有关政策和法令的基础上签定本合同的。如在租赁期限内如遇国家新的政策、法令、规定相悖,使本合同不得不解除时,甲方每年按房租总金额的百分之十乘以乙方实际租用年数计扣房租。

十四、甲乙双方如在执行本合同过程中发生争执,首先通过友好协商解决,如双方未达成一致意见,提交________仲裁委员会进行仲裁(或向有管辖权的人民法院提起诉讼)。

十五、本合同一式九份。正本两份,双方各执一份;副本六份,双方各执三份。正副文具有同等法律约束力。

十六、本合同双方签字盖章经公证后生效。本合同未尽事宜双方另行商定。

十七、本合同附件(由甲方提供)。

1. 房屋平面位置及占用土地范围图(略)

2. 别墅暂行管理办法(略)

甲方:____________(盖章)
代表:__________________
地址及电话:____________
开户银行及账号:________
________年____月____日

乙方:____________(盖章)
代表:__________________
地址及电话:____________
开户银行及账号:________
________年____月____日

| 条文检索 |

中华人民共和国城市房地产管理法·第53~56条

(1994年7月5日第八届全国人民代表大会常务委员会第八次会议通过　根据2007年8月30日第十届全国人民代表大会常务委员会第二十九次会议《关于修改〈中华人民共和国城市房地产管理法〉的决定》第一次修正　根据2009年8月27日第十一届全国人民代表大会常务委员会第十次会议《关于修改部分法律的决定》第二次修正)

第五十三条　房屋租赁,是指房屋所有权人作为出租人将其房屋出租给承租人使用,由承租人向出租人支付租金的行为。

第五十四条　房屋租赁,出租人和承租人应当签订书面租赁合同,约定租赁期限、租赁用途、租赁价格、修缮责任等条款,以及双方的其他权利和义务,并向房产管理部门登记备案。

第五十五条　住宅用房的租赁,应当执行国家和房屋所在城市人民政府规定的租赁政策。租用房屋从事生产、经营活动的,由租赁双方协商议定租金和其他租赁条款。

第五十六条　以营利为目的,房屋所有权人将以划拨方式取得使用权的国有土地上建成的房屋出租的,应当将租金中所含土地收益上缴国家。具体办法由国务院规定。

中华人民共和国合同法·第212~236条

(1999年3月15日第九届全国人民代表大会第二次会议通过　1999年3月15日中华人民共和国主席令第15号公布　自1999年10月1日起施行)

第二百一十二条　租赁合同是出租人将租赁物交付承租人使用、收益,承租人支付租金的合同。

第二百一十三条　租赁合同的内容包括租赁物的名称、数量、用途、租赁期限、租金及其支付期限和方式、租赁物维修等条款。

第二百一十四条　租赁期限不得超过二十年。超过二十年的,超过部分无效。

租赁期间届满,当事人可以续订租赁合同,但约定的租赁期限自续订之日起不得超过二十年。

第二百一十五条　租赁期限六个月以上的,应当采用书面形式。当事人未采用书面形式的,视为不定期租赁。

第二百一十六条　出租人应当按照约定将租赁物交付承租人,并在租赁期间保持租赁物符合约定的用途。

第二百一十七条　承租人应当按照约定的方法使用租赁物。对租赁物的使用方法没有约定或者约定不明确,依照本法第六十一条的规定仍不能确定的,应当按照租赁物的性质使用。

第二百一十八条　承租人按照约定的方法或者租赁物的性质使用租赁物,致使租赁物受到损耗的,不承担损害赔偿责任。

第二百一十九条　承租人未按照约定的方法或者租赁物的性质使用租赁物,致使租赁物受到损失的,出租人可以解除合同并要求赔偿损失。

第二百二十条　出租人应当履行租赁物的维修义务,但当事人另有约定的除外。

第二百二十一条　承租人在租赁物需要维修时可以要求出租人在合理期限内维修。出租人未履行维修义务的,承租人可以自行维修,维修费用由出租人负担。因维修租赁物影响承租人使用的,应当相应减少租金或者延长租期。

第二百二十二条　承租人应当妥善保管租赁物,因保管不善造成租赁物毁损、灭失的,应当承担损害赔偿责任。

第二百二十三条　承租人经出租人同意,可以对租赁物进行改善或者增设他物。

承租人未经出租人同意,对租赁物进行改善或者增设他物的,出租人可以要求承租人恢复原状或者赔偿损失。

第二百二十四条　承租人经出租人同意,可以将租赁物转租给第三人。承租人转租的,承租人与出租人之间的租赁合同继续有效,第三人对租赁物造成损失的,承租人应当赔偿损失。

承租人未经出租人同意转租的,出租人可以解除合同。

第二百二十五条　在租赁期间因占有、使用租赁物获得的收益,归承租人所有,但当事人另有约定的除外。

第二百二十六条　承租人应当按照约定的期限支付租金。对支付期限没有约定或者约定不明确,依照本法第六十一条的规定仍不能确定,租赁期间不满一年的,应当在租赁期间届满时支付;租赁期间一年以上的,应当在每届满一年时支付,剩余期间不满一年的,应当在租赁期间届满时支付。

第二百二十七条　承租人无正当理由未支付或者迟延支付租金的,出租人可以要求承租人在合理期限内支付。承租人逾期不支付的,出租人可以解除合同。

第二百二十八条　因第三人主张权利,致使承租人不能对租赁物使用、收益的,承租人可以要求减少租金或者不支付租金。

第三人主张权利的,承租人应当及时通知出租人。

第二百二十九条　租赁物在租赁期间发生所有权变动的,不影响租赁合同的效力。

第二百三十条　出租人出卖租赁房屋的,应当在出卖之前的合理期限内通知承租人,承租人享有以同等条件优先购买的权利。

第二百三十一条　因不可归责于承租人的事由,致使租赁物部分或者全部毁损、灭失的,承租人可以要求减少租金或者不支付租金;因租赁物部分或者全部毁损、灭失,致使不能实现合同目的的,承租人可以解除合同。

第二百三十二条　当事人对租赁期限没有约定或者约定不明确,依照本法第六十一条的规定仍不能确定的,视为不定期租赁。当事人可以随时解除合同,但出租人解除合同应当在合理期限之前通知承租人。

第二百三十三条　租赁物危及承租人的安全或者健康的,即使承租人订立合同时明知该租赁物质量不合格,承租人仍然可以随时解除合同。

第二百三十四条　承租人在房屋租赁期间死亡的,与其生前共同居住的人可以按照原租赁合同租赁该房屋。

第二百三十五条　租赁期间届满,承租人应当返还租赁物。返还的租赁物应当符合按照约定或者租赁物的性质使用后的状态。

第二百三十六条　租赁期间届满,承租人继续使用租赁物,出租人没有提出异议的,原租赁合同继续有效,但租赁期限为不定期。

应用指引

商品房产租赁合同属房屋租赁合同的一种。其特殊之处在于该合同的一方当事人,即出租方多为房地产开发企业,其建设房屋的目的即在于以房屋出售或出租营利。

签订商品房产租赁合同,主要应注意如下问题:

第一,在普通房屋租赁合同中,出租房屋的房产税、土地使用费由出租方负担;但在商品房产租赁合同中,房屋的房产税、土地使用税和其他合理税费则由承租方负担。

第二,承租方在签订合同前,应了解出租方是否已就将出租的房屋设定了抵押,是否采取其他担保方式从金融机构贷得建设资金。

第三,承租方应了解出租方是否有出租房屋的许可证,用于租赁的房屋的建筑质量是否符合国家规定的标准和行业标准。

第五章 商品房买卖

030 商品房买卖合同

文书范本 | 商品房买卖合同;房屋买卖合同

适用范围 | 买卖商品房时所使用的合同文书

条文检索 | 中华人民共和国合同法;中华人民共和国城市房地产管理法;商品房销售管理办法;最高人民法院关于审理商品房买卖合同纠纷案件适用法律若干问题的解释

应用指引 | 商品房买卖合同的概念和主要内容;制作该文书应当注意的问题

商品房买卖合同

合同编号:________

合同双方当事人:

出卖人:____

注册地址:____

营业执照注册号:____

企业资质证书号:____

法定代表人:____________

邮政编码:____________ 联系电话:____________

委托代理人:____________ 地址:____________

邮政编码:____________ 联系电话:____________

委托代理机构:____

注册地址:____

营业执照注册号:____

法定代表人:____________ 联系电话:____________

邮政编码:____________

买受人:____________

【本人】【法定代表人】姓名:________国籍:__________

【身份证】【护照】【营业执照注册号】【　】__________

地址:____

邮政编码:____________联系电话:____________

【委托代理人】【　】姓名:__________国籍:__________

地址:____

邮政编码:____________联系电话:____________

根据《中华人民共和国合同法》、《中华人民共和国城市房地产管理法》及其他有关法律、法规之规定,买受人和出卖人在平等、自愿、协商一致的基础上就买卖商品房达成如下协议:

第一条　项目建设依据

出卖人以________方式取得位于________、编号为________的地块的土地使用权。【土地使用权出让合同号】【土地使用权划拨批准文件号】【划拨土地使用权转让批准文件号】为________。

该地块土地面积为________平方米,规划用途为________,土地使用年限自________年____月____日至________年____月____日止。

出卖人经批准,在上述地块上建设商品房,【现定名】【暂定名】________。建设工程规划许可证号为________,施工许可证号为________。

第二条　商品房销售依据

买受人购买的商品房为【现房】【预售商品房】。预售商品房批准机关为________,商品房预售许可证号为________。

第三条　买受人所购商品房的基本情况

买受人购买的商品房(以下简称该商品房,其房屋平面图见本合同附件一,房号以附件一上表示为准)为本合同第一条规定的项目中的:

第________【幢】【座】________【单元】【层】________号房。

该商品房的用途为________,属________结构,层高为________,建筑层数地上________层,地下________层。

该商品房阳台是【封闭式】【非封闭式】。

该商品房【合同约定】【产权登记】建筑面积共________平方米,其中,套内建筑面积________平方米,公共部位与公用房屋分摊建筑面积________平方米(有关公共部位与公用房屋分摊建筑面积构成说明见附件二)。

第四条 计价方式与价款

出卖人与买受人约定按下述第____种方式计算该商品房价款:

1. 按建筑面积计算,该商品房单价为(________币)每平方米________元,总金额(________币)________千________百________十________万________千________百________十________元整。

2. 按套内建筑面积计算,该商品房单价为(________币)每平方米________元,总金额(________币)________千________百________十________万________千________百________十________元整。

3. 按套(单元)计算,该商品房总价款为(________币)________千________百________十________万________千________百________十________元整。

4. ____。

第五条 面积确认及面积差异处理

根据当事人选择的计价方式,本条规定以【建筑面积】【套内建筑面积】(本条款中均简称面积)为依据进行面积确认及面积差异处理。

当事人选择按套计价的,不适用本条约定。

合同约定面积与产权登记面积有差异的,以产权登记面积为准。

商品房交付后,产权登记面积与合同约定面积发生差异,双方同意按第____种方式进行处理:

1. 双方自行约定:

(1)____;

(2)____;

(3)____;

(4)____。

2. 双方同意按以下原则处理:

(1)面积误差比绝对值在3%以内(含3%)的,据实结算房价款;

(2)面积误差比绝对值超出3%时,买受人有权退房。

买受人退房的,出卖人在买受人提出退房之日起30天内将买受人已付款退还给买受人,并按________利率付给利息。

买受人不退房的,产权登记面积大于合同约定面积时,面积误差比在3%以内(含

3%)部分的房价款由买受人补足;超出3%部分的房价款由出卖人承担,产权归买受人。产权登记面积小于合同登记面积时,面积误差比绝对值在3%以内(含3%)部分的房价款由出卖人返还买受人;绝对值超出3%部分的房价款由出卖人双倍返还买受人。

$$\text{面积误差比}=\frac{\text{产权登记面积}-\text{合同约定面积}}{\text{合同约定面积}}\times 100\%$$

因设计变更造成面积差异,双方不解除合同的,应当签署补充协议。

第六条　付款方式及期限

买受人按下列第____种方式按期付款:

1. 一次性付款

____

____。

2. 分期付款

____

____。

3. 其他方式

____

____。

第七条　买受人逾期付款的违约责任

买受人如未按本合同约定的时间付款,按下列第____种方式处理:

1. 按逾期时间,分别处理(不作累加)

(1)逾期在____日之内,自本合同规定的应付款期限之第二天起至实际全额支付应付款之日止,买受人按日向出卖人支付逾期应付款万分之____的违约金,合同继续履行;

(2)逾期超过____日后,出卖人有权解除合同。出卖人解除合同的,买受人按累计应付款的____%向出卖人支付违约金。买受人愿意继续履行合同的,经出卖人同意,合同继续履行,自本合同规定的应付款期限之第二天起至实际全额支付应付款之日止,买受人按日向出卖人支付逾期应付款万分之____[该比率应不小于第(1)项中的比率]的违约金。

本条中的逾期应付款是指依照本合同第六条规定的到期应付款与该期实际已付款的差额;采取分期付款的,按相应的分期应付款与该期的实际已付款的差额确定。

2. ____。

第八条 交付期限

出卖人应当在________年____月____日前,依照国家和地方人民政府的有关规定,将具备下列第____种条件,并符合本合同约定的商品房交付买受人使用:

1. 该商品房经验收合格。

2. 该商品房经综合验收合格。

3. 该商品房经分期综合验收合格。

4. 该商品房取得商品住宅交付使用批准文件。

5. ____。

但如遇下列特殊原因,除双方协商同意解除合同或变更合同外,出卖人可据实予以延期:

1. 遭遇不可抗力,且出卖人在发生之日起____日内告知买受人的;

2. ____;

3. ____。

第九条 出卖人逾期交房的违约责任

除本合同第八条规定的特殊情况外,出卖人如未按本合同规定的期限将该商品房交付买受人使用,按下列第____种方式处理:

1. 按逾期时间,分别处理(不作累加)

(1)逾期不超过____日,自本合同第八条规定的最后交付期限的第二天起至实际交付之日止,出卖人按日向买受人支付已交付房价款万分之____的违约金,合同继续履行;

(2)逾期超过____日后,买受人有权解除合同。买受人解除合同的,出卖人应当自买受人解除合同通知到达之日起____天内退还全部已付款,并按买受人累计已付款的____%向买受人支付违约金。买受人要求继续履行合同的,合同继续履行,自本合同第八条规定的最后交付期限的第二天起至实际交付之日止,出卖人按日向买受人支付已交付房价款万分之____[该比率应不小于第(1)项中的比率]的违约金。

2. ____。

第十条 规划、设计变更的约定

经规划部门批准的规划变更、设计单位同意的设计变更导致下列影响到买受人所购商品房质量或使用功能的,出卖人应当在有关部门批准同意之日起10日内,书面通知买受人:

(1)该商品房结构形式、户型、空间尺寸、朝向;

(2)____;

(3)____;

(4)____;

(5)____。

买受人有权在通知到达之日起15日内作出是否退房的书面答复。买受人在通知到达之日起15日内未作书面答复的,视同接受变更。出卖人未在规定时限内通知买受人的,买受人有权退房。

买受人退房的,出卖人须在买受人提出退房要求之日起____天内将买受人已付款退还给买受人,并按________利率付给利息。买受人不退房的,应当与出卖人另行签订补充协议。

____

____。

第十一条　交接

商品房达到交付使用条件后,出卖人应当书面通知买受人办理交付手续。双方进行验收交接时,出卖人应当出示本合同第八条规定的证明文件,并签署房屋交接单。所购商品房为住宅的,出卖人还需提供《住宅质量保证书》和《住宅使用说明书》。出卖人不出示证明文件或出示证明文件不齐全,买受人有权拒绝交接,由此产生的延期交房责任由出卖人承担。

由于买受人原因,未能按期交付的,双方同意按以下方式处理:

____。

第十二条　出卖人保证销售的商品房没有产权纠纷和债权债务纠纷。因出卖人原因,造成该商品房不能办理产权登记或发生债权债务纠纷的,由出卖人承担全部责任。

____

____。

第十三条　出卖人关于装饰、设备标准承诺的违约责任

出卖人交付使用的商品房的装饰、设备标准应符合双方约定(附件三)的标准。达不到约定标准的,买受人有权要求出卖人按照下述第____种方式处理:

1. 出卖人赔偿双倍的装饰、设备差价。

2. ____。

3. ____。

第十四条　出卖人关于基础设施、公共配套建筑正常运行的承诺

出卖人承诺与该商品房正常使用直接关联的下列基础设施、公共配套建筑按以下日

期达到使用条件：

1. ____；

2. ____；

3. ____；

4. ____；

5. ____。

如果在规定日期内未达到使用条件，双方同意按以下方式处理：

1. ____；

2. ____；

3. ____。

第十五条　关于产权登记的约定

出卖人应当在商品房交付使用后____日内，将办理权属登记需由出卖人提供的资料报产权登记机关备案。如因出卖人的责任，买受人不能在规定期限内取得房地产权属证书的，双方同意按下列第____项处理：

1. 买受人退房，出卖人在买受人提出退房要求之日起____日内将买受人已付房价款退还给买受人，并按已付房价款的____%赔偿买受人损失。

2. 买受人不退房，出卖人按已付房价款的____%向买受人支付违约金。

3. ____。

第十六条　保修责任

买受人购买的商品房为商品住宅的，《住宅质量保证书》作为本合同的附件。出卖人自商品住宅交付使用之日起，按照《住宅质量保证书》承诺的内容承担相应的保修责任。

买受人购买的商品房为非商品住宅的，双方应当以合同附件的形式详细约定保修范围、保修期限和保修责任等内容。

在商品房保修范围和保修期限内发生质量问题，出卖人应当履行保修义务。因不可抗力或者非出卖人原因造成的损坏，出卖人不承担责任，但可协助维修，维修费用由购买人承担。

____。

第十七条　双方可以就下列事项约定：

1. 该商品房所在楼宇的屋面使用权______________________________；

2. 该商品房所在楼宇的外墙面使用权____________________________；

3. 该商品房所在楼宇的命名权______________________________________;

4. 该商品房所在小区的命名权______________________________________;

5. ____;

6. ____。

第十八条　买受人的房屋仅作________使用,买受人使用期间不得擅自改变该商品房的建筑主体结构、承重结构和用途。除本合同及其附件另有规定外,买受人在使用期间有权与其他权利人共同享用与该商品房有关联的公共部位和设施,并按占地和公共部位与公用房屋分摊面积承担义务。

出卖人不得擅自改变与该商品房有关联的公共部位和设施的使用性质。

____。

第十九条　本合同在履行过程中发生的争议,由双方当事人协商解决;协商不成的,按下述第____种方式解决:

1. 提交________仲裁委员会仲裁。

2. 依法向人民法院起诉。

第二十条　本合同未尽事项,可由双方约定后签订补充协议(附件四)。

第二十一条　合同附件与本合同具有同等法律效力。本合同及其附件内,空格部分填写的文字与印刷文字具有同等效力。

第二十二条　本合同连同附件共____页,一式____份,具有同等法律效力,合同持有情况如下:

出卖人____份,买受人____份。

第二十三条　本合同自双方签订之日起生效。

第二十四条　商品房预售的,自本合同生效之日起30天内,由出卖人向________申请登记备案。

出卖人:________(签章)
【法定代表人】:________
【委托代理人】:________
(签章)
________年____月____日
签于____________

买受人:________(签章)
【法定代表人】:________
【委托代理人】:________
(签章)
________年____月____日
签于____________

附件一：房屋平面图

附件二：公共部位与公用房屋分摊建筑面积构成说明

附件三：装饰、设备标准

1. 外墙：________________
2. 内墙：________________
3. 顶棚：________________
4. 地面：________________
5. 门窗：________________
6. 厨房：________________
7. 卫生间：________________
8. 阳台：________________
9. 电梯：________________
10. 其他：________________

附件四：合同补充协议（略）

房屋买卖合同

出卖人：________（以下简称甲方）

买受人：________（以下简称乙方）

甲、乙双方就房屋买卖事项经过多次协商，一致同意订立合同条款如下，以资共同遵守。

一、甲方愿将自有坐落________市________路________号房屋____间，建筑面积________平方米售卖给乙方。

二、甲方出售给乙方的房屋东至________，南至________，西至________，北至________（附四至平面图一张）。其房屋包括阳台、走道、楼梯、卫生间、灶间及其他设备。

三、上列房屋包括附属设备,双方议定房屋价款人民币________万元,由甲方售卖给乙方。

四、房屋价款乙方分三期付给甲方。第一期,在双方签订买卖合同之日,付人民币________万元;第二期在交付房屋之日,付人民币________万元;第三期,在房屋产权批准过户登记之日付清。每期付款,甲方收到后出具收据。

五、甲方应自本合同签订日起____天内将房屋腾空,连同原房屋所有权证等有关证件,点交乙方,由乙方出具收到凭证。

六、在办理房屋产权移转过户登记时,甲方应出具申请房屋产权移转给乙方的书面报告。如需要甲方出面处理的,不论何时,甲方应予协助。如因甲方的延误,致影响产权过户登记,因而遭受的损失,由甲方负赔偿责任。

七、本合同签订前,该房屋如有应缴纳的一切捐税、费用,概由甲方负责。本合同发生的过户登记费、契税、估价费、印花税由乙方负担。其他税费按有关法律规定,各自承担。

八、甲方如不按合同规定的日期交付房屋,每逾期 1 天按房价的总额 3‰计算违约金给予乙方。逾期超过 3 个月时,乙方得解除本合同。解约时,甲方除将已收的房价款全部退还乙方外,并应赔偿所付房价款同额的赔偿金给乙方。

九、乙方全部或一部分不履行本合同第四条规定的日期给付房价款时,其逾期部分,乙方应加付按日 5‰计算的违约金给予甲方。逾期超过 3 个月时,甲方得解除本合同。解约时,乙方已付的房价款作为赔偿金归甲方所有。

十、甲方保证其出卖给乙方的房屋,产权清楚,绝无其他项权利设定或其他纠纷。乙方买受后,如该房屋产权有纠葛,致影响乙方权利的行使,概由甲方负责清理,并赔偿乙方损失。

十一、交屋时,乙方发现房屋构造或设备与合同约定的不符,经鉴定属实,甲方应于 1 个月内予以修理,如逾期不修理,乙方得自行修理,费用在房价款中扣除。如修理仍达不到合同约定的要求,乙方得解除合同,解约时,甲方除返还全部房价款外,并按本合同第八条规定承担违约责任。

十二、房屋所占用的土地(包括庭院围墙等)所有权属于国家。乙方取得上开房屋占有相应比例的土地使用权,并依照国家法律的规定缴纳土地使用税及其他有关费用。

十三、本合同的附件与合同有同等效力。

十四、本合同一式四份，甲乙方各执一份，另二份分别送交房产和土地管理机关办理产权过户登记手续。

立约人：

甲方：________（签章）　　　　乙方：（签章）________

________年____月____日订于________市（县）

| **条文检索** |

中华人民共和国合同法·第130～175条

（1999年3月15日第九届全国人民代表大会第二次会议通过　1999年3月15日中华人民共和国主席令第15号公布　自1999年10月1日起施行）

第九章　买卖合同

第一百三十条　买卖合同是出卖人转移标的物的所有权于买受人，买受人支付价款的合同。

第一百三十一条　买卖合同的内容除依照本法第十二条的规定以外，还可以包括包装方式、检验标准和方法、结算方式、合同使用的文字及其效力等条款。

第一百三十二条　出卖的标的物，应当属于出卖人所有或者出卖人有权处分。

法律、行政法规禁止或者限制转让的标的物，依照其规定。

第一百三十三条　标的物的所有权自标的物交付时起转移，但法律另有规定或者当事人另有约定的除外。

第一百三十四条　当事人可以在买卖合同中约定买受人未履行支付价款或者其他义务的，标的物的所有权属于出卖人。

第一百三十五条　出卖人应当履行向买受人交付标的物或者交付提取标的物的单证，并转移标的物所有权的义务。

第一百三十六条　出卖人应当按照约定或者交易习惯向买受人交付提取标的物单证以外的有关单证和资料。

第一百三十七条　出卖具有知识产权的计算机软件等标的物的，除法律另有规定或者当事人另有约定的以外，该标的物的知识产权不属于买受人。

第一百三十八条　出卖人应当按照约定的期限交付标的物。约定交付期间的，出卖人可以在该交付期间内的任何时间交付。

第一百三十九条　当事人没有约定标的物的交付期限或者约定不明确的,适用本法第六十一条、第六十二条第四项的规定。

第一百四十条　标的物在订立合同之前已为买受人占有的,合同生效的时间为交付时间。

第一百四十一条　出卖人应当按照约定的地点交付标的物。

当事人没有约定交付地点或者约定不明确,依照本法第六十一条的规定仍不能确定的,适用下列规定:

(一)标的物需要运输的,出卖人应当将标的物交付给第一承运人以运交给买受人;

(二)标的物不需要运输,出卖人和买受人订立合同时知道标的物在某一地点的,出卖人应当在该地点交付标的物;不知道标的物在某一地点的,应当在出卖人订立合同时的营业地交付标的物。

第一百四十二条　标的物毁损、灭失的风险,在标的物交付之前由出卖人承担,交付之后由买受人承担,但法律另有规定或者当事人另有约定的除外。

第一百四十三条　因买受人的原因致使标的物不能按照约定的期限交付的,买受人应当自违反约定之日起承担标的物毁损、灭失的风险。

第一百四十四条　出卖人出卖交由承运人运输的在途标的物,除当事人另有约定的以外,毁损、灭失的风险自合同成立时起由买受人承担。

第一百四十五条　当事人没有约定交付地点或者约定不明确,依照本法第一百四十一条第二款第一项的规定标的物需要运输的,出卖人将标的物交付给第一承运人后,标的物毁损、灭失的风险由买受人承担。

第一百四十六条　出卖人按照约定或者依照本法第一百四十一条第二款第二项的规定将标的物置于交付地点,买受人违反约定没有收取的,标的物毁损、灭失的风险自违反约定之日起由买受人承担。

第一百四十七条　出卖人按照约定未交付有关标的物的单证和资料的,不影响标的物毁损、灭失风险的转移。

第一百四十八条　因标的物质量不符合质量要求,致使不能实现合同目的的,买受人可以拒绝接受标的物或者解除合同。买受人拒绝接受标的物或者解除合同的,标的物毁损、灭失的风险由出卖人承担。

第一百四十九条　标的物毁损、灭失的风险由买受人承担的,不影响因出卖人履行债务不符合约定,买受人要求其承担违约责任的权利。

第一百五十条　出卖人就交付的标的物,负有保证第三人不得向买受人主张任何权利的义务,但法律另有规定的除外。

第一百五十一条　买受人订立合同时知道或者应当知道第三人对买卖的标的物享有权利的,出卖人不承担本法第一百五十条规定的义务。

第一百五十二条　买受人有确切证据证明第三人可能就标的物主张权利的,可以中止支付相应的价款,但出卖人提供适当担保的除外。

第一百五十三条　出卖人应当按照约定的质量要求交付标的物。出卖人提供有关标的物质量说明的,交付的标的物应当符合该说明的质量要求。

第一百五十四条　当事人对标的物的质量要求没有约定或者约定不明确,依照本法第六十一条的规定仍不能确定的,适用本法第六十二条第一项的规定。

第一百五十五条　出卖人交付的标的物不符合质量要求的,买受人可以依照本法第一百一十一条的规定要求承担违约责任。

第一百五十六条　出卖人应当按照约定的包装方式交付标的物。对包装方式没有约定或者约定不明确,依照本法第六十一条的规定仍不能确定的,应当按照通用的方式包装,没有通用方式的,应当采取足以保护标的物的包装方式。

第一百五十七条　买受人收到标的物时应当在约定的检验期间内检验。没有约定检验期间的,应当及时检验。

第一百五十八条　当事人约定检验期间的,买受人应当在检验期间内将标的物的数量或者质量不符合约定的情形通知出卖人。买受人怠于通知的,视为标的物的数量或者质量符合约定。

当事人没有约定检验期间的,买受人应当在发现或者应当发现标的物的数量或者质量不符合约定的合理期间内通知出卖人。买受人在合理期间内未通知或者自标的物收到之日起两年内未通知出卖人的,视为标的物的数量或者质量符合约定,但对标的物有质量保证期的,适用质量保证期,不适用该两年的规定。

出卖人知道或者应当知道提供的标的物不符合约定的,买受人不受前两款规定的通知时间的限制。

第一百五十九条　买受人应当按照约定的数额支付价款。对价款没有约定或者约定不明确的,适用本法第六十一条、第六十二条第二项的规定。

第一百六十条　买受人应当按照约定的地点支付价款。对支付地点没有约定或者约定不明确,依照本法第六十一条的规定仍不能确定的,买受人应当在出卖人的营业地支付,但约定支付价款以交付标的物或者交付提取标的物单证为条件的,在交付标的物或者交付提取标的物单证的所在地支付。

第一百六十一条　买受人应当按照约定的时间支付价款。对支付时间没有约定或者约定不明确,依照本法第六十一条的规定仍不能确定的,买受人应当在收到标的物或者提取标的物单证的同时支付。

第一百六十二条　出卖人多交标的物的,买受人可以接收或者拒绝接收多交的部分。买受人接收多交部分的,按照合同的价格支付价款;买受人拒绝接收多交部分的,应当及时通知出卖人。

第一百六十三条　标的物在交付之前产生的孳息,归出卖人所有,交付之后产生的孳息,归买受人所有。

第一百六十四条　因标的物的主物不符合约定而解除合同的,解除合同的效力及于从物。因标的物的从物不符合约定被解除的,解除的效力不及于主物。

第一百六十五条　标的物为数物,其中一物不符合约定的,买受人可以就该物解除,但该物与他物分离使标的物的价值显受损害的,当事人可以就数物解除合同。

第一百六十六条　出卖人分批交付标的物的,出卖人对其中一批标的物不交付或者交付不符合约定,致使该批标的物不能实现合同目的的,买受人可以就该批标的物解除。

出卖人不交付其中一批标的物或者交付不符合约定,致使今后其他各批标的物的交付不能实现合同目的的,买受人可以就该批以及今后其他各批标的物解除。

买受人如果就其中一批标的物解除,该批标的物与其他各批标的物相互依存的,可以就已经交付和未交付的各批标的物解除。

第一百六十七条　分期付款的买受人未支付到期价款的金额达到全部价款的五分之一的,出卖人可以要求买受人支付全部价款或者解除合同。

出卖人解除合同的,可以向买受人要求支付该标的物的使用费。

第一百六十八条　凭样品买卖的当事人应当封存样品,并可以对样品质量予以说明。出卖人交付的标的物应当与样品及其说明的质量相同。

第一百六十九条　凭样品买卖的买受人不知道样品有隐蔽瑕疵的,即使交付的标的物与样品相同,出卖人交付的标的物的质量仍然应当符合同种物的通常标准。

第一百七十条　试用买卖的当事人可以约定标的物的试用期间。对试用期间没有约定或者约定不明确,依照本法第六十一条的规定仍不能确定的,由出卖人确定。

第一百七十一条　试用买卖的买受人在试用期内可以购买标的物,也可以拒绝购买。试用期间届满,买受人对是否购买标的物未作表示的,视为购买。

第一百七十二条　招标投标买卖的当事人的权利和义务以及招标投标程序等,依照有关法律、行政法规的规定。

第一百七十三条　拍卖的当事人的权利和义务以及拍卖程序等,依照有关法律、行政法规的规定。

第一百七十四条　法律对其他有偿合同有规定的,依照其规定;没有规定的,参照买卖合同的有关规定。

第一百七十五条　当事人约定易货交易,转移标的物的所有权的,参照买卖合同的有关规定。

中华人民共和国城市房地产管理法·第31~45条

(1994年7月5日第八届全国人民代表大会常务委员会第八次会议通过　根据2007年8月30日第十届全国人民代表大会常务委员会第二十九次会议《关于修改〈中华人民共和国城市房地产管理法〉的决定》第一次修正　根据2009年8月27日第十一届全国人民代表大会常务委员会第十次会议《关于修改部分法律的决定》第二次修正)

第三十一条　房地产开发企业的注册资本与投资总额的比例应当符合国家有关规定。

房地产开发企业分期开发房地产的,分期投资额应当与项目规模相适应,并按照土地使用权出让合同的约定,按期投入资金,用于项目建设。

第三十二条　房地产转让、抵押时,房屋的所有权和该房屋占用范围内的土地使用权同时转让、抵押。

第三十三条　基准地价、标定地价和各类房屋的重置价格应当定期确定并公布。具体办法由国务院规定。

第三十四条　国家实行房地产价格评估制度。

房地产价格评估,应当遵循公正、公平、公开的原则,按照国家规定的技术标准和评估程序,以基准地价、标定地价和各类房屋的重置价格为基础,参照当地的市场价格进行评估。

第三十五条　国家实行房地产成交价格申报制度。

房地产权利人转让房地产,应当向县级以上地方人民政府规定的部门如实申报成交价,不得瞒报或者作不实的申报。

第三十六条　房地产转让、抵押,当事人应当依照本法第五章的规定办理权属登记。

第三十七条　房地产转让,是指房地产权利人通过买卖、赠与或者其他合法方式将其房地产转移给他人的行为。

第三十八条　下列房地产,不得转让:

(一)以出让方式取得土地使用权的,不符合本法第三十九条规定的条件的;

(二)司法机关和行政机关依法裁定、决定查封或者以其他形式限制房地产权利的;

(三)依法收回土地使用权的;

(四)共有房地产,未经其他共有人书面同意的;

(五)权属有争议的;

(六)未依法登记领取权属证书的;

(七)法律、行政法规规定禁止转让的其他情形。

第三十九条　以出让方式取得土地使用权的,转让房地产时,应当符合下列条件:

(一)按照出让合同约定已经支付全部土地使用权出让金,并取得土地使用权证书;

(二)按照出让合同约定进行投资开发,属于房屋建设工程的,完成开发投资总额的百分之二十五以上,属于成片开发土地的,形成工业用地或者其他建设用地条件。

转让房地产时房屋已经建成的,还应当持有房屋所有权证书。

第四十条　以划拨方式取得土地使用权的,转让房地产时,应当按照国务院规定,报有批准权的人民政府审批。有批准权的人民政府准予转让的,应当由受让方办理土地使用权出让手续,并依照国家有关规定缴纳土地使用权出让金。

以划拨方式取得土地使用权的,转让房地产报批时,有批准权的人民政府按照国务院规定决定可以不办理土地使用权出让手续的,转让方应当按照国务院规定将转让房地产所获收益中的土地收益上缴国家或者作其他处理。

第四十一条　房地产转让,应当签订书面转让合同,合同中应当载明土地使用权取得的方式。

第四十二条　房地产转让时,土地使用权出让合同载明的权利、义务随之转移。

第四十三条　以出让方式取得土地使用权的,转让房地产后,其土地使用权的使用年限为原土地使用权出让合同约定的使用年限减去原土地使用者已经使用年限后的剩余年限。

第四十四条　以出让方式取得土地使用权的,转让房地产后,受让人改变原土地使用权出让合同约定的土地用途的,必须取得原出让方和市、县人民政府城市规划行政主管部门的同意，签订土地使用权出让合同变更协议或者重新签订土地使用权出让合同，相应调整土地使用权出让金。

第四十五条　商品房预售，应当符合下列条件：

（一）已交付全部土地使用权出让金，取得土地使用权证书；

（二）持有建设工程规划许可证；

（三）按提供预售的商品房计算，投入开发建设的资金达到工程建设总投资的百分之二十五以上，并已经确定施工进度和竣工交付日期；

（四）向县级以上人民政府房产管理部门办理预售登记，取得商品房预售许可证明。

商品房预售人应当按照国家有关规定将预售合同报县级以上人民政府房产管理部门和土地管理部门登记备案。

商品房预售所得款项，必须用于有关的工程建设。

商品房销售管理办法

（2001 年 3 月 14 日建设部第 38 次部常务会议审议通过　2001 年 4 月 4 日建设部令第 88 号公布　自 2001 年 6 月 1 日起施行）

第一章　总　　则

第一条　为了规范商品房销售行为，保障商品房交易双方当事人的合法权益，根据《中华人民共和国城市房地产管理法》、《城市房地产开发经营管理条例》，制定本办法。

第二条　商品房销售及商品房销售管理应当遵守本办法。

第三条　商品房销售包括商品房现售和商品房预售。

本办法所称商品房现售，是指房地产开发企业将竣工验收合格的商品房出售给买受人，并由买受人支付房价款的行为。

本办法所称商品房预售，是指房地产开发企业将正在建设中的商品房预先出售给买受人，并由买受人支付定金或者房价款的行为。

第四条　房地产开发企业可以自行销售商品房，也可以委托房地产中介服务机构销售商品房。

第五条　国务院建设行政主管部门负责全国商品房的销售管理工作。

省、自治区人民政府建设行政主管部门负责本行政区域内商品房的销售管理工作。

直辖市、市、县人民政府建设行政主管部门、房地产行政主管部门（以下统称房地产开发主管部门)按照职责分工,负责本行政区域内商品房的销售管理工作。

第二章 销售条件

第六条 商品房预售实行预售许可制度。

商品房预售条件及商品房预售许可证明的办理程序,按照《城市房地产开发经营管理条例》和《城市商品房预售管理办法》的有关规定执行。

第七条 商品房现售,应当符合以下条件:

(一)现售商品房的房地产开发企业应当具有企业法人营业执照和房地产开发企业资质证书;

(二)取得土地使用权证书或者使用土地的批准文件;

(三)持有建设工程规划许可证和施工许可证;

(四)已通过竣工验收;

(五)拆迁安置已经落实;

(六)供水、供电、供热、燃气、通讯等配套基础设施具备交付使用条件,其他配套基础设施和公共设施具备交付使用条件或者已确定施工进度和交付日期;

(七)物业管理方案已经落实。

第八条 房地产开发企业应当在商品房现售前将房地产开发项目手册及符合商品房现售条件的有关证明文件报送房地产开发主管部门备案。

第九条 房地产开发企业销售设有抵押权的商品房,其抵押权的处理按照《中华人民共和国担保法》、《城市房地产抵押管理办法》的有关规定执行。

第十条 房地产开发企业不得在未解除商品房买卖合同前,将作为合同标的物的商品房再行销售给他人。

第十一条 房地产开发企业不得采取返本销售或者变相返本销售的方式销售商品房。

房地产开发企业不得采取售后包租或者变相售后包租的方式销售未竣工商品房。

第十二条 商品住宅按套销售,不得分割拆零销售。

第十三条 商品房销售时,房地产开发企业选聘了物业管理企业的,买受人应当在订立商品房买卖合同时与房地产开发企业选聘的物业管理企业订立有关物业管理的协议。

第三章 广告与合同

第十四条 房地产开发企业、房地产中介服务机构发布商品房销售宣传广告,应当执行《中华人民共和国广告法》、《房地产广告发布暂行规定》等有关规定，广告内容必须真实、合法、科学、准确。

第十五条 房地产开发企业、房地产中介服务机构发布的商品房销售广告和宣传资料所明示的事项，当事人应当在商品房买卖合同中约定。

第十六条 商品房销售时，房地产开发企业和买受人应当订立书面商品房买卖合同。

商品房买卖合同应当明确以下主要内容：

（一）当事人名称或者姓名和住所；

（二）商品房基本状况；

（三）商品房的销售方式；

（四）商品房价款的确定方式及总价款、付款方式、付款时间；

（五）交付使用条件及日期；

（六）装饰、设备标准承诺；

（七）供水、供电、供热、燃气、通讯、道路、绿化等配套基础设施和公共设施的交付承诺和有关权益、责任；

（八）公共配套建筑的产权归属；

（九）面积差异的处理方式；

（十）办理产权登记有关事宜；

（十一）解决争议的方法；

（十二）违约责任；

（十三）双方约定的其他事项。

第十七条 商品房销售价格由当事人协商议定，国家另有规定的除外。

第十八条 商品房销售可以按套（单元）计价，也可以按套内建筑面积或者建筑面积计价。

商品房建筑面积由套内建筑面积和分摊的共有建筑面积组成，套内建筑面积部分为独立产权，分摊的共有建筑面积部分为共有产权，买受人按照法律、法规的规定对其享有权利，承担责任。

按套（单元）计价或者按套内建筑面积计价的，商品房买卖合同中应当注明建筑面积和分摊的共有建筑面积。

第十九条 按套（单元）计价的现售房屋，当事人对现售房屋实地勘察后可以在合同中直接约定总价款。

按套(单元)计价的预售房屋,房地产开发企业应当在合同中附所售房屋的平面图。平面图应当标明详细尺寸,并约定误差范围。房屋交付时,套型与设计图纸一致,相关尺寸也在约定的误差范围内,维持总价款不变;套型与设计图纸不一致或者相关尺寸超出约定的误差范围,合同中未约定处理方式的,买受人可以退房或者与房地产开发企业重新约定总价款。买受人退房的,由房地产开发企业承担违约责任。

第二十条　按套内建筑面积或者建筑面积计价的,当事人应当在合同中载明合同约定面积与产权登记面积发生误差的处理方式。

合同未作约定的,接以下原则处理:

(一)面积误差比绝对值在3%以内(含3%)的,据实结算房价款;

(二)面积误差比绝对值超出3%时,买受人有权退房。买受人退房的,房地产开发企业应当在买受人提出退房之日起30日内将买受人已付房价款退还给买受人,同时支付已付房价款利息。买受人不退房的,产权登记面积大于合同约定面积时,面积误差比在3%以内(含3%)部分的房价款由买受人补足;超出3%部分的房价款由房地产开发企业承担,产权归买受人。产权登记面积小于合同约定面积时,面积误差比绝对值在3%以内(含3%)部分的房价款由房地产开发企业返还买受人;绝对值超出3%部分的房价款由房地产开发企业双倍返还买受人。

$$\text{面积误差比} = \frac{\text{产权登记面积} - \text{合同约定面积}}{\text{合同约定面积}} \times 100\%$$

因本办法第二十四条规定的规划设计变更造成面积差异,当事人不解除合同的,应当签署补充协议。

第二十一条　按建筑面积计价的,当事人应当在合同中约定套内建筑面积和分摊的共有建筑面积,并约定建筑面积不变而套内建筑面积发生误差以及建筑面积与套内建筑面积均发生误差时的处理方式。

第二十二条　不符合商品房销售条件的,房地产开发企业不得销售商品房,不得向买受人收取任何预订款性质费用。

符合商品房销售条件的,房地产开发企业在订立商品房买卖合同之前向买受人收取预订款性质费用的,订立商品房买卖合同时,所收费用应当抵作房价款;当事人未能订立商品房买卖合同的,房地产开发企业应当向买受人返还所收费用;当事人之间另有约定的,从其约定。

第二十三条　房地产开发企业应当在订立商品房买卖合同之前向买受人明示《商品房销售管理办法》和《商品房买卖合同示范文本》;预售商品房的,还必须明示《城市商品房预售管理办法》。

第二十四条 房地产开发企业应当按照批准的规划、设计建设商品房。商品房销售后,房地产开发企业不得擅自变更规划、设计。

经规划部门批准的规划变更、设计单位同意的设计变更导致商品房的结构型式、户型、空间尺寸、朝向变化,以及出现合同当事人约定的其他影响商品房质量或者使用功能情形的,房地产开发企业应当在变更确立之日起10日内,书面通知买受人。

买受人有权在通知到达之日起15日内做出是否退房的书面答复。买受人在通知到达之日起15日内未作书面答复的,视同接受规划、设计变更以及由此引起的房价款的变更。房地产开发企业未在规定时限内通知买受人的,买受人有权退房;买受人退房的,由房地产开发企业承担违约责任。

第四章 销售代理

第二十五条 房地产开发企业委托中介服务机构销售商品房的,受托机构应当是依法设立并取得工商营业执照的房地产中介服务机构。

房地产开发企业应当与受托房地产中介服务机构订立书面委托合同,委托合同应当载明委托期限、委托权限以及委托人和被委托人的权利、义务。

第二十六条 受托房地产中介服务机构销售商品房时,应当向买受人出示商品房的有关证明文件和商品房销售委托书。

第二十七条 受托房地产中介服务机构销售商品房时,应当如实向买受人介绍所代理销售商品房的有关情况。

受托房地产中介服务机构不得代理销售不符合销售条件的商品房。

第二十八条 受托房地产中介服务机构在代理销售商品房时不得收取佣金以外的其他费用。

第二十九条 商品房销售人员应当经过专业培训,方可从事商品房销售业务。

第五章 交 付

第三十条 房地产开发企业应当按照合同约定,将符合交付使用条件的商品房按期交付给买受人。未能按期交付的,房地产开发企业应当承担违约责任。

因不可抗力或者当事人在合同中约定的其他原因,需延期交付的,房地产开发企业应当及时告知买受人。

第三十一条　房地产开发企业销售商品房时设置样板房的,应当说明实际交付的商品房质量、设备及装修与样板房是否一致,未作说明的,实际交付的商品房应当与样板房一致。

第三十二条　销售商品住宅时,房地产开发企业应当根据《商品住宅实行质量保证书和住宅使用说明书制度的规定》(以下简称《规定》),向买受人提供《住宅质量保证书》、《住宅使用说明书》。

第三十三条　房地产开发企业应当对所售商品房承担质量保修责任。当事人应当在合同中就保修范围、保修期限、保修责任等内容做出约定。保修期从交付之日起计算。

商品住宅的保修期限不得低于建设工程承包单位向建设单位出具的质量保修书约定保修期的存续期;存续期少于《规定》中确定的最低保修期限的,保修期不得低于《规定》中确定的最低保修期限。

非住宅商品房的保修期限不得低于建设工程承包单位向建设单位出具的质量保修书约定保修期的存续期。

在保修期限内发生的属于保修范围的质量问题,房地产开发企业应当履行保修义务,并对造成的损失承担赔偿责任。因不可抗力或者使用不当造成的损坏,房地产开发企业不承担责任。

第三十四条　房地产开发企业应当在商品房交付使用前按项目委托具有房产测绘资格的单位实施测绘,测绘成果报房地产行政主管部门审核后用于房屋权属登记。

房地产开发企业应当在商品房交付使用之日起60日内,将需要由其提供的办理房屋权属登记的资料报送房屋所在地房地产行政主管部门。

房地产开发企业应当协助商品房买受人办理土地使用权变更和房屋所有权登记手续。

第三十五条　商品房交付使用后,买受人认为主体结构质量不合格的,可以依照有关规定委托工程质量检测机构重新核验。经核验,确属主体结构质量不合格的,买受人有权退房;给买受人造成损失的,房地产开发企业应当依法承担赔偿责任。

第六章　法 律 责 任

第三十六条　未取得营业执照,擅自销售商品房的,由县级以上人民政府工商行政管理部门依照《城市房地产开发经营管理条例》的规定处罚。

第三十七条　未取得房地产开发企业资质证书,擅自销售商品房的,责令停止销售活动,处5万元以上10万元以下的罚款。

第三十八条　违反法律、法规规定,擅自预售商品房的,责令停止违法行为,没收违法所得;收取预付款的,可以并处已收取的预付款1%以下的罚款。

第三十九条　在未解除商品房买卖合同前,将作为合同标的物的商品房再行销售给他人的,处以警告,责令限期改正,并处2万元以上3万元以下罚款;构成犯罪的,依法追究刑事责任。

第四十条　房地产开发企业将未组织竣工验收、验收不合格或者对不合格按合格验收的商品房擅自交付使用的,按照《建设工程质量管理条例》的规定处罚。

第四十一条　房地产开发企业未按规定将测绘成果或者需要由其提供的办理房屋权属登记的资料报送房地产行政主管部门的,处以警告,责令限期改正,并可处以2万元以上3万元以下罚款。

第四十二条　房地产开发企业在销售商品房中有下列行为之一的,处以警告,责令限期改正,并可处以1万元以上3万元以下罚款。

(一)未按照规定的现售条件现售商品房的;

(二)未按照规定在商品房现售前将房地产开发项目手册及符合商品房现售条件的有关证明文件报送房地产开发主管部门备案的;

(三)返本销售或者变相返本销售商品房的;

(四)采取售后包租或者变相售后包租方式销售未竣工商品房的;

(五)分割拆零销售商品住宅的;

(六)不符合商品房销售条件,向买受人收取预订款性质费用的;

(七)未按照规定向买受人明示《商品房销售管理办法》、《商品房买卖合同示范文本》、《城市商品房预售管理办法》的;

(八)委托没有资格的机构代理销售商品房的。

第四十三条　房地产中介服务机构代理销售不符合销售条件的商品房的,处以警告,责令停止销售,并可处以2万元以上3万元以下罚款。

第四十四条　国家机关工作人员在商品房销售管理工作中玩忽职守、滥用职权、徇私舞弊,依法给予行政处分;构成犯罪的,依法追究刑事责任。

第七章　附　　则

第四十五条　本办法所称返本销售,是指房地产开发企业以定期向买受人返还购房款的方式销售商品房的行为。

本办法所称售后包租,是指房地产开发企业以在一定期限内承租或者代为出租买受人所购该企业商品房的方式销售商品房的行为。

本办法所称分割拆零销售,是指房地产开发企业以将成套的商品住宅分割为数部分分别出售给买受人的方式销售商品住宅的行为。

本办法所称产权登记面积,是指房地产行政主管部门确认登记的房屋面积。

第四十六条 省、自治区、直辖市人民政府建设行政主管部门可以根据本办法制定实施细则。

第四十七条 本办法由国务院建设行政主管部门负责解释。

第四十八条 本办法自2001年6月1日起施行。

最高人民法院关于审理商品房买卖合同纠纷案件适用法律若干问题的解释

(2003年3月24日最高人民法院审判委员会第1267次会议通过 2003年4月28日公布 法释〔2003〕7号 自2003年6月1日起施行)

为正确、及时审理商品房买卖合同纠纷案件,根据《中华人民共和国民法通则》、《中华人民共和国合同法》、《中华人民共和国城市房地产管理法》、《中华人民共和国担保法》等相关法律,结合民事审判实践,制定本解释。

第一条 本解释所称的商品房买卖合同,是指房地产开发企业(以下统称为出卖人)将尚未建成或者已竣工的房屋向社会销售并转移房屋所有权于买受人,买受人支付价款的合同。

第二条 出卖人未取得商品房预售许可证明,与买受人订立的商品房预售合同,应当认定无效,但是在起诉前取得商品房预售许可证明的,可以认定有效。

第三条 商品房的销售广告和宣传资料为要约邀请,但是出卖人就商品房开发规划范围内的房屋及相关设施所作的说明和允诺具体确定,并对商品房买卖合同的订立以及房屋价格的确定有重大影响的,应当视为要约。该说明和允诺即使未载入商品房买卖合同,亦应当视为合同内容,当事人违反的,应当承担违约责任。

第四条 出卖人通过认购、订购、预订等方式向买受人收受定金作为订立商品房买卖合同担保的,如果因当事人一方原因未能订立商品房买卖合同,应当按照法律关于定金的规定处理;因不可归责于当事人双方的事由,导致商品房买卖合同未能订立的,出卖人应当将定金返还买受人。

第五条 商品房的认购、订购、预订等协议具备《商品房销售管理办法》第十六条规定的商品房买卖合同的主要内容，并且出卖人已经按照约定收受购房款的，该协议应当认定为商品房买卖合同。

第六条 当事人以商品房预售合同未按照法律、行政法规规定办理登记备案手续为由，请求确认合同无效的，不予支持。

当事人约定以办理登记备案手续为商品房预售合同生效条件的，从其约定，但当事人一方已经履行主要义务，对方接受的除外。

第七条 拆迁人与被拆迁人按照所有权调换形式订立拆迁补偿安置协议，明确约定拆迁人以位置、用途特定的房屋对被拆迁人予以补偿安置，如果拆迁人将该补偿安置房屋另行出卖给第三人，被拆迁人请求优先取得补偿安置房屋的，应予支持。

被拆迁人请求解除拆迁补偿安置协议的，按照本解释第八条的规定处理。

第八条 具有下列情形之一的，导致商品房买卖合同目的不能实现的，无法取得房屋的买受人可以请求解除合同、返还已付购房款及利息、赔偿损失，并可以请求出卖人承担不超过已付购房款一倍的赔偿责任：

（一）商品房买卖合同订立后，出卖人未告知买受人又将该房屋抵押给第三人；

（二）商品房买卖合同订立后，出卖人又将该房屋出卖给第三人。

第九条 出卖人订立商品房买卖合同时，具有下列情形之一，导致合同无效或者被撤销、解除的，买受人可以请求返还已付购房款及利息、赔偿损失，并可以请求出卖人承担不超过已付购房款一倍的赔偿责任：

（一）故意隐瞒没有取得商品房预售许可证明的事实或者提供虚假商品房预售许可证明；

（二）故意隐瞒所售房屋已经抵押的事实；

（三）故意隐瞒所售房屋已经出卖给第三人或者为拆迁补偿安置房屋的事实。

第十条 买受人以出卖人与第三人恶意串通，另行订立商品房买卖合同并将房屋交付使用，导致其无法取得房屋为由，请求确认出卖人与第三人订立的商品房买卖合同无效的，应予支持。

第十一条 对房屋的转移占有，视为房屋的交付使用，但当事人另有约定的除外。

房屋毁损、灭失的风险，在交付使用前由出卖人承担，交付使用后由买受人承担；买受人接到出卖人的书面交房通知，无正当理由拒绝接收的，房屋毁损、灭失的风险自书面交房通知确定的交付使用之日起由买受人承担，但法律另有规定或者当事人另有约定的除外。

第十二条　因房屋主体结构质量不合格不能交付使用，或者房屋交付使用后，房屋主体结构质量经核验确属不合格，买受人请求解除合同和赔偿损失的，应予支持。

第十三条　因房屋质量问题严重影响正常居住使用，买受人请求解除合同和赔偿损失的，应予支持。

交付使用的房屋存在质量问题，在保修期内，出卖人应当承担修复责任；出卖人拒绝修复或者在合理期限内拖延修复的，买受人可以自行或者委托他人修复。修复费用及修复期间造成的其他损失由出卖人承担。

第十四条　出卖人交付使用的房屋套内建筑面积或者建筑面积与商品房买卖合同约定面积不符，合同有约定的，按照约定处理；合同没有约定或者约定不明确的，按照以下原则处理：

（一）面积误差比绝对值在3%以内（含3%），按照合同约定的价格据实结算，买受人请求解除合同的，不予支持；

（二）面积误差比绝对值超出3%，买受人请求解除合同、返还已付购房款及利息的，应予支持。买受人同意继续履行合同，房屋实际面积大于合同约定面积的，面积误差比在3%以内（含3%）部分的房价款由买受人按照约定的价格补足，面积误差比超出3%部分的房价款由出卖人承担，所有权归买受人；房屋实际面积小于合同约定面积的，面积误差比在3%以内（含3%）部分的房价款及利息由出卖人返还买受人，面积误差比超过3%部分的房价款由出卖人双倍返还买受人。

第十五条　根据《合同法》第九十四条的规定，出卖人迟延交付房屋或者买受人迟延支付购房款，经催告后在三个月的合理期限内仍未履行，当事人一方请求解除合同的，应予支持，但当事人另有约定的除外。

法律没有规定或者当事人没有约定，经对方当事人催告后，解除权行使的合理期限为三个月。对方当事人没有催告的，解除权应当在解除权发生之日起一年内行使；逾期不行使的，解除权消灭。

第十六条　当事人以约定的违约金过高为由请求减少的，应当以违约金超过造成的损失30%为标准适当减少；当事人以约定的违约金低于造成的损失为由请求增加的，应当以违约造成的损失确定违约金数额。

第十七条　商品房买卖合同没有约定违约金数额或者损失赔偿额计算方法，违约金数额或者损失赔偿额可以参照以下标准确定：

逾期付款的，按照未付购房款总额，参照中国人民银行规定的金融机构计收逾期贷款利息的标准计算。

逾期交付使用房屋的，按照逾期交付使用房屋期间有关主管部门公布或者有资格的房地产评估机构评定的同地段同类房屋租金标准确定。

第十八条　由于出卖人的原因，买受人在下列期限届满未能取得房屋权属证书的，除当事人有特殊约定外，出卖人应当承担违约责任：

（一）商品房买卖合同约定的办理房屋所有权登记的期限；

（二）商品房买卖合同的标的物为尚未建成房屋的，自房屋交付使用之日起90日；

（三）商品房买卖合同的标的物为已竣工房屋的，自合同订立之日起90日。

合同没有约定违约金或者损失数额难以确定的，可以按照已付购房款总额，参照中国人民银行规定的金融机构计收逾期贷款利息的标准计算。

第十九条　商品房买卖合同约定或者《城市房地产开发经营管理条例》第三十三条规定的办理房屋所有权登记的期限届满后超过一年，由于出卖人的原因，导致买受人无法办理房屋所有权登记，买受人请求解除合同和赔偿损失的，应予支持。

第二十条　出卖人与包销人订立商品房包销合同，约定出卖人将其开发建设的房屋交由包销人以出卖人的名义销售的，包销期满未销售的房屋，由包销人按照合同约定的包销价格购买，但当事人另有约定的除外。

第二十一条　出卖人自行销售已经约定由包销人包销的房屋，包销人请求出卖人赔偿损失的，应予支持，但当事人另有约定的除外。

第二十二条　对于买受人因商品房买卖合同与出卖人发生的纠纷，人民法院应当通知包销人参加诉讼；出卖人、包销人和买受人对各自的权利义务有明确约定的，按照约定的内容确定各方的诉讼地位。

第二十三条　商品房买卖合同约定，买受人以担保贷款方式付款、因当事人一方原因未能订立商品房担保贷款合同并导致商品房买卖合同不能继续履行的，对方当事人可以请求解除合同和赔偿损失。因不可归责于当事人双方的事由未能订立商品房担保贷款合同并导致商品房买卖合同不能继续履行的，当事人可以请求解除合同，出卖人应当将收受的购房款本金及其利息或者定金返还买受人。

第二十四条　因商品房买卖合同被确认无效或者被撤销、解除，致使商品房担保贷款合同的目的无法实现，当事人请求解除商品房担保贷款合同的，应予支持。

第二十五条　以担保贷款为付款方式的商品房买卖合同的当事人一方请求确认商品房买卖合同无效或者撤销、解除合同的,如果担保权人作为有独立请求权第三人提出诉讼请求,应当与商品房担保贷款合同纠纷合并审理;未提出诉讼请求的,仅处理商品房买卖合同纠纷。担保权人就商品房担保贷款合同纠纷另行起诉的,可以与商品房买卖合同纠纷合并审理。

商品房买卖合同被确认无效或者被撤销、解除后,商品房担保贷款合同也被解除的,出卖人应当将收受的购房贷款和购房款的本金及利息分别返还担保权人和买受人。

第二十六条　买受人未按照商品房担保贷款合同的约定偿还贷款,亦未与担保权人办理商品房抵押登记手续,担保权人起诉买受人,请求处分商品房买卖合同项下买受人合同权利的,应当通知出卖人参加诉讼;担保权人同时起诉出卖人时,如果出卖人为商品房担保贷款合同提供保证的,应当列为共同被告。

第二十七条　买受人未按照商品房担保贷款合同的约定偿还贷款,但是已经取得房屋权属证书并与担保权人办理了商品房抵押登记手续,抵押权人请求买受人偿还贷款或者就抵押的房屋优先受偿的,不应当追加出卖人为当事人,但出卖人提供保证的除外。

第二十八条　本解释自2003年6月1日起施行。

《中华人民共和国城市房地产管理法》施行后订立的商品房买卖合同发生的纠纷案件,本解释公布施行后尚在一审、二审阶段的,适用本解释。

《中华人民共和国城市房地产管理法》施行后订立的商品房买卖合同发生的纠纷案件,在本解释公布施行前已经终审,当事人申请再审或者按照审判监督程序决定再审的,不适用本解释。

《中华人民共和国城市房地产管理法》施行前发生的商品房买卖行为,适用当时的法律、法规和《最高人民法院〈关于审理房地产管理法施行前房地产开发经营案件若干问题的解答〉》。

应用指引

商品房买卖合同是指当事人双方就买卖现有商品房和预售商品房而达成的明确相互间权利义务关系的协议。

商品房买卖合同的标的是房屋,根据有关法律规定,出卖人出售的商品房应当具有"五证"、"两书"即国有土地使用证、建设用地规划许可证、建设工程规划许可证、建设工程施工许可证、商品房预(销)售许可证和住宅质量保证书、住宅使用说明书,才是合法有效的。

商品房买卖合同除应明确双方当事人各种自然情况外，还必须有以下几方面内容来对双方进行约定，即甲方用地依据及商品房坐落位置、乙方所购商品房的面积、该商品房的销售特征、价格与费用、实际面积与暂测面积差异的处理、价格与费用调整的特殊约定、乙方逾期付款的违约责任、交付期限、甲方逾期交付的违约责任及质量争议处理等方面的约定。

制作该合同应注意以下问题：

(1)根据我国《城市房地产管理法》及其他法律、法规的规定，在我国，能够作为商品房购销合同卖方的，只能是从事房地产开发业务的法人，其他法人和个人，均不能成为商品房购销合同的卖方。因此，买方在签订商品房购销合同之前，必须全面了解卖方是否有资格从事房地产买卖业务，是否具备法人资格，是否有履约的能力。

(2)由于商品房购销合同适用于现房买卖和预售商品房买卖，当事人在订立合同时，必须明确约定所购商品房的性质是现房买卖还是预售商品房的买卖，这对当事人的权利义务有着直接的影响，因为预售房合同应当进行合同登记。

(3)由于商品房交付时房屋实际面积与暂测面积存在差异，这种差异直接关系到商品房的价款，因此，当事人应当协商确定房屋实际面积与暂测面积差异的百分率，以此来作为日后调整商品房成交价的依据。

(4)商品房买卖合同涉及的是不动产买卖，买方在实际接收该商品房之日起，应当在房地产产权登记机关规定的期限内向房地产产权登记机关办理权属登记手续。

(5)买卖外销商品房的，必须到有关的公证机关办理公证手续。

(6)各省、市地方政府对商品房买卖作了许多地方性规定，购房者应当认真阅读，弄清自己的权利义务再与售房者协商合同条款。

031 商品住宅质量保证书

文书范本 | 商品住宅质量保证书
适用范围 | 房地产开发商出具的商品房质量的书面保证文件
条文检索 | 商品房销售管理办法
应用指引 | 商品住宅质量保证书的主要内容;制作该文书应当注意的问题

商品住宅质量保证书

填发单位:________________
填发时间:________________

(封面)

住宅质量保证书

填发日期：

开发单位(盖章)			电话	
地址			邮编	
商品房项目名称			工程质量等级	
验收时间			交付使用时间	年 月 日
质量保修受理部门				
联系电话			答复时限	个工作日
保修项目	保修期限	保修责任		
地基和主体结构				
屋面防水				
墙面、厨房和卫生间地面、地下室、管道渗漏				
墙面、顶棚抹灰层脱落				
地面饰面空鼓、开裂、大面积起砂				
门窗翘裂、五金件损坏				
卫生洁具				
灯具、电器及开关				
供冷系统和设备				
管道堵塞				
防盗及对讲系统				
房地产开发公司承诺的其他保修项目				

注：本注意事项如与政府有关规定相抵触，以现行规定为准。

商品住宅质量保证书

尊敬的住户:

感谢您选购了我公司开发建设的商品住宅,为了保护您的合法权益,促进我公司不断提高开发质量,做好商品住宅售后服务;同时,也为了指导您更好地使用我公司开发建设的商品住宅。我们根据国务院《城市房地产开发经营管理条例》,实行商品住宅质量保证书和使用说明书制度,请您密切配合,并欢迎您对我们的工作提出意见和建议。

开发公司地址:________ 物业管理公司地址:________

销售联系人:________ 联系人:________

电话:________ 电话:________

开发公司(章)________

法人代表:(签章)________

________年____月____日

本公司对您购买的________市________区(县)________路________号________小区栋________单元________室,建筑面积________平方米的住宅作如下质量保证和承诺:

一、该房屋于________年____月____日通过市建委组织的竣工验收,各项建设手续齐全:资质证编号为________,建设工程规划许可证编号为________;建筑工程施工许可证编号为________;竣工验收备案登记编号为________预售许可证号为________。

二、该住宅工程由________进行质量监督。在施工中始终按照国家有关规范、规程、质量标准及设计要求进行施工。

三、本住宅自交付之日起,在住户正常使用的情况下,本公司免费承担保修期内以下项目(见附表)的维修责任,并在承诺期限内负责维修完毕。

四、住户对商品房验收完毕,接收钥匙之日即为该商品房交付使用日期,也是本保证书签订日期,住宅保修自此日起计算。用户在使用过程中发现质量问题,可直接拨打我公司维修电话或认真填写附页中“商品住宅质量反馈表”寄予我公司。因住户使用不当或进行家庭装修以及不可抗拒的自然灾害而造成的质量问题,不在本公司保修范围之内。

五、住户入住后，有关住宅质量的来信、来访、投诉，本公司将直接（或委托物业公司）及时给予答复和妥善处理。若对我们服务人员的工作不满，可向本公司投诉，我们将及时进行处理。

六、如对本公司的答复或处理有争议，凡有关住宅工程质量问题，可根据国务院《建设工程质量管理条例》及建设部《房屋建筑工程质量保修办法》的有关规定，向本市的建设工程质量监督站申请协调；凡有关住宅室外配套问题，可根据国务院《城市房地产开发经营管理条例》等有关规定，向本地建设行政本管部门申请协调。对协调意见仍有分歧的可向本地仲裁委员会申请仲裁。

七、经省级以上资格的专业部门鉴定，凡属地基基础和主体结构质量不合格且无法修复的危险房屋我公司将予以退房或调换。

八、本质量保证书作为商品住宅销售合同的附件，是本公司承担商品住宅质量责任的法律文件，与销售合同具有同等法律效力，请用户妥善保存，不得伪造、涂改。

附件：

商品住宅质量反馈表

序号	维修项目	国家规定的保修期	公司承诺的保修期	问题处理期限
1	屋面防水	5年		
2	墙面、厨房和卫生间地面、地下室、管道房渗漏	3年		
3	墙面、顶棚抹灰脱落	2年		
4	地面空鼓开裂、大面积起砂	2年		
5	门窗翘裂、五金件损坏	2年		
6	管道堵塞	6个月		
7	供冷系统和设备	2个采暖期、供冷期		
8	卫生洁具	2年		
9	电器管线	2年		
10	给、排水管道安装	2年		
11	地基基础、主体结构	正常合理使用寿命内		

监制说明：

1. 本保证书是根据国务院《城市房地产开发经营管理条例》第三十一条以及建设部《商品住宅实行住宅质量保证书和住宅使用说明书制度的规定》的有关规定监制；

2. 房地产开发企业在向用户交付销售的新建商品住宅时，必须提供本质量保证书；

3. 本质量保证书可作为商品房购销合同的补充约定，每套商品住宅一式两份，一份开发企业存档，一份在商品住宅交付使用时提供给用户。

| 条文检索 |

商品房销售管理办法 · 第 32 ~ 33 条

(2001 年 3 月 14 日建设部第 38 次部常务会议审议通过　2001 年 4 月 4 日建设部令第 88 号公布　自 2001 年 6 月 1 日起施行)

参见“030　商品房买卖合同”条文检索部分。

| 应用指引 |

住宅质量保证书，是指房地产开发企业向购房者提供的保证商品房质量符合国家规定和合同约定的书面保证。住宅质量保证书是房地产开发企业对销售的商品住宅承担质量责任的法律文件，房地产开发企业应当按住宅质量保证书的约定，承担保修责任。

房地产开发企业在向用户交付销售的新建商品住宅时，必须提供住宅质量保证书。住宅质量保证书可以作为商品房购销合同的补充规定。商品住宅售出后，委托物业管理公司等单位维修的，应在住宅质量保证书中明示所委托的单位。

住宅质量保证书应当包括以下内容：

(1) 工程质量监督部门核验的质量等级。

(2) 地基基础和主体结构在合理使用寿命年限内承担保修。

(3) 正常使用情况下各部位、部件保修内容与保修期：屋面防水 3 年；墙面、厨房和卫生间地面、地下室、管道渗漏 1 年；墙面、顶抹灰层脱落 1 年；地面空鼓开裂、大面积起砂 1 年；门窗翘裂、五金件损坏 1 年；管道堵塞 2 个月；供热、供冷系统和设备 1 个采暖期或供冷期；卫生洁具 1 年；灯具、电器开关 6 个月；其他部件、部件的保修期限，由房地产开发企业与用户自行约定。

(4)用户报修的单位,答复和修理的时限。住宅保修期从开发企业竣工验收的住宅交付用户使用之日起计算,保修期限不应低于《商品房销售管理办法》第5条规定的期限。房地产开发企业可延长保修期。国家对住宅工程质量保修期限有规定的,保修期限按照国家规定执行。

房地产开发企业向用户交付商品住宅时,应当按时交付验收手续,并由用户对住宅设备、设施的正常运行签字认可。用户验收后自行添置、改动的设施、设备,由用户自行承担维修责任。

住宅使用说明书应当对住宅的结构、性能和各部位(部件)的类型、性能、标准等作出说明,并提出使用注意事项,一般应当包含以下内容:开发单位、设计单位、施工单位,委托监理的应注明监理单位;结构类型;装修、装饰注意事项;上水、下水、电、燃气、热气、通讯、消防等设施配置的说明;有关设备、设施安装预留位置的说明和安装注意事项;门、窗类型,使用注意事项;配电负荷;陌生墙、保温墙、防水层、阳台等部位注意事项的说明;其他需说明的问题。

住宅中配置的设备、设施,生产厂家另有使用说明书的,应附于住宅使用说明书中。住宅质量保证书应在住宅交付用户的同时提供给用户。住宅质量保证书按购买者购买的套(幢)发放。每套(幢)住宅均应附有各自的《住宅质量保证书》。

032 商品住宅使用说明书

文书范本 | 商品住宅使用说明书
适用范围 | 说明如何使用商品房的书面文件
条文检索 | 商品房销售管理办法
应用指引 | 商品住宅使用说明书的主要内容;制作该文书应当注意的问题

商品住宅使用说明书

填发单位:________________
填发时间:________________

(封面)

商品住宅使用说明书

填发单位（章）：　　　　　　　　　　　　　　　　　　填发时间：

<table>
<tr><td>商品房名称</td><td colspan="5"></td></tr>
<tr><td rowspan="4">结构</td><td>结构类型</td><td colspan="4">框架主体结构 标准层大面积部分采用预应力无梁楼板结构</td></tr>
<tr><td rowspan="2">使用活荷载标准值（Kpa）</td><td>厅、房</td><td>厨房</td><td>卫生间</td><td>阳台</td></tr>
<tr><td></td><td></td><td></td><td></td></tr>
<tr><td>砖砌体容量</td><td colspan="4"></td></tr>
<tr><td rowspan="6">给排水</td><td>所用管材</td><td colspan="4"></td></tr>
<tr><td>管道敷设形式</td><td colspan="4"></td></tr>
<tr><td>厨房</td><td colspan="4"></td></tr>
<tr><td>卫生间</td><td colspan="4"></td></tr>
<tr><td>设备设置或预留</td><td colspan="4"></td></tr>
<tr><td>消防</td><td colspan="4"></td></tr>
<tr><td rowspan="3">供电</td><td>配电负荷</td><td colspan="4"></td></tr>
<tr><td>配电形式</td><td colspan="4"></td></tr>
<tr><td>线路敷设</td><td colspan="4"></td></tr>
<tr><td>通讯</td><td colspan="5"></td></tr>
<tr><td>有线电视</td><td colspan="5"></td></tr>
<tr><td>燃气</td><td colspan="5"></td></tr>
<tr><td>门、窗</td><td colspan="5"></td></tr>
<tr><td>空调机位</td><td colspan="5"></td></tr>
<tr><td>烟囱</td><td colspan="5"></td></tr>
<tr><td>防水层</td><td colspan="5"></td></tr>
</table>

<table>
<tr><td>商品房项目名称</td><td colspan="2"></td></tr>
<tr><td rowspan="3">开发单位</td><td>名称</td><td></td></tr>
<tr><td>地址</td><td></td></tr>
<tr><td>电话</td><td></td></tr>
</table>

续表

设计单位	名称	
	地址	
	电话	
施工单位	名称	
	地址	
	电话	
监理单位	名称	
	地址	
	电话	
住宅部位	使用说明和注意事项	
主体结构		
装修装饰		
墙体		
上水、下水		
供电设施配电负荷		
电话		
公共天线		
燃气		
消防		
门、窗		
阳台		
防水层		
烟囱		
空调机位		
电线、供水管		
防盗电控门		
复式天面女儿墙		
电梯		

注:本注意事项如与政府有关规定相抵触,以现行规定为准。

商品住宅使用说明书

为了使您更好地了解使用住房及室内设施，我们根据有关规定，制定了本《商品住宅使用说明书》。请您细心阅读，正确使用室内设施，减少故障，延长使用寿命。并真诚地欢迎您对我们的工作，包括您对住房的使用情况提出意见，以改进我们的工作。

一、该商品住宅位置：您购买的住宅为________区(县)住宅小区________楼________单元________层________号。建筑面积________m^2，位于________东________西________南________北。

二、建设该住宅楼的有关单位及资质等级：

开发单位：____________ 设计单位：__________________

施工单位：____________ 监理单位(质监单位)：________

三、本商品住宅的结构类型为________抗震设防基本裂度为________度。

四、本住宅各部分结构性能、标准及使用须知：

1. 地基基础：本住宅采用________基础。要处理好房屋周围的排水，防止地表水渗入地基内。不要在基础边乱挖及取土等。

2. 墙体：本住宅在________部件设钢筋砼圈梁。在________部位设抗震构造柱。梁柱严禁重物撞击、改动。砖混住宅纵横墙(承重墙、保温墙均在内)，使用时严禁改拆、开洞，以免破坏结构，影响住房整体稳定和刚度。

3. 墙面：外墙为________，内墙为________，不得凸出外墙安装防盗网和晒衣架等，请勿重物撞击，在上面打洞、乱刻乱画，以免损坏墙面装修。

4. 门窗：户门使用________内门使用________；窗采用________。门窗在使用时请勿用力过大，不得随意拆装，应轻开轻关，以免损坏零部件。

5. 屋面：采用________制作屋面结构层，屋面防水采用________，为(上人/不上人)屋面。

禁止在不上人屋面安装任何设施；在上人屋面安装太阳能或其他设施时，严禁破坏屋面结构和防水层。严禁在屋面上堆放物品，以免破坏屋面防水层或影响屋面排水及造成屋面超载。注意保护落水管并经常清理屋面漏水斗，以免造成堵塞。

6. 阳台：活荷载为________公斤/m^2，使用中不得超过此限值，阳台结构形式不得有任何改动(包括拦板降低或外伸)。

7. 室内楼地面:地面装修荷载不得超过________公斤/m^2,使用荷载不得超过设计标准________公斤/m^2,除厨房、卫生间地面有防渗层外,其他室内楼地面一律不准用水直接冲刷。切勿用重物撞击地面。

五、室内主要设施类型、使用材料、性能、标准及使用须知:

1. 上水:厨房卫生间____条管道,采用镀锌无缝钢管,设水表____只。室内阀门及水龙头宜轻开轻关。水表严禁拆换。请节约用水。

2. 排水采用________材料的下水管。水管应防止外力打击;便器内及地漏口不得扔放手纸、卫生巾、塑料袋、杂物及垃圾等易堵物,排水口的污物应经常清除,以免造成堵塞,影响您及他人的正常使用。

3. 室内供电采用路供电,暗线敷设。进户线________平方毫米,其余线________平方毫米。进户线最大允许负荷为________千瓦。户设电表一只。住户要做到安全用电,不得超过线路及户表的最大允许负荷量,不乱动电表及室内线路,以免造成线路和电器设备的损坏,影响安全及正常使用。

4. 取暖及供热:室内采用________方式供暖,在________处设供暖设施。供暖管路及其设施不得随意拆卸和安装。热水供应专设管道及水表、阀门,应按说明书正确使用。

5. 供冷:室内采用________方式供冷,供冷设施不得擅自拆改。

6. 燃气:使用时请详细阅读相关使用说明书。燃气管道不得私自改装移位;计量表。阀门不得拆卸、乱动。以免漏气,影响您及家人的安全。

7. 室内电话插座、有线电机插座及其相关线路,请不要随意改动,以免影响正常使用。

8. 室外配有消防管道及消防栓,电梯间配有紧急按钮,平时严禁乱动,遇有紧急情况,方可启动。

9. 室外设有避雷装置,请注意保护,不得拆卸和截断避雷天线和地线的连接。

10. 室外垃圾道不许将纸箱、木棒、编织袋等大件易堵物直接倒入,以防堵塞。

六、物业管理:小区设有物业管理部门,专门为本住宅小区居民服务。在商品住宅质量保证书中已写明物业管理单位、通讯地址、联系电话、联系人。有事可直接联系。

七、注意事项

1. 用户不得改变房屋的使用性质、结构、外形及色调。在室外进行装修、装饰必须事先向有关管理部门报批后,方可施工,装修时不得影响其他住户的正常使用。

2. 不得擅自改装、拆除房屋原有附属设施。如有改动,必须向有关管理部门报批后,方可改动。交房后,用户自行添置、改动的设施、设备,由用户自行承担维修责任。

3. 不得在公共部位、公用走廊等部位违法搭建及堆放杂物。室内外严禁存放易燃易爆等危险品。爱护室外公共绿地及花木，遵守《________市绿化管理条例》。

八、其他需要说明的事项：

附件：生产厂家对房屋中配置的设备、设施有关说明书等资料____份。

监制说明

1. 本保证书是根据国务院《城市房地产开发经营管理条例》第三十一条以及建设部《商品住宅实行住宅质量保证书和住宅使用说明书制度的规定》的有关规定监制；

2. 房地产开发企业在向用户交付销售的新建商品住宅时，必须提供本使用说明书；

3. 本使用说明书可作为商品房购销合同的补充约定，每套商品住宅一式两份，一份开发企业存档，一份在商品住宅交付使用时提供给用户。

|条文检索|

商品房销售管理办法·第32～33条

（2001年3月14日建设部第38次部常务会议审议通过　2001年4月4日建设部令第88号公布　自2001年6月1日起施行）

参见“030　商品房买卖合同”条文检索部分。

|应用指引|

住宅使用说明书是房地产开发企业提供给购房者的如何使用房屋的说明文件。住宅使用说明书中应当对住宅的结构、性能和各部位（部件）的类型、性能、标准等作出说明，并提出使用注意事项，一般应当包含以下内容：

（1）开发单位、设计单位、施工单位，委托监理的应注明监理单位；

（2）结构类型；

（3）装修、装饰注意事项；

（4）上水、下水、电、燃气、热气、通讯、消防等设施配置的说明；

（5）有关设备、设施安装预留位置的说明和安装注意事项；

（6）门、窗类型，使用注意事项；

(7)配电负荷;

(8)陌生墙、保温墙、防水层、阳台等部位注意事项的说明;

(9)其他需说明的问题。

住宅中配置的设备、设施,生产厂家另有使用说明书的,应附于住宅使用说明书中。住宅使用说明书应在住宅交付用户的同时提供给用户。住宅使用说明书以购买者购买的套(幢)发放。每套(幢)住宅均应附有各自的住宅使用说明书。

房地产开发企业在住宅使用说明书中对住户合理使用住宅应有提示。因用户使用不当或擅自改动结构、设备位置和不当装修等造成的质量问题,开发企业不承担保修责任;因住户使用不当或擅自改结构,造成房屋质量受损或者其他用户损失,由责任人承担应责任。

制作该说明书应当注意的问题是:要详细列明该住宅的基本情况,并且提醒购房者使用该住宅应注意的事项。

033 商品房建筑节能信息公示表

文书范本 | 商品房建筑节能信息公示表
适用范围 | 公示商品房建筑节能信息时所使用的合同文书
条文检索 | 民用建筑节能条例;民用建筑节能信息公示办法
应用指引 | 商品房建筑节能信息公示表的概念和主要内容;制作该文书应当注意的问题

商品房建筑节能信息公示表

<table>
<tr><td colspan="3">建设单位</td><td colspan="3">填写内容(1)</td></tr>
<tr><td colspan="3">项目名称</td><td colspan="3">填写内容(2)</td></tr>
<tr><td colspan="3">建筑面积</td><td>填写内容(3)</td><td>结构层数</td><td>填写内容(4)</td></tr>
<tr><td rowspan="6">围护结构</td><td rowspan="3">外墙</td><td>构造层次及层厚</td><td colspan="3">填写内容(5)</td></tr>
<tr><td>建筑物外墙平均传热系数</td><td>填写内容(6)</td><td>建筑物外墙平均热惰性指标值</td><td>填写内容(7)</td></tr>
<tr><td colspan="2">附加保温层品种、型号、厚度、导热系数</td><td colspan="2">填写内容(8)</td></tr>
<tr><td rowspan="3">(东、西向外墙)</td><td>构造层次及层厚</td><td colspan="3">填写内容(9)</td></tr>
<tr><td>外墙平均传热系数</td><td>填写内容(10)</td><td>外墙平均热惰性指标值</td><td>填写内容(11)</td></tr>
<tr><td colspan="2">附加保温层品种、型号、厚度、导热系数</td><td colspan="2">填写内容(12)</td></tr>
</table>

续表

<table>
<tr><td rowspan="8">围护结构</td><td rowspan="3">屋面</td><td>构造层次及层厚</td><td colspan="3">填写内容(13)</td></tr>
<tr><td>传热系数</td><td>填写内容(14)</td><td>热惰性指标值</td><td>填写内容(15)</td></tr>
<tr><td colspan="2">保温层品种、型号、厚度、导热系数</td><td colspan="2">填写内容(16)</td></tr>
<tr><td rowspan="5">外门窗</td><td>门窗框料品种</td><td colspan="3">填写内容(17)</td></tr>
<tr><td colspan="2">窗玻璃品种、厚度、窗玻璃
自身的遮阳系数 Se</td><td colspan="2">填写内容(18)</td></tr>
<tr><td>外窗自身的
遮阳系数 Sc</td><td>填写内容(19)</td><td>窗口的建筑外
遮阳系数 SD</td><td>填写内容(20)</td></tr>
<tr><td>外窗的综合
遮阳系数 Sw</td><td colspan="3">填写内容(21)</td></tr>
<tr><td colspan="3">建筑物外窗平均传热系数 K</td><td>填写内容(22)</td></tr>
<tr><td colspan="4">供安装分体式空调器室外机的搁板设置是否合理</td><td colspan="2">填写内容(23)</td></tr>
<tr><td colspan="4">本建筑的节能率与建筑节能标准比较情况</td><td colspan="2">填写内容(24)</td></tr>
</table>

填 表 说 明

(1)建设单位名称应与施工许可证、商品房预售证相一致。

(2)项目名称,如一个项目中有多幢建筑,各幢的围护结构设计均相同,可整个项目一齐填写,如“××××花园 A、B、C、D 幢”;如各幢的围护结构设计各不相同,则应分别填写。

(3)建筑面积按设计图纸。

(4)结构层数可只填地上××层。

(5)外墙从外装饰面层开始,由外往内逐层填写,层厚以 mm 计;凡层厚≤3mm 的防护层、界面层、粘结层、抗裂层等不须单独列出。

(6)外墙平均传热系数是包括墙内外侧粉刷和附加保温层(如有)的总的传热系数,且为不同材质的墙体的传热系数之加权平均值。

(7)热惰性指标值同上。

(8)如有设附加保温层时逐项填写。

(9)、(10)、(11)、(12),如建筑物的东、南、西、北向外墙构造均相同,则不需填写,制表时这几项可删去。

(13)屋面的构造层次从上至下逐层填写,层厚以 mm 计;凡层厚≤3mm 的柔性防水层、粘结层等不须单独列出。

(14)屋面的传热系数包括装饰粉刷层、保温隔热层、隔热层上面的保护层、屋面结构层的总传热系数。

(15)屋面的热惰性指标值同上。

(16)按设计内容填写,厚度以 mm 计。

(17)框料品种:如断热桥铝合金、普通铝合金、塑钢、PVC 塑料、不锈钢、木质等。

(18)玻璃品种:如普通透明玻璃、吸热玻璃、热反射镀膜玻璃、遮阳型在线 Low - E 玻璃、无色透明中空玻璃、Low - E 中空玻璃等;厚度以 mm 计。

(19)凡通过建筑节能专项审查的均可填写“符合建筑节能设计标准”,如本建筑的建筑节能设计的节能率超过现行设计标准的基本要求,可作特别说明;参见 JGJ75 - 2003《夏热冬暖地区居住建筑节能设计标准》第 3 页第 3.0.4 条以及第 32 页“条文说明”的第 3.0.4条。

| 条文检索 |

民用建筑节能条例 · 第 11 ~ 30 条

(2008 年 7 月 23 日国务院第 18 次常务会议通过　2008 年 8 月 1 日国务院令第 530 号公布　自 2008 年 10 月 1 日起施行)

第二章　新建建筑节能

第十一条　国家推广使用民用建筑节能的新技术、新工艺、新材料和新设备,限制使用或者禁止使用能源消耗高的技术、工艺、材料和设备。国务院节能工作主管部门、建设主管部门应当制定、公布并及时更新推广使用、限制使用、禁止使用目录。

国家限制进口或者禁止进口能源消耗高的技术、材料和设备。

建设单位、设计单位、施工单位不得在建筑活动中使用列入禁止使用目录的技术、工艺、材料和设备。

第十二条　编制城市详细规划、镇详细规划,应当按照民用建筑节能的要求,确定建筑的布局、形状和朝向。

城乡规划主管部门依法对民用建筑进行规划审查,应当就设计方案是否符合民用建筑节能强制性标准征求同级建设主管部门的意见;建设主管部门应当自收到征求意见材料之日起10日内提出意见。征求意见时间不计算在规划许可的期限内。

对不符合民用建筑节能强制性标准的,不得颁发建设工程规划许可证。

第十三条　施工图设计文件审查机构应当按照民用建筑节能强制性标准对施工图设计文件进行审查;经审查不符合民用建筑节能强制性标准的,县级以上地方人民政府建设主管部门不得颁发施工许可证。

第十四条　建设单位不得明示或者暗示设计单位、施工单位违反民用建筑节能强制性标准进行设计、施工,不得明示或者暗示施工单位使用不符合施工图设计文件要求的墙体材料、保温材料、门窗、采暖制冷系统和照明设备。

按照合同约定由建设单位采购墙体材料、保温材料、门窗、采暖制冷系统和照明设备的,建设单位应当保证其符合施工图设计文件要求。

第十五条　设计单位、施工单位、工程监理单位及其注册执业人员,应当按照民用建筑节能强制性标准进行设计、施工、监理。

第十六条　施工单位应当对进入施工现场的墙体材料、保温材料、门窗、采暖制冷系统和照明设备进行查验;不符合施工图设计文件要求的,不得使用。

工程监理单位发现施工单位不按照民用建筑节能强制性标准施工的,应当要求施工单位改正;施工单位拒不改正的,工程监理单位应当及时报告建设单位,并向有关主管部门报告。

墙体、屋面的保温工程施工时,监理工程师应当按照工程监理规范的要求,采取旁站、巡视和平行检验等形式实施监理。

未经监理工程师签字,墙体材料、保温材料、门窗、采暖制冷系统和照明设备不得在建筑上使用或者安装,施工单位不得进行下一道工序的施工。

第十七条　建设单位组织竣工验收,应当对民用建筑是否符合民用建筑节能强制性标准进行查验;对不符合民用建筑节能强制性标准的,不得出具竣工验收合格报告。

第十八条　实行集中供热的建筑应当安装供热系统调控装置、用热计量装置和室内温度调控装置；公共建筑还应当安装用电分项计量装置。居住建筑安装的用热计量装置应当满足分户计量的要求。

计量装置应当依法检定合格。

第十九条　建筑的公共走廊、楼梯等部位，应当安装、使用节能灯具和电气控制装置。

第二十条　对具备可再生能源利用条件的建筑，建设单位应当选择合适的可再生能源，用于采暖、制冷、照明和热水供应等；设计单位应当按照有关可再生能源利用的标准进行设计。

建设可再生能源利用设施，应当与建筑主体工程同步设计、同步施工、同步验收。

第二十一条　国家机关办公建筑和大型公共建筑的所有权人应当对建筑的能源利用效率进行测评和标识，并按照国家有关规定将测评结果予以公示，接受社会监督。

国家机关办公建筑应当安装、使用节能设备。

本条例所称大型公共建筑，是指单体建筑面积2万平方米以上的公共建筑。

第二十二条　房地产开发企业销售商品房，应当向购买人明示所售商品房的能源消耗指标、节能措施和保护要求、保温工程保修期等信息，并在商品房买卖合同和住宅质量保证书、住宅使用说明书中载明。

第二十三条　在正常使用条件下，保温工程的最低保修期限为5年。保温工程的保修期，自竣工验收合格之日起计算。

保温工程在保修范围和保修期内发生质量问题的，施工单位应当履行保修义务，并对造成的损失依法承担赔偿责任。

第三章　既有建筑节能

第二十四条　既有建筑节能改造应当根据当地经济、社会发展水平和地理气候条件等实际情况，有计划、分步骤地实施分类改造。

本条例所称既有建筑节能改造，是指对不符合民用建筑节能强制性标准的既有建筑的围护结构、供热系统、采暖制冷系统、照明设备和热水供应设施等实施节能改造的活动。

第二十五条　县级以上地方人民政府建设主管部门应当对本行政区域内既有建筑的建设年代、结构形式、用能系统、能源消耗指标、寿命周期等组织调查统计和分析，制定既有建筑节能改造计划，明确节能改造的目标、范围和要求，报本级人民政府批准后组织实施。

中央国家机关既有建筑的节能改造,由有关管理机关事务工作的机构制定节能改造计划,并组织实施。

第二十六条　国家机关办公建筑、政府投资和以政府投资为主的公共建筑的节能改造,应当制定节能改造方案,经充分论证,并按照国家有关规定办理相关审批手续方可进行。

各级人民政府及其有关部门、单位不得违反国家有关规定和标准,以节能改造的名义对前款规定的既有建筑进行扩建、改建。

第二十七条　居住建筑和本条例第二十六条规定以外的其他公共建筑不符合民用建筑节能强制性标准的,在尊重建筑所有权人意愿的基础上,可以结合扩建、改建,逐步实施节能改造。

第二十八条　实施既有建筑节能改造,应当符合民用建筑节能强制性标准,优先采用遮阳、改善通风等低成本改造措施。

既有建筑围护结构的改造和供热系统的改造,应当同步进行。

第二十九条　对实行集中供热的建筑进行节能改造,应当安装供热系统调控装置和用热计量装置;对公共建筑进行节能改造,还应当安装室内温度调控装置和用电分项计量装置。

第三十条　国家机关办公建筑的节能改造费用,由县级以上人民政府纳入本级财政预算。

居住建筑和教育、科学、文化、卫生、体育等公益事业使用的公共建筑节能改造费用,由政府、建筑所有权人共同负担。

国家鼓励社会资金投资既有建筑节能改造。

民用建筑节能信息公示办法

(2008年6月26日住房和城乡建设部发布　建科〔2008〕116号)

为了发挥社会公众监督作用,加强民用建筑节能监督管理,根据《中华人民共和国节约能源法》的有关规定,制定本办法。

第一条　民用建筑节能信息公示,是指建设单位在房屋施工、销售现场,按照建筑类型及其所处气候区域的建筑节能标准,根据审核通过的施工图设计文件,把民用建筑的节能性能、节能措施、保护要求以张贴、载明等方式予以明示的活动。

第二条　新建(改建、扩建)和进行节能改造的民用建筑应当公示建筑节能信息。

第三条　建筑节能信息公示内容包括节能性能、节能措施、保护要求。

节能性能指:建筑节能率,并比对建筑节能标准规定的指标。

节能措施指:围护结构、供热采暖、空调制冷、照明、热水供应等系统的节能措施及可再生能源的利用。

具体内容见附件一、附件二。

第四条　建设单位应在施工、销售现场张贴民用建筑节能信息,并在房屋买卖合同、住宅质量保证书和使用说明书中载明,并对民用建筑节能信息公示内容的真实性承担责任。

第五条　施工现场公示时限是:获得建筑工程施工许可证后30日内至工程竣工验收合格。

销售现场公示时限是:销售之日起至销售结束。

第六条　建设单位公示的节能性能和节能措施应与审查通过的施工图设计文件相一致。

房屋买卖合同应包括建筑节能专项内容,由当事人双方对节能性能、节能措施作出承诺性约定。

住宅质量保证书应对节能措施的保修期作出明确规定。

住宅使用说明书应对围护结构保温工程的保护要求,门窗、采暖空调、通风照明等设施设备的使用注意事项作出明确规定。

建筑节能信息公示内容必须客观真实,不得弄虚作假。

第七条　建筑工程施工过程中变更建筑节能性能和节能措施的,建设单位应在节能措施实施变更前办妥设计变更手续,并将设计单位出具的设计变更报经原施工图审查机构审查同意后于15日之内予以公示。

第八条　建设单位未按本办法规定公示建筑节能信息的,根据《节约能源法》的相关规定予以处罚。

第九条　建筑能效测评标识按《关于试行民用建筑能效测评标识制度的通知》(建科〔2008〕80号)执行,绿色建筑标识按《关于印发〈绿色建筑评价标识管理办法〉(试行)的通知》(建科〔2007〕206号)执行。

第十条　本办法自2008年7月15日起实施。

附件一：

施工、销售现场公示内容

建设单位			
项目名称			
围护结构	墙体	传热系数（W/m².K）/保温材料层厚度（mm）	
	屋面	传热系数（W/m².K）/保温材料层厚度（mm）	
	地面	传热系数（W/m².K）/保温材料层厚度（mm）	
	门窗	传热系数	
		综合遮阳系数	
		节能性能标识	
供热系统	室内采暖形式		
	热计量方式		
	系统调节装置		
空调系统	冷源机组类型		
	能效比		
热水利用	供应方式		
	用能类型		
照明	照度		
	功率密度		
可再生能源利用	利用形式		
	保证率		
建筑能源利用效率	本建筑的节能率与建筑节能标准比较情况		

填表说明

一、本表所填内容应与建筑节能报审表、经审查合格的节能设计文件一致；

二、门窗类型包括：断热桥铝合金中空玻璃窗、断热桥铝合金 Low－E 中空玻璃窗、塑钢中空玻璃窗、塑钢 Low－E 中空玻璃窗、塑钢单层玻璃窗、其他；

三、室内采暖形式包括：散热器供暖、地面辐射供暖、其他；

四、热计量方式包括：户用热计量表法、热分配计法、温度法、楼栋热量表法、其他；

五、系统调节装置包括：静态水力平衡阀、自力式流量控制阀、自力式压差控制阀、散热器恒温阀、其他；

六、空调冷热源类型包括：压缩式冷水（热泵）机组、吸收式冷水机组、分体式房间空调器、多联机、区域集中供冷、独立冷热源集中供冷、其他；

七、热水供应方式包括：集中式、分散式；

八、热水利用用能类型包括：电、燃气、太阳能、蒸汽、其他；

九、本建筑的节能率与建筑节能标准比较情况包括：优于标准规定、满足标准规定、不符合标准规定。

附件二：

商品房买卖合同、住宅质量保证书和使用说明书中载明的内容

一、围护结构保温（隔热）、遮阳设施

（一）墙体

1. 保温形式[ ] [A 外保温] [B 内保温] [C 夹芯保温] [D 其他]

2. 保温材料名称[ ] [A 挤塑聚苯乙烯发泡板] [B 模塑聚苯乙烯发泡板] [C 聚氨酯发泡] [D 岩棉] [E 玻璃棉毡] [F 保温浆料] [G 其他]

3. 保温材料性能：密度[kg/m^3]、燃烧性能[h]、导热系数[W/M·K]、保温材料层厚度[mm]

4. 墙体传热系数[$W/m^2 \cdot K$]

（二）屋面

1. 保温（隔热）形式[、] [A 坡屋顶] [B 平屋顶] [C 坡屋顶、平屋顶混合] [D 有架空屋面板] [E 保温层与防水层倒置] [F 其他]

2. 保温材料名称[ ] [A 挤塑聚苯乙烯发泡板] [B 聚氨酯发泡] [C 加气砼砌块] [D 憎水珍珠岩] [F 其他]

3. 保温材料性能：密度[kg/m^3]、导热系数[W/M·K]、吸水率[%]、保温材料层厚度[mm]

4. 屋顶传热系数[$W/m^2 \cdot K$]

(三)地面(楼面)

1. 保温形式[ ][ ][A 采暖区不采暖地下室顶板保温][B 采暖区过街楼面保温][C 底层地面保温][D 其他]

2. 保温材料名称[ ][A 挤塑聚苯乙烯发泡板][B 模箱聚苯乙烯发泡板][C 聚氨酯发泡][D 其他]

3. 保温材料性能：密度[kg/m^3]、导热系数[W/M·K]、保温材料层厚度[mm]

4. 地面(楼面)传热系数[$W/m^2 \cdot K$]。

(四)外门窗(幕墙)

1. 门窗类型[、][、][、][、][A 断热桥铝合金中空玻璃窗][B 断热桥铝合金 loe 中空玻璃窗][C 塑钢中空玻璃窗][D 塑钢 loe 中空玻璃窗][E 塑钢单层玻璃窗][F 其他]

2. 外遮阳形式：[、][A 水平百叶遮阳][B 水平挡板遮阳][C 垂直百叶遮阳][D 垂直挡板遮阳][E 垂直卷帘遮阳]

3. 内遮阳材料[ ][A 金属百叶][B 无纺布][C 绒布][D 纱][F 竹帘][G 其他]

4. 门窗性能：传热系数[$W/m^2 \cdot K$]、遮阳系数[%]、可见光透射比[ ]、气密性能[ ]

二、供热采暖系统及其节能设施

(1)供热方式：[ ][A 城市热力集中供热][B 区域锅炉房集中供热][C 分户独立热源供热][D 热电厂余热供热]

(2)室内采暖方式：[ ][A 散热器供暖][B 地面辐射供暖][C 其他]

(3)室内采暖系统形式：[A 垂直双管系统][B 水平双管系统][C 带跨越管的垂直单管系统][D 带跨越管的水平单管系统][E 地面辐射供暖系统][F 其他系统]

(4)系统调节装置：[ ][A 静态水力平衡阀][B 自力式流量控制阀][C 自力式压差控制阀][散热器恒温阀][E 其他]

(5)热量分摊(计量)方法：[ ][A 户用热计量表法][B 热分配计法][C 温度法][D 楼栋热量表法][E 其他]

三、空调、通风、照明系统及其节能设施(公共建筑)

(1)空调风系统形式:[ ][A 定风量全空气系统][B 变风量全空气系统][C 风机盘管加新风系统][D 其他]

(2)有无新风热回收装置:[ ][A 有][B 无]

(3)空调水系统制式:[ ][A 一次泵系统][B 二次泵系统][C 一次泵变流量系统][D 其他]

(4)空调冷热源类型及供冷方式:[ ][ ][A 压缩式冷水(热泵)机组][B 吸收式冷水机组][C 分体式房间空调器][D 多联机][E 其他][F 区域集中供冷][G 独立冷热源集中供冷]

(5)系统调节装置:[ ][A 电动两通阀][B 电动两通调节阀][C 动态电动两通阀][D 动态电动两通调节阀][E 压差控制装置][F 对开式电动风量调节阀][G 其他]

(6)送、排风系统形式:[ ][A 自然通风系统][B 机械送排风系统][C 机械排风、自然进风系统][D 设有排风余热回收装置的机械送排风系统][E 其他]

(7)照明系统性能:照度值[ ]、功率密度值[ ]

(8)节能灯具类型:[A 普通荧光灯][B T8 级][C T5 级][D LED][E 其他]

(9)照明系统有无分组控制控制方式:[A 有][B 无]

(10)生活热水系统的形式和热源:[A 集中式][B 分散式][C 电][D 蒸汽][E 燃气][F 太阳能][G 其他]

四、可再生能源利用

(一)太阳能利用:[ ][A 太阳能生活热水供应][B 太阳能采暖][C 太阳能空调制冷][D 太阳能光伏发电][E 其他]

(二)地源热泵:[ ][A 土壤源热泵][B 浅层地下水源热泵][C 地表水源热泵][D 污水水源热泵]

(三)风能利用:[ ][A 风能发电][B 其他]

(四)余热利用:[ ][A 利用余热制备生活热水采暖][B 利用余热制备采暖热水][C 利用余热制备空调热水][D 利用余热加热(冷却)新风]

五、建筑能耗与能源利用效率

(一)当地节能建筑单位建筑面积年度能源消耗量指标:采暖[ ]W/m^2,制冷

[　　]W/m²

(二)本建筑单位建筑面积年度能源消耗量指标:采暖[　　]W/m²、制冷[　　]W/m²

(三)本建筑建筑物用能系统效率:热(冷)源效率[　　%]、管网输送效率[　　%]

(四)本建筑与建筑节能标准比较:[　　][A 优于标准规定][B 满足标准规定][C 不符合标准规定]

|应用指引|

商品房建筑节能信息公示表,是房地产开发企业填写的有关该建筑物节能信息的相关资料。为加强民用建筑节能监督管理,发挥社会公众监督作用,建立政府监管与公众监督的联动机制,根据《节约能源法》的规定,国务院发布《民用建筑节能条例》,条例明确民用建筑包括住宅都应当使用新技术、新产品以节约能源。住房和城乡建设部发布的《民用建筑节能信息公示办法》(建科〔2008〕116 号),对民用建筑节能信息公示相关问题作出规范。

住房保障主管部门要认真组织落实好本地区民用建筑节能信息公示工作,制定相应的工作措施,完善监督手段,将民用建筑节能信息公示制度列入建设工程管理程序,纳入建设单位和房地产开发企业诚信体系内容,使之程序化、制度化、规范化。要认真做好房屋预售、销售环节的民用建筑节能信息公示工作,房屋买卖合同、质量保证书和使用说明书中必须按要求载明建筑节能相关信息内容;否则,不得办理房屋产权登记和颁发房屋预售、销售许可证。

建设单位应根据审核通过的施工图设计文件,如实填写民用建筑节能施工现场信息公示表。民用建筑节能信息公示原则按楼栋公示,同一项目中节能技术指标、节能构造均完全相同的单体建筑可集中公示;单栋建筑不同功能区域热工设计参数不一致的,应填写、制作独立的信息公示表和信息标牌分别公示。

制作该信息表要求真实、信息可靠,不得虚假。否则要追究相关人员的法律责任。

034 房地产买卖合同(预售)

文书范本 | 房地产买卖合同(预售)
适用范围 | 签订房地产买卖合同时所使用的文书
条文检索 | 中华人民共和国合同法;中华人民共和国城市房地产管理法
应用指引 | 房地产买卖合同的概念和主要内容;制作该文书应当注意的问题

________市房地产买卖合同(预售)

(____)房预买字(____)第____号

卖方:____

注册地址:____

邮政编码:________________电话:________________________

法定代表人:____

□身份证/□护照号码:________________________________

委托代理人:________________国籍:________________________

□身份证/□护照号码:________________电话:________________

地址:________________邮政编码:________________________

委托代理机构:____

注册地址:____

邮政编码:________________电话:________________________

法定代表人:____

□身份证/□护照号码:________________________________

买方:________________国籍:________________________

□身份证/□护照号码:________________电话:________________

地址:________________邮政编码:________________________

所占份额:____

公司或机构名称:________________________________

注册地址:______________邮政编码:________________

法定代表人:______________电话:__________________

□身份证/□护照号码:____________________________

委托代理人:______________国籍:__________________

□身份证/□护照号码:______________电话:__________

地址:______________邮政编码:____________________

第一条　订约依据与基础

本合同依据《中华人民共和国合同法》、《中华人民共和国城市房地产管理法》及其他相关法律、法规的规定,由买方、卖方在平等、自愿、协商一致的基础上共同订立。

第二条　项目建设情况

卖方与________市土地和房产主管部门签订______字(______)____号《土地使用权出让合同书》及□________号补充协议/□________批复,取得位于________市________区________路,宗地编号为____________,土地面积________平方米的土地使用权。该地块土地用途为________________,建筑容积率为________;土地使用期限自________年____月____日起至________年____月____日止。

前款所述土地领取的《房地产证》号码为:________________;卖方经批准在该幅土地上兴建商品房,项目名称为____________;《建设用地规划许可证》号为____________;《建设工程规划许可证》号为____________;《施工许可证》号为____________。

该房地产项目由____________设计;由____________承建;由____________监理。

本房地产项目地价款已缴清,所售房地产未设抵押,也无其他权利限制,业经________土地和房产主管部门批准预售,《房地产预售许可证》号为____________。

第三条　标的房地产情况

买方购买前条所规定房地产项目中的第________栋________单元________层________号房(房号以附图中楼层平面图为准),是为本合同标的房地产(以下称本房地产)。其用途为□公寓/□住宅/□别墅/□办公/□商业/□厂房/□________,建筑层高________米;建筑面积________平方米,其中:套内建筑面积________平方米,分摊共有建筑面积________平方米。

套内建筑面积计算与共有建筑面积分摊范围、建筑面积计算规则及共有建筑面积分摊范围及规则均见附件一。

具体楼层和位置及尺寸见所附总平面图、立面图、楼层平面图及分户平面图。

本房地产项目土地使用权出让合同书及其补充协议中规定的共用设施及附属配套项目见附件三。

本房地产转让时,转让人(卖方)对同宗土地上的道路、绿地、休憩地、空余地、电梯、楼梯、连廊、走廊、天台、外墙等共有部位或其他共用设施设备所拥有的权益同时转移。

本房地产项目土地使用权出让合同对停车场、广告权益等没有特别约定的,停车场、广告权益等随本房地产同时转移;有特别约定的,经房地产登记机关初始登记,由登记的权利人拥有。

第四条 计价方式和价款

买卖双方约定本房地产按下列第____种方式计算购房总价款:

(一)按套内建筑面积计算:单价为每平方米□人民币/□港币________元,总金额为□人民币/□港币________亿________仟________佰________拾________万________仟________佰________拾________元________角________分(小写________元)。

(二)按套计算:总金额为□人民币/□港币________亿________仟________佰________拾________万________仟________佰________拾________元________角________分(小写________元)。

第五条 监管和代收

卖方委托____________为购房款的代收和监管机构。

卖方在代收机构的账户名称是____________,账号是________________。

第六条 付款方式和日期

买方采取下列第____种方式付款:

(一)一次性付款;

(二)分期付款;

(三)按揭方式付款。

买方首期支付本房地产总价款的____%,其余价款向________银行借款支付。

具体付款方式和日期的约定见附件二。

第七条 按揭

采用按揭方式的,卖方应书面告知买方办理按揭所应具备的条件和应提交的资料;卖方应在本合同签约之日起____日内协助买方与银行签订按揭贷款合同。

买方无法取得银行按揭贷款的,买卖双方可协商达成选择下列第____种方式解决的补充协议:

(一)解除合同;

(二)变更付款方式。

选择解除合同的,如因卖方过错导致买方无法取得银行按揭贷款的,卖方应退还买方全部已付房款及银行同期贷款利息,并支付本房地产总价3%的违约金;因买方过错导致无法取得银行按揭贷款的,卖方在扣除本房地产总价3%的违约金后退还买方已付房款及银行同期贷款利息。

第八条 买方逾期付款的违约责任

买方如无正当理由未按本合同约定的时间付款,按下列第____种方式处理:

(一)按逾期时间,分别处理:

1. 逾期在90日之内(含90日)的:自本合同约定的应付款期限之日起至实际全额支付应付款之日止,买方按日向卖方支付逾期应付款万分之三的违约金,合同继续履行;

2. 逾期超过90日的:卖方有权解除合同。卖方解除合同的,买方按累计应付款的10%向卖方支付违约金;买方愿意继续履行合同的,经卖方同意,合同继续履行,自本合同约定的应付款期限之日起至实际全额支付应付款之日止,买方按日向卖方支付逾期应付款万分之四的违约金。

本条中的逾期应付款指依照本合同附件二约定的到期应付款与该期实际已付款的差额;采取分期付款的,按相应的分期应付款与该期的实际已付款的差额确定。

(二)____。

第九条 付款证明

买方付清购房款后,卖方应出具付清购房款证明书及购房发票给买方。

第十条 交付时间和办法

卖方承诺于________年____月____日前将本房地产交付买方使用,交付使用前应取得法律、法规规定相应的工程竣工验收合格证明文件。

卖方委托物业管理公司办理入伙手续的,应出具授权委托书并通知买方。

卖方在取得工程竣工验收合格证明文件之前交付的,其交付行为无效。

卖方向买方交付时,应发出《入伙通知书》,《入伙通知书》中应包含实际交付本房地产套内建筑面积的内容。

买方接到《入伙通知书》后,应依照卖方书面通知的时间对本房地产进行验收,如有异议,应当在15日内以书面形式提出,逾期不提出,视为同意接收本房地产。

本房地产经买方验收,认为不符合交付标准或条件的,应在《收楼意见书》中一次性提出异议。卖方在接到买方异议后,应在15日内对异议部分作出书面答复和处理意见。逾期不予答复及处理的,视为买方异议事实成立,本房地产视为未交付,卖方应按本合同第十三条之约定承担违约责任。

在《收楼意见书》中,须逐条列明验收内容,其中应包括:本房地产的位置、套内户型结构、套内建筑面积、工程质量、装修内容、套内设施设备、共用设施设备和附属配套项目等内容,买方应对上述内容是否符合合同约定进行逐条书面答复。有异议的应明确以书面形式表示,无明确表示异议的视为符合交付标准。

卖方应妥善保管《收楼意见书》。卖方不提供《收楼意见书》或《收楼意见书》中无买方意见和签名,或卖方将《收楼意见书》遗失的,卖方应按本合同第十三条之约定承担违约责任。

买方对卖方所交付的房地产无异议,或异议部分经协商处理同意收楼的,应对卖方交付的本房地产的钥匙出具收条,该收条视为本房地产实际交付的凭据。

未经双方约定,卖方在交付本房地产时,不得收取任何费用。否则,买方有权拒绝收楼。

对卖方未经双方约定增加的装修及设备,视为无条件赠送给买方。

第十一条　交付的文件

卖方应在本房地产交付时向买方提供有关本房地产的下列文件:

(一)法定测绘机构出具的竣工面积测绘报告和预售面积测绘报告的相关部分;

(二)竣工验收合格证明文件;

(三)《房地产(住宅)质量保证书》;

(四)《房地产(住宅)使用说明书》;

(五)前期物业管理企业出具的物业共有部位、共用设施设备接管查验清单;

(六)《收楼意见书》;

(七)《业主临时公约》。

上述文件中的(三)、(四)项,卖方应提供加盖公章的原件;(一)、(二)、(五)项应出示原件并提供加盖公章的复印件;(六)、(七)项应由买方填写或签署。

上述文件不全的,视为不符合交付标准,买方有权拒绝收楼。

第十二条　交付时间的确定

本房地产交付时间,按下列方式确定:

(一)卖方书面通知买方入伙后,经买方验收,认为符合交付标准同意收楼的,以卖方《入伙通知书》中的通知入伙日为本房地产交付时间;

(二)卖方书面通知买方入伙后,经买方验收,认为不符合交付标准,但经买卖双方就不符合交付标准事宜协商达成补救及解决方案的补充协议的,以该补充协议签订之日为本房地产交付时间;

(三)卖方通知买方入伙后,买方无正当理由拒绝验收或无正当理由拖延验收时间的,以卖方《入伙通知书》中的通知入伙日为本房地产的交付时间。

第十三条　卖方逾期交付的违约责任

除本合同第十五条约定的特殊情况外,卖方如未按本合同约定的期限将本房地产交付买方使用,按下列第____种方式处理:

(一)按逾期时间,分别处理:

1. 逾期不超过 90 日(不含 90 日)的,自本合同约定的最后交付期限之日起至实际交付之日止,卖方按日向买方支付本房地产总价款万分之三的违约金,合同继续履行;

2. 逾期超过 90 日(含 90 日)的,买方有权解除合同。买方解除合同的,卖方应当自买方解除合同通知到达之日起 10 日内退还全部已付房款及银行同期贷款利息,并按本房地产总价款的 8% 向买方支付违约金。

买方要求继续履行合同的,合同继续履行,自本合同第十条约定的交付时间之日起至实际交付之日止,卖方按日向买方支付本房地产总价款万分之四的违约金。

(二)____。

第十四条　共用设施与附属配套项目

卖方承诺在本房地产交付买方使用时,本项目的土地使用权出让合同书及其补充协议中规定的共用设施及附属配套项目,应一并建成交付使用;经批准分期建设的,应按批准的进度建设并交付使用(见附件三)。共用设施及附属配套项目不符合本合同约定或不能按约定时间交付使用的,视为不符合交付标准。

买卖双方可就不符合交付标准事宜进行协商,达成补救及解决方案的补充协议;协商不成的,按下列第____种方法处理:

(一)卖方按照前条逾期交付的处理方式承担违约责任;

(二)卖方支付本房地产总价款 5% 的违约金给买方。

第十五条　不可抗力

因不可抗力严重影响施工进度,致使房地产不能按原定时间交付使用的,卖方应及时通知买方合理延期后的交付时间。

第十六条　质量

本房地产交付后,买方认为有严重质量缺陷或主体质量不合格的,可以委托有资质的建设工程质量检测机构检测。确属有严重质量缺陷,不符合国家强制性标准的,买方有权解除合同,卖方应按本合同第十三条之约定承担责任。

第十七条　保修

本房地产工程质量保修期限,不得低于以下年限:

(一)地基基础和主体结构工程,为设计文件规定的该工程的合理使用年限;

(二)屋面防水________年(国家标准:____________);

(三)墙面、厨房和卫生间地面、管道为________年(国家标准:____________);

(四)墙面、顶棚抹灰层________年(国家标准:____________);

(五)卫生洁具________年(国家标准:____________);

(六)灯具、电器开关________年(国家标准:____________);

(七)装修工程________年(国家标准:____________)。

其他项目的保修期限按《房地产(住宅)质量保证书》中的承诺执行。

保修期自交付之日起计算。

在保修期限内的保修费用由卖方负担,但因买方使用不当或不可抗力造成的问题除外。

在保修期内,卖方经买方通知 3 日内不履行保修义务或拖延履行保修义务的,买方可以自行或聘请他人进行维修,维修费用由卖方承担;发生紧急情况的,卖方应当及时保修,否则买方可以自行或聘请他人进行维修,维修费用由卖方承担。

在保修期内,因质量缺陷经两次以上维修后,仍不能解决质量缺陷,且严重影响到买方正常居住和使用的,买方有权要求解除合同,卖方须按本合同第十三条之约定承担违约责任。造成其他损失,违约金不足以补偿实际损失的,卖方应补偿其差额。

第十八条　面积差异处理

卖方交付使用的本房地产实际面积与本合同第三条约定面积存在差异的,按以下方式处理:

(一)交付使用的本房地产实际套内建筑面积与本合同约定套内面积差异在 0.6% 以

内(不含0.6%)的,为允许的合理差异,买卖双方互相不退、不补;

(二)交付使用的房地产实际套内建筑面积与本合同约定套内面积差异在0.6%以上(含0.6%)至3%以下(含3%)的,买卖双方按本合同约定的购房总价款,对差异部分多退少补;

(三)交付使用的本房地产实际套内建筑面积与本合同约定套内面积差异3%以上(不含3%)的,买方有权解除本合同。买方解除合同的,卖方在10日内退还买方支付的购房款及银行同期贷款利息,并支付本房地产总价款10%的违约金给买方。买方不解除本合同的,依照前款方式执行。

$$面积差异 = \frac{实际套内建筑面积 - 合同约定的套内建筑面积}{合同约定的套内建筑面积} \times 100\%$$

第十九条　装置、装饰、装修

交付使用的本房地产的装修部分达不到本合同附件四约定的主要装修标准的,买方有权要求卖方就未达标准部分进行重新装修。因重新装修而推迟交付使用日期的,按本合同第十三条之约定处理。

卖方交付使用的房屋所用的装置、装饰、装修所用材料必须是合格产品,且其对人体有害物质必须符合国家强制性标准的限制。

建筑装置、装饰、装修材料有不合格产品,或其对人体有害物质超过国家强制性标准,危及买方健康的,买方有权要求卖方予以更换、处理,造成买方损失的,卖方应当依法承担赔偿责任。

第二十条　规划、设计变更

已预售的房地产在建筑工程施工过程中,不得随意变更原有规划设计。如确需变更的,分别按以下方式处理:

(一)本房地产专有部分的变更,卖方应通知买方征得买方书面同意,并依照相关规定向________市规划设计主管部门申报;

(二)本项目共有部位、共用设施的用途、设计和项目名称(如"房号"、"栋号")等的变更,卖方应持五分之四以上本项目购房者同意的公证书,向________市规划设计主管部门申报。经批准后,方可进行相关变更。

若买方不同意变更,卖方应自变更方案获批准之日起15日内通知买方。买方有权自收到通知之日起15日内作出解除合同的书面决定;卖方未在规定时限内通知买方的,买方亦可解除合同。买方解除合同的,卖方须在买方通知解除合同之日起10日内,将买方已付款及银行同期贷款利息退还买方,并支付本房地产总价款8%的违约金;买方不解除合同的,双方应当另行签订补充协议。

第二十一条　瑕疵担保

卖方保证销售的房地产具有完全、有效的处分权,并免受第三人追索,没有产权纠纷和债权债务纠纷。因卖方原因,造成该房地产不能办理产权登记或发生债权债务纠纷的,由卖方承担赔偿责任。

第二十二条　办证义务

卖方须在本房地产交付之日起半年内,办妥本项目的房地产初始登记,并选择下列第____种方式以尽办证义务:

(一)书面通知买方共同(或委托卖方)向________市房地产权登记机关申请房地产转移登记,办理《房地产证》;

(二)卖方在签订本合同时填妥《________市房地产转移登记申请表》(见附件五),待初始登记时向________市房地产权登记机关出具本房地产卖方委托买方自行登记办证的备案申请,买方于本项目初始登记后径向________市房地产权登记机关申请房地产转移登记,办理《房地产证》。

办理《房地产证》的有关税费,按国家、省、市的规定由买卖双方各自承担。

第二十三条　延期办证的违约责任

如卖方未按前条约定履行办证义务,造成买方不能按法定期限领取《房地产证》的,卖方自取得工程竣工验收证明文件之日后的第240日起,按日向买方支付本房地产总价款万分之三的违约金,直至________市房地产权登记机关核发《房地产证》之日止;由于买方的原因或者不可抗力造成延期的除外。

第二十四条　结构与用途禁制

本房地产仅作________使用,买方不得改变该房地产的建筑主体结构、承重结构和用途。

第二十五条　物业管理

卖方以□招标/□协议方式聘请具有________级资质的________物业管理有限公司对本项目进行为期三年(自首次入伙之日起计)的前期物业管理服务,物业管理费按每月每平方米建筑面积________元计收,本体维修基金按政府规定收取。期限未满,业主大会选聘物业管理企业,业主委员会与物业管理企业签订的物业管理服务合同生效的,前期物业管理服务合同随即终止。

卖方应在预售时公布与物业管理企业签订的前期物业管理服务合同和制定的业主临

时公约;卖方签订前期物业管理服务合同和制定业主临时公约不得侵害买方的合法权益,不得与本合同的约定相抵触;买方依法享有的物业共有部位、共用设施设备等的所有权或使用权,卖方不得擅自处分,不得改变用途。

买方在签订本合同时,应同时签署本房地产项目的业主临时公约。

卖方无偿提供产权属全体业主共有的________平方米建筑面积的物业管理用房,其位置见附图5。

已竣工但尚未出售或尚未交付的房地产,由卖方按政府规定的标准交付本体维修基金,并自首次入伙之日起按本条第一款约定的标准交付物业管理费。

卖方应按我市相关法规的规定在业主大会成立后两个月内交付共用设施维修基金。

第二十六条　文件便利

卖方有向买方提供查阅、复印、摘抄以下文件的便利之义务:

(一)卖方与________市土地和房产主管部门签订的______字(______)____号《土地使用权出让合同书》及________号补充协议或者《房地产证》;

(二)《建设用地规划许可证》、《建设工程规划许可证》、《施工许可证》及《房地产预售许可证》;

(三)主管部门批准的总平面图、立面图、楼层平面图、分户平面图;

(四)卖方与物业管理企业签订的《前期物业管理服务合同》。

第二十七条　合同备案

卖方应于本合同签字之日起7个工作日内向________市房地产权登记机关作备案登记。

如卖方未履行此项义务,造成买方损失的,应当承担赔偿责任。

买方有权督促卖方履行备案义务。

第二十八条　通知与送达

本合同中通知均采用书面形式。在通知书上,如系单位发出应加盖公章,如系个人发出应有签名。如无盖章或签名,视为未通知。买卖双方在收到对方的书面通知时,应当签收。

买卖双方地址以本合同载明的地址为准。如地址发生变更,应及时通知对方。未通知或延迟通知的,由其承担法律后果。

送达方式采取直接送达买卖双方并签收或邮寄送达(挂号信或特快专递);如已经采取以上方式但无法送达而采取公告方式送达的,应在________上进行公告,自公告之日起的第十日,视为送达。公告内容应有被送达人的名称或姓名。

第二十九条　附件与合同组成

买卖双方可约定其他条款列于附件六中。

附件须经双方签字、盖章方为有效。

本合同的附件及附图均为合同的组成部分。

卖方所作的售楼广告、售楼书等符合要约条件的,视为本合同的组成部分,卖方应承担相应的义务。

第三十条　纠纷处理

本合同发生纠纷时,由买卖双方协商解决;协商不成的,选择下列第____种方式解决:

(一)向________仲裁委员会申请仲裁;

(二)向人民法院起诉。

第三十一条　合同变更与注销

本合同经登记备案后,不得随意变更或解除。如依照本合同相关条款约定或前条约定的方式裁定变更合同内容或解除合同的,双方持变更或解除合同的补充协议或裁(判)决书到________市房地产权登记机关办理本合同变更或注销登记备案的手续。

第三十二条　合同数量及持有

本合同包括附件及附图,共____页,为一式____份,卖方、买方各执一份,其他交有关部门。

第三十三条　生效

本合同自签订时起生效;涉外的经公证后生效。

卖方:________(签章)　　买方:________(签章)

卖方代理人:________(签章)　　买方代理人:________(签章)

________年____月____日　　________年____月____日

签订地点:________　　签订地点:________

附件一

1. 本合同建筑面积计算的规则为:

□(1)国家规范或标准:《房产测量规范》(GB/T17986.1－2000)/□(2)其他规定:

____。

2. 法定机构出具的《房屋套内建筑面积测绘图》

3. 法定机构出具的《房屋共有建筑面积汇总表》

附件二

本合同(第六条)约定的付款方式和期限为下列第____种:

(一)一次性付款:签订本合同时付清全部楼价款,共计:□人民币/□港币________亿________仟________佰________拾________万________仟________佰________拾________元________角________分,小写:________元。

(二)分期付款:

1. 自签约之日起____日内付全部楼价款的____%,即□人民币/□港币________亿________仟________佰________拾________万________仟________佰________拾________元________角________分,小写:________元。

2. ________年____月____日前付全部楼价款的____%,即□人民币/□港币________亿________仟________佰________拾________万________仟________佰________拾________元________角________分,小写:________元。

3. ________年____月____日前付全部楼价款的____%,即□人民币/□港币________亿________仟________佰________拾________万________仟________佰________拾________元________角________分,小写:________元。

4. ________年____月____日前付全部楼价款的____%,即□人民币/□港币________亿________仟________佰________拾________万________仟________佰________拾________元________角________分,小写:________元。

(三)按揭方式付款:买方在卖方与银行共同通知之后一个月内向贷款银行办妥抵押贷款手续并按约定的期限将购房款汇入本合同第五条所列代收机构。

附件三　共用设施和附属配套项目及其交付时间:________________________________

附件四　装修标准

1. 外墙:________________________________

2. 内墙:________________________________

3. 天花:________________________________

4. 地面：________________

5. 门窗：________________

6. 厨房：________________

7. 卫生间：________________

8. 阳台：________________

9. 电梯：

(1)产地：________________

(2)品牌：________________

(3)型号：________________

(4)其他：________________

10. 其他：________________

附件五　依照本合同第二十二条约定使用；所填地址须与本合同正文载明的一致

________市房地产转移登记申请表

转让方	申请人		身份证号		份额	
	地　址		电　话		邮　编	
	法定代表人		身份证号			
	委托代理人		身份证号		电　话	
	申请人		身份证号		份　额	
	地　址		电　话		邮　编	
	法定代表人		身份证号			
	委托代理人		身份证号		电　话	
受让方	申请人		身份证号		份　额	
	地　址		电　话		邮　编	
	法定代表人		身份证号			
	委托代理人		身份证号		电　话	
	申请人		身份证号		份　额	
	地　址		电　话		邮　编	
	法定代表人		身份证号			
	委托代理人		身份证号		电　话	
房地产坐落		区	街道办	路	房地产名称	
房地产证号			宗地号		转移价款	

续表

<table>
<tr><td>套内建筑面积</td><td>m²</td><td>栋号</td><td></td><td>房号</td><td></td></tr>
<tr><td colspan="6">转移方式:□买卖 □赠与 □交换 □继承 □强制性转移 □其他</td></tr>
<tr><td>备注</td><td colspan="5"></td></tr>
<tr><td colspan="6">申请人承诺:本表填报内容及提交材料是真实的。因提供虚假资料及信息而引起的法律责任,均由申请人承担。需邮寄送达的,按本表填写的地址邮寄送达。
转让方: 受让方:
(签章) (签章)
法定代表人: 法定代表人:
年 月 日 年 月 日</td></tr>
</table>

附件六 买卖双方补充约定:______________________________

附图:

1. 总平面图
2. 立面图
3. 楼层平面图
4. 分户平面图
5. 物业管理用房位置图

条文检索

参见"030 商品房买卖合同"条文检索部分。

应用指引

房地产买卖是一种民事法律行为,其合同涉及的标的额较大、专业性较强、法律规范较多。在签订本合同之前,买方可要求卖方出示企业法人营业执照、房地产预售许可证、房地产开发资质证书等与房地产开发和销售有关的证明文件,并认真审阅合同内容,仔细确认其中的选择性、补充性、填充性、修改性内容。为体现《合同法》规定的双方自愿的原则,买卖双方经协商可依照约定对本示范文本条款进行选择、补充、填充、修改。但双方的约定应当符合法律、法规及本房地产项目土地使用权出让合同的规定,不得就共有部位和共用设施设备等约定其所有权或使用权归某一方所有而侵害第三方权益。

制作该合同应当注意的问题是:

(1)本合同文本中所留空格以直线和波浪线分别标示:直线上空格填写既定的告知性内容,波浪线上空格填写买卖双方自行约定或补充约定的内容。斜线“/”前后文字应画“√”作出单项选择。合同空格处未作约定的部分,均应划线删除。

(2)本合同签订生效后,未被修改的文本印刷文字及空格处填写的有效文字与符号均视为买卖双方合意内容。合同附件及补充协议经买卖双方共同签署后与合同正文具有同等法律效力。合同中买卖双方约定的选择、补充、填充、修改内容以手写项的效力优先。

(3)本合同(需填写的空格)应当用钢笔、毛笔、签字笔填写。买卖双方应在本合同的正文、附件(包括补充协议)、附图中签字或盖章。涂改之处亦须经买卖双方签字或盖章确认。

(4)本合同依法成立后,对买卖双方具有法律约束力。买卖双方应当按照本合同中所约定的内容履行自己的义务,不得擅自变更或者解除合同;买卖双方签订本合同后,卖方应及时到房地产权登记机关备案,本合同发生重大变更、解除及合同文本遗失的,应及时到原备案机关办理相关手续。

035 房地产代理销售合同

文书格式 | 房地产代理销售合同
适用范围 | 签订房地产代理销售合同时所使用的文书
条文检索 | 中华人民共和国合同法
应用指引 | 房地产代理销售的概念和主要内容;制作该文书应当注意的问题

房地产代理销售合同

甲方:________________________________
法定代表人:________________________________
职务:________________________________
地址:________________________________
邮码:________________________________
电话:________________________________

乙方:________________房地产中介代理有限公司
法定代表人:________________________________
职务:________________________________
地址:________________________________
邮码:________________________________
电话:________________________________

甲乙双方经过友好协商,根据《中华人民共和国民法通则》和《中华人民共和国合同法》的有关规定,就甲方委托乙方(独家)代理销售甲方开发经营或拥有的__________事宜,在互惠互利的基础上达成以下协议,并承诺共同遵守。

第一条　合作方式和范围

甲方指定乙方为在________（地区）的独家销售代理，销售甲方指定的，由甲方在________兴建的________项目，该项目为（别墅、写字楼、公寓、住宅），销售面积共计________平方米。

第二条　合作期限

1. 本合同代理期限为____个月，自________年____月____日至________年____月____日。在本合同到期前的____天内，如甲乙双方均未提出反对意见，本合同代理期自动延长____个月。合同到期后，如甲方或乙方提出终止本合同，则按本合同中合同终止条款处理。

2. 在本合同有效代理期内，除非甲方或乙方违约，双方不得单方面终止本合同。

3. 在本合同有效代理期内，甲方不得在____________地区指定其他代理商。

第三条　费用负担

本项目的推广费用（包括但不仅包括报纸电视广告、印制宣传材料、售楼书、制作沙盘等）由甲方负责支付。该费用应在费用发生前一次性到位。

具体销售工作人员的开支及日常支出由乙方负责支付。

第四条　销售价格

销售基价（本代理项目各层楼面的平均价）由甲乙双方确定为________元/平方米，乙方可视市场销售情况征得甲方认可后，有权灵活浮动。甲方所提供并确认的销售价目表为本合同的附件。

第五条　代理佣金及支付

1. 乙方的代理佣金为所售的________项目价目表成交额的____%，乙方实际销售价格超出销售基价部分，甲乙双方按五五比例分成。代理佣金由甲方以人民币形式支付。

2. 甲方同意按下列方式支付代理佣金：

甲方在正式销售合同签订并获得首期房款后，乙方对该销售合同中指定房地产的代销即告完成，即可获得本合同所规定的全部代理佣金。甲方在收到首期房款后应不迟于3天将代理佣金全部支付乙方，乙方在收到甲方转来的代理佣金后应开具收据。

乙方代甲方收取房价款，并在扣除乙方应得佣金后，将其余款项返还甲方。

3. 乙方若代甲方收取房款，属一次性付款的，在合同签订并收齐房款后，应不迟于5天将房款汇入甲方指定银行账户；属分期付款的，每两个月一次将所收房款汇给甲方。乙方不得擅自挪用代收的房款。

4. 因客户对临时买卖合约违约而没收的定金，由甲乙双方五五分成。

第六条　甲方的责任

1. 甲方应向乙方提供以下文件和资料：

(1) 甲方营业执照副本复印件和银行账户；

(2) 新开发建设项目，甲方应提供政府有关部门对开发建设________项目批准的有关证照（包括：国有土地使用权证书、建设用地批准证书和规划许可证、建设工程规划许可证和开工证）和销售________项目的商品房销售证书、外销商品房预售许可证、外销商品房销售许可证；旧有房地产，甲方应提供房屋所有权证书、国有土地使用权证书；

(3) 关于代售的项目所需的有关资料，包括：外形图、平面图、地理位置图、室内设备、建设标准、电器配备、楼层高度、面积、规格、价格、其他费用的估算等；

(4) 乙方代理销售该项目所需的收据、销售合同，以实际使用的数量为准，余数全部退给甲方；

(5) 甲方正式委托乙方为________项目销售（的独家）代理的委托书；

以上文件和资料，甲方应于本合同签订后 2 天内向乙方交付齐全。

甲方保证若客户购买的________的实际情况与其提供的材料不符合或产权不清，所发生的任何纠纷均由甲方负责。

2. 甲方应积极配合乙方的销售，负责提供看房车，并保证乙方客户所订的房号不发生误订。

3. 甲方应按时按本合同的规定向乙方支付有关费用。

第七条　乙方的责任

1. 在合同期内，乙方应做以下工作：

(1) 制定推广计划书（包括市场定位、销售对象、销售计划、广告宣传等）；

(2) 根据市场推广计划，制定销售计划，安排时间表；

(3) 按照甲乙双方议定的条件，在委托期内，进行广告宣传、策划；

(4) 派送宣传资料、售楼书；

(5) 在甲方的协助下，安排客户实地考察并介绍项目、环境及情况；

(6) 利用各种形式开展多渠道销售活动；

(7) 在甲方与客户正式签署售楼合同之前，乙方以代理人身份签署房产临时买卖合约，并收取定金；

(8) 乙方不得超越甲方授权向客户作出任何承诺。

2. 乙方在销售过程中，应根据甲方提供的________项目的特性和状况向客户作如实介绍，尽力促销，不得夸大、隐瞒或过度承诺。

3. 乙方应信守甲方所规定的销售价格，非经甲方的授权，不得擅自给客户任何形式的折扣。在客户同意购买时，乙方应按甲乙双方确定的付款方式向客户收款。若遇特殊情况(如客户一次性购买多个单位)，乙方应告知甲方，作个案协商处理。

4. 乙方收取客户所付款项后不得挪作他用，不得以甲方的名义从事本合同规定的代售房地产以外的任何其他活动。

第八条　合同的终止和变更

1. 在本合同到期时，双方若同意终止本合同，双方应通力协作妥善处理终止合同后的有关事宜，结清与本合同有关的法律经济等事宜。本合同一旦终止，双方的合同关系即告结束，甲乙双方不再互相承担任何经济及法律责任，但甲方未按本合同的规定向乙方支付应付费用的除外。

2. 经双方同意可签订变更或补充合同，其条款与本合同具有同等法律效力。

第九条　其他事项

1. 本合同一式两份，甲乙双方各执一份，经双方代表签字盖章后生效。

2. 在履约过程中发生的争议，双方可通过协商、诉讼方式解决。

甲方：________　　　　　　　　乙方：________

代表人：________　　　　　　　代表人：________

________年____月____日　　　　________年____月____日

条文检索

参见“030 商品房买卖合同”条文检索部分。

应用指引

房地产代理销售合同，是指房地产开发商委托房地产销售代理公司销售房屋而签订的协议。根据该协议，受托人为房地产销售代理公司，应当按照房地产开发商的要求销售房屋，房地产开发商根据销售业绩给予销售服务代理费。

签订该合同应当注意的问题是：合同中应明确代理销售房屋的基本情况；明确委托方要提供的房屋销售的各种材料、证件；明确代理费用收取的方式以及支付期限及条件等。

036 个人住房贷款合同

文书范本 | 个人住房贷款合同
适用范围 | 个人因购买住房而申请银行贷款时所使用的文书
条文检索 | 贷款通则
应用指引 | 个人住房贷款合同的概念及主要内容;制作该合同时应当注意的问题

个人住房贷款合同

为了维护您的利益,请您在签署本合同前,仔细阅读如下注意事项:

1. 本合同文本仅适用于贷款担保由贷款所购房屋做抵押,在尚未办妥抵押登记前,由售房者(开发商或售房单位)提供连带责任保证的贷款形式;

2. 您已经具有向银行借款购房和担保的法律常识;

3. 您已阅读本合同的所有条款,并已悉知其含义;

4. 您已确保提交给银行的有关证件及资料是真实、合法、有效的;

5. 您已确认自己有权在本合同上签字;

6. 您已确知任何欺诈、违约行为将要承担的相应法律后果;

7. 您将本着诚实、信用的原则,善意签订并依约履行本合同;

8. 请您使用钢笔、毛笔或签字笔工整地填写需要您填写的内容。

甲方(借款人、抵押人):________________
身份证件名称及号码:________________
住所:________________
联系电话:________________
邮政编码:________________
开户金融机构:________________
账号:________________

乙方(贷款人、抵押权人):______________________
住所:______________________
联系电话:______________________
邮政编码:______________________

丙方(保证人,即开发商或售房单位):______________________
住所:______________________
联系电话:______________________
邮政编码:______________________
开户金融机构:______________________
账号:______________________

目　　录

第一章　总　　则

第一条　签订合同依据

《中华人民共和国民法通则》、《中华人民共和国合同法》、《中华人民共和国担保法》、《贷款通则》、《中国人民银行个人住房贷款管理办法》等法律、法规和规章制度。

第二条　当事人各方本着平等自愿、诚实信用的原则,经协商一致,签订本合同,并承诺严格履约。

第三条　本合同包括借款、抵押、保证等内容。

第二章　贷　　款

第四条　借款用途

见本合同第四十六条。

第五条　借款金额

见本合同第四十七条。

第六条　借款期限

见本合同第四十八条。

第七条　贷款利率

见本合同第四十九条。

本合同项下贷款利率在借款期限内,遇国家法定利率调整时,于下年1月1日开始,按相应期限档次利率执行新的利率;但借款期限在1年以内(含1年)的,执行本合同利率,遇法定利率调整不调整合同利率。

国家法定利率调整时,乙方有义务直接执行中国人民银行有关规定,不再另行通知甲方。

第八条　划款方式

甲乙双方约定采用专项划款方式即乙方将贷款款项直接划入丙方在乙方开立的存款账户内。账户名及账号见本合同第五十条。

第三章　还　　款

第九条　还款原则

借款期限在1年以内(含1年),实行到期一次还本付息。

借款期限在1年以上的,甲方从贷款发放的次月起偿还贷款本息。在还款期内每月偿还一次贷款本金及利息,最后一次还款不能迟于本合同期限届满日。

甲、乙双方同意遵循先还息后还本、息随本清的原则,甲方还入款项按照“期前欠息－当期利息－本金”的顺序依次入账。

第十条　还款总期数

甲、乙双方约定甲方按月还款,确定还款总期数,具体约定见本合同第五十一条。

第十一条 还款方法

甲方借款期限在1年以内(含1年)的,实行到期本息一次性清偿的还款方法。

甲方借款期限在1年以上的,甲、乙双方约定采用以下两种还款方法中的一种,具体约定见本合同第五十二条。

一、等额本息还款法,即甲方按月以相等的金额偿还贷款本息。

每月还款额=月利率×(1+月利率)还款总期数(1+月利率)还款总期数-1×贷款本金

二、等额本金还款法,即甲方每月等额偿还本金,贷款利息随本金逐月递减。

每月还款额=贷款本金还款总期数+(贷款本金-累计已还本金)×月利率

第十二条 还款方式

甲乙双方约定采取以下两种还款方式中的一种,具体约定见本合同第五十三条。

一、委托扣款方式即甲方委托乙方在每月扣划日从甲方在建设银行北京市分行开立的活期存款账户中直接扣划还款。活期存款账户是指储蓄卡账户、信用卡账户、储蓄存折账户之一。采取委托扣款方式的,须签订《代扣还款委托书》,并在乙方指定的营业网点开立还款专用的活期存款账户。

如甲方提供的个人账户出现冻结、扣划、变更等情况而造成乙方无法扣收本息的,甲方须及时向乙方提供新的活期存款账户用于扣收贷款本息。

如甲方在借款期内要变更指定还款账户,须提前____天向乙方提出申请,经乙方同意并重新签订《代扣还款委托书》、约定新账户启用日期后方可实施。

二、柜面还款方式即甲方在还款期内的任何一个工作日直接到乙方规定的营业柜台以现金、支票或信用卡、储蓄卡办理还款。甲方前期如有拖欠的,应将所有拖欠款项和当期还款额一并交纳。

第十三条 提前还款

甲方提出提前还款时,须于预定的提前还款日前____个工作日向乙方提出书面申请,经乙方审核同意,可提前偿还部分或全部贷款。

甲方申请提前部分还本,经乙方审核确认甲方未有拖欠本息及已还清当期本息后方可提前还款。

提前归还的部分贷款本金必须是1万元的整数倍,并必须在还款前由甲乙双方签订《变更协议》,在还款期限不变的前提下,就提前归还部分贷款本金后甲方每月还款额作出约定。

甲方申请提前清偿全部贷款,经乙方同意,应先归还当月应还贷款本息,再还清全部剩余贷款。

乙方按合同约定的利率已计收的利息不随还款期限、国家法定利率的调整而调整。

第十四条 延长还款期限

甲方在本合同履行期间,如因客观原因导致不能按照合同约定按期归还借款,须提前____个工作日向乙方申请延长借款期限,经乙方批准后,双方签订延期还款协议并办理延长还款期限等有关手续。甲方申请借款延期只限一次。原借款期限与延长期限之和最长不超过30年。原借款期限加上延长期限达到新的利率期限档次时,从延期之日起,贷款利率按新的期限档次利率执行,并根据贷款余额、剩余期限及新利率重新计算月均还款额。已计收的利息不再调整。

第四章 贷款担保

第十五条 本合同项下的贷款担保为抵押加阶段性保证。

抵押加阶段性保证指本合同项下贷款以本合同项下贷款资金所购房屋作抵押,在甲方取得该房屋《房屋所有权证》、并办妥抵押登记之前,由丙方提供连带责任保证。

第十六条 本合同项下担保条款的效力独立于本合同。

第十七条 抵押物

抵押物是指甲方以本合同项下贷款资金所购买的房屋,具体内容见本合同第五十四条。

第十八条 抵押担保范围

抵押担保的范围包括本合同项下的贷款金额、利息(包括罚息)、甲方应支付的违约金、赔偿金以及乙方为实现债权而发生的费用(包括处分抵押物的费用等)。

第十九条 本合同项下抵押物的共有人同意将本合同项下的抵押物作抵押,并同意受本合同约束,见本合同第五十五条。

第二十条 甲方取得所购房屋的《房屋所有权证》后,必须立即依照法律规定办妥抵押物的登记手续。抵押登记费用由甲方承担。

第二十一条 抵押期限

抵押担保的期限自所购房屋取得房屋所有权证并办妥抵押登记之日起至担保的债权全部清偿之日止。

第二十二条 抵押期间,甲方应将《房屋他项权证》及其他有关资料交乙方,由乙方代为保管。

第二十三条　抵押期间，如果因第三人的行为导致抵押物价值减少的，甲方应将损害赔偿金存入乙方指定的账户。该损害赔偿金有以下几种处理方法可供选择：

一、提前清偿贷款；

二、转为定期存款，存单用于质押；

三、用于修复抵押物，以恢复抵押物价值。

具体约定见本合同第五十六条。

在借款人未足额清偿债务或抵押物价值未恢复之前，甲方不得动用此笔款项。抵押物价值未减少的部分，仍作为债权的担保。

第二十四条　抵押关系终止

甲方还清全部借款本息及其他应付款项后，则抵押关系终止。抵押终止后，当事人应到原登记部门办理抵押注销登记手续。

第二十五条　保证范围

保证担保的范围包括甲方的借款本金、利息（包括罚息）、甲方应支付的违约金、赔偿金以及乙方为实现债权而发生的相关费用等。

第二十六条　保证方式

在保证期间，丙方愿对甲方的债务承担连带责任，如甲方未能依照合同约定按时偿还贷款本息或相关费用，乙方有权要求丙方就全部债务承担保证责任，丙方同意乙方从其在乙方开立的存款账户中直接扣划。

第二十七条　保证期间

保证期间由借款合同生效之日起至抵押的房屋取得《房屋所有权证》，办妥房产保险和抵押登记，并将《房屋他项权证》及其他有关资料交乙方代为保管之日止。

第二十八条　除以下情况外，甲方与乙方协议变更借款合同的，无需得到丙方的同意：

一、延长借款期限；

二、增加借款金额。

第二十九条　保证期间，遇国家法定利率调整而变更借款合同利率的，无需得到丙方的任何事前的书面或口头的同意或事后的追认。

第五章　保　　险

第三十条　保险

一、本合同签订以后，甲方须办理抵押财产保险。有关保险手续可到乙方认可的保险公司或委托乙方办理。保险期限届满日不能迟于本合同项下的借款期限届满日。保险期满,甲方未能清偿本合同项下全部债务时,甲方须对抵押物续办保险,在债务存续期间,不得以任何理由中断或撤销保险。投保金额不得低于贷款本息,保险费由甲方负担。

二、甲方应将保险单正本交由乙方保管。

保险期间,抵押房屋如发生保险责任以外的毁损而不足以清偿本合同项下全部债务时,甲方应重新提供乙方认可的抵押物,并办妥保险手续。

三、保险单必须注明乙方为保险第一受益人,并在保险单中特别约定,一旦发生保险事故,保险人应将保险赔偿金直接划付至乙方指定的账户。该保险赔偿金有以下几种处理方法可供选择:

(一)提前清偿贷款;

(二)转为定期存款,存单用于质押;

(三)用于修复抵押物,恢复抵押物价值。

具体约定见本合同第五十七条。

第六章　权利和义务

第三十一条　甲方的权利和义务

一、甲方有了解、咨询、知悉购房借款有关事项的权利;

二、甲方有义务保证其向乙方提供的借款有关资料、文件的真实性;

三、甲方有权依本合同的约定获得相应的借款;

四、在甲方借款清偿前并正常还款的情况下,甲方有权自行居住,或者征得乙方书面同意后,将抵押房屋转让、出租、重复抵押或作其他处分;

五、甲方在还清借款后,有权从乙方取回《房屋他项权证》及其他有关文件资料,办理抵押登记注销手续;

六、甲方应按本合同的约定按期归还借款本息;

七、甲方必须按本合同约定用途使用借款,不得将借款挪作他用,甲方无条件接受乙方对贷款使用情况进行检查;

八、甲方承担抵押物的评估、保险、鉴定、登记等费用;

九、甲方的通讯地址(如住址、联系电话等)发生变更,须在变更后10天内书面通知乙方;

十、抵押期间,甲方应妥善保管抵押物,保持抵押物完好无损,并随时接受乙方的检查。如果抵押物发生毁损、灭失或其他使抵押物价值减损的情况时，应及时恢复抵押物价值，或在30天内重新提供相应的经乙方认可的其他等值抵押物；

十一、抵押期间，甲方转让抵押物所得价款应优先用于向乙方提前清偿所担保的债权。

第三十二条　乙方的权利和义务

一、乙方有权对甲方提供的资料、文件的合法性、真实性进行调查；

二、乙方及其授权代理人有权对甲方所购买的房屋进行查询和认证；

三、乙方有权检查贷款的使用情况；

四、乙方有权依照本合同规定对抵押物进行处分，并获得优先受偿；

五、设定的抵押物意外毁损或灭失，以及因甲方的行为导致抵押物价值减少，足以影响借款合同项下的贷款本息清偿的，乙方有权要求甲方提供新的担保或恢复抵押物价值；

六、保证期间，乙方有权对丙方的资金和财产状况进行监督，有权要求丙方如实提供其财务报表等资料；

七、乙方应按本合同约定的时间及时发放贷款；

八、乙方有妥善保管《房屋他项权证》及其他有关文件资料的责任，若有遗失或毁损，乙方负责补办；造成损失的，乙方将承担民事责任。

第三十三条　丙方的权利和义务

一、丙方有了解、咨询、知悉本合同有关事项的权利；

二、保证期间，丙方失去担保能力或发生承包、租赁、合并和兼并、合资、分立、联营、股份制改造、撤销等行为，丙方应提前30天书面通知乙方。本合同项下的全部义务由变更后的机构或由对丙方作出撤销决定的机构承担。如乙方认为变更后的机构不具备完全的保证能力，由丙方或作出撤销决定的机构落实为乙方所接受的保证人，并重新签订保证合同；

三、保证期间，丙方有义务接受乙方对其资金和财产状况进行监督，并向乙方如实提供其财务报表等资料；

四、保证期间，丙方不得向第三方提供超出其自身负担能力的担保；

五、丙方的通信地址发生变更，须在变更后10天内书面通知乙方。

第七章　合同的变更

第三十四条　本合同生效后，任何一方不得擅自变更和解除本合同。

第三十五条　甲方因转让用本合同项下的借款所购买的房屋而将本合同项下的权利、义务转让给他人时,应事先经乙方书面同意,并征得丙方认同,方可由受让人与乙方和丙方重新签订借款合同。

第三十六条　甲方在合同履行期间死亡(包括宣告死亡)、宣告失踪或丧失民事行为能力,除其遗产或财产的继承人、受遗赠人、监护人、财产代管人同意继续履行甲方签订的借款合同外,乙方在其债权未获清偿时,有权请求人民法院取消继承人、受遗赠人、监护人、财产代管人接受甲方所购房屋的权利,并将该房屋折价、拍卖、变卖以清偿甲方的债务。

甲方遗产的继承人、受遗赠人同意继续履行本合同义务的,应持经公证的继承协议、文件与乙方签订债务承担协议。

第三十七条　甲方申请延长贷款期限,经乙方同意后,甲乙双方应签订延期还款协议,同时重新办理公证、保险、抵押登记和贷款担保变更手续。

第八章　违约责任

第三十八条　甲方的违约责任

一、甲方未按合同约定用途使用借款,乙方对挪用部分从挪用之日起按本合同第五十八条规定之利率计收利息;

二、甲方未按本合同约定清偿贷款本息,乙方从贷款逾期之日起按本合同第五十九条规定之利率对逾期本息计收利息;

上述两项违约责任中,若甲方的借款既逾期又挤占挪用,乙方只择其重者采用,而不并处。

三、发生下列情况之一时,乙方有权停止向甲方发放贷款,有权解除本合同,提前收回已发放贷款本息,并有权依法处分抵押物或要求保证人履行保证责任:

1. 甲方向乙方提供虚假的证明材料而取得贷款的;

2. 甲方未按本合同约定用途使用贷款的;

3. 借款期间,甲方累计六个月(包括计划还款当月)未偿还贷款本息和相关费用的;

4. 借款到期,甲方未按期归还贷款本息,并自乙方发出催还通知书之日起30天内(以挂号寄出时间为准)仍未清偿的;

5. 甲方拒绝或阻碍乙方对贷款使用情况实施监督检查的;

6. 甲方未经乙方书面同意,将设定抵押物拆除、转让、出租、重复抵押或作其他处分的；

7. 抵押期间，甲方转让抵押物所得价款未优先用于向乙方提前清偿借款的；

8. 甲方拒绝或阻碍乙方对抵押物使用情况实施监督检查的；

9. 甲方与他方签订有损乙方权益的合同；

10. 甲方在借款期内间断或撤销保险或拒不续办保险的；

11. 甲方在合同履行期间死亡、宣告失踪或丧失民事行为能力后，其继承人、受遗赠人、监护人、财产代管人拒绝继续履行借款合同的；

12. 甲方卷入或即将卷入重大的诉讼或仲裁程序及其他法律纠纷，足以影响其偿债能力的；

13. 丙方违反保证合同或丧失承担连带保证责任能力，抵押物因意外毁损不足以清偿贷款本息，而甲方未按乙方要求落实新的保证人或提供新抵押的；

14. 甲方发生其他足以影响其偿还债务能力的事件。

四、甲方因隐瞒抵押物存在共有、争议、被查封、被扣压或已设定抵押等情况，而给乙方造成损失的，应向乙方予以足额赔偿。乙方有权就甲方应承担的赔偿金直接从甲方在乙方开立的存款账户中扣划。

第三十九条　乙方的违约责任

乙方未按合同约定及时足额发放贷款，影响甲方按本合同规定使用借款，乙方应对未发放的贷款金额和违约天数按本合同第六十条约定的违约金率向甲方支付违约金。

第四十条　丙方的违约责任

保证期间，丙方发生下列情况之一的，乙方有权停止向甲方发放贷款，有权解除借款合同，提前收回已发放贷款本息：

一、丙方拒绝乙方对其资金和财产状况进行监督的；

二、丙方向第三人提供超出其自身负担能力的担保的。

第四十一条　处分抵押物所得价款的清偿顺序

乙方对处分抵押物所得价款按下列顺序和原则清偿：

一、支付处分抵押物的有关费用；

二、清偿甲方所欠乙方贷款本息（包括罚息）；

三、清偿甲方应给付乙方而未给付的违约金和赔偿金等；

四、所得价款在支付上述款项后的剩余部分，乙方应返还甲方；若所得价款不足清偿甲方所欠乙方贷款，乙方可向甲方继续追偿，甲方仍承担相应还款义务。

第九章　其他约定事项

第四十二条　合同争议解决方式

本合同在履行过程中,当事人各方发生争议,可协商解决,协商不成,可以向乙方所在地人民法院或有专属管辖权的人民法院起诉。在协商或诉讼期间,本合同不涉及争议部分的条款仍需履行。

第四十三条　合同的生效和终止

本合同经甲方签字、乙方和丙方签字并加盖公章后生效,至本合同项下贷款本息和相关费用全部清偿完毕后终止。

第四十四条　其他约定事项

具体约定见本合同第六十一条。

第四十五条　合同文本份数

见本合同第六十二条。

第十章　特别签订条款

第四十六条　对第四条的约定

本借款用于购买________。

第四十七条　对第五条的约定

乙方向甲方提供人民币贷款(大写):____________(小写:________元)。

第四十八条　对第六条的约定

本合同约定借款期限共计(大写)______月,自乙方将借款划入到甲方所指定并经乙方认可的账户之日起计算,即从________年____月____日起至________年____月____日止。

第四十九条　对第七条的约定

贷款月利率为____‰,以乙方实际划款当日国家法定利率为准。

第五十条　对第八条的约定

甲方的借款由乙方直接划入丙方在乙方开立的存款账户内。

账户名称:________,账号:____________。

第五十一条　对第十条的约定

甲方应从贷款发放的次月开始,按月偿还贷款本息,还款总期数为____期。

第五十二条　对第十一条的约定

甲、乙双方约定采用本合同第十一条确认的第____种还款方法。

在当前利率水平下，若采用第一种还款方法，则每月归还本息金额为人民币________元；若采用第二种还款方法，则每月归还本金金额为人民币________元，利息逐月结算还清。

借款期内，如遇国家法定利率调整，由乙方按中国人民银行有关文件规定相应调整每月还款额。

第五十三条　对第十二条的约定

甲、乙双方约定采用本合同第十二条所述的第____种还款方式。

第五十四条　对第十七条的约定

甲方借款所购买并作为抵押物的住房具体内容如下：

房地产坐落地____________号；

抵押房地产评估总价值(元)：大写：____________小写：________；

抵押土地抵押土地面积(平方米)：________

土地使用年限(年)：________________

土地来源：《国有土地使用证》号：____________

抵押土地评估价值(元)：大写：____________小写：________

抵押房屋：________________

现房抵押，抵押房屋建筑面积(平方米)：________

《房屋所有权证》号：____________房屋所有权人：____________

《房屋共有权证》号：____________共有房屋面积(平方米)：________

共有权人及其共有权份额：

1. ____

2. ____

3. ____

……

抵押房屋评估价值(元)：大写：____________小写：________

期房抵押：________________

抵押房屋建筑面积(平方米)：________

房屋所有权人：____________

《________市内(外)销商品房预售契约》号:____________

抵押房屋评估价值(元):大写:____________小写:________

抵押人:________

抵押人身份证号:____________

代理人身份证号:____________

抵押权人:________

抵押权人代理人身份证号:____________

贷款金额(元):________

贷款用途:____________

抵押率(%)本次:________累计:________

抵押期限自________年____月____日起至________年____月____日止。

第五十五条　对第十九条的约定

共有人________同意将本合同项下的房屋用于抵押。

共有人:________(签字)　(盖章)

共有人:________(签字)　(盖章)

第五十六条　对第二十三条的约定

甲乙双方约定采用第____种处理方式,即________________。

第五十七条　对第三十条第三款的约定

甲乙双方约定采用第____种处理方式,即________________。

第五十八条　对第三十八条第一款的约定

挪用贷款部分按每日万分之____计收利息。

第五十九条　对第三十八条第二款的约定

逾期贷款部分按每日万分之____计收利息。

第六十条　对第三十九条的约定

由于乙方未按借款合同约定及时、足额向借款人提供贷款,乙方应对未发放的贷款金额和违约天数按每日万分之____的违约金率支付违约金。

第六十一条　对第四十四条的约定

1. ____

2. ____

3. ____

第六十二条　对第四十五条的约定

本合同正本一式____份。

甲方(签字):________　　　　乙方(公章):________

________年____月____日　　　　法定代表人或授权代理人(签字):________

________年____月____日

丙方(公章):________

法定代表人或授权代理人(签字):________

________年____月____日

|条文检索|

贷款通则

(1996年6月28日中国人民银行令第2号发布　自1996年8月1日起施行)

第一章　总　　则

第一条　为了规范贷款行为,维护借贷双方的合法权益,保证信贷资产的安全,提高贷款使用的整体效益,促进社会经济的持续发展,根据《中华人民共和国中国人民银行法》、《中华人民共和国商业银行法》等有关法律规定,制定本通则。

第二条　本通则所称贷款人,系指在中国境内依法设立的经营贷款业务的中资金融机构。

本通则所称借款人,系指从经营贷款业务的中资金融机构取得贷款的法人、其他经济组织、个体工商户和自然人。

本通则中所称贷款系指贷款人对借款人提供的并按约定的利率和期限还本付息的货币资金。

本通则中的贷款币种包括人民币和外币。

第三条　贷款的发放和使用应当符合国家的法律、行政法规和中国人民银行发布的行政规章,应当遵循效益性、安全性和流动性的原则。

第四条　借款人与贷款人的借贷活动应当遵循平等、自愿、公平和诚实信用的原则。

第五条　贷款人开展贷款业务,应当遵循公平竞争、密切协作的原则,不得从事不正当竞争。

第六条　中国人民银行及其分支机构是实施《贷款通则》的监管机关。

第二章　贷 款 种 类

第七条　自营贷款、委托贷款和特定贷款:

自营贷款,系指贷款人以合法方式筹集的资金自主发放的贷款,其风险由贷款人承担,并由贷款人收回本金和利息。

委托贷款,系指由政府部门、企事业单位及个人等委托人提供资金,由贷款人(即受托人)根据委托人确定的贷款对象、用途、金额、期限、利率等代为发放、监督使用并协助收回的贷款。贷款人(受托人)只收取手续费,不承担贷款风险。

特定贷款,系指经国务院批准并对贷款可能造成的损失采取相应补救措施后责成国有独资商业银行发放的贷款。

第八条　短期贷款、中期贷款和长期贷款:

短期贷款,系指贷款期限在1年以内(含1年)的贷款。

中期贷款,系指贷款期限在1年以上(不含1年)5年以下(含5年)的贷款。

长期贷款,系指贷款期限在5年(不含5年)以上的贷款。

第九条　信用贷款、担保贷款和票据贴现:

信用贷款,系指以借款人的信誉发放的贷款。

担保贷款,系指保证贷款、抵押贷款、质押贷款。

保证贷款,系指按《中华人民共和国担保法》规定的保证方式以第三人承诺在借款人不能偿还贷款时,按约定承担一般保证责任或者连带责任而发放的贷款。

抵押贷款,系指按《中华人民共和国担保法》规定的抵押方式以借款人或第三人的财产作为抵押物发放的贷款。

质押贷款,系指按《中华人民共和国担保法》规定的质押方式以借款人或第三人的动产或权利作为质物发放的贷款。

票据贴现,系指贷款人以购买借款人未到期商业票据的方式发放的贷款。

第十条　除委托贷款以外,贷款人发放贷款,借款人应当提供担保。贷款人应当对保证人的偿还能力,抵押物、质物的权属和价值以及实现抵押权、质权的可行性进行严格审查。

经贷款审查、评估,确认借款人资信良好,确能偿还贷款的,可以不提供担保。

第三章　贷款期限和利率

第十一条　贷款期限：

贷款限期根据借款人的生产经营周期、还款能力和贷款人的资金供给能力由借贷双方共同商议后确定，并在借款合同中载明。

自营贷款期限最长一般不得超过10年，超过10年应当报中国人民银行备案。

票据贴现的贴现期限最长不得超过6个月，贴现期限为从贴现之日起到票据到期日止。

第十二条　贷款展期：

不能按期归还贷款的，借款人应当在贷款到期日之前，向贷款人申请贷款展期。是否展期由贷款人决定。申请保证贷款、抵押贷款、质押贷款展期的，还应当由保证人、抵押人、出质人出具同意的书面证明。已有约定的，按照约定执行。

短期贷款展期期限累计不得超过原贷款期限；中期贷款展期期限累计不得超过原贷款期限的一半；长期贷款展期期限累计不得超过3年。国家另有规定者除外。借款人未申请展期或申请展期未得到批准，其贷款从到期日次日起，转入逾期贷款账户。

第十三条　贷款利率的确定：

贷款人应当按照中国人民银行规定的贷款利率的上下限，确定每笔贷款利率，并在借款合同中载明。

第十四条　贷款利息的计收：

贷款人和借款人应当按借款合同和中国人民银行有关计息规定按期计收或交付利息。

贷款的展期期限加上原期限达到新的利率期限档次时，从展期之日起，贷款利息按新的期限档次利率计收。

逾期贷款按规定计收罚息。

第十五条　贷款的贴息：

根据国家政策，为了促进某些产业和地区经济的发展，有关部门可以对贷款补贴利息。

对有关部门贴息的贷款，承办银行应当自主审查发放，并根据本通则有关规定严格管理。

第十六条　贷款停息、减息、缓息和免息：

除国务院决定外，任何单位和个人无权决定停息、减息、缓息和免息。贷款人应当依据国务院决定，按照职责权限范围具体办理停息、减息、缓息和免息。

第四章 借　款　人

第十七条　借款人应当是经工商行政管理机关(或主管机关)核准登记的企(事)业法人、其他经济组织、个体工商户或具有中华人民共和国国籍的具有完全民事行为能力的自然人。

借款人申请贷款，应当具备产品有市场、生产经营有效益、不挤占挪用信贷资金、恪守信用等基本条件，并且应当符合以下要求：

一、有按期还本付息的能力，原应付贷款利息和到期贷款已清偿；没有清偿的，已经做了贷款人认可的偿还计划。

二、除自然人和不需要经工商部门核准登记的事业法人外，应当经过工商部门办理年检手续。

三、已开立基本账户或一般存款账户。

四、除国务院规定外，有限责任公司和股份有限公司对外股本权益性投资累计额未超过其净资产总额的50%。

五、借款人的资产负债率符合贷款人的要求。

六、申请中期、长期贷款的，新建项目的企业法人所有者权益与项目所需总投资的比例不低于国家规定的投资项目的资本金比例。

第十八条　借款人的权利：

一、可以自主向主办银行或者其他银行的经办机构申请贷款并依条件取得贷款；

二、有权按合同约定提取和使用全部贷款；

三、有权拒绝借款合同以外的附加条件；

四、有权向贷款人的上级和中国人民银行反映、举报有关情况；

五、在征得贷款人同意后，有权向第三人转让债务。

第十九条　借款人的义务：

一、应当如实提供贷款人要求的资料(法律规定不能提供者除外)，应当向贷款人如实提供所有开户行、账号及存贷款余额情况，配合贷款人的调查、审查和检查；

二、应当接受贷款人对其使用信贷资金情况和有关生产经营、财务活动的监督；

三、应当按借款合同约定用途使用贷款；

四、应当按借款合同约定及时清偿贷款本息；

五、将债务全部或部分转让给第三人的，应当取得贷款人的同意；

六、有危及贷款人债权安全情况时，应当及时通知贷款人，同时采取保全措施。

第二十条　对借款人的限制：

一、不得在一个贷款人同一辖区内的两个或两个以上同级分支机构取得贷款。

二、不得向贷款人提供虚假的或者隐瞒重要事实的资产负债表、损益表等。

三、不得用贷款从事股本权益性投资，国家另有规定的除外。

四、不得用贷款在有价证券、期货等方面从事投机经营。

五、除依法取得经营房地产资格的借款人以外，不得用贷款经营房地产业务；依法取得经营房地产资格的借款人，不得用贷款从事房地产投机。

六、不得套取贷款用于借贷牟取非法收入。

七、不得违反国家外汇管理规定使用外币贷款。

八、不得采取欺诈手段骗取贷款。

第五章　贷　款　人

第二十一条　贷款人必须经中国人民银行批准经营贷款业务，持有中国人民银行颁发的《金融机构法人许可证》或《金融机构营业许可证》，并经工商行政管理部门核准登记。

第二十二条　贷款人的权利：

根据贷款条件和贷款程序自主审查和决定贷款，除国务院批准的特定贷款外，有权拒绝任何单位和个人强令其发放贷款或者提供担保。

一、要求借款人提供与借款有关的资料；

二、根据借款人的条件，决定贷与不贷、贷款金额、期限和利率等；

三、了解借款人的生产经营活动和财务活动；

四、依合同约定从借款人账户上划收贷款本金和利息；

五、借款人未能履行借款合同规定义务的，贷款人有权依合同约定要求借款人提前归还贷款或停止支付借款人尚未使用的贷款；

六、在贷款将受或已受损失时，可依据合同规定，采取使贷款免受损失的措施。

第二十三条　贷款人的义务：

一、应当公布所经营的贷款的种类、期限和利率，并向借款人提供咨询。

二、应当公开贷款审查的资信内容和发放贷款的条件。

三、贷款人应当审议借款人的借款申请,并及时答复贷与不贷。短期贷款答复时间不得超过1个月,中期、长期贷款答复时间不得超过6个月;国家另有规定者除外。

四、应当对借款人的债务、财务、生产、经营情况保密,但对依法查询者除外。

第二十四条　对贷款人的限制:

一、贷款的发放必须严格执行《中华人民共和国商业银行法》第三十九条关于资产负债比例管理的有关规定,第四十条关于不得向关系人发放信用贷款、向关系人发放担保贷款的条件不得优于其他借款人同类贷款条件的规定。

二、借款人有下列情形之一者,不得对其发放贷款:

(一)不具备本通则第四章第十七条所规定的资格和条件的;

(二)生产、经营或投资国家明文禁止的产品、项目的;

(三)违反国家外汇管理规定的;

(四)建设项目按国家规定应当报有关部门批准而未取得批准文件的;

(五)生产经营或投资项目未取得环境保护部门许可的;

(六)在实行承包、租赁、联营、合并(兼并)、合作、分立、产权有偿转让、股份制改造等体制变更过程中,未清偿原有贷款债务、落实原有贷款债务或提供相应担保的;

(七)有其他严重违法经营行为的。

三、未经中国人民银行批准,不得对自然人发放外币币种的贷款。

四、自营贷款和特定贷款,除按中国人民银行规定计收利息之外,不得收取其他任何费用;委托贷款,除按中国人民银行规定计收手续费之外,不得收取其他任何费用。

五、不得给委托人垫付资金,国家另有规定的除外。

六、严格控制信用贷款,积极推广担保贷款。

第六章　贷 款 程 序

第二十五条　贷款申请:

借款人需要贷款,应当向主办银行或者其他银行的经办机构直接申请。

借款人应当填写包括借款金额、借款用途、偿还能力及还款方式等主要内容的《借款申请书》并提供以下资料:

一、借款人及保证人基本情况;

二、财政部门或会计(审计)事务所核准的上年度财务报告,以及申请借款前一期的财务报告；

三、原有不合理占用的贷款的纠正情况；

四、抵押物、质物清单和有处分权人的同意抵押、质押的证明及保证人拟同意保证的有关证明文件；

五、项目建议书和可行性报告；

六、贷款人认为需要提供的其他有关资料。

第二十六条　对借款人的信用等级评估：

应当根据借款人的领导者素质、经济实力、资金结构、履约情况、经营效益和发展前景等因素，评定借款人的信用等级。评级可由贷款人独立进行，内部掌握，也可由有权部门批准的评估机构进行。

第二十七条　贷款调查：

贷款人受理借款人申请后，应当对借款人的信用等级以及借款的合法性、安全性、盈利性等情况进行调查，核实抵押物、质物、保证人情况，测定贷款的风险度。

第二十八条　贷款审批：

贷款人应当建立审贷分离、分级审批的贷款管理制度。审查人员应当对调查人员提供的资料进行核实、评定，复测贷款风险度，提出意见，按规定权限报批。

第二十九条　签订借款合同：

所有贷款应当由贷款人与借款人签订借款合同。借款合同应当约定借款种类，借款用途、金额、利率，借款期限，还款方式，借、贷双方的权利、义务，违约责任和双方认为需要约定的其他事项。

保证贷款应当由保证人与贷款人签订保证合同，或保证人在借款合同上载明与贷款人协商一致的保证条款，加盖保证人的法人公章，并由保证人的法定代表人或其授权代理人签署姓名。抵押贷款、质押贷款应当由抵押人、出质人与贷款人签订抵押合同、质押合同，需要办理登记的，应依法办理登记。

第三十条　贷款发放：

贷款人要按借款合同规定按期发放贷款。贷款人不按合同约定按期发放贷款的，应偿付违约金。借款人不按合同约定用款的，应偿付违约金。

第三十一条　贷后检查：

贷款发放后，贷款人应当对借款人执行借款合同情况及借款人的经营情况进行追踪调查和检查。

第三十二条　贷款归还:

借款人应当按照借款合同规定按时足额归还贷款本息。

贷款人在短期贷款到期1个星期之前、中长期贷款到期1个月之前,应当向借款人发送还本付息通知单;借款人应当及时筹备资金,按时还本付息。

贷款人对逾期的贷款要及时发出催收通知单,做好逾期贷款本息的催收工作。

贷款人对不能按借款合同约定期限归还的贷款,应当按规定加罚利息;对不能归还或者不能落实还本付息事宜的,应当督促归还或者依法起诉。

借款人提前归还贷款,应当与贷款人协商。

第七章　不良贷款监管

第三十三条　贷款人应当建立和完善贷款的质量监管制度,对不良贷款进行分类、登记、考核和催收。

第三十四条　不良贷款系指呆账贷款、呆滞贷款、逾期贷款。

呆账贷款,系指按财政部有关规定列为呆账的贷款。

呆滞贷款,系指按财政部有关规定,逾期(含展期后到期)超过规定年限以上仍未归还的贷款,或虽未逾期或逾期不满规定年限但生产经营已终止、项目已停建的贷款(不含呆账贷款)。

逾期贷款,系指借款合同约定到期(含展期后到期)未归还的贷款(不含呆滞贷款和呆账贷款)。

第三十五条　不良贷款的登记:

不良贷款由会计、信贷部门提供数据,由稽核部门负责审核并按规定权限认定,贷款人应当按季填报不良贷款情况表。在报上级行的同时,应当报中国人民银行当地分支机构。

第三十六条　不良贷款的考核:

贷款人的呆账贷款、呆滞贷款、逾期贷款不得超过中国人民银行规定的比例。贷款人应当对所属分支机构下达和考核呆账贷款、呆滞贷款和逾期贷款的有关指标。

第三十七条　不良贷款的催收和呆账贷款的冲销:

信贷部门负责不良贷款的催收,稽核部门负责对催收情况的检查。贷款人应当按照国家有关规定提取呆账准备金,并按照呆账冲销的条件和程序冲销呆账贷款。

未经国务院批准,贷款人不得豁免贷款。除国务院批准外,任何单位和个人不得强令贷款人豁免贷款。

第八章　贷款管理责任制

第三十八条　贷款管理实行行长(经理、主任,下同)负责制。

贷款实行分级经营管理,各级行长应当在授权范围内对贷款的发放和收回负全部责任。行长可以授权副行长或贷款管理部门负责审批贷款,副行长或贷款管理部门负责人应当对行长负责。

第三十九条　贷款人各级机构应当建立有行长或副行长(经理、主任,下同)和有关部门负责人参加的贷款审查委员会(小组),负责贷款的审查。

第四十条　建立审贷分离制:

贷款调查评估人员负责贷款调查评估,承担调查失误和评估失准的责任;贷款审查人员负责贷款风险的审查,承担审查失误的责任;贷款发放人员负责贷款的检查和清收,承担检查失误、清收不力的责任。

第四十一条　建立贷款分级审批制:

贷款人应当根据业务量大小、管理水平和贷款风险度确定各级分支机构的审批权限,超过审批权限的贷款,应当报上级审批。各级分支机构应当根据贷款种类、借款人的信用等级和抵押物、质物、保证人等情况确定每一笔贷款的风险度。

第四十二条　建立和健全信贷工作岗位责任制:

各级贷款管理部门应将贷款管理的每一个环节的管理责任落实到部门、岗位、个人,严格划分各级信贷工作人员的职责。

第四十三条　贷款人对大额借款人建立驻厂信贷员制度。

第四十四条　建立离职审计制:

贷款管理人员在调离原工作岗位时,应当对其在任职期间和权限内所发放的贷款风险情况进行审计。

第九章　贷款债权保全和清偿的管理

第四十五条　借款人不得违反法律规定,借兼并、破产或者股份制改造等途径,逃避银行债务,侵吞信贷资金;不得借承包、租赁等途径逃避贷款人的信贷监管以及偿还贷款本息的责任。

第四十六条　贷款人有权参与处于兼并、破产或股份制改造等过程中的借款人的债务重组,应当要求借款人落实贷款还本付息事宜。

第四十七条　贷款人应当要求实行承包、租赁经营的借款人,在承包、租赁合同中明确落实原贷款债务的偿还责任。

第四十八条　贷款人对实行股份制改造的借款人,应当要求其重新签订借款合同,明确原贷款债务的清偿责任。

对实行整体股份制改造的借款人,应当明确其所欠贷款债务由改造后公司全部承担;对实行部分股份制改造的借款人,应当要求改造后的股份公司按占用借款人的资本金或资产的比例承担原借款人的贷款债务。

第四十九条　贷款人对联营后组成新的企业法人的借款人,应当要求其依据所占用的资本金或资产的比例将贷款债务落实到新的企业法人。

第五十条　贷款人对合并(兼并)的借款人,应当要求其在合并(兼并)前清偿贷款债务或提供相应的担保。

借款人不清偿贷款债务或未提供相应担保,贷款人应当要求合并(兼并)企业或合并后新成立的企业承担归还原借款人贷款的义务,并与之重新签订有关合同或协议。

第五十一条　贷款人对与外商合资(合作)的借款人,应当要求其继续承担合资(合作)前的贷款归还责任,并要求其将所得收益优先归还贷款。借款人用已作为贷款抵押、质押的财产与外商合资(合作)时必须征求贷款人同意。

第五十二条　贷款人对分立的借款人,应当要求其在分立前清偿贷款债务或提供相应的担保。

借款人不清偿贷款债务或未提供相应担保,贷款人应当要求分立后的各企业,按照分立时所占资本或资产比例或协议,对原借款人所欠贷款承担清偿责任。对设立子公司的借款人,应当要求其子公司按所得资本或资产的比例承担和偿还母公司相应的贷款债务。

第五十三条　贷款人对产权有偿转让或申请解散的借款人,应当要求其在产权转让或解散前必须落实贷款债务的清偿。

第五十四条　贷款人应当按照有关法律参与借款人破产财产的认定与债权债务的处置,对于破产借款人已设定财产抵押、质押或其他担保的贷款债权,贷款人依法享有优先受偿权;无财产担保的贷款债权按法定程序和比例受偿。

第十章　贷款管理特别规定

第五十五条　建立贷款主办行制度:

借款人应按中国人民银行的规定与其开立基本账户的贷款人建立贷款主办行关系。

借款人发生企业分立、股份制改造、重大项目建设等涉及信贷资金使用和安全的重大经济活动,事先应当征求主办行的意见。一个借款人只能有一个贷款主办行,主办行应当随基本账户的变更而变更。

主办行不包资金,但应当按规定有计划地对借款人提供贷款,为借款人提供必要的信息咨询、代理等金融服务。

贷款主办行制度与实施办法,由中国人民银行另行规定。

第五十六条　银团贷款应当确定一个贷款人为牵头行,并签订银团贷款协议,明确各贷款人的权利和义务,共同评审贷款项目。牵头行应当按协议确定的比例监督贷款的偿还。银团贷款管理办法由中国人民银行另行规定。

第五十七条　特定贷款管理:

国有独资商业银行应当按国务院规定发放和管理特定贷款。

特定贷款管理办法另行规定。

第五十八条　非银行金融机构贷款的种类、对象、范围,应当符合中国人民银行规定。

第五十九条　贷款人发放异地贷款,或者接受异地存款,应当报中国人民银行当地分支机构备案。

第六十条　信贷资金不得用于财政支出。

第六十一条　各级行政部门和企事业单位、供销合作社等合作经济组织、农村合作基金会和其他基金会,不得经营存贷款等金融业务。企业之间不得违反国家规定办理借贷或者变相借贷融资业务。

第十一章　罚　　则

第六十二条　贷款人违反资产负债比例管理有关规定发放贷款的,应当依照《中华人民共和国商业银行法》第七十五条,由中国人民银行责令改正,处以罚款,有违法所得的没收违法所得,并且应当依照第七十六条对直接负责的主管人员和其他直接责任人员给予处罚。

第六十三条　贷款人违反规定向关系人发放信用贷款或者发放担保贷款的条件优于其他借款人同类贷款条件的,应当依照《中华人民共和国商业银行法》第七十四条处罚,并且应当依照第七十六条对有关直接责任人员给予处罚。

第六十四条　贷款人的工作人员对单位或者个人强令其发放贷款或者提供担保未予

拒绝的,应当依照《中华人民共和国商业银行法》第八十五条给予纪律处分,造成损失的应当承担相应的赔偿责任。

第六十五条　贷款人的有关责任人员违反本通则有关规定,应当给予纪律处分和罚款;情节严重或屡次违反的,应当调离工作岗位,取消任职资格;造成严重经济损失或者构成其他经济犯罪的,应当依照有关法律规定追究刑事责任。

第六十六条　贷款人有下列情形之一,由中国人民银行责令改正;逾期不改正的,中国人民银行可以处以5千元以上1万元以下罚款:

一、没有公布所经营贷款的种类、期限、利率的;

二、没有公开贷款条件和发放贷款时要审查的内容的;

三、没有在规定期限内答复借款人贷款申请的。

第六十七条　贷款人有下列情形之一,由中国人民银行责令改正;有违法所得的,没收违法所得,并处以违法所得1倍以上3倍以下罚款;没有违法所得的,处以5万元以上30万元以下罚款;构成犯罪的,依法追究刑事责任:

一、贷款人违反规定代垫委托贷款资金的;

二、未经中国人民银行批准,对自然人发放外币贷款的;

三、贷款人违反中国人民银行规定,对自营贷款或者特定贷款在计收利息之外收取其他任何费用的,或者对委托贷款在计收手续费之外收取其他任何费用的。

第六十八条　任何单位和个人强令银行发放贷款或者提供担保的,应当依照《中华人民共和国商业银行法》第八十五条,对直接负责的主管人员和其他直接责任人员或者个人给予纪律处分;造成经济损失的,承担全部或者部分赔偿责任。

第六十九条　借款人采取欺诈手段骗取贷款,构成犯罪的,应当依照《中华人民共和国商业银行法》第八十条等法律规定处以罚款并追究刑事责任。

第七十条　借款人违反本通则第九章第四十二条规定,蓄意通过兼并、破产或者股份制改造等途径侵吞信贷资金的,应当依据有关法律规定承担相应部分的赔偿责任并处以罚款;造成贷款人重大经济损失的,应当依照有关法律规定追究直接责任人员的刑事责任。

借款人违反本通则第九章其他条款规定,致使贷款债务落空,由贷款人停止发放新贷款,并提前收回原发放的贷款。造成信贷资产损失的,借款人及其主管人员或其他个人,应当承担部分或全部赔偿责任。在未履行赔偿责任之前,其他任何贷款人不得对其发放贷款。

第七十一条　借款人有下列情形之一，由贷款人对其部分或全部贷款加收利息；情节特别严重的，由贷款人停止支付借款人尚未使用的贷款，并提前收回部分或全部贷款：

一、不按借款合同规定用途使用贷款的。

二、用贷款进行股本权益性投资的。

三、用贷款在有价证券、期货等方面从事投机经营的。

四、未依法取得经营房地产资格的借款人用贷款经营房地产业务的；依法取得经营房地产资格的借款人，用贷款从事房地产投机的。

五、不按借款合同规定清偿贷款本息的。

六、套取贷款相互借贷牟取非法收入的。

第七十二条　借款人有下列情形之一，由贷款人责令改正。情节特别严重或逾期不改正的，由贷款人停止支付借款人尚未使用的贷款，并提前收回部分或全部贷款：

一、向贷款人提供虚假或者隐瞒重要事实的资产负债表、损益表等资料的；

二、不如实向贷款人提供所有开户行、账号及存贷款余额等资料的；

三、拒绝接受贷款人对其使用信贷资金情况和有关生产经营、财务活动监督的。

第七十三条　行政部门、企事业单位、股份合作经济组织、供销合作社、农村合作基金会和其他基金会擅自发放贷款的；企业之间擅自办理借贷或者变相借贷的，由中国人民银行对出借方按违规收入处以1倍以上至5倍以下罚款，并由中国人民银行予以取缔。

第七十四条　当事人对中国人民银行处罚决定不服的，可按《中国人民银行行政复议办法（试行）》的规定申请复议，复议期间仍按原处罚执行。

第十二章　附　　则

第七十五条　国家政策性银行、外资金融机构（含外资、中外合资、外资金融机构的分支机构等）的贷款管理办法，由中国人民银行另行制定。

第七十六条　有关外国政府贷款、出口信贷、外商贴息贷款、出口信贷项下的对外担保以及与上述贷款配套的国际商业贷款的管理办法，由中国人民银行另行制定。

第七十七条　贷款人可根据本通则制定实施细则，报中国人民银行备案。

第七十八条　本通则自实施之日起，中国人民银行和各贷款人在此以前制定的各种规定，与本通则有抵触者，以本通则为准。

第七十九条　本通则由中国人民银行负责解释。

第八十条　本通则自1996年8月1日起施行。

| 应用指引 |

个人住房贷款合同,是指借款人与贷款人达成的以购买房屋为特定用途的合同,根据该合同,贷款人应当按照约定向贷款人提供款项,借款应当在合同到期前归还贷款。

个人住房贷款,一般都要求有担保。担保方式通常是以房屋作为抵押物的抵押担保,也有约定保证担保的。在购买期房时,除了房屋作为抵押物担保以外,通常房地产开发公司作为卖方要承担保证人的责任。因此,在办理个人住房贷款时,通常是借款人、贷款银行和开发商三方当事人共同签订住房抵押贷款合同,从而发生众多债权债务关系。个人住房贷款合同是集购房合同、借款合同、抵押合同、保证合同和委托合同关系于一体的多种法律关系的综合性合同。不同的主体要履行各自的义务。

个人住房抵押贷款申请条件包括:具有城镇常住户口或有效居留身份;有稳定的职业和收入,信用良好,有偿还贷款本息的能力;具有购买住房的合同或协议;不享受购房补贴的以不低于所购住房全部价款的30%作为购房的首期付款;享受购房补贴的以个人承担部分的30%作为购房的首期付款;有贷款人认可的资产作为抵押或质押,或有足够代偿能力的单位或个人作为保证人;贷款人规定的其他条件。

个人向银行申请住房贷款的流程是:一是贷款人向银行提出贷款申请;二是银行受理后,对抵押房产价值进行评估,根据评估值核定贷款金额;三是双方签定借款合同等;四是办理房地产抵押登记事宜;五是银行放款。

签订个人住房贷款合同应当注意以下问题:

(1)合同主体涉及多方的,应当逐一明确各自的权利与义务,尽可能详细列明各自要履行的义务内容,以保证合同能够顺利履行。

(2)以房屋作为抵押物的,应当对房屋的状况作出详细的记载。现房要提供房屋产权证,期房要明确具体的楼号、房号等基本情况,并应办理相应的抵押登记。

037 个人住房公积金借款合同

文书范本 | 个人住房公积金借款合同
适用范围 | 个人因购买住房申请公积金贷款时所使用的文书
条文检索 | 住房公积金管理条例
应用指引 | 个人住房公积金借款合同的概念及主要内容;制作该合同应当注意的问题

个人住房公积金借款合同

贷款种类:____________ 合同编号:________________
借款人(即抵押人,以下简称甲方):______________________________
电话:______________________________
住址:______________________________
邮政编码:______________________________
贷款人(贷款银行,即抵押权人,以下简称乙方):______________________________
法定代表人:______________________________
电话:______________________________
传真:______________________________
地址:______________________________
邮政编码:______________________________
保证人(即售房单位,以下简称丙方):______________________________
法定代表人:______________________________
电话:______________________________
地址:______________________________
邮政编码:______________________________

甲方因购买或建造或翻建或大修自有自住住房，根据＿＿＿＿＿＿规定，向乙方申请借款，愿意以所购买或建修的住房作为抵押。乙方经审查同意发放贷款。在抵押住房的房地产权证交乙方收押之前，丙方愿意为甲方提供保证。为明确各自的权利和义务，甲、乙、丙三方遵照有关法律规定，经协商一致，订立本合同，共同遵守执行。

第一条　借款金额

甲方向乙方借款人民币（大写）＿＿＿＿＿＿＿元。

第二条　借款用途

甲方借款用于购买，建造，翻建，大修坐落于＿＿＿＿区（县）＿＿＿＿街道（镇）＿＿＿＿路（村）＿＿＿＿号＿＿＿＿室的住房。

第三条　借款期限

借款合同期限从＿＿＿＿年＿＿月＿＿日起至＿＿＿＿年＿＿月＿＿日止。

第四条　贷款利率

贷款利率按签订本合同时公布的利率确定年利率为＿＿%（月利率＿＿%）。在借款期限内利率变更，按中国人民银行规定办理。

第五条　存入自筹资金

甲方应在本合同签订后，在乙方开立活期储蓄存款户（储蓄卡账户），将自筹资金存入备用。如需动用甲方本人，同户成员，非同户配偶和非同户血亲公积金抵充自筹资金的，需提供当事人书面同意的证明，交乙方办理划款手续。甲方已将自筹资金支付给售房单位作首期房贷并有收据的可免存。

第六条　贷款拨付

向售房单位购买住房或通过房地产交易市场购买私房的甲方在此不可撤销地授权乙方，在办理住房抵押登记获得认同（乙方确定）之日起的五个营业日内将贷款金额连同存入的自筹资金全数以甲方购房款的名义转入售房单位或房地产交易市场在银行开立的账户。

甲方建造，翻建，大修自住住房的，在本合同生效后自筹资金用完或将要用完时，有乙方主动将贷款资金划入甲方在乙方开立的活期储蓄存款户（储蓄卡账户）按工程进度支用。

第七条　贷款偿还

贷款本金和利息，采用按月等额还款方式。

贷款从发放的次月起按月还本付息。根据等额还款的计算公式计算每月等额还贷款本息，去零进元确定每月还本息额，最后一次本息结清。

(1)第一期(合同签订时)每月还本息额为人民币(大写)________万________仟________百________拾________元整。

(2)第二期至以后各期每月还本息额根据当年银行公布的个人住房公积金贷款利率计算,以乙方书面通知为准,同时变动分期每月还本息额。

甲方需动同本人,同户成员,非同住配偶和直系血亲公积金用于偿还贷款本息的,可在每年的____月办理一次,手续与本合同第五条公积金抵充自筹资金相同。

第八条　储蓄卡、信用卡还款

甲方必须办理________银行________市分行储蓄卡,信用卡,委托乙方以自动转账方式还本付息的足额款项,存入储蓄卡账户或信用卡账户,保证乙方能够实施转账还款。

当因甲方原因造成用卡还款失败时,甲方必须持现金到原贷款经办行还款。

甲方提前将未到期贷款本金全部还清,乙方不计收提前还款手费,也不退回按原合同利率收取的贷款利息。

第九条　贷款担保

本合同项下甲方购买的住房由丙方提供阶段性保证。在未将房地产权证交乙方收押前,如发生借款人违约连续三个月拖欠贷款本息,罚息及相关费用,丙方须在接到乙方发出《履行保证责任通知书》后的十日内负责代为清偿。保证期限从贷款发生之日起,至乙方取得房地产权证收押之日为止。

保证期间,借款合同的甲,乙方协议变更借款合同内容,应事先征得丙方的书面同意。

本合同项下甲方购买、建造、翻建、大修的住房作为借款的抵押担保,由甲、乙方另行签订《住房抵押合同》。甲方购买期房的,应将购房预售合同交乙方保管。

第十条　合同公证

甲、乙、丙三方自本合同签订之日起的十日内,向公证机关办理本合同和甲、乙方签订的住房抵押合同公证。

第十一条　合同的变更和解除

本合同生效后,任何一方不得擅自变更和解除本合同。

甲方如将本合同项下的权利、义务转让给第三方,应符合有关规定,并应事先经一方书面同意(如在保证期间应征得丙方同意),其转让行为在受让方和乙方重新签订借款合同后生效。

第十二条　甲、乙双方的权利和义务

甲方有权要求乙方按合同约定发放贷款;

甲方应在合同约定的期限内向乙方归还全部贷款本息;

甲方必须按约定用途使用乙方贷款,未经乙方书面同意,甲方不得将乙方贷款挪作他用;

乙方应按合同规定期限及时发放贷款。

第十三条　违约责任

甲方在执行本合同期间,未按月偿还贷款本息为逾期贷款,乙方按规定对其欠款每____天计收万分之____的罚息;并由甲方在活期储蓄或储蓄卡账户内存入一个月的贷款数,保证按时归还乙方贷款。

甲方如连续六个月未偿还贷款本息和相关费用,或被发现申请贷款时提供资料不实以及未经已防书面同意擅自将抵押住房出租、出售、交换、赠与等方式处分抵押住房的,乙方有权提前收回贷款本息,直至处分抵押住房,如不足以偿还欠款的没有继续向甲方追偿欠款的权利。

甲方未将乙方贷款按合同约定使用而挪作他用,对挪用部分按规定每天计收万分之十二的罚金。

第十四条　本合同争议解决方式

在履行本合同过程中发生争议时,可以通过协商解决,协商不成,可以向乙方所在的人民法院起诉。在协商或诉讼期间,本合同不涉及争议部分的条款,仍须履行。

第十五条　其他约定事项(略)

第十六条　本合同自甲、乙、丙三方签订后生效,丙方保证责任至甲方所购商品房的《房地产权证》和《房地产其他权证证明》交乙方执管后终止。甲、乙双方承担责任至合同项下贷款本息和相关费用全部清偿完毕后终止。

第十七条　本合同正本一式五份,甲、乙、丙各执一份,公证机关,房地产登记机构各执一份,副本按需确定,其中:送城市公积金管理中心一份。

甲方:________(私章)

________年____月____日

乙方:________(签章)

法定代表人(或其授权代理人):________(签字)

________年____月____日

丙方:________(公章)

法定代表人:________(签章)

________年____月____日

| 条文检索 |

住房公积金管理条例

(1999 年 4 月 3 日国务院令第 262 号发布　根据 2002 年 3 月 24 日《国务院关于修改〈住房公积金管理条例〉的决定》修订)

第一章　总　　则

第一条　为了加强对住房公积金的管理,维护住房公积金所有者的合法权益,促进城镇住房建设,提高城镇居民的居住水平,制定本条例。

第二条　本条例适用于中华人民共和国境内住房公积金的缴存、提取、使用、管理和监督。

本条例所称住房公积金,是指国家机关、国有企业、城镇集体企业、外商投资企业、城镇私营企业及其他城镇企业、事业单位、民办非企业单位、社会团体(以下统称单位)及其在职职工缴存的长期住房储金。

第三条　职工个人缴存的住房公积金和职工所在单位为职工缴存的住房公积金,属于职工个人所有。

第四条　住房公积金的管理实行住房公积金管理委员会决策、住房公积金管理中心运作、银行专户存储、财政监督的原则。

第五条　住房公积金应当用于职工购买、建造、翻建、大修自住住房,任何单位和个人不得挪作他用。

第六条　住房公积金的存、贷利率由中国人民银行提出,经征求国务院建设行政主管部门的意见后,报国务院批准。

第七条　国务院建设行政主管部门会同国务院财政部门、中国人民银行拟定住房公积金政策,并监督执行。

省、自治区人民政府建设行政主管部门会同同级财政部门以及中国人民银行分支机构,负责本行政区域内住房公积金管理法规、政策执行情况的监督。

第二章　机构及其职责

第八条　直辖市和省、自治区人民政府所在地的市以及其他设区的市(地、州、盟),应当设立住房公积金管理委员会,作为住房公积金管理的决策机构。住房公积金管理委员会的成员中,人民政府负责人和建设、财政、人民银行等有关部门负责人以及有关专家占1/3,工会代表和职工代表占1/3,单位代表占1/3。

住房公积金管理委员会主任应当由具有社会公信力的人士担任。

第九条　住房公积金管理委员会在住房公积金管理方面履行下列职责:

(一)依据有关法律、法规和政策,制定和调整住房公积金的具体管理措施,并监督实施;

(二)根据本条例第十八条的规定,拟订住房公积金的具体缴存比例;

(三)确定住房公积金的最高贷款额度;

(四)审批住房公积金归集、使用计划;

(五)审议住房公积金增值收益分配方案;

(六)审批住房公积金归集、使用计划执行情况的报告。

第十条　直辖市和省、自治区人民政府所在地的市以及其他设区的市(地、州、盟)应当按照精简、效能的原则,设立一个住房公积金管理中心,负责住房公积金的管理运作。县(市)不设立住房公积金管理中心。

前款规定的住房公积金管理中心可以在有条件的县(市)设立分支机构。住房公积金管理中心与其分支机构应当实行统一的规章制度,进行统一核算。

住房公积金管理中心是直属城市人民政府的不以营利为目的的独立的事业单位。

第十一条　住房公积金管理中心履行下列职责:

(一)编制、执行住房公积金的归集、使用计划;

(二)负责记载职工住房公积金的缴存、提取、使用等情况;

(三)负责住房公积金的核算;

(四)审批住房公积金的提取、使用;

(五)负责住房公积金的保值和归还;

(六)编制住房公积金归集、使用计划执行情况的报告;

(七)承办住房公积金管理委员会决定的其他事项。

第十二条　住房公积金管理委员会应当按照中国人民银行的有关规定,指定受委托办理住房公积金金融业务的商业银行(以下简称受委托银行);住房公积金管理中心应当委托受委托银行办理住房公积金贷款、结算等金融业务和住房公积金账户的设立、缴存、归还等手续。

住房公积金管理中心应当与受委托银行签订委托合同。

第三章 缴 存

第十三条 住房公积金管理中心应当在受委托银行设立住房公积金专户。

单位应当到住房公积金管理中心办理住房公积金缴存登记，经住房公积金管理中心审核后，到受委托银行为本单位职工办理住房公积金账户设立手续。每个职工只能有一个住房公积金账户。

住房公积金管理中心应当建立职工住房公积金明细账，记载职工个人住房公积金的缴存、提取等情况。

第十四条 新设立的单位应当自设立之日起30日内到住房公积金管理中心办理住房公积金缴存登记，并自登记之日起20日内持住房公积金管理中心的审核文件，到受委托银行为本单位职工办理住房公积金账户设立手续。

单位合并、分立、撤销、解散或者破产的，应当自发生上述情况之日起30日内由原单位或者清算组织到住房公积金管理中心办理变更登记或者注销登记，并自办妥变更登记或者注销登记之日起20日内持住房公积金管理中心的审核文件，到受委托银行为本单位职工办理住房公积金账户转移或者封存手续。

第十五条 单位录用职工的，应当自录用之日起30日内到住房公积金管理中心办理缴存登记，并持住房公积金管理中心的审核文件，到受委托银行办理职工住房公积金账户的设立或者转移手续。

单位与职工终止劳动关系的，单位应当自劳动关系终止之日起30日内到住房公积金管理中心办理变更登记，并持住房公积金管理中心的审核文件，到受委托银行办理职工住房公积金账户转移或者封存手续。

第十六条 职工住房公积金的月缴存额为职工本人上一年度月平均工资乘以职工住房公积金缴存比例。

单位为职工缴存的住房公积金的月缴存额为职工本人上一年度月平均工资乘以单位住房公积金缴存比例。

第十七条 新参加工作的职工从参加工作的第二个月开始缴存住房公积金，月缴存额为职工本人当月工资乘以职工住房公积金缴存比例。

单位新调入的职工从调入单位发放工资之日起缴存住房公积金，月缴存额为职工本人当月工资乘以职工住房公积金缴存比例。

第十八条　职工和单位住房公积金的缴存比例均不得低于职工上一年度月平均工资的5%;有条件的城市,可以适当提高缴存比例。具体缴存比例由住房公积金管理委员会拟订,经本级人民政府审核后,报省、自治区、直辖市人民政府批准。

第十九条　职工个人缴存的住房公积金,由所在单位每月从其工资中代扣代缴。

单位应当于每月发放职工工资之日起5日内将单位缴存的和为职工代缴的住房公积金汇缴到住房公积金专户内,由受委托银行计入职工住房公积金账户。

第二十条　单位应当按时、足额缴存住房公积金,不得逾期缴存或者少缴。

对缴存住房公积金确有困难的单位,经本单位职工代表大会或者工会讨论通过,并经住房公积金管理中心审核,报住房公积金管理委员会批准后,可以降低缴存比例或者缓缴;待单位经济效益好转后,再提高缴存比例或者补缴缓缴。

第二十一条　住房公积金自存入职工住房公积金账户之日起按照国家规定的利率计息。

第二十二条　住房公积金管理中心应当为缴存住房公积金的职工发放缴存住房公积金的有效凭证。

第二十三条　单位为职工缴存的住房公积金,按照下列规定列支:

(一)机关在预算中列支;

(二)事业单位由财政部门核定收支后,在预算或者费用中列支;

(三)企业在成本中列支。

第四章　提取和使用

第二十四条　职工有下列情形之一的,可以提取职工住房公积金账户内的存储余额:

(一)购买、建造、翻建、大修自住住房的;

(二)离休、退休的;

(三)完全丧失劳动能力,并与单位终止劳动关系的;

(四)出境定居的;

(五)偿还购房贷款本息的;

(六)房租超出家庭工资收入的规定比例的。

依照前款第(二)、(三)、(四)项规定,提取职工住房公积金的,应当同时注销职工住房公积金账户。

职工死亡或者被宣告死亡的,职工的继承人、受遗赠人可以提取职工住房公积金账户内的存储余额;无继承人也无受遗赠人的,职工住房公积金账户内的存储余额纳入住房公积金的增值收益。

第二十五条 职工提取住房公积金账户内的存储余额的,所在单位应当予以核实,并出具提取证明。

职工应当持提取证明向住房公积金管理中心申请提取住房公积金。住房公积金管理中心应当自受理申请之日起3日内作出准予提取或者不准提取的决定,并通知申请人;准予提取的,由受委托银行办理支付手续。

第二十六条 缴存住房公积金的职工,在购买、建造、翻建、大修自住住房时,可以向住房公积金管理中心申请住房公积金贷款。

住房公积金管理中心应当自受理申请之日起15日内作出准予贷款或者不准贷款的决定,并通知申请人;准予贷款的,由受委托银行办理贷款手续。

住房公积金贷款的风险,由住房公积金管理中心承担。

第二十七条 申请人申请住房公积金贷款的,应当提供担保。

第二十八条 住房公积金管理中心在保证住房公积金提取和贷款的前提下,经住房公积金管理委员会批准,可以将住房公积金用于购买国债。

住房公积金管理中心不得向他人提供担保。

第二十九条 住房公积金的增值收益应当存入住房公积金管理中心在受委托银行开立的住房公积金增值收益专户,用于建立住房公积金贷款风险准备金、住房公积金管理中心的管理费用和建设城市廉租住房的补充资金。

第三十条 住房公积金管理中心的管理费用,由住房公积金管理中心按照规定的标准编制全年预算支出总额,报本级人民政府财政部门批准后,从住房公积金增值收益中上交本级财政,由本级财政拨付。

住房公积金管理中心的管理费用标准,由省、自治区、直辖市人民政府建设行政主管部门会同同级财政部门按照略高于国家规定的事业单位费用标准制定。

第五章 监 督

第三十一条 地方有关人民政府财政部门应当加强对本行政区域内住房公积金归集、提取和使用情况的监督,并向本级人民政府的住房公积金管理委员会通报。

住房公积金管理中心在编制住房公积金归集、使用计划时,应当征求财政部门的意见。

住房公积金管理委员会在审批住房公积金归集、使用计划和计划执行情况的报告时,必须有财政部门参加。

第三十二条　住房公积金管理中心编制的住房公积金年度预算、决算,应当经财政部门审核后,提交住房公积金管理委员会审议。

住房公积金管理中心应当每年定期向财政部门和住房公积金管理委员会报送财务报告,并将财务报告向社会公布。

第三十三条　住房公积金管理中心应当依法接受审计部门的审计监督。

第三十四条　住房公积金管理中心和职工有权督促单位按时履行下列义务:

(一)住房公积金的缴存登记或者变更、注销登记;

(二)住房公积金账户的设立、转移或者封存;

(三)足额缴存住房公积金。

第三十五条　住房公积金管理中心应当督促受委托银行及时办理委托合同约定的业务。

受委托银行应当按照委托合同的约定,定期向住房公积金管理中心提供有关的业务资料。

第三十六条　职工、单位有权查询本人、本单位住房公积金的缴存、提取情况,住房公积金管理中心、受委托银行不得拒绝。

职工、单位对住房公积金账户内的存储余额有异议的,可以申请受委托银行复核;对复核结果有异议的,可以申请住房公积金管理中心重新复核。受委托银行、住房公积金管理中心应当自收到申请之日起5日内给予书面答复。

职工有权揭发、检举、控告挪用住房公积金的行为。

第六章　罚　　则

第三十七条　违反本条例的规定,单位不办理住房公积金缴存登记或者不为本单位职工办理住房公积金账户设立手续的,由住房公积金管理中心责令限期办理;逾期不办理的,处1万元以上5万元以下的罚款。

第三十八条　违反本条例的规定,单位逾期不缴或者少缴住房公积金的,由住房公积金管理中心责令限期缴存;逾期仍不缴存的,可以申请人民法院强制执行。

第三十九条　住房公积金管理委员会违反本条例规定审批住房公积金使用计划的,由国务院建设行政主管部门会同国务院财政部门或者由省、自治区人民政府建设行政主管部门会同同级财政部门，依据管理职权责令限期改正。

第四十条　住房公积金管理中心违反本条例规定，有下列行为之一的，由国务院建设行政主管部门或者省、自治区人民政府建设行政主管部门依据管理职权，责令限期改正；对负有责任的主管人员和其他直接责任人员，依法给予行政处分：

（一）未按照规定设立住房公积金专户的；

（二）未按照规定审批职工提取、使用住房公积金的；

（三）未按照规定使用住房公积金增值收益的；

（四）委托住房公积金管理委员会指定的银行以外的机构办理住房公积金金融业务的；

（五）未建立职工住房公积金明细账的；

（六）未为缴存住房公积金的职工发放缴存住房公积金的有效凭证的；

（七）未按照规定用住房公积金购买国债的。

第四十一条　违反本条例规定，挪用住房公积金的，由国务院建设行政主管部门或者省、自治区人民政府建设行政主管部门依据管理职权，追回挪用的住房公积金，没收违法所得；对挪用或者批准挪用住房公积金的人民政府负责人和政府有关部门负责人以及住房公积金管理中心负有责任的主管人员和其他直接责任人员，依照刑法关于挪用公款罪或者其他罪的规定，依法追究刑事责任；尚不够刑事处罚的，给予降级或者撤职的行政处分。

第四十二条　住房公积金管理中心违反财政法规的，由财政部门依法给予行政处罚。

第四十三条　违反本条例规定，住房公积金管理中心向他人提供担保的，对直接负责的主管人员和其他直接责任人员依法给予行政处分。

第四十四条　国家机关工作人员在住房公积金监督管理工作中滥用职权、玩忽职守、徇私舞弊，构成犯罪的，依法追究刑事责任；尚不构成犯罪的，依法给予行政处分。

第七章　附　　则

第四十五条　住房公积金财务管理和会计核算的办法，由国务院财政部门商国务院建设行政主管部门制定。

第四十六条　本条例施行前尚未办理住房公积金缴存登记和职工住房公积金账户设立手续的单位，应当自本条例施行之日起60日内到住房公积金管理中心办理缴存登记，并到受委托银行办理职工住房公积金账户设立手续。

第四十七条　本条例自发布之日起施行。

| 应用指引 |

个人住房公积金贷款是政策性的住房公积金所发放的委托贷款,是指按时向资金管理中心正常缴存住房公积金单位的在职职工,在本市购买、建造自住住房(包括二手住房)时,以其拥有的产权住房为抵押物,并由有担保能力的法人提供保证而向资金管理中心申请的贷款。该贷款可由资金管理中心委托银行发放。为进一步推动住房商品化、社会化的进程,住房公积金发放的主要对象要由住房开发公司转向普通居民。个人住房公积金贷款是缴存公积金的职工才享有的一种贷款权利。只要是公积金缴存的职工,按公积金贷款的有关规定,即可申请公积金贷款,其利率较低。

住房公积金贷款范围包括:购买房地产企业开发的楼盘,需要购房贷款的;购买按规定可出售的公有住房,需要购房贷款的;购买房地产交易市场具有产权的二手住房,需要购房贷款的;因在本市城镇建造、翻建、大修自住住房,需要建房贷款的;为配合政府深化住房制度改革,经银行认可的其他购房贷款项目。

制作该合同应当注意的问题是:

借款人应当按照国家规定办理相应的贷款手续。按现行政策规定,基本公积金贷款每户不超过10万元或不超过账户储存总额的15倍,补充公积金贷款每户不超过3万元或储存余额的2倍。两项公积金都缴存的职工,贷款最高额不超过13万元。并且不超过总房价的80%,贷款最长期限为30年。购买二手住房或翻建、大修住房,贷款额不超过总房价的50%,最长期限10年。但主贷人的贷款年限不得超过法定退休年龄5年。

贷款额度的确定,按照不得高于借款人(含配偶)还款能力的系数计算,其计算公式为:

借款人夫妻双方计缴住房公积金月工资收入之和×12个月×35%×贷款年限(如借款人配偶未正常缴交住房公积金,其公式中的工资月收入不包括配偶方)。

借款人夫妻双方只有一方正常缴存住房公积金的,其贷款额度不得超过购、建房总价的50%;每一借款人的具体贷款额度,由贷款行及房改委资金管理中心,按以上规定,结合借款人偿还贷款的能力综合确定。

第六章

物业管理

038 业主公约

文书范本 | 业主公约
适用范围 | 业主制定的小区管理制度
条文检索 | 物业管理条例
应用指引 | 业主公约的概念及主要内容；制作该文书应当注意的问题

________住宅区业主公约

为加强住宅区各类物业管理，保障本住宅区物业的安全与合理使用，维护住宅区的公共秩序，创造良好的生活环境，同意签订本公约，并共同遵守。

一、本住宅区情况

1. 地点：____________区____________________路。

2. 总占地面积：____平方米。

3. 总建筑面积：____平方米，其中：住宅____平方米，非住宅____平方米（商业用房____平方米，其他____平方米）。

4. 楼宇____栋____套，其中：高层楼宇____栋____套，多层楼宇____栋____套。

5. 业主数量：____个。

6. 业主委员会财产：

（1）公用设施专用基金____元。

（2）物业管理用户____平方米，其中：业主委员会____平方米，物业管理公司____平方米。

（3）商业用户____平方米。

（4）其他：________________________________

7. 公用设施及公共场所（地）状况：

（1）道路：车行道____平方米；人行道____平方米。

（2）园林绿化地面积：____平方米。

(3)教育设施:中学____所,建筑面积____平方米;小学____所,建筑面积____平方米;幼儿园____所,建筑面积____平方米。

(4)文体设施:文娱活动中心____个,建筑面积____平方米;网球场____个,占地面积____平方米;门球场____个,占地面积____平方米;游泳池____个,建筑面积____平方米;儿童游乐场所____个,占地面积____平方米。

其他:a. ______________________________

b. ______________________________

c. ______________________________

(5)路灯____盏;庭园灯____盏;其他灯:a. ____________ b. ____________

(6)污水检查井____个,排污管____米;雨水检查井____个,雨水管____米;化粪池____座;明沟____米;暗沟____米。

(7)消防水泵头接口____个。

(8)停车场____个,总占地面积____平方米,车位____个。

(9)综合楼____座,建设面积____平方米;其中:a. ____________ b. ____________

(10)肉菜市场____个,建筑面积____平方米。

(11)邮电局(所)____个,建筑面积____平方米。

(12)影剧院____座,建筑面积____平方米。

(13)医院____座,建筑面积____平方米。

(14)其他:______________________________

以上所有公用设施和公共场所(地)有________、________、________项已竣工交付使用,有________、________、________项尚未竣工或交付使用,预计________年____月可交付使用。

8. 其他事项:

(1) ______________________________

(2) ______________________________

(3) ______________________________

二、业主大会的召集和决定住宅区重大事项的方式

1. 业主大会的召集:

(1)第一次业主大会在住宅交付使用且入住率达到百分之五十以上时,由区住宅管理部门会同开发建设单位或其委托的物业管理公司按法定程序和形式召集，选举产生业主委员会。

①由区住宅管理部门牵头，与开发建设单位或其委托的物业管理公司组成业主大会筹委会（以下简称筹委会），筹委会可邀请市住宅主管部门及其他有关部门、单位的人员参加。

②筹委会根据有关法规规定，在充分征求业主的意见后提出业主委员会委员候选人名单，并做好大会议程、资料准备等工作。

③筹委会在业主大会召开14天前将大会召开日期、地点、内容、方式、程度及业主委员会候选人名单等在住宅区内公告。

④筹委会主任按规定的程序主持业主大会，选出第一届业主委员会委员，完成大会各项议程。

⑤第一届业主委员会产生后，经市政府社团登记部门核准登记成立，依法行使各项权利。

⑥住宅区所有有投票权的已入住业主，均应按筹委会公告要求，按时出席业主大会，参加投票，行使法定权利，承担法定责任。

⑦各业主明白如不出席业主大会并参加投票表决，将由自己承担由此而产生的一切后果。

（2）业主委员会成立以后，负责召集此后的业主大会，并每年至少召开一次。

经持有百分之十以上投票权的业主提议，业主委员会应于接到该项提议后14天内就其所指明的目的召开业主大会。

业主委员会应于召开业主大会7天前将会议地点、时间、内容、方式及其他事项予以公告。业主大会由业主委员会主任主持，如果业主委员会主任缺席，则由业主委员会副主任主持。

2. 业主大会必须有已入住业主中持有百分之五十以上投票权的业主出席才能举行；如经已入住业主中持有百分之五十以上投票权的业主决定，可以推迟召开业主大会。

3. 业主大会的出席人数达到法定人数时，在会上提出的一切事项，由出席会议的业主表决，以过半数通过。表决可采用书面投票或其他形式。如遇票数相等，则会议的主持人除可投一票普通票外，还可投一票决定票。

4. 大会投票实行住宅房屋一户一票；一百平方米以上的非住宅房屋每一百平方米的建筑面积为一票，一百平方米以下的有房地产权证书的非住宅房屋每证一票。

5. 在业主大会上,业主应亲自或委托代表投票。委托代表投票,必须于会议召开前一天或业主委员会主任批准的时间内,向业主委员会出具授权委托书,否则该项委托无效。授权委托书必须有业主签字。如业主为法人,则须盖法人公章。

6. 业主可以一栋或数栋楼房为单位,推选楼长,作为推选人的共同代表,参加业主大会,并行使业主的其他管理权利。

三、业主的权利、义务

(一)业主的权利:

1. 依法享有对自己所拥有物业的各项权利。

2. 依法合理使用房屋本体公用设施(楼梯、通道、电梯、上下水管道、加压水泵、公用天线、阳台、消防设备等)、住宅区公用设施和公共场所(地)(道路、文化娱乐场所、体育设施、停车场、单车房等)的权利。

3. 有权按有关规定在允许的范围内进行室内装修、维修和改造。

4. 有权自己或聘请他人对房屋自用部位的各种管道、电线、水箱以及其他设施进行合法维修养护。

5. 有权根据房屋的外墙面、楼梯间、通道、屋面、上下水管道、公用水箱、加压水泵、电梯、机电设备、公用天线和消防设施等房屋本体公用设施的状况,建议物业管理公司及时组织维修养护,其费用从住宅维修基金中支出。

6. 有权根据住宅区的道路、路灯、沟渠、池、井、园林绿化地、文化娱乐体育设施、停车场、连廊、自行车房(棚)等住宅区公用设施及公共场所(地)的状况,建议物业管理公司及时进行维修养护,其费用从管理服务费中支出。

7. 有权要求物业管理公司对住宅区内各种违章建筑、违章装修以及违反物业管理规定的其他行为予以制止、纠正。

8. 有权参加业主大会,并对住宅区的各项管理决策拥有表决权。

9. 有权对本住宅区物业管理的有关事项向业主委员会、物业管理公司提出质询,并在3日内得到答复。

10. 有权要求业主委员会和物业管理公司按照市政府规定的期限定期公布住宅区物业管理收支账目。

11. 有权对住宅区的物业管理提出建议、意见或批评,可要求业主委员会对物业管理公司的违反合同或有关规定的行为进行干预、处罚。

12. 有权会同其他业主就某一议题要求业主委员会召集业主大会。

13. 有权就本住宅区的物业管理向市住宅主管部门和区住宅管理部门投诉或提出意见和建议。

14. 有权要求毗连部位的其他维修责任人承担养护,并按规定分摊维修费用。

(二)业主的义务:

1. 在使用、经营、转让其名下物业时,应遵守有关法律、法规和政策规定。

2. 在使用住宅区物业时,应当遵守下列规定:

(1)未经市政府有关部门批准,不得改变房屋结构、外貌和用途。

(2)不得对房屋内外承重墙、梁、柱楼、板、阳台、天台、屋面及通道进行违章凿、拆、搭、占。

(3)不得堆放易燃、易爆、剧毒、放射性等物品,但自用生活性燃料除外。

(4)不得利用房屋从事危害公共利益的活动。

(5)不得侵害他人的正当权益。

3. 业主如需对其住宅进行装修,必须遵守《____________市住宅装修管理规定》,并填写装修申请表,报物业管理公司审查批准后方可施工,接受物业管理公司的管理和监督。

4. 房屋室内部分以及供电、供水、供气等分户表后部分(往用户方向)和表前至第一个阀门部分由用户负责维修养护。

5. 凡房屋及附属设施有影响市容或者可能危害毗连房屋安全及公共安全的,按规定应由业主单独或联合修缮的,业主应及时进行修缮。拒不进行修缮的,由业主委员会授权物业管理公司修缮,其费用由业主承担。

6. 业主应自觉维护公共场所的整洁、美观、畅通及公用设施的完好。

业主不得在任何公共场所违章搭建任何建筑物或堆放、悬挂、弃置物品、垃圾,不得损坏、拆除、改造供电、供水、供气、通讯、交通、排水、排污、消防等公用设施。

7. 在住宅区内不得有下列行为:

(1)践踏、占用绿化地;

(2)占用楼梯间、通道、屋面、平台、道路、停车场、自行车房(棚)等公用设施而影响其正常使用功能;

(3)乱抛垃圾、杂物;

(4)影响市容观瞻的乱搭、乱贴、乱挂等;

(5)损坏、涂划园林艺术雕塑;

(6)聚众喧闹;

(7)随意停放车辆和鸣喇叭;

(8)发出超过规定标准的噪声;

(9)排放有毒、有害物质;

(10)经营锻造、锯木、建筑油漆、危险品、殡仪业以及用住宅开舞厅、招待会等危害公共利益或影响业主正常生活秩序的行业;

(11)妨碍他人合法使用公用设施及公共场所(地);

(12)法律、法规及市政府的规定禁止的其他行为。

8. 对本住宅区物业管理公司人员在出示工作证(牌)或有关证明后,在合理时间内(上午________,下午________)进入本住宅区任何楼宇内部及其公共部位进行检查、维修、养护或检查业主公约的有关条款是否得到遵守和实施的巡视行为,业主应提供方便,不得拒绝或阻挠。

9. 按规定交纳应支付的管理服务费和住宅维修基金等。

10. 业主应同时遵守下列城市管理法规、规定,并承诺接受业主委员会或物业管理公司据此而进行的管理和处罚:

(1)____________市住宅区物业管理条例及其实施细则;

(2)____________市公共卫生管理条例;

(3)____________市园林绿化管理条例;

(4)____________市环境噪声管理暂行规定;

(5)____________市房屋租赁管理条例;

(6)____________市消防管理暂行规定;

(7)____________市人民政府关于禁止在市区饲养家禽家畜的通告;

(8)____________市人民政府关于禁止在特区内销售、燃放烟花爆竹的通告;

(9)____________市住宅装修管理规定;

(10)其他有关住宅区物业管理的法律、法规及政策规定。

11. 业主并承诺在自己与其他非业主使用人建立合法使用、修缮、改造有关物业的法律关系时,应告知对方遵守住宅物业管理规定和本业主公约中的有关规定条款。

四、业主应付的费用

1. 业主应每月到物业管理公司缴交管理服务费。管理服务费的标准是,开发建设单位自行或委托物业管理公司管理期间，执行市物价主管部门和市住宅主管部门批准的收费标准；业主委员会成立后，由其根据本住宅区的实际情况制定，并交业主大会通过后实施。管理服务费的用途：住宅区的道路、路灯、沟渠、池、井、园林绿化地、文化娱乐体育场所、停车场、连廊、自行车房（棚）等公共设施和公共场所（地）的管理、维修、养护。

2. 业主应按月到物业管理公司缴交住宅维修基金。住宅维修基金的标准是：________元/平方米。由物业管理公司以房屋本体为单位设立专账代管，用于房屋的外墙面、楼梯间、通道、屋面、上下水管道、公用水箱、加压水泵、电梯、机电设备、公用天线和消防设施等房屋本体公用设施的维修、养护。

3. 业主如进行室内装修，则应在办理申请手续时按有关规定缴交装修押金，装修完工后由物业管理公司进行检查，如无违章情况则予以返还，否则不予返还。

4. 业主如请物业管理公司对其自用部位和毗连部位的有关设施、设备进行维修、养护，则应支付有关费用。

5. 业主使用本住宅区内有偿使用的文化娱乐体育设施和停车场等公用设施、公共场所（地）时，应按规定交纳费用。

五、违约责任

1. 违反业主义务中第2、6、7款规定的，物业管理公司有权制止，并要求其限期改正；逾期不改正的，可进行强制恢复，包括采用停水、停电、停气等修改措施；造成损失的，有权要求赔偿。

2. 业主进行室内装修，如违反《____________市住宅装修管理规定》，按其中有关规定处理。

3. 业主如延期缴交应交的管理服务费、住宅维修基金以及有关赔偿款和罚款等费用的，处以每日千分之三的滞纳金；无正当理由超过3个月不交的，物业管理公司可采取停水、停电、停气等催缴措施。

4. 业主无理由拒绝、阻挠物业管理公司对房屋本体公用设施和区内公共场所、公用设施的检查、维修、养护及其他正常管理活动，由此造成损失的，应赔偿损失。

六、其他事项

1. 本业主公约由前期物业管理单位如实填充第一条“本住宅区情况”后印制，并在本住宅区入住率达到百分之三十后组织已入住业主签订。

2. 本业主公约经已入住业主中持有过半数以上投票权的业主签订后生效。已生效的业主公约对本住宅区所有业主和非业主使用人具有约束力。

3. 业主大会可以依法根据本住宅区的实际情况对本业主公约进行修改补充,并报市住宅主管部门和区住宅管理部门备案。修改补充条款自业主大会通过之日起生效,无需经业主重新签订。

4. 修改补充条款不得与法律、法规和有关政策规定相抵触,否则区住宅管理部门有权予以纠正或撤销。

5. 本业主公约一式两份,业主和物业管理公司各执一份。

业主(签章):________　　物业管理公司(签章):________

签约时间:__________　　代表:________

联系地址:________________　　联系地址:________________

联系电话:________________　　联系电话:________________

名下物业:住宅____栋____房

商业用户:____栋____房(店、铺)

其他:______________________________

| **条文检索** |

物业管理条例·第1~20、65~69条

(2003年6月8日国务院令第379号公布　根据2007年8月26日《国务院关于修改〈物业管理条例〉的决定》修订)

第一章　总　　则

第一条　为了规范物业管理活动,维护业主和物业服务企业的合法权益,改善人民群众的生活和工作环境,制定本条例。

第二条　本条例所称物业管理,是指业主通过选聘物业服务企业,由业主和物业服务企业按照物业服务合同约定,对房屋及配套的设施设备和相关场地进行维修、养护、管理,维护物业管理区域内的环境卫生和相关秩序的活动。

第三条　国家提倡业主通过公开、公平、公正的市场竞争机制选择物业服务企业。

第四条 国家鼓励采用新技术、新方法,依靠科技进步提高物业管理和服务水平。

第五条 国务院建设行政主管部门负责全国物业管理活动的监督管理工作。

县级以上地方人民政府房地产行政主管部门负责本行政区域内物业管理活动的监督管理工作。

第二章 业主及业主大会

第六条 房屋的所有权人为业主。

业主在物业管理活动中,享有下列权利:

(一)按照物业服务合同的约定,接受物业服务企业提供的服务;

(二)提议召开业主大会会议,并就物业管理的有关事项提出建议;

(三)提出制定和修改管理规约、业主大会议事规则的建议;

(四)参加业主大会会议,行使投票权;

(五)选举业主委员会成员,并享有被选举权;

(六)监督业主委员会的工作;

(七)监督物业服务企业履行物业服务合同;

(八)对物业共用部位、共用设施设备和相关场地使用情况享有知情权和监督权;

(九)监督物业共用部位、共用设施设备专项维修资金(以下简称专项维修资金)的管理和使用;

(十)法律、法规规定的其他权利。

第七条 业主在物业管理活动中,履行下列义务:

(一)遵守管理规约、业主大会议事规则;

(二)遵守物业管理区域内物业共用部位和共用设施设备的使用、公共秩序和环境卫生的维护等方面的规章制度;

(三)执行业主大会的决定和业主大会授权业主委员会作出的决定;

(四)按照国家有关规定交纳专项维修资金;

(五)按时交纳物业服务费用;

(六)法律、法规规定的其他义务。

第八条 物业管理区域内全体业主组成业主大会。

业主大会应当代表和维护物业管理区域内全体业主在物业管理活动中的合法权益。

第九条 一个物业管理区域成立一个业主大会。

物业管理区域的划分应当考虑物业的共用设施设备、建筑物规模、社区建设等因素。具体办法由省、自治区、直辖市制定。

第十条　同一个物业管理区域内的业主,应当在物业所在地的区、县人民政府房地产行政主管部门或者街道办事处、乡镇人民政府的指导下成立业主大会,并选举产生业主委员会。但是,只有一个业主的,或者业主人数较少且经全体业主一致同意,决定不成立业主大会的,由业主共同履行业主大会、业主委员会职责。

第十一条　下列事项由业主共同决定:

(一)制定和修改业主大会议事规则;

(二)制定和修改管理规约;

(三)选举业主委员会或者更换业主委员会成员;

(四)选聘和解聘物业服务企业;

(五)筹集和使用专项维修资金;

(六)改建、重建建筑物及其附属设施;

(七)有关共有和共同管理权利的其他重大事项。

第十二条　业主大会会议可以采用集体讨论的形式,也可以采用书面征求意见的形式;但是,应当有物业管理区域内专有部分占建筑物总面积过半数的业主且占总人数过半数的业主参加。

业主可以委托代理人参加业主大会会议。

业主大会决定本条例第十一条第(五)项和第(六)项规定的事项,应当经专有部分占建筑物总面积2/3以上的业主且占总人数2/3以上的业主同意;决定本条例第十一条规定的其他事项,应当经专有部分占建筑物总面积过半数的业主且占总人数过半数的业主同意。

业主大会或者业主委员会的决定,对业主具有约束力。

业主大会或者业主委员会作出的决定侵害业主合法权益的,受侵害的业主可以请求人民法院予以撤销。

第十三条　业主大会会议分为定期会议和临时会议。

业主大会定期会议应当按照业主大会议事规则的规定召开。经20%以上的业主提议,业主委员会应当组织召开业主大会临时会议。

第十四条　召开业主大会会议,应当于会议召开15日以前通知全体业主。

住宅小区的业主大会会议,应当同时告知相关的居民委员会。

业主委员会应当做好业主大会会议记录。

第十五条　业主委员会执行业主大会的决定事项，履行下列职责：

（一）召集业主大会会议，报告物业管理的实施情况；

（二）代表业主与业主大会选聘的物业服务企业签订物业服务合同；

（三）及时了解业主、物业使用人的意见和建议，监督和协助物业服务企业履行物业服务合同；

（四）监督管理规约的实施；

（五）业主大会赋予的其他职责。

第十六条　业主委员会应当自选举产生之日起 30 日内，向物业所在地的区、县人民政府房地产行政主管部门和街道办事处、乡镇人民政府备案。

业主委员会委员应当由热心公益事业、责任心强、具有一定组织能力的业主担任。

业主委员会主任、副主任在业主委员会成员中推选产生。

第十七条　管理规约应当对有关物业的使用、维护、管理，业主的共同利益，业主应当履行的义务，违反管理规约应当承担的责任等事项依法作出约定。

管理规约应当尊重社会公德，不得违反法律、法规或者损害社会公共利益。

管理规约对全体业主具有约束力。

第十八条　业主大会议事规则应当就业主大会的议事方式、表决程序、业主委员会的组成和成员任期等事项作出约定。

第十九条　业主大会、业主委员会应当依法履行职责，不得作出与物业管理无关的决定，不得从事与物业管理无关的活动。

业主大会、业主委员会作出的决定违反法律、法规的，物业所在地的区、县人民政府房地产行政主管部门或者街道办事处、乡镇人民政府，应当责令限期改正或者撤销其决定，并通告全体业主。

第二十条　业主大会、业主委员会应当配合公安机关，与居民委员会相互协作，共同做好维护物业管理区域内的社会治安等相关工作。

在物业管理区域内，业主大会、业主委员会应当积极配合相关居民委员会依法履行自治管理职责，支持居民委员会开展工作，并接受其指导和监督。

住宅小区的业主大会、业主委员会作出的决定，应当告知相关的居民委员会，并认真听取居民委员会的建议。

……

第六十五条　违反本条例的规定，未经业主大会同意，物业服务企业擅自改变物业管理用房的用途的,由县级以上地方人民政府房地产行政主管部门责令限期改正,给予警告,并处1万元以上10万元以下的罚款;有收益的,所得收益用于物业管理区域内物业共用部位、共用设施设备的维修、养护,剩余部分按照业主大会的决定使用。

第六十六条　违反本条例的规定,有下列行为之一的,由县级以上地方人民政府房地产行政主管部门责令限期改正,给予警告,并按照本条第二款的规定处以罚款;所得收益,用于物业管理区域内物业共用部位、共用设施设备的维修、养护,剩余部分按照业主大会的决定使用:

(一)擅自改变物业管理区域内按照规划建设的公共建筑和共用设施用途的;

(二)擅自占用、挖掘物业管理区域内道路、场地,损害业主共同利益的;

(三)擅自利用物业共用部位、共用设施设备进行经营的。

个人有前款规定行为之一的,处1000元以上1万元以下的罚款;单位有前款规定行为之一的,处5万元以上20万元以下的罚款。

第六十七条　违反物业服务合同约定,业主逾期不交纳物业服务费用的,业主委员会应当督促其限期交纳;逾期仍不交纳的,物业服务企业可以向人民法院起诉。

第六十八条　业主以业主大会或者业主委员会的名义,从事违反法律、法规的活动,构成犯罪的,依法追究刑事责任;尚不构成犯罪的,依法给予治安管理处罚。

第六十九条　违反本条例的规定,国务院建设行政主管部门、县级以上地方人民政府房地产行政主管部门或者其他有关行政管理部门的工作人员利用职务上的便利,收受他人财物或者其他好处,不依法履行监督管理职责,或者发现违法行为不予查处,构成犯罪的,依法追究刑事责任;尚不构成犯罪的,依法给予行政处分。

|应用指引|

业主公约,是指由业主承诺的,对全体业主具有普遍约束力的,规定业主在物业管理区域内有关物业使用、维护、管理以及业主的公共利益等权利与义务关系的自治规范。它由业主委员会负责制定,由全体业主讨论通过并签字生效。

业主公约应主要包含以下内容:(1)业主大会的召集程序;(2)对业主委员会成员的选举与罢免程序;(3)业主参与住宅物业管理的权利;(4)业主对业主委员会和物业管理公司的监督权;(5)业主使用物业区内公共场所及公用设施的权利;(6)业主对住宅区或物业区内重大事项的表决程序等。

制定业主公约需要注意的问题是:公约内容必须符合法律的规定;公约应当明确业主的权利,制定程序必须符合法律的规定。

039　业主临时公约

文书范本 ｜ 业主临时公约
适用范围 ｜ 业主制定临时公共管理规约时所使用的文书
条文检索 ｜ 物业管理条例
应用指引 ｜ 业主临时公约的主要内容；制作该文书应当注意的问题

业主临时公约

第一章　总　　则

第一条　根据《物业管理条例》和相关法律、法规、政策，建设单位在销售物业之前，制定本临时公约，对有关物业的使用、维护、管理，业主的共同利益，业主应当履行的义务，违反公约应当承担的责任等事项依法作出约定。

第二条　建设单位应当在物业销售前将本临时公约向物业买受人明示，并予以说明。

物业买受人与建设单位签订商品房买卖合同时，应对本临时公约作出书面承诺，表示对本临时公约内容的认可。

第三条　本临时公约对建设单位、业主和物业使用人均有约束力。

第四条　建设单位与物业管理企业签订的前期物业服务合同中涉及业主共同利益的约定，应与本临时公约一致。

第二章　物业基本情况

第五条　本物业管理区域内物业的基本情况：

物业名称____；

坐落位置____；

物业类型____；

建筑面积____。

物业管理区域四至：

东至____；

南至____；

西至____；

北至____。

第六条　根据有关法律、法规和物业买卖合同，业主享有以下物业共用部位、共用设施设备的所有权：

1. 由单幢建筑物的全体业主共有的共用部位，包括该幢建筑物的承重结构、主体结构，公共门厅、公共走廊、公共楼梯间、户外墙面、屋面、________、________、________等；

2. 由单幢建筑物的全体业主共有的共用设施设备，包括该幢建筑物内的给排水管道、落水管、水箱、水泵、电梯、冷暖设施、照明设施、消防设施、避雷设施、________、________、________等；

3. 由物业管理区域内全体业主共有的共用部位和共用设施设备，包括围墙、池井、照明设施、共用设施设备使用的房屋、物业管理用房、________、________、________等。

第七条　在本物业管理区域内，根据物业买卖合同，以下部位和设施设备为建设单位所有：

1. ____；

2. ____；

3. ____；

4. ____。

建设单位行使以上部位和设施设备的所有权，不得影响物业买受人正常使用物业。

第三章　物业的使用

第八条　业主对物业的专有部分享有占有、使用、收益和处分的权利，但不得妨碍其他业主正常使用物业。

第九条　业主应遵守法律、法规的规定，按照有利于物业使用、安全、整洁以及公平合理、不损害公共利益和他人利益的原则，在供电、供水、供热、供气、排水、通行、通风、采光、装饰装修、环境卫生、环境保护等方面妥善处理与相邻业主的关系。

第十条　业主应按设计用途使用物业。因特殊情况需要改变物业设计用途的，业主应在征得相邻业主书面同意后，报有关行政主管部门批准，并告知物业管理企业。

第十一条　业主需要装饰装修房屋的，应事先告知物业管理企业，并与其签订装饰装修管理服务协议。

业主应按装饰装修管理服务协议的约定从事装饰装修行为，遵守装饰装修的注意事项，不得从事装饰装修的禁止行为。

第十二条　业主应在指定地点放置装饰装修材料及装修垃圾，不得擅自占用物业共用部位和公共场所。

本物业管理区域的装饰装修施工时间为________，其他时间不得施工。

第十三条　因装饰装修房屋影响物业共用部位、共用设施设备的正常使用以及侵害相邻业主合法权益的，业主应及时恢复原状并承担相应的赔偿责任。

第十四条　业主应按有关规定合理使用水、电、气、暖等共用设施设备，不得擅自拆改。

第十五条　业主应按设计预留的位置安装空调，未预留设计位置的，应按物业管理企业指定的位置安装，并按要求做好噪声及冷凝水的处理。

第十六条　业主及物业使用人使用电梯，应遵守本物业管理区域的电梯使用管理规定。

第十七条　在物业管理区域内行驶和停放车辆，应遵守本物业管理区域的车辆行驶和停车规则。

第十八条　本物业管理区域内禁止下列行为：

1. 损坏房屋承重结构、主体结构，破坏房屋外貌，擅自改变房屋设计用途；

2. 占用或损坏物业共用部位、共用设施设备及相关场地，擅自移动物业共用设施设备；

3. 违章搭建、私设摊点；

4. 在非指定位置倾倒或抛弃垃圾、杂物；

5. 违反有关规定堆放易燃、易爆、剧毒、放射性物品，排放有毒有害物质，发出超标噪声；

6. 擅自在物业共用部位和相关场所悬挂、张贴、涂改、刻画；

7. 利用物业从事危害公共利益和侵害他人合法权益的活动；

8. ____；

9. 法律、法规禁止的其他行为。

第十九条　业主和物业使用人在本物业管理区域内饲养动物不得违反有关规定，并应遵守以下约定：

1. ____;

2. ____。

第四章 物业的维修养护

第二十条 业主对物业专有部分的维修养护行为不得妨碍其他业主的合法权益。

第二十一条 因维修养护物业确需进入相关业主的物业专有部分时,业主或物业管理企业应事先告知相关业主,相关业主应给予必要的配合。

相关业主阻挠维修养护的进行造成物业损坏及其他损失的,应负责修复并承担赔偿责任。

第二十二条 发生危及公共利益或其他业主合法权益的紧急情况,必须及时进入物业专有部分进行维修养护但无法通知相关业主的,物业管理企业可向相邻业主说明情况,在第三方(如所在地居委会或派出所或____________)的监督下,进入相关业主的物业专有部分进行维修养护,事后应及时通知相关业主并做好善后工作。

第二十三条 因维修养护物业或者公共利益,业主确需临时占用、挖掘道路、场地的,应当征得建设单位和物业管理企业的同意,并在约定期限内恢复原状。

第二十四条 物业存在安全隐患,危及公共利益或其他业主合法权益时,责任人应当及时采取措施消除隐患。

第二十五条 建设单位应按国家规定的保修期限和保修范围承担物业的保修责任。

建设单位在保修期限和保修范围内拒绝修复或拖延修复的,业主可以自行或委托他人修复,修复费用及修复期间造成的其他损失由建设单位承担。

第二十六条 本物业管理区域内的全体业主按规定交存、使用和管理物业专项维修资金。

第五章 业主的共同利益

第二十七条 为维护业主的共同利益,全体业主同意在物业管理活动中授予物业管理企业以下权利:

1. 根据本临时公约配合建设单位制定物业共用部位和共用设施设备的使用、公共秩序和环境卫生的维护等方面的规章制度;

2. 以批评、规劝、公示、________等必要措施制止业主、物业使用人违反本临时公约和规章制度的行为;

3. ____；

4. ____。

第二十八条 建设单位应在物业管理区域内显著位置设置公告栏，用于张贴物业管理规章制度，以及应告知全体业主和物业使用人的通知、公告。

第二十九条 本物业管理区域内，物业服务收费采取包干制（酬金制）方式。业主应按照前期物业服务合同的约定按时足额交纳物业服务费用（物业服务资金）。

物业服务费用（物业服务资金）是物业服务活动正常开展的基础，涉及全体业主的共同利益，业主应积极倡导欠费业主履行交纳物业服务费用的义务。

第三十条 利用物业共用部位、共用设施设备进行经营的，应当在征得相关业主、物业管理企业的同意后，按规定办理有关手续，业主所得收益主要用于补充专项维修资金。

第六章 违约责任

第三十一条 业主违反本临时公约关于物业的使用、维护和管理的约定，妨碍物业正常使用或造成物业损害及其他损失的，其他业主和物业管理企业可依据本临时公约向人民法院提起诉讼。

第三十二条 业主违反本临时公约关于业主共同利益的约定，导致全体业主的共同利益受损的，其他业主和物业管理企业可依据本临时公约向人民法院提起诉讼。

第三十三条 建设单位未能履行本临时公约约定义务的，业主和物业管理企业可向有关行政主管部门投诉，也可根据本临时公约向人民法院提起诉讼。

第七章 附 则

第三十四条 本临时公约所称物业的专有部分，是指由单个业主独立使用并具有排他性的房屋、空间、场地及相关设施设备。

本临时公约所称物业的共用部位、共用设施设备，是指物业管理区域内单个业主专有部分以外的，属于多个或全体业主共同所有或使用的房屋、空间、场地及相关设施设备。

第三十五条 业主转让或出租物业时，应提前书面通知物业管理企业，并要求物业继受人签署本临时公约承诺书或承租人在租赁合同中承诺遵守本临时公约。

第三十六条 本临时公约由建设单位、物业管理企业和每位业主各执一份。

第三十七条 本临时公约自首位物业买受人承诺之日起生效，至业主大会制定的《业主公约》生效之日终止。

承 诺 书

本人为____________(物业名称及具体位置,以下称该物业)的买受人,为维护本物业管理区域内全体业主的共同利益,本人声明如下:

一、确认已详细阅读________________(建设单位)制定的“________业主临时公约”(以下称本临时公约);

二、同意遵守并倡导其他业主及物业使用人遵守本临时公约;

三、本人同意承担违反本临时公约的相应责任,并同意对该物业的使用人违反本临时公约的行为承担连带责任;

四、本人同意转让该物业时取得物业继受人签署的本临时公约承诺书并送交建设单位或物业管理企业,建设单位或物业管理企业收到物业继受人签署的承诺书前,本承诺继续有效。

承诺人:________(签章)

________年____月____日

|条文检索|

参见“038 业主公约”条文检索部分。

|应用指引|

业主临时公约是在业主大会尚未成立的前期物业管理阶段,为了规范有关的业主活动而由作为初始业主的建设单位先行制定的规范性文件。

业主临时公约和业主公约主要有三点不同:(1)签订时间不同,业主临时公约是买房人在签订购房合同时应当签署的文件,也就是说,在房屋买卖时就通过签订临时公约和买卖合同,明确了入住后物业管理的有关事项;而业主公约则是在召开业主大会后签订的适用于全体业主的规范性文件;(2)制定方不同,业主临时公约是由开发商制定的,而业主公约则是业主大会制定的;(3)适用阶段不同,业主临时公约适用于业主大会前,而业主公约则适用于业主大会后。不过虽然如此,在形式及效力上,业主临时公约和业主公约并无不同,二者均对物业管理区域内全体业主具有约束力,所以一定程度上可以说业主临时公约是业主公约的一种特别形式。

业主临时公约应对有关物业的使用、维护、管理，业主的共同利益，业主应当履行的义务，以及违反公约应承担的责任等事项依法作出约定。建设单位制定业主临时公约时不得侵害购房人的合法权益。

040 业主大会议事规则

文书范本 | 业主大会议事规则
适用范围 | 业主大会讨论问题的程序
条文检索 | 物业管理条例
应用指引 | 业主大会议事规则的主要内容;制作该文书应当注意的问题

业主大会议事规则

第一章 总 则

第一条 为了规范业主大会的活动,维护业主的合法权益,根据《物业管理条例》、《业主大会规程》及《业主大会章程》制定本业主大会议事规则。

第二章 业主大会中业主投票权的确定办法

第二条 业主在业主大会会议上的投票表决权,按业主拥有房屋的套数行使,业主每拥有一套房屋拥有一票投票表决权。

如业主房屋超过____平方米(此数额为所有业主房屋建筑面积的平均数),每超过前述平均数1倍的业主,其拥有二票投票表决权,若超过前述平均数2倍的业主,其拥有三票投票表决权,房屋面积若超出3倍以上的,按此方法依次类推,若房屋面积虽然超过前述平均数,但实际面积不是平均数的倍数 ,则超过部分的投票表决权忽略不计。

第三条 业主大会会议召开之前,业主委员会的秘书应将小区内每一位业主的姓名、住址、通讯地址、联系电话、拥有的投票表决权的票数登记造册,同时要提前3天将每一位业主在今后所有的业主大会会议中拥有的投票表决权的票数书面通知每一位业主。

每一位业主收到秘书的书面通知后,对所持有的投票数持有异议,应在15日以内向业主委员会申请复议一次,逾期申请或未申请复议,均视为其同意秘书所登记的其所拥有的投票数。

第三章　业主委员会委员的组成和委员的任期及业主委员会会议的方式

第四条　业主委员会系业主大会的执行机构。首次业主大会会议由业主大会筹备组组织召开，业主委员会的委员由首次业主大会选举产生。以后的业主大会由业主委员会组织召开。

第五条　业主委员会经业主大会选举共有5至9名委员组成，委员名单为：________。每名委员的任期为2年，可以连选连任。

第六条　业主委员会应当自选举产生之日起3日内召开首次业主委员会会议，推选产生业主委员会主任1人，副主任1~2人，秘书1人，业主委员会的委员均享有同等的投票权。业主委员会的主任为________；副主任为________；秘书为________。

第七条　业主委员会会议应当有过半数委员出席，做出决定必须经全体委员人数半数以上同意。

第八条　业主委员会的会议方式可以是电话会议，也可以到小区的固定场所集体讨论，也可以采取互发电子邮件等方式召开，但业主委员会会议应当由秘书在当时或事后作书面记录，由参与或出席会议的委员签字后存档。

业主委员会的决定应当由秘书以书面形式在物业管理区域内及时公告。

第九条　经三分之一以上业主委员会委员提议或者业主委员会主任认为有必要的，应当及时召开业主委员会会议。会议召开3天前，由秘书电话通知每位委员。

第四章　业主大会的议事方式

第十条　业主大会会议由业主委员会依法召集，由委员会主任主持。业主委员会主任因故不能履行职务时，由业主委员会主任指定的副主任或其他委员主持。主任和副主任均不能出席会议，主任也未指定会议主持人的，由出席会议的业主共同推举一名业主主持会议，会后应及时将会议内容告知未出席的委员，并且要书面记录该委员的具体意见。

第十一条　业主委员会应当在业主大会会议召开10日前，由业主委员会的秘书将会议通知及会议拟讨论的事项以书面挂号信的形式寄往每一位业主所登记的通讯地址，该挂号信寄出三天后即视为送达，具体时间从挂号信寄出后的第二天开始计算。此外，业主委员会的秘书同时要将会议通知在物业管理区域内提前10日公告。

住宅小区的业主大会会议，业主委员会的秘书应当同时告知相关的居民委员会。

第十二条　业主在收到业主委员会秘书书面的召开大会的通知后,本人未亲自到会,也未委托他人出席会议的,视为其放弃了自己的投票表决权,但该次业主大会形成的决议其必须服从。若该业主提前三天向业主委员会秘书提出请假申请,则在业主大会闭会后的三天内,秘书必须将大会会议内容通知该业主,该业主仍可在当天内以书面形式对会议内容进行投票,秘书必须将业主大会业主的投票数重新进行整理。若该业主没有在规定的期限内发表书面意见,则视为其同意业主大会的决议。

第十三条　物业管理区域内业主人数较多的,可以幢、单元、楼层等为单位,推选一名业主代表参加业主大会会议。

推选业主代表参加业主大会会议的,业主代表应当于参加业主大会会议 3 日前,就业主大会会议拟讨论的事项书面征求其所代表的业主意见,凡需投票表决的,业主的赞同、反对及弃权的具体票数经本人签字后,由业主代表在业主大会投票时如实反映。业主代表出席会议时,须向业主大会提供业主书面的委托书。

业主代表因故不能参加业主大会会议的,其所代表的业主可以另外推选一名业主代表参加。

第十四条　业主大会会议的地点可以是固定的,也可以是不固定的,会议形式可以采用集体讨论的形式,当场由业主委员会秘书记录,最后形成决议,也可以是业主委员会秘书给每位业主送达书面征求意见函,随后根据业主的书面答复进行整理,最后按本规则所约定的计票方法统计业主的投数,最后形成大会决议,该决议在 3 天之内,秘书必须在公告栏内公告。

每次业主大会的召开必须有本小区内持有二分之一以上投票表决权的业主参加方为有效。

第十五条　业主大会会议分为定期会议和临时会议。

业主大会应当每年召开两次定期会议,由业主委员会组织召开,召开的时间可以确定为每年年初的月日和年末的月日。特殊情况时间若有变化,秘书另行书面通知。

有下列情形之一的,随时可以召开临时业主大会:

(一)委员人数少于章程所定人数的三分之二时;

(二)需要向业主收取业主大会、业主委员会的办公经费时;

(三)需要确定业主委员会每位委员的津贴数额时;

(四)需要审批业主委员会制订的年度经费预算计划时;

(五)需要审议业主委员会上一年度的经费开支是否合理时;

（六）距物业管理合同到期日三个月前；

（七）业主委员会任期届满两个月前；

（八）小区业主的公共利益遭到侵害时，需要聘请会计师审查物业公司的账目时，或为了维护公共利益，需要聘请律师以全体业主名义提起诉讼时；

（九）经百分之二十以上的业主书面请求时；

（十）发生重大事故或者紧急事件需要及时处理的；

（十一）业主委员会认为有必要时；

（十二）业主大会章程或者业主公约规定的其他情况。

临时业主大会只对通知中列明的事项做出决议。

第五章　业主大会的表决程序

第十六条　业主大会决议分为普通决议和特别决议。

业主大会做出普通决议，应当经代表二分之一以上投票表决权的业主通过。业主大会做出特别决议，应当经代表三分之二以上投票表决权的业主通过。

第十七条　下列事项由业主大会以普通决议通过：

（一）选举、更换业主委员会委员；

（二）监督物业公司的工作；

（三）监督实施专项维修资金的使用及续筹方案；

（四）需要聘请会计师或律师时。

第十八条　下列事项由业主大会以特别决议通过：

（一）修改业主大会章程；

（二）制定和修改业主公约及本业主大会议事规则；

（三）选聘、解聘物业管理企业；

（四）决定专项维修资金的使用和续筹方案；

（五）决定业主交纳业主大会、业主委员会的办公经费的具体数额时；

（六）需要确定业主委员会每位成员的津贴数额时；

（七）需要提前审批业主委员会制订的年度经费计划时；

（八）法律、法规或者业主大会章程规定的其他重要事宜。

第十九条　业主大会会议应当由业主委员会秘书作书面记录并存档。

第二十条　业主的投票由业主委员会的秘书统计，业主大会的决定应当以书面形式在物业管理区域内及时公告。若业主认为投票的统计数额有误,可以到业主委员会秘书处查看投票的书面凭证。

第六章　业主大会及业主委员会的办公经费

第二十一条　业主大会和业主委员会开展工作的经费由全体业主承担。

第二十二条　业主大会及业主委员会的办公经费的来源及组成:

(一)小区顶楼和外墙的广告收入;

(二)小区全体共用部位作为经营场所所得的经营收入;

(三)业主大会或业主委员会依据《业主公约》及《业主大会章程》等对违反公共利益的相关业主要求其支付的违约金;

(四)业主交纳的业主大会及业主委员会的办公经费。

第二十三条　在没有第二十二条的前三项的费用之前,由业主委员会组织召开临时业主大会,决定每位业主先行交纳前述费用的具体数额,并有业主委员会秘书负责收取。如第二十二条前三项的费用已经实际存在,并且能够保证业主大会及业主委员会正常工作需要的不得向业主另行收取任何前述经费。

第二十四条　业主大会及业主委员会的办公经费中由业主交纳的部分由业主在物业管理费用之外另行缴纳,经业主大会授权也可由物业管理公司在收取物业费时一并收取,并在收款收据上加盖业主大会的公章,然后其所代收的经费向业主委员会移交。

第二十五条　业主大会及业主委员会的办公经费由业主委员会设置专用活期存折进行统一管理,该经费的开支由业主委员会主任签字方可开支。

第二十六条　业主大会及业主委员会的经费开支包括:

(一)业主大会和业主委员会会议支出;

(二)业主委员会人员的津贴;

(三)必要的日常办公费用;

(四)维护业主共同利益所支出的费用;

(五)聘请会计师、律师所支出的费用;

(六)业主大会决定的其他须开支的费用。

第二十七条　业主大会和业主委员会工作经费的使用情况业主委员会秘书应当定期以书面形式在物业管理区域内公告,接受业主的质询。并且该经费的使用情况,业主委员会必须在年终业主大会上向全体参加会议的代表汇报。第二年经费的使用额度由前一年年终业主大会上由业主代表讨论,最后制订一个预算方案,第二年经费必须在预算内支出。

第七章 业主大会及业主委员会的印章

第二十八条 业主大会和业主委员会的印章由业主委员会负责到有关部门各刻制一枚,并到相关的政府部门登记备案。

第二十九条 上述两枚印章均由业主委员会负责管理,业主委员会内部实行主任负责制。

第三十条 上述两枚印章的使用必须是业主大会和业主委员会按业主大会章程的规定履行其应尽职责时方能使用。印章的使用每次必须有业主委员会主任的书面签字方能使用,使用人须在秘书处作书面登记,且盖章的文件必须在秘书处备案一份。

第三十一条 违反印章使用规定,造成经济损失或者不良影响的,由责任人承担相应的责任。

第八章 效 力

第三十二条 本业主大会议事规则由业主大会筹备组成员三分之二投票权的业主通过即产生法律效力。

第三十三条 本业主大会议事规则不得与现行或将来国家法律、法规、部门规章及政府文件相抵触,否则相抵触的相关条款无效。

|条文检索|

参见“038 业主公约”条文检索部分。

|应用指引|

业主大会议事规则是由业主共同决定制定的用以规范业主大会组织与行为的法律文件。业主、业主大会以及业主委员会均应遵守业主大会议事规则。议事规则的修改,由业主大会决定。

业主大会议事规则应当对下列主要事项作出规定:(1)业主大会名称及相应的物业管理区域;(2)业主委员会的职责;(3)业主委员会议事规则;(4)业主大会会议召开的形式、

时间和议事方式;(5)业主投票权数的确定方法;(6)业主代表的产生方式;(7)业主大会会议的表决程序;(8)业主委员会委员的资格、人数和任期等;(9)业主委员会换届程序、补选办法等;(10)业主大会、业主委员会工作经费的筹集、使用和管理;(11)业主大会、业主委员会印章的使用和管理。

041 物业管理企业资质申报表

文书范本 | 物业管理企业资质申报表
适用范围 | 申请物业管理企业资质时所使用的文书
条文检索 | 物业管理条例;物业服务企业资质管理办法
应用指引 | 物业管理企业资质申报表的主要内容;制作该文书应当注意的问题

物业管理企业资质申报表

申报企业:________________

申报等级:________________

申报时间:________________

(企业印章)

说　明

一、本表由申报资质的物业管理企业如实填写，申报企业对填写内容的真实性负责。

二、本表用蓝色或黑色墨水笔填写，字迹要端正、清楚；也可打印。

三、企业填写时，如表格内不敷填写，可另加附页，也可适当调整表格大小。

四、本表一式两份，由申报资质的物业管理企业提交相应的资质审批部门（申报一级资质的企业提交省级人民政府房地产主管部门）；有关资质条件的证明材料应随本表附送。

五、本表可通过中国住宅与房地产信息网（http://www.realestate.gov.cn）下载，统一以A4纸打印。

<table>
<tr><td>企业名称</td><td colspan="5"></td></tr>
<tr><td>详细地址</td><td colspan="5"></td></tr>
<tr><td>邮政编码</td><td colspan="2"></td><td colspan="2">成立日期</td><td></td></tr>
<tr><td>法定代表人</td><td colspan="2"></td><td colspan="2">联系电话</td><td></td></tr>
<tr><td>传 真</td><td colspan="2"></td><td colspan="2">电子邮箱</td><td></td></tr>
<tr><td>注册资本</td><td colspan="2"></td><td colspan="2">营业执照注册号</td><td></td></tr>
<tr><td>企业类型</td><td colspan="2"></td><td colspan="2">原资质等级</td><td></td></tr>
<tr><td>原审批机关</td><td colspan="2"></td><td colspan="2">原证书编号</td><td></td></tr>
<tr><td colspan="3">现有专职管理和技术人员数量</td><td colspan="3"></td></tr>
<tr><td colspan="3">其中中级以上职称人员数量</td><td colspan="3"></td></tr>
<tr><td rowspan="2">经营范围</td><td colspan="5">主营：</td></tr>
<tr><td colspan="5">兼营：</td></tr>
<tr><td colspan="3">上年度企业营业收入总额（万元）</td><td colspan="3"></td></tr>
<tr><td colspan="3">上年度企业利润总额（万元）</td><td colspan="3"></td></tr>
<tr><td colspan="6">物业管理项目情况</td></tr>
<tr><td>序号</td><td>项目名称</td><td>类 型</td><td>建筑面积</td><td>接管日期</td><td>获奖情况</td></tr>
<tr><td>1</td><td></td><td></td><td></td><td></td><td></td></tr>
<tr><td>2</td><td></td><td></td><td></td><td></td><td></td></tr>
<tr><td>3</td><td></td><td></td><td></td><td></td><td></td></tr>
</table>

续表

4					
5					
6					
7					
8					
9					
10					
11					
12					
管理项目总建筑面积(万平方米)					

注:物业管理项目不包括顾问管理项目,顾问管理项目可在企业申报自述中说明。

企业申报自述	
省级人民政府房地产主管部门对申报一级资质审查意见	年 月 日 (盖章)

续表

资质审批部门审批意见	年　月　日 （盖章）

条文检索

物业管理条例·第2、24、32、33、60、61条

(2003年6月8日国务院令第379号公布　根据2007年8月26日《国务院关于修改〈物业管理条例〉的决定》修订)

第二条　本条例所称物业管理,是指业主通过选聘物业服务企业,由业主和物业服务企业按照物业服务合同约定,对房屋及配套的设施设备和相关场地进行维修、养护、管理,维护物业管理区域内的环境卫生和相关秩序的活动。

第二十四条　国家提倡建设单位按照房地产开发与物业管理相分离的原则,通过招投标的方式选聘具有相应资质的物业服务企业。

住宅物业的建设单位,应当通过招投标的方式选聘具有相应资质的物业服务企业;投标人少于3个或者住宅规模较小的,经物业所在地的区、县人民政府房地产行政主管部门批准,可以采用协议方式选聘具有相应资质的物业服务企业。

第三十二条　从事物业管理活动的企业应当具有独立的法人资格。

国家对从事物业管理活动的企业实行资质管理制度。具体办法由国务院建设行政主管部门制定。

第三十三条　从事物业管理的人员应当按照国家有关规定,取得职业资格证书。

第六十条　违反本条例的规定,未取得资质证书从事物业管理的,由县级以上地方人民政府房地产行政主管部门没收违法所得,并处5万元以上20万元以下的罚款;给业主造成损失的,依法承担赔偿责任。

以欺骗手段取得资质证书的,依照本条第一款规定处罚,并由颁发资质证书的部门吊销资质证书。

第六十一条　违反本条例的规定,物业服务企业聘用未取得物业管理职业资格证书的人员从事物业管理活动的,由县级以上地方人民政府房地产行政主管部门责令停止违法行为,处5万元以上20万元以下的罚款;给业主造成损失的,依法承担赔偿责任。

物业服务企业资质管理办法

(2004年3月17日建设部令第125号发布　根据2007年11月26日《建设部关于修改〈物业管理企业资质管理办法〉的决定》第一次修正　根据2015年5月4日《住房和城乡建设部关于修改〈房地产开发企业资质管理规定〉等部门规章的决定》第二次修正)

第一条　为了加强对物业管理活动的监督管理,规范物业管理市场秩序,提高物业管理服务水平,根据《物业管理条例》,制定本办法。

第二条　在中华人民共和国境内申请物业服务企业资质,实施对物业服务企业资质管理,适用本办法。

本办法所称物业服务企业,是指依法设立、具有独立法人资格,从事物业管理服务活动的企业。

第三条　物业服务企业资质等级分为一、二、三级。

第四条　国务院建设主管部门负责一级物业服务企业资质证书的颁发和管理。

省、自治区人民政府建设主管部门负责二级物业服务企业资质证书的颁发和管理,直辖市人民政府房地产主管部门负责二级和三级物业服务企业资质证书的颁发和管理,并接受国务院建设主管部门的指导和监督。

设区的市的人民政府房地产主管部门负责三级物业服务企业资质证书的颁发和管理,并接受省、自治区人民政府建设主管部门的指导和监督。

第五条　各资质等级物业服务企业的条件如下:

(一)一级资质:

1.物业管理专业人员以及工程、管理、经济等相关专业类的专职管理和技术人员不少于30人。其中,具有中级以上职称的人员不少于20人,工程、财务等业务负责人具有相应专业中级以上职称;

2.物业管理专业人员按照国家有关规定取得职业资格证书;

3.管理两种类型以上物业,并且管理各类物业的房屋建筑面积分别占下列相应计算基数的百分比之和不低于100%:

(1)多层住宅200万平方米；

(2)高层住宅100万平方米；

(3)独立式住宅(别墅)15万平方米；

(4)办公楼、工业厂房及其他物业50万平方米。

4.建立并严格执行服务质量、服务收费等企业管理制度和标准，建立企业信用档案系统，有优良的经营管理业绩。

(二)二级资质：

1.物业管理专业人员以及工程、管理、经济等相关专业类的专职管理和技术人员不少于20人。其中，具有中级以上职称的人员不少于10人，工程、财务等业务负责人具有相应专业中级以上职称；

2.物业管理专业人员按照国家有关规定取得职业资格证书；

3.管理两种类型以上物业，并且管理各类物业的房屋建筑面积分别占下列相应计算基数的百分比之和不低于100%：

(1)多层住宅100万平方米；

(2)高层住宅50万平方米；

(3)独立式住宅(别墅)8万平方米；

(4)办公楼、工业厂房及其他物业20万平方米。

4.建立并严格执行服务质量、服务收费等企业管理制度和标准，建立企业信用档案系统，有良好的经营管理业绩。

(三)三级资质：

1.物业管理专业人员以及工程、管理、经济等相关专业类的专职管理和技术人员不少于10人。其中，具有中级以上职称的人员不少于5人，工程、财务等业务负责人具有相应专业中级以上职称；

2.物业管理专业人员按照国家有关规定取得职业资格证书；

3.有委托的物业管理项目；

4.建立并严格执行服务质量、服务收费等企业管理制度和标准，建立企业信用档案系统。

第六条　新设立的物业服务企业应当自领取营业执照之日起30日内，持下列文件向工商注册所在地直辖市、设区的市的人民政府房地产主管部门申请资质：

(一)营业执照；

（二）企业章程；

（三）企业法定代表人的身份证明；

（四）物业管理专业人员的职业资格证书和劳动合同，管理和技术人员的职称证书和劳动合同。

第七条　新设立的物业服务企业，其资质等级按照最低等级核定，并设一年的暂定期。

第八条　一级资质物业服务企业可以承接各种物业管理项目。

二级资质物业服务企业可以承接30万平方米以下的住宅项目和8万平方米以下的非住宅项目的物业管理业务。

三级资质物业服务企业可以承接20万平方米以下住宅项目和5万平方米以下的非住宅项目的物业管理业务。

第九条　申请核定资质等级的物业服务企业，应当提交下列材料：

（一）企业资质等级申报表；

（二）营业执照；

（三）企业资质证书正、副本；

（四）物业管理专业人员的职业资格证书和劳动合同，管理和技术人员的职称证书和劳动合同，工程、财务负责人的职称证书和劳动合同；

（五）物业服务合同复印件；

（六）物业管理业绩材料。

第十条　资质审批部门应当自受理企业申请之日起20个工作日内，对符合相应资质等级条件的企业核发资质证书；一级资质审批前，应当由省、自治区人民政府建设主管部门或者直辖市人民政府房地产主管部门审查，审查期限为20个工作日。

第十一条　物业服务企业申请核定资质等级，在申请之日前一年内有下列行为之一的，资质审批部门不予批准：

（一）聘用未取得物业管理职业资格证书的人员从事物业管理活动的；

（二）将一个物业管理区域内的全部物业管理业务一并委托给他人的；

（三）挪用专项维修资金的；

（四）擅自改变物业管理用房用途的；

（五）擅自改变物业管理区域内按照规划建设的公共建筑和共用设施用途的；

（六）擅自占用、挖掘物业管理区域内道路、场地，损害业主共同利益的；

(七)擅自利用物业共用部位、共用设施设备进行经营的;

(八)物业服务合同终止时,不按照规定移交物业管理用房和有关资料的;

(九)与物业管理招标人或者其他物业管理投标人相互串通,以不正当手段谋取中标的;

(十)不履行物业服务合同,业主投诉较多,经查证属实的;

(十一)超越资质等级承接物业管理业务的;

(十二)出租、出借、转让资质证书的;

(十三)发生重大责任事故的。

第十二条 资质证书分为正本和副本,由国务院建设主管部门统一印制,正、副本具有同等法律效力。

第十三条 任何单位和个人不得伪造、涂改、出租、出借、转让资质证书。

企业遗失资质证书,应当在新闻媒体上声明后,方可申请补领。

第十四条 企业发生分立、合并的,应当在向工商行政管理部门办理变更手续后30日内,到原资质审批部门申请办理资质证书注销手续,并重新核定资质等级。

第十五条 企业的名称、法定代表人等事项发生变更的,应当在办理变更手续后30日内,到原资质审批部门办理资质证书变更手续。

第十六条 企业破产、歇业或者因其他原因终止业务活动的,应当在办理营业执照注销手续后15日内,到原资质审批部门办理资质证书注销手续。

第十七条 物业服务企业取得资质证书后,不得降低企业的资质条件,并应当接受资质审批部门的监督检查。

资质审批部门应当加强对物业服务企业的监督检查。

第十八条 有下列情形之一的,资质审批部门或者其上级主管部门,根据利害关系人的请求或者根据职权可以撤销资质证书:

(一)审批部门工作人员滥用职权、玩忽职守作出物业服务企业资质审批决定的;

(二)超越法定职权作出物业服务企业资质审批决定的;

(三)违反法定程序作出物业服务企业资质审批决定的;

(四)对不具备申请资格或者不符合法定条件的物业服务企业颁发资质证书的;

(五)依法可以撤销审批的其他情形。

第十九条 物业服务企业超越资质等级承接物业管理业务的,由县级以上地方人民政府房地产主管部门予以警告,责令限期改正,并处1万元以上3万元以下的罚款。

第二十条　物业服务企业出租、出借、转让资质证书的，由县级以上地方人民政府房地产主管部门予以警告，责令限期改正，并处1万元以上3万元以下的罚款。

第二十一条　物业服务企业不按照本办法规定及时办理资质变更手续的，由县级以上地方人民政府房地产主管部门责令限期改正，可处2万元以下的罚款。

第二十二条　资质审批部门有下列情形之一的，由其上级主管部门或者监察机关责令改正，对直接负责的主管人员和其他直接责任人员依法给予行政处分；构成犯罪的，依法追究刑事责任：

（一）对不符合法定条件的企业颁发资质证书的；

（二）对符合法定条件的企业不予颁发资质证书的；

（三）对符合法定条件的企业未在法定期限内予以审批的；

（四）利用职务上的便利，收受他人财物或者其他好处的；

（五）不履行监督管理职责，或者发现违法行为不予查处的。

第二十三条　本办法自2004年5月1日起施行。

应用指引

（一）物业管理企业资质概述

物业管理企业资质是指从事物业管理工作的企业的资格和能力。实行物业管理企业资质的目的在于提高物业管理的质量，为业主提供良好的物业管理服务，促进物业管理事业的健康发展。物业管理企业资质申报表是物业管理企业申请资质等级时使用的法律文书。物业管理企业划分为一级、二级、三级三个资质等级和临时资质。

1. 物业管理企业一级资质标准及权限

（1）具有中级以上职称的管理人员、工程技术人员不少于30人，企业经理取得建设部颁发的物业管理企业经理岗位证书，80%以上的部门经理、管理员取得从业人员岗位证书。

（2）管理两种类型以上的物业。

（3）管理各类物业的建筑面积分别占下列相应计算基数的百分比之和不低于100%。计算基数是：第一，多层住宅200万平方米；第二，高层住宅100万平方米；第三，独立式住宅（别墅）15万平方米；第四，办公楼宇、工业区及其他物业50万平方米。

（4）20%以上的管理项目获得建设部授予的“全国城市物业管理优秀住宅小区（大

厦、工业区)”称号,20%以上的管理项目获得省级城市物业管理优秀住宅小区(大厦、工业区)称号。

(5)具有健全的企业管理制度和符合国家规定的财务管理制度。

(6)建立了维修基金管理与使用制度。

一级企业由省、自治区建委(建设厅)、直辖市房地局初审,初审合格后报建设部审批;一级企业可参加全国范围内物业管理项目的投标、议标。

2. 物业管理企业二级企业资质标准及权限

(1)具有中级以上职称的管理人员、工程技术人员不少于20人,企业经理取得建设部颁发的物业管理企业经理岗位证书,60%以上的部门经理、管理员取得从业人员岗位证书。

(2)管理两种类型以上的物业。

(3)管理各类物业的建筑面积分别占计算基数的百分比之和不低于100%。计算基数是:第一,多层住宅80万平方米;第二,高层住宅40万平方米;第三,独立式住宅(别墅)6万平方米;第四,办公楼宇、工业区及其他物业20万平方米。

(4)10%以上的管理项目获得建设部授予的“全国城市物业管理优秀住宅小区(大厦、工业区)”称号,10%以上的管理项目获得省级城市物业管理优秀住宅小区(大厦、工业区)称号。

(5)具有健全的企业管理制度和符合国家规定的财务管理制度。

(6)建立了维修基金管理与使用制度。

二级企业由省、自治区建委(建设厅)、直辖市房地局审批;二级企业只限参加全国范围内30万平方米以下物业管理项目的投标、议标。

3. 物业管理企业三级资质标准及权限

(1)具有中级以上职称的管理人员、工程技术人员不少于8人,经理取得建设部颁发的物业管理企业经理岗位证书,50%以上的部门经理、管理员取得从业人员岗位证书。

(2)有委托的物业管理项目。

(3)具有比较健全的企业管理制度和符合国家规定的财务管理制度。

(4)建立了维修基金管理与使用制度。

三级企业由省、自治区建委(建设厅)、直辖市房地局审批;三级经省、自治区建委(建设厅)同意,可由地级以上城市的物业管理主管部门审批,报省、自治区建委(建设厅)备案。三级企业只限参加本省(自治区、直辖市)区域内15万平方米以下物业管理项目的投标、议标。

4. 物业管理企业临时资质标准

新设立的物业管理企业应按有关规定到当地县级以上人民政府物业管理行政主管部门申请领取临时资质证书。物业管理企业在领取临时资质证书后,方可从事物业管理业务。临时资质证书有效期为一年。有效期满后,物业管理企业向物业管理行政主管部门申请三级资质的评定。未获通过的,物业管理行政主管部门应当取消其从事物业管理业务的资格。

5. 资质的评定

申请评定资质等级的物业管理企业应提交下列材料:第一,物业管理企业资质等级申报表;第二,营业执照复印件;第三,建设部颁发的物业管理企业经理岗位证书、从业人员岗位证书复印件和管理人员、工程技术人员专业技术职务资格证书复印件;第四,物业管理委托合同复印件;第五,物业管理业绩材料;第六,企业上一年度财务审计表。经资质审查合格的企业,由资质审批部门发给相应等级的资质证书。

6. 资质的管理

建设部负责全国物业管理企业的资质管理工作;省、自治区建委(建设厅)、直辖市房地局负责本行政区域内物业管理企业的资质管理工作。物业管理企业应当按照规定申请企业资质等级评定。未经主管部门进行资质评定并取得资质证书的,不得从事物业管理业务。

物业管理企业资质等级实行动态管理,每两年核定一次。对于不符合原定资质等级标准的企业,由资质等级评定初审部门提出降级或吊销资质证书的意见,报审批部门批准后执行。申请升级的物业管理企业将所需材料报初审部门,初审部门将审核意见报审批部门。资质等级升级应依次逐级上升,不得越级升级。

(二)制作该文书应注意的问题

申请人在填写本表时,应当注意以下问题:

1. 申请人应如实填写表内各项内容,对其所填内容的真实性负责。

2. 申请人应按申请等级准备相关材料和证明文件。

042　前期物业管理招标书

文书范本 ｜ 前期物业管理招标书
适用范围 ｜ 招标选择前期物业管理企业时所使用的文书
条文检索 ｜ 物业管理条例;前期物业管理招标投标管理暂行办法
应用指引 ｜ 前期物业管理招标书的主要内容;制作该文书应当注意的问题

前期物业管理招标书

招标编号:________________
招标项目名称:____________
________年____月____日

________小区物业管理委员会

目　　录

7. 招标文件的修改

C. 投标文件的编写

8. 语言及计量单位

9. 投标文件的组成

10. 投标文件格式

11. 投标报价

12. 投标货币

13. 投标人资格的证明文件

14. 投标有效期

15. 投标保证金

16. 投标文件的份数和签署

D. 投标文件的递交

17. 投标文件的密封和标记

18. 递交投标文件的截止时间

19. 迟交的投标文件

20. 投标文件的修改和撤销

E. 开标和评标

21. 开标

22. 评标委员会

23. 投标文件响应性的确定

24. 投标文件的澄清

25. 对投标文件的评估和比较

26. 评标原则及方法

27. 保密

F. 授予合同

28. 定标准则

29. 资格最终审查

30. 接受和拒绝任何或所有投标的权力

31. 中标通知

32. 授予合同时变更数量的权力

33. 合同协议书的签署
34. 履约保证金
35. 中标服务费
第四部分　合同一般条款
1. 定义
2. 适用范围
3. 技术规格和标准
4. 委托管理期限
5. 价格
6. 索赔
7. 不可抗力
8. 履约保证金
9. 争议的解决
10. 合同终止
11. 合同修改
12. 适用法律
13. 主导语言与计量单位
14. 合同份数
15. 合同生效
第五部分　合同特殊条款
第六部分　附件

第一部分　投标邀请

受用户委托对____________项目的物业管理服务进行公开招标。遂邀请合格投标人以密封标书的方式前来投标。

1. 招标编号:
2. 招标项目的简要说明:
3. 项目开工期:
4. 投标地点:
5. 投标截止时间:________年____月____日(北京时间),逾期收到的或不符合规定的投标文件不接受。

6. 开标时间、地点：

7. 凡对本次招标提出询问，请在________年____月____日前与________联系（技术方面的询问请以信函或传真的形式）。

地址：________________________________

邮编：________________________________

电话：________________________________

传真：________________________________

联系人：________________________________

（署名）

________年____月____日

第二部分　技术规范及要求

1. 项目技术要求一览表（表1）

表1　项目技术要求一览表

招标编号：

序号	项目名称	规格	主要技术要求	开竣工日期

关于物业所在地及物业的详细情况和资料，详见物业说明书和物业图纸（略）。

第三部分　投标人须知

A. 总则说明

1. 适用范围

本招标文件仅适用于本次投标邀请中所叙述物业的物业管理服务。

2. 定义

2.1　“招标方”指第一部分所指的组织本次招标的招标机构。

2.2　“投标方”指向招标方提交投标文件的物业管理企业。

2.3 “项目”指物业管理企业(即投标人)按招标文件规定,须向用户提供的物业管理服务。

2.4 “用户”系指委托进行本次招标的开发商或业主委员会

3. 合格的投标方

经过本次招标的资格预审合格的投标人称为合格的投标方。投标方应遵守有关的中国法律和规章条例。

4. 投标费用

4.1 无论投标过程中的做法和结果如何,投标方自行承担所有与参加投标有关的全部费用。

B. 招标文件说明

5. 招标文件的构成

5.1 招标文件用以阐明所需物业管理服务、招标投标程序和合同条款。招标文件由下述部分组成:

(1)投标邀请;

(2)技术规格及要求;

(3)投标人须知;

(4)合同一般条款;

(5)合同特殊条款;

(6)附件。

5.2 招标文件以中文、英文两种文字编印,两种文字具有同等法律效力。中、英文文本如有差异时,以中文文本为准。

5.3 投标人被视为熟悉上述与履行合同有关的一切情况。

6. 招标文件的澄清

投标方对招标文件上如有疑点可要求澄清,应在投标截止时间前15天按投标邀请中载明的地址以书面形式(包括信函、电报或传真,下同)通知招标人。招标人将视情况采用适当方式予以澄清并以书面形式予以答复,认为必要,可以将不标明查询来源的书面答复发给所有已购招标文件的投标方。

7. 招标文件的修改

7.1 在投标截止日期10天前,招标方可主动或依据投标方要求澄清的问题修改招标文件,并以书面形式通知所有购买招标文件的每一投标方,对方在收到该通知后应立即以电报或传真的形式予以确认。

7.2 为使投标方在准备投标文件时有合理的时间考虑招标文件的修改，招标方可酌情推迟投标截止时间和开标时间，并以书面形式通知已购招标文件的每一投标方。

7.3 招标文件的修改书将构成招标文件的一部分，对投标方有约束力。

C. 投标文件的编写

8. 语言及计量单位

8.1 投标文件及投标方和招标方就投标交换的文件和来往信件，应以中文或英文书写。

8.2 除在招标文件的技术规格中另有规定外，计量单位应使用中华人民共和国法定计量单位(国际单位制和国家选定的其他计量单位)。

9. 投标文件的组成

9.1 投标文件包括下列部分：

(1)投标书、授权书、开标一览表以及项目简要说明一览表；

(2)投标资格证明文件；

(3)投标符合招标文件规定的证明文件及投标方认为需加以说明的其他内容；

(4)投标保证金。

投标时应将投标文件装订成册，并填写“投标文件资料清单”。

10. 投标文件格式

投标方应按招标文件提供的投标文件格式填写投标书、授权书、开标一览表及项目简要说明一览表(见附件1~4)。

11. 投标报价

11.1 投标方应在招标文件所附的开标一览表(附件3)上写明投标项目的单价和投标总价。如果单价与总价有出入，以单价为准。投标方对每种项目只允许有一个报价，招标方不接受有任何选择的报价。

11.2 投标方按格式填写报价以供招标方评标，但不限制开发商以其他方式签订合同的权力。

12. 投标货币

12.1 投标书和开标一览表中的报价对国外投标方用美元或其他国际主要货币填写报价，招标方按12.2款规定折算成美元。

12.2 以开标日中国银行公布的卖出价作为折算报价的依据。

13. 投标人资格的证明文件

投标方必须提交证明其有资格进行投标和有能力履行合同的文件(格式见附件5),作为投标文件的一部分。

14. 投标有效期

14.1　投标文件从开标之日起,投标有效期为90天,特殊招标项目在“技术规范及要求”部分另行规定。

14.2　要求投标方同意延长有效期,要求与答复均应为书面形式。投标方可以拒绝上述要求,其投标保证金不被没收。对于同意该要求的投标方,既不要求也不允许其修改投标文件,但要求其延长投标保证金的有效期,有关退还和没收投标保证金的规定在投标有效期的延长期内继续有效。

15. 投标保证金

15.1　投标保证金为投标文件的组成部分。

15.2　投标方向招标方提交不少于投标总报价2%的投标保证金。

15.3　投标保证金用于保护本次招标避免因投标方的行为引起的风险。

15.4　投标保证金币种应与投标报价币种相同,可以下列任何一种方式提交:

(1)由下列银行开具保函:

①中国银行总行或其分行;或________。

②中国银行在海外的往来行通过中国银行;或________。

③在中华人民共和国营业的任何其他中国或外国银行;或________。

④由中国人民银行授权的其他银行。

投标保证金保函应按招标文件附件6格式提供,并在投标文件有效期过后30天内继续有效。

(2)银行本票、汇票、支票或现金(在投标有效期满前,因票据即将到期,招标方有权暂时行使票据权力)。

15.5　未按规定提交投标保证金的投标,将被视为投标无效。

15.6　未中标的投标方的投标保证金,将按31.2款的规定予以无息退还。

15.7　中标的投标方的投标保证金,在中标方签订合同并交纳履约保证金和中标服务费后,经银行扣除手续费后,予以无息退还。

15.8　发生以下情况投标保证金将被没收:

(1)开标后投标方在投标有效期内撤回投标;或________。

(2)如果中标方未能做到：

①按本须知第33条规定签订合同；或________。

②按本须知第34条规定提供履约保证金；或________。

③按本须知第35条规定缴纳中标服务费。

16. 投标文件的份数和签署

16.1 投标方应准备一份正本和四份副本，在每一份投标文件上要明确注明“正本”或“副本”字样，一旦正本和副本有差异，以正本为准。

16.2 投标文件正本和副本须打印并由经正式授权的投标方代表签字。

16.3 除投标方对错处作必要修改外，投标文件中不许有加行、涂抹或改写。若有修改须有签署投标文件的人签字。

16.4 电报、电话、传真形式的投标概不接受。

D. 投标文件的递交

17. 投标文件的密封和标记

17.1 投标方应将投标文件正本或副本分别用信封密封，并标明招标编号、投标项目名称及正本或副本。

17.2 为方便开标唱标，投标方应将正本的投标书、开标一览表和投标保证金保函单独密封，并在信封上标明“开标一览表”字样，然后再装入正本投标文件密封袋中。

17.3 第一密封信封上注明“于________之前(指投标邀请中规定的开标日期及时间)不准启封”的字样。

17.4 如投标文件由专人送交，投标方应将投标文件按19.1～19.3款中的规定进行密封和标记后，按投标邀请注明的地址送至招标方。

17.5 如果投标文件通过邮寄递交，投标方应将投标文件用内、外两层信封密封。

(1)内层信封的封装与标记同17.1～17.3款规定。

(2)外层信封装入17.1款及17.2款所述全部内封资料，并注明招标编号、管理项目名称、招标方名称、地址。同时应写明投标方的名称、地址，以便将迟交的投标文件原封退还。

17.6 如果未按上述规定进行密封和标记，招标方对投标文件的误投或提前拆封不负责任。

18. 递交投标文件的截止时间

18.1 所有投标文件不论派人送交还是通过邮寄递交，都必须在招标方在投标邀请中规定的投标截止时间之前送至招标方。

18.2　出现第6条因招标文件的修改推迟投标截止时间时,则按招标方修改通知规定的时间递交。

19.迟交的投标文件

招标方将拒绝在投标截止时间后收到的投标文件。

20.投标文件的修改和撤销

20.1　投标方在提交投标文件后可对其投标文件进行修改或撤销,但招标方须在投标截止时间之前收到该修改或撤销的书面通知,该通知须有经正式授权的投标方代表签字。

20.2　投标方对投标文件修改的书面材料或撤销的通知应按第16条和第17条规定进行编写、密封、标注和递交,并注明“修改投标文件”或“撤销投标”字样。

20.3　投标截止时间以后不得修改投标文件。

20.4　投标方不得在开标时间起到投标文件有效期期满前撤销投标文件,否则招标方将按14.7款的规定没收其投标保证金。

E.开标和评标

21.开标

21.1　招标方在招标通告或投标邀请规定的时间和地点公开开标。投标方派代表参加。

21.2　开标时,查验投标文件的密封情况,确认无误后拆封唱标,唱正本“开标一览表”内容,以及招标方认为合适的其他内容并作记录。

22.评标委员会

22.1　招标方将根据物业管理的特点组建评标委员会,其成员由工程技术、市场、商贸、法律等方面的专家和招标机构、招标委托方的代表组成。

22.2　评标期间,希望投标方派代表参加询标。

23.投标文件响应性的确定

23.1　开标后,招标方将组织审查投标文件是否完整,是否有计算错误,要求的保证金是否已提供,投标文件是否恰当地签署。如果单价与总价有出入,以单价为准;若文字大写表示的数据与数字表示的数据有差别,则以文字大写表示的数据为准。若投标方拒绝接受上述修正,其投标将被拒绝。

23.2　在对投标文件进行详细评估之前,招标方将依据投标方提供的资格证明文件审查投标方的财务、技术和管理能力。如果确定投标方无资格履行合同,其投标将被拒绝。

23.3 招标方将确定每一投标是否对招标文件的要求作出了实质性的响应,而没有重大偏离。实质性响应的投标是指投标文件符合招标文件的所有条款、条件和规定且没有重大偏离或保留。

23.4 招标方判断投标文件的响应性仅基于投标文件本身而不靠外部证据。

23.5 招标方将拒绝被确定为非实质性响应的投标,投标方不能通过修正或撤销不符之处而使其投标成为实质性响应的投标。

23.6 招标方将允许修改投标中不构成重大偏离的、微小的、非正规、不一致或不规则的地方。

24.投标文件的澄清

24.1 为了有助于对投标文件进行审查、评估和比较,招标方有权向投标方提出质疑,请投标方澄清其投标内容。投标方有责任按照招标方通知的时间、地点指派专人进行答疑和澄清。

24.2 重要澄清的答复应是书面的,但不得对投标内容进行实质性修改。

25.对投标文件的评估和比较

25.1 招标方及其组织的评标委员会将对实质性响应的投标文件进行评估和比较。

25.2 评估时除考虑投标报价因素以外,还将考虑物业管理服务的质量、物业管理企业的信誉和物业管理方案的先进程度等因素。

26.评标原则及方法

26.1 对所有投标方的投标评估,都采用相同的程序和标准。

26.2 评标严格按照招标文件的要求和条件进行。

26.3 在评标时按下列程序确定最低评标价标:

(1)开标后,将对实质性响应的投标报价分别与标底价比较,并按其报价的合理程度给予打分,合理性越强则得分越高。

(2)在第一次打分的基础上,根据第25条考虑因素,对投标进行第二次打分,服务质量越高,管理方案越先进,则得分就越高。

(3)将两次打分分别与商务评审权权数和技术评审权权数加权求出总得分,最高得分者即系最低评标价标。

27.保密

27.1 有关投标文件的审查、澄清、评估和比较以及有关授予合同的意向的一切情况都不得透露给任一投标方或与上述评标工作无关的人员。

27.2　投标方不得干扰招标方的评标活动,否则将废除其投标。

F. 授予合同

28. 定标准则

28.1　合同将授予其投标符合招标文件要求,并能圆满地履行合同的、对买方最为有利的最低评标价标的投标方。

28.2　最低报价不是被授予合同的保证。

29. 资格最终审查

29.1　招标方将审查最低评标价标的投标方的财务、技术、管理能力及信誉,确定其是否能圆满地履行合同。

29.2　如果确定该投标方无条件、圆满地履行合同,招标方将对下一个最低评标价标的投标方资格作出类似的审查。

30. 接受和拒绝任何或所有投标的权力

招标方在授予合同之前仍有选择或拒绝任何或全部投标的权力,并对所采取的行为不作任何解释。

31. 中标通知

31.1　评标结束15日内,招标方将以书面形式发出中标通知书,但发出时间不超过投标有效期。中标通知书一经发出即发生法律效力。

31.2　招标方在收到中标方提交的履约保证金后,将向落标的投标方发出落标通知书,并退还其投标保证金。

31.3　中标通知书将作为签订合同协议书的依据。

32. 授予合同时变更数量的权力

招标方在授予合同时有权对"项目一览表"中规定的项目规模或工作量予以增减。

33. 合同协议书的签署

33.1　中标方按中标通知书指定的时间、地点与开发商或业主委员会按指定的协议书格式签订合同协议书(见附件7)。

33.2　招标文件、中标方的投标文件及其澄清文件,均为签订合同协议书的依据。

34. 履约保证金

合同签订后30天内,中标方须根据合同条款的规定按招标文件附件8格式向甲方提交履约保证金。

35. 中标服务费

中标方须向招标方按如下标准和规定交纳中标服务费：

(1)以中标通知书中确定的中标总金额作为收费的计算基数。

(2)中标服务费为中标总金额的1.5%。

(3)中标服务费币种与中标签订合同的币种相同，或以人民币支付(按开标日中国银行公布汇率卖出价折算)。

第四部分 合同一般条款

1. 定义

1.1 “合同”系指甲方和乙方(简称合同双方)已达成的协议，即由双方签订的合同格式中的文件，包括所有的附件、附录和组成合同部分的所有其他文件。

1.2 “合同价格”系指根据合同规定，在乙方全面正确地履行合同义务时应支付给乙方的款项。

1.3 “甲方”系指通过招标方式，接受合同服务的开发商或业主委员会。

1.4 “乙方”系指中标后提供合同服务的物业管理企业或单位。

2. 适用范围

本合同条款仅适用于本次招标活动。

3. 技术规格和标准

本合同项下所提供服务的技术规格和标准应与本招标文件技术规格规定的标准相一致。

4. 委托管理期限

即自________年____月____日起至________年____月____日止。

5. 价格

除非合同中另有规定，乙方为其所提供物业管理服务而要求甲方支付的金额应与其投标报价一致。

6. 索赔

6.1 乙方对所提供服务与合同不符应负有责任，并且甲方已于合同规定的委托管理期内提出索赔，乙方应按甲方同意的下述一种或多种方法解决索赔事宜：

(1)乙方同意甲方取消其不符要求的服务项目，退还已经收取的该类项目的物业管理费、佣金和酬金。

(2)对于情节轻微的,经双方同意可降低该类项目的物业管理服务价格。

(3)对于情节严重,造成甲方损失巨大的,同意甲方终止全部委托管理合同,并赔偿甲方因此造成的损失。

6.2　如果甲方提出索赔通知后30天内乙方未能予以答复,该索赔应视为已被乙方接受。若乙方未能在甲方提出索赔通知的30天内或甲方同意的更长一些时间内,按甲方同意的上述任何一种方式处理索赔事宜,甲方将从应付款或乙方提供的履约保证金中扣回索赔金额,同时保留进一步要求赔偿的权利。

7. 不可抗力

7.1　签约双方任何一方由于受战争、严重火灾、洪水、台风、地震等不可抗力事故的影响不能履行合同时,履行合同的期限应予以延长,则延长的期限应相当于事故所影响的时间。不可抗力事故系指甲乙双方在缔结合同时所不能预见的,并且它的发生及其后果是无法避免和无法克服的事故。

7.2　受阻一方应在不可抗力事故发生后尽快用电报或传真通知对方,并于事故发生后14天内将有关当局出具的证明文件用特快专递或挂号信寄给对方审阅确认。一旦不可抗力事故的影响持续120天以上,双方应通过协商在合理的时间内达成进一步履行合同的协议。

8. 履约保证金

8.1　乙方应在合同签订后30天内,向甲方按合同规定提交合同总价10%的履约保证金,履约保证金的有效期至合同有效期满。履约保证金应由以下银行开具:

(1)中国银行,或________。

(2)根据国外银行给中国银行的反保函,由中国银行开具,或________。

(3)在中国境内营业的其他银行。

8.2　乙方提供的履约保证金按规定格式以银行保函的形式提供,与此有关的费用由乙方负担。

8.3　如果乙方未能按合同规定履行其义务,甲方有权从履约保证金取得补偿。

9. 争议的解决

9.1　在履行合同中发生的或与本合同有关的争端,双方应通过友好协商解决,经协商在60天内不能达成协议时,应提交仲裁。

9.2　提交正式仲裁的争端属涉外的,应在北京或在中国国内其他地点指定的国际经济仲裁委员会根据该委员会的仲裁程序或规则予以最终裁决。

9.3　合同双方均为国内法人的,其争端的仲裁应由当地工商行政管理局根据其仲裁程序和暂行规则进行。

9.4　仲裁裁决应为最终决定,并对双方具有约束力。

9.5　除另有裁决外,仲裁费应由败诉方负担。

9.6　在仲裁期间,除正在进行仲裁部分外,合同其他部分继续履行。

10. 合同终止

10.1　本合同期限为____年。合同到期时甲乙双方均未提出新的意向,合同自行终止。合作期内任何一方不得擅自停止协议,否则应负担所造成的一切损失。如一方因故需终止合同,必须提前三个月书面通知另一方,经双方达成一致意见后,方可终止。

10.2　出现下列情况时合同自动终止:

(1)发生不可抗力时。

(2)一方不履行合同条款,造成另一方无法履行合同协议,协商又不能解决而造成合同终止,责任方应赔偿损失。

(3)物业被征用或甲方破产。

11. 合同修改

对于合同的未尽事宜,需进行修改、补充和完善的,甲乙双方必须就所修改的内容签订书面的合同修改书,作为合同的补充协议。

12. 适用法律

本合同应按中华人民共和国的法律解释。

13. 主导语言与计量单位

13.1　合同应以中文或英文书写。甲乙双方所有的来往信函以及与合同有关的文件均应以中文或英文书写。

13.2　除技术规格另规定外,计量单位均使用中华人民共和国法定计量单位。

14. 合同份数

本合同正本连同附件共____页,一式三份,甲乙双方及物业管理主管部门(备案)各执一份,具有同等法律效力。

15. 合同生效

除非合同中另有说明,本合同经双方签字盖章,并在甲方收到乙方的履约保证金后,即开始生效。

第五部分　合同特殊条款

具体条款(略)。

合同特殊条款是合同一般条款的补充和修改。如果两者之间有抵触,应以特殊条款为准。

第六部分　附　　件

附件 1

投　标　书

合同名称:________

致________业主:先生们:

1. 在考察了物业现场和研究了上述项目的投标人须知、合同条款、技术规格、图纸以及第________号至第________号补充通知或修改书后,我方愿以人民币________元(大写)(RMB ________元)的总价或上述招标文件确定(算术上的核实与改正后)的另一金额,按招标文件的要求,承担上述项目的全部物业管理工作。

2. 如果贵方接受我方投标,我方保证在接到项目开工的指令后____天开工,并在招标文件规定的期限内完成合同规定的全部工作。

3. 我方同意在从规定的递交标书截止之日起____天内遵守本投标书。在该期限期满之前,本投标对我方始终有约束力,并可随时被接受。

4. 在正式合同协议制定和签署之前,本投标书连同贵方的中标通知书应成为约束贵、我双方的合同。

5. 我方理解,贵方不一定接受最低报价的投标或其他任何你们可能收到的投标。

签字:________

________年____月____日

以________资格经授权并代表________签署标书。

投标人地址:____

证人:________职务:________

所在单位及地址:____

附件 2

授 权 书

根据本文件宣布，签名人________（姓名）、________（职务）、________________（公司名称）、________________（公司注册地点）合法授权代表上述公司，特此任命在下面签字的________（姓名）、________（职务）、________________（公司名称）为正式和合法的代理人，并授权该代理人在有关（项目名称）的投标方面，以该公司的名义代表该公司签署投标书，进行谈判，签署合同和处理一切与此有关的必要事务。

现分别在下面签字以资证明。

授权人签字：________ 代理人签字：________

公证人签字：________ 公证人姓名：________

公证人地址：____

公证人职务：____

________年____月____日

附件 3

表 2 开标一览表

项目序号	项目名称	项目内容	单位	工作量	单价	总价	备注
1							
2							
3							
项目工作量 价格总计							

附件 4

表 3 项目简要说明一览表

项目序号	项目名称	简要说明

附件 5

投标人资格的证明文件

投标人概况

投标人的身份证明

法定名称:________________

法定注册地址:________________

电话及传真号码:________________

投标人联系人姓名、职务:________________ 电话:________________

财务联系人姓名、职务:________________ 电话:________________

技术联系人姓名、职务:________________ 电话:________________

| 条文检索 |

物业管理条例·第 24、57 条

(2003 年 6 月 8 日国务院令第 379 号公布 根据 2007 年 8 月 26 日《国务院关于修改〈物业管理条例〉的决定》修订)

第二十四条 国家提倡建设单位按照房地产开发与物业管理相分离的原则,通过招投标的方式选聘具有相应资质的物业服务企业。

住宅物业的建设单位,应当通过招投标的方式选聘具有相应资质的物业服务企业;投标人少于 3 个或者住宅规模较小的,经物业所在地的区、县人民政府房地产行政主管部门批准,可以采用协议方式选聘具有相应资质的物业服务企业。

第五十七条 违反本条例的规定,住宅物业的建设单位未通过招投标的方式选聘物业服务企业或者未经批准,擅自采用协议方式选聘物业服务企业的,由县级以上地方人民政府房地产行政主管部门责令限期改正,给予警告,可以并处 10 万元以下的罚款。

前期物业管理招标投标管理暂行办法

(2003 年 6 月 26 日建设部发布 建住房〔2003〕130 号)

第一章 总 则

第一条 为了规范前期物业管理招标投标活动,保护招标投标当事人的合法权益,促进物业管理市场的公平竞争，制定本办法。

第二条　前期物业管理，是指在业主、业主大会选聘物业管理企业之前，由建设单位选聘物业管理企业实施的物业管理。

建设单位通过招投标的方式选聘具有相应资质的物业管理企业和行政主管部门对物业管理招投标活动实施监督管理，适用本办法。

第三条　住宅及同一物业管理区域内非住宅的建设单位，应当通过招投标的方式选聘具有相应资质的物业管理企业；投标人少于3个或者住宅规模较小的，经物业所在地的区、县人民政府房地产行政主管部门批准，可以采用协议方式选聘具有相应资质的物业管理企业。

国家提倡其他物业的建设单位通过招投标的方式，选聘具有相应资质的物业管理企业。

第四条　前期物业管理招标投标应当遵循公开、公平、公正和诚实信用的原则。

第五条　国务院建设行政主管部门负责全国物业管理招标投标活动的监督管理。

省、自治区人民政府建设行政主管部门负责本行政区域内物业管理招标投标活动的监督管理。

直辖市、市、县人民政府房地产行政主管部门负责本行政区域内物业管理招标投标活动的监督管理。

第六条　任何单位和个人不得违反法律、行政法规规定，限制或者排斥具备投标资格的物业管理企业参加投标，不得以任何方式非法干涉物业管理招标投标活动。

第二章　招　　标

第七条　本办法所称招标人是指依法进行前期物业管理招标的物业建设单位。

前期物业管理招标由招标人依法组织实施。招标人不得以不合理条件限制或者排斥潜在投标人，不得对潜在投标人实行歧视待遇，不得对潜在投标人提出与招标物业管理项目实际要求不符的过高的资格等要求。

第八条　前期物业管理招标分为公开招标和邀请招标。

招标人采取公开招标方式的，应当在公共媒介上发布招标公告，并同时在中国住宅与房地产信息网和中国物业管理协会网上发布免费招标公告。

招标公告应当载明招标人的名称和地址，招标项目的基本情况以及获取招标文件的办法等事项。

招标人采取邀请招标方式的,应当向3个以上物业管理企业发出投标邀请书,投标邀请书应当包含前款规定的事项。

第九条　招标人可以委托招标代理机构办理招标事宜;有能力组织和实施招标活动的,也可以自行组织实施招标活动。

物业管理招标代理机构应当在招标人委托的范围内办理招标事宜,并遵守本办法对招标人的有关规定。

第十条　招标人应当根据物业管理项目的特点和需要,在招标前完成招标文件的编制。

招标文件应包括以下内容:

(一)招标人及招标项目简介,包括招标人名称、地址、联系方式、项目基本情况、物业管理用房的配备情况等;

(二)物业管理服务内容及要求,包括服务内容、服务标准等;

(三)对投标人及投标书的要求,包括投标人的资格、投标书的格式、主要内容等;

(四)评标标准和评标方法;

(五)招标活动方案,包括招标组织机构、开标时间及地点等;

(六)物业服务合同的签订说明;

(七)其他事项的说明及法律法规规定的其他内容。

第十一条　招标人应当在发布招标公告或者发出投标邀请书的10日前,提交以下材料报物业项目所在地的县级以上地方人民政府房地产行政主管部门备案:

(一)与物业管理有关的物业项目开发建设的政府批件;

(二)招标公告或者招标邀请书;

(三)招标文件;

(四)法律、法规规定的其他材料。

房地产行政主管部门发现招标有违反法律、法规规定的,应当及时责令招标人改正。

第十二条　公开招标的招标人可以根据招标文件的规定,对投标申请人进行资格预审。

实行投标资格预审的物业管理项目,招标人应当在招标公告或者投标邀请书中载明资格预审的条件和获取资格预审文件的办法。

资格预审文件一般应当包括资格预审申请书格式、申请人须知,以及需要投标申请人提供的企业资格文件、业绩、技术装备、财务状况和拟派出的项目负责人与主要管理人员的简历、业绩等证明材料。

第十三条　经资格预审后,公开招标的招标人应当向资格预审合格的投标申请人发出资格预审合格通知书,告知获取招标文件的时间、地点和方法,并同时向资格不合格的投标申请人告知资格预审结果。

在资格预审合格的投标申请人过多时,可以由招标人从中选择不少于 5 家资格预审合格的投标申请人。

第十四条　招标人应当确定投标人编制投标文件所需要的合理时间。公开招标的物业管理项目,自招标文件发出之日起至投标人提交投标文件截止之日止,最短不得少于 20 日。

第十五条　招标人对已发出的招标文件进行必要的澄清或者修改的,应当在招标文件要求提交投标文件截止时间至少 15 日前,以书面形式通知所有的招标文件收受人。该澄清或者修改的内容为招标文件的组成部分。

第十六条　招标人根据物业管理项目的具体情况,可以组织潜在的投标申请人踏勘物业项目现场,并提供隐蔽工程图纸等详细资料。对投标申请人提出的疑问应当予以澄清并以书面形式发送给所有的招标文件收受人。

第十七条　招标人不得向他人透露已获取招标文件的潜在投标人的名称、数量以及可能影响公平竞争的有关招标投标的其他情况。

招标人设有标底的,标底必须保密。

第十八条　在确定中标人前,招标人不得与投标人就投标价格、投标方案等实质内容进行谈判。

第十九条　通过招标投标方式选择物业管理企业的,招标人应当按照以下规定时限完成物业管理招标投标工作:

(一)新建现售商品房项目应当在现售前 30 日完成;

(二)预售商品房项目应当在取得《商品房预售许可证》之前完成;

(三)非出售的新建物业项目应当在交付使用前 90 日完成。

第三章　投　　标

第二十条　本办法所称投标人是指响应前期物业管理招标、参与投标竞争的物业管理企业。

投标人应当具有相应的物业管理企业资质和招标文件要求的其他条件。

第二十一条　投标人对招标文件有疑问需要澄清的,应当以书面形式向招标人提出。

第二十二条　投标人应当按照招标文件的内容和要求编制投标文件,投标文件应当对招标文件提出的实质性要求和条件作出响应。

投标文件应当包括以下内容:

(一)投标函;

(二)投标报价;

(三)物业管理方案;

(四)招标文件要求提供的其他材料。

第二十三条　投标人应当在招标文件要求提交投标文件的截止时间前,将投标文件密封送达投标地点。招标人收到投标文件后,应当向投标人出具标明签收人和签收时间的凭证,并妥善保存投标文件。在开标前,任何单位和个人均不得开启投标文件。在招标文件要求提交投标文件的截止时间后送达的投标文件,为无效的投标文件,招标人应当拒收。

第二十四条　投标人在招标文件要求提交投标文件的截止时间前,可以补充、修改或者撤回已提交的投标文件,并书面通知招标人。补充、修改的内容为投标文件的组成部分,并应当按照本办法第二十三条的规定送达、签收和保管。在招标文件要求提交投标文件的截止时间后送达的补充或者修改的内容无效。

第二十五条　投标人不得以他人名义投标或者以其他方式弄虚作假,骗取中标。

投标人不得相互串通投标,不得排挤其他投标人的公平竞争,不得损害招标人或者其他投标人的合法权益。

投标人不得与招标人串通投标,损害国家利益、社会公共利益或者他人的合法权益。

禁止投标人以向招标人或者评标委员会成员行贿等不正当手段谋取中标。

第四章　开标、评标和中标

第二十六条　开标应当在招标文件确定的提交投标文件截止时间的同一时间公开进行;开标地点应当为招标文件中预先确定的地点。

第二十七条　开标由招标人主持,邀请所有投标人参加。开标应当按照下列规定进行:

由投标人或者其推选的代表检查投标文件的密封情况,也可以由招标人委托的公证机构进行检查并公证。经确认无误后,由工作人员当众拆封,宣读投标人名称、投标价格和投标文件的其他主要内容。

招标人在招标文件要求提交投标文件的截止时间前收到的所有投标文件，开标时都应当当众予以拆封。

开标过程应当记录，并由招标人存档备查。

第二十八条 评标由招标人依法组建的评标委员会负责。

评标委员会由招标人代表和物业管理方面的专家组成，成员为5人以上单数，其中招标人代表以外的物业管理方面的专家不得少于成员总数的2/3。

评标委员会的专家成员，应当由招标人从房地产行政主管部门建立的专家名册中采取随机抽取的方式确定。

与投标人有利害关系的人不得进入相关项目的评标委员会。

第二十九条 房地产行政主管部门应当建立评标的专家名册。省、自治区、直辖市人民政府房地产行政主管部门可以将专家数量少的城市的专家名册予以合并或者实行专家名册计算机联网。

房地产行政主管部门应当对进入专家名册的专家进行有关法律和业务培训，对其评标能力、廉洁公正等进行综合考评，及时取消不称职或者违法违规人员的评标专家资格。被取消评标专家资格的人员，不得再参加任何评标活动。

第三十条 评标委员会成员应当认真、公正、诚实、廉洁地履行职责。

评标委员会成员不得与任何投标人或者与招标结果有利害关系的人进行私下接触，不得收受投标人、中介人、其他利害关系人的财物或者其他好处。

评标委员会成员和与评标活动有关的工作人员不得透露对投标文件的评审和比较、中标候选人的推荐情况以及与评标有关的其他情况。

前款所称与评标活动有关的工作人员，是指评标委员会成员以外的因参与评标监督工作或者事务性工作而知悉有关评标情况的所有人员。

第三十一条 评标委员会可以用书面形式要求投标人对投标文件中含义不明确的内容作必要的澄清或者说明。投标人应当采用书面形式进行澄清或者说明，其澄清或者说明不得超出投标文件的范围或者改变投标文件的实质性内容。

第三十二条 在评标过程中召开现场答辩会的，应当事先在招标文件中说明，并注明所占的评分比重。

评标委员会应当按照招标文件的评标要求，根据标书评分、现场答辩等情况进行综合评标。

除了现场答辩部分外，评标应当在保密的情况下进行。

第三十三条　评标委员会应当按照招标文件确定的评标标准和方法，对投标文件进行评审和比较，并对评标结果签字确认。

第三十四条　评标委员会经评审，认为所有投标文件都不符合招标文件要求的，可以否决所有投标。

依法必须进行招标的物业管理项目的所有投标被否决的，招标人应当重新招标。

第三十五条　评标委员会完成评标后，应当向招标人提出书面评标报告，阐明评标委员会对各投标文件的评审和比较意见，并按照招标文件规定的评标标准和评标方法，推荐不超过3名有排序的合格的中标候选人。

招标人应当按照中标候选人的排序确定中标人。当确定中标的中标候选人放弃中标或者因不可抗力提出不能履行合同的，招标人可以依序确定其他中标候选人为中标人。

第三十六条　招标人应当在投标有效期截止时限30日前确定中标人。投标有效期应当在招标文件中载明。

第三十七条　招标人应当向中标人发出中标通知书，同时将中标结果通知所有未中标的投标人，并应当返还其投标书。

招标人应当自确定中标人之日起15日内，向物业项目所在地的县级以上地方人民政府房地产行政主管部门备案。备案资料应当包括开标评标过程、确定中标人的方式及理由、评标委员会的评标报告、中标人的投标文件等资料。委托代理招标的，还应当附招标代理委托合同。

第三十八条　招标人和中标人应当自中标通知书发出之日起30日内，按照招标文件和中标人的投标文件订立书面合同；招标人和中标人不得再行订立背离合同实质性内容的其他协议。

第三十九条　招标人无正当理由不与中标人签订合同，给中标人造成损失的，招标人应当给予赔偿。

第五章　附　　则

第四十条　投标人和其他利害关系人认为招标投标活动不符合本办法有关规定的，有权向招标人提出异议，或者依法向有关部门投诉。

第四十一条　招标文件或者投标文件使用两种以上语言文字的，必须有一种是中文；如对不同文本的解释发生异议的，以中文文本为准。用文字表示的数额与数字表示的金额不一致的,以文字表示的金额为准。

第四十二条　本办法第三条规定住宅规模较小的,经物业所在地的区、县人民政府房地产行政主管部门批准,可以采用协议方式选聘物业管理企业的,其规模标准由省、自治区、直辖市人民政府房地产行政主管部门确定。

第四十三条　业主和业主大会通过招投标的方式选聘具有相应资质的物业管理企业的,参照本办法执行。

第四十四条　本办法自2003年9月1日起施行。

|应用指引|

前期物业管理招标,是指在业主、业主大会选聘物业管理企业之前,建设单位通过招投标的方式选聘具有相应资质的物业管理企业,合同约定对物业管理区域内房屋及配套的设施设备和相关场地进行维修、养护、管理,维护区域内的环境卫生和秩序的活动。前期物业管理招标书是建设单位在招投标活动中公布的相关文书的总和。

制作此类文书时,要写明以下几点:(1)投标须知,包括工程概况、招标范围、资格审查条件、工程资金来源或者落实情况、标段划分、工期要求、质量标准、现场踏勘和答疑安排、投标文件编制、提交、修改、撤回的要求、投标报价要求、投标有效期、开标的时间和地点、评标的方法和标准等;(2)招标工程的技术要求和设计文件,采用工程量清单招标的,应当提供工程量清单;(3)投标函的格式及附录;(4)拟签订合同的主要条款;(5)要求投标人提交的其他材料。

投标人根据招标文件编制投标文件,参与招标。投标人中标后,招标文件是招标人与中标人双方所签合同的重要组成部分。招标文件一般是由招标人在一定时间内进行公开发售。

043 前期物业管理投标书

文书范本 | 投标综合说明书;企业法人地位及法定代表人证明;物业管理公司简介;物业管理专案小组配备;对合同意向的承诺;企业资信证书;物业服务内容;投标价格表

适用范围 | 物业管理公司投标时所使用的文书

条文检索 | 物业管理条例;前期物业管理招标投标管理暂行办法

应用指引 | 前期物业管理投标书的主要内容;制作该文书应当注意的问题

前期物业管理投标书

投标文件一

投标综合说明书

业主:________

1. 根据已收到的招标编号为物招审字(______)第(______)号的________物业的招标文件,遵照《________市物业管理招标投标管理办法》的规定,经考察现场和研究上述招标文件、招标文件补充通知、招标答疑纪要的所有内容后,我方愿以我方所递交的标函摘要表中的总投标报价,承担上述物业的全部管理工作。

2. 一旦我方中标,我方保证按我方所递交的标函摘要表中承诺的期限和招标文件中对承包期限的要求如期按质提供服务。

3. 一旦我方中标,我方保证所提供的物业管理质量达到我方所递交的标函摘要表中承诺的质量等级。

4. 一旦我方中标,我方保证按投标文件中的物业管理班子及管理组织设计组织管理工作。如确需变更,必须征得业主的同意。

5. 我方同意所递交的投标文件在投标有效期内有效,在此期间内我方的投标有可能中标,我方将受此约束。

6. 我方同意招标文件中各条款,并按投标标价总额3%交纳保证金________万元(大写)。若我方违约,则扣除所交纳的全部保证金。

7.除非另外达成协议并生效,招标文件、招标文件补充通知、招标答疑纪要、中标通知书和本投标文件将构成约束我们双方的合同。

投标单位:＿＿＿＿＿＿(印鉴)

法定代表人或委托代理人:＿＿＿＿(盖章、签字)

日期:＿＿＿＿年＿＿月＿＿日

投标文件二

企业法人地位及法定代表人证明

一、法定代表人证明

法定代表人资格证明书

单位名称:＿＿＿＿＿＿物业管理公司

地址:＿＿＿＿省＿＿＿＿市＿＿＿＿街＿＿＿＿号

姓名:＿＿＿＿性别:＿＿＿＿年龄:＿＿＿＿民族:＿＿＿＿

职务:＿＿＿＿技术职称:＿＿＿＿身份证号码:＿＿＿＿

＿＿＿＿系＿＿＿＿物业管理公司的法定代表人。负责为＿＿＿＿物业提供物业管理服务,签署上述物业的投标文件,进行合同谈判,签署合同和处理与之有关的一切事务。

特此证明。

投标单位:＿＿＿＿＿＿(盖章)

上级主管部门:＿＿＿＿(盖章)

日期:＿＿＿＿年＿＿月＿＿日

二、营业执照(略)

三、资质证书(略)

四、法人代码证书(略)

投标文件三

＿＿＿＿物业管理公司简介

＿＿＿＿年＿＿月组建成立的＿＿＿＿物业管理公司是经＿＿＿＿市建委核准的物业管理＿＿＿＿级企业。

截止到＿＿＿＿年年底,本公司已接管楼房＿＿＿＿栋,总建筑面积＿＿＿＿万余平方米。其中由本公司委托管理的________小区荣获了"全国优秀物业管理示范小区"称号，________小区、________小区和________小区也先后被评为"________市优秀物业管理居住区"。

为向业主（物业使用人）提供全方位高质量服务，公司不仅装备了商务中心、超市、美容院、健身房等服务场所，还开设了建筑管理、房屋维修、代叫出租车、代办水、电、煤气、电话费、代装潢、代购物品等服务项目。

同时，公司还聘请了________物业管理公司主管为外方顾问，借鉴国外先进物业管理经验，不断健全管理制度，提高人员素质和服务水平，为所接管物业的广大业主提供真诚周到的专业服务。

几年来，公司先后有________花园小区荣获"全国城市优秀示范居住小区"称号，并顺利通过了英国 BSI 认证机构和________市 SQCC 质量认证中心对________花园物业管理服务质量保证体系的认证，率先成为荣获 ISO9002 质量认证证书的物业公司；________市________小区荣获了"全国优秀物业管理居住区"称号；________小区也分别获得了"________市优秀物业管理居住区"称号。

本公司有完整的服务质量管理体系和完善的监控措施，近年来所接管的物业未曾出现过质量事故，________年被________市质量监督协会授予"服务质量信得过单位"，并且在________物业的管理工作中，由于服务质量突出，被________市精神文明建设领导小组评为"________市共建文明居住区先进单位"。

投标文件四

物业管理专案小组配备

一、本物业由我公司抽调有丰富管理经验和较强指挥能力的人员组成物业管理班子。总负责人（项目经理）和各级负责人（部门人员）配置见表1。

表1　项目经理及部门人员配置表

管理部门人数：

领导层	职能部门	职责

二、物业管理专案小组主要成员简介：

1. 董事总经理：________________

2. 董事：______________________

3. ……

投标文件五

对合同意向的承诺

一、承包方式：________________

二、服务价款的计算方式

1. 各项服务的工作量依照物业设计图纸及行业常规计算；

2. 普通服务单价依照国家服务行业统一收费标准计算；

3. 特定服务单价参照国家类似服务统一收费标准，并适当浮动予以确定；

4. 设备的购置租赁价及材料价格按本市有关规定执行；

5. 管理期间，凡遇有关政策性调整，按政策性调整规定执行。

三、在计算服务费用总成本的基础上，乘以我方投标承诺的优惠百分比作为实际收取费用。

四、服务款项收取方式

物业竣工接管时，由物业管理公司从开发商处收取物业总造价 1% 的管理基金。

物业管理中日常服务收费由全体业主和物业使用人派出代表（固定或者轮流）收取并交至物业管理处。收取时间为每月 1 次，每月 15 日以前交至物业管理处。

五、材料设备供应方式

管理所用材料、设备除临时所需的个别种类外，应由甲方供应到现场，乙方提供材料堆放场所；临时所需材料设备由业主和物业使用人认质定价，乙方负责采购，并按委托管理合同有关规定执行。

六、服务质量必须能使业主和物业使用人的合理要求得到满足。

在合同中制定出对物业管理公司高质量满足业主和物业使用人要求服务的奖励与不能提供符合业主要求服务的处罚。

七、为保证服务质量所需的技术升级费和协调费，应由物业管理公司通过精心组织管理和加强成本核算自行消化，不得向业主和物业使用人另行收费。

八、文明管理，确保安全，实现无重大事故。

投标文件六

企业资信证书

1. 企业信誉:________________

2. 企业资质(略)

3. 企业荣誉证书(略)

4. 企业安全生产证明资料(式样见下图)

证　明
________物业管理公司________年度施工安全状况良好,无质量事故。
特此证明
主管单位(盖章)
________年____月____日

5. 企业物业管理服务质量证明资料(式样同上)

6. 近几年所接管主要物业的服务质量、期限、安全情况及物业管理班子配备明细表(表2)。

表2

物业名称	________市________街________公寓
规模	建设面积: 幢数:　　　　户数:
期限	5年
服务质量评定	优良
安全情况	无重大事故
物业管理专案小组主要成员	项目经理:(姓名) 总工程师:(姓名) 总会计师:(姓名)

投标文件七

物业服务内容

一、物业管理顾问服务(略)

二、物业管理运作服务(略)

服务形式及费用

一、服务形式(略)

二、服务费用(略)

结论

深信贵业主从上述建议书内容中已深刻了解到本公司对参加本物业的兴趣,并希望能有机会与贵业主合作从事极富挑战性及创意性的综合物业管理规划案。

若委任本公司作为贵物业小区的物业管理经理人,本公司深具信心能胜任此职,原因有以下几点:

1. 本公司物业管理部员工对物业管理有丰富的实务经验,公司现代化的专业物业管理技术与运作策划都能满足贵业主的需求。

2. 本公司能依据贵业主的要求,为本项物业管理设计出一套周全完善的管理方案。

3. 本公司深信在建筑期内引进物业管理概念及专业顾问意见,对整项计划的功能效益及资金有效使用都有正面作用。本公司亦会于此阶段与建筑师及其他顾问共同合作以实现这一目标。

4. 依据以往经验及专业知识,如果一项发展计划能于开发建设期间融入物业管理策略及意见,则可避免以后发生重大管理问题或实质运作困难,对整项计划的经济效益也得益显著。

5. 由本公司提供的专业管理服务能保证业主投资物业的利益,因为通过上述服务,物业价值不仅不会因时间日久而降低,反而会因管理得当而提升,更可衬托出未来新物业的价值。

致礼!

__________物业管理公司

________年____月____日

投标文件八

投标价格表(略)

条文检索

参见“042 前期物业管理招标书”条文检索部分。

应用指引

前期物业管理投标书是指投标单位按照招标书的条件和要求,向招标单位提交的报价并填具标单的文书。它要求密封后邮寄或派专人送到招标单位,故又称标函。它是投标单位在充分领会招标文件,进行现场实地考察和调查的基础上所编制的投标文书,是对招标公告提出的要求的响应和承诺,并同时提出具体的标价及有关事项来竞争中标。

投标书是整个招投标过程中最重要的一环。制作投标书时应当注意以下几点:应校对标书封面,投标书目录与内容一致,对招标文件及合同条款要确认和承诺,写明施工组织和施工进度安排,提供企业有关资质及社会信誉等证明文件。

044 前期物业服务合同

文书范本 | 前期物业服务合同
适用范围 | 签订前期物业服务合同所使用的文书
条文检索 | 物业管理条例
应用指引 | 前期物业服务合同的主要内容;制作该文书应当注意的问题

前期物业服务合同
(示范文本)

甲方:____;
法定代表人:____________________________________;
住所地:______________________________________;
邮编:____。

乙方:____;
法定代表人:____________________________________;
住所地:______________________________________;
邮编:____;
资质等级:____________________________________;
证书编号:____________________________________。

根据《物业管理条例》和相关法律、法规、政策,甲乙双方在自愿、平等、协商一致的基础上,就甲方选聘乙方对____________(物业名称)提供前期物业管理服务事宜,订立本合同。

第一章 物业基本情况

第一条 物业基本情况:

物业名称________________________________；
物业类型________________________________；
坐落位置________________________________；
建筑面积________________________________。

物业管理区域四至：

东至__________________________________；
南至__________________________________；
西至__________________________________；
北至__________________________________。

（规划平面图见附件一，物业构成明细见附件二）。

第二章　服务内容与质量

第二条　在物业管理区域内，乙方提供的前期物业管理服务包括以下内容：

1. 物业共用部位的维修、养护和管理（物业共用部位明细见附件三）；
2. 物业共用设施设备的运行、维修、养护和管理（物业共用设施设备明细见附件四）；
3. 物业共用部位和相关场地的清洁卫生，垃圾的收集、清运及雨、污水管道的疏通；
4. 公共绿化的养护和管理；
5. 车辆停放管理；
6. 公共秩序维护、安全防范等事项的协助管理；
7. 装饰装修管理服务；
8. 物业档案资料管理。

第三条　在物业管理区域内，乙方提供的其他服务包括以下事项：

1. ____；
2. ____；
3. ____。

第四条　乙方提供的前期物业管理服务应达到约定的质量标准（前期物业管理服务质量标准见附件五）。

第五条　单个业主可委托乙方对其物业的专有部分提供维修养护等服务，服务内容和费用由双方另行商定。

第三章　服 务 费 用

第六条　本物业管理区域物业服务收费选择以下第____种方式：

1. 包干制

物业服务费用由业主按其拥有物业的建筑面积交纳，具体标准如下：

多层住宅：________元/月·平方米；

高层住宅：________元/月·平方米；

别墅：________元/月·平方米；

办公楼：________ 元/月·平方米；

商业物业：________元/月·平方米；

________物业：________元/月·平方米。

物业服务费用主要用于以下开支：

(1)管理服务人员的工资、社会保险和按规定提取的福利费等；

(2)物业共用部位、共用设施设备的日常运行、维护费用；

(3)物业管理区域清洁卫生费用；

(4)物业管理区域绿化养护费用；

(5)物业管理区域秩序维护费用；

(6)办公费用；

(7)物业管理企业固定资产折旧；

(8)物业共用部位、共用设施设备及公众责任保险费用；

(9)法定税费；

(10)物业管理企业的利润；

(11)____。

乙方按照上述标准收取物业服务费用，并按本合同约定的服务内容和质量标准提供服务，盈余或亏损由乙方享有或承担。

2. 酬金制

物业服务资金由业主按其拥有物业的建筑面积预先交纳，具体标准如下：

多层住宅：________ 元/月·平方米；

高层住宅：________ 元/月·平方米；

别墅：________元/月·平方米；

办公楼:________ 元/月·平方米;

商业物业:________ 元/月·平方米;

________物业:________ 元/月·平方米。

预收的物业服务资金由物业服务支出和乙方的酬金构成。

物业服务支出为所交纳的业主所有,由乙方代管,主要用于以下开支:

(1)管理服务人员的工资、社会保险和按规定提取的福利费等;

(2)物业共用部位、共用设施设备的日常运行、维护费用;

(3)物业管理区域清洁卫生费用;

(4)物业管理区域绿化养护费用;

(5)物业管理区域秩序维护费用;

(6)办公费用;

(7)物业管理企业固定资产折旧;

(8)物业共用部位、共用设施设备及公众责任保险费用;

(9)____。

乙方采取以下第____种方式提取酬金:

(1)乙方按________(每月/每季/每年)________元的标准从预收的物业服务资金中提取。

(2)乙方________(每月/每季/每年)按应收的物业服务资金____%的比例提取。

物业服务支出应全部用于本合同约定的支出。物业服务支出年度结算后结余部分,转入下一年度继续使用;物业服务支出年度结算后不足部分,由全体业主承担。

第七条　业主应于________之日起交纳物业服务费用(物业服务资金)。

纳入物业管理范围的已竣工但尚未出售,或者因甲方原因未能按时交给物业买受人的物业,其物业服务费用(物业服务资金)由甲方全额交纳。

业主与物业使用人约定由物业使用人交纳物业服务费用(物业服务资金)的,从其约定,业主负连带交纳责任。业主与物业使用人之间的交费约定,业主应及时书面告知乙方。

物业服务费用(物业服务资金)按________(年/季/月)交纳,业主或物业使用人应在________(每次缴费的具体时间)履行交纳义务。

第八条　物业服务费用实行酬金制方式计费的,乙方应向全体业主公布物业管理年度计划和物业服务资金年度预决算,并每年________次向全体业主公布物业服务资金的收支情况。

对物业服务资金收支情况有争议的，甲乙双方同意采取以下第____种方式解决：

1. ______________________________；

2. ______________________________。

第四章 物业的经营与管理

第九条 停车场收费分别采取以下方式：

1. 停车场属于全体业主共有的，车位使用人应按露天车位________元/个·月、车库车位________元/个·月的标准向乙方交纳停车费。

乙方从停车费中按露天车位________元/个·月、车库车位________元/个·月的标准提取停车管理服务费。

2. 停车场属于甲方所有、委托乙方管理的，业主和物业使用人有优先使用权，车位使用人应按露天车位________元/个·月、车库车位________元/个·月的标准向乙方交纳停车费。

乙方从停车费中按露天车位________元/个·月、车库车位________元/个·月的标准提取停车管理服务费。

3. 停车场车位所有权或使用权由业主购置的，车位使用人应按露天车位________元/个·月、车库车位________元/个·月的标准向乙方交纳停车管理服务费。

第十条 乙方应与停车场车位使用人签订书面的停车管理服务协议，明确双方在车位使用及停车管理服务等方面的权利义务。

第十一条 本物业管理区域内的会所属________（全体业主/甲方）所有。

会所委托乙方经营管理的，乙方按下列标准向使用会所的业主或物业使用人收取费用：

1. ______________________________；

2. ______________________________。

第十二条 本物业管理区域内属于全体业主所有的停车场、会所及其他物业共用部位、公用设备设施统一委托乙方经营，经营收入按下列约定分配：

1. ______________________________；

2. ______________________________。

第五章　物业的承接验收

第十三条　乙方承接物业时,甲方应配合乙方对以下物业共用部位、共用设施设备进行查验:

1. ____;

2. ____;

3. ____。

第十四条　甲乙双方确认查验过的物业共用部位、共用设施设备存在以下问题:

1. ____;

2. ____;

3. ____。

甲方应承担解决以上问题的责任,解决办法如下:

1. ____;

2. ____;

3. ____。

第十五条　对于本合同签订后承接的物业共用部位、共用设施设备,甲乙双方应按照前条规定进行查验并签订确认书,作为界定各自在开发建设和物业管理方面承担责任的依据。

第十六条　乙方承接物业时,甲方应向乙方移交下列资料:

1. 竣工总平面图,单体建筑、结构、设备竣工图,配套设施、地下管网工程竣工图等竣工验收资料;

2. 设施设备的安装、使用和维护保养等技术资料;

3. 物业质量保修文件和物业使用说明文件;

4. ____。

第十七条　甲方保证交付使用的物业符合国家规定的验收标准,按照国家规定的保修期限和保修范围承担物业的保修责任。

第六章　物业的使用与维护

第十八条　业主大会成立前,乙方应配合甲方制定本物业管理区域内物业共用部位和共用设施设备的使用、公共秩序和环境卫生的维护等方面的规章制度。

乙方根据规章制度提供管理服务时，甲方、业主和物业使用人应给予必要配合。

第十九条　乙方可采取规劝、________、________等必要措施，制止业主、物业使用人违反本临时公约和物业管理区域内物业管理规章制度的行为。

第二十条　乙方应及时向全体业主通告本物业管理区域内有关物业管理的重大事项，及时处理业主和物业使用人的投诉，接受甲方、业主和物业使用人的监督。

第二十一条　因维修物业或者公共利益，甲方确需临时占用、挖掘本物业管理区域内道路、场地的，应征得相关业主和乙方的同意；乙方确需临时占用、挖掘本物业管理区域内道路、场地的，应征得相关业主和甲方的同意。

临时占用、挖掘本物业管理区域内道路、场地的，应在约定期限内恢复原状。

第二十二条　乙方与装饰装修房屋的业主或物业使用人应签订书面的装饰装修管理服务协议，就允许施工的时间、废弃物的清运与处置、装修管理服务费用等事项进行约定，并事先告知业主或物业使用人装饰装修中的禁止行为和注意事项。

第二十三条　甲方应于________（具体时间）按有关规定向乙方提供能够直接投入使用的物业管理用房。

物业管理用房建筑面积________平方米，其中：办公用房________平方米，位于________；住宿用房________平方米，位于________；________用房________平方米，位于________。

第二十四条　物业管理用房属全体业主所有，乙方在本合同期限内无偿使用，但不得改变其用途。

第七章　专项维修资金

第二十五条　专项维修资金的缴存________________________________。

第二十六条　专项维修资金的管理________________________________。

第二十七条　专项维修资金的使用________________________________。

第二十八条　专项维修资金的续筹________________________________。

第八章　违约责任

第二十九条　甲方违反本合同第十三条、第十四条、第十五条的约定，致使乙方的管理服务无法达到本合同第二条、第三条、第四条约定的服务内容和质量标准的，由甲方赔偿由此给业主和物业使用人造成的损失。

第三十条　除前条规定情况外,乙方的管理服务达不到本合同第二条、第三条、第四条约定的服务内容和质量标准,应按________的标准向甲方、业主支付违约金。

第三十一条　甲方、业主或物业使用人违反本合同第六条、第七条的约定,未能按时足额交纳物业服务费用(物业服务资金)的,应按________的标准向乙方支付违约金。

第三十二条　乙方违反本合同第六条、第七条的约定,擅自提高物业服务费用标准的,业主和物业使用人就超额部分有权拒绝交纳;乙方已经收取的,业主和物业使用人有权要求乙方双倍返还。

第三十三条　甲方违反本合同第十七条的约定,拒绝或拖延履行保修义务的,业主、物业使用人可以自行或委托乙方修复,修复费用及造成的其他损失由甲方承担。

第三十四条　以下情况乙方不承担责任:

1. 因不可抗力导致物业管理服务中断的;

2. 乙方已履行本合同约定义务,但因物业本身固有瑕疵造成损失的;

3. 因维修养护物业共用部位、共用设施设备需要且事先已告知业主和物业使用人,暂时停水、停电、停止共用设施设备使用等造成损失的;

4. 因非乙方责任出现供水、供电、供气、供热、通讯、有线电视及其他共用设施设备运行障碍造成损失的;

5. ____。

第九章　其他事项

第三十五条　本合同期限自________年____月____日起至________年____月____日止;但在本合同期限内,业主委员会代表全体业主与物业管理企业签订的物业服务合同生效时,本合同自动终止。

第三十六条　本合同期满前____月,业主大会尚未成立的,甲、乙双方应就延长本合同期限达成协议;双方未能达成协议的,甲方应在本合同期满前选聘新的物业管理企业。

第三十七条　本合同终止时,乙方应将物业管理用房、物业管理相关资料等属于全体业主所有的财物及时完整地移交给业主委员会;业主委员会尚未成立的,移交给甲方或____________代管。

第三十八条　甲方与物业买受人签订的物业买卖合同,应当包含本合同约定的内容;物业买受人签订物业买卖合同,即为对接受本合同内容的承诺。

第三十九条　业主可与物业使用人就本合同的权利义务进行约定,但物业使用人违反本合同约定的，业主应承担连带责任。

第四十条　本合同的附件为本合同不可分割的组成部分，与本合同具有同等法律效力。

第四十一条　本合同未尽事宜，双方可另行以书面形式签订补充协议，补充协议与本合同存在冲突的，以本合同为准。

第四十二条　本合同在履行中发生争议，由双方协商解决，协商不成，双方可选择以下第____种方式处理：

1. 向________仲裁委员会申请仲裁；

2. 向人民法院提起诉讼。

第四十三条　本合同一式____份，甲、乙双方各执____份。

甲方：________（签章）　　　　乙方：________（签章）

法定代表人：________　　　　法定代表人：________

________年____月____日

附件一：

物业构成明细

类型	幢数	套（单元）数	建筑面积（平方米）
高层住宅			
多层住宅			
别墅			
商业用房			
工业用房			
办公楼			
车　库			
会　所			
学　校			
幼儿园			
________用房			
合　计			
备　注			

附件二：

物业共用部位明细

1. 房屋承重结构；
2. 房屋主体结构；
3. 公共门厅；
4. 公共走廊；
5. 公共楼梯间；
6. 内天井；
7. 户外墙面；
8. 屋面；
9. 传达室；
10. ____；
11. ____。

附件三：

物业共用设施设备明细

1. 绿地________ 平方米；
2. 道路________ 平方米；
3. 化粪池________个；
4. 污水井________个；
5. 雨水井________个；
6. 垃圾中转站________个；
7. 水泵________ 个；
8. 水箱________个；
9. 电梯________部；
10. 信报箱________ 个；
11. 消防设施________；
12. 公共照明设施________；
13. 监控设施________ ；
14. 避雷设施________；

15. 共用天线________;
16. 机动车库 ________ 个 ________ 平方米;
17. 露天停车场________个________平方米;
18. 非机动车库________个________平方米;
19. 共用设施设备用房________平方米;
20. 物业管理用房 ________ 平方米;
21. ____;
22. ____。

附件四:

前期物业管理服务质量标准

一、物业共用部位的维修、养护和管理
1. ____;
2. ____;
3. ____。

二、物业共用设施设备的运行、维修、养护和管理
1. ____;
2. ____;
3. ____。

三、物业共用部位和相关场地的清洁卫生,垃圾的收集、清运及雨、污水管道的疏通
1. ____;
2. ____;
3. ____。

四、公共绿化的养护和管理
1. ____;
2. ____;
3. ____。

五、车辆停放管理
1. ____;
2. ____;

3. ____。

六、公共秩序维护、安全防范等事项的协助管理

1. ____；

2. ____；

3. ____。

七、装饰装修管理服务

1. ____；

2. ____；

3. ____。

八、物业档案资料管理

1. ____；

2. ____；

3. ____。

九、其他服务

1. ____；

2. ____；

3. ____。

《前期物业服务合同(示范文本)》使用说明

1. 本示范文本仅供建设单位与物业管理企业签订《前期物业服务合同》时参考使用。

2. 经协商确定，建设单位和物业管理企业可对本示范文本的条款内容进行选择、修改、增补或删减。

3. 本示范文本第六条、第七条、第八条、第九条第二款和第三款、第二十条、第二十一条、第二十二条、第二十四条所称“业主”，是指拥有房屋所有权的建设单位和房屋买受人；其他条款所称“业主”，是指拥有房屋所有权的房屋买受人。

条文检索

物业管理条例 · 第 21 ~ 31、57 ~ 66 条

(2003 年 6 月 8 日国务院令第 379 号公布　根据 2007 年 8 月 26 日《国务院关于修改〈物业管理条例〉的决定》修订)

第二十一条　在业主、业主大会选聘物业服务企业之前,建设单位选聘物业服务企业的,应当签订书面的前期物业服务合同。

第二十二条　建设单位应当在销售物业之前,制定临时管理规约,对有关物业的使用、维护、管理,业主的共同利益,业主应当履行的义务,违反临时管理规约应当承担的责任等事项依法作出约定。

建设单位制定的临时管理规约,不得侵害物业买受人的合法权益。

第二十三条　建设单位应当在物业销售前将临时管理规约向物业买受人明示,并予以说明。

物业买受人在与建设单位签订物业买卖合同时,应当对遵守临时管理规约予以书面承诺。

第二十四条　国家提倡建设单位按照房地产开发与物业管理相分离的原则,通过招投标的方式选聘具有相应资质的物业服务企业。

住宅物业的建设单位,应当通过招投标的方式选聘具有相应资质的物业服务企业;投标人少于 3 个或者住宅规模较小的,经物业所在地的区、县人民政府房地产行政主管部门批准,可以采用协议方式选聘具有相应资质的物业服务企业。

第二十五条　建设单位与物业买受人签订的买卖合同应当包含前期物业服务合同约定的内容。

第二十六条　前期物业服务合同可以约定期限;但是,期限未满、业主委员会与物业服务企业签订的物业服务合同生效的,前期物业服务合同终止。

第二十七条　业主依法享有的物业共用部位、共用设施设备的所有权或者使用权,建设单位不得擅自处分。

第二十八条　物业服务企业承接物业时,应当对物业共用部位、共用设施设备进行查验。

第二十九条　在办理物业承接验收手续时,建设单位应当向物业服务企业移交下列

资料:

(一)竣工总平面图,单体建筑、结构、设备竣工图,配套设施、地下管网工程竣工图等竣工验收资料;

(二)设施设备的安装、使用和维护保养等技术资料;

(三)物业质量保修文件和物业使用说明文件;

(四)物业管理所必需的其他资料。

物业服务企业应当在前期物业服务合同终止时将上述资料移交给业主委员会。

第三十条 建设单位应当按照规定在物业管理区域内配置必要的物业管理用房。

第三十一条 建设单位应当按照国家规定的保修期限和保修范围,承担物业的保修责任。

……

第五十七条 违反本条例的规定,住宅物业的建设单位未通过招投标的方式选聘物业服务企业或者未经批准,擅自采用协议方式选聘物业服务企业的,由县级以上地方人民政府房地产行政主管部门责令限期改正,给予警告,可以并处10万元以下的罚款。

第五十八条 违反本条例的规定,建设单位擅自处分属于业主的物业共用部位、共用设施设备的所有权或者使用权的,由县级以上地方人民政府房地产行政主管部门处5万元以上20万元以下的罚款;给业主造成损失的,依法承担赔偿责任。

第五十九条 违反本条例的规定,不移交有关资料的,由县级以上地方人民政府房地产行政主管部门责令限期改正;逾期仍不移交有关资料的,对建设单位、物业服务企业予以通报,处1万元以上10万元以下的罚款。

第六十条 违反本条例的规定,未取得资质证书从事物业管理的,由县级以上地方人民政府房地产行政主管部门没收违法所得,并处5万元以上20万元以下的罚款;给业主造成损失的,依法承担赔偿责任。

以欺骗手段取得资质证书的,依照本条第一款规定处罚,并由颁发资质证书的部门吊销资质证书。

第六十一条 违反本条例的规定,物业服务企业聘用未取得物业管理职业资格证书的人员从事物业管理活动的,由县级以上地方人民政府房地产行政主管部门责令停止违法行为,处5万元以上20万元以下的罚款;给业主造成损失的,依法承担赔偿责任。

第六十二条 违反本条例的规定,物业服务企业将一个物业管理区域内的全部物业管理一并委托给他人的,由县级以上地方人民政府房地产行政主管部门责令限期改正,处委托合同价款30%以上50%以下的罚款；情节严重的，由颁发资质证书的部门吊销资质证书。委托所得收益，用于物业管理区域内物业共用部位、共用设施设备的维修、养护，剩余部分按照业主大会的决定使用；给业主造成损失的，依法承担赔偿责任。

第六十三条　违反本条例的规定，挪用专项维修资金的，由县级以上地方人民政府房地产行政主管部门追回挪用的专项维修资金，给予警告，没收违法所得，可以并处挪用数额2倍以下的罚款；物业服务企业挪用专项维修资金，情节严重的，并由颁发资质证书的部门吊销资质证书；构成犯罪的，依法追究直接负责的主管人员和其他直接责任人员的刑事责任。

第六十四条　违反本条例的规定，建设单位在物业管理区域内不按照规定配置必要的物业管理用房的，由县级以上地方人民政府房地产行政主管部门责令限期改正，给予警告，没收违法所得，并处10万元以上50万元以下的罚款。

第六十五条　违反本条例的规定，未经业主大会同意，物业服务企业擅自改变物业管理用房的用途的，由县级以上地方人民政府房地产行政主管部门责令限期改正，给予警告，并处1万元以上10万元以下的罚款；有收益的，所得收益用于物业管理区域内物业共用部位、共用设施设备的维修、养护，剩余部分按照业主大会的决定使用。

第六十六条　违反本条例的规定，有下列行为之一的，由县级以上地方人民政府房地产行政主管部门责令限期改正，给予警告，并按照本条第二款的规定处以罚款；所得收益，用于物业管理区域内物业共用部位、共用设施设备的维修、养护，剩余部分按照业主大会的决定使用：

（一）擅自改变物业管理区域内按照规划建设的公共建筑和共用设施用途的；

（二）擅自占用、挖掘物业管理区域内道路、场地，损害业主共同利益的；

（三）擅自利用物业共用部位、共用设施设备进行经营的。

个人有前款规定行为之一的，处1000元以上1万元以下的罚款；单位有前款规定行为之一的，处5万元以上20万元以下的罚款。

| 应用指引 |

物业管理通常是指一切有关房地产开发、租赁、销售及售租后的服务，包括房屋及其设备、公共设施的保养、维修，住宅小区的治安、环卫、交通、分送信报、绿化，以及社区康乐类有益活动与生活服务等事项。前期物业服务合同是指在业主委员会设立前由建设单位与物业管理企业签订的服务合同。建设单位与业主签订购房合同，必须包含前期物业服务合同,业主通过签订购房合同了解前期物业管理情况。一旦业主委员会成立,建设单位应将与小区管理物业管理的相关事务交由业主委员会管理,由业主委员会与物业管理公司签订物业服务合同。

(一)物业管理概述

1. 物业管理类型主要有两种,即委托代管型和自管型

委托代管型是指业主将物业的管理委托给物业管理机构进行管理,业主支付相应的管理费用。这是目前比较普遍的一种管理模式。物业管理机构通常是经过注册登记的物业管理公司,接受业主的委托,对业主所委托的物业进行管理。目前,这类物业公司主要有两种:一是专业性物业管理公司;二是由房管所转制而来的物业管理公司。随着住房制度改革的不断深化,房管所的体制改革也势在必行,由房管所转制而来的物业管理公司将越来越多。

自管型是指由主业直接管理物业。这种模式主要见于自建房屋,即自建自管。一般来说,这种类型的物业管理公司与经营开发公司之间,在竣工验收接管过程中矛盾较少,相关资料齐全,物业管理部门对房产的性能特点也较熟悉,管理经费的来源也较稳定、可靠。一般的办公楼宇、新建小区、厂房、码头等都可采用这种管理形式。

2. 物业管理企业资质

物业管理企业是指从事物业管理工作的企业的资格和能力。实行物业管理企业资质的目的在于提高物业管理的质量,为业主提供良好的物业管理服务,促进物业管理事业的健康发展。

建设部负责全国物业管理企业的资质管理工作;省、自治区建委(建设厅)、直辖市房地局负责本行政区域内物业管理企业的资质管理工作。物业管理企业应当按照规定申请企业资质等级评定。未经主管部门进行资质评定并取得资质证书的,不得从事物业管理业务。

物业管理企业划分为一级、二级、三级三个资质等级和临时资质。

物业管理企业一级资质标准为:(1)注册资本500万元以上;(2)具有中级以上职称的管理人员、工程技术人员不少于30人,企业经理取得建设部颁发的物业管理企业经理岗位证书,80%以上的部门经理、管理员取得从业人员岗位证书;(3)管理两种类型以上的物业;(4)管理各类物业的建筑面积分别占下列相应计算基数的百分比之和不低于100%。计算基数是:第一,多层住宅200万平方米;第二,高层住宅100万平方米;第三,独立式住

宅(别墅)15 万平方米;第四,办公楼宇、工业区及其他物业 50 万平方米;(5)20% 以上的管理项目获得建设部授予的“全国城市物业管理优秀住宅小区(大厦、工业区)”称号,20% 以上的管理项目获得省级城市物业管理优秀住宅小区(大厦、工业区)称号;(6)具有健全的企业管理制度和符合国家规定的财务管理制度;(7)建立了维修基金管理与使用制度。

一级企业由省、自治区建委(建设厅)、直辖市房地局初审,初审合格后报建设部审批;一级企业可参加全国范围内物业管理项目的投标、议标。

物业管理企业二级企业资质标准为:(1)注册资本 300 万元以上;(2)具有中级以上职称的管理人员、工程技术人员不少于 20 人,企业经理取得建设部颁发的物业管理企业经理岗位证书,60% 以上的部门经理、管理员取得从业人员岗位证书;(3)管理两种类型以上的物业;(4)管理各类物业的建筑面积分别占计算基数的百分比之和不低于 100%。计算基数是:第一,多层住宅 80 万平方米;第二,高层住宅 40 万平方米;第三,独立式住宅(别墅)6 万平方米;第四,办公楼宇、工业区及其他物业 20 万平方米;(5)10% 以上的管理项目获得建设部授予的“全国城市物业管理优秀住宅小区(大厦、工业区)”称号,10% 以上的管理项目获得省级城市物业管理优秀住宅小区(大厦、工业区)称号;(6)具有健全的企业管理制度和符合国家规定的财务管理制度;(7)建立了维修基金管理与使用制度。二级物业管理企业由省、自治区建委(建设厅)、直辖市房地局审批;二级物业管理企业只限参加全国范围内 30 万平方米以下物业管理项目的投标、议标。

物业管理企业三级资质标准为:(1)注册资本 50 万元以上;(2)具有中级以上职称的管理人员、工程技术人员不少于 8 人,经理取得建设部颁发的物业管理企业经理岗位证书,50% 以上的部门经理、管理员取得从业人员岗位证书;(3)有委托的物业管理项目;(4)具有比较健全的企业管理制度和符合国家规定的财务管理制度;(5)建立了维修基金管理与使用制度。

三级物业管理企业由省、自治区建委(建设厅)、直辖市房地局审批;三级物业管理企业经省、自治区建委(建设厅)同意,可由地级以上城市的物业管理主管部门审批,报省、自治区建委(建设厅)备案。三级物业管理企业只限参加本省(自治区、直辖市)区域内 15 万平方米以下物业管理项目的投标、议标。

物业管理企业临时资质标准为:新设立的物业管理企业应按有关规定到当地县级以上人民政府物业管理行政主管部门申请领取临时资质证书。物业管理企业在领取临时资质证书后,方可从事物业管理业务。临时资质证书有效期为一年。有效期满后,物业管理企业向物业管理行政主管部门申请三级资质的评定。未获通过的,物业管理行政主管部门应当取消其从事物业管理业务的资格。

3. 物业管理企业资质的评定

申请评定资质等级的物业管理企业应提交下列材料:

第一,物业管理企业资质等级申报表;

第二,营业执照复印件;

第三,建设部颁发的物业管理企业经理岗位证书、从业人员岗位证书复印件和管理人员、工程技术人员专业技术职务资格证书复印件;

第四,物业管理委托合同复印件;

第五,物业管理业绩材料;

第六,企业上一年度财务审计表。经资质审查合格的企业,由资质审批部门发给相应等级的资质证书。

4. 资质管理

物业管理企业资质等级实行动态管理,每两年核定一次。对于不符合原定资质等级标准的企业,由资质等级评定初审部门提出降级或吊销资质证书的意见,报审批部门批准后执行。申请升级的物业管理企业将所需材料报初审部门,初审部门将审核意见报审批部门。资质等级升级应依次逐级上升,不得越级升级。

5. 物业管理人员从业资格

物业管理从业资格是指从事物业管理工作的资格和能力。物业管理人员应当参加岗位培训,取得合格证书后办理上岗资格证书,限持证者任职期间使用。证书由建设部人事教育司统一印制,加盖建设部人事教育司证书专用章和住宅与房地产业司公章。证书在全国范围内通用。

物业管理企业经理证书由具有物业管理企业经理培训资格的培训机构直接向建设部人事教育司、住宅与房地产业司申领。物业管理企业部门经理、管理员证书由各省、自治区、直辖市建委(建设厅),各计划单列市建委(房管局)统一到建设部人事教育司领取,各培训机构向各地建委(建设厅)教育主管部门和房地产主管部门申领。申领证书时需提交以下材料教学计划;培训总结;培训登记;学员岗位职务聘任证书复印件。

证书实行动态管理、复检验证制度。复检验证工作按照属地原则由各地房地产管理部门会同建设教育主管部门具体管理,每三年进行一次。证书复检时必须查验持证者工作完成情况和接受继续教育情况,具体方法由各地根据情况自行制定、实施。

6. 物业管理公司

物业管理公司是指依法设立的、专门从事物业管理业务的企业法人。物业管理公司与住宅区业主的关系是委托与被委托的关系，物业管理公司接受业主的委托，从事对住宅区的物业管理工作，依据合同的约定行使管理权利，收取约定的管理费用，同时要接受业主的监督。

物业管理公司的权利主要有：

第一，有权根据有关法律、法规，结合实际情况制定物业管理办法，如卫生公约、保安公约等。

第二，依照物业管理合同和管理办法对住宅小区实施管理，这既是行使权力也是履行义务。

第三，依照物业管理合同和有关规定收取费用。

第四，有权制止违反规章制度的行为。

第五，有权要求管理委员会协助。管理委员会作为房屋所有人和使用人的代表，有责任协助物业管理公司做好工作，对于小区管理中出现的重大事件，或者个别难以解决的问题，物业管理公司可以将情况向管理委员会通报，有权要求管理委员会按照管理规章出面协调和解决，管理委员会应当予以支持和协助。

第六，有权选聘专营公司承担专项管理业务。

物业管理公司的管理义务主要包括：

第一，履行物业管理合同，依法经营；

第二，接受管理委员会和小区居民的监督；

第三，重大管理措施应当提交管理委员会审议，并经管理委员会认可；

第四，接受房地产行政主管部门、有关行政主管部门及住宅小区所在地人民政府的监督指导。

（二）前期物业管理服务合同的主要内容和制作要求

前期物业服务合同，是指在业主、业主大会选聘物业服务企业之前，建设单位作为一方当事人与其选聘的物业服务企业就前期物业管理阶段的服务费用、服务内容和质量要求、双方的权利义务等内容签订的书面合同。前期物业服务合同仅存在于项目建成初期，业主人数较少尚未成立业主大会及业主委员会的阶段；其期限也是受到一定限制的，截至业主委员会与物业服务企业的物业服务合同生效之时。

本合同是由建设单位与物业管理企业签订的,其主要内容包括:

(1)当事人名称;

(2)物业名称与具体位置;

(3)物业费用的确定;

(4)物业管理期限;

(5)服务内容等。

制作本合同应当注意的问题是:对物业的具体情况要在合同中表述清楚,对公共设施的管理与使用收费等要予以明确,物业管理公司对收入和支出的管理要符合国家的财务规定等。

045 物业服务合同

文书范本 | 物业服务合同
适用范围 | 业主与物业服务公司签订合同时所使用的文书
条文检索 | 物业管理条例;物业服务收费管理办法
应用指引 | 物业服务合同的主要内容;制作该文书应当注意的问题

物业服务合同

第一章 总 则

第一条 本合同当事人

委托方(以下简称甲方)

名称:________________业主大会

受委托方(以下简称乙方):

名称:________________

物业管理资质等级证书编号:____________

根据有关法律、法规,在自愿、平等、协商一致的基础上,甲方选聘(或续聘)乙方为____________(物业名称)提供物业管理服务,订立本合同。

第二条 物业管理区域基本情况

物业名称:________________________________

物业用途:________________________________

坐落:________________________________

四至:________________________________

占地面积:________________________________

总建筑面积:______________________________

委托管理的物业范围及构成细目见附件一。

第二章　物业服务内容

第三条　制定物业管理服务工作计划,并组织实施;管理与物业相关的工程图纸、住用户档案与竣工验收材料等;________。

第四条　房屋建筑共用部位的日常维修、养护和管理,共用部位包括:楼盖、屋顶、外墙面、承重墙体、楼梯间、走廊通道、____。

第五条　共用设施设备的日常维修、养护和管理,共用设施设备包括:共用的上下水管道、共用照明、________。

第六条　共用设施和附属建筑物、构筑物的日常维修养护和管理,包括道路、化粪池、泵房、自行车棚、________。

第七条　公共区域的绿化养护与管理,________。

第八条　公共环境卫生,包括房屋共用部位的清洁卫生,公共场所的清洁卫生、垃圾的收集、________。

第九条　维护公共秩序,包括门岗服务、物业区域内巡查、________。

第十条　维持物业区域内车辆行驶秩序,对车辆停放进行管理,________。

第十一条　消防管理服务,包括公共区域消防设施设备的维护管理,________。

第十二条　电梯、水泵的运行和日常维护管理,________。

第十三条　房屋装饰装修管理服务,________。

第十四条　其他委托事项

(1)____;

(2)____;

(3)____。

第三章　物业服务质量

第十五条　乙方提供的物业服务质量按以下第____项执行:

1. 执行________市国土资源和房屋管理局发布的《________市住宅物业管理服务标准》(注明文号)规定的标准一,即普通商品住宅物业管理服务标准;________________。

2. 执行________市国土资源和房屋管理局发布的《________市住宅物业管理服务标准》(注明文号)规定的标准二,即经济适用房、直管和自管公房、危旧房改造回迁房管理服务标准;____。

3. 执行双方约定的物业服务质量要求，具体为：________________。

第四章 物业服务费用

第十六条 （适用于政府指导价）物业服务费用执行政府指导价。

1. 物业服务费由乙方按____元/平方米。月向业主（或交费义务人）按年（季、月）收取。（按房屋建筑面积计算，房屋建筑面积包括套内建筑面积和公共部位与公用房屋分摊建筑面积。）

其中，电梯、水泵运行维护费用价格为：________；按房屋建筑面积比例分摊。

2. 如政府发布的指导价有调整，上述价格随之调整。

3. 共用部位、共用设施设备及公众责任保险费用，按照乙方与保险公司签定的保险单和所交纳的年保险费按照房屋建筑面积比例分摊。乙方收费时，应将保险单和保险费发票公示。

第十七条 （适用于市场调节价）物业服务费用实行市场调节价。

1. 物业服务费由乙方按____元/平方米。月向业主（或交费义务人）按年（季、月）收取。（按房屋建筑面积计算，房屋建筑面积包括套内建筑面积加公共部位与公用房屋分摊建筑面积。）

其中，电梯、水泵运行维护费用价格为：________；按房屋建筑面积比例分摊。

2. 物业服务支出包括以下部分：

（1）管理服务人员的工资、社会保险和按规定提取的福利费等；

（2）物业共用部位、共用设施设备的日常运行、维护费用；

（3）物业管理区域清洁卫生费用；

（4）物业管理区域绿化维护费用；

（5）物业管理区域秩序维护费用；

（6）办公费用；

（7）物业管理企业固定资产折旧；

（8）物业共用部位、共用设施设备及公众责任保险费用；

（9）其他费用：________________________________。

3.（适用于包干制）物业服务费如需调整，由双方协商确定。

4.（适用于酬金制）从预收的物业服务费中提取____%作为乙方的酬金。

5.（适用于酬金制）物业服务费如有节余，则转入下一年度物业服务费总额中；如物业服务费不足使用,乙方应提前告知甲方,并告知物业服务费不足的数额、原因和建议的补足方案,甲方应在合理的期限内对乙方提交的方案进行审查和作出决定。

6.(适用于酬金制)双方约定聘请/不聘请专业机构对物业服务资金年度预决算和物业服务资金的收支情况进行审计;聘请专业机构的费用由全体业主承担,专业机构由双方协商选定/(甲方选定、乙方选定)。

第十八条　共用部位共用设施设备的大、中修和更新改造费用从专项维修资金支出。

第十九条　停车费用由乙方按下列标准向车位使用人收取:

1. 露天车位:________________________________。

2. 车库车位(租用):______________;其中,物业管理服务费为:____________。

车库车位(已出售):______________________________。

3. ____。

4. ____。

第二十条　乙方对业主房屋自用部位、自用设备维修养护及其他特约服务的费用另行收取,乙方制定的对业主房屋自用部位、自用设备维修养护及其他特约服务的收费价格应在物业管理区域内公示。

第五章　双方权利义务

第二十一条　甲方权利义务

1. 审定乙方制订的物业管理服务工作计划;

2. 检查监督乙方管理工作的实施情况;

3. 按照法规政策的规定决定共用部位共用设施设备专项维修资金的使用管理;

4.(适用于酬金制)审查乙方提出的财务预算和决算;

5. 甲方应在合同生效之日起____日内向乙方移交或组织移交以下资料:

(1)竣工总平面图、单体建筑、结构、设备竣工图、配套设施、地下管网工程竣工图等竣工验收资料;

(2)设施设备的安装、使用和维护保养等技术资料;

(3)物业质量保修文件和物业使用说明文件;

(4)各专业部门验收资料;

(5)房屋和配套设施的产权归属资料;

(6)物业管理所必需的其他资料。

6. 合同生效之日起____日内向乙方提供____平方米建筑面积物业管理用房，管理用房位置：____________。

管理用房按以下方式使用：

（1）乙方无偿使用；

（2）____。

7. 当业主和使用人不按规定交纳物业服务费时，督促其交纳。

8. 协调、处理本合同生效前发生的遗留问题：

（1）____；

（2）____。

9. 协助乙方做好物业管理区域内的物业管理工作。

10. 其他：____。

第二十二条　甲方的业主委员会作为执行机构，具有以下权利义务：

1. 在业主大会闭会期间，根据业主大会的授权代表业主大会行使基于本合同拥有的权利，履行本合同约定的义务；（按照法规政策的规定必须由业主大会决议的除外）

2. 监督和协助乙方履行物业服务合同；

3. 组织物业的交接验收；

4. 督促全体业主遵守《业主公约》、《业主大会议事规则》和物业管理规章制度；

5. 督促违反物业服务合同约定逾期不交纳物业服务费用的业主，限期交纳物业服务费用；

6. 如实向业主大会报告物业管理的实施情况；

7. 其他：____。

第二十三条　乙方权利义务

1. 根据甲方的授权和有关法律、法规及本合同的约定，在本物业区域内提供物业管理服务；

2. 有权要求甲方、业主委员会、业主及物业使用人配合乙方的管理服务行为；

3. 向业主和物业使用人收取物业服务费；

4. 对业主和物业使用人违反《业主公约》和物业管理制度的行为，有权根据情节轻重，采取劝阻、制止、________等措施；

5. 选聘专营公司承担本物业的专项管理业务，但不得将物业的整体管理委托给第三方；

6. 每年度向甲方报告物业管理服务实施情况；

7.（适用于酬金制）向甲方或全体业主公布物业服务资金年度预决算并每年不少于一次公布物业服务资金的收支情况；当甲方或业主对公布的物业服务资金年度预决算和物

业服务资金的收支情况提出质询时,应及时答复;

8. 本合同终止时,应移交物业管理权,撤出本物业,协助甲方做好物业服务的交接和善后工作,移交或配合甲方移交管理用房和物业管理的全部档案资料、专项维修资金及账目、________________;

9. 其他:________________。

第六章 合同期限

第二十四条 委托管理期限为________年;自________年____月____日起至________年____月____日止。

第七章 合同解除和终止的约定

第二十五条 本合同期满,甲方决定不委托乙方的,应提前三个月书面通知乙方;乙方决定不再接受委托的,应提前三个月书面通知甲方。

第二十六条 本合同期满,甲方没有将续聘或解聘乙方的意见通知乙方,且没有选聘新的物业管理企业,乙方继续管理的,视为此合同自动延续。

第二十七条 本合同终止后,在新的物业管理企业接管本物业项目之前,乙方应当应甲方的要求暂时(一般不超过三个月)继续为甲方提供物业管理服务,甲方业主(或交费义务人)也应继续交纳相应的物业服务费用。

第二十八条 其他条款:________________。

第八章 违约责任

第二十九条 因甲方违约导致乙方不能提供约定服务的,乙方有权要求甲方在一定期限内解决,逾期未解决且严重违约的,乙方有权解除合同。造成乙方经济损失的,甲方应给予乙方经济赔偿。

第三十条 乙方未能按照约定提供服务,甲方有权要求乙方限期整改,逾期未整改且严重违约的,甲方经业主大会持三分之二以上投票权的业主通过后有权解除合同。造成甲方经济损失的,乙方应给予甲方经济赔偿。

第三十一条 乙方违反本合同约定,擅自提高收费标准的,甲方有权要求乙方清退;造成甲方经济损失的,乙方应给予甲方经济赔偿。

第三十二条 业主逾期交纳物业服务费的,乙方可以从逾期之日起每日按应缴费用万分之____加收违约金。

第三十三条　任何一方无正当理由提前解除合同的，应向对方支付违约金____________；由于解除合同造成的经济损失超过违约金的，还应给予赔偿。

第三十四条　乙方在合同终止后，不移交物业管理权，不撤出本物业和移交管理用房及有关档案资料等，每逾期一日应向甲方支付委托期限内平均物业管理年度费用____‰的违约金，由此造成的经济损失超过违约金的，还应给予赔偿。

第三十五条　为维护公众、业主、物业使用人的切身利益，在不可预见情况下，如发生煤气泄漏、漏电、火灾、水管破裂、救助人命、协助公安机关执行任务等情况，乙方因采取紧急避险措施造成财产损失的，当事双方按有关法律规定处理。

第三十六条　其他条款____。

第九章　附　　则

第三十七条　双方约定自本合同生效之日起____日内，根据甲方委托管理事项，办理接管验收手续。

第三十八条　本合同正本连同附件____页，一式两份，甲乙双方各执一份，具有同等法律效力。

第三十九条　本合同在履行中如发生争议，双方应协商解决，协商不成时，甲、乙双方同意按下列第____种方式解决。

1. 提交________仲裁委员会仲裁；

2. 依法向人民法院起诉。

但业主拖欠物业服务费用的，乙方可以直接按照有关规定向有管辖权的基层人民法院申请支付令。

第四十条　本合同自____________起生效。

甲方签章：________

代 表 人：________

________年____月____日

乙方签章：________

代 表 人：________

________年____月____日

附件：委托管理的物业范围及构成细目（略）

| 条文检索 |

物业管理条例·第32~56、62~66条

(2003年6月8日国务院令第379号公布 根据2007年8月26日《国务院关于修改〈物业管理条例〉的决定》修订)

第三十二条 从事物业管理活动的企业应当具有独立的法人资格。

国家对从事物业管理活动的企业实行资质管理制度。具体办法由国务院建设行政主管部门制定。

第三十三条 从事物业管理的人员应当按照国家有关规定,取得职业资格证书。

第三十四条 一个物业管理区域由一个物业服务企业实施物业管理。

第三十五条 业主委员会应当与业主大会选聘的物业服务企业订立书面的物业服务合同。

物业服务合同应当对物业管理事项、服务质量、服务费用、双方的权利义务、专项维修资金的管理与使用、物业管理用房、合同期限、违约责任等内容进行约定。

第三十六条 物业服务企业应当按照物业服务合同的约定,提供相应的服务。

物业服务企业未能履行物业服务合同的约定,导致业主人身、财产安全受到损害的,应当依法承担相应的法律责任。

第三十七条 物业服务企业承接物业时,应当与业主委员会办理物业验收手续。

业主委员会应当向物业服务企业移交本条例第二十九条第一款规定的资料。

第三十八条 物业管理用房的所有权依法属于业主。未经业主大会同意,物业服务企业不得改变物业管理用房的用途。

第三十九条 物业服务合同终止时,物业服务企业应当将物业管理用房和本条例第二十九条第一款规定的资料交还给业主委员会。

物业服务合同终止时,业主大会选聘了新的物业服务企业的,物业服务企业之间应当做好交接工作。

第四十条 物业服务企业可以将物业管理区域内的专项服务业务委托给专业性服务企业,但不得将该区域内的全部物业管理一并委托给他人。

第四十一条 物业服务收费应当遵循合理、公开以及费用与服务水平相适应的原则,区别不同物业的性质和特点,由业主和物业服务企业按照国务院价格主管部门会同国务院建设行政主管部门制定的物业服务收费办法,在物业服务合同中约定。

第四十二条　业主应当根据物业服务合同的约定交纳物业服务费用。业主与物业使用人约定由物业使用人交纳物业服务费用的,从其约定,业主负连带交纳责任。

已竣工但尚未出售或者尚未交给物业买受人的物业,物业服务费用由建设单位交纳。

第四十三条　县级以上人民政府价格主管部门会同同级房地产行政主管部门,应当加强对物业服务收费的监督。

第四十四条　物业服务企业可以根据业主的委托提供物业服务合同约定以外的服务项目,服务报酬由双方约定。

第四十五条　物业管理区域内,供水、供电、供气、供热、通讯、有线电视等单位应当向最终用户收取有关费用。

物业服务企业接受委托代收前款费用的,不得向业主收取手续费等额外费用。

第四十六条　对物业管理区域内违反有关治安、环保、物业装饰装修和使用等方面法律、法规规定的行为,物业服务企业应当制止,并及时向有关行政管理部门报告。

有关行政管理部门在接到物业服务企业的报告后,应当依法对违法行为予以制止或者依法处理。

第四十七条　物业服务企业应当协助做好物业管理区域内的安全防范工作。发生安全事故时,物业服务企业在采取应急措施的同时,应当及时向有关行政管理部门报告,协助做好救助工作。

物业服务企业雇请保安人员的,应当遵守国家有关规定。保安人员在维护物业管理区域内的公共秩序时,应当履行职责,不得侵害公民的合法权益。

第四十八条　物业使用人在物业管理活动中的权利义务由业主和物业使用人约定,但不得违反法律、法规和管理规约的有关规定。

物业使用人违反本条例和管理规约的规定,有关业主应当承担连带责任。

第四十九条　县级以上地方人民政府房地产行政主管部门应当及时处理业主、业主委员会、物业使用人和物业服务企业在物业管理活动中的投诉。

第五章　物业的使用与维护

第五十条　物业管理区域内按照规划建设的公共建筑和共用设施,不得改变用途。

业主依法确需改变公共建筑和共用设施用途的,应当在依法办理有关手续后告知物业服务企业；物业服务企业确需改变公共建筑和共用设施用途的，应当提请业主大会讨论决定同意后，由业主依法办理有关手续。

第五十一条　业主、物业服务企业不得擅自占用、挖掘物业管理区域内的道路、场地，损害业主的共同利益。

因维修物业或者公共利益，业主确需临时占用、挖掘道路、场地的，应当征得业主委员会和物业服务企业的同意；物业服务企业确需临时占用、挖掘道路、场地的，应当征得业主委员会的同意。

业主、物业服务企业应当将临时占用、挖掘的道路、场地，在约定期限内恢复原状。

第五十二条　供水、供电、供气、供热、通信、有线电视等单位，应当依法承担物业管理区域内相关管线和设施设备维修、养护的责任。

前款规定的单位因维修、养护等需要，临时占用、挖掘道路、场地的，应当及时恢复原状。

第五十三条　业主需要装饰装修房屋的，应当事先告知物业服务企业。

物业服务企业应当将房屋装饰装修中的禁止行为和注意事项告知业主。

第五十四条　住宅物业、住宅小区内的非住宅物业或者与单幢住宅楼结构相连的非住宅物业的业主，应当按照国家有关规定交纳专项维修资金。

专项维修资金属于业主所有，专项用于物业保修期满后物业共用部位、共用设施设备的维修和更新、改造，不得挪作他用。

专项维修资金收取、使用、管理的办法由国务院建设行政主管部门会同国务院财政部门制定。

第五十五条　利用物业共用部位、共用设施设备进行经营的，应当在征得相关业主、业主大会、物业服务企业的同意后，按照规定办理有关手续。业主所得收益应当主要用于补充专项维修资金，也可以按照业主大会的决定使用。

第五十六条　物业存在安全隐患，危及公共利益及他人合法权益时，责任人应当及时维修养护，有关业主应当给予配合。

责任人不履行维修养护义务的，经业主大会同意，可以由物业服务企业维修养护，费用由责任人承担。

……

第六十二条　违反本条例的规定，物业服务企业将一个物业管理区域内的全部物业管理一并委托给他人的，由县级以上地方人民政府房地产行政主管部门责令限期改正，处委托合同价款30%以上50%以下的罚款；情节严重的，由颁发资质证书的部门吊销资质证书。委托所得收益,用于物业管理区域内物业共用部位、共用设施设备的维修、养护,剩余部分按照业主大会的决定使用;给业主造成损失的,依法承担赔偿责任。

第六十三条 违反本条例的规定,挪用专项维修资金的,由县级以上地方人民政府房地产行政主管部门追回挪用的专项维修资金,给予警告,没收违法所得,可以并处挪用数额2倍以下的罚款;物业服务企业挪用专项维修资金,情节严重的,并由颁发资质证书的部门吊销资质证书;构成犯罪的,依法追究直接负责的主管人员和其他直接责任人员的刑事责任。

第六十四条 违反本条例的规定,建设单位在物业管理区域内不按照规定配置必要的物业管理用房的,由县级以上地方人民政府房地产行政主管部门责令限期改正,给予警告,没收违法所得,并处10万元以上50万元以下的罚款。

第六十五条 违反本条例的规定,未经业主大会同意,物业服务企业擅自改变物业管理用房的用途的,由县级以上地方人民政府房地产行政主管部门责令限期改正,给予警告,并处1万元以上10万元以下的罚款;有收益的,所得收益用于物业管理区域内物业共用部位、共用设施设备的维修、养护,剩余部分按照业主大会的决定使用。

第六十六条 违反本条例的规定,有下列行为之一的,由县级以上地方人民政府房地产行政主管部门责令限期改正,给予警告,并按照本条第二款的规定处以罚款;所得收益,用于物业管理区域内物业共用部位、共用设施设备的维修、养护,剩余部分按照业主大会的决定使用:

(一)擅自改变物业管理区域内按照规划建设的公共建筑和共用设施用途的;

(二)擅自占用、挖掘物业管理区域内道路、场地,损害业主共同利益的;

(三)擅自利用物业共用部位、共用设施设备进行经营的。

个人有前款规定行为之一的,处1000元以上1万元以下的罚款;单位有前款规定行为之一的,处5万元以上20万元以下的罚款。

物业服务收费管理办法

(2003年11月13日国家发展改革委、建设部发布 发改价格〔2003〕1864号 自2004年1月1日起施行)

第一条 为规范物业服务收费行为,保障业主和物业管理企业的合法权益,根据《中华人民共和国价格法》和《物业管理条例》,制定本办法。

第二条 本办法所称物业服务收费,是指物业管理企业按照物业服务合同的约定,对房屋及配套的设施设备和相关场地进行维修、养护、管理,维护相关区域内的环境卫生和秩序,向业主所收取的费用。

第三条 国家提倡业主通过公开、公平、公正的市场竞争机制选择物业管理企业;鼓励物业管理企业开展正当的价格竞争,禁止价格欺诈,促进物业服务收费通过市场竞争形成。

第四条 国务院价格主管部门会同国务院建设行政主管部门负责全国物业服务收费的监督管理工作。

县级以上地方人民政府价格主管部门会同同级房地产行政主管部门负责本行政区域内物业服务收费的监督管理工作。

第五条 物业服务收费应当遵循合理、公开以及费用与服务水平相适应的原则。

第六条 物业服务收费应当区分不同物业的性质和特点分别实行政府指导价和市场调节价。具体定价形式由省、自治区、直辖市人民政府价格主管部门会同房地产行政主管部门确定。

第七条 物业服务收费实行政府指导价的,有定价权限的人民政府价格主管部门应当会同房地产行政主管部门根据物业管理服务等级标准等因素,制定相应的基准价及其浮动幅度,并定期公布。具体收费标准由业主与物业管理企业根据规定的基准价和浮动幅度在物业服务合同中约定。

实行市场调节价的物业服务收费,由业主与物业管理企业在物业服务合同中约定。

第八条 物业管理企业应当按照政府价格主管部门的规定实行明码标价,在物业管理区域内的显著位置,将服务内容、服务标准以及收费项目、收费标准等有关情况进行公示。

第九条 业主与物业管理企业可以采取包干制或者酬金制等形式约定物业服务费用。

包干制是指由业主向物业管理企业支付固定物业服务费用,盈余或者亏损均由物业管理企业享有或者承担的物业服务计费方式。

酬金制是指在预收的物业服务资金中按约定比例或者约定数额提取酬金支付给物业管理企业,其余全部用于物业服务合同约定的支出,结余或者不足均由业主享有或者承担的物业服务计费方式。

第十条 建设单位与物业买受人签订的买卖合同,应当约定物业管理服务内容、服务标准、收费标准、计费方式及计费起始时间等内容,涉及物业买受人共同利益的约定应当一致。

第十一条　实行物业服务费用包干制的,物业服务费用的构成包括物业服务成本、法定税费和物业管理企业的利润。

实行物业服务费用酬金制的,预收的物业服务资金包括物业服务支出和物业管理企业的酬金。

物业服务成本或者物业服务支出构成一般包括以下部分:

1. 管理服务人员的工资、社会保险和按规定提取的福利费等;
2. 物业共用部位、共用设施设备的日常运行、维护费用;
3. 物业管理区域清洁卫生费用;
4. 物业管理区域绿化养护费用;
5. 物业管理区域秩序维护费用;
6. 办公费用;
7. 物业管理企业固定资产折旧;
8. 物业共用部位、共用设施设备及公众责任保险费用;
9. 经业主同意的其他费用。

物业共用部位、共用设施设备的大修、中修和更新、改造费用,应当通过专项维修资金予以列支,不得计入物业服务支出或者物业服务成本。

第十二条　实行物业服务费用酬金制的,预收的物业服务支出属于代管性质,为所交纳的业主所有,物业管理企业不得将其用于物业服务合同约定以外的支出。

物业管理企业应当向业主大会或者全体业主公布物业服务资金年度预决算并每年不少于一次公布物业服务资金的收支情况。

业主或者业主大会对公布的物业服务资金年度预决算和物业服务资金的收支情况提出质询时,物业管理企业应当及时答复。

第十三条　物业服务收费采取酬金制方式,物业管理企业或者业主大会可以按照物业服务合同约定聘请专业机构对物业服务资金年度预决算和物业服务资金的收支情况进行审计。

第十四条　物业管理企业在物业服务中应当遵守国家的价格法律法规,严格履行物业服务合同,为业主提供质价相符的服务。

第十五条　业主应当按照物业服务合同的约定按时足额交纳物业服务费用或者物业

服务资金。业主违反物业服务合同约定逾期不交纳服务费用或者物业服务资金的,业主委员会应当督促其限期交纳;逾期仍不交纳的,物业管理企业可以依法追缴。

业主与物业使用人约定由物业使用人交纳物业服务费用或者物业服务资金的,从其约定,业主负连带交纳责任。

物业发生产权转移时,业主或者物业使用人应当结清物业服务费用或者物业服务资金。

第十六条　纳入物业管理范围的已竣工但尚未出售,或者因开发建设单位原因未按时交给物业买受人的物业,物业服务费用或者物业服务资金由开发建设单位全额交纳。

第十七条　物业管理区域内,供水、供电、供气、供热、通讯、有线电视等单位应当向最终用户收取有关费用。物业管理企业接受委托代收上述费用的,可向委托单位收取手续费,不得向业主收取手续费等额外费用。

第十八条　利用物业共用部位、共用设施设备进行经营的,应当在征得相关业主、业主大会、物业管理企业的同意后,按照规定办理有关手续。业主所得收益应当主要用于补充专项维修资金,也可以按照业主大会的决定使用。

第十九条　物业管理企业已接受委托实施物业服务并相应收取服务费用的,其他部门和单位不得重复收取性质和内容相同的费用。

第二十条　物业管理企业根据业主的委托提供物业服务合同约定以外的服务,服务收费由双方约定。

第二十一条　政府价格主管部门会同房地产行政主管部门,应当加强对物业管理企业的服务内容、标准和收费项目、标准的监督。物业管理企业违反价格法律、法规和规定,由政府价格主管部门依据《中华人民共和国价格法》和《价格违法行为行政处罚规定》予以处罚。

第二十二条　各省、自治区、直辖市人民政府价格主管部门、房地产行政主管部门可以依据本办法制定具体实施办法,并报国家发展和改革委员会、建设部备案。

第二十三条　本办法由国家发展和改革委员会会同建设部负责解释。

第二十四条　本办法自2004年1月1日起执行,原国家计委、建设部印发的《城市住宅小区物业管理服务收费暂行办法》(计价费〔1996〕266号)同时废止。

应用指引

物业服务合同是物业服务企业与业主达成的有关物业服务权利义务的协议。业主为委托人,物业服务企业为受托人。

(一)物业服务合同的主要内容

1. 委托管理事项

合同中要明确委托管理的物业的基本情况,包括坐落、面积、设备的基本情况;房屋建筑共用部位的维修、养护和管理;共用设施、设备的维修、养护、运行和管理;市政公用设施和附属建筑物、构筑物的维修、养护和管理,包括道路、室外上下水管道、化粪池、沟渠、池、井、自行车棚、停车场;公用绿地、花木、建筑小品等的养护与管理;附属配套建筑和设施的维修、养护和管理,包括商业网点、文化体育娱乐场所;公共环境卫生,包括公共场所、房屋共用部位的清洁卫生、垃圾的收集、清运;交通与车辆停放秩序的管理;维持公共秩序,包括安全监控、巡视、门岗执勤等。

2. 委托期限及物业管理服务费

委托期限双方可以约定,一般以一个年度,或者几个年度为期限。

收费项目、收费标准,应当予以公告。

3. 委托人的权利义务

委托人的权利义务包括:第一,代表和维护产权人、使用人的合法权益;第二,制定业主公约并监督业主和物业使用人遵守公约;第三,审定受托人拟定的物业管理制度;第四,检查监督乙方管理工作的实施及制度的执行情况;第五,审定受托人提出的物业管理服务年度计划、财务预算及决算等;第六,向受托人提供必要的管理设施;第七,支付规定的管理费用等。

4. 受托人的权利义务和责任

受托人的基本权利就是根据合同的约定行使物业管理权、收取管理费用。主要义务包括管理好物业;负责维修;达到合同约定的管理标准等。受托人如果违反合同约定的义务,应当承担相应的违约责任。

(二)制定该合同时应当注意的基本问题

制定物业服务合同的法律依据是2003年9月1日起施行的《物业管理条例》。该条例对物业管理合同的基本内容作了明确,业主与物业管理公司可以根据小区的具体情况,按照要求填写。

046 物业服务责任书

文书范本 | 物业服务责任书
适用范围 | 明确物业管理公司责任时所使用的文书
条文检索 | 物业管理条例
应用指引 | 物业服务责任书的主要内容；制作该文书应当注意的问题

物业服务责任书

委托人：________（以下简称甲方）

受托人：________（以下简称乙方）

兹因甲方为兴建________大厦发展商，据大厦公共契约规定为大厦管理经营者，有权处理大厦之管理事务。现协议委任乙方为甲方之物业管理公司，负责在大厦落成前提供物业管理顾问服务，并于大厦落成后赋予管理该大厦之权利、职务，双方议定条款如下：

第一条　物业名称。

现名________大厦，或日后该物业名称获准变更时的新名称。

第二条　物业地址。

____。

第三条　服务范围。

服务范围如附件内容（略）所载。

第四条　聘约期限。

1. 前期物业管理顾问服务由签约日开始生效，至大厦落成并交付使用日止。

2. 物业服务由交付使用日开始，为期____年；届时如双方同意，本契约可以续约，但应当提前3个月由甲、乙双方重新签署新契约规定之。

第五条　物业服务收费及物业设备的维护、管理、维修、更换等。

1. 乙方管理大厦收取之管理费用由乙方运作，其盈余部分为乙方应得之合理利润，甲方不参与分成。

2. 甲、乙双方在物业管理移交手续完成时，就乙方接管的物业及设备、设施的状况，根据________市各单项设备维护、维修收费标准，结合乙方管理水平、制定收费标准，并确定相应的预算管理制度。

3. 为保证大型设施、设备如电梯、保安警视系统，电讯系统，消防系统、污水管网、自来水热水管网等的设备使用或更新，乙方应设立大、中修理及更新基金，基金标准及设备的更新改造费用由乙方测算，提出报告，经甲方核准后，由乙方执行。

第六条　设施、设备、图纸的移交。

1. 甲方应将该物业所涉及的设施、设备和建筑物图纸完整地移交给乙方，甲、乙双方的图纸移交应由双方委派专业技术人员办理，移交图纸逐项验收，验收范围内的设施、设备、建筑物及其附着物为乙方管理范围。未经移交或移交不清、解释划定不明的设施、设备、建筑物及其附着物管理失当或造成损失乙方不负责任。

2. 图纸移交或验收应以书面方式进行，由技术人员逐项记录，双方签字、盖章确认。

3. 移交项目的文件记录应由双方分别归档保存以备查核。

第七条　物业管理公约。

1. 甲方授权乙方制定物业管理公约与物业管理有关的一切规章制度，并由乙方具体执行。甲方及大厦的租户或有独立完整产权的业主应严格遵守该等公约或规章制度的规定，在甲方、租户、业主遵守该等文件的情况，出现的管理失当由乙方负责。若因甲方租户、业主违反该等文件规定而造成的物业管理失当或造成损失，应由相应责任人负责。

2. 甲方授权乙方有足够的权力制定应急措施或临时规定，为有效管理该物业而制定的该等规定，甲方或甲方协助租户、业主要严格遵守之。

第八条　协商及举报投诉。

1. 为管理该物业而发生的重大事项，甲、乙双方应通过协商解决。

2. 乙方自愿接收甲方监督，因乙方管理不当，租户、业主及甲方有权投诉，乙方应立即采取措施予以纠正。

第九条　管理机构。

1. 乙方在接管该物业后，于____天内完成管理机构的设置及岗位负责制度，乙方管理组织机构的设置方案及岗位负责制度及相应联络方式应报告甲方，以便甲方使用、监督。

2. 甲方应向乙方提供必要的办公用房，________。

第十条　财务管理。

1. 乙方根据前述规定和《管理维修公约》而确定的收费项目、收费标准及收费,乙方应建立完善的财务管理制度。妥善使用各项费用。

2. 乙方的年度财务预、决算方案应报甲方备案,乙方根据物价上涨指数及管理标准和各项调价因素而需调整管理费收费标准时,应与甲方协商核准后实施。

3. 所有原始单据、凭证、账簿、报表记录由乙方妥善保管。

第十一条　物业服务年终奖励金。

因乙方的有效管理,甲方在每年年终给予适当奖励,奖励标准由甲、乙双方另行协商。

第十二条　税费。

政府对该物业征收各项税费为甲方应纳税费,由甲方负担。乙方作为正常营业企业的应纳税费由乙方自行负担。

第十三条　违约。

1. 甲方或甲方承租人违反本协议及该物业管理文件的规定属违约,若因甲方或甲方承租人违约而造成该物业管理失当或乙方的损失,甲方或相应责任人应予赔偿,赔偿以实际损失额为限。甲方或甲方承租人因违反管理公约等文件,构成的违约行为,责任方还应按该等文件规定向乙方交纳违约金。

2. 若因乙方管理不当、疏于管理而造成甲方的物业的损失,乙方应负责修复。若因代表____分之____以上物业所有权的业主联名投诉或联名提议要求撤换乙方,乙方自愿终止本合同,将物业完整地移交甲方。

第十四条　所有权转移。

甲方所有权转让不影响本合同执行,甲方的受让方应无条件继续执行本合同。

第十五条　终止。

1. 甲、乙双方认为终止本合同符合双方最大利益,可以终止本合同。

2. 因代表____分之____以上物业所有权的业主联名提议更换物业管理公司,本合同终止。

3. 甲、乙双方因其中一方违约,造成本合同无法执行,本合同终止。或因甲方违反本协议,或因甲方原因而导致乙方无法管理,甲方应同意与乙方终止本协议。

第十六条　争议。

因本合同而引致一切争议,应协商解决;协商解决不成的,可以提起诉讼。

第十七条　保险。

关于物业的各项保险由甲方自行投保。

第十八条　其他。

1. 一切本协议、本协议所列附件及正式合同的补充、修改,均以书面方式进行,该附件、补充、修改都是本协议不可分割的附件,具有同等法律效力。

2. 本协议一式四份,甲乙双方各两份,自双方签署之日起生效。

甲方:________　　　　乙方:________

法人代表:________　　　　法人代表:________

________年____月____日

条文检索

参见"044　前期物业服务合同"、"045　物业服务合同"条文检索部分。

应用指引

物业服务责任书相当于物业服务合同,但由于是在建设工程完工之前签订的,因此,与物业服务合同相比较,相对要简单一些。但该责任书的内容还是要求写得具体一些,权利义务明确一些,以便于执行。

制定该责任书应注意的问题是:明确物业服务的责任的同时,对物业管理公司的权利应写清楚,包括收取物业服务费、附属设施的使用及收益等。

第七章

争议处理

047 建设行政处罚决定书

文书范本 | 建设行政处罚决定书
适用范围 | 对建设违法行为进行处罚时所使用的文书
条文检索 | 中华人民共和国建筑法;中华人民共和国行政处罚法
应用指引 | 行政处罚决定书的概念及主要内容;制作该文书应当注意的问题

行政处罚决定书

(____)建罚字第 ____号

被处罚人:____

法定代表人:____

地址:____

处罚事实和理由:(写明处罚的原由)

____

____

____。

处罚的依据:(写明法律依据)

____

____

____。

处罚结果:

____

____

____。

如对本处罚决定不服,可以在收到本处罚决定之日起 60 日内向____________(受理行政复议的机关)提起申请行政复议或者在3个月内向人民法院提起行政诉讼。

(建设行政主管部门印章)
________年____月____日

条文检索

中华人民共和国建筑法·第64~79条

(1997年11月1日第八届全国人民代表大会常务委员会第二十八次会议通过　根据2011年4月22日第十一届全国人民代表大会常务委员会第二十次会议《关于修改〈中华人民共和国建筑法〉的决定》修正)

第六十四条　违反本法规定,未取得施工许可证或者开工报告未经批准擅自施工的,责令改正,对不符合开工条件的责令停止施工,可以处以罚款。

第六十五条　发包单位将工程发包给不具有相应资质条件的承包单位的,或者违反本法规定将建筑工程肢解发包的,责令改正,处以罚款。

超越本单位资质等级承揽工程的,责令停止违法行为,处以罚款,可以责令停业整顿,降低资质等级;情节严重的,吊销资质证书;有违法所得的,予以没收。

未取得资质证书承揽工程的,予以取缔,并处罚款;有违法所得的,予以没收。

以欺骗手段取得资质证书的,吊销资质证书,处以罚款;构成犯罪的,依法追究刑事责任。

第六十六条　建筑施工企业转让、出借资质证书或者以其他方式允许他人以本企业的名义承揽工程的,责令改正,没收违法所得,并处罚款,可以责令停业整顿,降低资质等级;情节严重的,吊销资质证书。对因该项承揽工程不符合规定的质量标准造成的损失,建筑施工企业与使用本企业名义的单位或者个人承担连带赔偿责任。

第六十七条　承包单位将承包的工程转包的,或者违反本法规定进行分包的,责令改正,没收违法所得,并处罚款,可以责令停业整顿,降低资质等级;情节严重的,吊销资质证书。

承包单位有前款规定的违法行为的,对因转包工程或者违法分包的工程不符合规定的质量标准造成的损失,与接受转包或者分包的单位承担连带赔偿责任。

第六十八条　在工程发包与承包中索贿、受贿、行贿,构成犯罪的,依法追究刑事责任;不构成犯罪的,分别处以罚款,没收贿赂的财物,对直接负责的主管人员和其他直接责任人员给予处分。

对在工程承包中行贿的承包单位，除依照前款规定处罚外，可以责令停业整顿，降低资质等级或者吊销资质证书。

第六十九条 工程监理单位与建设单位或者建筑施工企业串通，弄虚作假、降低工程质量的，责令改正，处以罚款，降低资质等级或者吊销资质证书；有违法所得的，予以没收；造成损失的，承担连带赔偿责任；构成犯罪的，依法追究刑事责任。

工程监理单位转让监理业务的，责令改正，没收违法所得，可以责令停业整顿，降低资质等级；情节严重的，吊销资质证书。

第七十条 违反本法规定，涉及建筑主体或者承重结构变动的装修工程擅自施工的，责令改正，处以罚款；造成损失的，承担赔偿责任；构成犯罪的，依法追究刑事责任。

第七十一条 建筑施工企业违反本法规定，对建筑安全事故隐患不采取措施予以消除的，责令改正，可以处以罚款；情节严重的，责令停业整顿，降低资质等级或者吊销资质证书；构成犯罪的，依法追究刑事责任。

建筑施工企业的管理人员违章指挥、强令职工冒险作业，因而发生重大伤亡事故或者造成其他严重后果的，依法追究刑事责任。

第七十二条 建设单位违反本法规定，要求建筑设计单位或者建筑施工企业违反建筑工程质量、安全标准，降低工程质量的，责令改正，可以处以罚款；构成犯罪的，依法追究刑事责任。

第七十三条 建筑设计单位不按照建筑工程质量、安全标准进行设计的，责令改正，处以罚款；造成工程质量事故的，责令停业整顿，降低资质等级或者吊销资质证书，没收违法所得，并处罚款；造成损失的，承担赔偿责任；构成犯罪的，依法追究刑事责任。

第七十四条 建筑施工企业在施工中偷工减料的，使用不合格的建筑材料、建筑构配件和设备的，或者有其他不按照工程设计图纸或者施工技术标准施工的行为的，责令改正，处以罚款；情节严重的，责令停业整顿，降低资质等级或者吊销资质证书；造成建筑工程质量不符合规定的质量标准的，负责返工、修理，并赔偿因此造成的损失；构成犯罪的，依法追究刑事责任。

第七十五条 建筑施工企业违反本法规定，不履行保修义务或者拖延履行保修义务的，责令改正，可以处以罚款，并对在保修期内因屋顶、墙面渗漏、开裂等质量缺陷造成的损失，承担赔偿责任。

第七十六条 本法规定的责令停业整顿、降低资质等级和吊销资质证书的行政处罚，由颁发资质证书的机关决定;其他行政处罚,由建设行政主管部门或者有关部门依照法律和国务院规定的职权范围决定。

依照本法规定被吊销资质证书的,由工商行政管理部门吊销其营业执照。

第七十七条 违反本法规定,对不具备相应资质等级条件的单位颁发该等级资质证书的,由其上级机关责令收回所发的资质证书,对直接负责的主管人员和其他直接责任人员给予行政处分;构成犯罪的,依法追究刑事责任。

第七十八条 政府及其所属部门的工作人员违反本法规定,限定发包单位将招标发包的工程发包给指定的承包单位的,由上级机关责令改正;构成犯罪的,依法追究刑事责任。

第七十九条 负责颁发建筑工程施工许可证的部门及其工作人员对不符合施工条件的建筑工程颁发施工许可证的,负责工程质量监督检查或者竣工验收的部门及其工作人员对不合格的建筑工程出具质量合格文件或者按合格工程验收的,由上级机关责令改正,对责任人员给予行政处分;构成犯罪的,依法追究刑事责任;造成损失的,由该部门承担相应的赔偿责任。

中华人民共和国行政处罚法

(1996 年 3 月 17 日第八届全国人民代表大会第四次会议通过 根据 2009 年 8 月 27 日第十一届全国人民代表大会常务委员会第十次会议《关于修改部分法律的决定》修正)

第一章 总 则

第一条 为了规范行政处罚的设定和实施,保障和监督行政机关有效实施行政管理,维护公共利益和社会秩序,保护公民、法人或者其他组织的合法权益,根据宪法,制定本法。

第二条 行政处罚的设定和实施,适用本法。

第三条 公民、法人或者其他组织违反行政管理秩序的行为,应当给予行政处罚的,依照本法由法律、法规或者规章规定,并由行政机关依照本法规定的程序实施。

没有法定依据或者不遵守法定程序的,行政处罚无效。

第四条 行政处罚遵循公正、公开的原则。

设定和实施行政处罚必须以事实为依据,与违法行为的事实、性质、情节以及社会危害程度相当。

对违法行为给予行政处罚的规定必须公布；未经公布的，不得作为行政处罚的依据。

第五条 实施行政处罚，纠正违法行为，应当坚持处罚与教育相结合，教育公民、法人或者其他组织自觉守法。

第六条 公民、法人或者其他组织对行政机关所给予的行政处罚，享有陈述权、申辩权；对行政处罚不服的，有权依法申请行政复议或者提起行政诉讼。

公民、法人或者其他组织因行政机关违法给予行政处罚受到损害的，有权依法提出赔偿要求。

第七条 公民、法人或者其他组织因违法受到行政处罚，其违法行为对他人造成损害的，应当依法承担民事责任。

违法行为构成犯罪，应当依法追究刑事责任，不得以行政处罚代替刑事处罚。

第二章 行政处罚的种类和设定

第八条 行政处罚的种类：

（一）警告；

（二）罚款；

（三）没收违法所得、没收非法财物；

（四）责令停产停业；

（五）暂扣或者吊销许可证、暂扣或者吊销执照；

（六）行政拘留；

（七）法律、行政法规规定的其他行政处罚。

第九条 法律可以设定各种行政处罚。

限制人身自由的行政处罚，只能由法律设定。

第十条 行政法规可以设定除限制人身自由以外的行政处罚。

法律对违法行为已经作出行政处罚规定，行政法规需要作出具体规定的，必须在法律规定的给予行政处罚的行为、种类和幅度的范围内规定。

第十一条 地方性法规可以设定除限制人身自由、吊销企业营业执照以外的行政处罚。

法律、行政法规对违法行为已经作出行政处罚规定，地方性法规需要作出具体规定的，必须在法律、行政法规规定的给予行政处罚的行为、种类和幅度的范围内规定。

第十二条 国务院部、委员会制定的规章可以在法律、行政法规规定的给予行政处罚的行为、种类和幅度的范围内作出具体规定。

尚未制定法律、行政法规的,前款规定的国务院部、委员会制定的规章对违反行政管理秩序的行为,可以设定警告或者一定数量罚款的行政处罚。罚款的限额由国务院规定。

国务院可以授权具有行政处罚权的直属机构依照本条第一款、第二款的规定,规定行政处罚。

第十三条　省、自治区、直辖市人民政府和省、自治区人民政府所在地的市人民政府以及经国务院批准的较大的市人民政府制定的规章可以在法律、法规规定的给予行政处罚的行为、种类和幅度的范围内作出具体规定。

尚未制定法律、法规的,前款规定的人民政府制定的规章对违反行政管理秩序的行为,可以设定警告或者一定数量罚款的行政处罚。罚款的限额由省、自治区、直辖市人民代表大会常务委员会规定。

第十四条　除本法第九条、第十条、第十一条、第十二条以及第十三条的规定外,其他规范性文件不得设定行政处罚。

第三章　行政处罚的实施机关

第十五条　行政处罚由具有行政处罚权的行政机关在法定职权范围内实施。

第十六条　国务院或者经国务院授权的省、自治区、直辖市人民政府可以决定一个行政机关行使有关行政机关的行政处罚权,但限制人身自由的行政处罚权只能由公安机关行使。

第十七条　法律、法规授权的具有管理公共事务职能的组织可以在法定授权范围内实施行政处罚。

第十八条　行政机关依照法律、法规或者规章的规定,可以在其法定权限内委托符合本法第十九条规定条件的组织实施行政处罚。行政机关不得委托其他组织或者个人实施行政处罚。

委托行政机关对受委托的组织实施行政处罚的行为应当负责监督,并对该行为的后果承担法律责任。

受委托组织在委托范围内,以委托行政机关名义实施行政处罚;不得再委托其他任何组织或者个人实施行政处罚。

第十九条　受委托组织必须符合以下条件:

(一)依法成立的管理公共事务的事业组织;

（二）具有熟悉有关法律、法规、规章和业务的工作人员；

（三）对违法行为需要进行技术检查或者技术鉴定的，应当有条件组织进行相应的技术检查或者技术鉴定。

第四章　行政处罚的管辖和适用

第二十条　行政处罚由违法行为发生地的县级以上地方人民政府具有行政处罚权的行政机关管辖。法律、行政法规另有规定的除外。

第二十一条　对管辖发生争议的，报请共同的上一级行政机关指定管辖。

第二十二条　违法行为构成犯罪的，行政机关必须将案件移送司法机关，依法追究刑事责任。

第二十三条　行政机关实施行政处罚时，应当责令当事人改正或者限期改正违法行为。

第二十四条　对当事人的同一个违法行为，不得给予两次以上罚款的行政处罚。

第二十五条　不满十四周岁的人有违法行为的，不予行政处罚，责令监护人加以管教；已满十四周岁不满十八周岁的人有违法行为的，从轻或者减轻行政处罚。

第二十六条　精神病人在不能辨认或者不能控制自己行为时有违法行为的，不予行政处罚，但应当责令其监护人严加看管和治疗。间歇性精神病人在精神正常时有违法行为的，应当给予行政处罚。

第二十七条　当事人有下列情形之一的，应当依法从轻或者减轻行政处罚：

（一）主动消除或者减轻违法行为危害后果的；

（二）受他人胁迫有违法行为的；

（三）配合行政机关查处违法行为有立功表现的；

（四）其他依法从轻或者减轻行政处罚的。

违法行为轻微并及时纠正，没有造成危害后果的，不予行政处罚。

第二十八条　违法行为构成犯罪，人民法院判处拘役或者有期徒刑时，行政机关已经给予当事人行政拘留的，应当依法折抵相应刑期。

违法行为构成犯罪，人民法院判处罚金时，行政机关已经给予当事人罚款的，应当折抵相应罚金。

第二十九条　违法行为在二年内未被发现的，不再给予行政处罚。法律另有规定的除外。

前款规定的期限,从违法行为发生之日起计算;违法行为有连续或者继续状态的,从行为终了之日起计算。

第五章 行政处罚的决定

第三十条 公民、法人或者其他组织违反行政管理秩序的行为,依法应当给予行政处罚的,行政机关必须查明事实;违法事实不清的,不得给予行政处罚。

第三十一条 行政机关在作出行政处罚决定之前,应当告知当事人作出行政处罚决定的事实、理由及依据,并告知当事人依法享有的权利。

第三十二条 当事人有权进行陈述和申辩。行政机关必须充分听取当事人的意见,对当事人提出的事实、理由和证据,应当进行复核;当事人提出的事实、理由或者证据成立的,行政机关应当采纳。

行政机关不得因当事人申辩而加重处罚。

第一节 简易程序

第三十三条 违法事实确凿并有法定依据,对公民处以五十元以下、对法人或者其他组织处以一千元以下罚款或者警告的行政处罚的,可以当场作出行政处罚决定。当事人应当依照本法第四十六条、第四十七条、第四十八条的规定履行行政处罚决定。

第三十四条 执法人员当场作出行政处罚决定的,应当向当事人出示执法身份证件,填写预定格式、编有号码的行政处罚决定书。行政处罚决定书应当当场交付当事人。

前款规定的行政处罚决定书应当载明当事人的违法行为、行政处罚依据、罚款数额、时间、地点以及行政机关名称,并由执法人员签名或者盖章。

执法人员当场作出的行政处罚决定,必须报所属行政机关备案。

第三十五条 当事人对当场作出的行政处罚决定不服的,可以依法申请行政复议或者提起行政诉讼。

第二节 一般程序

第三十六条 除本法第三十三条规定的可以当场作出的行政处罚外,行政机关发现公民、法人或者其他组织有依法应当给予行政处罚的行为的,必须全面、客观、公正地调查,收集有关证据;必要时,依照法律、法规的规定,可以进行检查。

第三十七条 行政机关在调查或者进行检查时,执法人员不得少于两人,并应当向当事人或者有关人员出示证件。当事人或者有关人员应当如实回答询问，并协助调查或者检查，不得阻挠。询问或者检查应当制作笔录。

行政机关在收集证据时，可以采取抽样取证的方法；在证据可能灭失或者以后难以取得的情况下，经行政机关负责人批准，可以先行登记保存，并应当在七日内及时作出处理决定，在此期间，当事人或者有关人员不得销毁或者转移证据。

执法人员与当事人有直接利害关系的，应当回避。

第三十八条　调查终结，行政机关负责人应当对调查结果进行审查，根据不同情况，分别作出如下决定：

（一）确有应受行政处罚的违法行为的，根据情节轻重及具体情况，作出行政处罚决定；

（二）违法行为轻微，依法可以不予行政处罚的，不予行政处罚；

（三）违法事实不能成立的，不得给予行政处罚；

（四）违法行为已构成犯罪的，移送司法机关。

对情节复杂或者重大违法行为给予较重的行政处罚，行政机关的负责人应当集体讨论决定。

第三十九条　行政机关依照本法第三十八条的规定给予行政处罚，应当制作行政处罚决定书。行政处罚决定书应当载明下列事项：

（一）当事人的姓名或者名称、地址；

（二）违反法律、法规或者规章的事实和证据；

（三）行政处罚的种类和依据；

（四）行政处罚的履行方式和期限；

（五）不服行政处罚决定，申请行政复议或者提起行政诉讼的途径和期限；

（六）作出行政处罚决定的行政机关名称和作出决定的日期。

行政处罚决定书必须盖有作出行政处罚决定的行政机关的印章。

第四十条　行政处罚决定书应当在宣告后当场交付当事人；当事人不在场的，行政机关应当在七日内依照民事诉讼法的有关规定，将行政处罚决定书送达当事人。

第四十一条　行政机关及其执法人员在作出行政处罚决定之前，不依照本法第三十一条、第三十二条的规定向当事人告知给予行政处罚的事实、理由和依据，或者拒绝听取当事人的陈述、申辩，行政处罚决定不能成立；当事人放弃陈述或者申辩权利的除外。

第三节 听证程序

第四十二条 行政机关作出责令停产停业、吊销许可证或者执照、较大数额罚款等行政处罚决定之前,应当告知当事人有要求举行听证的权利;当事人要求听证的,行政机关应当组织听证。当事人不承担行政机关组织听证的费用。听证依照以下程序组织:

(一)当事人要求听证的,应当在行政机关告知后三日内提出;

(二)行政机关应当在听证的七日前,通知当事人举行听证的时间、地点;

(三)除涉及国家秘密、商业秘密或者个人隐私外,听证公开举行;

(四)听证由行政机关指定的非本案调查人员主持;当事人认为主持人与本案有直接利害关系的,有权申请回避;

(五)当事人可以亲自参加听证,也可以委托一至二人代理;

(六)举行听证时,调查人员提出当事人违法的事实、证据和行政处罚建议;当事人进行申辩和质证;

(七)听证应当制作笔录;笔录应当交当事人审核无误后签字或者盖章。

当事人对限制人身自由的行政处罚有异议的,依照治安管理处罚法有关规定执行。

第四十三条 听证结束后,行政机关依照本法第三十八条的规定,作出决定。

第六章 行政处罚的执行

第四十四条 行政处罚决定依法作出后,当事人应当在行政处罚决定的期限内,予以履行。

第四十五条 当事人对行政处罚决定不服申请行政复议或者提起行政诉讼的,行政处罚不停止执行,法律另有规定的除外。

第四十六条 作出罚款决定的行政机关应当与收缴罚款的机构分离。

除依照本法第四十七条、第四十八条的规定当场收缴的罚款外,作出行政处罚决定的行政机关及其执法人员不得自行收缴罚款。

当事人应当自收到行政处罚决定书之日起十五日内,到指定的银行缴纳罚款。银行应当收受罚款,并将罚款直接上缴国库。

第四十七条 依照本法第三十三条的规定当场作出行政处罚决定,有下列情形之一的,执法人员可以当场收缴罚款:

(一)依法给予二十元以下的罚款的;

（二）不当场收缴事后难以执行的。

第四十八条 在边远、水上、交通不便地区，行政机关及其执法人员依照本法第三十三条、第三十八条的规定作出罚款决定后，当事人向指定的银行缴纳罚款确有困难，经当事人提出，行政机关及其执法人员可以当场收缴罚款。

第四十九条 行政机关及其执法人员当场收缴罚款的，必须向当事人出具省、自治区、直辖市财政部门统一制发的罚款收据；不出具财政部门统一制发的罚款收据的，当事人有权拒绝缴纳罚款。

第五十条 执法人员当场收缴的罚款，应当自收缴罚款之日起二日内，交至行政机关；在水上当场收缴的罚款，应当自抵岸之日起二日内交至行政机关；行政机关应当在二日内将罚款缴付指定的银行。

第五十一条 当事人逾期不履行行政处罚决定的，作出行政处罚决定的行政机关可以采取下列措施：

（一）到期不缴纳罚款的，每日按罚款数额的百分之三加处罚款；

（二）根据法律规定，将查封、扣押的财物拍卖或者将冻结的存款划拨抵缴罚款；

（三）申请人民法院强制执行。

第五十二条 当事人确有经济困难，需要延期或者分期缴纳罚款的，经当事人申请和行政机关批准，可以暂缓或者分期缴纳。

第五十三条 除依法应当予以销毁的物品外，依法没收的非法财物必须按照国家规定公开拍卖或者按照国家有关规定处理。

罚款、没收违法所得或者没收非法财物拍卖的款项，必须全部上缴国库，任何行政机关或者个人不得以任何形式截留、私分或者变相私分；财政部门不得以任何形式向作出行政处罚决定的行政机关返还罚款、没收的违法所得或者返还没收非法财物的拍卖款项。

第五十四条 行政机关应当建立健全对行政处罚的监督制度。县级以上人民政府应当加强对行政处罚的监督检查。

公民、法人或者其他组织对行政机关作出的行政处罚，有权申诉或者检举；行政机关应当认真审查，发现行政处罚有错误的，应当主动改正。

第七章 法律责任

第五十五条 行政机关实施行政处罚，有下列情形之一的，由上级行政机关或者有关部门责令改正，可以对直接负责的主管人员和其他直接责任人员依法给予行政处分：

(一)没有法定的行政处罚依据的;

(二)擅自改变行政处罚种类、幅度的;

(三)违反法定的行政处罚程序的;

(四)违反本法第十八条关于委托处罚的规定的。

第五十六条　行政机关对当事人进行处罚不使用罚款、没收财物单据或者使用非法定部门制发的罚款、没收财物单据的,当事人有权拒绝处罚,并有权予以检举。上级行政机关或者有关部门对使用的非法单据予以收缴销毁,对直接负责的主管人员和其他直接责任人员依法给予行政处分。

第五十七条　行政机关违反本法第四十六条的规定自行收缴罚款的,财政部门违反本法第五十三条的规定向行政机关返还罚款或者拍卖款项的,由上级行政机关或者有关部门责令改正,对直接负责的主管人员和其他直接责任人员依法给予行政处分。

第五十八条　行政机关将罚款、没收的违法所得或者财物截留、私分或者变相私分的,由财政部门或者有关部门予以追缴,对直接负责的主管人员和其他直接责任人员依法给予行政处分;情节严重构成犯罪的,依法追究刑事责任。

执法人员利用职务上的便利,索取或者收受他人财物、收缴罚款据为己有,构成犯罪的,依法追究刑事责任;情节轻微不构成犯罪的,依法给予行政处分。

第五十九条　行政机关使用或者损毁扣押的财物,对当事人造成损失的,应当依法予以赔偿,对直接负责的主管人员和其他直接责任人员依法给予行政处分。

第六十条　行政机关违法实行检查措施或者执行措施,给公民人身或者财产造成损害、给法人或者其他组织造成损失的,应当依法予以赔偿,对直接负责的主管人员和其他直接责任人员依法给予行政处分;情节严重构成犯罪的,依法追究刑事责任。

第六十一条　行政机关为牟取本单位私利,对应当依法移交司法机关追究刑事责任的不移交,以行政处罚代替刑罚,由上级行政机关或者有关部门责令纠正;拒不纠正的,对直接负责的主管人员给予行政处分;徇私舞弊、包庇纵容违法行为的,依照刑法有关规定追究刑事责任。

第六十二条　执法人员玩忽职守,对应当予以制止和处罚的违法行为不予制止、处罚,致使公民、法人或者其他组织的合法权益、公共利益和社会秩序遭受损害的,对直接负责的主管人员和其他直接责任人员依法给予行政处分;情节严重构成犯罪的,依法追究刑事责任。

第八章 附 则

第六十三条 本法第四十六条罚款决定与罚款收缴分离的规定,由国务院制定具体实施办法。

第六十四条 本法自 1996 年 10 月 1 日起施行。

本法公布前制定的法规和规章关于行政处罚的规定与本法不符合的,应当自本法公布之日起,依照本法规定予以修订,在 1997 年 12 月 31 日前修订完毕。

|应用指引|

建设行政处罚是指建设行政主管部门依据国家建设法律法规的规定对违法建筑企业给予的行政处罚。作出行政处罚的行政主管部门应当制作行政处罚决定书。

制作行政处罚决定书应当注意的问题包括:

第一,要写明被处罚人的基本情况,包括企业名称、地位、法定代表人等。

第二,处罚的事实和理由部分要写明发生违法事件的时间、地点、危害后果、处理情况等内容。

第三,处罚依据主要是列明法律法规的名称和具体的条款。

第四,处罚结果要写明给予被处罚人以何种处罚,是罚款、警告,还是降级、吊销资质证书等。

第五,要写明被处罚人提起行政复议和行政诉讼的期限。

048 行政复议申请书

文书范本 | 行政复议申请书
适用范围 | 申请行政复议时所使用的文书
条文检索 | 中华人民共和国建筑法;中华人民共和国行政复议法
应用指引 | 行政复议的概念及主要内容,制作该文书应当注意的问题

行政复议申请书

申请人:________(写明当事人基本情况。如系公民的,应写明姓名、性别、年龄、民族、籍贯、职业、工作单位和职务、住所等;如系法人或其他组织的,应写明名称、住所、法定代表人或主要负责人的姓名和职务)。

委托代理人:姓名________,住址____________________。

被申请人:名称______________,住址______________。

行政复议请求:____。

事实和理由:____。

此致

__________(行政复议机关)

申请人:________

________年____月____日

附:本申请书副本____份。原行政处罚决定书____份。证据____份。

| 条文检索 |

中华人民共和国建筑法·第64～79条

（1997年11月1日第八届全国人民代表大会常务委员会第二十八次会议通过　根据2011年4月22日第十一届全国人民代表大会常务委员会第二十次会议《关于修改〈中华人民共和国建筑法〉的决定》修正）

参见“047　建设行政处罚决定书”条文检索部分。

中华人民共和国行政复议法

（1999年4月29日第九届全国人民代表大会常务委员会第九次会议通过　根据2009年8月27日第十一届全国人代表大会常务委员会第十次会议《关于修改部分法律的决定》修正）

第一章　总　　则

第一条　为了防止和纠正违法的或者不当的具体行政行为，保护公民、法人和其他组织的合法权益，保障和监督行政机关依法行使职权，根据宪法，制定本法。

第二条　公民、法人或者其他组织认为具体行政行为侵犯其合法权益，向行政机关提出行政复议申请，行政机关受理行政复议申请、作出行政复议决定，适用本法。

第三条　依照本法履行行政复议职责的行政机关是行政复议机关。行政复议机关负责法制工作的机构具体办理行政复议事项，履行下列职责：

（一）受理行政复议申请；

（二）向有关组织和人员调查取证，查阅文件和资料；

（三）审查申请行政复议的具体行政行为是否合法与适当，拟订行政复议决定；

（四）处理或者转送对本法第七条所列有关规定的审查申请；

（五）对行政机关违反本法规定的行为依照规定的权限和程序提出处理建议；

（六）办理因不服行政复议决定提起行政诉讼的应诉事项；

（七）法律、法规规定的其他职责。

第四条　行政复议机关履行行政复议职责，应当遵循合法、公正、公开、及时、便民的原则，坚持有错必纠，保障法律、法规的正确实施。

第五条 公民、法人或者其他组织对行政复议决定不服的，可以依照行政诉讼法的规定向人民法院提起行政诉讼，但是法律规定行政复议决定为最终裁决的除外。

第二章 行政复议范围

第六条 有下列情形之一的，公民、法人或者其他组织可以依照本法申请行政复议：

（一）对行政机关作出的警告、罚款、没收违法所得、没收非法财物、责令停产停业、暂扣或者吊销许可证、暂扣或者吊销执照、行政拘留等行政处罚决定不服的；

（二）对行政机关作出的限制人身自由或者查封、扣押、冻结财产等行政强制措施决定不服的；

（三）对行政机关作出的有关许可证、执照、资质证、资格证等证书变更、中止、撤销的决定不服的；

（四）对行政机关作出的关于确认土地、矿藏、水流、森林、山岭、草原、荒地、滩涂、海域等自然资源的所有权或者使用权的决定不服的；

（五）认为行政机关侵犯合法的经营自主权的；

（六）认为行政机关变更或者废止农业承包合同，侵犯其合法权益的；

（七）认为行政机关违法集资、征收财物、摊派费用或者违法要求履行其他义务的；

（八）认为符合法定条件，申请行政机关颁发许可证、执照、资质证、资格证等证书，或者申请行政机关审批、登记有关事项，行政机关没有依法办理的；

（九）申请行政机关履行保护人身权利、财产权利、受教育权利的法定职责，行政机关没有依法履行的；

（十）申请行政机关依法发放抚恤金、社会保险金或者最低生活保障费，行政机关没有依法发放的；

（十一）认为行政机关的其他具体行政行为侵犯其合法权益的。

第七条 公民、法人或者其他组织认为行政机关的具体行政行为所依据的下列规定不合法，在对具体行政行为申请行政复议时，可以一并向行政复议机关提出对该规定的审查申请：

（一）国务院部门的规定；

（二）县级以上地方各级人民政府及其工作部门的规定；

（三）乡、镇人民政府的规定。

前款所列规定不含国务院部、委员会规章和地方人民政府规章。规章的审查依照法律、行政法规办理。

第八条　不服行政机关作出的行政处分或者其他人事处理决定的，依照有关法律、行政法规的规定提出申诉。

不服行政机关对民事纠纷作出的调解或者其他处理，依法申请仲裁或者向人民法院提起诉讼。

第三章　行政复议申请

第九条　公民、法人或者其他组织认为具体行政行为侵犯其合法权益的，可以自知道该具体行政行为之日起六十日内提出行政复议申请；但是法律规定的申请期限超过六十日的除外。

因不可抗力或者其他正当理由耽误法定申请期限的，申请期限自障碍消除之日起继续计算。

第十条　依照本法申请行政复议的公民、法人或者其他组织是申请人。

有权申请行政复议的公民死亡的，其近亲属可以申请行政复议。有权申请行政复议的公民为无民事行为能力人或者限制民事行为能力人的，其法定代理人可以代为申请行政复议。有权申请行政复议的法人或者其他组织终止的，承受其权利的法人或者其他组织可以申请行政复议。

同申请行政复议的具体行政行为有利害关系的其他公民、法人或者其他组织，可以作为第三人参加行政复议。

公民、法人或者其他组织对行政机关的具体行政行为不服申请行政复议的，作出具体行政行为的行政机关是被申请人。

申请人、第三人可以委托代理人代为参加行政复议。

第十一条　申请人申请行政复议，可以书面申请，也可以口头申请；口头申请的，行政复议机关应当当场记录申请人的基本情况、行政复议请求、申请行政复议的主要事实、理由和时间。

第十二条　对县级以上地方各级人民政府工作部门的具体行政行为不服的，由申请人选择，可以向该部门的本级人民政府申请行政复议，也可以向上一级主管部门申请行政复议。

对海关、金融、国税、外汇管理等实行垂直领导的行政机关和国家安全机关的具体行政行为不服的，向上一级主管部门申请行政复议。

第十三条 对地方各级人民政府的具体行政行为不服的,向上一级地方人民政府申请行政复议。

对省、自治区人民政府依法设立的派出机关所属的县级地方人民政府的具体行政行为不服的,向该派出机关申请行政复议。

第十四条 对国务院部门或者省、自治区、直辖市人民政府的具体行政行为不服的,向作出该具体行政行为的国务院部门或者省、自治区、直辖市人民政府申请行政复议。对行政复议决定不服的,可以向人民法院提起行政诉讼;也可以向国务院申请裁决,国务院依照本法的规定作出最终裁决。

第十五条 对本法第十二条、第十三条、第十四条规定以外的其他行政机关、组织的具体行政行为不服的,按照下列规定申请行政复议:

(一)对县级以上地方人民政府依法设立的派出机关的具体行政行为不服的,向设立该派出机关的人民政府申请行政复议;

(二)对政府工作部门依法设立的派出机构依照法律、法规或者规章规定,以自己的名义作出的具体行政行为不服的,向设立该派出机构的部门或者该部门的本级地方人民政府申请行政复议;

(三)对法律、法规授权的组织的具体行政行为不服的,分别向直接管理该组织的地方人民政府、地方人民政府工作部门或者国务院部门申请行政复议;

(四)对两个或者两个以上行政机关以共同的名义作出的具体行政行为不服的,向其共同上一级行政机关申请行政复议;

(五)对被撤销的行政机关在撤销前所作出的具体行政行为不服的,向继续行使其职权的行政机关的上一级行政机关申请行政复议。

有前款所列情形之一的,申请人也可以向具体行政行为发生地的县级地方人民政府提出行政复议申请,由接受申请的县级地方人民政府依照本法第十八条的规定办理。

第十六条 公民、法人或者其他组织申请行政复议,行政复议机关已经依法受理的,或者法律、法规规定应当先向行政复议机关申请行政复议、对行政复议决定不服再向人民法院提起行政诉讼的,在法定行政复议期限内不得向人民法院提起行政诉讼。

公民、法人或者其他组织向人民法院提起行政诉讼,人民法院已经依法受理的,不得申请行政复议。

第四章 行政复议受理

第十七条 行政复议机关收到行政复议申请后,应当在五日内进行审查,对不符合本法规定的行政复议申请,决定不予受理,并书面告知申请人;对符合本法规定,但是不属于本机关受理的行政复议申请,应当告知申请人向有关行政复议机关提出。

除前款规定外,行政复议申请自行政复议机关负责法制工作的机构收到之日起即为受理。

第十八条　依照本法第十五条第二款的规定接受行政复议申请的县级地方人民政府,对依照本法第十五条第一款的规定属于其他行政复议机关受理的行政复议申请,应当自接到该行政复议申请之日起七日内,转送有关行政复议机关,并告知申请人。接受转送的行政复议机关应当依照本法第十七条的规定办理。

第十九条　法律、法规规定应当先向行政复议机关申请行政复议、对行政复议决定不服再向人民法院提起行政诉讼的,行政复议机关决定不予受理或者受理后超过行政复议期限不作答复的,公民、法人或者其他组织可以自收到不予受理决定书之日起或者行政复议期满之日起十五日内,依法向人民法院提起行政诉讼。

第二十条　公民、法人或者其他组织依法提出行政复议申请,行政复议机关无正当理由不予受理的,上级行政机关应当责令其受理;必要时,上级行政机关也可以直接受理。

第二十一条　行政复议期间具体行政行为不停止执行;但是,有下列情形之一的,可以停止执行:

(一)被申请人认为需要停止执行的;

(二)行政复议机关认为需要停止执行的;

(三)申请人申请停止执行,行政复议机关认为其要求合理,决定停止执行的;

(四)法律规定停止执行的。

第五章　行政复议决定

第二十二条　行政复议原则上采取书面审查的办法,但是申请人提出要求或者行政复议机关负责法制工作的机构认为有必要时,可以向有关组织和人员调查情况,听取申请人、被申请人和第三人的意见。

第二十三条　行政复议机关负责法制工作的机构应当自行政复议申请受理之日起七日内,将行政复议申请书副本或者行政复议申请笔录复印件发送被申请人。被申请人应当自收到申请书副本或者申请笔录复印件之日起十日内,提出书面答复,并提交当初作出具体行政行为的证据、依据和其他有关材料。

申请人、第三人可以查阅被申请人提出的书面答复、作出具体行政行为的证据、依据和其他有关材料,除涉及国家秘密、商业秘密或者个人隐私外,行政复议机关不得拒绝。

第二十四条 在行政复议过程中,被申请人不得自行向申请人和其他有关组织或者个人收集证据。

第二十五条 行政复议决定作出前,申请人要求撤回行政复议申请的,经说明理由,可以撤回;撤回行政复议申请的,行政复议终止。

第二十六条 申请人在申请行政复议时,一并提出对本法第七条所列有关规定的审查申请的,行政复议机关对该规定有权处理的,应当在三十日内依法处理;无权处理的,应当在七日内按照法定程序转送有权处理的行政机关依法处理,有权处理的行政机关应当在六十日内依法处理。处理期间,中止对具体行政行为的审查。

第二十七条 行政复议机关在对被申请人作出的具体行政行为进行审查时,认为其依据不合法,本机关有权处理的,应当在三十日内依法处理;无权处理的,应当在七日内按照法定程序转送有权处理的国家机关依法处理。处理期间,中止对具体行政行为的审查。

第二十八条 行政复议机关负责法制工作的机构应当对被申请人作出的具体行政行为进行审查,提出意见,经行政复议机关的负责人同意或者集体讨论通过后,按照下列规定作出行政复议决定:

(一)具体行政行为认定事实清楚,证据确凿,适用依据正确,程序合法,内容适当的,决定维持;

(二)被申请人不履行法定职责的,决定其在一定期限内履行;

(三)具体行政行为有下列情形之一的,决定撤销、变更或者确认该具体行政行为违法;决定撤销或者确认该具体行政行为违法的,可以责令被申请人在一定期限内重新作出具体行政行为:

1. 主要事实不清、证据不足的;

2. 适用依据错误的;

3. 违反法定程序的;

4. 超越或者滥用职权的;

5. 具体行政行为明显不当的。

(四)被申请人不按照本法第二十三条的规定提出书面答复、提交当初作出具体行政行为的证据、依据和其他有关材料的,视为该具体行政行为没有证据、依据,决定撤销该具体行政行为。

行政复议机关责令被申请人重新作出具体行政行为的,被申请人不得以同一的事实和理由作出与原具体行政行为相同或者基本相同的具体行政行为。

第二十九条　申请人在申请行政复议时可以一并提出行政赔偿请求,行政复议机关对符合国家赔偿法的有关规定应当给予赔偿的,在决定撤销、变更具体行政行为或者确认具体行政行为违法时,应当同时决定被申请人依法给予赔偿。

申请人在申请行政复议时没有提出行政赔偿请求的,行政复议机关在依法决定撤销或者变更罚款,撤销违法集资、没收财物、征收财物、摊派费用以及对财产的查封、扣押、冻结等具体行政行为时,应当同时责令被申请人返还财产,解除对财产的查封、扣押、冻结措施,或者赔偿相应的价款。

第三十条　公民、法人或者其他组织认为行政机关的具体行政行为侵犯其已经依法取得的土地、矿藏、水流、森林、山岭、草原、荒地、滩涂、海域等自然资源的所有权或者使用权的,应当先申请行政复议;对行政复议决定不服的,可以依法向人民法院提起行政诉讼。

根据国务院或者省、自治区、直辖市人民政府对行政区划的勘定、调整或者征收土地的决定,省、自治区、直辖市人民政府确认土地、矿藏、水流、森林、山岭、草原、荒地、滩涂、海域等自然资源的所有权或者使用权的行政复议决定为最终裁决。

第三十一条　行政复议机关应当自受理申请之日起六十日内作出行政复议决定;但是法律规定的行政复议期限少于六十日的除外。情况复杂,不能在规定期限内作出行政复议决定的,经行政复议机关的负责人批准,可以适当延长,并告知申请人和被申请人;但是延长期限最多不超过三十日。

行政复议机关作出行政复议决定,应当制作行政复议决定书,并加盖印章。

行政复议决定书一经送达,即发生法律效力。

第三十二条　被申请人应当履行行政复议决定。

被申请人不履行或者无正当理由拖延履行行政复议决定的,行政复议机关或者有关上级行政机关应当责令其限期履行。

第三十三条　申请人逾期不起诉又不履行行政复议决定的,或者不履行最终裁决的行政复议决定的,按照下列规定分别处理:

(一)维持具体行政行为的行政复议决定,由作出具体行政行为的行政机关依法强制执行,或者申请人民法院强制执行;

(二)变更具体行政行为的行政复议决定,由行政复议机关依法强制执行,或者申请人民法院强制执行。

第六章　法 律 责 任

第三十四条　行政复议机关违反本法规定,无正当理由不予受理依法提出的行政复议申请或者不按照规定转送行政复议申请的,或者在法定期限内不作出行政复议决定的,对直接负责的主管人员和其他直接责任人员依法给予警告、记过、记大过的行政处分;经责令受理仍不受理或者不按照规定转送行政复议申请,造成严重后果的,依法给予降级、撤职、开除的行政处分。

第三十五条　行政复议机关工作人员在行政复议活动中,徇私舞弊或者有其他渎职、失职行为的,依法给予警告、记过、记大过的行政处分;情节严重的,依法给予降级、撤职、开除的行政处分;构成犯罪的,依法追究刑事责任。

第三十六条　被申请人违反本法规定,不提出书面答复或者不提交作出具体行政行为的证据、依据和其他有关材料,或者阻挠、变相阻挠公民、法人或者其他组织依法申请行政复议的,对直接负责的主管人员和其他直接责任人员依法给予警告、记过、记大过的行政处分;进行报复陷害的,依法给予降级、撤职、开除的行政处分;构成犯罪的,依法追究刑事责任。

第三十七条　被申请人不履行或者无正当理由拖延履行行政复议决定的,对直接负责的主管人员和其他直接责任人员依法给予警告、记过、记大过的行政处分;经责令履行仍拒不履行的,依法给予降级、撤职、开除的行政处分。

第三十八条　行政复议机关负责法制工作的机构发现有无正当理由不予受理行政复议申请、不按照规定期限作出行政复议决定、徇私舞弊、对申请人打击报复或者不履行行政复议决定等情形的,应当向有关行政机关提出建议,有关行政机关应当依照本法和有关法律、行政法规的规定作出处理。

第七章　附　　则

第三十九条　行政复议机关受理行政复议申请,不得向申请人收取任何费用。行政复议活动所需经费,应当列入本机关的行政经费,由本级财政予以保障。

第四十条　行政复议期间的计算和行政复议文书的送达,依照民事诉讼法关于期间、送达的规定执行。

本法关于行政复议期间有关“五日”、“七日”的规定是指工作日,不含节假日。

第四十一条　外国人、无国籍人、外国组织在中华人民共和国境内申请行政复议,适用本法。

第四十二条　本法施行前公布的法律有关行政复议的规定与本法的规定不一致的，以本法的规定为准。

第四十三条　本法自1999年10月1日起施行。1990年12月24日国务院发布、1994年10月9日国务院修订发布的《行政复议条例》同时废止。

｜应用指引｜

行政复议申请书，是指当事人认为具体行政行为侵犯其合法权益，向行政机关提出复议请求而使用的法律文书。

根据《行政复议法》的规定，对地方各级人民政府的具体行政行为不服的，向上一级地方人民政府申请行政复议。对省级人民政府依法设立的派出机关所属的县级人民政府的具体行政行为不服的，向该派出机关申请行政复议。对国务院各部门或者省级人民政府的具体行政行为不服的，向作出该行政行为的国务院部门或者省级人民政府申请复议，对行政复议决定不服的，可以向人民法院提起行政诉讼。当事人提起行政复议的期限为自知道该项具体行政行为作出之日起60日内。

制作行政复议申请书应当注意的问题是：要写明不服行政机关作出的具体行政行为的事实和理由。理由包括实体和程序两个方面，对于程序违法同样可以请求撤销行政决定。

049 行政起诉状

文书范本 | 行政起诉状
适用范围 | 提起行政诉讼活动时所使用的文书
条文检索 | 中华人民共和国行政诉讼法
应用指引 | 行政起诉状的主要内容;制作该文书应当注意的问题

行政起诉状

原告:________(写明姓名、性别、民族、文化程度、出生年月日、住址、联系电话等基本情况,若是法人的,则须写明名称、住所地、法定代表人姓名和职务等基本情况)。

委托代理人:________(写明姓名、性别、年龄、民族、职务、工作单位、联系电话等基本情况)。

被告:________(写明被告机关或组织的全称、住所地、法定代表人或负责人的姓名和职务等基本情况)。

诉讼请求:____(根据行政案件的特点,原告所提出的诉讼请求主要有:部分或全部撤销处罚决定;变更处罚决定;提出赔偿损失等。诉讼请求要表述明确、具体。原告可以针对被告具体行政行为的性质以及自己的权益受损害的程度,依法提出恰如其分的请求)。

事实和理由:____(写清楚提出诉讼请求的事实根据和法律根据)。

此致

________人民法院

起诉人：________

________年____月____日

附:1. 本诉状副本____份;

2. 其他有关证据及证明材料。

| **条文检索** |

中华人民共和国行政诉讼法 · 第1、44～51条

(1989年4月4日第七届全国人民代表大会第二次会议通过　根据2014年11月1日第十二届全国人民代表大会常务委员会第十一次会议《关于修改〈中华人民共和国行政诉讼法〉的决定》修正)

第一条　为保证人民法院公正、及时审理行政案件,解决行政争议,保护公民、法人和其他组织的合法权益,监督行政机关依法行使职权,根据宪法,制定本法。

……

第四十四条　对属于人民法院受案范围的行政案件,公民、法人或者其他组织可以先向行政机关申请复议,对复议决定不服的,再向人民法院提起诉讼;也可以直接向人民法院提起诉讼。

法律、法规规定应当先向行政机关申请复议,对复议决定不服再向人民法院提起诉讼的,依照法律、法规的规定。

第四十五条　公民、法人或者其他组织不服复议决定的,可以在收到复议决定书之日起十五日内向人民法院提起诉讼。复议机关逾期不作决定的,申请人可以在复议期满之日起十五日内向人民法院提起诉讼。法律另有规定的除外。

第四十六条　公民、法人或者其他组织直接向人民法院提起诉讼的,应当自知道或者应当知道作出行政行为之日起六个月内提出。法律另有规定的除外。

因不动产提起诉讼的案件自行政行为作出之日起超过二十年,其他案件自行政行为作出之日起超过五年提起诉讼的,人民法院不予受理。

第四十七条　公民、法人或者其他组织申请行政机关履行保护其人身权、财产权等合法权益的法定职责,行政机关在接到申请之日起两个月内不履行的,公民、法人或者其他组织可以向人民法院提起诉讼。法律、法规对行政机关履行职责的期限另有规定的,从其规定。

公民、法人或者其他组织在紧急情况下请求行政机关履行保护其人身权、财产权等合法权益的法定职责,行政机关不履行的,提起诉讼不受前款规定期限的限制。

第四十八条　公民、法人或者其他组织因不可抗力或者其他不属于其自身的原因耽误起诉期限的,被耽误的时间不计算在起诉期限内。

公民、法人或者其他组织因前款规定以外的其他特殊情况耽误起诉期限的,在障碍消除后十日内,可以申请延长期限,是否准许由人民法院决定。

第四十九条　提起诉讼应当符合下列条件:

(一)原告是符合本法第二十五条规定的公民、法人或者其他组织;

(二)有明确的被告;

(三)有具体的诉讼请求和事实根据;

(四)属于人民法院受案范围和受诉人民法院管辖。

第五十条　起诉应当向人民法院递交起诉状,并按照被告人数提出副本。

书写起诉状确有困难的,可以口头起诉,由人民法院记入笔录,出具注明日期的书面凭证,并告知对方当事人。

第五十一条　人民法院在接到起诉状时对符合本法规定的起诉条件的,应当登记立案。

对当场不能判定是否符合本法规定的起诉条件的,应当接收起诉状,出具注明收到日期的书面凭证,并在七日内决定是否立案。不符合起诉条件的,作出不予立案的裁定。裁定书应当载明不予立案的理由。原告对裁定不服的,可以提起上诉。

起诉状内容欠缺或者有其他错误的,应当给予指导和释明,并一次性告知当事人需要补正的内容。不得未经指导和释明即以起诉不符合条件为由不接收起诉状。

对于不接收起诉状、接收起诉状后不出具书面凭证,以及不一次性告知当事人需要补正的起诉状内容的,当事人可以向上级人民法院投诉,上级人民法院应当责令改正,并对直接负责的主管人员和其他直接责任人员依法给予处分。

应用指引

行政起诉状是行政机关或行政机关工作人员的具体行为所涉及的公民、法人或者其他组织向人民法院递交的,请求人民法院对该行政行为是否合法予以裁决,用以保护当事人合法权益的行政诉讼文书。行政起诉状是引起行政诉讼程序的根据,也是审判结论的重要依据。

行政起诉状包括标题、首部、正文和尾部四个部分，其中作为核心内容的正文部分又由以下三个部分组成：

（1）诉讼请求。根据行政案件的特点，原告所提出的诉讼请求主要有“部分或全部撤销处罚决定”、“变更处罚决定”、“提出赔偿损失”等。诉讼请求要表述明确、具体，原告可以针对被告具体行政行为的性质以及自己的权益受损害的程度，依法提出恰如其分的请求。

（2）事实与理由。事实是人民法院审理案件的依据，起诉状必须写明被告侵犯起诉人合法权益的事实经过、原因及造成的结果，指出行政争议的焦点，如果是经过行政复议后不服提出起诉的，还要写清楚复议行政机关作出复议决定的过程和结果。理由是在叙述事实的基础上，依据法律法规进行分析，论证诉讼请求合理合法。

（3）证据和证据来源、证人姓名和住址。这部分内容要求原告就诉讼请求、列举的事实、阐述的理由所举之证据，应当详细、分明，以便人民法院在办案过程中核对查实。

050 行政上诉状

文书范本 | 行政上诉状
适用范围 | 提起行政诉讼上诉时所使用的文书
条文检索 | 中华人民共和国行政诉讼法
应用指引 | 行政上诉状的主要内容;制作该文书应当注意的问题

行政上诉状

上诉人:________(写明姓名、性别、年龄、民族、籍贯、职业或者工作单位和职务、住址。如果是法人或者其他组织,应写明名称、法定代表人、住所、联系地址和邮政编码等;如果是行政机关提起上诉,则应写明行政机关的名称、法定代表人和住所)。

被上诉人:________(写明姓名、性别、年龄、民族、籍贯、职业或者工作单位和职务、住址。如果是法人或者其他组织,应写明名称、法定代表人、住所、联系地址和邮政编码等;如果是行政机关作为被上诉人的,则应写明行政机关的名称、法定代表人和住所)。

(如果一审原告、被告都不服判决,提起上诉,则都列为上诉人)。

上诉人因____________________一案(写明一审判决或者裁定书所列的案由),不服____________人民法院________年____月____日(______)字第____号行政判决(或裁定),现提出上诉。

上诉请求:____

____

____

________________(写明要求上诉审法院解决的事由,如撤销原判、重新判决等)。

上诉理由:____

____

____

________________(写明一审判决或者裁定不正确的事实根据和法律依据)。

此致

________人民法院

上诉人 ________

________年____月 ____日

附:本上诉状副本____份。

|条文检索|

参见“049 行政起诉状”条文检索部分。

|应用指引|

行政上诉状是当事人要求上一级人民法院进行审理,撤销、变更原判决内容所提交的诉讼法律文书。

制作行政上诉状要注意以下两个方面:(1)上诉请求必须针对一审判决或者裁定中不当的部分提出;例如原判决程序违法,要求撤销;证据不充分,要求改判等。(2)必须在规定的期限内提出;根据《行政诉讼法》第 58 条规定,对第一审判决不服的,应当在判决书送达之日起 15 日内提起上诉,对第一审裁定不服的,应当在裁定书送达之日起 10 日内提起上诉。

051 民事起诉状

文书范本 | 民事起诉状
适用范围 | 提起民事诉讼时所使用的文书
条文检索 | 中华人民共和国民事诉讼法
应用指引 | 民事起诉状的主要内容;制作该文书应当注意的问题

民事起诉状

原告:________(写明姓名、名称等基本情况)。

被告:________(写明姓名、名称等基本情况)。

案由:____(主要写明当事人之间讼争的法律关系及其争议)。

诉讼请求:____(主要写明请求解决争议的权益和争议的事实,以及请求人民法院依法解决原告一方要求的有关民事权益争议的具体事项)。

事实与理由:____。

证据和证据来源、证人姓名和住址:

____。

此致

________人民法院

起诉人：________（签名或者盖章）

________年____月____日

附：本状副本____份。

｜条文检索｜

中华人民共和国民事诉讼法·第119～124条

（1991年4月9日第七届全国人民代表大会第四次会议通过　根据2007年10月28日第十届全国人民代表大会常务委员会第三十次会议《关于修改〈中华人民共和国民事诉讼法〉的决定》第一次修正　根据2012年8月31日第十一届全国人民代表大会常务委员会第二十八次会议《关于修改〈中华人民共和国民事诉讼法〉的决定》第二次修正）

第一百一十九条　起诉必须符合下列条件：

（一）原告是与本案有直接利害关系的公民、法人和其他组织；

（二）有明确的被告；

（三）有具体的诉讼请求和事实、理由；

（四）属于人民法院受理民事诉讼的范围和受诉人民法院管辖。

第一百二十条　起诉应当向人民法院递交起诉状，并按照被告人数提出副本。

书写起诉状确有困难的，可以口头起诉，由人民法院记入笔录，并告知对方当事人。

第一百二十一条　起诉状应当记明下列事项：

（一）原告的姓名、性别、年龄、民族、职业、工作单位、住所、联系方式，法人或者其他组织的名称、住所和法定代表人或者主要负责人的姓名、职务、联系方式；

（二）被告的姓名、性别、工作单位、住所等信息，法人或者其他组织的名称、住所等信息；

（三）诉讼请求和所根据的事实与理由；

（四）证据和证据来源，证人姓名和住所。

第一百二十二条　当事人起诉到人民法院的民事纠纷，适宜调解的，先行调解，但当事人拒绝调解的除外。

第一百二十三条　人民法院应当保障当事人依照法律规定享有的起诉权利。对符合本法第一百一十九条的起诉，必须受理。符合起诉条件的，应当在七日内立案，并通知当事人；不符合起诉条件的，应当在七日内作出裁定书，不予受理；原告对裁定不服的，可以提起上诉。

第一百二十四条　人民法院对下列起诉,分别情形,予以处理:

(一)依照行政诉讼法的规定,属于行政诉讼受案范围的,告知原告提起行政诉讼;

(二)依照法律规定,双方当事人达成书面仲裁协议申请仲裁、不得向人民法院起诉的,告知原告向仲裁机构申请仲裁;

(三)依照法律规定,应当由其他机关处理的争议,告知原告向有关机关申请解决;

(四)对不属于本院管辖的案件,告知原告向有管辖权的人民法院起诉;

(五)对判决、裁定、调解书已经发生法律效力的案件,当事人又起诉的,告知原告申请再审,但人民法院准许撤诉的裁定除外;

(六)依照法律规定,在一定期限内不得起诉的案件,在不得起诉的期限内起诉的,不予受理;

(七)判决不准离婚和调解和好的离婚案件,判决、调解维持收养关系的案件,没有新情况、新理由,原告在六个月内又起诉的,不予受理。

| 应用指引 |

民事起诉状,是指公民、法人或其他组织,在认为自己的合法权益受到侵害或者与他人发生争议时或者需要确权时,向人民法院提交的请求人民法院依法裁判的法律文书。

依据《民事诉讼法》第121条,起诉状应当记明下列事项:(1)原告的姓名、性别、年龄、民族、职业、工作单位、住所、联系方式,法人或者其他组织的名称、住所和法定代表人或者主要负责人的姓名、职务、联系方式;(2)被告的姓名、性别、工作单位、住所等信息,法人或者其他组织的名称、住所等信息;(3)诉讼请求和所根据的事实与理由;(4)证据和证据来源,证人姓名和住所。

在诉讼请求部分,应主要写明请求人民法院依法解决原告一方要求的有关民事权益争议的具体问题,如要求损害赔偿、债务清偿、履行合同、产权归还等。诉讼请求应写得明确、具体、简明扼要。

在事实部分,应主要写明被告侵权行为的具体事实或当事人双方权益争执的具体内容以及被告人所应承担的责任,包括发生争执的时间、地点、原因、情节和事实经过等,其中,应着重写清楚被告侵权行为所造成的后果和应承担的责任以及双方当事人争执的焦点和实质性分歧。

在理由部分,应写明认定被告侵权或违法行为的性质和所造成的后果及应承担的责任,同时还应写明提出请求的政策和法律依据,但必须注意援引法律应准确、适当。

052 民事答辩状

文书范本 | 民事答辩状
适用范围 | 对民事诉状进行答辩时所使用的文书
条文检索 | 中华人民共和国民事诉讼法
应用指引 | 民事答辩状的主要内容;制作该文书应当注意的问题

民事答辩状

答辩人:________(写明答辩人的姓名、性别、出生年月日、民族、职业、工作单位和职务、住址。)

因 ________ 诉我方 ________ 一案,答辩如下:

____

____

____________(写明答辩理由,可以就案件事实部分进行答辩,也可以就案件法律适用部分进行答辩;提出答辩主张,即对原告起诉状或上诉人上诉状中的请求是完全不接受,还是部分不接受,对本案的处理依法提出自己的主张,请求法院裁判时予以考虑)。

此致

________ 人民法院

答辩人:________

________ 年____月____日

附:1. 答辩书副本 ____ 份;

2. 证据 ____ 份。

| **条文检索** |

中华人民共和国民事诉讼法·第113条

(1991年4月9日第七届全国人民代表大会第四次会议通过　根据2007年10月28日第十届全国人民代表大会常务委员会第三十次会议《关于修改〈中华人民共和国民事诉讼法〉的决定》第一次修正　根据2012年8月31日第十一届全国人民代表大会常务委员会第二十八次会议《关于修改〈中华人民共和国民事诉讼法〉的决定》第二次修正)

第一百二十五条　人民法院应当在立案之日起五日内将起诉状副本发送被告,被告应当在收到之日起十五日内提出答辩状。答辩状应当记明被告的姓名、性别、年龄、民族、职业、工作单位、住所、联系方式;法人或者其他组织的名称、住所和法定代表人或者主要负责人的姓名、职务、联系方式。人民法院应当在收到答辩状之日起五日内将答辩状副本发送原告。

被告不提出答辩状的,不影响人民法院审理。

| **应用指引** |

民事答辩状,是指民事被告、被上诉人针对原告或上诉人的起诉或上诉,阐述自己认定的事实和理由,予以答复和辩驳的一种书状。依照《民事诉讼法》的规定,人民法院应当在立案之日起5日内将起诉状副本发送被告,被告在收到之日起15日内提出答辩状。提出答辩状是当事人的一项诉讼权利,不是诉讼义务;但被告人或被上诉人逾期不提出答辩状,不影响人民法院审理。

民事答辩状由首部、正文及尾部组成,其中正文部分又包括以下三部分:(1)答辩的理由。应主要针对原告或上诉人的诉讼请求及其所依据的事实与理由进行反驳与辩解,一审被告的答辩还可以从程序方面进行答辩。(2)答辩请求。答辩请求是答辩人在阐明答辩理由的基础上针对原告的诉讼请求向人民法院提出应根据有关法律规定保护答辩人的合法权益的请求。一审民事答辩状中的答辩请求主要有"要求人民法院驳回起诉,不予受理"、"要求人民法院否定原告请求事项的全部或一部分"、"提出新的主张和要求"、"提出反诉请求"。如果民事答辩状中的请求事项为两项以上,在写请求事项时应逐项写明。对上诉状的答辩请求应为支持原判决或原裁定,反驳上诉人的要求。(3)证据。答辩中有关举证事项,应写明证据的名称、件数、来源或证据线索,有证人的还应写明证人的姓名、住址。

053 民事上诉状

文书范本 | 民事上诉状

适用范围 | 提起民事上诉时所使用的文书

条文检索 | 中华人民共和国民事诉讼法

应用指引 | 民事上诉状的主要内容;制作该文书应当注意的问题

民事上诉状

上诉人:________(上诉人系自然人的,写明姓名、性别、出生年月日、民族、籍贯、职业或工作单位和职务、住址;上诉人系法人的,写明名称、住址、电话以及法定代表人姓名、职务;有委托代理人的,写明委托代理人姓名、性别、年龄、民族、职务、工作单位、住所和电话。)

上诉人因____________一案,不服____________法院于________年____月____日____字第______号判决,现提出上诉。

上诉理由及请求:____
____
____。

此致

________人民法院

上诉人:________(盖章)

________年____月____日

附：1. 本上诉书副本____份；

2. 有关证明材料____件。

｜条文检索｜

中华人民共和国民事诉讼法·第164～168条

（1991年4月9日第七届全国人民代表大会第四次会议通过　根据2007年10月28日第十届全国人民代表大会常务委员会第三十次会议《关于修改〈中华人民共和国民事诉讼法〉的决定》第一次修正　根据2012年8月31日第十一届全国人民代表大会常务委员会第二十八次会议《关于修改〈中华人民共和国民事诉讼法〉的决定》第二次修正）

第一百六十四条　当事人不服地方人民法院第一审判决的，有权在判决书送达之日起十五日内向上一级人民法院提起上诉。

当事人不服地方人民法院第一审裁定的，有权在裁定书送达之日起十日内向上一级人民法院提起上诉。

第一百六十五条　上诉应当递交上诉状。上诉状的内容，应当包括当事人的姓名，法人的名称及其法定代表人的姓名或者其他组织的名称及其主要负责人的姓名；原审人民法院名称、案件的编号和案由；上诉的请求和理由。

第一百六十六条　上诉状应当通过原审人民法院提出，并按照对方当事人或者代表人的人数提出副本。

当事人直接向第二审人民法院上诉的，第二审人民法院应当在五日内将上诉状移交原审人民法院。

第一百六十七条　原审人民法院收到上诉状，应当在五日内将上诉状副本送达对方当事人，对方当事人在收到之日起十五日内提出答辩状。人民法院应当在收到答辩状之日起五日内将副本送达上诉人。对方当事人不提出答辩状的，不影响人民法院审理。

原审人民法院收到上诉状、答辩状，应当在五日内连同全部案卷和证据，报送第二审人民法院。

第一百六十八条　第二审人民法院应当对上诉请求的有关事实和适用法律进行审查。

| 应用指引 |

民事上诉状,是指诉讼当事人、独立请求权的第三人和被人民法院判决承担法律责任的无独立请求权的第三人在上诉期限内不服第一审判决裁定,请求上一级人民法院撤销、变更原审判决或裁定而写的司法文书。

上诉状重点是讲清上诉的理由,这部分的写作要考虑三个方面:(1)关于对事实的认定。如果原审裁决在事实的认定上有错误,包括某种行为事实根本不存在、有重大出入、缺乏证据等,那就要用确凿的证据说明事实真相,全部或部分地否定原审裁决认定的事实。(2)关于定性、裁决和适用法律。如果原审裁决在认定事实方面没出入,而是在认定案件性质、确定罪名以及适用法律作出的处理有误,那就要运用法律武器,包括从法律理论上的论证和引用具体的法律依据,指明原审裁决在适用法律方面的错误。(3)关于诉讼程序问题。如果原审法院在审理案件和最后裁决中存在违反诉讼程序的错误,包括是否应当回避、是否应指定辩护人、审判方式是否公开以及审判组织是否合法等,也应根据有关法律规定指出其错误。

图书在版编目(CIP)数据

建筑与房地产常用法律文书范本:条文检索与应用指引/孙林主编.—2版.—北京:法律出版社,2015.12

ISBN 978-7-5118-8677-4

Ⅰ.①建…　Ⅱ.①孙…　Ⅲ.①建筑业—法律文书—范文—中国②房地产业—法律文书—范文—中国　Ⅳ.①D926.13

中国版本图书馆CIP数据核字(2015)第262952号

责任编辑/陶玉霞　周　洋　　**装帧设计**/马　帅

出版/法律出版社　　**编辑统筹**/法规出版分社
总发行/中国法律图书有限公司　　**经销**/新华书店
印刷/三河市龙大印装有限公司　　**责任印制**/吕亚莉

开本/787毫米×960毫米　1/16　　**印张**/48　**字数**/870千
版本/2016年1月第2版　　**印次**/2016年1月第1次印刷

法律出版社/北京市丰台区莲花池西里7号(100073)
电子邮件/info@lawpress.com.cn　　**销售热线**/010-63939792/9779
网址/www.lawpress.com.cn　　**咨询电话**/010-63939796

中国法律图书有限公司/北京市丰台区莲花池西里7号(100073)
全国各地中法图分、子公司电话:
第一法律书店/010-63939781/9782　**西安分公司**/029-85388843　**上海公司**/021-62071010/1636
北京分公司/010-62534456　**深圳公司**/0755-83072995　**重庆公司**/023-65382816/2908

书号:ISBN 978-7-5118-8677-4　　**定价**:108.00元

(如有缺页或倒装,中国法律图书有限公司负责退换)